Langenscheidt
Universal-Wörterbuch

Französisch

Französisch – Deutsch
Deutsch – Französisch

Langenscheidt

Langenscheidt
Universal-Wörterbuch Französisch

Bearbeitet von: Anette Dralle

Entwickelt auf Basis des
Langenscheidt Universal-Wörterbuchs Französisch

Bearbeitet von:
Anne-Claire Brabant, Dr. Christiane Wirth, Barbara Epple, Gudrun Pradier

Warenzeichen, Marken und gewerbliche Schutzrechte
Wörter, die unseres Wissens eingetragene Warenzeichen oder Marken oder sonstige gewerbliche Schutzrechte darstellen, sind als solche – soweit bekannt – gekennzeichnet. Die jeweiligen Berechtigten sind und bleiben Eigentümer dieser Rechte.
Es ist jedoch zu beachten, dass weder das Vorhandensein noch das Fehlen derartiger Kennzeichnungen die Rechtslage hinsichtlich dieser gewerblichen Schutzrechte berührt.

1. Auflage 2023 (1,03 - 2025)

www.langenscheidt.com

Projektleitung: Ursula Martini
Typgografisches Konzept nach:
KOCHAN & PARTNER GmbH, München
Satz: Claudia Wild, Konstanz
Druck und Bindung: L.E.G.O. S.p.A., Lavis
Printed in Italy

ISBN 978-3-12-514476-7

Inhalt | Table des matières

Hinweise für die Benutzung

Die Tilde ~ ersetzt das ganze Stichwort innerhalb des Artikels:

aimer [ɛme] lieben; **~ bien** (= **aimer bien**) mögen

amitié [amitje] F Freundschaft; **~s** (= **amitiés**) freundliche, herzliche Grüße *mpl*

avancer [avɑ̃se] vorrücken; **s'~** (= **s'avancer**) näher kommen

Auto N voiture *f*; **~ fahren** (= **Auto fahren**) *Fahrer* conduire

beste(r, -s) meilleur(e); **am ~n** (= **am besten**) le mieux

Wortart und grammatisches Geschlecht in Kapitälchen bzw. in kursiver Schrift:

animal [animal] 1 M Tier *n* 2 ADJ tierisch, Tier...

Erholung F repos *m*

Das grammatische Geschlecht wird bei den Übersetzungen nur dann angegeben, wenn es mit dem des Stichwortes nicht übereinstimmt:

plage [plaʒ] F Strand *m*

Gruppe F groupe *m*

Übernachtung F nuit

Arabische Ziffern unterscheiden grammatikalische Kategorien:

chouette [ʃwɛt] **1** F Eule **2** ADJ *umg* toll, prima

Anwendungsbeispiele und Wendungen in fetter Schrift:

Reise F voyage *m;* **auf ~n** en voyage; **gute ~!** bon voyage!

Verständnishilfen und Erklärungen in kursiver Schrift:

Ticket N *Flugticket, Eintrittskarte* billet *m; Fahrschein* ticket *m*

Definitionen in kursiver Schrift:

charlotte [ʃaʀlɔt] F *Süßspeise aus Löffelbiskuits, Früchten und Vanillecreme*

Sachgebietsangaben in Kapitälchen:

portable [pɔʀtabl] M IT Laptop; TEL Handy *n*

Angaben zum Stil und Sprachgebrauch in kursiver Schrift:

piger [piʒe] *umg* kapieren

Aussicht F vue; *fig* perspective, chance

Unregelmäßige Formen des Stichworts in spitzen Klammern:

frais[1] [fʀɛ] ⟨*f* **fraîche** [fʀɛʃ]⟩ frisch; *froid* kühl

morceau [mɔʀso] M ⟨*pl* morceaux⟩ Stück *n*

Ausspracheangaben bei jedem französischen Stichwort in eckigen Klammern:

antivirus [ɑ̃tiviʀys] M IT Antivirenprogramm *n*, Virenschutz(programm *n*)

TER® [teøɛʀ] M (train express régional) Regionalzug

Bei schwierig auszusprechenden französischen Übersetzungen ist eine Aussprachehilfe in eckigen Klammern angegeben:

Flipflops® MPL tongs [tɔ̃g] *fpl*

Techno M *od* N MUS techno [-k-] *f*

°h steht für ein h, vor dem der Artikel le beziehungsweise la nicht zu l' gekürzt wird:

°hasard M (= le hasard, *Aussprache:* [ləazaʀ])

°hanche F (= la hanche, *Aussprache:* [laɑ̃ʃ])

aber **heure** F (= l'heure, *Aussprache:* [lœʀ])

Die Aussprache des Französischen

Vokale

a	[a]	kurz und hell wie in Ratte	valise, déjà
		lang und hell wie in Straße	courage
	[ɑ]	kurzes dunkles a	bas
		langes dunkles a	pâte
ai	[e]	geschlossenes e wie in Tee	j'ai
	[ɛ]	offen wie in Bär	raison, chaîne
au	[o]	geschlossenes o wie in Lohn	faux, chaud
	[ɔ]	offenes o wie in Tonne	Paul
e	[e]	geschlossenes e wie in Tee	été, arriver, rendez-vous
	[ɛ]	offen wie in gähnen	cher, après
		offen wie in fällen	fenêtre, mère
	[ə]	kurzes dumpfes ö	le, que
ei	[ɛ]	offen wie in gähnen	peine
eau	[o]	geschlossenes o wie in Boot	bateau
eu	[ø]	geschlossenes ö wie in Öse	feu
	[œ]	offenes ö wie in öfter	fleur
i	[i]	kurz und hell wie in Wind	cri
		lang und hell wie in Dieb	dire
o	[o]	geschlossenes o wie in Sohle	pot, hôtel
	[ɔ]	offenes o wie in Tonne	fort
œu	[ø]	geschlossenes ö wie in Öse	nœud
	[œ]	offenes ö wie in öfter	œuf
ou	[u]	geschlossenes u wie in Mut	goût, tour
u	[y]	wie deutsches ü in für	sûr, mur

Gleitlaute

oi	[wa]	kurzes, gleitendes o + a	**choisir**
oui	[wi]	kurzes, gleitendes u + i	**oui**
ui	[ɥi]	kurzes, gleitendes ü + i	**suite, lui**
ua	[ɥa]	kurzes, gleitendes ü + a	**nuage**

Nasale

Sie sind eine Eigentümlichkeit der französischen Sprache, für die es keine vergleichbaren Laute im Deutschen gibt:

[ɑ̃]	**chambre, chanter, membre, entente**
[ɛ̃]	**cinq, timbre, train, éteindre, nymphe**
[wɛ̃]	**coin, moins**
[ɔ̃]	**bombe, fonds**
[œ̃]	**un, humble** (oft wie [ɛ̃] gesprochen)

Konsonanten

c	[k]	vor *a, o, u* und vor Konsonanten wie k	**calcul**
	[s]	vor *e* oder *i* wie stimmloses s	**citron**
ç	[s]	vor *a* oder *o* wie stimmloses s	**façon**
ch	[ʃ]	wie deutsches sch in Schule	**chercher**
g	[g]	vor *a, o, u* und vor Konsonanten wie g	**gant**
	[ʒ]	vor *e* oder *i* wie stimmhaftes sch in Genie	**genre**
gn	[ɲ]	wie deutsches nj in Champagner	**gagner**

h	[-]	h ist immer stumm	**horizon**
j	[ʒ]	wie stimmhaftes sch in Genie	**journal**
ll	[l]	wie deutsches l in Spiel	**ville**
	[j]	wie j in Jacke	**fille**
ph	[f]	wie f in Fahrt	**phare**
qu	[k]	wie deutsches k in können	**quand**
r	[ʀ]	stark geriebenes Zäpfchen-R wie in Rock	**rose**
s	[s]	am Wortanfang stimmlos wie in Bus	**service**
	[z]	zwischen Vokalen stimmhaft wie in Rose	**raison**
t	[s]	vor *i* + Vokal oft wie stimmloses s in Passion	**nation**
v	[v]	wie deutsches w in Wagen	**variable**
w	[v]	wie deutsches w in Wagen	**wagon**
	[w]	wie englisches w in web	**week-end**
x	[ks]	vor Konsonanten stimmlos wie in Text	**texte**
	[gz]	vor Vokalen stimmhaft wie in langsam	**examen**
y	[j]	vor Vokalen wie deutsches j	**payer**
	[i]	vor Konsonanten wie i in Lilie	**typique**
z	[z]	wie stimmhaftes s in Sonne	**zéro**

Ein Betonungszeichen ['] wird bei den französischen Stichwörtern nicht gesetzt, da im Französischen die Betonung beim einzeln gesprochenen Wort immer auf der letzten Silbe liegt. Im Satzzusammenhang verlagert sie sich auf die letzte Silbe einer Sinneinheit: vergleiche etwa **rembourser** [ʀɑ̃buʀ'se] und **rembourser ses dettes** [ʀɑ̃buʀsese'dɛt].

Ebenso werden bei den französischen Stichwörtern keine Vokallängen [:] angegeben, da sie für die Bedeutungsunterscheidung im Französischen keine Rolle spielen. Vergleiche dagegen im Deutschen **Rate** ['ra:tə] und **Ratte** ['ratə], **zählen** ['tsɛ:lən] und **Zellen** ['tsɛlən] usw.

Unbekannt ist im Französischen der Knacklaut [ʔ], der im Deutschen oft gebildet wird, wenn zwei Vokale aufeinandertreffen oder ein Wort mit einem Vokal beginnt: **Beamter** [bə'ʔamtər], **E-Mail-Adresse** ['ʔi:me:lʔadrɛsə] usw.

Die Aussprache der Alphabete | La prononciation des alphabets

	französisch	deutsch
a	[a]	[a]
b	[be]	[be]
c	[se]	[tse]
d	[de]	[de]
e	[ø]	[e]
f	[ɛf]	[ɛf]
g	[ʒe]	[ge]
h	[aʃ]	[hɑ]
i	[i]	[i]
j	[ʒi]	[jɔt]
k	[ka]	[kɑ]
l	[ɛl]	[ɛl]
m	[ɛm]	[ɛm]
n	[ɛn]	[ɛn]

	französisch	deutsch
o	[o]	[o]
p	[pe]	[pe]
q	[ky]	[ku]
r	[ɛʀ]	[ɛr]
s	[ɛs]	[ɛs]
ß	–	[ɛstsɛt]
t	[te]	[te]
u	[y]	[u]
v	[ve]	[fau]
w	[dubləve]	[ve]
x	[iks]	[iks]
y	[igʀɛk]	[ypsilɔn]
z	[zɛd]	[tsɛt]

Französisch – Deutsch

à [a] in, an, auf (*dat od akk*); **~ la mer** am Meer, ans Meer; **~ Paris** in Paris, nach Paris; **~ la maison** zu Hause, nach Hause; **au printemps** im Frühling; **~ 5 heures** um 5 (Uhr); **~ demain!** bis morgen!

abaisser [abɛse] senken

abandon [abɑ̃dɔ̃] M Aufgabe *f* (*a.* SPORT); **à l'~** verwahrlost

abandonné [abɑ̃dɔne] *lieu* verlassen; *chat, voiture* herrenlos **abandonner** [abɑ̃dɔne] verlassen, im Stich lassen; *études*, SPORT aufgeben

abattre [abatʀ] *maison* niederreißen; *arbre* fällen; *animal* schlachten; *tuer* niederschießen

abattu [abaty] niedergeschlagen

abbaye [abei] F Abtei

abcès [apsɛ] M Abszess

abdiquer [abdike] abdanken; *fig* aufgeben, kapitulieren

abdomen [abdɔmɛn] M Bauch, Unterleib

abeille [abɛj] F Biene

aberrant [abɛʀɑ̃] abwegig, aberwitzig **aberration** [abɛʀasjɔ̃] F Absurdität

abîme [abim] M Abgrund **abîmer** [abime] beschädigen; **s'~** beschädigt werden; *fruits* verderben

abolir [abɔliʀ] abschaffen, aufheben

abominable [abɔminabl] abscheulich

abondance [abɔ̃dɑ̃s] F Überfluss *m* **abondant** [abɔ̃dɑ̃] reichlich; *nourriture* reichhaltig

abonné(e) [abɔne] M(F) Abonnent(in); TEL Teilnehmer(in)

abonnement [abɔnmɑ̃] M Abonnement *n*; TEL Anschluss

abonner [abɔne] **s'~ à qc** etw abonnieren; **être abonné à qc** etw abonniert haben

abord [abɔʀ] **d'~** zuerst

abordable [abɔʀdabl] erschwinglich **aborder** [abɔʀde] *personne* ansprechen; *sujet* angehen; SCHIFF anlegen

aboutir [abutiʀ] zu e-m Ergebnis führen; **~ à** führen zu

aboyer [abwaje] bellen

abrégé [abʀeʒe] M Kurzfassung *f* **abréger** [abʀeʒe] abkürzen

abréviation [abʀevjasjõ] F Abkürzung
abri [abʀi] M Schutz(dach *n*, -raum); *habitation* Unterschlupf; **à l'~ de** sicher vor (*dat*)
abricot [abʀiko] M Aprikose *f*
abriter [abʀite] **s'~** Schutz suchen (**de** vor *dat*); *de la pluie* sich unterstellen
abrupt [abʀypt] steil
abruti [abʀyti] benommen; *umg stupide* blöd
absence [apsɑ̃s] F Abwesenheit
absent [apsɑ̃] abwesend
absenter [apsɑ̃te] **s'~** weggehen
absolu [apsɔly] absolut **absolument** [apsɔlymɑ̃] unbedingt; *entièrement* völlig
absorber [apsɔʀbe] *liquide* aufnehmen; *nourriture* zu sich nehmen
abstenir [apstəniʀ] **s'~** POL sich der Stimme enthalten; **s'~ de qc** etw (*akk*) unterlassen
abstrait [apstʀɛ] abstrakt
absurde [apsyʀd] absurd
abus [aby] M Missbrauch
abuser [abyze] **~ de qc** etw missbrauchen; **~ de l'alcool** zu viel trinken
acarien [akaʀjɛ̃] M ZOOL Milbe *f*
accablant [akablɑ̃] *chaleur* drückend; *preuves* erdrückend
accabler [akable] **~ de** überhäufen mit
accélérateur [akseleʀatœʀ] M Gaspedal *n* **accélérer** [akseleʀe] beschleunigen; AUTO Gas geben
accent [aksɑ̃] M Akzent; Betonung *f*
accepter [aksɛpte] annehmen; **~ de** (+*inf*) zusagen zu
accès [aksɛ] M Zugang; *d'une autoroute* Zufahrt *f*; MED Anfall; **~ illimité** unbegrenzter Zugang; IT, TEL Flatrate *f*; **~ à Internet** Internetzugang **accessible** zugänglich; **~ aux personnes ayant un handicap** barrierefrei
accessoires [aksɛswaʀ] MPL Zubehör *n*
accident [aksidɑ̃] M Unfall; **~ de la route/de sport** Verkehrs-/Sportunfall; **~ majeur** GAU (*größter anzunehmender Unfall*)
accompagnateur [akõpaɲatœʀ] M, **-trice** [-tʀis] F Begleiter(in) *m(f)*; *de touristes* Reiseleiter(in) *m(f)*; *d'enfants* Begleitperson *f* **accompagnement** [akõpaɲəmɑ̃] M MUS Begleitung *f*; GASTR Beilage *f*
accompagner [akõpaɲe] begleiten
accomplir [akõpliʀ] ausführen; *devoir* erfüllen
accord [akɔʀ] M *acceptation* Zustimmung *f*; *traité* Abkommen *n*; MUS Akkord; **d' ~!** einverstanden!; **se mettre d'~** sich einigen (**sur** über *akk*)
accorder [akɔʀde] bewilligen

accoster [akɔste] (ungeniert) ansprechen; SCHIFF anlegen

accotement [akɔtmɑ̃] M Randstreifen

accouchement [akuʃmɑ̃] M Entbindung *f* **accoucher** [akuʃe] entbinden

accourir [akuʀiʀ] herbeieilen

accoutumer [akutyme] (s'~ sich) gewöhnen (à an *akk*)

accrochage [akʀɔʃaʒ] M (leichter) Zusammenstoß **accrocher** [akʀɔʃe] *tableau* aufhängen; *remorque* anhängen; AUTO streifen; **s'~ à** sich festhalten an (*dat*)

accueil [akœj] M Empfang **accueillant** [akœjɑ̃] gastfreundlich; *maison* gemütlich **accueillir** [akœjiʀ] empfangen; *film, nouvelle* aufnehmen

accumuler [akymyle] anhäufen

accus [aky] MPL *umg* AUTO Batterie *f*

accusé(e) [akyze] M(F) Angeklagte(r) *m/f(m)* **accuser** [akyze] anklagen

achat [aʃa] M Kauf; **faire des ~s** Einkäufe machen, einkaufen

acheter [aʃte] kaufen **acheteur** [aʃtœʀ] M Käufer

achever [aʃve] beenden; *œuvre* vollenden

acide [asid] **1** sauer **2** M Säure *f*

acier [asje] M Stahl

acné [akne] F Akne

acompte [akõt] M Anzahlung *f*

acouphène [akufɛn] M Tinnitus

acoustique [akustik] **1** MED Hör…, Gehör…; PHYS akustisch, Schall… **2** F Akustik

acquérir [akeʀiʀ] erwerben

acquittement [akitmɑ̃] M Freispruch **acquitter** [akite] freisprechen

acte [akt] M *action* Tat *f*; Handlung *f*; *document* Urkunde *f*; *théâtre* Akt

acteur [aktœʀ] M Schauspieler

actif [aktif] aktiv; *médicament* wirksam

action [aksjõ] F Tat, Handlung; *effet produit* Wirkung; *en Bourse* Aktie

activité [aktivite] F Aktivität, Tätigkeit

actualiser [aktɥalize] aktualisieren **actualité** [aktɥalite] F Zeitgeschehen *n*; **~s** PL Nachrichten *fpl*

actuel [aktɥɛl] aktuell; *présent* gegenwärtig **actuellement** [aktɥɛlmɑ̃] zurzeit

acupuncture [akypõktyʀ] F Akupunktur

adaptateur [adaptatœʀ] M Bearbeiter; TECH Adapter **adapter** [adapte] (**s'~** sich) anpassen (**à** *dat od* an *akk*); TV *etc* bearbeiten

addition [adisjõ] F *au restaurant* Rechnung; MATH Additi-

on; l'~, s'il vous plaît! zahlen, bitte!
additionner [adisjɔne] zusammenzählen, addieren
adieu [adjø] ~! leb wohl!, leben Sie wohl!; ~x *mpl* Abschied *m*
adjectif [adʒɛktif] M Adjektiv *n*
adjoint(e) [adʒwɛ̃ (adʒwɛ̃t)] M(F) Stellvertreter(in)
admettre [admɛtʀ] zulassen; *à une école* aufnehmen (**à** in *akk*); *reconnaître* zugeben; *supposer* annehmen
administration [administʀasjõ] F Verwaltung; *service* Behörde
admirer [admiʀe] bewundern
admission [admisjõ] F Zulassung
ado [ado] *umg* M/F → adolescent(e)
adolescence [adɔlesɑ̃s] F Jugend(alter *n*) **adolescent(e)** [adɔlesɑ̃(t)] M(F) Jugendliche(r) *m/f(m)*
adopter [adɔpte] adoptieren **adoption** [adɔpsjõ] F Adoption
adorable [adɔʀabl] entzückend, süß
adorer [adɔʀe] über alles lieben; ~ **faire qc** etw für sein Leben gern tun
adoucir [adusiʀ] mildern; *peau* weich machen
adresse [adʀɛs] F Adresse, Anschrift; *habileté* Geschick *n*; ~ **électronique, e-mail** E-Mail-Adresse; ~ **de vacances** Urlaubsanschrift
adresser [adʀese] ~ **à** richten, senden an (*akk*); **s'~ à** sich wenden an (*akk*)
adroit [adʀwa] geschickt
adulte [adylt] **1** erwachsen **2** M/F Erwachsene(r) *m/f(m)*
adverbe [advɛʀb] M Adverb *n*
adversaire [advɛʀsɛʀ] M/F Gegner(in) *m(f)*
aération [aeʀasjõ] F Lüftung
aérer [aeʀe] lüften **aérien** [aeʀjɛ̃] Luft..., Flug...
aérobic [aeʀɔbik] F Aerobic *n*
aérodrome [aeʀɔdʀom] M Flugplatz **aérogare** [aeʀɔgaʀ] F Terminal *m/n* **aéroport** [aeʀɔpɔʀ] M Flughafen
affaiblir [afɛbliʀ] schwächen; **s'~** schwächer werden
affaire [afɛʀ] F Angelegenheit, Sache (*a.* JUR); HANDEL Geschäft *n*; *scandale* Affäre; ~**s** PL *objets personnels* Sachen; HANDEL Geschäft(e) *n(pl)*; ~**s** *pl* **de sport** *umg* Sportzeug; **avoir ~ à qn** mit j-m zu tun haben
affamé [afame] ausgehungert
affection [afɛksjõ] F Zuneigung; MED Erkrankung
affectueusement [afɛktɥøzmɑ̃] liebevoll; *fin d'une lettre* herzliche Grüße **affectueux** [afɛktɥø] liebevoll
affichage M IT Anzeige *f* **affiche** [afiʃ] F Plakat *n* **afficher**

[afiʃe] *Plakate* anschlagen; IT anzeigen
affirmation [afiʀmasjõ] F Behauptung **affirmer** [afiʀme] behaupten, versichern
affluence [aflyɑ̃s] F Andrang *m*, Ansturm *m*; **heures** *fpl* **d'~** Stoßzeit
affluent [aflyɑ̃] M Nebenfluss
affoler [afɔle] **s'~** sich aufregen
affranchir [afʀɑ̃ʃiʀ] frankieren
affréter [afʀete] chartern
affreux [afʀø] schrecklich, abscheulich
affronter [afʀõte] **~ qn** j-m gegenübertreten; SPORT auf j-n treffen; **s'~** sich gegenüberstehen (*a.* SPORT)
afin [afɛ̃] **~ de** um zu; **~ que** (*+subj*) damit
africain [afʀikɛ̃] **1** afrikanisch **2** **Africain** M Afrikaner
Afrique [afʀik] F **l'~** Afrika *n*; **l'~ du Sud** Südafrika *n*
after-shave [aftœʀʃɛv] M Aftershave *n*; Rasierwasser *n*
agacer [agase] ärgern
agave [agav] M Agave *f*
âge [ɑʒ] M Alter *n*; **quel ~ avez-vous?** wie alt sind Sie?
âgé [ɑʒe] alt; **~ de 5 ans** 5 Jahre alt
agence [aʒɑ̃s] F Agentur; *succursale* Geschäftsstelle; **~ immobilière** Maklerbüro *n*; **~ de voyages** Reisebüro *n*
agenda [aʒɛ̃da] M Taschenkalender
agent [aʒɑ̃] M **~ (de police)** (Verkehrs)Polizist; **~ d'assurances** Versicherungsagent
agglomération [aglɔmeʀasjõ] F *ville* Ortschaft; *métropole* Ballungsraum *m*;
aggravation [agʀavasjõ] F Verschlechterung (*a.* MED) **aggraver** [agʀave] verschlimmern; **s'~** sich verschlechtern
agile [aʒil] gewandt
agir [aʒiʀ] handeln; **il s'agit de ...** es handelt sich um ...
agitation [aʒitasjõ] F Unruhe (*a.* POL)
agité [aʒite] unruhig (*a. mer*)
agiter [aʒite] schütteln; *mouchoir* schwenken
agneau [aɲo] M Lamm *n*; *viande* Lammfleisch *n*
agrafe [agʀaf] F *de bureau* Heftklammer; MED Klammer
agrafer [agʀafe] (zusammen)heften
agrandir [agʀɑ̃diʀ] vergrößern **agrandissement** [agʀɑ̃dismɑ̃] M Vergrößerung (*a.* FOTO)
agréable [agʀeabl] angenehm
agréer [agʀee] genehmigen; **veuillez ~, Monsieur, mes salutations distinguées** mit freundlichen Grüßen
agresser [agʀese] *dans la rue* überfallen; *verbalement* angreifen **agresseur** [agʀesœʀ] M Angreifer **agressif** [agʀesif] aggressiv **agression** [agʀesjõ] F Überfall *m* **agressivité**

[agʀɛsivite] F Aggressivität, Angriffslust
agricole [agʀikɔl] landwirtschaftlich, Agrar... **agriculteur** [agʀikyltœʀ] M Landwirt **agriculture** [agʀikyltyʀ] F Landwirtschaft
agrocarburant [agʀokaʀbyʀɑ̃] M Biokraftstoff
agrumes [agʀym] MPL Zitrusfrüchte *fpl*
aguicheur [agiʃœʀ] aufreizend, kokett
ai [e] PRÄS → avoir
aide [ɛd] F Hilfe; **à l'~ de** mithilfe von
aider [ɛde] helfen (**qn** j-m, **à faire qc** etw zu tun *od* bei etw)
aïe! [aj] au!
aigle [ɛgl] M Adler
aigre [ɛgʀ] sauer
aigre-doux [ɛgʀədu] süßsauer
aigri [ɛgʀi] verbittert
aigu [egy] spitz; *voix* schrill; MED akut; *douleur* stechend
aiguillage [egɥijaʒ] M Weiche *f*
aiguille [egɥij] F Nadel; *d'une montre* Zeiger *m*; **~ à tricoter** Stricknadel
aiguilleur [egɥijœʀ] M **~ du ciel** Fluglotse
aiguiser [egize] *couteau* schleifen; *appétit* anregen
ail [aj] M Knoblauch
aile [ɛl] F Flügel *m*; AUTO Kotflügel *m*
ailleurs [ajœʀ] anderswo(hin), woanders(hin); **nulle part ~** sonst nirgends; **d'~** übrigens
ailloli [ajɔli] M Knoblauchmayonnaise *f*
aimable [ɛmabl] liebenswürdig, freundlich
aimant [ɛmɑ̃] M Magnet
aimer [ɛme] lieben; **~ bien** mögen; **~ la bière** gern Bier trinken; **~ faire qc** gern etw tun; **j'aimerais** ich möchte *od* würde gern; **~ mieux** lieber mögen, haben; **~ mieux faire qc** etw lieber tun
aine [ɛn] F ANAT Leiste
aîné [ɛne] ältere(r, -s); *le plus âgé* älteste(r, -s)
ainsi [ɛ̃si] so; **~ que** sowie
aïoli → ailloli
air [ɛʀ] M Luft *f*; *apparence* Aussehen *n*; *mine* Miene *f*; *mélodie* Melodie *f*; **~ conditionné** Klimaanlage *f*; **en l'~** in die Luft; **en plein ~** im Freien; **avoir l'~** aussehen (**de** wie); **avoir l'~ de** (+*inf*) scheinen zu
airbag [ɛʀbag] M Airbag; **~ latéral** Seitenairbag
aire [ɛʀ] F **~ de jeu** Spielplatz *m*; **~ de repos** Rastplatz *m*
airelle [ɛʀɛl] F **~ (rouge)** Preiselbeere
aise [ɛz] F **être (mal) à l'~** sich (nicht) wohlfühlen
aisé [ɛze] *facile* leicht; *riche* wohlhabend
aisselle [ɛsɛl] F Achsel(höhle)
ait [ɛ] SUBJ → avoir
Aix-la-Chapelle [ɛkslaʃapɛl] Aachen

ajouter [aʒute] hinzufügen
alarme [alaʀm] F Alarm *m*
Albanie [albani] F **l'~** Albanien *n*
album [albɔm] M Album *n*
alcool [alkɔl] M Alkohol; **sans ~** alkoholfrei; **~ à brûler** Brennspiritus
alcoolique [alkɔlik] M/F Alkoholiker(in) *m(f)*
alcoolisé [alkɔlize] alkoholhaltig; **boisson** *f* **~e/non ~e** alkoholisches/alkoholfreies Getränk *n*
alcootest [alkɔtɛst] M Alkoholtest
al dente [aldɛnte] al dente
alentours [alɑ̃tuʀ] MPL Umgebung *f*; **aux ~ de** in der Gegend von; *environ* um … herum
alerte [alɛʀt] **1** rege, flink **2** F Alarm *m* **alerter** [alɛʀte] alarmieren
algèbre [alʒɛbʀ] F Algebra
Algérie [alʒeʀi] F **l'~** Algerien *n*
algérien [alʒeʀjɛ̃] **1** algerisch **2** **Algérien** M Algerier
algue [alg] F Alge
alibi [alibi] M Alibi *n*
aliment [alimɑ̃] M Nahrungsmittel *n*
alimentaire [alimɑ̃tɛʀ] Nahrungs…, Ernährungs…; **pension** *f* **~** Unterhaltszahlung
alimentation [alimɑ̃tasjɔ̃] F Ernährung; *nourriture* Nahrung; **magasin** *m* **d'~** Lebensmittelgeschäft *n*
alimenter [alimɑ̃te] ernähren; *eau, électricité* versorgen (**en** mit)
allaiter [alɛte] stillen
allécher [aleʃe] (an)locken
allée [ale] F Allee
allégé [aleʒe] *produit* light **alléger** [aleʒe] leichter machen
Allemagne [almaɲ] F **l'~** Deutschland *n*
allemand [almɑ̃] **1** deutsch **2** M *langue* **l'~** Deutsch *n* **3** **Allemand(e)** [almɑ̃(d)] M(F) Deutsche(r) *m/f(m)*
aller [ale] **1** *à pied* gehen; (*dans un*) *véhicule* fahren (**en voiture** mit dem Auto; **à Nice** nach Nizza); **~ à qn** *vêtement* j-m stehen, passen; **~ chercher** holen; **~ voir qn** j-n besuchen; **s'en ~** weg-, fortgehen; **(comment) ça va?** wie gehts?; **ça va** es geht (ganz gut); **je vais bien/mal/mieux** es geht mir gut/schlecht/besser; **~ faire (qc)** gleich (etw) tun **2** M Hinfahrt *f*; **~ (simple)** einfache Fahrkarte *f*; **~ (et) retour** Hin- und Rückfahrt *f*, Rückfahrkarte *f*; **match** *m* **~** Hinspiel *n*
allergie [alɛʀʒi] F Allergie **allergique** [alɛʀʒik] allergisch
alliance [aljɑ̃s] F POL Bündnis *n*; *anneau* Trauring *m*
alligator [aligatɔʀ] M Alligator
allô [alo] TEL ja, bitte? *en Allemagne, on donne son nom*

allocation [alɔkasjõ] F Unterstützung; **~s** *pl* **familiales** Kindergeld *n*
allonger [alõʒe] verlängern; **s'~** *jours* länger werden; *se coucher* sich hinlegen; **être allongé** liegen
allumage [alymaʒ] M Zündung *f* **allumer** [alyme] anzünden; *lumière, radio,* TV einschalten **allumette** [alymɛt] F Streich-, Zündholz *n*
allure [alyʀ] F *vitesse* Tempo *n*; *air* Aussehen *n*; *classe* Stil *m*; **à toute ~** mit vollem Tempo
allusion [alyzjõ] F Anspielung (**à** auf *akk*)
alors [alɔʀ] *à cette époque* damals; *en conséquence* dann; **et ~?** na und?; **~ que** während, wo(hin)gegen
alourdir [aluʀdiʀ] schwer(er) machen
aloyau [alwajo] M Lende *f*
alpage [alpaʒ] M Alm *f*
Alpes [alp] FPL **les ~** die Alpen
alphabet [alfabɛ] M Alphabet *n* **alphabétique** [alfabetik] alphabetisch
alpinisme [alpinism] M Bergsteigen *n* **alpiniste** [alpinist] M/F Bergsteiger(in) *m(f)*
Alsace [alzas] F **l'~** das Elsass
alsacien [alzasjɛ̃] **1** elsässisch **2** **Alsacien** M Elsässer
altermondialiste [altɛʀmõdjalist] M/F Globalisierungsgegner(in) *m(f)*
alternance [altɛʀnɑ̃s] F Wechsel *m*; **en ~** im Wechsel, abwechselnd
alternative [altɛʀnativ] F Alternative **alternativement** [altɛʀnativmɑ̃] abwechselnd
alterner [altɛʀne] abwechseln (**avec** mit)
altitude [altityd] F Höhe
aluminium [alyminjɔm] M Aluminium *n*
alzheimer [alzajmœʀ] M Alzheimerkrankheit *f*; **maladie** *f* **d'Alzheimer** Alzheimerkrankheit
amabilité [amabilite] F Liebenswürdigkeit
amaigri [amɛgʀi] abgemagert
amande [amɑ̃d] F Mandel
amant [amɑ̃] M Liebhaber, Geliebte(r)
amarrer [amaʀe] F SCHIFF festmachen
amas [ama] M Haufen
amasser [amase] anhäufen
amateur [amatœʀ] M Liebhaber; SPORT Amateur
ambassade [ɑ̃basad] F Botschaft **ambassadeur** [ɑ̃basadœʀ] M Botschafter
ambiance [ɑ̃bjɑ̃s] F Stimmung
ambigu [ɑ̃bigy] zweideutig
ambitieux [ɑ̃bisjø] ehrgeizig
ambition [ɑ̃bisjõ] F Ehrgeiz *m*
ambulance [ɑ̃bylɑ̃s] F Krankenwagen *m*
ambulatoire [ɑ̃bylatwaʀ] ambulant
âme [am] F Seele

amélioration [ameljɔʀasjõ] F (Ver)Besserung **améliorer** [ameljɔʀe] verbessern; **s'~** besser werden; sich bessern
amen [amɛn] amen
aménager [amenaʒe] *appartement* einrichten
amende [amɑ̃d] F Geldstrafe
amener [amne] mitbringen; *entraîner* mit sich bringen
amer [amɛʀ] bitter (*a. fig*)
américain [ameʀikɛ̃] **1** amerikanisch **2** **Américain** M Amerikaner
Amérique [ameʀik] F **l'~** Amerika *n*; **l'~ du Sud** Südamerika *n*; **l'~ latine** Lateinamerika *n*
ameublement [amœbləmɑ̃] M (Zimmer-, Wohnungs)Einrichtung *f*
ami(e) [ami] M(F) Freund(in)
amiable [amjabl] **à l'~** einvernehmlich, gütlich
amiante [amjɑ̃t] M Asbest
amical [amikal] freundschaftlich **amicale** [amikal] F Verein *m*
amicalement [amikalmɑ̃] mit herzlichem Gruß
amidon [amidõ] M Stärke *f*
amincir [amɛ̃siʀ] schlank machen; V/I dünner werden
amiral [amiʀal] M ‹*pl* amiraux [amiʀo]› Admiral
amitié [amitje] F Freundschaft; **~s** PL freundliche, herzliche Grüße *mpl*
amoindrir [amwɛ̃dʀiʀ] verringern, vermindern
amont [amõ] **en ~** fluss-, stromaufwärts; **en ~ de** oberhalb von
amorcer [amɔʀse] in Gang bringen; **s'~** in Gang kommen
amortir [amɔʀtiʀ] *choc, bruit* dämpfen; HANDEL amortisieren **amortisseur** [amɔʀtisœʀ] M Stoßdämpfer
amour [amuʀ] M Liebe *f*; **faire l'~ avec qn** mit j-m schlafen
amoureux [amuʀø] verliebt (**de** in *akk*); **tomber ~ de** sich verlieben in (*akk*)
amour-propre [amuʀpʀɔpʀ] M Selbstachtung *f*
ampère [ɑ̃pɛʀ] M Ampere *n*
amphithéâtre [ɑ̃fiteɑtʀ] M *université* Hörsaal; *arènes* Amphitheater *n*
ample [ɑ̃pl] *vêtement* weit
ampleur [ɑ̃plœʀ] F Weite; *fig* Umfang *m*, Ausmaß *n*
ampli(ficateur) [ɑ̃pli(fikatœʀ)] M Verstärker
amplifier [ɑ̃plifje] verstärken (*a.* TECH)
ampoule [ɑ̃pul] F *lampe* Glühbirne; *cloque* Blase; *médicament* Ampulle
amputer [ɑ̃pyte] amputieren
amulette [amylɛt] F Amulett *n*
amusant [amyzɑ̃] unterhaltend, lustig
amuse-gueule [amyzgœl] M Appetithäppchen *n*
amuser [amyze] unterhalten;

qc Spaß machen (**qn** j-m); **s'~** sich amüsieren; *jouer* spielen; **pour s'~** zum Spaß

amygdales [ami(g)dal] FPL ANAT Mandeln

an [ɑ̃] M Jahr *n*; **jour** *m* **de l'~** Neujahrstag; **à vingt ~s** mit zwanzig (Jahren); **par ~** im *od* pro Jahr; **tous les ~s** jedes Jahr; **avoir dix ~s** zehn (Jahre alt) sein

analgésique [analʒezik] 1 schmerzstillend 2 M Schmerzmittel *n*

analyse [analiz] F Analyse; **~ de sang** Blutuntersuchung

analyser [analize] analysieren, untersuchen

ananas [anana(s)] M Ananas *f*

anarchie [anaʀʃi] F Anarchie

anchois [ɑ̃ʃwa] M Sardelle *f*, Anchovis *f*

ancien [ɑ̃sjɛ̃] alt; *précédent* ehemalig

ancre [ɑ̃kʀ] F Anker *m*

Andorre [ɑ̃dɔʀ] F **l'~** Andorra *n*

andouille [ɑ̃duj] F Kuttelwurst; *umg* Dummkopf *m*

âne [an] M Esel

anéantir [aneɑ̃tiʀ] vernichten; *fig* niederschmettern

anecdote [anɛgdɔt] F Anekdote

anémie [anemi] F Blutarmut

anesthésie [anɛstezi] F Betäubung, Narkose; **~ locale** örtliche Betäubung; **~ générale** Vollnarkose

aneth [anɛt] M Dill

ange [ɑ̃ʒ] M Engel

angine [ɑ̃ʒin] F Angina; **~ de poitrine** Angina pectoris

anglais [ɑ̃glɛ] 1 englisch 2 **Anglais** M Engländer

angle [ɑ̃gl] M *coin* Ecke *f*; MATH Winkel; **sous cet ~** unter diesem Blickwinkel

Angleterre [ɑ̃glətɛʀ] F **l'~** England *n*

angoisse [ɑ̃gwas] F Angst (-gefühl) *f(n)* **angoisser** [ɑ̃gwase] (**s'~** sich) ängstigen

anguille [ɑ̃gij] F Aal *m*

animal [animal] 1 M ⟨*pl* animaux [animo]⟩ Tier *n* 2 ADJ tierisch, Tier... **animalerie** [animalʀi] F Zoogeschäft *n*, Tierhandlung

animateur [animatœʀ] M, **animatrice** [animatʀis] F TV, *d'un débat* Moderator(in) *m(f)*; *d'un groupe* Betreuer(in) *m(f)*

animé [anime] *rue* belebt; *discussion* lebhaft **animer** [anime] beleben; *émission* moderieren; *groupe* betreuen; *débat* leiten

anis [ani(s)] M Anis

anneau [ano] M Ring

année [ane] F Jahr *n*; **~ scolaire** Schuljahr *n*; **bonne ~!** ein gutes neues Jahr!

année-lumière [anelymjɛʀ] F Lichtjahr *n*

annexe [anɛks] F *bâtiment* Nebengebäude *n*; **~s** PL *d'un dos-*

sier etc Anlagen

anniversaire [aniversɛr] M Geburtstag; *d'un événement* Jahrestag; **~ de mariage** Hochzeitstag; **bon ~!** alles Gute zum Geburtstag!

annonce [anõs] F Ankündigung; **petite ~** Anzeige; **petites ~s** PL *rubrique* Anzeigenteil *m*

annoncer [anõse] ankündigen

annuaire [anɥɛr] M Jahrbuch *n*; **~ du téléphone** Telefonbuch *n*

annuel [anɥɛl] jährlich, Jahres...

annulaire [anylɛr] M Ringfinger

annulé [anyle] fällt aus **annuler** [anyle] *réservation* annullieren; *rendez-vous* absagen; *voyage* abbestellen; *vol* streichen; *commande* stornieren

anorak [anorak] M Anorak

anorexie [anɔrɛksi] F Magersucht **anorexique** [anɔrɛksik] magersüchtig

ANPE [aɛnpeə] F (Agence nationale pour l'emploi) Arbeitsamt *n*

Antarctique [ɑ̃tarktik] M **l'~** die Antarktis

antenne [ɑ̃tɛn] F Antenne; ZOOL Fühler *m*; **~ de télévision** Fernsehantenne; **~ parabolique** Parabolantenne, Satellitenschüssel; **être à l'~** auf Sendung sein

antérieur [ɑ̃terjœr] vordere(r, -s), Vorder...; *d'avant* frühere(r, -s); **~ à** früher als

antibiotique [ɑ̃tibjɔtik] M Antibiotikum *n*

antibrouillard [ɑ̃tibrujar] M *phare* Nebelscheinwerfer; *feu arrière* Nebelschlussleuchte *f*

anticiper [ɑ̃tisipe] vorwegnehmen (**sur qc** etw); *paiement* im Voraus leisten

anticorps [ɑ̃tikɔr] M Antikörper

anticyclone [ɑ̃tisiklon] M Hoch(druckgebiet) *n*

antidopage [ɑ̃tidɔpaʒ] **contrôle** *m* **~** Dopingkontrolle *f*

antidote [ɑ̃tidɔt] M Gegenmittel *n*, -gift *n*

antigel [ɑ̃tiʒɛl] M Frostschutzmittel *n*

antihistaminique [ɑ̃tiistaminik] M Antihistaminikum *n*

Antilles [ɑ̃tij] FPL **les ~** die Antillen *pl*

antilope [ɑ̃tilɔp] F Antilope

antipathique [ɑ̃tipatik] unsympathisch

antiquaire [ɑ̃tikɛr] M Antiquitätenhändler

antique [ɑ̃tik] antik

Antiquité [ɑ̃tikite] F Altertum *n*, Antike; **antiquités** PL Antiquitäten

antiseptique [ɑ̃tiseptik] antiseptisch, keimtötend **antiterroriste** [ɑ̃titerɔrist] Antiterror...; **lutte** *f* **~** Terrorismusbekämpfung *f* **antivirus** [ɑ̃tivirys] M IT Antivirenprogramm

n, Virenschutz(programm *n*)
antivol [ɑ̃tivɔl] M Diebstahlsicherung *f*; *vélo* Fahrradschloss
anxiété [ɑ̃ksjete] F Angst
anxieux [ɑ̃ksjø] ängstlich
août [u(t)] M August
apaiser [apɛze] beruhigen; *maux de dents* lindern
apercevoir [apɛʀsəvwaʀ] *discerner* erkennen; *brièvement* (flüchtig) sehen; **s'~ de qc** etw merken
aperçu [apɛʀsy] M kurzer Überblick
apéritif [apeʀitif] M, *umg* **apéro** [apeʀo] M Aperitif
aplanir [aplaniʀ] planieren, ebnen
aplatir [aplatiʀ] platt drücken
apoplexie [apɔplɛksi] F Schlaganfall *m*
apostrophe [apɔstʀɔf] F Apostroph *m*
apparaître [apaʀɛtʀ] erscheinen, zum Vorschein kommen
appareil [apaʀɛj] M Apparat (*a.* TEL), Gerät *n*; *avion* Maschine *f*; **~ (de) photo** Fotoapparat, Kamera *f*
appareiller [apaʀeje] SCHIFF ablegen, auslaufen (**pour** nach)
apparence [apaʀɑ̃s] F Aussehen *n*; **~s** PL (An)Schein *m*; **en ~** scheinbar
apparent [apaʀɑ̃] *visible* sichtbar; *en apparence* scheinbar
apparition [apaʀisjɔ̃] F Erscheinen *n*; *vision* Erscheinung
appartement [apaʀtəmɑ̃] M Wohnung *f*
appartenir [apaʀtəniʀ] **~ à** gehören (*dat*); *faire partie de* angehören (*dat*)
appât [apɑ] M Köder
appel [apɛl] M Ruf; TEL Anruf; JUR Berufung *f*; **~ au secours** Hilferuf; **faire ~ à qn** j-n heranziehen; **faire un ~ de phares** die Lichthupe betätigen
appeler [aple] rufen; *nommer* nennen; TEL anrufen; **s'~** heißen
appellation [apɛlasjɔ̃] F **~ (d'origine) contrôlée** geprüfte Herkunftsbezeichnung
appendicite [apɛ̃disit] F Blinddarmentzündung
appétissant [apetisɑ̃] appetitlich
appétit [apeti] M Appetit; **bon ~!** guten Appetit!
applaudir [aplodiʀ] Beifall klatschen (**qn** j-m) **applaudissements** [aplodismɑ̃] MPL Applaus *m*, Beifall *m*
appli [apli] F IT App *f/n*
appliqué [aplike] fleißig
appliquer [aplike] *produit* auftragen; *loi, méthode* anwenden (**à** auf); **s'~** fleißig sein; **s'~ à** gelten für; **s'~ à** (*+inf*) sich bemühen zu
apporter [apɔʀte] (mit)bringen
apprécier [apʀesje] schätzen
apprendre [apʀɑ̃dʀ] lernen;

nouvelle erfahren (**par qn** durch j-n); **~ qc à qn** *enseigner* j-m etw beibringen; *annoncer* j-m etw mitteilen

apprenti [apʀɑ̃ti] M Lehrling

apprentissage [apʀɑ̃tisaʒ] M Lehre *f*

apprêter [apʀete] **s'~ à partir** gerade im Begriff sein wegzugehen

apprivoiser [apʀivwaze] *animal* zähmen

approche [apʀɔʃ] F **à l'~ de** beim Herannahen (+*gen*) **approcher** [apʀɔʃe] heranrücken; **s'~ de** sich nähern (*dat*)

approfondir [apʀɔfɔ̃diʀ] vertiefen

approprié [apʀɔpʀije] angemessen, passend

approuver [apʀuve] billigen, gutheißen; **~ qn** j-m zustimmen

approvisionner [apʀɔvizjɔne] versorgen (**en** mit)

approximatif [apʀɔksimatif] annähernd

appui [apɥi] M Stütze *f*; *fig* Unterstützung *f*

appui(e)-tête [apɥitɛt] M Kopfstütze *f*

appuyer [apɥije] lehnen (**contre** gegen), (an)lehnen (**an** *akk*); **~ sur** drücken auf (*akk*); **s'~ sur** sich stützen auf (*akk*) (*a. fig*)

après [apʀɛ] nach, hinter; ADV nachher; **d'~** gemäß; **~ que** nachdem

après-demain [apʀɛdmɛ̃] übermorgen **après-guerre** [apʀɛgɛʀ] M/F Nachkriegszeit *f*

après-midi [apʀɛmidi] M/F Nachmittag *m* **après-rasage** [apʀɛʀɑzaʒ] M Aftershave *n*, Rasierwasser *n* **après-shampooing** [apʀɛʃɑ̃pwɛ̃] M Haar-, Pflegespülung *f* **après-ski** [apʀɛski] M Schneestiefel; Après-Ski *n*

aptitude [aptityd] F Fähigkeit

aquagym [akwaʒim] M Wassergymnastik *f*

aquarelle [akwaʀɛl] F Aquarell *n*

aquarium [akwaʀjɔm] M Aquarium *n*

aqueduc [akdyk] M Aquädukt

arabe [aʀab] **1** arabisch **2** **Arabe** M Araber

araignée [aʀɛɲe] F Spinne

arbitraire [aʀbitʀɛʀ] willkürlich

arbitre [aʀbitʀ] M Schlichter; SPORT Schiedsrichter

arbitrer [aʀbitʀe] *conflit* schlichten; SPORT Schiedsrichter sein (**qc** bei etw)

arbre [aʀbʀ] M Baum; **~ de Noël** Weihnachtsbaum

arbuste [aʀbyst] M (kleiner) Strauch

arc [aʀk] M Bogen

arc-en-ciel [aʀkɑ̃sjɛl] M Regenbogen

archéologie [aʀkeɔlɔʒi] F Archäologie

archevêque [aʀʃəvɛk] M Erz-

bischof
architecte [aʀʃitɛkt] M/F Architekt(in) *m(f)* **architecture** [aʀʃitɛktyʀ] F Architektur
archives [aʀʃiv] FPL Archiv *n*
Arctique [aʀktik] M **l'~** die Arktis
ardent [aʀdɑ̃] glühend
ardeur [aʀdœʀ] F Glut, Hitze
ardoise [aʀdwaz] F Schiefer *m*
arène(s) [aʀɛn] F(PL) Arena *f*
arête [aʀɛt] F Gräte
argent [aʀʒɑ̃] M Silber *n*; *monnaie* Geld *n*; **~ liquide** Bargeld *n*; **~ de poche** Taschengeld *n*
argenté [aʀʒɑ̃te] silbern
Argentine [aʀʒɑ̃tin] F **l'~** Argentinien *n*
argile [aʀʒil] F Ton *m*
argot [aʀgo] M Argot *n od m*; Jargon *m*
aride [aʀid] trocken (*a. fig*), ausgedörrt
aristocratie [aʀistɔkʀasi] F Aristokratie **aristocratique** [aʀistɔkʀatik] aristokratisch
arme [aʀm] F Waffe; **~ à feu** Feuer-, Schusswaffe
armé [aʀme] bewaffnet; **béton** *m* **~** Eisenbeton
armée [aʀme] F Armee
armer [aʀme] bewaffnen; *pays* aufrüsten; *arme à feu, appareil photo* spannen
armistice [aʀmistis] M Waffenstillstand
armoire [aʀmwaʀ] F Schrank *m*; **~ à pharmacie** Hausapotheke *f*
armoiries [aʀmwaʀi] FPL Wappen *n*
arobase [aʀɔbɑz] F IT Klammeraffe *m*
aromate [aʀɔmat] M Gewürz *n* **aromatique** [aʀɔmatik] aromatisch
arôme [aʀom] M Aroma *n*, Duft
aronia [aʀonja] M Aroniabeere *f*, Apfelbeere *f*
arr. (arrondissement) Stadtbezirk
arracher [aʀaʃe] (her)ausreißen; *pommes de terre* ernten; *dent* ziehen; **~ qc à qn** j-m etw entreißen (*a. fig*)
arranger [aʀɑ̃ʒe] (wieder) in Ordnung bringen; *organiser* arrangieren; **ça m'arrange (bien)** das kommt mir sehr gelegen; **s'~** (wieder) in Ordnung kommen; **s'~ avec qn** sich mit j-m einigen; **s'~ pour** (+*inf*) es so einrichten, dass
arrestation [aʀɛstasjɔ̃] F Verhaftung, Festnahme
arrêt [aʀɛ] M Anhalten *n*; Stehenbleiben *n*; *de bus* Haltestelle *f*; *train* Aufenthalt; **sans ~** ununterbrochen
arrêter [aʀɛte] anhalten; *moteur* abstellen; *j-n* verhaften; **s'~** stehen bleiben; *bruit* aufhören; *faire halte* haltmachen; *train* halten (**à** in); **(s')~ de** (+*inf*) aufhören zu; **arrête!** hör auf!
arrhes [aʀ] FPL Anzahlung *f*

arriéré [aʀjeʀe] rückständig; *enfant* zurückgeblieben
arrière [aʀjɛʀ] **1** ADJ Hinter..., Rück... **2** M Heck *n;* SPORT Verteidiger; **en ~** rückwärts, zurück, nach hinten; **à l'~** hinten
arrière-goût [aʀjɛʀgu] M Nachgeschmack **arrière-grand-mère** [aʀjɛʀgʀɑ̃mɛʀ] F Urgroßmutter **arrière-pays** [aʀjɛʀpei] M Hinterland *n* **arrière-pensée** [aʀjɛʀpɑ̃se] F Hintergedanke *m* **arrière-plan** [aʀjɛʀplɑ̃] M Hintergrund **arrière-saison** [aʀjɛʀsɛzõ] F Nachsaison
arrivée [aʀive] F Ankunft
arriver [aʀive] ankommen; *malheur* passieren (**à qn** j-m); **~ à** (+*inf*) es schaffen zu ...
arrondir [aʀõdiʀ] abrunden
arrondissement [aʀõdismɑ̃] M (Stadt)Bezirk
arroser [aʀoze] (be)gießen **arrosoir** [aʀozwaʀ] M Gießkanne *f*
art [aʀ] M Kunst *f*
artère [aʀtɛʀ] F ANAT Arterie; AUTO Hauptverkehrsstraße
artériosclérose [aʀteʀjɔskleʀoz] F Arterienverkalkung, Arteriosklerose
arthrose [aʀtʀoz] F Arthrose
artichaut [aʀtiʃo] M Artischocke *f;* **fond** *m* **d'~** Artischockenboden
article [aʀtikl] M Artikel; **~s** *pl* **de voyage** Reisebedarf *m;* **~s** *pl* **de cuir** Lederwaren *fpl;* **~s** *pl* **de sport** Sportartikel *fpl*
articulation [aʀtikylasjõ] F Gelenk *n*
artificiel [aʀtifisjɛl] künstlich
artillerie [aʀtijʀi] F Artillerie
artisan [aʀtizɑ̃] M Handwerker **artisanal** [anal] handwerklich
artiste [aʀtist] M/F Künstler(in) *m(f)* **artistique** [aʀtistik] künstlerisch
arty [aʀti] *umg, a. pej* Künstler...
as¹ [as] M Ass *n* (*a. umg fig*)
as² [a] PRÄS → avoir
ascenseur [asɑ̃sœʀ] M Aufzug, Lift **ascension** [asɑ̃sjõ] F Besteigung; *fig* Aufstieg *m;* **l'Ascension** (Christi) Himmelfahrt
asiatique [azjatik] **1** asiatisch **2** **Asiatique** M Asiat **Asie** [azi] F **l'~** Asien *n*
asile [azil] M Asyl *n*, Heim *n*
aspect [aspɛ] M Aussehen *n*, Anblick; *point de vue* Aspekt, Gesichtspunkt
asperge [aspɛʀʒ] F Spargel *m*
asphyxier [asfiksje] ersticken
aspirateur [aspiʀatœʀ] M Staubsauger **aspirer** [aspiʀe] *air* einatmen; *liquide, poussière* ansaugen
aspirine® [aspiʀin] F Aspirin® *n*
assaisonnement [asɛzɔnmɑ̃] M Würzen *n; ingrédients* Gewürze *npl; vinaigrette* Salatsoße

f **assaisonner** [asɛzɔne] würzen; *salade* anmachen

assassin [asasɛ̃] M Mörder **assassinat** [asasina] M Mord **assassiner** [asasine] ermorden

assemblée [asɑ̃ble] F Versammlung **assembler** [asɑ̃ble] zusammenfügen, -bauen; **s'~** sich versammeln

asseoir [aswaʀ] *enfant* setzen; **s'~** sich (hin)setzen

assez [ase] genug; *plutôt* ziemlich; **~ d'argent** genug Geld; **j'en ai ~** ich habe es satt

assiette [asjɛt] F Teller *m*; **~ anglaise** *Platte mit kaltem Braten und Rohkost*

assis [asi] sitzend; **être ~** sitzen

assistant(e) [asistɑ̃(t)] M(F) Assistent(in); **~e médicale** Arzthelferin; **~e sociale** Sozialarbeiterin

assister [asiste] **~ qn** j-m beistehen; **~ à** *spectacle* sich ansehen (*akk*); *dispute* dabei sein bei; **assisté par ordinateur** computergestützt

association [asɔsjasjõ] F Verein *m*; WIRTSCH Verband *m*

associer [asɔsje] verbinden; **~ qn à** j-n beteiligen an (*dat*); **s'~ avec** sich zusammenschließen mit

assoiffé [aswafe] durstig

assommer [asɔme] bewusstlos schlagen

Assomption [asõpsjõ] F **l'~** Mariä Himmelfahrt

assortiment [asɔʀtimɑ̃] M Auswahl *f*; **~ de charcuterie** Wurstplatte *f*

assouplir [asupliʀ] lockern (*a. fig*); *linge* weich machen

assurance [asyʀɑ̃s] F Versicherung; *confiance en soi* (Selbst)Sicherheit; **~ auto** Kfz-Versicherung; **~ maladie** Krankenversicherung; **~ responsabilité civile** Haftpflichtversicherung; **~ tous risques** Vollkaskoversicherung; **~ voyage** Reiseschutz; **~ annulation de voyage** Reiserücktrittsversicherung

assurément [asyʀemɑ̃] sicher (-lich)

assurer [asyʀe] versichern; *garantir* sichern; **s'~** sich versichern (**contre** gegen); **s'~ de** sich vergewissern (*gen*)

asthme [asm] M Asthma *n*

astre [astʀ] M Gestirn *n*

astronaute [astʀonot] M Astronaut, Raumfahrer

astucieux [astysjø] raffiniert; *personne* einfallsreich

atelier [atəlje] M Werkstatt *f*; *d'artiste* Atelier *n*; *pour un groupe de travail* Workshop

athée [ate] M Atheist

athlète [atlɛt] M (Leicht)Athlet **athlétisme** [atletism] M Leichtathletik *f*

Atlantique [atlɑ̃tik] M **l'~** der Atlantik

atlas [atlas] M Atlas

atmosphère [atmɔsfɛʀ] F At-

mosphäre
atome [atom] M Atom *n*
atomique [atɔmik] Atom…
atout [atu] M Trumpf
atroce [atʀɔs] entsetzlich
attaché-case [ataʃekɛz] M Aktenkoffer
attacher [ataʃe] festmachen, fest-, anbinden (**à** an *dat*); *lacets* zubinden; *tablier* umbinden; GASTR ansetzen; **~ sa ceinture** sich anschnallen; **s'~ à** hängen an (*dat*)
attaquant [atakɑ̃] M SPORT Angriffsspieler **attaque** [atak] F Angriff *m*; MED Anfall *m*
attaquer [atake] angreifen, *dans la rue* überfallen; *fig* **s'~ à qc** etw anpacken
attarder [ataʀde] **s'~** sich zu lange aufhalten
atteindre [atɛ̃dʀ] erreichen; *projectile* treffen; MED befallen; *fig toucher* treffen
attendant [atɑ̃dɑ̃] **en ~** in der Zwischenzeit
attendre [atɑ̃dʀ] warten (**qn** auf j-n); **~ que** (*+subj*) warten, bis; **~ de** erwarten von; **s'~ à** gefasst sein auf (*akk*)
attendrir [atɑ̃dʀiʀ] rühren
attentat [atɑ̃ta] M Attentat *n*; **~ suicide** Selbstmordanschlag
attente [atɑ̃t] F Warten *n* (**de** auf *akk*); *durée* Wartezeit; *espoir* Erwartung; **file** *f* **d'~** Schlange
attentif [atɑ̃tif] aufmerksam; **être ~ à** achten auf (*akk*)
attention [atɑ̃sjõ] F Aufmerksamkeit; **~!** Vorsicht!, Achtung!; **faire ~** aufpassen, achten (**à** auf *akk*)
atténuer [atenɥe] abschwächen, mildern; *bruit* dämpfen; *douleur* lindern
atterrir [atɛʀiʀ] FLUG landen
attestation [atɛstasjõ] F Bescheinigung
attirance [atiʀɑ̃s] F Anziehungskraft **attirant** [atiʀɑ̃] anziehend
attirer [atiʀe] anziehen; **~ l'attention sur** die Aufmerksamkeit lenken auf (*akk*)
attitude [atityd] F Haltung
attraction [atʀaksjõ] F Anziehungskraft; *pour le public* Attraktion
attrait [atʀɛ] M Reiz
attraper [atʀape] fangen; *balle a.* auffangen; *train, bus* erreichen; *umg maladie* sich holen; **être attrapé** hereinfallen
attrayant [atʀɛjɑ̃] anziehend
attribuer [atʀibɥe] *donner* zuweisen; *comme cause* zurückführen (**à qc** auf etw *akk*)
au [o] = *à + le*
aube [ob] F Morgendämmerung
aubépine [obepin] F Weißdorn *m*
auberge [obɛʀʒ] F (Land)Gasthof *m*; **~ de (la) jeunesse** Jugendherberge
aubergine [obɛʀʒin] F Aubergine

aucun [okɛ̃, okœ̃], **aucune** [okyn] **(ne ... ~, ~ ... ne)** kein(e); *employé seul* keine(r, -s)
aucunement [okynmɑ̃] keineswegs
audacieux [odasjø] kühn
au-delà [od(ə)la] **~ de** jenseits (*gen*); *fig* über ... hinaus
au-dessous [od(ə)su] darunter; **~ de** unter (*dat od akk*)
au-dessus [od(ə)sy] darüber; **~ de** über (*dat od akk*)
audioguide [odjogid] M Audioguide
auditeur [oditœʀ] M Zuhörer
augmentation [ogmɑ̃tasjõ] F Zunahme; *des prix* Erhöhung; **~ de salaire** Lohn-, Gehaltserhöhung
augmenter [ogmɑ̃te] erhöhen; V/I *population* zunehmen; *prix* steigen
aujourd'hui [oʒuʀdɥi] heute; *de nos jours* heutzutage
aulne [on] M Erle *f*
aumône [omon] F Almosen *n*
auparavant [opaʀavɑ̃] vorher, zuvor
auprès [opʀɛ] **~ de** bei
aurai [ɔʀe] *fut* → avoir
aurore [ɔʀɔʀ] F Morgenröte
ausculter [ɔskylte] MED abhorchen
aussi [osi] auch; KONJ daher; **~ ... que** (eben)so ... wie
aussitôt [osito] sofort, (so)gleich; **~ que** sobald
austère [ostɛʀ] streng
Australie [ostʀali] F **l'~** Australien *n*
australien [ostʀaljɛ̃] **1** australisch **2** **Australien** M Australier
autant [otɑ̃] **~ (que)** soviel ... (wie); *souffrir* so sehr (wie); **~ de ... (que)** soviel (wie); **d'~ plus que** umso mehr als
autel [otɛl] M Altar
auteur [otœʀ] M Autor(in) *m(f)*, Verfasser(in) *m(f)*; **~ du crime** Täter(in) *m(f)*
authentique [otɑ̃tik] echt
auto [oto] F Auto *n* **autobiographie** [otobjɔgʀafi] F Autobiografie **autobus** [otobys] M Bus **autocar** [otokaʀ] M (Reise-, Überland)Bus
autocuiseur [otokɥizœʀ] M Schnellkochtopf
auto-école [otoekɔl] F Fahrschule
autographe [otogʀaf] M Autogramm *n* **automatique** [otomatik] automatisch
automne [otɔn] M Herbst
automobile [otomɔbil] ADJ Auto(mobil)..., Kraftfahrzeug... **automobiliste** [otomɔbilist] M Auto-, Kraftfahrer
autopsie [otɔpsi] F Obduktion
autoradio [otoʀadjo] M Autoradio *n*
autorisation [otoʀizasjõ] F Genehmigung **autoriser** [otoʀize] erlauben (**qc** etw; **qn à faire qc** j-m, etw zu tun)
autorités [otoʀite] FPL Behörden

autoroute [otɔʀut] F Autobahn

auto-stop [otostɔp] M **faire de l'~** per Anhalter fahren

auto-stoppeur [otostɔpœʀ] M, **auto-stoppeuse** [otostɔpøz] F Anhalter(in) *m(f)*

autour [otuʀ] d(a)rum herum; **~ de** um … (herum); *umg environ* um … herum

autre [otʀ] andere(r, -s); *de plus* weitere(r, -s); **une ~ bière** noch ein Bier; **~ chose** etwas anderes; **rien d'~** nichts anderes, sonst nichts; **entre ~s** unter anderem

autrefois [otʀəfwa] früher

autrement [otʀəmɑ̃] anders; *sinon* sonst

Autriche [otʀiʃ] F **l'~** Österreich *n*

autrichien [otʀiʃjɛ̃] **1** österreichisch **2** **Autrichien** M Österreicher

autruche [otʀyʃ] F ZOOL Strauß *m*

auvent [ovɑ̃] M Vordach *n*

aval [aval] **en ~** fluss-, stromabwärts; **en ~ de** unterhalb von (*od gen*)

avalanche [avalɑ̃ʃ] F Lawine

avaler [avale] (hinunter)schlucken; *involontairement* verschlucken; **~ de travers** sich verschlucken

avance [avɑ̃s] F *course* Vorsprung *m*; *argent* Vorschuss *m*; **à l'~, d'~** im Voraus; **en ~** zu früh

avancement [avɑ̃smɑ̃] M *progrès* Fortschritt; *dans la carrière* Beförderung *f*

avancer [avɑ̃se] vorrücken; *argent* vorstrecken; *rendez-vous* vorverlegen; V/I vorankommen (*a. dans le travail*); *montre* vorgehen; **s'~** näher kommen; **s'~ vers** zugehen auf (*akk*)

avant [avɑ̃] **1** PRÄP vor (*dat od akk*); ADV vorher; ADJ Vorder…; **~ tout** vor allem; **en ~** vorwärts, nach vorn; **à l'~** vorn; **~ que** (+ *subj*), **~ de** (+*inf*) bevor **2** M Vorderteil *n od m*; SPORT Stürmer

avantage [avɑ̃taʒ] M Vorteil

avantager [avɑ̃taʒe] begünstigen **avantageux** [avɑ̃taʒø] vorteilhaft

avant-bras [avɑ̃bʀa] M Unterarm **avant-dernier** [avɑ̃dɛʀnje] vorletzte(r, -s) **avant-goût** [avɑ̃gu] M Vorgeschmack

avant-hier [avɑ̃tjɛʀ] vorgestern

avare [avaʀ] geizig

avarié [avaʀje] verdorben

avec [avɛk] mit; **et ~ ça?** darf es sonst noch was sein?

avenir [avniʀ] M Zukunft *f*; **à l'~** in Zukunft

aventure [avɑ̃tyʀ] F Abenteuer *n*; *en amour* (Liebes)Affäre

aventurer [avɑ̃tyʀe] **s'~** sich wagen **aventurier** [avɑ̃tyʀje] M Abenteurer

avenue [avny] F Avenue,

Prachtstraße

avérer [aveʀe] **s'~** (+*adj*) sich als ... erweisen

averse [avɛʀs] F (Regen)Schauer *m*

aversion [avɛʀsjõ] F Abneigung (**pour** gegen)

avertir [avɛʀtiʀ] benachrichtigen (**de** von); *mettre en garde* warnen **avertissement** [avɛʀtismɑ̃] M Warnung *f*; **~ aux voyageurs** Reisewarnung *f*

avertisseur [avɛʀtisœʀ] M AUTO Hupe *f*; **~ d'incendie** Feuermelder

aveu [avø] M Geständnis *n*

aveugle [avœgl] **1** blind **2** M/F Blinde(r) *m/f(m)* **aveugler** [avœgle] *lumière* blenden; *fig* blind machen

aviaire [avjɛʀ] Vogel..., der Vögel; **grippe** *f* **~** Vogelgrippe

aviateur [avjatœʀ] M Flieger **aviation** [avjasjõ] F Luftfahrt

avide [avid] gierig (**de** nach) **avidité** [avidite] F Gier

avion [avjõ] M Flugzeug *n*; **~ de ligne** Linienmaschine *f*; **prendre l'~** fliegen; **par ~** mit, per Luftpost

aviron [aviʀõ] M *rame* Ruder *n*; SPORT Rudersport

avis [avi] M Meinung *f*; *information* Bekanntmachung *f*; **à mon ~** meiner Meinung nach; **~ de tempête** Sturmwarnung *f*; **~ d'imposition** Steuerbescheid

avocat¹ [avɔka] M BOT Avocado *f*

avocat² [avɔka] M (Rechts)Anwalt **avocate** [avɔkat] F (Rechts)Anwältin

avoine [avwan] F Hafer *m*

avoir [avwaʀ] **1** haben; *obtenir* bekommen; *umg tromper* reinlegen; **il y a** es gibt; **il y a 2 ans** vor 2 Jahren; **~ 15 ans** 15 Jahre alt sein **2** M Guthaben *n*

avortement [avɔʀtəmɑ̃] M Abtreibung *f*

avorter [avɔʀte] **se faire ~** abtreiben (lassen)

avouer [avwe] (ein)gestehen; zugeben; JUR gestehen

avril [avʀil] M April

axe [aks] M Achse *f*

ayez [ɛje] SUBJ → **avoir**

azalée [azale] F Azalee

azote [azɔt] M Stickstoff

B

baba¹ [baba] *umg* verblüfft

baba² [baba] M **~ au rhum** *rumgetränkter Napfkuchen*

babeurre [babœʀ] M Buttermilch *f*

babiole [babjɔl] F Kleinigkeit

bâbord [babɔʀ] M Backbord; **à ~** backbord(s)

babouin [babwɛ̃] M Pavian

baby-foot [babifut] M Tischfußball **babyphone®** [babi-

fɔn] MF Babyfon® *n* **babysitter** [bebisitœʀ] M/F Babysitter *m*
bac [bak] M *bateau* Fähre *f*
bac(calauréat) [bak(aloʀea)] M Abi(tur) *n*; **~ + 3** UNIV Bachelor *m*
bâche [baʃ] F Plane
bacille [basil] M Bazillus
bâcler [bɑkle] *umg* hinschludern
bactérie [bakteʀi] F Bakterie
badge [badʒ] M Button
badminton [badmintɔn] M Federball, Badminton *n*
baeckeoffe [bɛkəofe] M *Elsasser Fleischeintopf mit Kartoffeln*
baffle [bafl] M Lautsprecherbox *f*
bagages [bagaʒ] MPL Gepäck *n*; **~ accompagnés** Reisegepäck *n*
bagarre [bagaʀ] F Schlägerei
bagnole [baɲɔl] F *umg* Karre
bague [bag] F (Finger)Ring *m*
baguette [bagɛt] F Stab *m*; *pour manger* (Ess)Stäbchen *n*; *pain* Stangenweißbrot *n*, Baguette *f od n*
baie [bɛ] F Bucht; BOT Beere
baignade [bɛɲad] F Baden *n*
baigner [bɛɲe] **se ~** baden
baignoire [bɛɲwaʀ] F Badewanne
bâiller [bɑje] gähnen
bain [bɛ̃] M Bad *n*; **salle** *f* **de ~s** Badezimmer *n*; **~ de pieds** Fußbad *n*; **~ de soleil** Sonnenbad *n*; **prendre un ~** ein Bad nehmen, (sich) baden
bain-marie [bɛ̃maʀi] M GASTR Wasserbad *n*
baiser[1] [beze] M Kuss
baiser[2] [beze] *sl* bumsen
baisse [bɛs] F Sinken *n*, Fallen *n*; **être en ~** *prix* fallen
baisser [bese] *vitre, store* herunterlassen; *gaz, lumière* kleiner stellen; *radio* leiser stellen; V/I *température, prix* sinken, fallen; **se ~** sich bücken
bal [bal] M Ball
balade [balad] F *umg* Spaziergang *m*; *en voiture* Spazierfahrt
balader [balade] spazieren gehen, fahren
baladeur [baladœʀ] M **~ MP3** MP3-Player
balai [balɛ] M Besen
balance [balɑ̃s] F Waage
balancer [balɑ̃se] schwenken; **se ~** schaukeln; **~ les jambes** die Beine baumeln lassen
balançoire [balɑ̃swaʀ] F Schaukel
balayer [balɛje] (aus-, weg)fegen
balcon [balkõ] M Balkon
Bâle [bɑl] Basel
baleine [balɛn] F Wal *m*
balise [baliz] F MAR Bake; *d'un sentier* Markierung
balle [bal] F Ball *m*
ballet [balɛ] M Ballett *n*
ballon [balõ] M (großer) Ball; *jouet* Luftballon; FLUG Ballon; *umg* AUTO **souffler dans le ~**

in die Tüte *od* ins Röhrchen blasen
balnéaire [balneɛʀ] **station** *f* ~ Seebad *n*
Baltique [baltik] **la mer ~** die Ostsee
balustrade [balystʀad] F Geländer *n*, Balustrade
bambou [bɑ̃bu] M Bambus
banal [banal] banal, alltäglich
banane [banan] F Banane
banc [bɑ̃] M (Sitz)Bank *f*; **~ de sable** Sandbank *f*
bancaire [bɑ̃kɛʀ] Bank…
bandage [bɑ̃daʒ] M Verband
bande[1] [bɑ̃d] F *ruban* Band *n*, Streifen *m*; MED Binde; **~ dessinée** Comic *m*; **~ sonore** Tonspur; AUTO **~ d'arrêt d'urgence** Standspur
bande[2] [bɑ̃d] F *groupe* Schar; *pej* Bande
bandeau [bɑ̃do] M Stirnband *n*; *pour les yeux* Augenbinde *f*
bander [bɑ̃de] verbinden
banlieue [bɑ̃ljø] F Vororte *mpl*; **train** *m* **de ~** Vorortzug
banque [bɑ̃k] F HANDEL Bank; IT **~ de données** Datenbank; **~ en ligne** Onlinebanking *n*
banquet [bɑ̃kɛ] M Bankett *n*, Festessen *n*
banquette [bɑ̃kɛt] F Bank; **~ arrière** Rücksitz *m*
banquier [bɑ̃kje] M Bankier
baptême [batɛm] M Taufe *f*
baptiser [batize] taufen
bar [baʀ] M Stehkneipe *f*; *d'un hôtel* Bar *f*; *comptoir* Theke *f*; **~ à ongles** Nagelstudio *n*
barbare [baʀbaʀ] **1** barbarisch **2** M Barbar
barbe [baʀb] F Bart *m*; **~ à papa** Zuckerwatte
barbecue [baʀbəkju] M *appareil* Holzkohlengrill; *repas* Grillparty *f*
barbelé [baʀbəle] **fil** *m* **de fer ~** *od* **~** M Stacheldraht
barbu [baʀby] bärtig
baril [baʀil] M Fass *n*
barman [baʀman] M Barkeeper; *garçon* Kellner
baromètre [baʀɔmɛtʀ] M Barometer *n*
baroque [baʀɔk] Barock…
barque [baʀk] F Kahn *m*, Boot *n*
barrage [baʀaʒ] M Staudamm, Talsperre *f*; *barrière* Sperre *f*; *d'une route* Straßensperre *f*
barre [baʀ] F Stange; SCHIFF Ruderpinne; **~ de chocolat** Schokoriegel *m*; SPORT **~ fixe** Reck *n*; **~s** *pl* **parallèles** Barren *m*
barreau [baʀo] M Gitterstab
barrer [baʀe] versperren; *police* sperren; *rayer* (aus-, durch)streichen **barricade** [baʀikad] F Barrikade **barrière** [baʀjɛʀ] F Schranke (*a. Bahn*), Sperre; *fig* Barriere
bas[1] [bɑ] **1** niedrig; *inférieur* untere(r, -s); *parler* leise; **en ~** unten **2** M unterer Teil
bas[2] [bɑ] M (Damen)Strumpf

bascule [baskyl] F Wippe **basculer** [baskyle] kippen
base [baz] F Basis (*a.* MIL); IT ~ **de données** Datenbank
basilic [bazilik] M Basilikum *n*
basilique [bazilik] F Basilika
basket(-ball) [basket(bol)] M Basketball
baskets [baskɛt] MPL Turn-, Sportschuhe
basque [bask] **1** baskisch; **le Pays ~** das Baskenland **2** **Basque** M Baske
bassin [basɛ̃] M Becken *n*
bastingage [bastɛ̃gaʒ] M Reling *f*
bas-ventre [bavɑtʀ] M Unterleib
bataille [bataj] F Schlacht
bâtard [batɑʀ] M *chien* Promenadenmischung *f*; *pain* Stangenweißbrot *n* (*von e-m Pfund*)
bateau [bato] M Schiff *n*; *non ponté* Boot *n*; **~ à voiles** Segelschiff *n*, -boot *n*
bateau-mouche [batomuʃ] M kleines Ausflugsschiff *n* (*auf der Seine*)
bâtiment [batimɑ̃] M Gebäude *n*, Bau; *secteur* Baubranche *f*
bâtir [batiʀ] bauen
bâton [batɔ̃] M Stock; **~ de ski** Skistock *m*
battant [batɑ̃] M (Tür-, Fenster)Flügel
battement [batmɑ̃] M Schlagen *n*
batterie [batʀi] F AUTO Batterie; MUS Schlagzeug *n*; **~ de cuisine** Kochtöpfe *mpl* und Pfannen *fpl*
battre [batʀ] schlagen (*a. Gegner*); *cartes* mischen; *maltraiter* verprügeln; **se ~** sich schlagen (**avec qn** mit j-m)
baume [bom] M Balsam; **~ à lèvres** Lippenbalsam
bavard [bavaʀ] **1** geschwätzig **2** **bavard(e)** [bavaʀ(d)] M(F) Schwätzer(in)
bavardage [bavadaʒ] M Geschwätz *n* **bavarder** [bavaʀde] schwatzen; IT ~ **(en ligne)** chatten
bave [bav] F Speichel *m*, *umg* Sabber *m* **baver** [bave] sabbern **bavette** [bavɛt] F Lätzchen *n*
Bavière [bavjɛʀ] **la ~** Bayern *n*
BCE [beseə] F (Banque centrale européenne) EZB (*Europäische Zentralbank*)
bd → boulevard
BD [bede] F (bande dessinée) *umg* Comics *pl*
beach volley [bitʃvɔlɛ] M Beachvolleyball
beau [bo] ⟨*vor Vokal* bel, *f* belle [bɛl]⟩ schön; **il fait ~** es ist schön(es Wetter)
beaucoup [boku] *travailler* viel; *décevoir* sehr; **~ de** viel(e)
beau-fils [bofis] M Schwiegersohn; *d'un remariage* Stiefsohn
beau-frère [bofʀɛʀ] M Schwager **beau-père** [bopɛʀ] M Schwiegervater; *d'un remariage* Stiefvater

beauté [bote] F Schönheit
beaux-arts [bozaʀ] MPL **les ~** die bildende Kunst *f* **beaux-parents** [bopaʀɑ̃] MPL Schwiegereltern *pl*
bébé [bebe] M Baby *n*
bec [bɛk] M Schnabel
bêche [bɛʃ] F Spaten *m*
bécoter [bekɔte] *umg* **se ~** knutschen
bégayer [begɛje] stottern
beige [bɛʒ] beige
beignet [bɛɲɛ] M Krapfen
bel → beau
bêler [bele] *mouton* blöken; *chèvre* meckern
belette [bəlɛt] F Wiesel *n*
belge [bɛlʒ] 1 belgisch 2 **Belge** M Belgier
Belgique [bɛlʒik] **la ~** Belgien *n*
bélier [belje] M Widder
belle [bɛl] → beau
belle-fille [bɛlfij] F Schwiegertochter; *d'un remariage* Stieftochter **belle-mère** [bɛlmɛʀ] F Schwiegermutter; *d'un remariage* Stiefmutter **belle-sœur** [bɛlsœʀ] F Schwägerin
belon [bəlõ] M *flache, runde Austernart*
belote [bəlɔt] F *beliebtes Kartenspiel*
belvédère [bɛlvedɛʀ] M Aussichtspunkt
bénédiction [benediksjõ] F Segen *m*
bénéfice [benefis] M Gewinn; *avantage* Vorteil **bénéficier** [benefisje] **~ de** genießen (*akk*); *profiter de* Vorteil ziehen aus
bénévole [benevɔl] ehrenamtlich
bénin [benɛ̃] ⟨*f* **bénigne** [beniɲ]⟩ harmlos; MED gutartig
bénir [beniʀ] segnen
bénit [beni] geweiht; **eau** *f* **~e** Weihwasser *n*
béotien(ne) [beɔsjɛ̃ (beɔsjɛn)] M(F) Banause *m*
béquille [bekij] F Krücke
berceau [bɛʀso] M Wiege *f* **bercer** [bɛʀse] *bébé* wiegen, schaukeln **berceuse** [bɛʀsøz] F Wiegenlied *n*
béret [beʀɛ] M Baskenmütze *f*
berge [bɛʀʒ] F Böschung
berger [bɛʀʒe] M Schäfer; **~ allemand** (deutscher) Schäferhund
berne [bɛʀn] **en ~** auf halbmast
besogne [bəzɔɲ] F Arbeit
besoin [bəzwɛ̃] M Bedürfnis *n*; **~s** PL Bedarf *m* (**en** an *dat*); **avoir ~ de** brauchen (*akk*); **au ~** notfalls, bei Bedarf
bestiole [bɛstjɔl] F Tierchen *n*, *bes* Insekt *n*
best-seller [bɛstsɛlœʀ] M Bestseller
bétail [betaj] M Vieh *n*
bête [bɛt] 1 dumm 2 F Tier *n*
bêtise [bɛtiz] F Dummheit
béton [betõ] M Beton
bette [bɛt] F Mangold *m*
betterave [bɛtʀav] F Rübe; ~

rouge Rote Bete; ~ **sucrière** Zuckerrübe
beurre [bœʀ] M Butter *f*; **petit** ~ Butterkeks **beurrer** [bœʀe] mit Butter bestreichen **beurrier** [bœʀje] M Butterdose *f*
biais [bjɛ] **de** *od* **en** ~ schräg
biberon [bibʀõ] M (Saug)Flasche *f*
Bible [bibl] F Bibel
bibliothèque [biblijɔtɛk] F Bücherei, Bibliothek; *meuble* Bücherschrank *m*
bicarbonate [bikaʀbɔnat] M ~ (**de soude**) Natron *n*
biche [biʃ] F Hirschkuh
bicyclette [bisiklɛt] F Fahrrad *n*; **aller à** ~ Rad fahren
bidet [bidɛ] M Bidet *n*
bidon [bidõ] M (Benzin-, Öl)-Kanister **bidonville** [bidõvil] M Elendsviertel *n*
bien [bjɛ̃] **1** gut; *très* sehr; *beaucoup* viel; *umg* **un type** ~ ein prima Kerl; **manger** ~ gut essen; **être, se sentir** ~ sich wohlfühlen; ~ **meilleur,** ~ **mieux** viel besser; **je veux** ~! gerne! **2** M Gute(s) *n*; ~**s** PL *fortune* Vermögen *n*; **dire du** ~ **de** Gutes sagen über (*akk*); **faire du** ~ **à** guttun (*dat*); **pour son** ~ zu s-m Besten
bien-être [bjɛ̃nɛtʀ] M Wohlbefinden *n*; **centre** *m* **de** ~ Wellnesscenter *n*; **espace** *m* ~ Wellnessbereich
bien que [bjɛ̃kə] (+*subj*) obwohl, obgleich
bientôt [bjɛ̃to] bald; **à** ~! bis bald!
bienveillant [bjɛ̃vɛjɑ̃] wohlwollend
bienvenu [bjɛ̃v(ə)ny] willkommen
bienvenue [bjɛ̃v(ə)ny] F Willkommen *n*; **souhaiter la** ~ **à qn** j-n willkommen heißen
bière [bjɛʀ] F Bier *n*; ~ **blonde/brune** helles/dunkles Bier; ~ (**à la**) **pression** Bier vom Fass
bifteck [biftɛk] M (Beef)Steak *n*; ~ °**haché** Hacksteak *n*
bifurcation [bifyʀkasjõ] F Abzweigung **bifurquer** [bifyʀke] sich gabeln; *voiture* abbiegen (**vers, à** nach)
bigorneau [bigɔʀno] M Strandschnecke *f*
bigoudi [bigudi] M Lockenwickler
bijou [biʒu] M Schmuckstück *n*; ~**x** PL Schmuck *m*
bijouterie [biʒutʀi] F Schmuck(waren)geschäft *n* **bijoutier** [biʒutje] M Juwelier
bikini [bikini] M Bikini; **bas** *m* **de** ~ Bikinihose; **haut** *m* **de** ~ Bikinioberteil
bilan [bilɑ̃] M Bilanz *f*
bile [bil] F Galle
bilingue [bilɛ̃g] zweisprachig
billard [bijaʀ] M Billard *n*
bille [bij] F Kugel
billet [bijɛ] M *bus, train* Fahrkarte *f*; *avion* Flugticket *n*; *cinéma* Eintrittskarte *f*; ~ (**de ban-**

que) (Geld)Schein, Banknote *f*; ~ **aller** einfache Fahrkarte *f*; ~ **aller-retour** Rückfahrkarte *f*
billetterie [bijɛtʀi] F Geldautomat *m*
bimensuel [bimɑ̃sɥɛl] zweimal monatlich **bimoteur** [bimɔtœʀ] zweimotorig
biniou [binju] M (bretonischer) Dudelsack
bio [bjɔ] ADJ *umg* **1** Bio…; **magasin** *m* ~ Bioladen; **pain** *m* ~ Biobrot **2** **acheter** ~ ökologisch einkaufen, Bioprodukte kaufen; **manger** ~ Biokost essen
biocarburant [bjɔkaʀbyʀɑ̃] M Biokraftstoff, *umg* Biosprit
biodiesel [bjɔdjezɛl] M Biodiesel **biodiversité** [bjɔdivɛʀsite] F BIOL Artenvielfalt
biologie [bjɔlɔʒi] F Biologie **biologique** [bjɔlɔʒik] biologisch; Bio… **biologiste** [bjɔlɔʒist] M/F Biologe *m*, Biologin *f*
biotope [bjɔtɔp] M Biotop *n*
bis [bis] ~! Zugabe!; **habiter au 12** ~ Nummer 12 a wohnen
biscotte [biskɔt] F Zwieback *m* **biscuit** [biskɥi] M Keks; ~ **de Savoie** Biskuit *m*
bise¹ [biz] F Nord(ost)wind *m*
bise² [biz] F Kuss *m*, Küsschen *n*
bisexuel [bisɛksɥɛl] bisexuell
bisou [bizu] M Kuss, Küsschen *n*
bisque [bisk] F ~ **d'écrevisses** Krebssuppe
bistro(t) [bistʀo] M *umg* Kneipe *f*
bizarre [bizaʀ] seltsam
blague [blag] F Witz *m*; *farce* Streich *m*; **sans** ~! im Ernst!
blaguer [blage] Witze machen
blaireau [blɛʀo] M Rasierpinsel; ZOOL Dachs
blâmer [blame] tadeln
blanc [blɑ̃] ⟨*f* **blanche** [blɑ̃ʃ]⟩ **1** weiß **2** M Weiß *n*; *vin* Weißwein; ~ **d'œuf** Eiweiß *n*; ~ **de poulet** Hähnchenbrust *f*; **Blanc** *m*, **Blanche** F Weiße(r) *m*/*f*(*m*)
blanchir [blɑ̃ʃiʀ] weiß machen; *mur* weißen; *personne* weiß werden **blanchissage** [blɑ̃ʃisaʒ] M Waschen *n* (*von Wäsche*) **blanchisserie** [blɑ̃ʃisʀi] F Wäscherei
blanquette [blɑ̃kɛt] F ~ **de veau** (*Art*) Kalbsragout *n*
blé [ble] M Weizen; *céréales* Getreide *n*
blême [blɛm] bleich
blennorragie [blenɔʀaʒi] F Tripper *m*, Gonorrhö
blessé [blɛse] **1** verletzt **2** **blessé(e)** [blɛse] M(F) Verletzte(r) *m*/*f*(*m*) **blesser** [blɛse] verletzen (*a. fig*) **blessure** [blɛsyʀ] F Verletzung
bleu [blø] **1** blau **2** M Blau *n*; *sur la peau* blauer Fleck; *fromage* Blauschimmelkäse
blindé [blɛ̃de] **1** gepanzert **2** M MIL Panzer

bling-bling [bliŋbliŋ] *umg* protzig
bloc [blɔk] M Block; *hôpital* **~ opératoire** Operationstrakt
blockhaus [blɔkos] M Bunker
bloc-notes [blɔknɔt] M Notizblock
blog [blɔg] M IT Blog
bloguer [blɔge] IT bloggen
blogueur [blɔgœʀ] M, **blogueuse** [blɔgøz] F IT Blogger(in) *m(f)*
blond [blõ] blond
bloquer [blɔke] blockieren; **rester bloqué** stecken bleiben, festsitzen
blouse [bluz] F Kittel *m*
blouson [bluzõ] M Blouson *n*
blue-jean [bludʒin] M Bluejeans *pl*
bluff [blœf] M Bluff, Täuschungsmanöver *n* **bluffer** [blœfe] *umg* bluffen, täuschen
boa [bɔa] M ZOOL, *parure* Boa *f*
bobine [bɔbin] F Spule
bocal [bɔkal] M ⟨*pl* **bocaux** [bɔko]⟩ Einmachglas *n*
body [bɔdi] M Body
bodybuilding [bɔdibildiŋ] M Bodybuilding *n*
bœuf [bœf, PL bø] M Ochse; *viande* Rindfleisch *n*; **~ bourguignon** *Rindfleischtopf auf Burgunderart*
bœuf-mode [bœfmɔd] M Rinderschmorbraten
boguer [bɔge] IT abstürzen, crashen
bohémien [bɔemjɛ̃] M Zigeuner *neg!*
boire [bwaʀ] trinken; *umg* **~ un coup** einen trinken
bois [bwa] M Holz *n*; *forêt* Wald; ZOOL Geweih *n*
boisson [bwasõ] F Getränk *n*
boîte [bwat] F *en carton* Schachtel; *en métal, plastique* Dose, Büchse; *umg discothèque* Disko; **~ de conserve** Konservenbüchse, -dose; **~ d'allumettes** Schachtel Streichhölzer; **~ à ordures** Mülleimer *m*; **~ de nuit** Nachtlokal *n*; **~ de vitesses (automatique** Automatik)Getriebe *n*; AUTO **~ à gants** Handschuhfach *n*; **~ aux lettres** Briefkasten *m*; **~ postale** Postfach *n*; IT **~ à lettres électronique** elektronischer Briefkasten *m*, Mailbox
boiter [bwate] hinken
bol [bɔl] M Trinkschale *f*
bombarder [bõbaʀde] bombardieren
bombe [bõb] F Bombe; **~ insecticide** Insektenspray *n*
bon [bõ] **1** ⟨*f* **bonne** [bɔn]⟩ gut; **à quoi ~?** wozu?; **ah ~!** ach so! **2** M Gutschein; **~ d'essence** Benzingutschein; **~ de caisse** Kassenbon; **~ de commande** Bestellschein
bonbon [bõbõ] M Bonbon *n*
bond [bõ] M Sprung, Satz
bondé [bõde] überfüllt
bonheur [bɔnœʀ] M Glück *n*
bonhomme [bɔnɔm] M *umg*

Kerl; *dessiné* Männchen *n*; **~ de neige** Schneemann
bonjour [bõʒuʀ] M **~!** guten Tag!; *le matin* guten Morgen!; *umg* Gruß (*an j-n*); **donne-lui le ~ de ma part!** grüße ihn (*od* sie) von mir
bonne → bon
bonnet [bɔnɛ] M Mütze *f*; **~ de bain** Bademütze
bonsoir [bõswaʀ] M **~!** guten Abend!
bonté [bõte] F Güte
bord [bɔʀ] M Rand; *d'un fleuve* Ufer *n*; **à ~ (de)** an Bord (*gen*); **au ~ de la mer** am Meer
bordure [bɔʀdyʀ] F Einfassung
borne [bɔʀn] F *kilométrique* Kilometerstein *m*; *umg* Kilometer *m*; **~ wifi** Hotspot
borné [bɔʀne] beschränkt
borner [bɔʀne] **se ~ à** sich beschränken auf (*akk*)
bosse [bɔs] F Beule; *d'un bossu* Buckel *m*
bosser [bɔse] *umg* schuften
bossu [bɔsy] buck(e)lig
botte [bɔt] F Stiefel *m*; *de radis* Bund *n*
bouc [buk] M Ziegenbock
bouche [buʃ] F Mund *m*; **~ d'égout** Gully *m*; **~ de métro** U-Bahn-Eingang *m*
bouche-à-bouche [buʃabuʃ] M Mund-zu-Mund-Beatmung *f*
bouchée [buʃe] F Bissen *m*; **~ à la reine** Königinpastete
boucher[1] [buʃe] verstopfen; *bouteille* zu-, verkorken; *route* versperren
boucher[2] [buʃe] M Fleischer, Metzger
boucherie [buʃʀi] F Fleischerei, Metzgerei
bouchon [buʃõ] M Stöpsel; *de liège* Korken; AUTO Stau
boucle [bukl] F *de cheveux* Locke; *de ceinture* Schnalle; *lacet* Schleife; **~ d'oreille** Ohrring *m*
bouclé [bukle] lockig **boucler** [bukle] *ceinture* zuschnallen
bouder [bude] schmollen (**qn** mit j-m)
boudin [budɛ̃] M Blutwurst *f*; **~ blanc** Weißwurst *f*
boue [bu] F Schlamm *m*; (Straßen)Schmutz *m*; *umg* Dreck *m*
bouée [bwe] F Boje; **~ de sauvetage** Rettungsring *m*
bouffe [buf] *umg* F Essen *n*; *sl* Fressen *n* **bouffer** [bufe] *umg* essen, futtern
bougé [buʒe] FOTO verwackelt
bouger [buʒe] sich bewegen, sich rühren; *meuble* (ver)rücken; *dent* wackeln
bougie [buʒi] F Kerze; AUTO Zündkerze; **~ parfumée** Duftkerze
bouillabaisse [bujabɛs] F *Marseiller* Fischsuppe
bouillant [bujɑ̃] kochend heiß
bouillir [bujiʀ] sieden, kochen **bouilloire** [bujwaʀ] F Wasserkessel *m*
bouillon [bujõ] M Brühe *f*; **~**

gras Fleischbrühe *f*
bouillotte [bujɔt] F Wärmflasche
boulanger [bulɑ̃ʒe] M Bäcker
boulangerie [bulɑ̃ʒʀi] F Bäckerei
boule [bul] F Kugel; **~ de neige** Schneeball *m*; **jouer aux ~s** Boule spielen
bouleau [bulo] M Birke *f*
boulette [bulɛt] F GASTR Fleischklößchen *n*
boulevard [bulvaʀ] M breite (Ring)Straße *f*, Boulevard
bouleverser [bulvɛʀse] *changer* tiefgreifend verändern; **~ qn** j-n erschüttern
boulimie [bulimi] F MED Bulimie
boulon [bulõ] M Schraube *f* (mit Mutter)
boulot [bulo] M *umg* Arbeit *f*; *umg* Job; **petit ~** Minijob, Nebenjob
boum [bum] F *umg* Fete
bouquet [bukɛ] M (Blumen)-Strauß; *d'un vin* Bukett *n*
bouquin [bukɛ̃] M *umg* Buch *n*; *umg* Schmöker
bourdon [buʀdõ] M Hummel *f*
bourdonner [buʀdɔne] summen
bourgeois [buʀʒwa] **1** bürgerlich; *pej* spießig **2** M Bürger; *pej* Spießer
bourgeon [buʀʒõ] M Knospe *f*
Bourgogne [buʀgɔɲ] **1** **la ~** Burgund *n* **2** **bourgogne** M Burgunder(wein)
bourrasque [buʀask] F Bö
bourré [buʀe] gestopft voll; *umg ivre* voll
bourrer [buʀe] vollstopfen
bourse [buʀs] F *d'études* Stipendium *n*; *porte-monnaie* Geldbeutel *m*
Bourse [buʀs] F Börse
bousculer [buskyle] *heurter* anstoßen; *brusquer* hetzen; **se ~** drängeln
bouse [buz] F **~ (de vache)** Kuhfladen *m*
boussole [busɔl] F Kompass *m*
bout [bu] M Ende *n*; *morceau* Stück *n*; **au ~ de** am Ende (*+gen*); **au ~ d'un an** nach e-m Jahr; **jusqu'au ~** (konsequent) bis zum Ende
bouteille [butɛj] F Flasche; **~ de gaz** Gasflasche; **~ consignée** Pfandflasche; **~ non consignée** Einwegflasche; **mettre en ~s** in Flaschen (ab)-füllen
boutique [butik] F Laden *m*, Geschäft *n*; **~ °hors taxes** Duty-free-Shop *m*; **~ en ligne** Onlineshop *m*
bouton [butõ] M Knopf (*a.* ELEK); BOT Knospe *f*; MED Pickel; IT **~ gauche, droit de la souris** linke, rechte Maustaste *f*
boutonner [butɔne] zuknöpfen **boutonnière** [butɔnjɛʀ]

F Knopfloch *n*
bouton-pression [butõpʀɛsjõ] M Druckknopf
bovin [bɔvɛ̃] ZOOL Rinder…
boxe [bɔks] F Boxen *n*
boxer¹ [bɔkse] boxen
boxer² [bɔksœʀ] M *short* Boxershorts *pl*
boxeur [bɔksœʀ] M Boxer
bracelet [bʀaslɛ] M Armband *n*, Armreif
brader [bʀade] verschleudern
braderie [bʀadʀi] F Trödelmarkt *m*
brailler [bʀaje] grölen
braise [bʀɛz] F (Holzkohlen)-Glut
braiser [bʀɛze] schmoren; **bœuf** *m* **braisé** Rinderschmorbraten
brancard [bʀɑ̃kaʀ] M Tragbahre *f*
branche [bʀɑ̃ʃ] F Ast *m*; *domaine* Fach *n*; HANDEL Branche
branchement [bʀɑ̃ʃmɑ̃] M Anschluss **brancher** [bʀɑ̃ʃe] anschließen (**sur** an *akk*)
brandade [bʀɑ̃dad] F ~ (**de morue**) *provenzalisches Stockfischgericht*
braquer [bʀake] AUTO einschlagen (**à droite** nach rechts); ~ **bien/mal** e-n kleinen/zu großen Wendekreis haben
bras [bʀa] M Arm; ANAT Oberarm
brasse [bʀas] F Brustschwimmen *n*
brasserie [bʀasʀi] F Brauerei; *café-restaurant* Gaststätte (*mit durchgehend warmer Küche*)
brave [bʀav] tapfer; *umg* nett
break [bʀɛk] M Kombi(wagen)
brebis [bʀəbi] F Schaf *n*
bref [bʀɛf] ⟨*f* **brève** [bʀɛv]⟩ kurz
Brésil [bʀezil] **le** ~ Brasilien *n*
Bretagne [bʀətaɲ] **la** ~ die Bretagne
bretelle [bʀətɛl] F *lingerie* Träger *m*; *autoroute* Zubringer *m*; **~s** PL Hosenträger *mpl*
breton [bʀətõ] **1** bretonisch **2** **Breton** M Bretone
brève → bref
brevet [bʀəvɛ] M Diplom *n*; *d'invention* Patent *n*; ~ **de pilote** Pilotenschein
Brexit [bʀɛksit] M Brexit
bribes [bʀib] FPL Brocken *mpl*
bric-à-brac [bʀikabʀak] M Trödel
bricoler [bʀikɔle] basteln **bricoleur** [bʀikɔlœʀ] M Bastler, Heimwerker
bride [bʀid] F Zaum *m*, Zügel *m*
bridge [bʀidʒ] M *jeu* Bridge *n*; *prothèse dentaire* Brücke *f*
brie [bʀi] M Brie(käse)
briefing [bʀifiŋ] M Briefing *n*
brièvement [bʀijɛvmɑ̃] kurz
brigand [bʀigɑ̃] M Räuber
brillant [bʀijɑ̃] **1** glänzend (*a. fig*) **2** M Brillant; ~ **à lèvres** Lipgloss **briller** [bʀije] glän-

zen (*a. fig*); *soleil* scheinen
brin [bʀɛ̃] M Halm; *fig* **un ~ de** ein bisschen
brioche [bʀijɔʃ] F (*ein*) Hefekuchen *m*
brique [bʀik] F Ziegel(stein) *m*, Backstein *m*
briquet [bʀikɛ] M Feuerzeug *n*
brise [bʀiz] F Brise
briser [bʀize] (zer)brechen
britannique [bʀitanik] **1** britisch **2** **Britannique** M Brite
brocante [bʀɔkɑ̃t] F (Handel *m* mit) Trödelwaren *fpl* **brocanteur** [bʀɔkœʀ] M Trödler
broche [bʀɔʃ] F Bratspieß *m*; *bijou* Brosche; **à la ~** am Spieß (gebraten)
brochet [bʀɔʃɛ] M Hecht
brochette [bʀɔʃɛt] F GASTR kleiner Bratspieß *m*; *plat* Schaschlik *n od m*
brochure [bʀɔʃyʀ] F Broschüre
brocoli [bʀɔkɔli] M Brokkoli *pl*
broder [bʀɔde] sticken **broderie** [bʀɔdʀi] F Stickerei
bronches [bʀɔ̃ʃ] FPL Bronchien
bronchite [bʀɔ̃ʃit] F Bronchitis
bronzage [bʀɔ̃zaʒ] M Bräune *f*
bronze [bʀɔ̃z] M Bronze *f*
bronzer [bʀɔ̃ze] bräunen; braun werden; **se faire ~** sich braun brennen lassen
brosse [bʀɔs] F Bürste; **~ à dents** Zahnbürste; **~ à habits** Kleiderbürste
brosser [bʀɔse] (ab-, aus)bürsten
brouette [bʀuɛt] F Schubkarre
brouillard [bʀujaʀ] M Nebel
brouillé [bʀuje] zerstritten, verfeindet (**avec qn** mit j-m); GASTR **œufs** *mpl* **~s** Rührei(er) *n(pl)*
brouiller [bʀuje] durcheinanderbringen; *émission de radio* stören; **se ~** *souvenirs* durcheinandergeraten; *amis* sich überwerfen (**avec qn** mit j-m)
brouillon [bʀujɔ̃] M Konzept *n*
broussailles [bʀusaj] FPL Gestrüpp *n* **brousse** [bʀus] F Busch *m* (*in den Tropen*)
broyer [bʀwaje] zerkleinern, zerquetschen, zerreiben
bru [bʀy] F Schwiegertochter
brugnon [bʀyɲɔ̃] M (weiße) Nektarine *f*
bruine [bʀɥin] F Sprühregen *m* **bruiner** [bʀɥine] nieseln
bruit [bʀɥi] M Lärm; *rumeur* Gerücht *n*; **un ~** ein Geräusch
brûlant [bʀylɑ̃] heiß
brûler [bʀyle] verbrennen; *maison* brennen; GASTR anbrennen; **se ~** sich verbrennen; AUTO **~ le feu rouge** bei Rot durchfahren
brûlure [bʀylyʀ] F MED Verbrennung; *dans un tissu* Brandfleck *n*; **~s** *pl* **d'estomac** Sodbrennen *n*
brume [bʀym] F Dunst *m* **brumeux** [bʀymø] dunstig

brun [bʀɛ̃, bʀœ̃] ‹*f* **brune** [bʀyn]› braun; *personne* braun-, dunkelhaarig **brunir** [bʀyniʀ] bräunen
brusque [bʀysk] *ton* barsch; *départ* plötzlich
brut [bʀyt] roh; *champagne* trocken; *cidre* herb; HANDEL Brutto...
brutal [bʀytal] brutal **brutaliser** [bʀytalize] misshandeln
Bruxelles [bʀy(k)sɛl] Brüssel
bruyant [bʀɥijɑ̃] laut
bruyère [bʀɥijɛʀ, bʀyjɛʀ] F Heidekraut *n*
bu [by] PPERF → **boire**
bûche [byʃ] F (Holz)Scheit *n*; **~ de Noël** Weihnachtskuchen *m* **bûcher** [byʃe] *umg* pauken, büffeln
budget [bydʒɛ] M Haushalt; *de qn* finanzielle Mittel *npl*
buée [bɥe] F Beschlag *m*; **couvert de ~** beschlagen
buffet [byfɛ] M Büfett *n*; **~ (de la gare)** Bahnhofsrestaurant *n*; **~ de petit-déjeuner** Frühstücksbüfett *n*; **~ froid** kaltes Büfett *n*
buffle [byfl] M Büffel
bugger [bœge] IT abstürzen, crashen
building [bildiŋ] M Hochhaus *n*
buisson [bɥisõ] M Busch; **~s** PL Gebüsch *n*
bulldozer [byldozɛʀ] M Planierraupe *f*
bulle [byl] F Blase
bulletin [byltɛ̃] M **~ météorologique** Wetterbericht; **~ d'information** Kurznachrichten *fpl*; **~ de bagages** Gepäckschein; **~ de vote** Stimmzettel
bungalow [bœ̃galo, bɛ̃galo] M Bungalow
bureau [byʀo] M *meuble* Schreibtisch; *lieu de travail* Büro *n*; *pièce* Arbeitszimmer *n*; **~ de change** Wechselstube *f*; **~ de location** Theaterkasse *f*; **~ de poste** Postamt *n*; **~ de tabac** Tabakladen *m*
bureaucratique [byʀokʀatik] bürokratisch
burger [bœʀgœʀ] M *umg* GASTR Burger
burn-out [bœʀnaut, bœʀnut] M Burn-out
bus [bys] M Bus
buse [byz] F ZOOL Bussard *m*
buste [byst] M Oberkörper; *sculpture* Büste *f* **bustier** [bystje] M *mode* Bustier *n*
but [byt, by] M Zweck, Ziel *n*; SPORT Tor *n*; **dans le ~ de** (+*inf*) in der Absicht zu
butane [bytan] M Butan(gas) *n*
buter [byte] stoßen (**contre** an *akk*)
butin [bytɛ̃] M Beute *f*
buvable [byvabl] trinkbar **buvard** [byvaʀ] M Löschblatt *n* **buvette** [byvɛt] F Getränkekiosk *m*, Ausschank *m* **buveur** [byvœʀ] M Trinker
buzz [bœz] M Hype

C

c' [s] → ce²
ça [sa] *umg* (= **cela**) das; **~ y est** es ist soweit; **~ alors!** na so was!; **c'est ~!** richtig!
cabane [kaban] F Hütte
cabaret [kabaʀɛ] M Nachtlokal *n*
cabillaud [kabijo] M Kabeljau
cabine [kabin] F Kabine; **~ de bain** Umkleidekabine; **~ intérieure** Innenkabine; **~ extérieure** Außenkabine; **~ de douche** Duschkabine
cabinet [kabinɛ] M *médical* Praxis *f*; **~s** PL Toilette *f*
câble [kɑbl] M Kabel *n*; **(télévision** *f* **par) ~** Kabelfernsehen *n*; AUTO **~ de frein** Bremsseil *n*
cabriolet [kabʀiɔlɛ] M AUTO Cabrio(let) *n*
cacah(o)uète [kakawɛt] F Erdnuss
cacao [kakao] M Kakao
cache-cache [kaʃkaʃ] **jouer à ~** Verstecken spielen
cache-nez [kaʃne] M (Woll-)Schal
cacher [kaʃe] **(se ~** sich) verstecken; **~ qc à qn** j-m etw verheimlichen
cachet [kaʃɛ] M Stempel; *comprimé* Tablette *f*
cachette [kaʃɛt] F Versteck *n*; **en ~** heimlich
cactus [kaktys] M Kaktus
c.-à-d. (c'est-à-dire) d. h. (*das heißt*)
cadavre [kadɑvʀ] M Leiche *f*
caddie® [kadi] M Einkaufswagen; *à l'aéroport* Kofferkuli
cadeau [kado] M Geschenk *n*; **faire un ~ à qn, faire ~ de qc à qn** j-m etw schenken
cadenas [kadna] M Vorhängeschloss *n*
cadran [kadʀɑ̃] M **~ solaire** Sonnenuhr *f*
cadre [kɑdʀ] M Rahmen; *d'une entreprise* Führungskraft *m*; **dans le ~ de** im Rahmen (*gen*)
cafard [kafaʀ] M ZOOL (Küchen)Schabe *f*, Kakerlake *f*; *umg* **avoir le ~** deprimiert sein
café [kafe] M Kaffee; *lieu public* Lokal *n*; *plus élégant* Café *n*; **~ noir** schwarzer Kaffee; **~ crème, ~ au lait** Milchkaffee; **~ liégeois** Eiskaffee; **faire du ~** Kaffee kochen; **prendre le ~** Kaffee trinken
caféine [kafein] F Koffein *n*
café-restaurant [kafeʀɛstɔʀɑ̃] M Gaststätte *f*
cafétéria [kafeteʀja] F Cafeteria
cafetière [kaftjɛʀ] F Kaffeekanne; **~ électrique** Kaffeemaschine
cage [kaʒ] F Käfig *m*
cahier [kaje] M Heft *n*
caille [kaj] F Wachtel
cailler [kaje] **(se) ~** gerinnen;

umg **ça caille** es ist eiskalt
caillou [kaju] M Kiesel(stein), Stein(chen) *m(n)*
caisse [kɛs] F Kiste; *argent* Kasse; ~ **d'épargne** Sparkasse; ~ **d'assurance maladie** Krankenkasse
caissier [kɛsje] M Kassierer
cake [kɛk] M englischer Sandkuchen
calamar [kalamaʀ] M Tintenfisch
calcaire [kalkɛʀ] **1** kalkhaltig, Kalk… **2** M Kalk(stein); *tartre* Kesselstein
calcul[1] [kalkyl] M Rechnung *f*; *école* Rechnen *n*; *fig intérêt* Berechnung *f*
calcul[2] [kalkyl] M MED ~ **biliaire** Gallenstein; ~ **rénal** Nierenstein
calculateur [kalkylatœʀ] berechnend
calculatrice [kalkylatʀis] F Rechenmaschine; ~ **de poche** Taschenrechner *m*
calculer [kalkyle] aus-, berechnen; *risque* einkalkulieren; ~ **de tête** im Kopf rechnen
calculette [kalkylɛt] F Taschenrechner *m*
cale [kal] F Keil *m*
caleçon [kalsõ] M Unterhose *f*; *pantalon pour femmes* Leggin(g)s *pl*
calendrier [kalɑ̃dʀije] M Kalender
caler [kale] *moteur* absterben; *roue* blockieren
calmant [kalmɑ̃] M Beruhigungsmittel *n*
calmar → calamar
calme [kalm] **1** ruhig; still **2** M Ruhe *f*; Stille *f*
calmer [kalme] *personne* beruhigen; *douleur* lindern
calomnier [kalɔmnje] verleumden
calorie [kalɔʀi] F Kalorie
calvados [kalvados] M Calvados, Apfelbranntwein
camarade [kamaʀad] M/F Kamerad(in) *m(f)*; ~ **d'école** Schulfreund(in) *m(f)*
cambrioleur [kɑ̃bʀijɔlœʀ] M Einbrecher
caméléon [kameleõ] M Chamäleon *n*
camembert [kamɑ̃bɛʀ] M Camembert
caméra [kameʀa] F (Film-, Fernseh)Kamera; ~ **de surveillance** Überwachungskamera
Cameroun [kamʀun] **le** ~ Kamerun *n*
caméscope [kameskɔp] M Camcorder
camion [kamjõ] M Lastwagen
camionnette [kamjɔnɛt] F Lieferwagen *m*
camomille [kamɔmij] F Kamille; **(infusion** *f* **de)** ~ Kamillentee *m*
camp [kɑ̃] M Lager *n*; ~ **de vacances** Ferienlager *n*; *umg* **foutre le** ~ abhauen
campagne [kɑ̃paɲ] F Land *n*; ~ **électorale** Wahlkampf *m*; ~

publicitaire Werbekampagne; **à la ~** auf dem (*od* aufs) Land

camper [kɑ̃pe] campen, zelten **campeur** [kɑ̃pœʀ] M, **campeuse** [kɑ̃pøz] F Camper(in) *m(f)*

camping [kɑ̃piŋ] M Camping *n*, Campen *n*, Zelten *n*; **~ sauvage** wildes Campen *n*, Zelten *n*; **(terrain** *m* **de) ~** Campingplatz; **faire du ~** campen, zelten

camping-car [kɑ̃piŋkaʀ] M Wohnmobil *n* **camping-gaz** [kɑ̃piŋgaz] M Campinggaskocher

Canada [kanada] **le ~** Kanada *n*

canadien [kanadjɛ̃] **1** kanadisch **2** **Canadien** M Kanadier

canal [kanal] M Kanal

canapé [kanape] M Couch *f*, Sofa *n*; GASTR Kanapee *n*; **~ convertible** → **canapé-lit** [kanapeli] M Schlafcouch *f*

canard [kanaʀ] M Ente *f*

canari [kanaʀi] M Kanarienvogel

cancer [kɑ̃sɛʀ] M MED Krebs

candidat [kɑ̃dida] M Kandidat **candidater** [kɑ̃didate] sich bewerben (**à** *od* **pour** um *akk*) **candidature** [kɑ̃didatyʀ] F Bewerbung; **poser sa ~** sich bewerben (**à** um *akk*)

caniche [kaniʃ] M Pudel

canicule [kanikyl] F Gluthitze

canif [kanif] M Taschenmesser *n*

canine [kanin] F Eckzahn *m*

canne [kan] F (Spazier)Stock *m*; BOT Rohr *n*; **~ blanche** Blindenstock *m*; **~ à pêche** Angelrute; **~ à sucre** Zuckerrohr *n*

cannelle [kanɛl] F Zimt *m*

cannibale [kanibal] M Kannibale

canoë [kanɔe] M Kanu *n* **canoë-kayak** [kanɔekajak] M Kajak

canon [kanõ] M Kanone *f*

canot [kano] M Boot *n*, Kahn; **~ pneumatique** Schlauchboot *n*; **~ à moteur** Motorboot *n*; **~ de sauvetage** Rettungsboot *n*

cantatrice [kɑ̃tatʀis] F Sängerin

cantine [kɑ̃tin] F Kantine

canton [kɑ̃tõ] M *Suisse* Kanton

caoutchouc [kautʃu] M Gummi *n* (*a. m*); **de** *od* **en ~** Gummi…

cap [kap] M Kap *n*; SCHIFF, FLUG Kurs

CAP [seape] M (certificat d'aptitude professionnelle) *etwa* Facharbeiter- *od* Gesellenbrief

capable [kapabl] fähig (**de** zu)

capacité [kapasite] F Fähigkeit; *contenance* Fassungsvermögen *n*; **~ de mémoire** IT Speicherplatz *m*

capitaine [kapitɛn] M MIL Hauptmann; SCHIFF Kapitän; SPORT Mannschaftskapitän

capital [kapital] ⟨*pl* capitaux

[kapito]⟩ **1** Haupt ..., entscheidend **2** M Kapital *n*; **capitaux** PL Gelder *npl*
capitale [kapital] F Hauptstadt; *lettre* Großbuchstabe *m*
capot [kapo] M AUTO Motorhaube *f* **capote** [kapɔt] F AUTO Verdeck *n*; *sl* **~ (anglaise)** Pariser *m*
cappuccino [kaputʃino] M Cappuccino
câpre [kɑpʀ] F Kaper
caprice [kapʀis] M Laune *f* **capricieux** [kapʀisjø] launenhaft
capsule [kapsyl] F Kapsel; *de bouteilles* Kronenverschluss *m*
capter [kapte] *radio*, TV empfangen
capteur [kaptœʀ] M; **~ d'activité** Fitnessarmband *n*; Tracker; **~ solaire** Sonnenkollektor
captiver [kaptive] *fig* fesseln
capturer [kaptyʀe] fangen; *arrêter* festnehmen; *faire prisonnier* gefangen nehmen
capuchon [kapyʃõ] M Kapuze *f*
car[1] [kaʀ] M (Reise-, Überland)-Bus
car[2] [kaʀ] denn
caractère [kaʀaktɛʀ] M Charakter; **~ d'imprimerie** Druckbuchstabe
carafe [kaʀaf] F Karaffe
carambolage [kaʀɑ̃bɔlaʒ] M (Massen)Karambolage *f*
caramel [kaʀamɛl] M Karamell; Karamellbonbon *n*
caravane [kaʀavan] F Wohnwagen *m*
carbone [kaʀbɔn] M Kohlenstoff
carburant [kaʀbyʀɑ̃] M Kraftstoff **carburateur** [kaʀbyʀatœʀ] M Vergaser
cardiaque [kaʀdjak] **1** Herz... **2** M/F Herzkranke(r) *m*/*f*(*m*)
cardiologue [kaʀdjolɔg] M/F Herzspezialist(in) *m*(*f*)
carême [kaʀɛm] M Fastenzeit *f*
caresser [kaʀɛse] streicheln
car-ferry [kaʀfɛʀi] M Autofähre *f*
cargaison [kaʀgɛzõ] F Schiffsladung
cargo [kaʀgo] M Frachter
carie [kaʀi] F Karies
carillon [kaʀijõ] M Glockenspiel *n*
carnaval [kaʀnaval] M Karneval, Fasching
carnet [kaʀnɛ] M Notizbuch *n*; **~ de vaccination** Impfpass
carotte [kaʀɔt] F Möhre, Karotte; **~s** *pl* **râpées** *Salat aus geriebenen Möhren*
carpe [kaʀp] F Karpfen *m*
carré [kaʀe] **1** quadratisch; **mètre** *m* **~** Quadratmeter *m* **2** M Quadrat *n*
carreau [kaʀo] M *vitre* (Fenster)Scheibe *f*; *dalle* Fliese *f*; *dessin, cartes* Karo *n*
carrefour [kaʀfuʀ] M (Straßen)Kreuzung *f*
carrelage [kaʀlaʒ] M Fliesen-

boden
carrière [kaʀjɛʀ] F Steinbruch *m*; *profession* Laufbahn
carrosserie [kaʀɔsʀi] F Karosserie
carte [kaʀt] F 1 Karte; *au restaurant* (Speise)Karte; **à la ~** nach der Karte; **~ à puce/mémoire** Chip-/Speicherkarte; **~ bleue** EC-Karte; **~ de crédit** Kreditkarte; **~ d'étudiant** Studentenausweis *m*; **~ de fidélité** Kundenkarte; **~ d'identité** Personalausweis *m*; **~ de séjour** Aufenthaltserlaubnis; **~ (de visite)** Visitenkarte; **~ graphique/son** Grafik-/Soundkarte; **~ postale** Postkarte 2 *transports* **~ orange** Netz-, Zeitkarte (*in Paris*); **~ grise** Kfz-Schein *m*; **~ vermeil** Seniorenpass *m*; **~ d'embarquement** Bordkarte
carton [kaʀtõ] M Pappe *f*; *boîte* (Papp)Schachtel *f*; SPORT **~ jaune** Gelbe Karte
cartouche [kaʀtuʃ] F Patrone; *cigarettes* Stange
cas [ka] M Fall; Kasus; **en tout/aucun ~** auf jeden/keinen Fall
cascade [kaskad] F Wasserfall *m*
case [kaz] F *jeux* Feld *n*
casier [kazje] M Fach *n*; **~ judiciaire** Strafregister *n*
casino [kazino] M Spielkasino *n*
casque [kask] M Helm; *de motard* Sturzhelm; *radio* Kopfhörer; **~ bleu** Blauhelm **casquette** [kakɛt] F (Schirm)Mütze
cassé [kase] kaputt
casse-croûte [kaskʀut] M Imbiss
casser [kase] zerbrechen; *œuf* aufschlagen; **se ~** (zer)brechen, *umg* kaputtgehen; *verre* zersplittern; *fil* reißen; **se ~ la jambe** sich das Bein brechen
casserole [kasʀɔl] F (Stiel)Topf *m*; Kasserolle
cassette [kasɛt] F Kassette
cassis [kasis] M Schwarze Johannisbeere *f*
cassoulet [kasulɛ] M *Bohneneintopf mit Fleisch*
castor [kastɔʀ] M Biber
catalogue [katalɔg] M Katalog
catamaran [katamaʀɑ̃] M Katamaran
catastrophe [katastʀɔf] F Katastrophe **catastrophique** [katastʀɔfik] katastrophal
catégorie [kategɔʀi] F Kategorie, Klasse
cathédrale [katedʀal] F Dom *m*, Kathedrale, Münster *n*
catholique [katɔlik] 1 katholisch 2 M/F Katholik(in) *m(f)*
cauchemar [koʃmaʀ] M Albtraum
cause [koz] F Ursache, Grund *m*; **à ~ de** wegen (*gen*)
causer [koze] verursachen; *parler* reden (**de** über *akk*)
cavalier [kavalje] M Reiter;

danse Tanzpartner; *échecs* Springer
cave [kav] F Keller *m*; *à vin* Weinkeller *m*
caverne [kavɛʀn] F Höhle
caviar [kavjaʀ] M Kaviar
CD [sede] M CD *f* **CD-ROM** [sedeʀɔm] M CD-ROM *f*
ce[1] [sə] ⟨*vor Vokal* cet [sɛt], *f* cette [sɛt], *pl* ces [se]⟩ diese(r, -s); **~ soir** heute Abend
ce[2] [sə] ⟨*vor Vokal* c'⟩ das, es; **c'est** das ist, es ist; **~ que, ~ qui** (das,) was
ceci [səsi] das, dieses, dies
céder [sede] nachgeben; *sa place* abtreten
cedex *od* **CEDEX** [sedɛks] M *Postadresscode für Großkunden*
ceinture [sɛ̃tyʀ] F Gürtel *m*; **~ de sécurité** Sicherheitsgurt *m*
cela [səla, sla] das (da)
célèbre [selɛbʀ] berühmt
célébrer [selebʀe] feiern
célébrité [selebʀite] F Berühmtheit (*a. Person*)
céleri [selʀi] M Sellerie *m/f*
célibataire [selibatɛʀ] **1** ledig **2** M Junggeselle
celle(s) → celui
cellule [sɛlyl] F Zelle **cellulite** [sɛlylit] F MED Cellulite **cellulose** [sɛlyloz] F Zellstoff *m*
celui [səlɥi] ⟨*f* celle [sɛl], *pl* ceux [sø], celles [sɛl]⟩ der, die, das(jenige) **celui-ci** [səlɥisi] der, die, das (hier), diese(r, -s) **celui-là** [səlɥila] der, die, das (da, dort), jene(r, -s)
cendre(s) [sɑ̃dʀ] F(PL) Asche
cendrier [sɑ̃dʀije] M Aschenbecher
Cène [sɛn] F Abendmahl *n*
censé [sɑ̃se] **il est ~ être malade** er soll krank sein
cent[1] [sɑ̃] hundert; **cinq pour ~** fünf Prozent
cent[2] [sɑ̃] M **~ (d'euro)** (Euro)-Cent
centaine [sɑ̃tɛn] F Hundert *n*; **une ~ de** etwa hundert
centenaire [sɑ̃tnɛʀ] M Hundertjahrfeier *f* **centième** [sɑ̃tjɛm] **1** hundertste(r, -s) **2** M Hundertstel *n*
centime [sɑ̃tim] M *hist* Centime; **~ (d'euro)** (Euro)Cent
centimètre [sɑ̃timɛtʀə] M Zentimeter *n*
central [sɑ̃tʀal] **1** zentral, Zentral... **2** M Telefonzentrale *f*
centrale [sɑ̃tʀal] F **~ (électrique)** Kraftwerk *n*; **~ nucléaire** Atomkraftwerk *n*
centre [sɑ̃tʀ] M Mitte *f*; *d'une ville* Stadtmitte *f*, (Stadt)Zentrum *n*; **au ~ de** in der Mitte (*gen*); **~ commercial** Einkaufszentrum *n*
centre-ville [sɑ̃tʀəvil] M Stadtmitte *f*
cèpe [sɛp] M Steinpilz
cependant [s(ə)pɑ̃dɑ̃] jedoch, dennoch
ce que [səkə] was
ce qui [səki] was

céramique [seʀamik] F Keramik
cercle [sɛʀkl] M Kreis
cercueil [sɛʀkœj] M Sarg
céréales [seʀeal] FPL Getreide *n; au petit déjeuner* Getreideflocken *pl*
cérébral [seʀebʀal] Gehirn…
cerf [sɛʀ] M Hirsch
cerf-volant [sɛʀvɔlɑ̃] M (Papier)Drachen
cerise [s(ə)ʀiz] F Kirsche **cerisier** [s(ə)ʀizje] M Kirschbaum
cernes [sɛʀn] MPL Ringe (um die Augen)
certain [sɛʀtɛ̃] sicher; *devant le nom* gewisse(r, -s); **~s** PL einige
certainement [sɛʀtɛnmɑ̃] sicher(lich)
certificat [sɛʀtifika] M Bescheinigung *f*, Zeugnis *n*; **~ médical** ärztliches Attest *n*
certifier [sɛʀtifje] bescheinigen
certitude [sɛʀtityd] F Gewissheit
cerveau [sɛʀvo] M Gehirn *n*
cervelas [sɛʀvəla] M Fleischwurst *f*
cervelle [sɛʀvɛl] F Hirn *n (a.* GASTR)
ces → ce[1]
cesse [sɛs] F **sans ~** ununterbrochen
cesser [sese] aufhören
c'est-à-dire [setadiʀ] das heißt
cet(te) → ce[1]
ceux → celui
CFC [seɛfse] MPL (chlorofluorocarbones) FCKW (Fluorchlorkohlenwasserstoffe)
chacun(e) [ʃakɛ̃ *od* ʃakœ̃ (ʃakyn)] jede(r, -s)
chagrin [ʃagʀɛ̃] M Kummer; Leid *n*
chaîne [ʃɛn] F Kette; TV Programm *n*, Sender *m*; **~ (de montagne)** Gebirgskette; **~ (d'hôtels)** Hotelkette; **~ (stéréo)** Stereoanlage *f*; **~ (de vélo)** Fahrradkette; AUTO **~s** PL Schneeketten
chair [ʃɛʀ] F Fleisch *n*; **avoir la ~ de poule** e-e Gänsehaut haben
chaire [ʃɛʀ] F Kanzel
chaise [ʃɛz] F Stuhl *m*; **~ longue** Liegestuhl *m*
châle [ʃal] M Umschlag(e)tuch *n*, Stola *f*
chalet [ʃalɛ] M Chalet *n*; Ferienhaus
chaleur [ʃalœʀ] F Hitze; Wärme **chaleureux** [ʃaløʀø] herzlich
chambre [ʃɑ̃bʀ] F Zimmer *n (mit Bett)*; **~ à coucher** Schlafzimmer *n*; **~ d'hôtel** Hotelzimmer *n*; **~ double** Doppelzimmer *n*; **~ individuelle** Einzelzimmer *n*; **~ et petit déjeuner** Übernachtung mit Frühstück; **~ à air** Schlauch *m*; **~ de commerce** Handelskammer *f*
chameau [ʃamo] M Kamel *n*
chamois [ʃamwa] M Gämse *f*;

peau *f* **de ~** Fenster-, Autoleder *n*
champ [ʃɑ̃] M Feld *n;* **~ de course(s)** (Pferde)Rennbahn *f;* **~ de foire** Rummelplatz
Champagne [ʃɑ̃paɲ] **la ~** die Champagne **champagne** M Champagner
champignon [ʃɑ̃piɲõ] M Pilz; **~ de Paris** Champignon
champion(ne) [ʃɑ̃pjõ (ʃɑ̃pjɔn)] M(F) SPORT Meister(in)
championnat [ʃɑ̃pjɔna] M Meisterschaft *f*
chance [ʃɑ̃s] F Glück *n;* **~s** PL Chancen, Aussichten; **avoir de la ~** Glück haben; **bonne ~!** viel Glück
chancelier [ʃɑ̃səlje] M Kanzler
chandelier [ʃɑ̃dəlje] M Leuchter
chandelle [ʃɑ̃dɛl] F Kerze
change [ʃɑ̃ʒ] M Tausch; HANDEL Umtausch, (Geld)Wechsel
changement [ʃɑ̃ʒmɑ̃] M (Ver)Änderung *f;* **~ de pneu** Reifenwechsel; **~ de vitesse** Gangschaltung *f*
changer [ʃɑ̃ʒe] tauschen (**contre** gegen); *argent* wechseln (**en** in *akk*), umtauschen (gegen); *bébé* trockenlegen; *transformer* verändern; *se transformer* sich (ver)ändern; **~ de qc** etw (*akk*) wechseln; **~ d'adresse** umziehen; **~ (de train)** umsteigen; **~ de vitesse** schalten; **se ~** sich umziehen
chanson [ʃɑ̃sõ] F Lied *n,* Chanson *n; à la mode* Schlager *m*
chansonnier [ʃɑ̃sɔnje] M Kabarettist
chant [ʃɑ̃] M Gesang
chantage [ʃɑ̃taʒ] M Erpressung *f*
chanter [ʃɑ̃te] singen; **faire ~ qn** j-n erpressen
chanterelle [ʃɑ̃tʀɛl] F Pfifferling *m*
chanteur [ʃɑ̃tœʀ] M, **chanteuse** [ʃɑ̃tøz] F Sänger(in) *m(f)*
chantier [ʃɑ̃tje] M Baustelle *f;* **~ naval** Werft *f*
chantilly [ʃɑ̃tiji] F (**crème** F) **~** Schlagsahne
chaotique [kaɔtik] chaotisch
chapeau [ʃapo] M Hut; **~ de soleil** Sonnenhut
chapelle [ʃapɛl] F Kapelle
chapiteau [ʃapito] M (Zirkus)-Zelt *n*
chapitre [ʃapitʀ] M Kapitel *n*
chaque [ʃak] jede(r, -s)
char [ʃaʀ] M MIL Panzer; *au carnaval* (geschmückter) Wagen
charbon [ʃaʀbõ] M Kohle *f*
charcuterie [ʃaʀkytʀi] F Wurstwaren *fpl; magasin* Wurstwarengeschäft *n;* **assiette** *f* **de ~** Wurstplatte
chardon [ʃaʀdõ] M Distel *f*
charge [ʃaʀʒ] F (Höchst-, Nutz)Last; ELEK, *d'une arme* Ladung; **~s** PL Nebenkosten

chargement [ʃaʀʒəmɑ̃] M (Be-, Ver)Laden *n*; *cargaison* Ladung *f*, Fracht *f*
charger [ʃaʀʒe] *véhicule* beladen; *arme, batterie*, IT laden; ~ **qn de qc** j-n mit etw beauftragen; **se ~ de qc** etw übernehmen
chargeur [ʃaʀʒœʀ] M Ladegerät *n*
chariot [ʃaʀjo] M Karren; *machine à écrire* Wagen; *bagages* Kofferkuli; *achats* Einkaufswagen
charité [ʃaʀite] F Mild-, Wohltätigkeit
charlotte [ʃaʀlɔt] F *Süßspeise aus Löffelbiskuits, Früchten und Vanillecreme*
charmant [ʃaʀmɑ̃] reizend
charme [ʃaʀm] M Reiz; *d'une personne* Charme **charmer** [ʃaʀme] bezaubern
charrette [ʃaʀɛt] F Karren *m*
charrue [ʃaʀy] F Pflug *m*
charter [ʃaʀtɛʀ] **1** Charter… **2** M *vol* Charterflug; *avion* Chartermaschine *f*
charts [ʃaʀts] MPL MUS Charts *pl*
chasse [ʃas] F Jagd; ~ **d'eau** Wasserspülung (*WC*)
chasse-neige [ʃasnɛʒ] M Schneepflug (*a. Skisp*)
chasser [ʃase] jagen **chasseur** [ʃasœʀ] M Jäger
châssis [ʃɑsi] M (Tür)Rahmen; AUTO Fahrgestell *n*
chasteté [ʃastəte] F Keuschheit
chat[1] [ʃa] M ZOOL Katze *f*
chat[2] [tʃat] M IT Chat
châtaigne [ʃɑtɛɲ] F Kastanie
châtaignier [ʃɑtɛɲe] M Kastanienbaum
châtain [ʃɑtɛ̃] kastanienbraun
château [ʃɑto] M Schloss *n*; ~ **fort** Burg *f*; ~ **d'eau** Wasserturm
chatouiller [ʃatuje] kitzeln
chatter [tʃate] IT chatten
chaud [ʃo] **1** warm; **(très)** ~ heiß; **j'ai** ~ mir ist warm, heiß; **il fait** ~ es ist warm; *umg fig* **c'est** ~ es ist kompliziert *od* schwierig **2** M Wärme *f*; **être (bien) au** ~ im Warmen sein
chaudière [ʃodjɛʀ] F (Heiz-, Dampf)Kessel *m*
chauffage [ʃofaʒ] M Heizung *f*; ~ **central** Zentralheizung *f*; ~ **au mazout** Ölheizung *f*
chauffard [ʃofaʀ] M Verkehrsrowdy
chauffe-eau [ʃofo] M Heiß-, Warmwasserbereiter
chauffer [ʃofe] (er)wärmen; *maison* heizen; *eau* erhitzen (*v/i* warm werden); *moteur* heiß laufen; **se** ~ sich wärmen; **faire** ~ (auf)wärmen
chauffeur [ʃofœʀ] M Fahrer, Chauffeur; ~ **de taxi** Taxifahrer
chaussée [ʃose] F Fahrbahn
chausse-pied [ʃospje] M Schuhanzieher
chausser [ʃose] ~ **du 40** Schuhgröße 40 haben
chaussette [ʃosɛt] F Socke

chausson [ʃosõ] M Hausschuh; GASTR **~ aux pommes** Apfeltasche *f*
chaussure [ʃosyʀ] F Schuh *m*; **~s** *pl* **de montagne** Bergschuhe *mpl*; **~s** *pl* **de randonnée** Lauf-, Wanderschuhe *mpl*; **~s** *pl* **de course** Jogging-, Laufschuhe *mpl*; **magasin** *m* **de ~s** Schuhgeschäft *n*
chauve [ʃov] kahl(köpfig)
chauve-souris [ʃovsuʀi] F Fledermaus
chaux [ʃo] F Kalk *m*
chef [ʃɛf] M Leiter, Chef; **~ d'entreprise** Unternehmer; **~ (cuisinier)** Küchenchef, Chefkoch; **~ d'orchestre** Dirigent; **grand ~** Chefkoch, Sternekoch
chef-d'œuvre [ʃɛdœvʀ] M Meisterwerk *n*
chef-lieu [ʃɛfljø] M Hauptort
chemin [ʃ(ə)mɛ̃] M Weg; **~ du retour** Heimweg; **~ de fer** (Eisen)Bahn *f*
cheminée [ʃəmine] F Schornstein *m*; *au coin du feu* Kamin *m*
chemise [ʃ(ə)miz] F Hemd *n*; *dossier* Aktendeckel *m*; **~ de nuit** Nachthemd *n*
chemisier [ʃ(ə)mizje] M Bluse *f*
chêne [ʃɛn] M Eiche *f*
chenille [ʃ(ə)nij] F Raupe
chèque [ʃɛk] M Scheck; **~ barré** Verrechnungsscheck; **~ de voyage** Reisescheck
chèque-restaurant [ʃɛkʀɛstɔʀɑ̃] M Essensgutschein *m*
cher [ʃɛʀ] teuer; *personne* lieb; *dans une lettre* **Chère Madame** Liebe Frau (+*nom*)
chercher [ʃɛʀʃe] suchen; **aller ~** holen; **~ sur Google** googeln
chéri(e) [ʃeʀi] M(F) Liebling *m*
chétif [ʃetif] schmächtig
cheval [ʃ(ə)val] M ⟨*pl* **chevaux** [ʃ(ə)vo]⟩ Pferd *n*; **~ de course** Rennpferd *n*; **aller à ~, faire du ~** reiten
chevalier [ʃəvalje] M Ritter
cheval-vapeur [ʃ(ə)valvapœʀ] M TECH Pferdestärke *f*
chevelure [ʃəvlyʀ] F Haar *n*
cheveu [ʃ(ə)vø] M (Kopf)Haar *n*; **~x** PL Haar(e) *n(pl)*
cheville [ʃ(ə)vij] F (Fuß)Knöchel *m*; TECH Dübel *m*
chèvre [ʃɛvʀ] F Ziege
chevreuil [ʃəvʀœj] M Reh *n*
chez [ʃe] bei; *direction* zu; **~ moi** bei *od* zu mir, zu *od* nach Hause; **~ le médecin** beim *od* zum Arzt
chia [ʃia] F BOT Chia; **graines** *fpl* **de ~** Chiasamen *mpl*
chic [ʃik] schick
chicorée [ʃikɔʀe] F *salade* Endivie; *plante* Zichorie
chien [ʃjɛ̃] M Hund; **~ de combat** Kampfhund **chienne** [ʃjɛn] F Hündin
chiffon [ʃifõ] M Lappen *m*, Lumpen *m*
chiffre [ʃifʀ] M Ziffer *f*; *total* Zahl *f*; *code* Chiffre *f*; **~ d'affai-**

res Umsatz
Chili [ʃili] **le ~** Chile *n*
chimie [ʃimi] F Chemie
chimio [ʃimjo] F *umg* MED Chemo
chimpanzé [ʃɛ̃pɑ̃ze] M Schimpanse
Chine [ʃin] **la ~** China *n*
chinois [ʃinwa] **1** chinesisch **2** **Chinois** M Chinese
chipolata [ʃipɔlata] F *Schweinswürstchen*
chips [ʃips] FPL GASTR Chips *mpl*
chirurgien [ʃiʀyʀʒjɛ̃] M Chirurg
chlore [klɔʀ] M Chlor *n*
choc [ʃɔk] M Zusammenstoß; MED Schock
chocolat [ʃɔkɔla] M Schokolade *f*; *boisson a.* Kakao *m*; **~s** PL Pralinen *fpl*; **~ au lait** Vollmilchschokolade *f*; **~ noir** Bitterschokolade *f*, dunkle Schokolade *f*; **glace** *f* **au ~** Schokolade(n)eis *n*
chœur [kœʀ] M Chor
choisir [ʃwaziʀ] (aus)wählen; *décider* sich entscheiden
choix [ʃwa] M Wahl *f*; *sélection* Auswahl *f*; **au ~** zur Auswahl
choléra [kɔleʀa] M Cholera *f*
cholestérol [kɔlɛsteʀɔl] M Cholesterin *n*; **sans ~** cholesterinfrei
chômage [ʃomaʒ] M Arbeitslosigkeit *f*; **allocation** *f* **(de) ~** Arbeitslosengeld *n*; **être au ~** arbeitslos sein
chômeur [ʃomœʀ] M, **chômeuse** [ʃomøz] F Arbeitslose(r) *m/f(m)*
choquant [ʃɔkɑ̃] schockierend; *révoltant* empörend
choquer [ʃɔke] schockieren
chose [ʃoz] F Ding *n*, Sache
chou [ʃu] M Kohl; **~ rouge** Rotkohl; **~ de Bruxelles** Rosenkohl; **~ à la crème** Windbeutel mit Schlagsahne; **pâte** *f* **à ~** Brandteig *m*
choucroute [ʃukʀut] F Sauerkraut *n*; **~ garnie** Sauerkraut *n* auf elsässische Art (*mit Würsten und Schweinerippchen*)
chouette [ʃwɛt] **1** F Eule **2** ADJ *umg* toll, prima
chou-fleur [ʃuflœʀ] M Blumenkohl
chouille [ʃuj] F *umg* Party, Fete; **faire la ~** Party machen, feiern
chou-rave [ʃuʀav] M Kohlrabi
chrétien [kʀetjɛ̃] **1** christlich **2** **chrétien(ne)** ([kʀetjɛn]) M(F) Christ(in)
chronique [kʀɔnik] **1** chronisch (*a.* MED) **2** F Chronik
chronomètre [kʀɔnɔmɛtʀ] M Stoppuhr *f*
CHU [seaʃy] M (centre hospitalier universitaire) Universitätsklinikum *n*
chuchoter [ʃyʃɔte] flüstern
chute [ʃyt] F Sturz *m*; **~ d'eau** Wasserfall *m*; **~s** *pl* **de neige** Schneefälle *mpl*; **~ de pierres** Steinschlag *m*

Chypre [ʃipʀ] Zypern *n*
ci [si] **à cette heure-~** um diese Zeit
cible [sibl] F Zielscheibe
ciboulette [sibulɛt] F Schnittlauch *m*
cicatrice [sikatʀis] F Narbe
cicatriser [sikatʀize] **(se) ~** vernarben
ci-contre [sikõtʀ] nebenstehend **ci-dessous** [sid(ə)su] unten stehend, weiter unten **ci-dessus** [sid(ə)sy] oben stehend, weiter oben
cidre [sidʀ] M Apfelwein; *de France* Cidre
ciel [sjɛl] M Himmel
cierge [sjɛʀʒ] M Kerze *f*
cigale [sigal] F ZOOL Grille
cigare [sigaʀ] M Zigarre *f* **cigarette** [sigaʀɛt] F Zigarette
cigogne [sigɔɲ] F Storch *m*
ci-joint [siʒwɛ̃] anliegend, anbei
cil [sil] M Wimper *f*
cime [sim] F *d'une montagne* Gipfel *m*; *d'un arbre* Wipfel *m*
ciment [simɑ̃] M Zement
cimetière [simtjɛʀ] M Friedhof
ciné [sine] M *umg* Kino *n*
cinéma [sinema] M Kino *n*; *umg fig* Theater *n*; **aller au ~** ins Kino gehen
cinq [sɛ̃k] fünf
cinquantaine [sɛ̃kɑ̃tɛn] F *âge* Fünfzig; **une ~ (de ...)** etwa fünfzig (...)
cinquante [sɛ̃kɑ̃t] fünfzig
cinquantième [sɛ̃kɑ̃tjɛm] fünfzigste(r, -s)
cinquième [sɛ̃kjɛm] **1** fünfte(r, -s) **2** M MATH Fünftel *n*; *étage* fünfter Stock **3** F AUTO fünfter Gang *m*
cintre [sɛ̃tʀ] M ARCH Bogen; *vêtements* Kleiderbügel
cirage [siʀaʒ] M Schuhcreme *f*
circonstances [siʀkõstɑ̃s] FPL Umstände *mpl*; **dans ces ~** unter diesen Umständen
circuit [siʀkɥi] M **~ (touristique)** Rundreise *f*, -fahrt *f*; SPORT **~ (automobile)** Autorennstrecke *f*; **~ (électrique)** Stromkreis
circulaire [siʀkylɛʀ] **1** kreisförmig **2** F Rundschreiben *n*
circulation [siʀkylasjõ] F (Auto-, Straßen)Verkehr *m*; **~ en sens inverse** Gegenverkehr *m*; MED **~ du sang** (Blut)Kreislauf *m*
circuler [siʀkyle] *piétons* gehen; *voitures, conducteurs* fahren; *sang* fließen; *bruit* umgehen; **circulez!** weitergehen!
cire [siʀ] F Wachs *n* **cirer** [siʀe] *chaussures* wichsen, putzen; *parquet* bohnern
cirque [siʀk] M Zirkus
ciseaux [sizo] MPL Schere *f*
citadin [sitadɛ̃] M Städter
citation [sitasjõ] F Zitat *n*
cité [site] F Stadt; *immeubles* (Wohn)Siedlung *f*
citer [site] *auteur* zitieren; *nommer* nennen

citoyen [sitwajɛ̃] M (Staats)-Bürger
citron [sitʀõ] M Zitrone *f*
citrouille [sitʀuj] F Kürbis *m*
civet [sivɛ] M **~ de lièvre** Hasenpfeffer **civette** [sivɛt] F Schnittlauch *m*
civière [sivjɛʀ] F Tragbahre
civil [sivil] **1** Zivil..., bürgerlich; **mariage ~** standesamtliche Trauung **2** M, **civile** F Zivilist(in) **3** M **en ~** in Zivil
civilisation [sivilizasjõ] F Zivilisation
clafoutis [klafuti] M Kirschauflauf
clair [klɛʀ] **1** klar; *couleur, chambre* hell **2** M **~ de lune** Mondschein
clairière [klɛʀjɛʀ] F Lichtung
clandestin [klɑ̃dɛstɛ̃] heimlich
claque [klak] F Ohrfeige
claquer [klake] *porte* zuschlagen (*a. v/t*); *volet* schlagen; **se ~ un muscle** sich e-n Muskel zerren
clarté [klaʀte] F Licht *n*; *de l'eau, du ciel, fig* Klarheit
clasher [klaʃe] *umg Streit* provozieren; **ça a clashé** es hat geknallt; **ils ont clashé** sie haben sich gefetzt
classe [klɑs] F Klasse (*a. fig*); **(salle** *f* **de) ~** Klasse(nzimmer) *f(n)*; **aller en ~** in die, zur Schule gehen; **~ de neige** Skilager *n*; **~ verte** Schullandheim *n*; **~ économique** Economyklasse; **~ affaires** Business-Class
classement [klasmɑ̃] M *école*, SPORT (Be)Wertung *f* **classer** [klase] ordnen (**par** nach)
classeur [klasœʀ] M Ordner
classique [klasik] **1** klassisch **2** M Klassiker
clavicule [klavikyl] F Schlüsselbein *n*
clavier [klavje] M Tastatur *f*
clé, clef [kle] F Schlüssel *m* (*a.* TECH, *fig*, MUS); **~ de contact** Zündschlüssel *m*; **~ de voiture** Autoschlüssel *m*; **fermer à ~** abschließen, -sperren
clémentine [klemɑ̃tin] F Klementine
clergé [klɛʀʒe] M Klerus
clic [klik] **1 ~!** klick! **2** M Klicken *n*; IT **~ (de la souris)** Mausklick
clic-clac [klikklak] M Schlafcouch *f*
client(e) [klijɑ̃(t)] M(F) Kunde *m*, Kundin *f*; *d'un hôtel, d'un restaurant* Gast *m*
clientèle [klijɑ̃tɛl] F Kundschaft
cligner [kliɲe] **~ des yeux** (mit den Augen) blinzeln
clignotant [kliɲɔtɑ̃] M Blinker
climat [klima] M Klima *n*
climatique [klimatik] klimatisch, Klima...; **changement** *m* **~** Klimawandel *m*; **station** *f* **~** Luftkurort *m*
climatisation [klimatizasjõ] F Klimaanlage
clin d'œil [klɛ̃dœj] M Zwinkern *n*; **en un ~** im Nu

clinique [klinik] **1** klinisch **2** F Klinik
cliquer [klike] IT klicken; **~ sur** anklicken
cloche [klɔʃ] F Glocke **clocher** [klɔʃe] M Glocken-, Kirchturm **clochette** [klɔʃɛt] F Glöckchen *n*
cloison [klwazõ] F Zwischenwand
cloître [klwatʀ] M ARCH Kreuzgang; *monastère* Kloster *n*
clonage [klonaʒ] M Klonen *n* **cloner** [klone] klonen
cloque [klɔk] F (Haut)Blase
clôture [klotyʀ] F Zaun *m*
clou [klu] M Nagel; *fig* Clou; *umg* **~s** PL Fußgängerüberweg *m*; **~ de girofle** Gewürznelke *f*
clouer [klue] an-, festnageln
clown [klun] M Clown
club [klœb] M Klub
coach [kotʃ] M/F Coach *m*, Trainer(in) *m(f)*; **~ personel(le)** Personal Trainer(in) *m(f)*
coaguler [koagyle] **(se) ~** gerinnen
cobaye [kɔbaj] M Meerschweinchen *n*; *fig* Versuchskaninchen *n*
coca [kɔka] M Cola *f*
coccinelle [kɔksinɛl] F Marienkäfer *m*
cocher [kɔʃe] abhaken
cochon [kɔʃõ] M Schwein *n*; **~ d'Inde** Meerschweinchen *n*
cockpit [kɔkpit] M Cockpit *n*
coco [kɔko] M **noix** *f* **de ~** Kokosnuss
cocotte [kɔkɔt] F Schmortopf *m* **cocotte-minute** [kɔkɔtminyt] F Schnellkochtopf *m*
code [kɔd] M **1** Code *od* Kode; JUR Gesetzbuch *n*; **~ confidentiel** Geheimzahl *f*; **~ postal** Postleitzahl *f*; **~ de la route** Straßenverkehrsordnung *f*; **~ vestimentaire** Kleiderordnung *f*, Dresscode **2** AUTO **codes** *pl* Abblendlicht *n*; **se mettre en ~** abblenden
code-barres [kɔdbaʀ] M Strichcode, Barcode
cœur [kœʀ] M Herz *n*; **au ~ de** mitten in (*dat*); **de bon ~** von Herzen gern; **par ~** auswendig; **j'ai mal au ~** mir ist übel; **cela lui tient à ~** das liegt ihm *od* ihr am Herzen
coffre [kɔfʀ] M *meuble* Truhe *f*; AUTO Kofferraum
coffre-fort M Safe, Tresor
cognac [kɔɲak] M Cognac *od* Kognak
cogner [kɔɲe] schlagen; *moteur* klopfen; **se ~** sich stoßen (**contre** an *dat*)
cohérent [kɔeʀɑ̃] zusammenhängend
cohue [kɔy] F Gedränge *n*
coiffer [kwafe] **(se ~** sich) frisieren **coiffeur** [kwafœʀ] M Friseur **coiffeuse** [kwaføz] F Friseuse **coiffure** [kwafyʀ] F Frisur
coin [kwɛ̃] M Ecke *f*; **~ fenêtre** Fensterplatz; **au ~ de la rue** an der Straßenecke

coincer [kwɛ̃se] einklemmen; TECH ver-, festkeilen; **être coincé** verklemmt sein (*a. fig*)
coing [kwɛ̃] M Quitte *f*
col [kɔl] M Kragen; *de montagne* Pass
colère [kɔlɛʀ] F Zorn *m*, Wut; **être en ~** zornig, wütend sein (**contre qn** auf, über j-n); **se mettre en ~** wütend werden
coléreux [kɔleʀø] jähzornig
colibri [kɔlibʀi] M Kolibri
colin [kɔlɛ̃] M Seehecht
colique [kɔlik] F Kolik
colis [kɔli] M Paket *n*
collaborer [kɔlabɔʀe] mitarbeiten (**à** an *dat*)
collant [kɔlɑ̃] **1** klebend, Klebe...; *doigts* klebrig; *robe, jeans* hauteng; *umg personne* aufdringlich **2** M Strumpfhose *f*
colle [kɔl] F Klebstoff *m*
collection [kɔlɛksjõ] F Sammlung **collectionner** [kɔlɛksjɔne] sammeln
collège [kɔlɛʒ] M *etwa* Realschule *f*
collègue [kɔlɛg] M Kollege
coller [kɔle] (an-, auf-, zusammen-, zu)kleben; *adhérer* kleben (**à** an *dat*)
collier [kɔlje] M Halskette *f*
colline [kɔlin] F Hügel *m*
collision [kɔlizjõ] F Zusammenstoß *m*
Cologne [kɔlɔɲ] Köln
colombe [kɔlõb] F Taube
colonie [kɔlɔni] F Kolonie **~ (de vacances)** Ferienlager *n*
colonne [kɔlɔn] F Säule; *d'un journal* Spalte; **~ Morris** Litfaßsäule *f*; ANAT **~ vertébrale** Wirbelsäule *f*, Rückgrat *n*
colorant [kɔlɔʀɑ̃] **1** Farb... **2** M Farbstoff **colorer** [kɔlɔʀe] färben **colorier** [kɔlɔʀje] *dessin* ausmalen **coloris** [kɔlɔʀi] M Kolorit *n*
colza [kɔlza] M BOT Raps
coma [koma] M MED Koma *n*; **être dans le ~** im Koma liegen
combat [kõba] M Kampf **combattant** [kõbatɑ̃] M Kämpfer **combattre** [kõbatʀ] (be)kämpfen
combien [kõbjɛ̃] wie viel; *à quel point* wie (sehr); **~ de** wie viel; **~ de fois** wie oft; **~ de temps** wie lange
combinaison [kõbinɛzõ] F Kombination, Zusammenstellung; *vêtement* Overall *m*; *de femme* Unterrock *m*; **~ de ski** Skianzug *m*; **~ néoprène** Neoprenanzug *m*
comble [kõbl] **1** (gedrängt) voll **2** M Gipfel
combler [kõble] *trou* zuschütten; *lacune* ausfüllen; **~ de** überschütten mit
combustible [kõbystibl] **1** brennbar **2** M Brennmaterial *n* **combustion** [kõbystjõ] F Verbrennung
comédie [kɔmedi] F Komödie; *fig* Theater *n*; **~ musicale** Musical *n*
comédien(ne) [kɔmedjɛ̃ (kɔ-

medjɛn)] M(F) Schauspieler(in)
comestible [kɔmɛstibl] **1** essbar **2** **comestibles** MPL Lebensmittel *npl*
comique [kɔmik] komisch
comité [kɔmite] M Ausschuss; ~ **d'entreprise** Betriebsrat
commandant [kɔmɑ̃dɑ̃] M Major, Kommandant; FLUG ~ **de bord** Flugkapitän
commande [kɔmɑ̃d] F Bestellung **commander** [kɔmɑ̃de] *ordonner* befehlen; *au café*, HANDEL bestellen
comme [kɔm] wie; *en tant que* als; *au moment où* als; *parce que* da; ~ **si** als ob
commencement [kɔmɑ̃smɑ̃] M Anfang
commencer [kɔmɑ̃se] beginnen, anfangen (**à** zu, **par** mit, **qc** etw, mit etw); ~ **par faire qc** zuerst etw tun
comment [kɔmɑ̃] wie
commentaire [kɔmɑ̃tɛʀ] M Kommentar
commerçant [kɔmɛʀsɑ̃] **1** Geschäfts... **2** M **(petit)** ~ Einzelhändler
commerce [kɔmɛʀs] M Handel; *magasin* Geschäft *n*; **faire du** ~ Handel treiben
commercial [kɔmɛʀsjal] Handels...; *directeur* kaufmännisch; *chaîne* Privat...
commettre [kɔmɛtʀ] begehen
commissaire [kɔmisɛʀ] M ~ **(de police)** Kommissar **commissariat** [kɔmisaʀja] M ~ **(de police)** Polizeirevier *n*
commission [kɔmisjɔ̃] F Kommission; HANDEL Provision; ~**s** PL *courses* Besorgungen *fpl*; **Commission européenne** Europäische Kommission
commode [kɔmɔd] **1** bequem **2** F Kommode
commotion [kɔmosjɔ̃] F ~ **cérébrale** Gehirnerschütterung
commun [kɔmœ̃] gemeinsam, Gemeinschafts...; *ordinaire* gewöhnlich (*a. pej*); **en** ~ gemeinsam; **peu, pas** ~ außer-, ungewöhnlich
communauté [kɔmynote] F Gemeinschaft; IT Community
commune [kɔmyn] F POL Gemeinde
communication [kɔmynikasjɔ̃] F Kommunikation, Verständigung; *message* Mitteilung; TEL *ligne* Verbindung; *conversation* Gespräch *n*
communier [kɔmynje] zur Kommunion gehen
communion [kɔmynjɔ̃] F Kommunion; **première** ~ Erstkommunion
communiqué [kɔmynike] M Kommuniqué *n* **communiquer** [kɔmynike] *renseignements* mitteilen; *se faire comprendre* sich verständigen
communisme [kɔmynism] M Kommunismus **communiste** [kɔmynist] M Kommunist
commutateur [kɔmytatœʀ] M Schalter

compagne [kõpaɲ] F Gefährtin; *d'un homme* Lebensgefährtin

compagnie [kõpaɲi] F Gesellschaft; **~ aérienne** Fluggesellschaft; **en ~ de** in Begleitung von

compagnon [kõpaɲõ] M Gefährte; *d'une femme* Lebensgefährte

comparaison [kõpaʀɛzõ] F Vergleich *m* **comparer** [kõpaʀe] vergleichen (**à, avec** mit)

compartiment [kõpaʀtimɑ̃] M *case* Fach *n*; *train* Abteil *n*; **~ (non) fumeurs** (Nicht)Raucherabteil *n*; **~ congélateur** Gefrierfach *n*

compas [kõpɑ] M MATH Zirkel; SCHIFF Kompass

compassion [kõpasjõ] F Mitleid *n*

compatible [kõpatibl] vereinbar; IT kompatibel

compatriote [kõpatʀijɔt] M/F Landsmann *m*, -männin *f*

compenser [kõpɑ̃se] ausgleichen

compétent [kõpetɑ̃] kompetent; JUR zuständig

compétition [kõpetisjõ] F Wettbewerb *m*; SPORT Wettkampf *m*

complément [kõplemɑ̃] M Ergänzung *f*; **~ de bain** Badezusatz *m*; GRAM **~ d'objet direct** Akkusativobjekt *n*

complet [kõplɛ] **1** *entier* vollständig; *plein* voll, besetzt; *hôtel* belegt; *théâtre* ausverkauft **2** M Anzug

complètement [kõplɛtmɑ̃] völlig

compléter [kõplete] vervollständigen

complexe [kõplɛks] **1** kompliziert **2** M Komplex; **~ sportif** Sportanlage *f*

compliment [kõplimɑ̃] M Kompliment *n*

compliqué [kõplike] kompliziert

comporter [kõpɔʀte] enthalten; *impliquer* mit sich bringen; **se ~** sich verhalten

composer [kõpoze] zusammensetzen; *former* bilden; TEL *numéro* wählen; MUS komponieren; **se ~ de** bestehen aus

compositeur [kõpozitœʀ] M Komponist

composter [kõpɔste] *ticket* entwerten **composteur** [kõpɔstœʀ] M Entwerter

comprendre [kõpʀɑ̃dʀ] verstehen; *comporter* umfassen

compresse [kõpʀɛs] F Kompresse

comprimé [kõpʀime] M Tablette *f*

comprimer [kõpʀime] *air* verdichten; *substance* zusammenpressen, -drücken

compris [kõpʀi] inbegriffen (**dans** in *dat*); **tout ~** alles inbegriffen; **service non ~** ohne Bedienung; **y ~** einschließlich

comptabilité [kõtabilite] F

Buchführung
comptable [kõtabl] M Buchhalter **comptant** [kõtɑ̃] bar
compte [kõt] M *calcul* Berechnung *f*; *en banque* Konto *n*; **~ courant** Girokonto *n*; **~ chèque postal** Postgirokonto *n*; **se rendre ~ de** sich klar werden über (*akk*); **tenir ~ de** berücksichtigen (*akk*)
compter [kõte] zählen; *prévoir* rechnen (mit); *facturer* berechnen (**à qn** j-m); **~** (*+inf*) beabsichtigen zu; **~ sur** zählen, rechnen auf (*akk*)
compteur [kõtœʀ] M Zähler; *de vitesse* Tachometer
comptoir [kõtwaʀ] M *café* Theke *f*; *magasin* Ladentisch
comte [kõt] M Graf
comté [kõte] M *Art Schweizer Käse aus der Franche-Comté*
comtesse [kõtɛs] F Gräfin
con [kõ] *sl* ⟨*f* **conne** [kɔn]⟩ saublöd
concéder [kõsede] zugestehen
concentration [kõsɑ̃tʀasjõ] F Konzentration **concentrer** [kõsɑ̃tʀe] (**se ~** sich) konzentrieren (**sur** auf *akk*)
conception [kõsɛpsjõ] F *idée* Vorstellung; *création* Entwurf *m*
concerner [kõsɛʀne] betreffen, angehen; **en ce qui concerne ...** was (*akk*) betrifft
concert [kõsɛʀ] M Konzert *n*
concerto [kõsɛʀto] M Konzert *n*
concession [kõsɛsjõ] F Konzession, Zugeständnis *n*
concessionnaire [kõsesjɔnɛʀ] M Vertragshändler
concevoir [kõsəvwaʀ] *comprendre* begreifen; *imaginer* entwerfen
concierge [kõsjɛʀʒ] M/F Hausmeister(in) *m(f)*
conclure [kõklyʀ] *marché* abschließen; *discours* beschließen; *déduire* **~ qc de** etw schließen aus
conclusion [kõklyzjõ] F Schluss *m*; **en ~** abschließend
concombre [kõkõbʀ] F Gurke; **salade** *f* **de ~s** Gurkensalat *m*
concorder [kõkɔʀde] F übereinstimmen
concourir [kõkuʀiʀ] **~ à** mitwirken an; **~ pour** sich bewerben um
concours [kõkuʀ] M Wettbewerb; Preisausschreiben *n*
concurrence [kõkyʀɑ̃s] F Konkurrenz **concurrent** [kõkyʀɑ̃] M Konkurrent
condamner [kõdane] verurteilen (**à** zu)
condiment [kõdimɑ̃] M Gewürz *n*
condition [kõdisjõ] F Bedingung; **à ~ que** (+ *subj*), **à ~ de** (*+inf*) unter der Bedingung, dass; **sans ~s** bedingungslos
condoléances [kõdɔleɑ̃s] FPL Beileid *n*
conducteur [kõdyktœʀ] M, **conductrice** [kõdyktʀis] F Fahrer(in) *m(f)*

conduire [kõdɥiʀ] führen; *entreprise* leiten; *voiture* fahren; **~ à** führen zu; **se ~** sich benehmen

conduite [kõdɥit] F *comportement* Benehmen *n*; *canalisation* Leitung; AUTO Fahren *n*, Fahrweise; **~ en état d'ivresse** Trunkenkeit am Steuer

cône [kon] M Kegel

confection [kõfɛksjõ] F Anfertigung; *vêtements* Konfektion **confectionner** [kõfɛksjɔne] anfertigen

conférence [kõfeʀɑ̃s] F Konferenz; *exposé* Vortrag *m*

confesser [kõfɛse] gestehen; **se ~** beichten (**de qc** etw) **confession** [kõfɛsjõ] F Beichte

confiance [kõfjɑ̃s] F Vertrauen *n*; **avoir ~ en** Vertrauen haben zu; **faire ~ à** vertrauen (*dat*)

confiant [kõfjɑ̃] vertrauensvoll

confidence [kõfidɑ̃s] F **faire une ~ à qn** j-m etw anvertrauen

confidentiel [kõfidɑ̃sjɛl] vertraulich

confier [kõfje] **~ qc à qn** j-m etw anvertrauen; **se ~ à qn** sich j-m anvertrauen

confinement [kõfinmɑ̃] M MED WIRTSCH Lockdown; *exposé* Vortrag *m*

confirmation [kõfiʀmasjõ] F Bestätigung; REL Konfirmation

confirmer [kõfiʀme] bestätigen

confiserie [kõfizʀi] F Süßigkeit; *magasin* Süßwarengeschäft *n*

confisquer [kõfiske] beschlagnahmen

confit [kõfi] **1** *fruits* kandiert **2** M **~ de canard** *im eigenen Fett konservierte Entenstücke*

confiture [kõfityʀ] F Marmelade

conflit [kõfli] M Konflikt, Auseinandersetzung *f*

confondre [kõfõdʀ] verwechseln

conforme [kõfɔʀm] **~ à** gemäß (*dat*), entsprechend (*dat*)

conformément [kõfɔʀmemɑ̃] **~ à** gemäß (*dat*), laut (*dat*)

confort [kõfɔʀ] M Komfort

confortable [kõfɔʀtabl] bequem, komfortabel

confronter [kõfʀõte] gegenüberstellen

confus [kõfy] *forme, bruit* undeutlich; *idées* unklar; *embarrassé* verlegen **confusion** [kõfyzjõ] F Verwirrung; *erreur* Verwechslung

congé [kõʒe] M Urlaub; **~s** *pl* **payés** bezahlter Urlaub; **être en ~** im, in Urlaub sein; **prendre ~ de** sich verabschieden von

congélateur [kõʒelatœʀ] M Tiefkühltruhe *f*; *armoire* Gefrierschrank

congeler [kõʒle] ge-, einfrieren, tiefkühlen

congère [kõʒɛʀ] F Schneeverwehung

congrès [kõgʀɛ] M Kongress, Tagung *f*
conjonctivite [kõʒõktivit] F Bindehautentzündung
conjugal [kõʒygal] ehelich
connaissance [kɔnɛsɑ̃s] F Kenntnis; *conscience* Bewusstsein *n*; *personne* Bekannte(r) *m/f(m)*; **~s** PL Kenntnisse
connaisseur [kɔnɛsœʀ] M Kenner
connaître [kɔnɛtʀ] kennen; *personne* kennenlernen
conne → con
connecté [kõnɛkte] IT online; **être ~/non ~** online/offline sein
connecter [kɔnɛkte] ELEK anschließen (**an** *akk*); IT **se ~** (sich) einloggen
connexion [kɔnɛksjõ] F Verbindung; **~ Internet** Internetanschluss *m*
connu [kɔny] bekannt
conquérir [kõkeʀiʀ] erobern **conquête** [kõkɛt] F Eroberung
consacrer [kõsakʀe] **(se) ~ à** (sich) widmen (*dat*)
conscience [kõsjɑ̃s] F Bewusstsein *n*; *morale* Gewissen *n* **consciencieux** [kõsjɑ̃sjø] gewissenhaft
conscient [kõsjɑ̃] bewusst
conseil [kõsɛj] M Rat(schlag); *assemblée* Rat; *réunion* Ratsversammlung *f*; **~ de surveillance** Aufsichtsrat
conseiller [kõsɛje] **1** raten; **~ qn** j-n beraten **2** M Berater
consentir [kõsɑ̃tiʀ] einwilligen (**à qc** in etw *akk*)
conséquence [kõsekɑ̃s] F Konsequenz, Folge **conséquent** [kõsekɑ̃] **par ~** folglich
conservatoire [kõsɛʀvatwaʀ] M Musikhochschule *f*
conserve [kõsɛʀv] F Konserve
conserver [kõsɛʀve] behalten
considérable [kõsideʀabl] beträchtlich
considération [kõsideʀasjõ] F Überlegung, Erwägung; *estime* Achtung; **prendre en ~** berücksichtigen
considérer [kõsideʀe] betrachten (**comme** als); *estimer* achten; **~ que** finden, dass
consigne [kõsiɲ] F *instruction* Anweisung; *de bouteilles* Pfand *n*; *pour les bagages* Gepäckaufbewahrung; **~ automatique** Schließfächer *npl*
consister [kõsiste] **~ en** bestehen aus; **~ à** (*+inf*) darin bestehen zu (*+inf*)
consolation [kõsɔlasjõ] F Trost *m* **consoler** [kõsɔle] trösten
consommateur [kõsɔmatœʀ] M, **consommatrice** [kõsɔmatʀis] F Verbraucher(in) *m(f)*
consommation [kõsɔmasjõ] F Verbrauch *m*; Konsum *m*; *au café* Verzehr *m*, Getränk *n*; *tarif affiché* **~s** PL Getränkepreise *mpl*; **... basse consommation** Energiespar...
consommé [kõsɔme] M Kraft-

brühe *f*
consommer [kõsɔme] verbrauchen; *au café* verzehren
consonne [kõsɔn] F Konsonant *m*
conspiration [kospiʀasjõ] F Verschwörung
constamment [kõstamã] ständig
Constance [kõstãs] Konstanz; **le lac de ~** der Bodensee
constant [kõstã] (be)ständig; *température* konstant
constat [kõsta] M (amtliches) Protokoll *n*; AUTO Unfallprotokoll *n*
constater [kõstate] feststellen
consterné [kõstɛʀne] bestürzt
constipation [kõstipasjõ] F MED Verstopfung
constituer [kõstitɥe] bilden
constitution [kõstitysjõ] F POL Verfassung
construction [kõstʀyksjõ] F Bau *m*
construire [kõstʀɥiʀ] bauen
consulat [kõsyla] M Konsulat *n*
consultation [kõsyltasjõ] F Beratung; MED Sprechstunde
consulter [kõsylte] um Rat fragen, zu Rate ziehen
contact [kõtakt] M Kontakt; **faux ~** Wackelkontakt; **prendre ~ avec qn** sich mit j-m in Verbindung setzen; AUTO **mettre le ~** die Zündung einschalten
contagieux [kõtaʒjø] ansteckend
contaminer [kõtamine] anstecken; *eau* verseuchen
conte [kõt] M Erzählung *f*; **~ (de fées)** Märchen *n*
contempler [kõtãple] (aufmerksam) betrachten
contemporain [kõtãpɔʀɛ̃] zeitgenössisch
conteneur [kõtnœʀ] M Container
contenir [kõtniʀ] enthalten; *réservoir, stade* fassen
content [kõtã] zufrieden
contenter [kõtãte] zufriedenstellen; **se ~** sich begnügen (**de** mit)
contenu [kõtny] M Inhalt
conter [kõte] erzählen
contester [kõtɛste] bestreiten
contigu [kõtigy] angrenzend (**à** an *akk*)
continent [kõtinã] M Kontinent
continuel [kõtinɥɛl] (be)ständig **continuellement** [kõtinɥɛlmã] ständig
continuer [kõtinɥe] *qc* fortsetzen; *personne* weitermachen, -arbeiten, -fahren *etc*; *durer* andauern; **~ à** *od* **de** (*+inf*) weiter… (*+inf*)
contours [kõtuʀ] MPL Umrisse, Konturen *fpl*
contraceptif [kõtʀasɛptif] M Verhütungsmittel *n*
contracter [kõtʀakte] zusammenziehen; *alliance* schließen; *assurance* abschließen
contradiction [kõtʀadiksjõ]

F Widerspruch *m* **contradictoire** [kõtʀadiktwaʀ] widersprüchlich

contraindre [kõtʀɛ̃dʀ] zwingen (**à** zu)

contrainte [kõtʀɛ̃t] F Zwang *m*

contraire [kõtʀɛʀ] **1** entgegengesetzt **2** M Gegenteil *n*; **au ~** im Gegenteil **contrairement** [kõtʀɛʀmɑ̃] **~ à** im Gegensatz zu

contrarier [kõtʀaʀje] (ver)ärgern

contraste [kõtʀast] M Kontrast

contrat [kõtʀa] M Vertrag

contravention [kõtʀavɑ̃sjõ] F Verstoß *m* (**à** gegen); *amende* gebührenpflichtige Verwarnung

contre [kõtʀ] gegen (*akk*); **(tout) ~** dicht bei, neben; **par ~** andererseits

contrebande [kõtʀəbɑ̃d] F Schmuggel *m*; **faire de la ~** schmuggeln; **passer, introduire en ~** einschmuggeln

contrecœur [kõtʀəkœʀ] **à ~** ungern, widerwillig

contredire [kõtʀədiʀ] widersprechen (**qn** j-m)

contrée [kõtʀe] F Gegend

contresens [kõtʀəsɑ̃s] M Sinnwidrigkeit *f*; **en ~** gegen die Fahrtrichtung

contribuable [kõtʀibyabl] M Steuerzahler

contribuer [kõtʀibɥe] beitragen (**à** zu)

contribution [kõtʀibysjõ] F Beitrag *m*

contrôle [kõtʀol] M Kontrolle *f*; *école* Klassenarbeit *f*; **~ des billets** Fahrscheinkontrolle *f*; **~ des passeports** Passkontrolle *f*; **~ d'identité** Ausweiskontrolle *f*; AUTO **~ technique** *etwa* TÜV

contrôler [kõtʀole] kontrollieren **contrôleur** [kõtʀolœʀ] M Kontrolleur; *train* Schaffner

contusion [kõtyzjõ] F MED Prellung, Quetschung

convaincre [kõvɛ̃kʀ] überzeugen (**qn de qc** j-n von etw)

convalescence [kõvalesɑ̃s] F Genesung

convenable [kõvnabl] *approprié* passend; *acceptable* (recht) ordentlich; *décent* anständig

convenir [kõvniʀ] **~ à qn** j-m passen; **~ à qc** sich für etw eignen, für etw geeignet sein; **~ de qc** etw vereinbaren; *admettre* etw zugeben

conversation [kõvɛʀsasjõ] F Unterhaltung, Gespräch *n*

convertir [kõvɛʀtiʀ] REL bekehren (**à** zu); *fractions* umwandeln; *unités de mesure* umrechnen (**en** in *akk*); REL **se ~** übertreten (**à** zu)

conviction [kõviksjõ] F Überzeugung

convivial [kõvivjal] einladend, gemütlich; IT benutzerfreundlich

convoi [kõvwa] M Konvoi

convoiter [kõvwate] begehren
convoquer [kõvɔke] *employé* kommen lassen, rufen; JUR (vor)laden
cool [kul] *umg* cool
coopérer [kɔɔpeʀe] zusammenarbeiten; **~ à qc** an etw (*dat*) mitarbeiten
coordonnée [kɔɔʀdɔne] F Koordinate; *umg* **~s** *pl* Adresse *f*, Telefonnummer *f etc*; IT Kontaktdaten *pl*
copain [kɔpɛ̃] *umg* M Freund; *umg* Kumpel
copie [kɔpi] F Kopie; *école* (Klassen)Arbeit
copier [kɔpje] kopieren; *élève* abschreiben (**sur** von)
copieux [kɔpjø] reichlich
copine [kɔpin] *umg* F Freundin
coq [kɔk] M Hahn; GASTR **~ au vin** Hähnchen *n* in Burgunder
coque [kɔk] F *œuf, noix* Schale; *bateau* Rumpf *m*; **œuf** *m* **à la ~** weiches Ei *n*; **~ (de/pour) portable** Handyhülle *f*
coquelicot [kɔkliko] M Klatschmohn
coqueluche [kɔklyʃ] F Keuchhusten *m*
coquet [kɔkɛ] hübsch; *cherchant à plaire* kokett
coquetier [kɔktje] M Eierbecher
coquillage [kɔkijaʒ] M Muschel(schale) *f*
coquille [kɔkij] F Schale; GASTR **~ Saint-Jacques** Jakobsmuschel
cor [kɔʀ] M Horn *n*; MED Hühnerauge *n*
corail [kɔʀaj] M ⟨*pl* **coraux** [kɔʀo]⟩ Koralle *f*
Coran [kɔʀɑ̃] M Koran
corbeau [kɔʀbo] M Rabe
corbeille [kɔʀbɛj] F Korb *m*; **~ à papier** Papierkorb *m*
corbillard [kɔʀbijaʀ] M Leichenwagen
corde [kɔʀd] F Leine, Strick *m*; *épaisse* Seil *n*; *ficelle* Schnur; MUS Saite; **~ à linge** Wäscheleine *f*
cordial [kɔʀdjal] herzlich
cordon [kɔʀdõ] M Schnur *f*
cordonnier [kɔʀdɔnje] M Schuhmacher
coriace [kɔʀjas] zäh
corne [kɔʀn] F Horn *n*
corner [kɔʀnɛʀ] M SPORT Eckball
cornet [kɔʀnɛ] M Tüte *f*
corn-flakes [kɔ̀ʀnflɛks] MPL Cornflakes *pl*
corniche [kɔʀniʃ] F kurvenreiche Küstenstraße
cornichon [kɔʀniʃõ] M Essiggürkchen *n*, Cornichon *n*
coronavirus [kɔrɔna-] M Coronavirus *n od m*
corporel [kɔʀpɔʀɛl] körperlich
corps [kɔʀ] M Körper
correct [kɔʀɛkt] richtig, korrekt
correction [kɔʀɛksjõ] F Korrektheit; *amélioration* Verbesserung, Korrektur

correspondance [kɔʀɛspõdɑ̃s] F Korrespondenz; *lettres* Briefwechsel *m*; (aus-, eingehende) Post; *train* Anschluss (-zug) *m*

correspondant [kɔʀɛspõdɑ̃] **1** entsprechend **2** **correspondant(e)** [kɔʀɛspõdɑ̃(t)] M(F) Briefpartner(in); *école* Brieffreund(in); *presse* Korrespondent(in); TEL Gesprächspartner(in)

correspondre [kɔʀɛspõdʀ] ~ **à qc** e-r Sache (*dat*) entsprechen; ~ **avec qn** mit j-m in Briefwechsel stehen

corrida [kɔʀida] F Stierkampf *m*

corridor [kɔʀidɔʀ] M Korridor, Flur

corriger [kɔʀiʒe] verbessern; *école* korrigieren

corrosif [kɔʀozif] ätzend

corsage [kɔʀsaʒ] M Bluse *f*

corse [kɔʀs] korsisch **Corse** [kɔʀs] **la** ~ Korsika *n*

cortège [kɔʀtɛʒ] M (Fest-, Um)Zug

cortisone [kɔʀtizɔn] F Kortison *n*

corvée [kɔʀve] F lästige Pflicht; ~ **de vaisselle** Küchendienst *m*

cosmétique [kɔsmetik] **1** kosmetisch **2** M Schönheitsmittel *n*

costume [kɔstym] M Anzug; *théâtre* Kostüm *n*; *régional* Tracht *f*

côte [kot] F *mer* Küste; *colline* Hang *m*; *montée* Steigung; ANAT Rippe; GASTR Kotelett *n*; *de bœuf* Rippenstück *n*; **la Côte (d'Azur)** die Côte d'Azur

côté [kote] M Seite *f*; **à** ~ **de** neben; **à** ~ nebenan; **de l'autre** ~ auf der anderen Seite; **du** ~ **de** in der Nähe von

côtelé [kotle] **velours** *m* ~ Cord

côtelette [kɔtlɛt] F Kotelett *n*

côtier [kotje] Küsten…

cotisation [kɔtizasjõ] F Beitrag *m* **cotiser** [kɔtize] Beitrag zahlen; **se** ~ sammeln

coton [kɔtõ] M Baumwolle *f*; ~ **(hydrophile)** Watte *f*; **(morceau** *m* **de)** ~ Wattebausch

cou [ku] M Hals

couche [kuʃ] F Schicht; *pour bébés* Windel; MED **fausse** ~ Fehlgeburt

couché [kuʃe] liegend; **être** ~ liegen; *au lit* im Bett sein

coucher [kuʃe] **1** *étendre* hinlegen (**sur** auf *akk*); *enfant* zu Bett bringen; *passer la nuit* schlafen, übernachten; **se** ~ schlafen gehen; *soleil* untergehen; *umg* ~ **avec qn** mit j-m schlafen **2** M ~ **du soleil** Sonnenuntergang

couchette [kuʃɛt] F Koje; *train* Platz *m* im Liegewagen; **~s** PL Liegewagen *m*

couchsurfer [kaʊtʃsœʀfe] couchsurfen

couchsurfing [kaʊtʃsœʀfiŋ]

M Couchsurfing *n*
coude [kud] M Ellbogen
coudre [kudʀ] nähen; *bouton* annähen (**à** an *akk*)
couenne [kwan] F (Speck)-Schwarte
couette [kwɛt] F Federbett *n*
couler [kule] fließen; *robinet* tropfen; *nez* laufen; *bateau* sinken
couleur [kulœʀ] F Farbe
couleuvre [kulœvʀ] F Natter
couloir [kulwaʀ] M Flur
coup [ku] M Schlag; *de couteau* Stich; *de feu* Schuss; *échecs* Zug; **~ de poing** Faustschlag; **~ de pied** (Fuß)Tritt; **~ d'œil** Blick; **~ de soleil** Sonnenbrand; SPORT **~ franc** Freistoß; **~ de téléphone** (*umg* **de fil**) Anruf; **boire un ~** einen trinken; **tenir le ~** durchhalten; **tout à ~** plötzlich; **du premier ~** (gleich) beim ersten Mal; **après ~** hinterher
coupable [kupabl] **1** schuldig (**de** *gen*) **2** M/F Schuldige(r) *m/f(m)*
coupe[1] [kup] F (Obst-, Sekt)-Schale; SPORT Pokal *m*, Cup *m*; **~ glacée** Eisbecher *m*; **Coupe du monde** Weltmeisterschaft
coupe[2] [kup] F **~ (de cheveux)** Haarschnitt *m*
coupe-circuit [kupsiʀkɥi] M Sicherung *f*
couper [kupe] schneiden (*a. v/i*); *morceau* abschneiden; *eau, gaz* abstellen; *conversation*, TEL unterbrechen; *vin* verdünnen; *cartes* abheben; *prendre un raccourci* e-e Abkürzung nehmen; **~ en deux** teilen
couple [kupl] M Paar *n*; *mari et femme* Ehepaar *n*
couplet [kuplɛ] M Strophe *f*
coupole [kupɔl] F Kuppel
coupon [kupõ] M Abschnitt
coupure [kupyʀ] F *blessure* Schnitt(wunde) *m(f)*; **~ de courant** Stromsperre
cour [kuʀ] F Hof *m*; JUR Gericht(shof) *n(m)*
courage [kuʀaʒ] M Mut
couramment [kuʀamɑ̃] fließend; *souvent* häufig
courant [kuʀɑ̃] **1** üblich **2** M Strömung *f*; ELEK Strom; **~ d'air** Luftzug; **être au ~** auf dem Laufenden sein (**de** über *akk*)
courbatures [kuʀbatyʀ] FPL Muskelkater *m*
courbe [kuʀb] **1** gebogen **2** F Kurve **courber** [kuʀbe] biegen
coureur [kuʀœʀ] M Läufer; *automobile, cycliste* Rennfahrer
coureuse [kuʀøz] F Läuferin
courge [kuʀʒ] F Kürbis *m*
courgette [kuʀʒɛt] F Zucchini
courir [kuʀiʀ] laufen, rennen; *bruit* umgehen; *danger* sich aussetzen (*dat*); *risque* eingehen; **~ le danger, le risque de** (+*inf*) Gefahr laufen zu
couronne [kuʀɔn] F Krone; *de fleurs* Kranz *m*

courrier [kuʀje] M Post *f*
courroie [kuʀwa] F Riemen *m*
cours [kuʀ] M Kurs; *leçon* (Unterrichts)Stunde *f*; **~ de langue** Sprachkurs; **~ du change** Wechselkurs; **au ~ de** im Laufe (*gen*); **en ~ de route** unterwegs
course [kuʀs] F SPORT Rennen *n*; *à pied* Lauf *m*; **~s** PL Einkäufe; **faire la ~** e-n Wettlauf machen; **faire des ~s** einkaufen
court [kuʀ] **1** kurz **2** M **~ (de tennis)** Tennisplatz
court-circuit [kuʀsiʀkɥi] M Kurzschluss
couscous [kuskus] M Kuskus
cousin [kuzɛ̃] M Cousin, Vetter; ZOOL (Stech)Mücke *f*
cousine [kuzin] F Cousine
coussin [kusɛ̃] M Kissen *n*
coût [ku] M Kosten *pl*
coûtant [kutɑ̃] **prix** *m* **~** Selbstkostenpreis
couteau [kuto] M Messer *n*
coûter [kute] kosten; **~ cher** teuer sein
coutume [kutym] F Gewohnheit; Brauch *m*, Sitte
couture [kutyʀ] F Naht (*a.* MED); *occupation* Nähen *n*, Schneidern *n*; Schneiderei
couturier [kutyʀje] M Modeschöpfer **couturière** [kutyʀjɛʀ] F Schneiderin
couvent [kuvɑ̃] M Kloster *n*
couver [kuve] **~ (ses œufs)** brüten
couvercle [kuvɛʀkl] M Deckel
couvert [kuvɛʀ] **1** bedeckt; **marché** *m* **~** Markthalle *f*; **être bien ~** warm angezogen sein **2** M Besteck *n*
couverture [kuvɛʀtyʀ] F Decke; *livre* Einband *m*; *magazine* Titelseite; **~ chauffante** Heizdecke; **~ de laine** Wolldecke
couvre-lit [kuvʀəli] M Tagesdecke *f*
couvrir [kuvʀiʀ] zu-, bedecken (**de** mit); *fig* überschütten (**de** mit); *frais* decken; *distance* zurücklegen; **se ~** *personne* sich warm anziehen; *ciel* sich bedecken
COVID-19, Covid-19 [kovid-diznœf] (corona virus disease 2019) COVID-19, Covid-19, Corona
covoiturage [kovwatyʀaʒ] M Fahrgemeinschaft *f*
cow-boy [kobɔj] M Cowboy
crabe [kʀɑb] M Krabbe *f*
cracher [kʀaʃe] spucken
cracker [kʀake] IT hacken; **~ un smartphone** ein Smartphone hacken
craie [kʀɛ] F Kreide
craindre [kʀɛ̃dʀ] fürchten, sich fürchten vor (*dat*); *chaleur* nicht vertragen; **~ que … ne** (+*subj*) (be)fürchten, dass
crainte [kʀɛ̃t] F Furcht, Angst; **~s** PL Befürchtungen
craintif [kʀɛ̃tif] ängstlich
crampe [kʀɑ̃p] F Krampf *m*
cramponner [kʀɑ̃pɔne] **se ~ à** sich klammern an (*akk*)

crâne [kʀɑn] M Schädel
crâner [kʀane] *umg* angeben
crapaud [kʀapo] M Kröte *f*
craquer [kʀake] knacken, krachen; *parquet* knarren; *couture* platzen; *fig personne* zusammenbrechen
crasse [kʀas] F Dreck *m*
cratère [kʀatɛʀ] M Krater
cravate [kʀavat] F Krawatte
crayon [kʀɛjõ] M Bleistift; **~ feutre** Filzstift; **~ de couleur** Buntstift; **~ à sourcils** Augenbrauenstift
création [kʀeasjõ] F Gründung, Schaffung; *mode* Kreation
crèche [kʀɛʃ] F REL Krippe; *garderie* Kinderkrippe
crédible [kʀedibl] glaubwürdig
crédit [kʀedi] M Kredit; **à ~** auf Kredit
créditer [kʀedite] gutschreiben (**qn de 300 euros** j-m 300 Euro)
crédule [kʀedyl] leichtgläubig
créer [kʀee] gründen; *emplois, problèmes* schaffen
crématorium [kʀematɔʀjɔm] M Krematorium *n*
crème[1] [kʀɛm] F GASTR Sahne; **~ glacée** Eiscreme; **~ caramel** Karamelpudding *m*; **~ d'asperges** Spargelcremesuppe; **~ de cassis** Johannisbeerlikör *m*
crème[2] [kʀɛm] F *cosmétique* Creme; **~ pour les mains** Handcreme; **~ dépilatoire** Enthaarungscreme; **~ hydratante** Feuchtigkeitscreme; **~ de nuit** Nachtcreme; **~ à raser** Rasiercreme; **~ solaire** Sonnen(schutz)creme
crémerie [kʀɛmʀi] F Milchgeschäft *n*
créneau [kʀeno] M Schießscharte *f*; AUTO Parklücke *f*; **faire un ~** einparken
crêpe [kʀɛp] F GASTR Crêpe (*dünner Pfannkuchen*)
crépuscule [kʀepyskyl] M (Abend)Dämmerung *f*
cresson [kʀɛsõ] M Kresse *f*
Crète [kʀɛt] **la ~** Kreta *n*
crête [kʀɛt] F (Hahnen-, Berg)-Kamm *m*
crétin [kʀetɛ̃] *umg* M Dummkopf
creuser [kʀøze] graben; *fruit* aushöhlen; **se ~ la tête** sich den Kopf zerbrechen
creux [kʀø] **1** hohl; leer **2** M Höhlung *f*; Vertiefung *f*; **~ de la main** hohle Hand *f*
crevaison [kʀəvɛzõ] F Reifenpanne
crevasse [kʀəvas] F Riss *m*
crever [kʀəve] platzen lassen; *pneu* zerstechen; V/I platzen; *umg mourir* verrecken; AUTO **j'ai crevé** ich habe e-n Platten
crevette [kʀəvɛt] F Garnele
cri [kʀi] M Schrei
crible [kʀibl] M Sieb *n*
cric [kʀik] M Wagenheber
crier [kʀije] schreien
crime [kʀim] M Verbrechen *n*
criminel [kʀiminɛl] **1** krimi-

nell **2** M Verbrecher
crinière [kʀinjɛʀ] F Mähne
criquet [kʀikɛ] M Heuschrecke *f*
crise [kʀiz] F Krise; **~ cardiaque** Herzanfall *m*; **~ financière** Finanzkrise, Bankenkrise
critique [kʀitik] **1** kritisch **2** M Kritiker **3** F Kritik
critiquer [kʀitike] kritisieren
Croatie [kʀɔasi] **la ~** Kroatien *n*
crochet [kʀɔʃɛ] M Haken; **faire un ~** e-n Abstecher machen
crocodile [kʀɔkɔdil] M Krokodil *n*
croire [kʀwaʀ] glauben (**qc** etw *akk*, **qn** j-m); **~ à, ~ en** glauben an (*akk*); **se ~ malin** sich für klug halten
croisement [kʀwazmɑ̃] M Kreuzung *f*
croiser [kʀwaze] kreuzen; **~ qn** j-m begegnen; **mots croisés** Kreuzworträtsel *n*
croisière [kʀwazjɛʀ] F Kreuzfahrt
croisillon [kʀwazijõ] M (Fenster)Sprosse *f*; IT Rautetaste *f*
croissance [kʀwasɑ̃s] F Wachstum *n*
croissant [kʀwasɑ̃] M Hörnchen *n*, Croissant *n*; **~ de lune** Mondsichel *f*
croix [kʀwa] F Kreuz *n*
Croix-Rouge [kʀwaʀuʒ] **la ~** das Rote Kreuz
croquant [kʀɔkɑ̃] knusprig, knackig **croque-monsieur** [kʀɔkməsjø] M Schinkentoast mit Käse
croquette [kʀɔkɛt] F Krokette
croquis [kʀɔki] M Skizze *f*
crotte [kʀɔt] F Kot *m*; **~ en** *od* **de chocolat** Praline
croustillant [kʀustijɑ̃] knusprig
croûte [kʀut] F *du pain* Kruste; *du fromage* Rinde; *pâté* **en ~** im Teigmantel **croûton** [kʀutõ] M (Brot)Kanten; GASTR gerösteter Brotwürfel, Croûton
croyant [kʀwajɑ̃] gläubig
CRS [seɛʀɛs] M Bereitschaftspolizist; **les ~** PL die Bereitschaftspolizei
cru¹ [kʀy] **1** roh **2** M Wein(bau)gebiet *n*; *vin* Wein
cru² [kʀy] PPERF → croire
cruauté [kʀyote] F Grausamkeit
cruche [kʀyʃ] F Krug *m*
crucifier [kʀysifje] kreuzigen
crudités [kʀydite] FPL Rohkost *f*; **assiette** *f* **de ~** Salatplatte
crue [kʀy] F Hochwasser *n*; **être en ~** Hochwasser führen
cruel [kʀyɛl] grausam
crustacés [kʀystase] MPL Krustentiere *npl*
cube [kyb] M Würfel; **mètre** *m* **~** Kubikmeter
cueillir [kœjiʀ] pflücken
cuillère *od* **cuiller** [kɥijɛʀ] F Löffel *m*; **petite ~** Teelöffel *m*; **~ à soupe** Esslöffel *m*
cuillerée [kɥijeʀe] F Löffel *m* voll

cuir [kɥiʀ] M Leder *n*
cuire [kɥiʀ] *à l'eau* kochen (*a. v/i*); *à la poêle* braten; *pain, gâteau* backen (*a. v/i*)
cuisine [kɥizin] F Küche; Kochen *n*; ~ **intégrée** Einbauküche; **faire la** ~ kochen
cuisiné [kɥizine] **plat** ~ Fertiggericht *n* **cuisiner** [kɥizine] kochen **cuisinier** [kɥizinje] M Koch **cuisinière** [kɥizinjɛʀ] F Köchin; *appareil* (Elektro-, Gas)Herd *m*
cuisse [kɥis] F ANAT (Ober)-Schenkel *m*; GASTR Keule; **~s** *pl* **de grenouille** Froschschenkel *mpl*
cuisson [kɥisõ] F Kochen *n*; Backen *n*
cuit [kɥi] gekocht, gar; ~ **au four** gebacken
cuivre [kɥivʀ] M Kupfer *n*
cul [ky] M *sl* Arsch
cul-de-sac [kydsak] M Sackgasse *f*
culinaire [kylinɛʀ] kulinarisch
culotte [kylɔt] F (kurze) Hose; *femme* Schlüpfer *m*
culpabilité [kylpabilite] F Schuld
culte [kylt] M REL Kult (*a. fig*); *confession* Konfession *f*; *service* Gottesdienst
cultivateur [kyltivatœʀ] M Landwirt
cultivé [kyltive] gebildet; *champ* bebaut **cultiver** [kyltive] *champ* bebauen; *céréales* anbauen; **se** ~ sich bilden
culture [kyltyʀ] F Kultur; *de la terre* Bebauung; *de légumes* Anbau *m*
culturel [kyltyʀɛl] kulturell; **capitale** *f* **~le** Kulturhauptstadt; **choc** *m* ~ Kulturschock
cumin [kymɛ̃] M Kreuzkümmel
cure [kyʀ] F Kur; ~ **d'amaigrissement** Abmagerungskur
curé [kyʀe] M (katholischer) Pfarrer
cure-dent [kyʀdɑ̃] M Zahnstocher
curieux [kyʀjø] neugierig; *bizarre* seltsam
curiosité [kyʀjozite] F Neugier; **~s** PL *d'une ville* Sehenswürdigkeiten
curry [kyʀi] M Curry
curseur [kyʀsœʀ] M Cursor
cuvette [kyvɛt] F Waschbecken *n*
CV[1] M (curriculum vitae) Lebenslauf
cybercafé [sibɛʀkafe] M Internetcafé *n* **cyberespace** [sibɛʀɛspas] M, **cybermonde** [sibɛʀmõd] M Cyberspace
cyclable [siklabl] **piste** *f* ~ Radweg *m*
cyclisme [siklism] M Radsport
cycliste [siklist] **1** M/F Radfahrer(in) *m(f)* **2** M *vêtement* Radhose *f* **cyclomoteur** [siklomɔtœʀ] M Mofa *n*
cyclone [siklon] M Wirbelsturm
cygne [siɲ] M Schwan
cylindre [silɛ̃dʀ] M Zylinder

cylindrée [silɛ̃dʀe] F Hubraum *m*
cymbale [sɛ̃bal] F MUS Becken *n*
cynique [sinik] zynisch
cyprès [sipʀɛ] M Zypresse *f*
cystite [sistit] F Blasenentzündung

D

d' [d] → de¹
dalle [dal] F Fliese
dame [dam] F Dame
Danemark [danmaʀk] **le ~** Dänemark *n*
danger [dɑ̃ʒe] M Gefahr *f*
dangereux [dɑ̃ʒʀø] gefährlich
danois [danwa] **1** dänisch **2** **Danois** M Däne
dans [dɑ̃] *lieu* in (*dat od akk*); *temps* in (*dat*); **~ la rue** auf der Straße; *boire* **~ un verre** aus e-m Glas
dansant [dɑ̃sɑ̃] **1** Tanz...; **soirée** *f* **~e** Tanzabend *m* **2** tanzend
danse [dɑ̃s] F Tanz *m* **danser** [dɑ̃se] tanzen **danseur** [dɑ̃sœʀ] M, **danseuse** [dɑ̃søz] F Tänzer(in) *m(f)*
Danube [danyb] **le ~** die Donau
dard [daʀ] M Stachel
date [dat] F Datum *n*; **~ de naissance** Geburtsdatum *n*; **~ limite de vente** Mindesthaltbarkeitsdatum *n*
dater [date] datieren
datte [dat] F Dattel
daube [dob] F **bœuf** *m* **en ~** Rinderschmorbraten
dauphin [dofɛ̃] M Delfin
daurade [doʀad] F Goldbrasse, Dorade
davantage [davɑ̃taʒ] mehr
de¹ [də] ⟨*vor Vokal* **d'**⟩ PRÄP von (*od gen*); *provenance, matière* aus, von; *cause* vor (*dat*); **le train ~ Paris** der Zug aus Paris; **le train ~ banlieue** der Nahverkehrszug; **le train du matin** der Morgenzug; **~ ... à** von ... bis ...
de² [də] *article partitif* **~ l'eau** Wasser; **du pain** Brot; **des épinards** Spinat
dé [de] M Würfel; **~ (à coudre)** Fingerhut *m*
dealer [dilœʀ] M Dealer
déballer [debale] auspacken
débarcadère [debaʀkadɛʀ] M Landungsbrücke *f*
débarquer [debaʀke] an Land gehen; *décharger* ausladen; **~ de** aussteigen aus
débarrasser [debaʀase] ausräumen; **~ (la table)** den Tisch abräumen; **se ~ de** loswerden (*akk*); *chose(s)* wegwerfen (*akk*)
débat [deba] M Debatte *f*; **~ télévisé** Talkshow *f*
débile [debil] *umg* schwachsinnig
débit [debi] M Absatz, Ver-

trieb; ~ **de boissons** Ausschank
débiter [debite] belasten (**qn de 300 euros** j-n mit 300 Euro)
déblayer [debleje] wegräumen
déboiser [debwaze] abholzen
déboîter [debwate] MED ver-, ausrenken; AUTO ausscheren
déborder [debɔʀde] *rivière* über die Ufer treten; *eau, lait* überlaufen
déboucher [debuʃe] *bouteille* aufmachen; ~ **de** (heraus)kommen aus; ~ **sur** führen zu (*a. fig*)
débouchés [debuʃe] MPL WIRTSCH Absatzmärkte; *emplois* Berufsaussichten *fpl*
debout [dəbu] stehend, aufrecht (stehend); **être** ~ stehen; *levé* auf(gestanden) sein
déboutonner [debutɔne] aufknöpfen
débraillé [debʀaje] nachlässig, salopp
débrancher [debʀɑ̃ʃe] TECH abschalten
débrayer [debʀeje] AUTO auskuppeln
débris [debʀi] MPL Scherben *fpl*; *d'un avion* Trümmer *pl*
débrouiller [debʀuje] **se** ~ zurechtkommen
début [deby] M Anfang; **au** ~ anfangs, am Anfang
débutant(e) [debytɑ̃(t)] M/F Anfänger(in) **cours** *m* **pour** ~**s** Anfängerkurs **débuter** [debyte] anfangen (**par** mit)
décaféiné [dekafeine] **1** koffeinfrei **2** M koffeinfreier Kaffee
décapotable [dekapɔtabl] F Cabrio(let) *n*
décapsuleur [dekapsylœʀ] M Flaschenöffner
décédé [desede] verstorben
décéder [desede] (ver)sterben
décembre [desɑ̃bʀ] M Dezember
décent [desɑ̃] anständig
déception [desɛpsjõ] F Enttäuschung
décerner [desɛʀne] *prix* verleihen
décès [desɛ] M Tod(esfall)
décevoir [des(ə)vwaʀ] enttäuschen
déchaîné [deʃɛne] *personne* außer Rand und Band; ~ **contre** aufgebracht gegen
décharge [deʃaʀʒ] F ~ (**électrique**) elektrischer) Schlag *m*; ~ (**publique**) Müllkippe *f* **décharger** [deʃaʀʒe] *camion, arme* entladen; *bagages* ausladen (**de** aus)
déchausser [deʃose] **se** ~ sich die Schuhe ausziehen
déchets [deʃɛ] MPL Abfälle; ~ **radioactifs** Atommüll *m*
déchiffrer [deʃifʀe] entziffern; *code* entschlüsseln
déchirer [deʃiʀe] ~ *u.* **se** ~ zerreißen **déchirure** [deʃiʀyʀ] F Riss *m*
décidé [deside] entschlossen;

ton entschieden
décider [deside] **~ qc** etw beschließen; **~ de qc** über etw (*akk*) entscheiden; **~ de** (*+inf*) beschließen zu; **se ~ à** (*+inf*) sich entschließen zu
décisif [desizif] entscheidend **décision** [desizjõ] F Entscheidung
déclarer [deklaʀe] erklären; *naissance* anmelden; *à la douane* verzollen; **se ~** sich äußern; *maladie* ausbrechen
déclencher [deklɑ̃ʃe] auslösen; **se ~** ausgelöst werden
décodeur [dekɔdœʀ] M Decoder *m*
décollage [dekɔlaʒ] M FLUG Start **décoller** [dekɔle] *timbre* ablösen; *avion* starten
décombres [dekõbʀ] MPL Trümmer *pl*, Schutt *m*
décommander [dekɔmɑ̃de] absagen (**qc** etw *akk*, **qn** j-m); HANDEL abbestellen; **se ~** absagen
décompresser [dekõpʀese] *umg* sich entspannen, relaxen
déconcerter [dekõsɛʀte] verwirren
décongeler [dekõʒəle] auftauen
déconnecter [dekɔnɛkte] ELEK unterbrechen; IT **se ~** (sich) ausloggen
déconseiller [dekõseje] abraten (**qc à qn** j-m von etw)
décor [dekɔʀ] M Ausstattung *f*, Dekor; *fig* Umgebung *f*; **~s** PL *théâtre* Bühnenbild *n*
décoration [dekɔʀasjõ] F Ausstattung; Dekoration; *médaille* Orden *m* **décorer** [dekɔʀe] schmücken (**de** mit)
découler [dekule] **~ de** sich ergeben aus
découper [dekupe] *rôti, gâteau* aufschneiden; *poulet* tranchieren
décourager [dekuʀaʒe] entmutigen
découvert [dekuvɛʀ] unbedeckt, offen; *compte* **à ~** überzogen **découverte** [dekuvɛʀt] F Entdeckung **découvrir** [dekuvʀiʀ] entdecken; **se ~** *en dormant* sich aufdecken
décrire [dekʀiʀ] beschreiben
décrocher [dekʀɔʃe] *tableau, wagon* abhängen; *rideaux*, TEL abnehmen
déçu [desy] enttäuscht
dédaigner [dedɛɲe] verachten **dédaigneux** [dedɛɲø] verächtlich
dedans [dədɑ̃] **1** darin; drinnen; *déplacement* hinein *od* herein, *umg* rein **2** M Innere(s) *n*
dédicace [dedikas] F Widmung **dédier** [dedje] widmen
dédommager [dedɔmaʒe] entschädigen (**de** für)
dédouaner [dedwane] verzollen
déduction [dedyksjõ] F *conclusion* Ableitung, (Schluss)Folgerung; *soustraction* Abzug *m*
déduire [dedɥiʀ] *conclure* ab-

leiten (**de** von); *soustraire* abziehen (**de** von)
déesse [deɛs] F Göttin
défaillance [defajɑ̃s] F Schwächeanfall *m*; TECH, *fig* Versagen *n*, Ausfall *m*
défaire [defɛʀ] *ceinture, paquet* aufmachen; *valise* auspacken; *lit* abziehen
défaite [defɛt] F Niederlage
défaut [defo] M Fehler; *inconvénient* Nachteil
défavorable [defavɔʀabl] ungünstig; *réponse* negativ **défavoriser** [defavɔʀize] benachteiligen
défectueux [defɛktɥø] fehlerhaft; *machine* defekt
défendre [defɑ̃dʀ] verteidigen; *interdire* verbieten; **se ~** sich verteidigen, sich wehren **défendu** [defɑ̃dy] verboten
défense [defɑ̃s] F Verteidigung; *interdiction* Verbot *n*; **~ de fumer** Rauchen verboten!; **~ du consommateur** Verbraucherschutz *m*
défi [defi] M Herausforderung *f*
défiance [defjɑ̃s] F Misstrauen *n*
défibrillateur [defibʀijatœʀ] M MED Defibrillator
defilé [defile] M MIL Aufmarsch; **~ de mode** Modenschau *f*
définir [definiʀ] *mot* definieren **définitif** [definitif] endgültig
déformation [defɔʀmasjõ] F Verformung
défouler [defule] **se ~** sich abreagieren *od* austoben
défunt [defɛ̃] verstorben
dégager [degaʒe] befreien (**de** aus); *rue, nez* frei machen; **se ~** sich befreien (**de** aus); *nez* frei werden; *ciel* aufklaren; *gaz* ausströmen (aus); *fumée* aufsteigen (aus)
dégât [dega] M Schaden; **~s** *pl* **matériels** Sachschaden
dégel [deʒɛl] M Tauwetter *n*
dégeler [deʒle] auftauen
dégivrer [deʒivʀe] abtauen; entfrosten
dégonflé [degõfle] **le pneu est ~** der Reifen hat Luft verloren
dégoût [degu] M Ekel
dégoûtant [degutɑ̃] widerlich
dégoûter [degute] anekeln; **~ qn de qc** j-m etw verleiden
degré [dəgʀe] M Grad; **11 ~s** *température* 11 Grad, *vin* 11 Prozent
dégueulasse [degœlas] *umg* ekelhaft, zum Kotzen
déguiser [degize] **se ~** sich verkleiden (**en** als)
dégustation [degystasjõ] F **~ de vins** Weinprobe
déguster [degyste] kosten; *savourer* genießen
dehors [dəɔʀ] **1** draußen; *déplacement* hinaus *od* heraus, nach draußen, *umg* raus **2** M Äußere(s) *n*; **en ~ de** außer-

halb (*gen*); *à part* außer (*dat*)

déjà [deʒa] schon

déjeuner [deʒœne] 1 (zu) Mittag essen 2 M Mittagessen *n*; **petit ~** Frühstück *n*

délabré [delabʀe] verfallen

délai [delɛ] M Frist *f*; *prolongation* Aufschub; **sans ~** fristlos

délasser [delɑse] entspannen; **se ~** sich erholen

délayer [deleje] verdünnen

délibérément [delibeʀemɑ̃] absichtlich

délibérer [delibeʀe] **~ sur qc** (über) etw (*akk*) beraten

délicat [delika] zart; *problème* heikel; *avec tact* feinfühlig; *difficile* wählerisch

délice [delis] M Genuss **délicieux** [delisjø] köstlich

délimiter [delimite] abgrenzen

délinquant [delɛ̃kɑ̃] M Straffällige(r)

délire [deliʀ] M Wahn

délit [deli] M Vergehen *n*; **~ de fuite** Fahrerflucht *f*

délivrer [delivʀe] befreien; *passeport* ausstellen

déloyal [delwajal] unfair; *ami* treulos

deltaplane [dɛltaplan] M (Flug)Drachen; *sport* Drachenfliegen *n*

déluge [delyʒ] M Sintflut *f*

demain [d(ə)mɛ̃] morgen; **~ matin/soir** morgen früh/Abend

demande [d(ə)mɑ̃d] F Bitte; *écrite* Antrag *m*; **~ d'emploi** Stellengesuch *n*; **faire une ~** e-n Antrag stellen

demandé [d(ə)mɑ̃de] gefragt, begehrt

demander [d(ə)mɑ̃de] bitten (**qc à qn** j-n um etw); *réclamer* verlangen (**qc à qn** etw von j-m); *vouloir savoir* fragen (**qc à qn** j-n nach etw)

démanger [demɑ̃ʒe] jucken

démarche [demaʀʃ] F Gang *m*; *fig* **~s** PL Schritte *mpl*

démarrage [demaʀaʒ] M Anfahren *n* **démarrer** [demaʀe] *voiture* anfahren; *moteur* anspringen; *fig* beginnen **démarreur** [demaʀœʀ] M AUTO Anlasser

déménagement [demenaʒmɑ̃] M Umzug **déménager** [demenaʒe] umziehen

dément [demɑ̃] wahnsinnig

démesuré [deməzyʀe] riesig; *fig* maßlos

démettre [demɛtʀ] *bras* aus-, verrenken

demeurer [d(ə)mœʀe] *habiter* wohnen; *rester* bleiben

demi [d(ə)mi] 1 halbe(r, -s); **une heure et ~e** anderthalb Stunden; **il est onze heures et ~e** es ist halb zwölf 2 M *bière* **un ~** ein (kleines) Glas Bier

demi-douzaine [d(ə)miduzɛn] F halbes Dutzend *n* **demi-heure** [d(ə)mijœʀ] F halbe Stunde **demi-pension**

[d(ə)mipɑ̃sjõ] F Halbpension
démission [demisjõ] F Rücktritt *m* **démissionner** [demisjɔne] zurücktreten (**de** aus)
demi-tour [d(ə)mituʀ] M **faire ~** umkehren
démocratie [demɔkʀasi] F Demokratie
démodé [demɔde] altmodisch
demoiselle [d(ə)mwazɛl] F Fräulein *n*
démolir [demɔliʀ] ab-, niederreißen; *casser* kaputt machen
démon [demõ] M Teufel
démonter [demõte] auseinandernehmen, zerlegen; *tente* abbrechen
démontrer [demõtʀe] beweisen
dénigrer [denigʀe] herabsetzen
dénivelé(e) [denivle] M(F) Höhenunterschied *m*
dénoncer [denõse] denunzieren
dense [dɑ̃s] dicht
dent [dɑ̃] F Zahn *m*; **~ de lait** Milchzahn *m*; **~ de sagesse** Weisheitszahn *m*
dentaire [dɑ̃tɛʀ] Zahn...; zahnärztlich; **fil** *m* **~** Zahnseide
dentelle [dɑ̃tɛl] F Spitze
dentier [dɑ̃tje] M (künstliches) Gebiss *n*
dentifrice [dɑ̃tifʀis] **1** M Zahnpasta *f* **2** ADJ **eau** *f* **~** Mundwasser *n*
dentiste [dɑ̃tist] M Zahnarzt
dentition [dɑ̃tisjõ] F ANAT Gebiss *n*
déodorant [deɔdɔʀɑ̃] M Deo(-dorant) *n*
dépannage [depanaʒ] M Reparatur *f*; **entreprise** *f* **de ~** Abschleppdienst *m*
dépanner [depane] reparieren; *remorquer* abschleppen; *umg fig* aushelfen (**qn** j-m)
dépanneuse [depanøz] F Abschleppwagen *m*
départ [depaʀ] M Abfahrt *f*; *avion* Abflug; *en voyage* Abreise *f*; SPORT Start; *début* Anfang; **au ~** am Anfang, anfangs
département [depaʀtəmɑ̃] M Departement *n*; *service* Abteilung *f*
dépasser [depase] *doubler* überholen; *être plus grand* überragen; *somme, temps* überschreiten; *fig* übertreffen
depêcher [depɛʃe] **se ~** sich beeilen
dépendance [depɑ̃dɑ̃s] F Abhängigkeit; MED Pflegebedürftigkeit; *bâtiment* **~s** PL Nebengebäude *npl*
dépendant [depɑ̃dɑ̃] abhängig (**de** von); MED pflegebedürftig; **~ (d'une drogue)** drogenabhängig
dépendre [depɑ̃dʀ] abhängen (**de** von); **cela dépend(ra) du temps** es kommt auf das Wetter an
dépens [depɑ̃] MPL **aux ~ de** auf Kosten von
dépense [depɑ̃s] F Ausgabe;

de temps Aufwand *m* (**de** an)
dépenser [depɑ̃se] ausgeben; *consommer* verbrauchen; **se ~** sich (physisch) verausgaben
dépérissement [deperismɑ̃] M **~ des forêts** Waldsterben *n*
dépistage [depistaʒ] M MED Früherkennung *f*, Vorsorge *f*
dépister [depiste] aufspüren
déplacé [deplase] unpassend
déplacer [deplase] umstellen; *reporter* verlegen; **se ~** *pour son travail* (geschäftlich) unterwegs sein
déplaire [deplɛʀ] **~ à qn** j-m nicht gefallen, missfallen
dépliant [deplijɑ̃] M Faltprospekt
déplorable [deplɔʀabl] beklagenswert
déporter [depɔʀte] *personne* deportieren; *véhicule* abdrängen; **se ~** ausscheren
déposer [depoze] abstellen, ablegen; *argent* einzahlen; *personne* absetzen; **se ~** *boue* sich ablagern
dépouiller [depuje] berauben (**de** *gen*)
dépourvu [depuʀvy] **~ de** ohne; ...los; **prendre au ~** (völlig) überraschen
dépression [depʀesjɔ̃] F MED Depression(en) *f(pl)*; *météo* Tief *n*; **~ nerveuse** Nervenzusammenbruch *m*
déprimer [depʀime] deprimieren; *umg* down sein
depuis [dəpɥi] PRÄP seit (*dat*), *lieu* von ... aus; ADV seitdem; KONJ **~ que** seit(dem); **~ quand?** seit wann?, wie lange (schon)?
député(e) [depyte] M(F) Abgeordnete(r) *m/f(m)*
dérailler [deʀaje] entgleisen
dérailleur [deʀajœʀ] M *vélo* Gangschaltung *f*
déranger [deʀɑ̃ʒe] stören; *objets* in Unordnung bringen
déraper [deʀape] *voiture* ins Schleudern kommen; *piéton* ausrutschen
dérégler [deʀegle] verstellen; **se ~** nicht mehr richtig funktionieren
dérive [deʀiv] SCHIFF **aller à la ~** treiben **dériver** [deʀive] SCHIFF, FLUG abgetrieben werden
dermatologue [dɛʀmatɔlɔg] M Hautarzt
dernier [dɛʀnje] letzte(r, -s); *après nom* vergangen, vorig; *employé seul* **le ~, la dernière** der, die, das Letzte; **l'an ~, l'année dernière** im letzten Jahr; *offre, vol etc* **de dernière minute** Last-Minute-...
dernièrement [dɛʀnjɛʀmɑ̃] neulich
dérouler [deʀule] aufrollen; **se ~** sich abspielen
derrière [dɛʀjɛʀ] **1** PRÄP hinter (*dat od akk*); ADV hinten; **de ~** Hinter...; **par ~** von hinten **2** M Rückseite *f*; *umg postérieur*

Hintern
des [de] = *de + les*
dès [dɛ] von ... an; ~ **que** sobald
désaccord [dezakɔʀ] M Uneinigkeit *f*
désagréable [dezagʀeabl] unangenehm
désaltérer [dezalteʀe] **se** ~ s-n Durst stillen
désapprouver [dezapʀuve] missbilligen
désarmement [dezaʀməmɑ̃] M Abrüstung *f*
désastre [dezastʀ] M Katastrophe *f* **désastreux** [dezastʀø] katastrophal
désavantage [dezavɑ̃taʒ] M Nachteil **désavantager** [dezavɑ̃taʒe] benachteiligen
descendant [desɑ̃dɑ̃] M Nachkomme
descendre [desɑ̃dʀ] hinunter- *od* heruntergehen, *en voiture* -fahren; *objet* hinunter- *od* herunterbringen; *route* abwärtsgehen; *température* fallen; *marée* zurückgehen; ~ **de** *train* aussteigen aus, *origine* abstammen von
descente [desɑ̃t] F *du train* Aussteigen *n*; *pente* abschüssige Strecke; *ski* Abfahrtslauf *m*
description [dɛskʀipsjõ] F Beschreibung
désert [dezɛʀ] **1** einsam, öde, leer **2** M Wüste *f* **déserter** [dezɛʀte] verlassen; MIL desertieren
désespéré [dezɛspeʀe] verzweifelt **désespoir** [dezɛspwaʀ] M Verzweiflung *f*
déshabiller [dezabije] (**se** ~ sich) ausziehen
désigner [deziɲe] bezeichnen; bestimmen
désinfectant [desɛ̃fɛktɑ̃] M Desinfektionsmittel *n*
désintéressé [dezɛ̃teʀɛse] uneigennützig
désintoxication [dezɛ̃tɔksikasjõ] F **cure** *f* **de** ~ Entziehungskur
désir [deziʀ] M Wunsch
désirer [deziʀe] wünschen; **vous désirez?** was darf es sein?
désobéir [dezɔbeiʀ] ungehorsam sein; ~ **à qn** j-m nicht gehorchen
désobéissant [dezɔbeisɑ̃] ungehorsam, unfolgsam
désobligeant [dezɔbliʒɑ̃] unfreundlich
désodorisant [dezɔdɔʀizɑ̃] M Deodorant *n*
désolé [dezɔle] (tief) betrübt (**de** über *akk*); *région* trostlos; (**je suis**) ~ (es) tut mir leid
désordre [dezɔʀdʀ] M Unordnung *f*; **en** ~ in Unordnung
désormais [dezɔʀmɛ] von nun an
dessécher [deseʃe] ~ *u.* **se** ~ austrocknen
desserrer [deseʀe] lockern, lösen
dessert [desɛʀ] M Nachtisch

desserte [desɛʀt] F Verkehrsanbindung
desservir [desɛʀviʀ] *village* (regelmäßig) fahren zu; *gare* halten an (*dat*); *port* anlaufen; *aéroport* anfliegen
dessin [desɛ̃] M Zeichnung *f*; Plan; Muster *n*; ~ **animé** Zeichentrickfilm
dessiner [desine] zeichnen
dessous [dəsu] **1** darunter; **en** ~ darunter; **en** ~ **de** unter (*dat*) **2** M Unterseite *f*
dessus [dəsy] **1** darauf **2** M Oberseite *f*
destin [dɛstɛ̃] M Schicksal *n*
destinataire [dɛstinatɛʀ] M Empfänger **destination** [dɛstinasjõ] F Bestimmungsort *m*; *Zug* **à** ~ **de Paris** nach Paris
destinée [dɛstine] F Schicksal *n* **destiner** [dɛstine] ~ **à** bestimmen für
déstresser [destʀɛse] Stress abbauen
destruction [dɛstʀyksjõ] F Zerstörung, Vernichtung
détachant [detaʃɑ̃] M Fleckentferner
détacher [detaʃe] lösen, losmachen; *chien* losbinden; *feuille* abreißen (**de** von); **se** ~ sich lösen; *chien* sich losreißen; **se** ~ **sur** sich abzeichnen gegen
détail [detaj] M Einzelheit *f*; *sans importance* Kleinigkeit *f*; **en** ~ ausführlich; **au** ~ stückweise
déteindre [detɛ̃dʀ] ausbleichen; ~ **sur** abfärben auf (*akk*)
détendre [detɑ̃dʀ] (**se** ~ sich) entspannen
détenir [detəniʀ] besitzen; *record* halten; *secret* bewahren; *criminel* gefangen halten
détente [detɑ̃t] F Entspannung
détention [detɑ̃sjõ] F Haft
détenu [detəny] M Häftling
détergent [detɛʀʒɑ̃] M Reinigungs-/Waschmittel *n*
déterminer [detɛʀmine] bestimmen, festlegen; ~ **qn à** (+*inf*) j-n veranlassen zu
détester [detɛste] hassen
détonation [detɔnasjõ] F Knall *m*
détour [detuʀ] M Umweg
détourner [detuʀne] *circulation* umleiten; ~ **qn de qc** j-n von etw abbringen
détox [detɔks] *umg* F Entschlackung
détresse [detʀɛs] F Not; ~ **en mer/montagne** Seenot/Bergnot
détroit [detʀwa] M Meerenge *f*
détruire [detʀɥiʀ] zerstören
dette [dɛt] F Schuld
deuil [dœj] M Trauer *f*
deux [dø] zwei; **les** ~ beide
deuxième [døzjɛm] zweite(r, -s) **deux-points** [døpwɛ̃] M Doppelpunkt
dévaliser [devalize] ausrauben
devancer [d(ə)vɑ̃se] ~ **qn** j-m

voraus sein (**de** um); *aller au devant de* j-m zuvorkommen
devant [d(ə)vɑ̃] **1** PRÄP vor (*dat od akk*); ADV vorn(e); **de ~** Vorder... **2** M Vorderseite *f*, vorderer Teil
dévaster [devaste] verwüsten
développement [devlɔpmɑ̃] M Entwicklung *f* **développer** [devlɔpe] entwickeln
devenir [dəvniʀ] werden
déviation [devjasjõ] F Umleitung
dévier [devje] AUTO umleiten; *projectile* (von s-r Richtung) abweichen
deviner [d(ə)vine] (er)raten **devinette** [d(ə)vinɛt] F Rätsel *n*
devis [d(ə)vi] M Kostenvoranschlag
devises [d(ə)viz] FPL Devisen
dévisser [devise] ab-, losschrauben
dévoiler [devwale] enthüllen
devoir [dəvwaʀ] **1** müssen; *conseil, regret* sollen; *intention* wollen; *argent* schulden; *vie* verdanken; **tu devrais ...** du solltest ... **2** M Pflicht *f*; *école* **~s** PL (Haus)Aufgaben *fpl*
dévorer [devɔʀe] verschlingen (*a. fig*)
dévoué [devwe] ergeben
dévouer [devwe] **se ~** sich aufopfern (**pour** für)
diabète [djabɛt] M Zuckerkrankheit *f*, Diabetes
diable [djabl] M Teufel **diabolique** [djabɔlik] teuflisch
diabolo [djabɔlo] M *jeu* Diabolo; *boisson* Limonade *f* mit Sirup
diagnostic [djagnɔstik] M Diagnose *f*
dialecte [djalɛkt] M Dialekt
dialogue [djalɔg] M Dialog
dialoguer [djalɔge] IT **~ (en ligne)** chatten
diamant [djamɑ̃] M Diamant
diamètre [djamɛtʀ] M Durchmesser
diapo(sitive) [djapo(zitiv)] F Dia(positiv) *n*
diarrhée [djaʀe] F MED Durchfall *m*
dictée [dikte] F Diktat *n* **dicter** [dikte] diktieren
dictionnaire [diksjɔnɛʀ] M Wörterbuch *n*
diesel [djezɛl] M Dieselmotor; Diesel(fahrzeug) *m(n)*
diète [djɛt] F Diät
Dieu [djø] M Gott
différence [difeʀɑ̃s] F Unterschied *m* **différent** [difeʀɑ̃] unterschiedlich, verschieden; *autre* anders, andere(r, -s); **~s** PL verschiedene; **~ de** anders als
difficile [difisil] schwierig
difficulté [difikylte] F Schwierigkeit
diffuser [difyze] verbreiten; *radio* ausstrahlen, senden
digérer [diʒeʀe] verdauen (*a. fig*)
digeste [diʒɛst] leicht verdau-

lich **digestif** [diʒɛstif] M Digestif, Verdauungsschnaps **digestion** [diʒɛstjõ] F Verdauung

digne [diɲ] würdig (**de** *gen*)

digue [dig] F Damm *m*, Deich *m*

dilater [dilate] ausdehnen

dimanche [dimɑ̃ʃ] M Sonntag; **le ~** sonntags

dimension [dimɑ̃sjõ] F Dimension

diminuer [diminɥe] verringern, *prix* senken; VI abnehmen; *prix* sinken; *température* zurückgehen; *chaleur* nachlassen

dinde [dɛ̃d] F Pute **dindon** [dɛ̃dõ] M Truthahn, Puter

dîner [dine] **1** zu Abend essen **2** M Abendessen *n*

dinosaure [dinɔzɔʀ] M Dinosaurier

dip [dip] M GASTR Dip

diplomate [diplɔmat] M Diplomat

diplôme [diplom] M Diplom *n*; *de fin d'études* Abschluss (-zeugnis) *m(n)*

dire [diʀ] sagen; **vouloir ~** bedeuten; **pour ainsi ~** sozusagen

direct [diʀɛkt] direkt, unmittelbar; **en ~** live, als Livestream; **émission** *f* **en ~** Livesendung

directeur [diʀɛktœʀ] M Direktor, Leiter

direction [diʀɛksjõ] F Leitung; *dirigeants* Geschäftsleitung; *sens* Richtung; AUTO Lenkung; **toutes ~s** *panneau* alle Richtungen, Durchgangsverkehr; **~ assistée** Servolenkung

directrice [diʀɛktʀis] F Direktorin, Leiterin

diriger [diʀiʒe] leiten; *véhicule* lenken

discerner [disɛʀne] unterscheiden

discipline [disiplin] F Disziplin; *matière* Fach *n*

disc-jockey [diskʒɔkɛ] M Discjockey

discothèque [diskɔtɛk] F Diskothek

discours [diskuʀ] M Rede *f*

discret [diskʀɛ] diskret

discrimination F [diskʀiminasjõ] Diskriminierung **discriminer** [diskʀimine] diskriminieren

discussion [diskysjõ] F Diskussion

discuter [diskyte] diskutieren

disparaître [dispaʀɛtʀ] verschwinden; *animaux* aussterben **disparition** [dispaʀisjõ] F Verschwinden *n*; Aussterben *n*

dispensaire [dispɑ̃sɛʀ] M Ambulanz *f*

dispenser [dispɑ̃se] befreien (**de** von)

disperser [dispɛʀse] zerstreuen

disponible [dispɔnibl] verfügbar; *libre* frei; *argent* flüssig

disposé [dispoze] **~ à** *(+inf)* bereit zu
disposer [dispoze] anordnen; **~ de** verfügen über *(akk)*
dispositif [dispositif] M Vorrichtung *f* **disposition** [dispoṣisjõ] F Verfügung
disproportion [dispʀɔpɔʀsjõ] F Missverhältnis *n*
dispute [dispyt] F Streit *m* **disputer** [dispyte] *match* austragen; **se ~** (sich) streiten
disque [disk] M MUS (Schall)-Platte *f*; TECH Scheibe *f*; SPORT Diskus; IT Platte *f*; **~ compact** CD *f*; **~ dur** Festplatte *f*; AUTO **~ de stationnement** Parkscheibe *f*
disquette [diskɛt] F Diskette
dissertation [disɛʀtasjõ] F *école* Aufsatz *m*
dissimuler [disimyle] **(se ~** sich) verbergen
dissipé [disipe] unaufmerksam **dissiper** [disipe] **se ~** *brume* sich auflösen
dissolvant [disɔlvɑ̃] M Nagellackentferner
dissoudre [disudʀ] auflösen
dissuader [disɥade] **(qn de qc** j-m von etw) abraten
distance [distɑ̃s] F Abstand *m*, Entfernung; Distanz *(a. fig)*
distinct [distɛ̃(kt)] unterschiedlich; *voix* deutlich
distinction [distɛ̃ksjõ] F Unterscheidung; *différence* Unterschied *m*; *élégance* Vornehmheit
distingué [distɛ̃ge] vornehm **distinguer** [distɛ̃ge] unterscheiden
distraction [distʀaksjõ] F Zerstreutheit; *détente* Ablenkung; **~s** PL Zeitvertreib *m*
distraire [distʀɛʀ] ablenken **(de** von); *public* unterhalten; **se ~** sich ablenken
distrait [distʀɛ] zerstreut
distribuer [distʀibɥe] aus-, verteilen; *courrier* austragen
distributeur [distʀibytœʀ] M Automat; **~ de billets** Geldautomat; **~ de boissons** Getränkeautomat
divan [divɑ̃] M Couch *f*
diverger [divɛʀʒe] abweichen
divers [divɛʀ] verschieden
divertir [divɛʀtiʀ] **(se ~** sich) unterhalten **divertissement** [divɛʀtismɑ̃] M Vergnügen *n*
divin [divɛ̃] göttlich
diviser [divize] teilen **(en** in *akk*, **par** durch); *partager* aufteilen **(entre** unter *dat*); *fig personnes* entzweien, *groupe* spalten **division** [divizjõ] F (Auf)-Teilung; *football* Liga
divorce [divɔʀs] M (Ehe)Scheidung *f* **divorcer** [divɔʀse] sich scheiden lassen **(de** von)
divulguer [divylge] verbreiten
dix [dis, di] zehn
dizaine [dizɛn] F **une ~ (de)** etwa zehn
docile [dɔsil] folgsam
docteur [dɔktœʀ] M Doktor, Arzt

document [dɔkymɑ̃] M Dokument *n*; **~s** PL Unterlagen *fpl*
documentaire [dɔkymɑ̃tɛʀ] M Dokumentarfilm
doigt [dwa] M Finger; **~ de pied** Zeh(e) *m(f)*
dois [dwa] PRÄS → devoir
dollar [dɔlaʀ] M Dollar
dolmen [dɔlmɛn] M Dolmen
domaine [dɔmɛn] M *propriété* (Land)Gut *n*; *fig* Gebiet *n*, Bereich, IT Domain *f*
dôme [dom] M Kuppel *f*
domestique [dɔmɛstik] 1 Haus..., häuslich 2 M/F Hausangestellte(r) *m/f(m)*
domicile [dɔmisil] M Wohnsitz **domicilié** [dɔmisilje] **~ à** wohnhaft in
dominer [dɔmine] beherrschen; SPORT dominieren; *prédominer* überwiegen, vorherrschen; **se ~** sich beherrschen
dommage [dɔmaʒ] M Schaden; **~s** *pl* **et intérêts** Schadenersatz; **(c'est) ~** (es ist) schade; **quel ~!** wie schade!
dompter [dõte] bändigen
DOM-TOM [dɔmtɔm] MPL (départements et territoires d'outre-mer) überseeische Departements und Gebiete
don [dõ] M Spende *f*; *talent* Begabung *f*
donation [dɔnasjõ] F Schenkung
donc [dõk] also; **pourquoi ~?** warum denn?; **tais-toi ~!** halt doch den Mund!
döner [dønɛʀ] M Döner
donjon [dõʒõ] M Bergfried
donné [dɔne] bestimmt; **à un moment ~** irgendwann; **étant ~ que** da (ja)
données [dɔne] MPL Daten *npl*
donner [dɔne] geben (**qc à qn** j-m etw); *cadeau* schenken; **~ sur** hinausgehen auf (*akk*)
dont [dõ] von dem, von der, von denen, wovon; *complément d'un nom a.* dessen, deren
dopage [dɔpaʒ] M Doping *n*
doper [dɔpe] dopen
dorénavant [dɔʀenavɑ̃] von jetzt an, künftig
dorer [dɔʀe] vergolden
dormir [dɔʀmiʀ] schlafen
dortoir [dɔʀtwaʀ] M Schlafsaal
dos [do] M Rücken; *chèque* Rückseite *f*; *chaise* Rücken-, Stuhllehne *f*
dose [doz] F Dosis
dosette [dozɛt] F **~ de café** Kaffeepad *n*
dossier [dosje] M Rückenlehne *f*; *documents* Akten *fpl*; Portfolio *n*
douane [dwan] F Zoll(amt) *m(n)* **douanier** [dwanje] 1 Zoll... 2 M Zollbeamte(r)
double [dubl] 1 doppelt 2 M Duplikat *n*; *tennis* Doppel *n*; **le ~** das Doppelte
double-clic [dubləklik] M IT Doppelklick **double-cliquer** [dubləklike] IT doppelklicken

(**sur** auf *akk*)
doubler [duble] verdoppeln; *vêtement* füttern; AUTO überholen; *film* synchronisieren
douce → doux
doucement [dusmɑ̃] sanft, behutsam; *parler* leise; *rouler* langsam
douceur [dusœʀ] F Sanftmut
douche [duʃ] F Dusche **doucher** [duʃe] duschen
doué [dwe] begabt
douleur [dulœʀ] F Schmerz *m* **douloureux** [duluʀø] schmerzhaft
doute [dut] M Zweifel; **sans ~** wahrscheinlich; **sans aucun ~** zweifellos
douter [dute] zweifeln (**de** an *dat*); **se ~ de** ahnen
douteux [dutø] zweifelhaft, fraglich
doux [du] ⟨*f* **douce** [dus]⟩ *fruit* süß; *temps* mild; *personne, musique* sanft; *peau* zart
douzaine [duzɛn] F **une ~ (de ...)** ein Dutzend *n* (...); *environ douze* etwa zwölf (...)
douze [duz] zwölf
dragée [dʀaʒe] F Dragée *n*, Pille
draguer [dʀage] *umg filles* anmachen
drame [dʀam] M Drama *n*
drap [dʀa] M **~ (de lit)** (Bett)-Laken *n*; **~s** PL Bettwäsche *f*
drapeau [dʀapo] M Fahne *f*
dresser [dʀese] aufstellen; *tête* aufrichten; *animal* dressieren; GASTR anrichten; **se ~** *personne* sich aufrichten; *montagne* emporragen
drogue [dʀɔg] F Droge(n) *f(pl)*, Rauschgift *n*
drogué(e) [dʀɔge] M(F) Drogen-, Rauschgiftsüchtige(r) *m/f(m)* **droguer** [dʀɔge] **se ~** Drogen, Rauschgift nehmen
droit [dʀwa] **1** rechte(r, -s); *ligne* gerade; *vertical, personne* aufrecht; **tout ~** geradeaus **2** M Recht *n*; *taxe* Gebühr *f*; **~ de garde** Sorgerecht *n*; **avoir le ~ de** das Recht haben zu, dürfen; **avoir ~ à** ein (An)-Recht haben auf (*akk*)
droite [dʀwat] F Rechte (*a.* POL), rechte Seite; **à ~** rechts (**de** von)
drôle [dʀol] lustig; *bizarre* seltsam, komisch; **un ~ de ...** ein komischer ...
DROM [dʀɔm] MPL (Départements d'outre-mer et régions d'outre-mer) *frz.* Überseegebiete
du [dy] = *de* + *le*
dû [dy] PPERF → devoir
duc [dyk] M Herzog
duchesse [dyʃɛs] F Herzogin
duel [dɥɛl] M Duell *n*
dune [dyn] F Düne
duper [dype] betrügen
dur [dyʀ] ADJ hart; *difficile* schwierig; *sévère* streng; *climat* rau; *viande* zäh
durable [dyʀabl] dauerhaft; *développement* nachhaltig

durant [dyʀɑ̃] während (*gen*)
durcir [dyʀsiʀ] hart machen, härten; **(se)** ~ hart werden
durée [dyʀe] F Dauer
durer [dyʀe] dauern; *beau temps* anhalten
dureté [dyʀte] F Härte
duvet [dyvɛ] M Flaum; *sac de couchage* Schlafsack
DVD [devede] M (digital versatile disc) DVD *f*
dynamo [dinamo] F Dynamo *m*; AUTO Lichtmaschine

E

eau [o] F Wasser *n*; ~ **chaude** Warmwasser *n*; ~ **courante** fließendes Wasser *n*; ~ **du robinet** Leitungswasser *n*; ~ **minérale** Mineralwasser *n*; ~ **gazeuse** Sprudel *m*; ~ **non potable** kein Trinkwasser
eau-de-vie [odwi] F Schnaps *m*
ébauche [eboʃ] F Entwurf *m*
éblouir [ebluiʀ] blenden; *fig* hinreißen
éboulement [ebulmɑ̃] M Einsturz, Erdrutsch
écaille [ekaj] F Schuppe
écart [ekaʀ] M Abstand; *différence* Unterschied; SPORT **grand** ~ Spagat; **à l'**~ abseits
écarter [ekaʀte] *jambes* spreizen; *table* wegrücken (**de** von); **s'**~ **de** sich entfernen von; **s'**~ **du chemin** vom Weg abkommen; **s'**~ **du sujet** vom Thema abschweifen
ècclésiastique [ɛklezjastik] kirchlich
échafaudage [eʃafodaʒ] M Gerüst *n*
échalote [eʃalɔt] F Schalotte
échange [eʃɑ̃ʒ] M Austausch; **faire un** ~ tauschen (**avec** mit)
échanger [eʃɑ̃ʒe] austauschen (**contre** gegen); *lettres, alliances* wechseln; *soldes* **ni repris ni échangés** vom Umtausch ausgeschlossen
échangeur [eʃɑ̃ʒœʀ] M Autobahnkreuz *n*
échantillon [eʃɑ̃tijɔ̃] M Probe *f*, Muster *n*
échappement [eʃapmɑ̃] M Auspuff
échapper [eʃape] ~ **à** entkommen (*dat*); *obligations* sich entziehen (*dat*); ~ **à qn** *mots* j-m entschlüpfen; *nom* j-m nicht einfallen; **s'**~ entkommen (**de** aus)
écharde [eʃaʀd] F Splitter *m*
écharpe [eʃaʀp] F Schal *m*; MED (Arm)Binde
échasse [eʃas] F Stelze
échauffer [eʃofe] SPORT **s'**~ sich warm laufen
échéance [eʃeɑ̃s] F Fälligkeit
échec [eʃɛk] M Misserfolg
échecs [eʃɛk] MPL (**jeu** *m* **d'**)~

Schach(spiel) *n*; **jouer aux ~** Schach spielen
échelle [eʃɛl] F Leiter; *carte* Maßstab *m*; *fig niveau* Ebene
écho [eko] M Echo *n* **échographie** [ekogʀafi] F Ultraschalluntersuchung, Sonografie
échouer [eʃwe] scheitern; *à un examen* durchfallen
éclair [eklɛʀ] M Blitz; *gâteau* Eclair *n*, Liebesknochen
éclairage [eklɛʀaʒ] M Beleuchtung *f*
éclaircie [eklɛʀsi] F (vorübergehende) Aufheiterung
éclaircir [eklɛʀsiʀ] aufhellen; *fig* (auf)klären; **s'~** *ciel* sich aufhellen, -heitern
éclairer [eklɛʀe] be-, erleuchten; aufklären
éclat [ekla] M *morceau* Splitter; *de la neige* Helligkeit *f*; *du métal, des yeux* Glanz
éclater [eklate] platzen; *coup de feu* knallen; *incendie* ausbrechen; **~ de rire** laut auflachen
éclipse [eklips] F **~ de soleil** Sonnenfinsternis; **~ de lune** Mondfinsternis
écluse [eklyz] F Schleuse
écolabel [ekɔlabɛl] M Ökosiegel *n*, Ökolabel *n*
école [ekɔl] F Schule; **~ maternelle** Kindergarten *m*; **~ primaire** Grundschule
écolier [ekɔlje] M, **écolière** [ekɔljɛʀ] F (Grund)Schüler(in) *m(f)*
écologie [ekɔlɔʒi] F Umweltschutz *m* **écologiste** [ekɔlɔʒist] M/F Umweltschützer(in) *m(f)*
écomusée [ekɔmyze] M Freilichtmuseum *n*, Heimatmuseum *n*
économe [ekɔnɔm] sparsam
économie [ekɔnɔmi] F Wirtschaft; **~s** PL Ersparnisse; **faire des ~s** sparen
économique [ekɔnɔmik] Wirtschafts... **économiser** [ekɔnɔmize] sparen
économiseur [ekɔnɔmizœʀ] M **~ d'écran** Bildschirmschoner
écorce [ekɔʀs] F Rinde; *d'orange* Schale
écorcher [ekɔʀʃe] *peau* aufschürfen **écorchure** [ekɔʀʃyʀ] F Schürfwunde
écossais [ekɔsɛ] **1** schottisch **2** **Écossais** M Schotte **Écosse** [ekɔs] F **l'~** Schottland *n*
écosystème [ekɔsistɛm] M Ökosystem *n* **écotourisme** [ekɔtuʀism] M Ökotourismus
écoute-bébé [ekutbebe] M Babyfon® *n*
écouter [ekute] hören; *concert a.* sich anhören; **~ qn** j-m zuhören; *obéir* auf j-n hören
écouteur [ekutœʀ] M TEL, RADIO Hörer
écran [ekʀɑ̃] M Bildschirm (*a.* IT); *sur petits appareils a.* Display *n*; *cinéma* Leinwand *f*; **~ plat** Flachbildschirm; **le petit**

~ das Fernsehen;; ~ **LCD** LCD-Bildschirm; ~ **plasma** Plasmabildschirm; ~ **plat** Flachbildschirm; *crème solaire* ~ **total** Sunblocker *m*

écraser [ekʀaze] zerdrücken; AUTO überfahren; **s'~ (au sol)** abstürzen

écrémé [ekʀeme] entrahmt

écrevisse [ekʀəvis] F (Fluss)-Krebs *m*

écrier [ekʀije] **s'~** ausrufen

écrire [ekʀiʀ] schreiben (**à qn** j-m); **s'~** geschrieben werden

écrit [ekʀi] M Schrift(stück) *f* (*n*); **par ~** schriftlich

écriteau [ekʀito] M Schild *n*

écriture [ekʀityʀ] F Schrift

écrivain [ekʀivɛ̃] M Schriftsteller

écrouler [ekʀule] **s'~** einstürzen; *fig personne* zusammenbrechen

écume [ekym] F Schaum *m*

écureuil [ekyʀœj] M Eichhörnchen *n*

écurie [ekyʀi] F Pferdestall *m*

eczéma [ɛgzema] M Ekzem *n*

édifice [edifis] M Gebäude *n*

édifier [edifje] erbauen

éditer [edite] herausgeben **éditeur** [editœʀ] M Verleger **édition** [edisjõ] F Ausgabe; *tirage* Auflage; **~s** PL Verlag *m*

édredon [edʀədõ] M Federbett *n*

éducation [edykasjõ] F Erziehung; *culture* Bildung

effacer [efase] (aus)löschen; *gommer* ausradieren; *enregistrement* löschen; **s'~** verwischen; *couleur* verblassen

effectif [efɛktif] **1** wirklich, tatsächlich **2** M *od* **~s** PL Personalbestand *m*; *d'un parti* Mitgliederzahl *f* **effectivement** [efɛktivmɑ̃] tatsächlich

effectuer [efɛktɥe] aus-, durchführen; **s'~** erfolgen

effet [efɛ] M Wirkung *f*; *impression* Eindruck; **~s** *pl* **secondaires** Nebenwirkungen *fpl*; **faire son ~** wirken; **faire de l'~** beeindrucken; **en ~** in der Tat

efficace [efikas] wirksam

effleurer [eflœʀe] streifen

effondrer [efõdʀe] **s'~** einstürzen; *personne* zusammenbrechen

efforcer [efɔʀse] **s'~** sich bemühen (**de** zu)

effort [efɔʀ] M Anstrengung *f*; **faire un ~** sich anstrengen

effrayant [efʀɛjɑ̃] schrecklich **effrayer** [efʀɛje] (**s'~** sich) erschrecken

effronté [efʀõte] frech

effroyable [efʀwajabl] entsetzlich

égal [egal] gleich; *vitesse* gleichmäßig; **ça m'est ~** das ist mir gleich(gültig), egal

également [egalmɑ̃] ebenfalls

égalité [egalite] F Gleichheit

égard [egaʀ] M **~s** PL Rücksicht *f*; **à l'~ de** gegenüber (**qn** j-m); **à cet ~** in dieser Be-

ziehung
égarer [egaʀe] *qc* verlegen; **s'~** sich verirren, sich verlaufen; *en voiture* sich verfahren
égayer [egɛje] aufheitern
église [egliz] F Kirche
égoïste [egɔist] **1** egoistisch **2** M/F Egoist(in) *m(f)*
égoutter [egute] abtropfen lassen
égratigner [egʀatiɲe] (**s'~** sich) zerkratzen **égratignure** [egʀatiɲyʀ] F Kratzer *m*
Égypte [eʒipt] F **l'~** Ägypten *n*
égyptien [eʒipsjɛ̃] **1** ägyptisch **2** **Égyptien** M Ägypter
élan [elɑ̃] M Schwung; SPORT Anlauf; ZOOL Elch
élancer [elɑ̃se] **s'~** sich stürzen
élargir [elaʀʒiʀ] verbreitern; *fig* erweitern
élastique [elastik] **1** elastisch **2** M Gummi(band) *n*
électeur [elɛktœʀ] M, **électrice** [elɛktʀis] F Wähler(in) *m(f)* **élections** [elɛksjõ] FPL Wahlen
électricien [elɛktʀisjɛ̃] M Elektriker **électricité** [elɛktʀisite] F Elektrizität; **~ verte** Ökostrom *m* **électrique** [elɛktʀik] elektrisch
électrocardiogramme [elɛktʀɔkaʀdjɔgʀam] M EKG *n*
électroménager [elɛktʀɔmenaʒe] M elektrische Haushaltsgeräte *npl*
élégance [elegɑ̃s] F Eleganz
élément [elemɑ̃] M Element *n*
éléphant [elefɑ̃] M Elefant
élevage [elvaʒ] M Zucht *f*; *du bétail* Viehzucht *f*
élevé [elve] hoch; **bien/mal ~** gut/schlecht erzogen
élève [elɛv] M/F Schüler(in) *m(f)*
élever [elve] *mur* errichten; *enfants* großziehen; *animaux* aufziehen; *voix* heben; **s'~** sich erheben; *température* (an)steigen; **s'~ à** betragen (*akk*)
éliminer [elimine] *obstacle* beseitigen; *adversaire* ausschalten; SPORT **être éliminé** ausscheiden (müssen)
élire [eliʀ] wählen
elle(s) [ɛl] F(PL) sie
éloge [elɔʒ] M Lob *n*; **faire l'~ de** (sehr) loben (*akk*)
éloigné [elwaɲe] entlegen
éloigner [elwaɲe] entfernen
élu [ely] PPERF von **élire**
e-mail [imɛl] M E-Mail *f*; **envoyer qc à qn par ~** j-m etw mailen
émail [emaj] M ⟨*pl* **émaux** [emo]⟩ Email *n*; *dents* (Zahn)-Schmelz
émancipation [emɑ̃sipasjõ] F Emanzipation, Befreiung
émanciper [emɑ̃sipe] emanzipieren, befreien; **s'~** sich emanzipieren, unabhängig werden
emballage [ɑ̃balaʒ] M Verpackung *f* **emballer** [ɑ̃bale] ein-, verpacken; *umg public* hinreißen; *umg fille* herumkrie-

gen
embarcadère [ɑ̃baʀkadɛʀ] M Anlegeplatz
embargo [ɑ̃baʀgo] M Embargo *n*
embarquement [ɑ̃baʀkəmɑ̃] M Verladung *f*; Einschiffung *f*
embarquer [ɑ̃baʀke] an Bord gehen; **s'~** sich einschiffen (**sur** auf *dat*, **pour** nach)
embarras [ɑ̃baʀɑ] M Verlegenheit *f*; **~ gastrique** Magenverstimmung *f*
embarrassant [ɑ̃baʀasɑ̃] peinlich
embarrassé [ɑ̃baʀase] verlegen **embarrasser** [ɑ̃baʀase] stören, behindern; *troubler* in Verlegenheit bringen
embaucher [ɑ̃boʃe] ein-, anstellen
embellir [ɑ̃belіʀ] verschönern
embêtant [ɑ̃bɛtɑ̃] ärgerlich
embêter [ɑ̃bɛte] ärgern; **s'~** sich langweilen
embouchure [ɑ̃buʃyʀ] F Mündung
embouteillage [ɑ̃butɛjaʒ] M (Verkehrs)Stau
emboutir [ɑ̃butiʀ] AUTO eindrücken, zerbeulen
embrasser [ɑ̃bʀase] (**s'~** sich) küssen
embrayage [ɑ̃bʀɛjaʒ] M Kupplung *f* **embrayer** [ɑ̃bʀɛje] kuppeln
embrouiller [ɑ̃bʀuje] verwirren
embué [ɑ̃bɥe] *vitre* beschlagen
éméché [emeʃe] beschwipst
émeraude [emʀod] F Smaragd *m*
émerger [emɛʀʒe] auftauchen (*a. fig*)
émetteur [emɛtœʀ] M Sender
émettre [emɛtʀ] ausstrahlen; *opinion* äußern
émeute [emøt] F Aufruhr *m*
émigrer [emigʀe] auswandern
émincé [emɛ̃se] M **~ de veau** Kalbsgeschnetzelte(s) *n* **émincer** [emɛ̃se] in dünne Scheiben schneiden
éminent [eminɑ̃] hervorragend
émission [emisjõ] F *radio*, TV Sendung
emménager [ɑ̃menaʒe] einziehen (**dans** in *akk*)
emmener [ɑ̃mne] mitnehmen
emoji [emoʒi] M IT Emoji *n*
émoticône [emɔtikon] F IT Emoticon *n*
émotion [emosjõ] F *excitation* Aufregung; *attendrissement* Rührung **émouvoir** [emuvwaʀ] *toucher* rühren; *bouleverser* tief bewegen
empailler [ɑ̃paje] *animal* ausstopfen
empaqueter [ɑ̃pakte] einpacken
emparer [ɑ̃paʀe] **s'~ de** in s-e Gewalt bringen (*akk*), an sich reißen (*akk*)
empêcher [ɑ̃pɛʃe] **~ qc** etw verhindern; **~ qn de** (*+inf*) j-n daran hindern zu; **(il) n'empê-**

che que trotz allem; **je ne peux m'~ de** (+*inf*) ich muss einfach (+*inf*)
empereur [ɑ̃pʀœʀ] M Kaiser
empester [ɑ̃pɛste] stinken
empiffrer [ɑ̃pifʀe] *umg* **s'~** sich vollstopfen (**de** mit)
empiler [ɑ̃pile] aufstapeln
empire [ɑ̃piʀ] M Reich *n*; **l'Empire** das Erste Kaiserreich
empirer [ɑ̃piʀe] sich verschlimmern
emplacement [ɑ̃plasmɑ̃] M Stelle *f*
emploi [ɑ̃plwa] M Gebrauch; *travail* Stelle *f*; **~ du temps** Zeitplan; *école* Stundenplan; **~ à plein temps** Vollzeit-, Ganztagsbeschäftigung *f*
employé(e) [ɑ̃plwaje] M(F) Angestellte(r) *m/f(m)* **employer** [ɑ̃plwaje] verwenden; *moyen* anwenden; **s'~** *mot* gebraucht werden **employeur** [ɑ̃plwajœʀ] M Arbeitgeber
empoisonner [ɑ̃pwazɔne] vergiften
emporter [ɑ̃pɔʀte] mitnehmen; *courant* fortreißen; **l'~** siegen (**sur** über *akk*); **s'~** aufbrausen; **s'~ contre** loswettern gegen
empreinte [ɑ̃pʀɛ̃t] F Abdruck *m*; **~ digitale** Fingerabdruck *m*
empresser [ɑ̃pʀɛse] **s'~ de** (+*inf*) sich beeilen zu
emprisonner [ɑ̃pʀizɔne] einsperren
emprunt [ɑ̃pʀɛ̃, ɑ̃pʀœ̃] M Anleihe *f*
emprunter [ɑ̃pʀɛ̃te, ɑ̃pʀœ̃te] **~ qc à qn** sich etw von j-m (aus)leihen; **~ de l'argent à qn** sich bei j-m Geld leihen
en¹ [ɑ̃] PRÄP *lieu* in (*dat od akk*), nach; *durée* in (*dat*), innerhalb von (*od gen*); *matériau* aus; **~ ville** in der (die) Stadt; **~ France** in (nach) Frankreich; **~ été** im Sommer; **~ 1945** (im Jahre) 1945; **~ mangeant** beim Essen
en² [ɑ̃] ADV *u.* PRON **1** *de cet endroit* **j'~ reviens** ich komme von dort **2** *de cela* **qu'en pensez-vous?** was halten Sie davon?; **je m'en souviens** ich erinnere mich daran
encadrer [ɑ̃kadʀe] einrahmen
encaisser [ɑ̃kɛse] kassieren; *chèque* einlösen
enceinte [ɑ̃sɛ̃t] schwanger
encens [ɑ̃sɑ̃] M Weihrauch
enchanté [ɑ̃ʃɑ̃te] entzückt; **~!** sehr erfreut!
enchère [ɑ̃ʃɛʀ] F **vente aux ~s** Auktion, Versteigerung
encolure [ɑ̃kɔlyʀ] F Kragenweite
encombrant [ɑ̃kɔ̃bʀɑ̃] sperrig
encombrement [ɑ̃kɔ̃bʀəmɑ̃] M AUTO Stau
encombrer [ɑ̃kɔ̃bʀe] *couloir* versperren; *rue* verstopfen; **s'~ de** sich herumschleppen mit
encore [ɑ̃kɔʀ] noch; *toujours* immer noch; **~ une fois** noch einmal, nochmals; **pas ~** noch

nicht
encourager [ɑ̃kuʀaʒe] ermutigen
encre [ɑ̃kʀ] F Tinte
endetté [ɑ̃dɛte] verschuldet
endimanché [ɑ̃dimɑ̃ʃe] festlich gekleidet
endive [ɑ̃div] F Chicorée *m*
endommager [ɑ̃dɔmaʒe] beschädigen
endormir [ɑ̃dɔmiʀ] einschläfern; MED betäuben; **s'~** einschlafen
endroit [ɑ̃dʀwa] M *lieu* Ort; *place* Stelle *f*; *étoffe* rechte Seite *f*
enduire [ɑ̃dɥiʀ] **~ de** be-, überstreichen mit; **s'~ de** sich einreiben mit
enduit [ɑ̃dɥi] M Überzug
endurance [ɑ̃dyʀɑ̃s] F Ausdauer **endurer** [ɑ̃dyʀe] ertragen
énergétique [enɛʀʒetik] Energie..., energetisch; **boisson** *f* **~** Energydrink ['enɛrdʒidrɪŋk] *m* **énergie** [enɛʀʒi] F Energie; **~ solaire** Sonnenenergie; **~ éolienne/hydraulique** Wind-/Wasserkraft **énergique** [enɛʀʒik] energisch
énerver [enɛʀve] nervös machen
enfance [ɑ̃fɑ̃s] F Kindheit; **dès l'~** von Kind an **enfant** [ɑ̃fɑ̃] M/F Kind *n* **enfantin** [ɑ̃fɑ̃tɛ̃] kindlich; *facile* kinderleicht
enfer [ɑ̃fɛʀ] M Hölle *f*; **d'enfer** Höllen...; *umg* super
enfermer [ɑ̃fɛʀme] **(s'~** sich) einschließen
enfiler [ɑ̃file] *perles* auffädeln; *aiguille* einfädeln; *umg vêtement* (sich) rasch überziehen
enfin [ɑ̃fɛ̃] zuletzt; *soulagement* endlich; *résignation* nun (ja); *conclusion* kurz
enflammer [ɑ̃flame] anzünden; **s'~** sich entzünden
enfler [ɑ̃fle] anschwellen
enfoncer [ɑ̃fɔ̃se] *clou* einschlagen; *pieu* einrammen; *porte* eindrücken; V/I versinken (**dans** in *dat*)
enfouir [ɑ̃fwiʀ] vergraben
enfreindre [ɑ̃fʀɛ̃dʀ] übertreten, verstoßen gegen
enfuir [ɑ̃fɥiʀ] **s'~** fliehen
enfumé [ɑ̃fyme] verräuchert
engager [ɑ̃gaʒe] *embaucher* an-, einstellen; *conversation* anknüpfen; **s'~ à** (+*inf*) sich verpflichten zu
engelure [ɑ̃ʒlyʀ] F Frostbeule
engendrer [ɑ̃ʒɑ̃dʀe] erzeugen
engin [ɑ̃ʒɛ̃] M Gerät *n*
englober [ɑ̃glɔbe] umfassen
engloutir [ɑ̃glutiʀ] verschlingen (*a. fig*)
engourdi [ɑ̃guʀdi] gefühllos, taub
engrais [ɑ̃gʀɛ] M Dünger, Dung
engraisser [ɑ̃gʀese] mästen; *grossir* Fett ansetzen
engrenage [ɑ̃gʀənaʒ] M Getriebe *n*
engueulade [ɑ̃gœlad] F *umg*

Anpfiff *m*, Anschiss *m* **engueuler** [ɑ̃gœle] *umg* (**s'~** sich) anschnauzen
énigme [enigm] F Rätsel *n*
enjeu [ɑ̃ʒø] M Einsatz
enjoliveur [ɑ̃ʒɔlivœʀ] M Radkappe *f*
enlèvement [ɑ̃lɛvmɑ̃] M Abtransport; *rapt* Entführung *f*
enlever [ɑ̃lve] entfernen; wegnehmen; *vêtement* ausziehen; *kidnapper* entführen
enneigé [ɑ̃nɛʒe] verschneit
enneigement [ɑ̃nɛʒmɑ̃] M Schneehöhe *f*, -verhältnisse *npl*
ennemi [ɛnmi] **1** feindlich **2** M Feind
ennui [ɑ̃nɥi] M Langeweile *f*; **~s** PL Ärger *m*
ennuyer [ɑ̃nɥije] langweilen; *embêter* ärgern; **s'~** sich langweilen
ennuyeux [ɑ̃nɥijø] langweilig, *embêtant* ärgerlich
énorme [enɔʀm] enorm, ungeheuer **énormément** [enɔʀmemɑ̃] ungeheuer; **~ de** enorm viel(e)
enquête [ɑ̃kɛt] F Untersuchung; *sondage* Umfrage; *de police* Ermittlungen *fpl*
enragé [ɑ̃ʀaʒe] tollwütig; *fig* besessen, fanatisch
enregistrement [ɑ̃ʀəʒistʀəmɑ̃] M *disque* Aufnahme *f*, *vidéo* Aufzeichnung *f*; **~ des bagages** Gepäckabfertigung *f*
enregistrer [ɑ̃ʀəʒistʀe] eintragen, registrieren; *émission* aufnehmen, aufzeichnen; FLUG einchecken; *bagages* **faire ~** aufgeben
enregistreur [ɑ̃ʀəʒistʀœʀ] M **~ DVD** DVD-Rekorder
enrhumé [ɑ̃ʀyme] erkältet **enrhumer** [ɑ̃ʀyme] **s'~** sich erkälten
enrichir [ɑ̃ʀiʃiʀ] bereichern
enroué [ɑ̃ʀwe] heiser **enrouer** [ɑ̃ʀwe] **s'~** heiser werden
enrouler [ɑ̃ʀule] *tapis* zusammenrollen; *fil* aufwickeln; **~ autour de** wickeln um
enseignant(e) [ɑ̃sɛɲɑ̃(t)] M(F) Lehrer(in)
enseigne [ɑ̃sɛɲ] F Schild *n*
enseignement [ɑ̃sɛɲmɑ̃] M Unterricht; *institution* Schulwesen *n* **enseigner** [ɑ̃sɛɲe] unterrichten (**qc à qn** j-n in etw *dat*)
ensemble [ɑ̃sɑ̃bl] **1** zusammen; *en commun* gemeinsam; *en même temps* gleichzeitig **2** M Ganze(s) *n*, Gesamtheit *f*; *tailleur* Kostüm *n*; **l'~ du personnel** das ganze, gesamte Personal; **dans l'~** insgesamt
ensevelir [ɑ̃səvliʀ] begraben
ensoleillé [ɑ̃sɔlɛje] sonnig
ensuite [ɑ̃sɥit] dann, darauf
entaille [ɑ̃taj] F Kerbe; *blessure* Schnittwunde
entamer [ɑ̃tame] *pain* anschneiden; *bouteille* anbrechen
entasser [ɑ̃tase] auf-, anhäu-

fen; **s'~** *courrier* sich stapeln; *personnes* sich (dicht zusammen)drängen
entendre [ɑ̃tɑ̃dʀ] hören; **~ par** verstehen unter (*dat*); **~ parler de** hören von; **s'~** sich verstehen; *se mettre d'accord* sich einigen (**sur** über *akk*)
entendu [ɑ̃tɑ̃dy] **~!** abgemacht!; **bien ~** selbstverständlich
enterrement [ɑ̃tɛʀmɑ̃] M Beerdigung *f*
enterrer [ɑ̃teʀe] vergraben; *mort* beerdigen
en-tête [ɑ̃tɛt] M Briefkopf
entêté [ɑ̃tɛte] eigen-, starrsinnig, stur
entêter [ɑ̃tɛte] **s'~ dans** sich versteifen auf (*akk*)
enthousiasme [ɑ̃tuzjasm] M Begeisterung *f* **enthousiasmer** [ɑ̃tuzjasme] begeistern; **s'~** sich begeistern (**pour** für)
entier [ɑ̃tje] ganz; *liberté* völlig; **en ~** ganz **entièrement** [ɑ̃tjɛʀmɑ̃] ganz, völlig
entonnoir [ɑ̃tɔnwaʀ] M Trichter
entorse [ɑ̃tɔʀs] F Verstauchung; **se faire une ~ au pied** sich den Fuß verstauchen
entortiller [ɑ̃tɔʀtije] einwickeln
entourage [ɑ̃tuʀaʒ] M Umgebung *f* **entourer** [ɑ̃tuʀe] umgeben (**mit** de)
entracte [ɑ̃tʀakt] M Pause *f*
entraider [ɑ̃tʀɛde] **s'~** sich (gegenseitig) helfen, beistehen
entrain [ɑ̃tʀɛ̃] M Schwung
entraîner [ɑ̃tʀɛne] mit sich fortreißen; SPORT trainieren
entraîneur [ɑ̃tʀɛnœʀ] M, **entraîneuse** [ɑ̃tʀɛnøz] F Trainer(in) *m(f)*
entre [ɑ̃tʀ] zwischen (*dat od akk*); *parmi* unter (*dat*); **d'~** von
entrebâiller [ɑ̃tʀəbaje] halb öffnen; *porte* anlehnen **entrechoquer** [ɑ̃tʀəʃɔke] aneinanderstoßen
entrecôte [ɑ̃tʀəkot] F Rippenstück *n*; **~ marchand de vin** *Rippenstück in Rotweinsauce*
entrecouper [ɑ̃tʀəkupe] unterbrechen
entrée [ɑ̃tʀe] F Eintritt *m*, *porte* Eingang *m*; *couloir* Diele; *billet* Eintrittskarte; GASTR Vorspeise; **~ libre, gratuite** Eintritt frei
entrelarder [ɑ̃tʀəlaʀde] spicken
entremets [ɑ̃tʀəmɛ] M Süßspeise *f*, Pudding *m*
entrepôt [ɑ̃tʀəpo] M Lager(-halle) *n(f)*
entreprendre [ɑ̃tʀəpʀɑ̃dʀ] unternehmen **entrepreneur** [ɑ̃tʀəpʀənœʀ] M Unternehmer
entreprise [ɑ̃tʀəpʀiz] F Unternehmen *n*
entrer [ɑ̃tʀe] eintreten, hereinkommen, hineingehen; *objets* (hinein)passen (**dans** in *akk*); IT eingeben; **entrez!** herein!

entresol [ɑ̃tʀəsɔl] M Zwischen-, Halbgeschoss *n*
entre-temps [ɑ̃tʀətɑ̃] inzwischen
entretenir [ɑ̃tʀətniʀ] *routes, maison* instand halten; TECH warten; *vêtements, relations* pflegen; **s'~ de qc** sich über etw (*akk*) unterhalten
entretien [ɑ̃tʀətjɛ̃] M Instandhaltung *f*; Wartung *f*; Pflege *f*; *conversation* Gespräch *n*
entrevue [ɑ̃tʀəvy] F Begegnung; *entretien* Unterredung
énumérer [enymeʀe] aufzählen
envahir [ɑ̃vaiʀ] *pays* einfallen in (*akk*); **être envahi par** *vacanciers, moustiques* heimgesucht werden von
enveloppe [ɑ̃vlɔp] F Hülle; (Brief)Umschlag *m* **envelopper** [ɑ̃vlɔpe] einwickeln, -hüllen
envergure [ɑ̃vɛʀgyʀ] F Spannweite; *fig* Format *n*
envers [ɑ̃vɛʀ] **1** gegenüber (*dat*) **2** M Rückseite *f*; **à l'~** verkehrt (herum)
envie [ɑ̃vi] F Lust; *jalousie* Neid *m*; **avoir ~** Lust haben (**de qc** auf etw *akk*, **de faire qc** etw zu tun); **faire ~ à qn** j-n reizen
envier [ɑ̃vje] beneiden (**qc à qn** j-n um etw *akk*) **envieux** [ɑ̃vjø] neidisch
environ [ɑ̃viʀɔ̃] **1** ungefähr **2** **~s** *mpl* Umgebung *f*; **aux ~s de** in der Nähe von
environnement [ɑ̃viʀɔnmɑ̃] M Umwelt *f*
envisager [ɑ̃vizaʒe] ins Auge fassen
envoi [ɑ̃vwa] M Sendung *f*
envoler [ɑ̃vɔle] **s'~** wegfliegen; *avion* abfliegen
envoyer [ɑ̃vwaje] schicken; *balle* werfen
éolienne [eɔljɛn] F Windrad *n*
épais [epɛ] ⟨*f* **épaisse** [epɛs]⟩ dick; *brouillard* dicht
épanouir [epanwiʀ] **s'~** aufblühen (*a. fig*); *se développer* sich entfalten
épargner [epaʀɲe] sparen; **~ qc à qn** j-m etw ersparen
épatant [epatɑ̃] großartig
épaule [epol] F Schulter
épave [epav] F Wrack *n*
épeautre [epotʀ] M Dinkel
épée [epe] F Schwert *n*
épeler [eple] buchstabieren
éperons [epʀɔ̃] MPL Sporen
épi [epi] M Ähre *f*; **~ de maïs** Maiskolben
épice [epis] F Gewürz *n* **épicer** [epise] würzen
épicerie [episʀi] F Lebensmittelgeschäft *n* **épicier** [episje] M Lebensmittelhändler
épidémie [epidemi] F Epidemie, Seuche
épier [epje] belauern
épilepsie [epilɛpsi] F Epilepsie
épiler [epile] enthaaren; *sourcils* auszupfen

épinards [epinaʀ] MPL Spinat *m*

épine [epin] F Dorn *m*; **~ dorsale** Rückgrat *n*

épingle [epɛ̃gl] F Nadel; **~ de sûreté** Sicherheitsnadel; **~ à cheveux** Haarnadel

Épiphanie [epifani] F Dreikönigsfest *n*

épisode [epizɔd] M Episode *f*

éplucher [eplyʃe] *légumes* putzen; *fruits, pommes de terre* schälen **épluchures** [eplyʃyʀ] FPL Schalen; *de légumes* Abfälle *mpl*

éponge [epɔ̃ʒ] F Schwamm *m*

époque [epɔk] F Zeit; **à l'~ de** zur Zeit (G); **à notre ~** heutzutage

épouse [epuz] F Gattin **épouser** [epuze] heiraten

épouvantable [epuvɑ̃tabl] entsetzlich **épouvanter** [epuvɑ̃te] entsetzen

époux [epu] M Gatte; PL Eheleute

épreuve [epʀœv] F Prüfung; SPORT Wettkampf *m*; FOTO Abzug *m*; **mettre à l'~** auf die Probe stellen

éprouver [epʀuve] prüfen, erproben; *ressentir* empfinden; **~ qn** j-n (sehr) mitnehmen

épuisé [epɥize] erschöpft; *livre* vergriffen **épuiser** [epɥize] erschöpfen **épuisette** [epɥizɛt] F Fangnetz *n*

équateur [ekwatœʀ] M Äquator *m*

équilibre [ekilibʀ] M Gleichgewicht *n*; **perdre l'~** das Gleichgewicht verlieren; **tenir qc en ~** etw balancieren

équilibré [ekilibʀe] ausgeglichen **équilibrer** [ekilibʀe] *roue* auswuchten

équipage [ekipaʒ] M SCHIFF, FLUG Besatzung *f*

équipe [ekip] F Team *n*; SPORT Mannschaft

équipement [ekipmɑ̃] M Ausrüstung *f* **équiper** [ekipe] ausstatten, ausrüsten (**de** mit)

équitable [ekitabl] gerecht

équitation [ekitasjɔ̃] F Reiten *n*

équivalent [ekivalɑ̃] **1** gleichwertig (**à** mit) **2** M Äquivalent *n* **équivaloir** [ekivalwaʀ] **~ à** entsprechen (*dat*)

érafler [eʀafle] zerkratzen

éraflure [eʀaflyʀ] F Kratzer *m*

ermite [ɛʀmit] M Einsiedler

érotique [eʀɔtik] erotisch

érotisme [eʀɔtism] M Erotik *f*

errer [ɛʀe] umherirren

erreur [ɛʀœʀ] F Fehler *m*; *idée fausse* Irrtum *m*; **par ~** aus Versehen

éruption [eʀypsjɔ̃] F Ausbruch *m*; MED Ausschlag *m*

es [ɛ] PRÄS → être

ESB [əɛsbe] F (encéphalopathie spongiforme bovine) BSE (*bovine spongiforme Enzephalopathie*)

escabeau [ɛskabo] M Hocker; *échelle* Tritthocker
escalade [ɛskalad] F Besteigung; SPORT Klettern *n* **escalader** [ɛskalade] besteigen
escalator [ɛskalatɔʀ] M Rolltreppe *f*
escale [ɛskal] F Zwischenaufenthalt *m*; FLUG Zwischenlandung; **vol** *m* **sans ~** Direktflug, Nonstop-Flug; **faire ~ à Francfort** in Frankfurt zwischenlanden
escalier [ɛskalje] M Treppe *f*; **~ roulant** Rolltreppe
escalope [ɛskalɔp] F Schnitzel *n*
escargot [ɛskaʀgo] M Schnecke *f*; **~ de Bourgogne** Weinbergschnecke *f*
escarpé [ɛskaʀpe] steil
esclave [ɛsklav] M/F Sklave *m*, Sklavin *f*
escrime [ɛskʀim] F Fechten *n*
escroc [ɛskʀo] M Betrüger
escroquer [ɛskʀɔke] betrügen (**qn** j-n, **qc à qn** j-n um etw) **escroquerie** [ɛskʀɔkʀi] F Gaunerei
espace [ɛspas] M Raum; *cosmos* Weltraum; *intervalle* Zwischenraum; **~s** *pl* **verts** Grünflächen *fpl*
espadrille [ɛspadʀij] F Leinenschuh *m*
Espagne [ɛspaɲ] F **l'~** Spanien *n*
espagnol [ɛspaɲɔl] **1** spanisch **2** **Espagnol** M Spanier
espèce [ɛspɛs] F Art; **~s** PL Bargeld *n*; **une ~ de** (...) e-e Art (...); **en ~s** (in) bar
espérer [ɛspeʀe] hoffen (**qc** auf etw *akk*)
espion [ɛspjõ] M Spion
espionner [ɛspjɔne] ausspionieren
espoir [ɛspwaʀ] M Hoffnung *f*; **sans ~** hoffnungslos
esprit [ɛspʀi] M Geist; *humour* Witz
Esquimau [ɛskimo] M Eskimo *neg!*
esquisse [ɛskis] F Skizze
essai [esɛ] M *test* Probe *f*; *tentative* Versuch (*a.* SPORT); *littérature* Essay
essaim [esɛ̃] M Schwarm
essayage [esɛjaʒ] M Anprobe *f* **essayer** [eseje] versuchen; *vêtement* (an)probieren
essence [esɑ̃s] F Benzin *n*; **prendre de l'~** tanken
essentiel [esɑ̃sjɛl] **1** wesentlich **2** M Hauptsache *f*
essieu [esjø] M Achse *f*
essor [esɔʀ] M Aufschwung
essorer [esɔʀe] schleudern
essoufflé [esufle] außer Atem
essuie-glace [esɥiglas] M Scheibenwischer **essuie-mains** [esɥimɛ̃] M Handtuch *n*
essuyer [esɥije] *vaisselle, mains* abtrocknen; *table* abwischen; *lunettes* putzen; **s'~** sich abtrocknen
est[1] [ɛ] PRÄS → être
est[2] [ɛst] M Osten; **à l'~** im Os-

ten; **à l'~ de** östlich von

est-ce que [ɛskə] **~ tu sais qui ...?** weißt du, wer ...?; **~ tu viens?** kommst du?

esthéticienne [ɛstetisjɛn] F Kosmetikerin

estimation [ɛstimasjõ] F Schätzung; HANDEL Kostenvoranschlag *m*

estime [ɛstim] F Achtung (**pour qn** vor j-m)

estimer [ɛstime] schätzen; **~ que** der Meinung sein, dass

estival [ɛstival] Sommer... **estivant** [ɛstivɑ̃] M Sommergast

estomac [ɛstɔma] M Magen

estrade [ɛstʀad] F Podium *n*; Podest *n*

et [e] und

étable [etabl] F Stall *m*

établi [etabli] M Werkbank *f*

établir [etabliʀ] *usine* einrichten; *devis, record* aufstellen; *liaison* herstellen; **s'~** sich niederlassen **établissement** [etablismɑ̃] M (Kur-, Lehr)Anstalt

étage [etaʒ] M Stock(werk) *m* (*n*), Etage *f*; **~ supérieur** Obergeschoss *n*

étagère [etaʒɛʀ] F Regalbrett *n*; *meuble* Regal *n*

étain [etɛ̃] M Zinn *n*

étalage [etalaʒ] M Auslage *f*

étaler [etale] ausbreiten; *vacances* verteilen; *beurre* streichen (**sur** auf *akk*)

étalon [etalõ] M ZOOL Hengst

étanche [etɑ̃ʃ] wasserdicht

étang [etɑ̃] M Teich

état [eta] M Zustand; **~ des routes** Straßenzustand; **~ civil** Familienstand; MED **~ général** Allgemeinzustand, Allgemeinbefinden *n*; **État** Staat

États-Unis [etazyni] MPL **les ~** die Vereinigten Staaten

etc. [ɛtseteʀa] (*et cetera*) usw. (*und so weiter*)

été[1] [ete] M Sommer; **en ~** im Sommer

été[2] [ete] PPERF → être

éteindre [etɛ̃dʀ] *feu* löschen; *lumière, télé, cigarette* ausmachen; **s'~** ausgehen

étendre [etɑ̃dʀ] *blessé* legen; *bras, jambes* (aus)strecken; *linge* aufhängen; **s'~** *personne* sich hinlegen; *tissu* sich (aus)dehnen; *épidémie* sich ausbreiten; *forêt* sich erstrecken (**jusqu'à** bis, bis zu)

étendu [etɑ̃dy] ausgedehnt, weit **étendue** [etɑ̃dy] F Ausdehnung, Größe; *région* Fläche; *d'une catastrophe* Ausmaß *n*

éternel [etɛʀnɛl] ewig **éternité** [etɛʀnite] F Ewigkeit

éternuer [etɛʀnɥe] niesen

éther [etɛʀ] M Äther

étinceler [etɛ̃sle] funkeln

étincelle [etɛ̃sɛl] F Funke *m*

étiquette [etikɛt] F Etikett *n*

étoffe [etɔf] F Stoff *m*

étoile [etwal] F Stern *m*; **~ de mer** Seestern *m*; **hôtel** *m* **trois ~s** Dreisternehotel *n*

étonnant [etɔnɑ̃] erstaunlich

étonné [etɔne] erstaunt
étonner [etɔne] erstaunen, wundern; **s'~** sich wundern (**de** über *akk*)
étouffant [etufɑ̃] schwül
étouffer [etufe] ersticken
étourdi [etuʀdi] zerstreut
étourdissement [etuʀdismɑ̃] M **j'ai un ~** mir wird schwindlig
étrange [etʀɑ̃ʒ] seltsam
étranger [etʀɑ̃ʒe] **1** ausländisch; *inconnu* fremd **2** M Ausland *n*; **à l'~** im (ins) Ausland **3** M, **étrangère** [etʀɑ̃ʒɛʀ] F Ausländer(in) *m(f)*; *inconnu(e)* Fremde(r) *m/f(m)*
étrangler [etʀɑ̃gle] erwürgen
être [ɛtʀ] sein
étrennes [etʀɛn] FPL Neujahrsgeschenk(e) *n(pl)*
étrier [etʀije] M Steigbügel
étroit [etʀwa] schmal; *vêtements* eng; *borné* kleinlich
étude [etyd] F Lernen *n*; *analyse* Untersuchung; **~s** PL Studium *n*; **faire ses ~s** studieren
étudiant(e) [etydjɑ̃(t)] M(F) Student(in)
étudier [etydje] studieren; *piano* spielen lernen; *langue* (er)lernen
étui [etɥi] M Etui *n*; **~ (à/pour) portable** Handytasche *f*
eu [y] PPERF → avoir
eucalyptus [økaliptys] M Eukalyptus
euro [øʀo] M Euro **eurochèque** [øʀoʃɛk] M Eurocheque
Europe [øʀɔp] F **l'~** Europa *n*; **l'~ orientale/occidentale** Ost-/Westeuropa *n*
européen [øʀɔpeɛ̃] **1** europäisch **2** **Européen** M Europäer
europhobe [øʀɔfɔb] europafeindlich
eut [y] PASSÉ SIMPLE → **avoir**
eux [ø] sie (*akk*), ihnen (*dat*)
évader [evade] **s'~** ausbrechen, (ent)fliehen
évaluer [evalɥe] schätzen
évanouir [evanwiʀ] **s'~** ohnmächtig werden **évanouissement** [evanwismɑ̃] M Ohnmacht *f*
évaporer [evapɔʀe] **s'~** verdunsten, verdampfen
évasion [evazjõ] F Flucht
éveiller [evɛje] wecken; **s'~** erwachen
événement [evɛnmɑ̃] M Ereignis *n*
éventail [evɑ̃taj] M Fächer
éventuel(lement) [evɑ̃tɥɛl (-lement)] eventuell
évêque [evɛk] M Bischof
évidemment [evidamɑ̃] selbstverständlich **évident** [evidɑ̃] offensichtlich
évier [evje] M Spülbecken *n*
éviter [evite] *erreur, accident* vermeiden; *obstacle* ausweichen (*dat*); *personne* meiden; **~ de faire qc** vermeiden, etw zu tun; **~ qc à qn** j-m etw ersparen
évoluer [evɔlɥe] sich entwickeln **évolution** [evɔlysjõ] F

Entwicklung

évoquer [evɔke] in Erinnerung bringen; *souvenirs* wachrufen

exact [ɛgzakt] genau, exakt; *réponse* richtig; *personne* pünktlich

exagérer [ɛgzaʒeʀe] übertreiben

examen [ɛgzamɛ̃] M Prüfung *f*; MED Untersuchung *f* **examiner** [ɛgzamine] prüfen, untersuchen (*a.* MED)

excédent [ɛksedɑ̃] M Überschuss; **~ de bagages** Übergepäck *n*

excéder [ɛksede] *dépasser* überschreiten, übersteigen; *énerver* wütend machen

excellent [ɛksɛlɑ̃] hervorragend, ausgezeichnet

excepté [ɛksɛpte] außer (*dat*)

exception [ɛksɛpsjõ] F Ausnahme

exceptionnel [ɛksɛpsjɔnɛl] außergewöhnlich

excès [ɛksɛ] M Übermaß *n*; **~ de vitesse** Geschwindigkeitsüberschreitung *f*

excessif [ɛksɛsif] übermäßig; *exagéré* übertrieben; *loyer, vitesse* überhöht

exciter [ɛksite] erregen (*a. sexuellement*); *appétit* anregen

exclamer [ɛksklame] **s'~** ausrufen

exclure [ɛksklyʀ] ausschließen **exclusion** [ɛksklyzjõ] F Ausschluss *m*

excursion [ɛkskyʀsjõ] F Ausflug *m*

excuse [ɛkskyz] F Entschuldigung

excuser [ɛkskyze] (**s'~** sich) entschuldigen; **excusez-moi!** entschuldigen Sie (bitte)!

exécuter [ɛgzekyte] *ordre, projet* ausführen; *personne* hinrichten

exemplaire [ɛgzɑ̃plɛʀ] **1** vorbildlich **2** M Exemplar *n*

exemple [ɛgzɑ̃pl] M Beispiel *n*; **par ~** zum Beispiel

exempt [ɛgzɑ̃] **~ de douane** zollfrei

exercer [ɛgzɛʀse] ausüben; *mémoire* üben; **s'~** üben; **s'~ à faire qc** sich in etw (*dat*) üben

exercice [ɛgzɛʀsis] M Übung *f*

exigeant [ɛgziʒɑ̃] anspruchsvoll **exiger** [ɛgziʒe] *réclamer* fordern; *nécessiter* erfordern

existence [ɛgzistɑ̃s] F Existenz; *vie* Leben *n* **exister** [ɛgziste] existieren; **il existe** es gibt

exp. (*expéditeur*) Abs. (*Absender*)

expédier [ɛkspedje] versenden; *lettre* absenden; *travail* (zügig) erledigen **expéditeur** [ɛkspeditœʀ] M Absender

expérience [ɛkspeʀjɑ̃s] F Erfahrung; *scientifique* Experiment *n*; **~ professionnelle** Berufserfahrung

expert [ɛkspɛʀ] **1** sach-, fachkundig **2** M Sachverständige(r); *spécialiste* Fachmann

expertise [ɛkspɛʀtiz] F Gutachten *n* **expertiser** [ɛkspɛʀtize] ein Gutachten abgeben über (*akk*)

expier [ɛkspje] (ab)büßen, sühnen

expirer [ɛkspiʀe] ausatmen; *passeport* ablaufen

explication [ɛksplikasjõ] F Erklärung

expliquer [ɛksplike] erklären

exploit [ɛksplwa] M (hervorragende) Leistung

exploitation [ɛksplwatasjõ] F *entreprise* Betrieb *m*; *pej* Ausbeutung **exploiter** [ɛksplwate] *commerce* betreiben; *situation* ausnutzen; *ouvriers* ausbeuten

explorer [ɛksplɔʀe] erforschen

exploser [ɛksploze] explodieren **explosif** [ɛksplozif] **1** explosiv (*a. fig*) **2** M Sprengstoff

explosion [ɛksplozjõ] F Explosion

expo [ɛkspo] F *umg* Ausstellung

exportation [ɛkspɔʀtasjõ] F Ausfuhr, Export *m* **exporter** [ɛkspɔʀte] exportieren

exposé [ɛkspoze] M Darlegung *f*; *école* Referat *n* **exposer** [ɛkspoze] *dessins, produits* ausstellen; *problème* darlegen; **(s')~ à** (sich) aussetzen (*dat*)

exposition [ɛkspozisjõ] F Ausstellung

exprès¹ [ɛkspʀɛ] absichtlich; *spécialement* extra

exprès² [ɛkspʀɛs] **(par) ~** Eilzustellung *f*, durch Eilboten; **lettre** *f* **~** Eilbrief *m*

express [ɛkspʀɛs] **1** Schnell... **2** M *train* Schnellzug, D-Zug; *café* Espresso

expressif [ɛkspʀesif] ausdrucksvoll **expression** [ɛkspʀesjõ] F Ausdruck *m*

expressionnisme [ɛkspʀesjɔnism] M Expressionismus

exprimer [ɛkspʀime] ausdrücken

expulser [ɛkspylse] vertreiben; *étranger* ausweisen

exquis [ɛkski] auserlesen; *plat* köstlich; *personne* charmant

exténué [ɛkstenɥe] ermattet, erschöpft

extérieur [ɛksteʀjœʀ] **1** äußere(r, -s); Außen... **2** M Äußere(s) *n*; **à l'~** (dr)außen; **à l'~ de** außerhalb (*gen*); **d'~** outdoor

externe [ɛkstɛʀn] äußere(r, -s); **à usage ~** zur äußeren Anwendung

extincteur [ɛkstɛ̃ktœʀ] M Feuerlöscher

extraire [ɛkstʀɛʀ] *charbon* fördern; *dent* ziehen

extrait [ɛkstʀɛ] M Auszug; *d'une plante* Extrakt

extraordinaire [ɛkstʀaɔʀdinɛʀ] außerordentlich

extrême [ɛkstʀɛm] **1** äußerste(r, -s); **d'~ droite/gauche** rechts-/linksextrem, rechts-/

linksradikal **2** M Extrem *n*
extrêmement [ɛkstʀɛmmɑ̃] äußerst
extrémisme [ɛkstʀemism] M POL Radikalismus, Extremismus; **~ de droite/gauche** Rechts-/Linksextremismus
extrémiste [ɛkstʀemist] M/F POL Radikale(r) *m/f(m)*; Extremist(in) *m(f)*
eye-liner [ailainœʀ] M Eyeliner

F

fable [fabl] F Fabel
fabricant [fabʀikɑ̃] M Fabrikant; Hersteller **fabrication** [fabʀikasjõ] F Herstellung
fabrique [fabʀik] F Fabrik **fabriquer** [fabʀike] herstellen
fabuleux [fabylø] märchen-, sagenhaft
façade [fasad] F Fassade
face [fas] F Gesicht *n*; **de ~** von vorn; **en ~ de** vor (*dat od akk*); gegenüber (*dat*); **~ à** zu (*dat*) hin
fâché [faʃe] böse (**contre** auf *akk*); *brouillé* verzankt (**avec** mit)
fâcher [faʃe] ärgern; **se ~** böse werden; **se ~ contre qn** mit j-m schimpfen; **se ~ avec qn** sich mit j-m verzanken
facile [fasil] leicht, mühelos **facilité** [fasilite] F Leichtigkeit **faciliter** [fasilite] erleichtern
façon [fasõ] F Art, Weise; **de ~ que** (*od* **à ce que** +*subj*) so …, dass; **de toute ~** auf jeden Fall; **de cette ~** auf diese Art; **de quelle ~?** wie?; **~s** PL Benehmen *n*; **sans ~s** zwanglos; **faire des ~s** Umstände machen
facteur [faktœʀ] M Briefträger
facture [faktyʀ] F Rechnung **facturer** [faktyʀe] berechnen
facultatif [fakyltatif] **arrêt** *m* **~** Bedarfshaltestelle *f*
faculté [fakylte] F Fähigkeit; *université* Fakultät
fade [fad] fad(e) (*a. fig*)
faible [fɛbl] **1** schwach **2** M Schwäche *f* (**pour** für) **faiblesse** [fɛblɛs] F Schwäche **faiblir** [fɛbliʀ] schwächer werden, nachlassen
faille [faj] F Schwachstelle; **~ de sécurité** Sicherheitslücke
faillir [fajiʀ] **j'ai failli tomber** ich wäre beinahe gefallen
faillite [fajit] F Konkurs *m*
faim [fɛ̃] F Hunger *m*
faire [fɛʀ] machen, tun; *sport* treiben; *tennis* spielen; **~ ~** machen lassen; **~ jeune** jung aussehen; **il fait chaud** es ist warm; **se ~ à qc** sich an etw (*akk*) gewöhnen; **pour quoi ~?** wozu?, wofür?
faisan [fəzɑ̃] M Fasan

fait [fɛ] M Tatsache *f*; **en ~** [ɑ̃fɛ(t)] in Wirklichkeit; **au ~** [ofɛ(t)] übrigens
falafel [falafɛl] M GASTR Falafel *f od n* (*frittiertes Kichererbsenbällchen*)
falaise [falɛz] F Steilküste
falloir [falwaʀ] **il faut** (+*inf*) man muss; **il ne faut pas** man darf nicht; **il me faut qc** ich brauche etw; **il faut que j'y aille** ich muss jetzt gehen
falsifier [falsifje] fälschen
fameux [famø] berühmt; *excellent* hervorragend
familial [familjal] Familien..., familiär
familier [familje] vertraut; *irrespectueux* (allzu) vertraulich; *expression* umgangssprachlich
famille [famij] F Familie
famine [famin] F Hungersnot
fan [fan] M/F Fan *m*
faner [fane] **se ~** welken
fanfare [fɑ̃faʀ] F *orchestre* Blaskapelle; *air* Fanfare
fantaisie [fɑ̃tɛzi] F *originalité* Fantasie; *caprice* Laune
fantôme [fɑ̃tom] M Gespenst *n*
far [faʀ] M **~ (breton)** Milch-Eier-Auflauf (*mit Backpflaumen*)
farce [faʀs] F *tour* Streich *m*; GASTR Füllung
farci [faʀsi] GASTR gefüllt
fard [faʀ] M Schminke *f*; **~ à paupières** Lidschatten
farine [faʀin] F Mehl *n*
fart [faʀt] M Skiwachs *n*
fasciner [fasine] faszinieren
fasse [fas] SUBJ → **faire**
fatal [fatal] verhängnisvoll; *mortel* tödlich; *inévitable* zwangsläufig, unvermeidlich
fatigant [fatigɑ̃] ermüdend; *personne* lästig
fatigue [fatig] F Müdigkeit; **~s** PL Strapazen
fatigué [fatige] müde
fatiguer [fatige] ermüden; *énerver* auf die Nerven gehen (**qn** j-m); *ennuyer* langweilen; **se ~** müde werden
faubourg [fobuʀ] M Vorstadt *f*, Vorort
faucher [foʃe] AGR mähen; *piéton* umfahren; *umg voler* klauen
faucille [fosij] F Sichel
faucon [fokõ] M Falke
faudra [fodʀa] *fut* → **falloir**
fausse [fos] → **faux²**
faut [fo] PRÄS → **falloir**
faute [fot] F Fehler *m*; *responsabilité* Schuld; **~ de** aus Mangel an (*dat*), mangels (*gen*)
fauteuil [fotœj] M Sessel; **~ roulant** Rollstuhl
fauve [fov] M Raubtier *n*
faux¹ [fo] F AGR Sense
faux² [fo] **1** ⟨*f* **fausse** [fos]⟩ falsch **2** M Fälschung *f*
faveur [favœʀ] F Gefälligkeit; **en ~ de** zugunsten von
favorable [favɔʀabl] günstig
favori [favɔʀi] Lieblings...
favoriser [favɔʀize] begünstigen

fax [faks] M Fax *n* **faxer** [fakse] faxen
fébrile [febʀil] fieberhaft
fécond [fekõ] fruchtbar (*a. fig*) **fécondation** [fekõdasjõ] F BIOL Befruchtung **féconder** [fekõde] BIOL befruchten
fédéral [fedeʀal] Bundes... **fédération** [fedeʀasjõ] F Bund *m*
fêler [fɛle] **se ~** e-n Sprung *od* Sprünge bekommen
félicitations [felisitasjõ] FPL Glückwunsch *m* **féliciter** [felisite] **~ qn** j-m gratulieren (**pour, de** zu)
fêlure [fɛlyʀ] F Sprung *m*, Riss *m*
femelle [fəmɛl] ZOOL **1** weiblich **2** F Weibchen *n*
féminin [feminɛ̃] weiblich, Frauen...; *mode* Damen...
femme [fam] F Frau; *épouse* Ehefrau; **~ de chambre** Zimmermädchen *n*; **~ de ménage** Putzfrau; **~ médecin** Ärztin
fendre [fɑ̃dʀ] spalten
fenêtre [f(ə)nɛtʀə] F Fenster *n*
fenouil [fənuj] M Fenchel
fente [fɑ̃t] F Spalte; Spalt *m*; *d'une boîte aux lettres, d'une jupe* Schlitz *m*
fer [fɛʀ] M Eisen *n*; **~ à repasser** Bügeleisen *n*; **~ à cheval** Hufeisen *n*
ferai [f(ə)ʀe] *fut* → **faire**
férié [feʀje] **jour** *m* **~** Feiertag
ferme [fɛʀm] **1** fest; *personne* standhaft **2** F Bauernhof *m*
fermenter [fɛʀmɑ̃te] gären
fermer [fɛʀme] schließen; *à clé* abschließen; *radio, télé, lumière* ausschalten
fermeture [fɛʀmətyʀ] F *des magasins* Ladenschluss(zeit) *m(f)*; *définitive* Schließung; *de sac à main* Verschluss *m*; **~ éclair** Reißverschluss *m*, *österr* Zippverschluss *m*; **~ annuelle** Betriebsferien *pl*; **jour** *m* **de ~** Ruhetag
fermier [fɛʀmje] M Bauer **fermière** [fɛʀmjɛʀ] F Bäuerin
féroce [feʀɔs] wild; *homme* grausam; *appétit* unbändig
ferraille [fɛʀɑj] F Schrott *m*
ferroviaire [fɛʀɔvjɛʀ] Eisenbahn...
ferry [fɛʀi] M Fährschiff *n*; *bac* Fähre *f*
fertile [fɛʀtil] fruchtbar
fesse [fɛs] F Hinterbacke; **~s** PL Hintern *m*
festival [fɛstival] M Festspiele *npl*, Festival *n*
feta [feta] F Feta(käse) *m*
fête [fɛt] F Fest *n*; *jour férié* Feiertag *m*; REL Namenstag *m* **Fête-Dieu** [fɛtdjø] F Fronleichnam(sfest) *m(n)* **fêter** [fete] feiern
feu [fø] M Feuer *n*; *incendie* Brand; **~ (rouge** rote) Ampel *f*; **~ d'artifice** Feuerwerk *n*; AUTO **~ stop** Bremslicht *n*; **~x** *pl* **de position** Standlicht *n*; **~x** *pl* **de croisement** Abblendlicht *n*; **~(x)** *m(pl)* **arrière** Rück-

licht(er) *n(pl)*; **~x** *pl* **de détresse** Warnblinkanlage *f*
feuillage [fœjaʒ] M Laub *n*
feuille [fœj] F Blatt *n*; **~ morte** welkes Blatt *n*; **~ de maladie, de soins** Krankenschein *m*
feuilleté [fœjte] M Blätterteiggebäck *n* **feuilleter** [fœjte] durchblättern **feuilleton** [fœjtõ] M Fortsetzungsroman *m*; *radio*, TV Serie *f*; **~-réalité** Dokusoap *f*
feutre [føtʀ] M Filz; *stylo* Filzschreiber
février [fevʀije] M Februar
FF (**francs français**) HIST FF (*französische Francs*)
fiançailles [f(i)jɑ̃saj] FPL Verlobung *f* **fiancé(e)** [f(i)jɑ̃se] M(F) Verlobte(r) *m/f(m)* **fiancer** [f(i)jɑ̃se] **se ~** sich verloben
fibre [fibʀ] F Faser
ficeler [fisle] verschnüren
ficelle [fisɛl] F Bindfaden *m*
fiche [fiʃ] F Karteikarte; ELEK Stecker *m*
ficher [fiʃe] **~ le camp** abhauen; *umg* **je m'en fiche** das ist mir egal, wurscht
fichier [fiʃje] M Kartei *f*; IT Datei *f*; **~ attaché** Attachment *n*
fichu [fiʃy] *umg montre, soirée* im Eimer, hin; *mauvais* verdammt
fidèle [fidɛl] treu
fidélité [fidelite] F Treue
fier[1] [fje] **se ~ à qn** j-m vertrauen
fier[2] [fjɛʀ] stolz (**de** auf *akk*)
fierté [fjɛʀte] F Stolz *m*
fièvre [fjɛvʀ] F Fieber *n*; **~ jaune** Gelbfieber *n*
figue [fig] F Feige
figure [figyʀ] F *visage* Gesicht *n*; MATH, *patinage* Figur, **~s** *pl* **libres** Kür *f*; **~s** *pl* **imposées** Pflicht *f*
figurer [figyʀe] *sur une liste* stehen; **se ~ qc** sich etw vorstellen
fil [fil] M *couture* Faden (*a. fig*), Garn *n*; *électrique* Leitung *f*; *d'une lampe, du téléphone* Schnur *f*, Kabel *n*; **~ (de fer)** Draht; **sans ~** drahtlos, kabellos
file [fil] F Reihe; *d'attente* Schlange; *voie* (Fahr)Spur; **à la ~** hintereinander; **prendre la ~** sich (hinten) anstellen
filer [file] *umg donner* geben; *umg s'en aller* (weg)gehen; *umg s'enfuir* davonlaufen; *umg aller vite* flitzen, sausen
filet [filɛ] M Netz *n*; GASTR Filet *n*; **bifteck** *m* **dans le ~** Filetsteak *n*; **faux ~** Lende *f*
fille [fij] F Tochter; *opposé à garçon* Mädchen *n* **fillette** [fijɛt] F kleines Mädchen *n*
filleul(e) [fijœl] M(F) Patenkind *n*
film [film] M Film; **~ policier** Kriminalfilm; **~ publicitaire** Werbefilm
filmer [filme] filmen
fils [fis] M Sohn
filtre [filtʀ] M Filter **filtrer** [filtʀe] filtern

fin[1] [fɛ̃] fein; *tranche* dünn; *mains* schmal; *personne* feinsinnig
fin[2] [fɛ̃] F Ende *n*, Schluss *m*; *but* Zweck *m*; **à la ~** am Ende (**de** *gen*)
final [final] *résultat* End…; *remarque* Schluss…
finale [final] F SPORT Finale *n* **finalement** [finalmɑ̃] letzten Endes
financer [finɑ̃se] finanzieren **finances** [finɑ̃s] FPL Finanzen **financier** [finɑ̃sje] finanziell, Finanz…
finir [finiʀ] *se terminer* enden; *terminer* beenden; *cesser* aufhören (**de** zu); **avoir fini** fertig sein (**qc** mit etw); **~ bien** gut enden, schlecht *od* böse enden; **~ par faire qc** schließlich etw tun
finlandais [fɛ̃lɑ̃dɛ] **1** finnisch **2** **Finlandais** M Finne
Finlande [fɛ̃lɑ̃d] **la ~** Finnland *n*
fioul [fjul] M Heizöl *n*
firme [fiʀm] F Firma
fisc [fisk] M Fiskus
fissure [fisyʀ] F Riss *m*, Sprung *m*
fixation [fixasjõ] F *ski* Bindung
fixe [fiks] **1** fest; *objet* unbeweglich; TEL **réseau** *m* **~** Festnetz *n*; **à prix ~** zum Festpreis **2** M (**téléphone** *m*) **~** Festnetztelefon *n*; **numéro** *m* **de ~** Festnetznummer *f*
fixer [fikse] *objet* befestigen; *date, prix* festsetzen
fjord, fiord [fjɔʀd] M Fjord
flageolet [flaʒɔlɛ] M *kleine weißgrüne Bohne*
flair [flɛʀ] M Witterung *f*; *fig* Gespür *n* **flairer** [fleʀe] beschnuppern; *fig* wittern
flamand [flamɑ̃] flämisch
flamant [flamɑ̃] M Flamingo
flamber [flɑ̃be] lichterloh brennen; GASTR flambieren
flamme [flam] F Flamme
flan [flɑ̃] M Pudding
flanc [flɑ̃] M Flanke *f*, Seite *f*; *d'une montagne* (Ab)Hang
Flandre [flɑ̃dʀ] **la ~** *f od* **les ~s** *fpl* Flandern *n*
flanelle [flanɛl] F Flanell *m*
flâner [flɑne] bummeln; *dans les rues* flanieren
flanquer *umg* [flɑ̃ke] schmeißen; *gifle* verpassen
flaque [flak] F Pfütze, Lache
flash [flaʃ] M Blitzlicht *n* **flashmob** [flaʃmɔb] M Flashmob
flatter [flate] schmeicheln (**qn** j-m)
flèche [flɛʃ] F Pfeil *m* **fléché** [fleʃe] ausgeschildert
fléchir [fleʃiʀ] *genoux* beugen; *poutre* sich biegen; *céder* nachgeben
flegmatique [flɛgmatik] gelassen, ruhig; *pej* phlegmatisch
flegme [flɛgm] M Gelassenheit *f*, Ruhe *f*; *pej* Phlegma *n*
flétrir [fletʀiʀ] **se ~** (ver)welken
fleur [flœʀ] F Blume **fleurir** [flœʀiʀ] blühen **fleuriste**

[flœʀist] M/F Blumenhändler(in) *m(f)*
fleuve [flœv] M Fluss
flexible [flɛksibl] biegsam; *fig* flexibel, anpassungsfähig
flexitarien(ne) M(F) [flɛksitaʀjɛ̃ (flɛksitaʀjɛn)] Flexitarier(in)
flic [flik] *umg* M Polizist
flipper [flipe] *umg être déprimé* durchhängen; *paniquer* ausflippen
flirt [flœʀt] M Flirt
flocon [flɔkõ] M Flocke *f*; **~s** *pl* **d'avoine** Haferflocken *fpl*
floraison [flɔʀɛzõ] F Blüte (-zeit) **florissant** [flɔʀisɑ̃] *fig* blühend
flot [flo] M Flut *f*, Strom (*a. fig*); **~s** PL Fluten *fpl*
flotte [flɔt] F Flotte; *umg* Wasser *n* **flotter** [flɔte] schwimmen; *à la dérive* abgetrieben werden **flotteur** [flɔtœʀ] M TECH Schwimmer
flou [flu] FOTO unscharf, verschwommen; *pensée* unklar
fluide [flɥid] flüssig
flûte [flyt] F Flöte
fluvial [flyvjal] Fluss…
FM [ɛfɛm] F (modulation de fréquence) UKW (*Ultrakurzwelle*)
foi [fwa] F Glaube(n) *m*; **de bonne ~** aufrichtig; **de mauvaise ~** unaufrichtig
foie [fwa] M Leber *f*; **~ gras** Gänse- *od* Entenleber *f*
foin [fwɛ̃] M Heu *n*
foire [fwaʀ] F (Jahr)Markt *m*; *exposition* Messe
fois [fwa] F Mal *n*; **une ~** einmal; **deux ~** zweimal; **une ~ pour toutes** ein für alle Mal; **à la ~** zugleich; *umg* **des ~** manchmal; **chaque ~ que** jedes Mal, wenn
folie [fɔli] F Wahnsinn *m*; **~ meurtrière** Amoklauf *m*
folklore [fɔlklɔʀ] F Folklore
folklorique [fɔlklɔʀik] F Volks…, folkloristisch; **costume** *m* **~** Tracht *f*; **musique** *f* **~** Volksmusik
folle → fou
foncé [fõse] dunkel; **bleu ~** dunkelblau
fonction [fõksjõ] F Funktion; *charge a.* Amt *n*; **~ publique** öffentlicher Dienst *m*; **en ~ de** entsprechend (*dat*), je nach
fonctionnaire [fõksjɔnɛʀ] M/F Beamte(r) *m*, Beamtin *f*
fonctionnel [fõksjɔnɛl] funktionell **fonctionner** [fõksjɔne] funktionieren, gehen
fond [fõ] M *d'un récipient* Boden; *d'un lac* Grund; *d'une pièce* Hintergrund (*a.* FOTO); **au ~** im Grunde; **au ~ de** (ganz) unten *od* hinten in (*dat*); **à ~** gründlich; *respirer* tief
fondamental [fõdamɑ̃tal] grundlegend
fondateur [fõdatœʀ] M Gründer **fondation** [fõdasjõ] F Gründung; *institution* Stiftung; **~s** PL Fundament *n*
fonder [fõde] gründen; **être**

fondé sur beruhen auf *(dat)*
fondre [fõdʀ] schmelzen; *glaçon, sucre* sich auflösen
fonds [fõ] MPL Gelder *npl*, Kapital *n*; Fonds *msg*; **~commun de placement** Investmentfonds
fondue [fõdy] F ~ **(savoyarde)** (Käse)Fondue *f/n*; ~ **bourguignonne** Fleischfondue *f/n*
font [fõ] PRÄS → faire
fontaine [fõtɛn] F Brunnen *m*
football [futbol] M Fußball (-spiel) *m(n)* **footballeur** [futbolœʀ] M Fußball(spiel)er
force [fɔʀs] F Kraft; *contrainte* Zwang *m*, Gewalt; ~ **majeure** höhere Gewalt; **de ~, par la ~** mit Gewalt
forcer [fɔʀse] zwingen (**à faire qc** zu etw); *porte* aufbrechen; **se ~** sich zwingen
forestier [fɔʀɛstje] Wald…, Forst…
forêt [fɔʀɛ] F Wald *m* **Forêt-Noire** [fɔʀɛnwaʀ] **la ~** der Schwarzwald
forfait [fɔʀfɛ] M Pauschalpreis *m*, Pauschale *f*; ~ **illimité** TEL Flatrate *f*; **voyage** *m* **à ~** Pauschalreise *f*
forger [fɔʀʒe] schmieden
formalité [fɔʀmalite] F Formalität
format [fɔʀma] M Format *n* **formater** [fɔʀmate] formatieren
formation [fɔʀmasjõ] F Bildung; *professionnelle* Ausbildung; *intensive* Schulung
forme [fɔʀm] F Form; **être en ~** in Form sein **former** [fɔʀme] bilden; *apprenti* ausbilden
formidable [fɔʀmidabl] *umg* toll, prima, klasse
formulaire [fɔʀmylɛʀ] M Formular *n*; ~ **de contact** Kontaktformular *n* **formule** [fɔʀmyl] F Formel; ~ **midi** Mittagsmenü *n*
fort [fɔʀ] **1** stark; *fièvre* hoch; *sauce* scharf; *gros* beleibt; *euph* vollschlank; *doué* (sehr) gut **2** ADV *frapper, sentir* stark; *serrer* fest; *parler* laut **3** M Stärke *f*, starke Seite *f*
forteresse [fɔʀtəʀɛs] F Festung **fortifiant** [fɔʀtifjɑ̃] M Stärkungsmittel *n* **fortifications** [fɔʀtifikasjõ] FPL Befestigungsanlagen
fortune [fɔʀtyn] F Vermögen *n*; **faire ~** sein Glück machen
forum [foʀɔm] M Forum *n a.* INTERNET
fossé [fose] M Graben; *fig* Kluft *f*
fou [fu] ⟨*f* **folle** [fɔl]⟩ **1** verrückt **2** M(F) Verrückte(r) *m/f(m)*
foudre [fudʀ] F Blitz *m*
fouet [fwɛ] M Peitsche *f*
fougasse [fugas] F GASTR *provenzalisches Fladenbrot*
fougère [fuʒɛʀ] F Farn(kraut) *m(n)*
fouille [fuj] F Durchsuchung; **~s** PL (Aus)Grabungen **fouiller** [fuje] durchsuchen **fouil-**

lis [fuji] M Durcheinander *n*
foulard [fulaʀ] M Halstuch *n*, Kopftuch *n*
foule [ful] F (Menschen)Menge; **une ~ de** ... e-e Menge ...
fouler [fule] **se ~ la cheville** sich den Knöchel verstauchen
four [fuʀ] M Backofen; **~ à micro-ondes** Mikrowellenherd
fourchette [fuʀʃɛt] F Gabel
fourgonnette [fuʀgɔnɛt] F Lieferwagen *m*
fourmi [fuʀmi] F Ameise **fourmilière** [fuʀmiljɛʀ] F Ameisenhaufen *m* **fourmiller** [fuʀmije] wimmeln
fournaise [fuʀnɛz] F *fig* Backofen *m*
fournir [fuʀniʀ] *restaurant* beliefern (**en qc** mit etw); *marchandises* liefern; *effort* machen
fournisseur [fuʀnisœʀ] M Lieferant; **~ d'accès** IT Provider
fourré [fuʀe] *gâteaux* gefüllt (**à** mit); *manteau* pelzgefüttert
fourrer [fuʀe] (hinein)stecken (**dans** in *akk*); GASTR füllen
fourrure [fuʀyʀ] F Pelz *m*
foutre [futʀ] *sl* **~ le camp** abhauen; **je m'en fous!** das ist mir wurscht!
foutu [futy] → fichu
foyer [fwaje] M *de la cheminée* Feuerstelle *f*; *famille* Haushalt; *résidence* Wohnheim *n*; *du théâtre* Foyer *n*
fraction [fʀaksjõ] F (An)Teil; MATH Bruch *m*
fracture [fʀaktyʀ] F MED Bruch *m*
fragile [fʀaʒil] *verre* zerbrechlich; *personne, estomac* empfindlich
fragment [fʀagmɑ̃] M Bruchstück *n*
fraîche → frais[1]
fraîcheur [fʀɛʃœʀ] F Frische; *froid* Kühle
frais[1] [fʀɛ] ⟨*f* **fraîche** [fʀɛʃ]⟩ frisch; *froid* kühl
frais[2] [fʀɛ] MPL Kosten *pl*, Ausgaben *pl*; *de déplacement* Spesen *pl*; *taxe* Gebühr(en) *f(pl)*
fraise [fʀɛz] F Erdbeere
framboise [fʀɑ̃bwaz] F Himbeere
franc[1] [fʀɑ̃] ⟨*f* **franche** [fʀɑ̃ʃ]⟩ offen; *couleur* klar, rein; **~ de port** portofrei
franc[2] [fʀɑ̃] M *en Suisse* Franken; *hist en France, en Belgique* Franc
français [fʀɑ̃sɛ] **1** französisch **2** **le ~** Französisch *n*
Français [fʀɑ̃sɛ] M Franzose **Française** [fʀɑ̃sɛz] F Französin
France [fʀɑ̃s] **la ~** Frankreich *n*
France 2 [fʀɑ̃sdø] *größter öffentlich-rechtlicher Fernsehsender*
Francfort [fʀɑ̃kfɔʀ] Frankfurt
franche → franc[1]
franchement [fʀɑ̃ʃmɑ̃] offen; *nettement* (ganz) eindeutig
franchir [fʀɑ̃ʃiʀ] überschreiten
franchise [fʀɑ̃ʃiz] F Offenheit;

AUTO Selbstbeteiligung
franco-allemand [frɑ̃koalmɑ̃] französisch-deutsch
frange [frɑ̃ʒ] F Franse; *de cheveux* Pony(frisur) *m(f)*
frangin [frɑ̃ʒɛ̃] M *umg* Bruder
frangine [frɑ̃ʒin] F *umg* Schwester
frangipane [frɑ̃ʒipan] F Mandelcreme
frappé [frape] M **~ aux fruits** Smoothie *m*
frapper [frape] schlagen; *à la porte* klopfen; *atteindre* treffen; *étonner* auffallen (**qn** j-m)
fraternel [fratɛrnɛl] brüderlich
fraude [frod] F Betrug *m*; **passer en ~** (ein- *od* heraus)-schmuggeln
frayeur [frɛjœr] F Schrecken *m*
freezer [frizœr] M Gefrierfach *n*
frein [frɛ̃] M Bremse *f*; **~ moteur** Motorbremse *f*; **~ à disque** Scheibenbremse *f*; **~ à main** Handbremse *f*
freiner [frene] bremsen
frelon [frəlõ] M Hornisse *f*
frémir [fremir] zittern (**de** vor); *feuilles* rauschen
fréquemment [frekamɑ̃] häufig
fréquence [frekɑ̃s] F Häufigkeit
fréquent [frekɑ̃] häufig **fréquenter** [frekɑ̃te] *café* verkehren in (*dat*); *école* besuchen; *personne* verkehren mit
frère [frɛr] M Bruder
fresque [frɛsk] F Fresko *n*
fret [frɛ] M Fracht *f*
friand [frijɑ̃] M kleine Blätterteigpastete
friandises [frijɑ̃diz] FPL Leckereien
fricassée [frikase] F Frikassee *n*
frictionner [friksjɔne] **se ~** sich abreiben; **se ~ à qc** sich mit etw einreiben
frigidaire® [friʒidɛr] M Kühlschrank
frigo [frigo] M *umg* Kühlschrank
frileux [frilø] **être ~** leicht frieren
fringues [frɛ̃g] FPL *umg* Klamotten
frire [frir] **(faire) ~** *dans une poêle* braten; *dans une friteuse* frittieren
friser [frize] *cheveux* sich kräuseln; *personne* krauses Haar haben
frisson [frisõ] M Schauder; Zittern *n*; **avoir des ~s** *de froid* frösteln; *de fièvre* Schüttelfrost haben
frissonner [frisɔne] schaudern, zittern (**de** vor); *de fièvre* Schüttelfrost haben
frites [frit] FPL Pommes frites *pl*, *umg* Pommes *pl*, Fritten *pl*
friteuse [fritøz] F Fritteuse
friture [frityr] F kleine frittierte Fische *mpl*

froid [fʀwa] **1** kalt; *personne* kühl **2** M Kälte *f*; **avoir ~** frieren; **il fait ~** es ist kalt; **prendre ~** sich erkälten
froisser [fʀwase] zerknittern; *fig* kränken; **se ~** knittern
frôler [fʀole] streifen
fromage [fʀɔmaʒ] M Käse; **~ blanc** Quark; **~ de chèvre** Ziegenkäse; **~ de tête** Schweinskopfsülze *f*
froment [fʀɔmɑ̃] M Weizen
front [fʀɔ̃] M Stirn *f*; MIL Front *f*; **~ de mer** Strandpromenade *f*
frontalier [fʀɔ̃talje] Grenz…
frontière [fʀɔ̃tjɛʀ] F Grenze
frotter [fʀɔte] reiben; *frictionner* abreiben; *sol, poêle* scheuern; *meuble* polieren; **~ contre** reiben an (*dat*); **se ~ les yeux** sich die Augen reiben
frottis [fʀɔti] M MED Abstrich
fructose [fʀyktɔz] M Fruktose *f*
fructueux [fʀyktɥø] fruchtbar; *rentable* einträglich
fruit [fʀɥi] M Frucht *f*; **~s** PL Obst *n*; **~s** *pl* **de mer** Meeresfrüchte *fpl*
fuir [fɥiʀ] fliehen, flüchten; *liquide* auslaufen; *tonneau* lecken; *robinet* tropfen; **~ qn, qc** j-n, etw meiden
fuite [fɥit] F Flucht
fuiter [fɥite] *informations* durchsickern
fumé [fyme] GASTR geräuchert, Räucher…; *verres* getönt, dunkel **fumée** [fyme] F Rauch *m* **fumer** [fyme] rauchen; **je ne fume pas** ich bin Nichtraucher(in) **fumeur** [fymœʀ] M Raucher
fumier [fymje] M Mist
funambule [fynɑ̃byl] M/F Seiltänzer(in) *m(f)*
funèbre [fynɛbʀ] Trauer…
funérailles [fyneʀɑj] FPL Bestattung *f*
funiculaire [fynikylɛʀ] M (Stand)Seilbahn *f*
fur [fyʀ] **au ~ et à mesure** nach und nach; **~ de** je nach; **~ que j'avançais** je weiter ich vorankam
fureur [fyʀœʀ] F Wut
furieux [fyʀjø] wütend
furoncle [fyʀɔ̃kl] M Furunkel
fusée [fyze] F Rakete
fusible [fyzibl] F Sicherung
fusil [fyzi] M Gewehr *n*
fusiller [fyzije] erschießen
fut [fy] PASSÉ SIMPLE → **être**
fût [fy] M Fass *n*
futur [fytyʀ] **1** (zu)künftig **2** M Zukunft *f*

G

gâcher [gaʃe] *argent* verschwenden; *vacances* verderben **gâchis** [gaʃi] M Verschwendung *f*

gaga [gaga] *umg* vertrottelt
gagnant [gaɲɑ̃] **1** Gewinn… **2** M Gewinner **gagner** [gaɲe] gewinnen; *argent* verdienen
gai [ge, gɛ] fröhlich
gain [gɛ̃] M Gewinn; **~s** PL Verdienst; **~ de temps** Zeitgewinn
gaine [gɛn] F (Schutz)Hülle; *sous-vêtement* Mieder *n*
galant [galɑ̃] galant
galerie [galʀi] F *d'art* (Kunst)-Galerie; AUTO Dachgepäckträger *m*; IT **~ photos** Fotogalerie, Fotostrecke
galette [galɛt] F flacher, runder Kuchen *m*, Fladen *m*; *crêpe* (Buchweizen)Pfannkuchen *m*; **~ de pommes de terre** Kartoffelkuchen *m*; **~s** *pl* **bretonnes** bretonische Butterplätzchen *npl*; **~ des Rois** Dreikönigskuchen
galop [galo] M Galopp
galoper [galɔpe] galoppieren
gamin(e) [gamɛ̃ (gamin)] M(F) *umg* kleiner Junge *m*, kleines Mädchen *n*; *fils, fille* Kleine(r) *m/f(m)*
gamme [gam] F Tonleiter
gant [gɑ̃] M Handschuh; **~ de toilette** Waschlappen
garage [gaʀaʒ] M Garage *f*; *atelier* (Autoreparatur)Werkstatt *f* **garagiste** [gaʀaʒist] M Werkstattbesitzer
garantie [gaʀɑ̃ti] F Garantie
garantir [gaʀɑ̃tiʀ] garantieren
garbure [gaʀbyʀ] F *Kohlsuppe mit Speck*
garçon [gaʀsɔ̃] M Junge; **~ (de café)** Kellner
garde [gaʀd] **1** F Bewachung, Beaufsichtigung; MIL Wache; **~ à vue** Polizeigewahrsam *m*; **prendre ~ à** achtgeben auf (*akk*); **être de ~** Bereitschaftsdienst haben; *hôpital a.* (Nacht- *od* Sonntags)Dienst haben **2** M Wächter
garde-boue [gaʀdbu] M Schutzblech *n*
garder [gaʀde] beaufsichtigen; *prisonniers* bewachen; *conserver* aufbewahren; *ne pas rendre* behalten; *vêtement* anbehalten; **se ~** *aliments* sich halten; **se ~ de** sich hüten vor (*dat*)
garderie [gaʀdəʀi] F (Kinder)-Hort *m*
garde-robe [gaʀdəʀɔb] F Garderobe
gardien [gaʀdjɛ̃] M Aufseher, Wächter; *d'immeuble* Hausmeister; **~ de musée** Museumswärter; **~ de but** Torwart
gare[1] [gaʀ] F Bahnhof *m*; **~ routière** Busbahnhof *m*
gare[2] [gaʀ] **~ à toi!** nimm dich in Acht!, na warte!
garer [gaʀe] **~** *u.* **se ~** parken
gargariser [gaʀgaʀize] **se ~** gurgeln
garni [gaʀni] GASTR mit Beilage **garnir** [gaʀniʀ] *munir* ausstatten (**de** mit); *décorer* (aus)-

schmücken (**de** mit); GASTR garnieren (**de** mit)
garniture [garnityʀ] F Verzierung; GASTR Beilage; **~ de freins** Bremsbelag *m*
gars *umg* [ga] M Kerl
gasoil [gazwal] M → gazole
gaspiller [gaspije] verschwenden, vergeuden
gastrique [gastʀik] Magen...
gastronome [gastʀɔnɔm] M Feinschmecker **gastronomie** [gastʀɔnɔmi] F Kochkunst, Gastronomie **gastronomique** [gastʀɔnɔmik] Feinschmecker...
gâteau [gato] M Kuchen **~x** *pl* **secs** Kekse, Plätzchen *npl*; **petits ~x** PL Kleingebäck *n*
gâter [gate] verwöhnen; *gâcher* verderben; **se ~** sich verschlechtern
gauche [goʃ] **1** linke(r, -s); *maladroit* linkisch; **à ~** links (**de** von) **2** F Linke (*a.* POL), linke Seite
gaucher [goʃe] M, **gauchère** [goʃɛʀ] F Linkshänder(in) *m(f)*
gaufre [gofʀə] F Waffel **gaufrette** [gofʀɛt] F Waffel
gaule [gol] F (lange) Stange; Angelrute
gay [gɛ] Schwulen...; **mariage** *m* **~** Homo-Ehe *f*
gaz [gaz] M Gas *n*
gaze [gaz] F MED Mull *m*
gazelle [gazɛl] F Gazelle
gazette [gazɛt] F Zeitung
gazinière [gazinjɛʀ] F Gasherd *m*
gazole [gazɔl] M Diesel (-kraftstoff)
gazon [gazõ] M Rasen
géant [ʒeɑ̃] **1** riesig **2** M Riese
gel [ʒɛl] M Frost; *substance, cosmétique* Gel *n*; **~ coiffant/moussant** Dusch-/Haargel *n*
gélatine [ʒelatin] F Gelatine
gelée [ʒəle] F Frost *m*; *confiture* Gelee *n*; **~ (blanche)** (Rau)-Reif *m*; GASTR **en ~** in Aspik
geler [ʒəle] *eau* gefrieren; *canal* zufrieren; *fleurs* erfrieren; *grelotter* frieren; **il gèle** es friert
gémir [ʒemiʀ] stöhnen; *se plaindre* jammern
gencive [ʒɑ̃siv] F Zahnfleisch *n*
gendarme [ʒɑ̃daʀm] M Sicherheitspolizist
gendre [ʒɑ̃dʀ] M Schwiegersohn
gène [ʒɛn] M Gen *n*
gêner [ʒɛne] *circulation* behindern; *déranger* stören; *embarrasser* in Verlegenheit bringen; **ne pas se ~** keine Hemmungen haben
général [ʒeneʀal] allgemein; **en ~** im Allgemeinen, gewöhnlich → **généralement** [ʒeneʀalmɑ̃] im Allgemeinen, gewöhnlich **généraliser** [ʒeneʀalize] verallgemeinern **généraliste** [ʒeneʀalist] M MED praktischer Arzt

génération [ʒeneʀasjõ] F Generation
généreux [ʒeneʀø] großzügig
générique [ʒeneʀik] M *cinéma* Vorspann
genêt [ʒənɛ] M Ginster
génétique [ʒenetik] genetisch; **test** *m* ~ Gentest
génétiquement [ʒenetikmã] gentechnisch; ~ **modifié** gentechnisch verändert, genmanipuliert
Genève [ʒənɛv] Genf
génial [ʒenjal] genial
génie [ʒeni] M Genie *n*
genou [ʒənu] M Knie *n*
genre [ʒãʀ] M Art *f*; GRAM Genus *n*, Geschlecht *n*
gens [ʒã] MPL Leute *pl*
gentiane [ʒãsjan] F Enzian *m*
gentil [ʒãti] nett, freundlich
gentillesse [ʒãtijɛs] F Freundlichkeit
géographie [ʒeɔgʀafi] F Erdkunde
géranium [ʒeʀanjɔm] M Geranie *f*
gérant [ʒeʀã] M Geschäftsführer
gerbe [ʒɛʀb] F Garbe
gerçure [ʒɛʀsyʀ] F Riss *m*
gérer [ʒeʀe] verwalten
germe [ʒɛʀm] M Keim **germer** [ʒɛʀme] keimen
geste [ʒɛst] M Geste *f*
gestion [ʒɛstjõ] F Verwaltung; ~ **(des entreprises)** Betriebswirtschaft; ~ **de projet(s)** Projektmanagement *n*
gibier [ʒibje] M Wild *n*
giboulée [ʒibule] F (Regen-, Graupel)Schauer *m*
gifle [ʒifl] F Ohrfeige
gigantesque [ʒigãtɛsk] riesig
gigot [ʒigo] M ~ **(de mouton)** Hammelkeule *f*
gilet [ʒilɛ] M *chandail* Strickjacke *f*; *de costume* Weste *f*; ~ **de sauvetage** Schwimmweste *f*; AUTO ~ **de sécurité** Warnweste *f*
gingembre [ʒɛ̃ʒãbʀ] M Ingwer
girafe [ʒiʀaf] F Giraffe
girolle [ʒiʀɔl] F Pfifferling *m*
gisement [ʒizmã] M Lagerstätte *f*, Vorkommen *n*
gitan [ʒitã] M *neg!* Zigeuner *neg!*
gîte [ʒit] M Unterkunft *f*; ~ **rural** Ferienquartier *n* auf dem Land; ~ **d'étape** Unterkunft *f* für Wanderer
givre [ʒivʀə] M (Rau)Reif
glace [glas] F GASTR Eis *n*; *miroir* Spiegel *m*; AUTO Fenster *n*
glacé [glase] *gelé* vereist; *personne* durchgefroren; *vent, servir* eiskalt; *boisson* eisgekühlt; *coupe, crème* Eis…; *accueil* eisig
glacer [glase] erstarren lassen; GASTR glasieren **glacial** [glasjal] *vent* eiskalt; *accueil* eisig
glacier [glacieʀ] M Gletscher; *café* Eisdiele *f*; *pâtissier* Eiskonditor
glacière [glasjɛʀ] F Kühlbox
glaçon [glasõ] M Eiswürfel

glaires [glɛʀ] FPL Schleim *m*; **avoir des ~** verschleimt sein
glaise [glɛz] F Lehm *m*
gland [glɑ̃] M Eichel *f*
glande [glɑ̃d] F Drüse; **~ thyroïde** Schilddrüse
glissant [glisɑ̃] rutschig, glatt; *panneau* **chaussée** *f* **~e** Schleudergefahr
glisser [glise] *pâtineurs* gleiten; *sans le vouloir* rutschen; *tomber* ausrutschen; *être glissant* rutschig, glatt sein; **~ des mains** aus der Hand rutschen
glissière [glisjɛʀ] F **~ de sécurité** Leitplanke
global [glɔbal] Gesamt... **globalement** [glɔbalmɑ̃] im Großen und Ganzen
globe [glɔb] M Globus; *de lampe* Glaskugel *f*; **~ (terrestre)** Erdkugel *f*; **~ oculaire** Augapfel
gloire [glwaʀ] F Ruhm *m*
gloss [glɔs] M Lipgloss
gluant [glyɑ̃] klebrig
glucose [glykoz] M Traubenzucker
gluten [glytɛn] M CHEM Gluten *n*; **sans ~** glutenfrei
glycémie [glisemi] F Blutzucker *m*; **lecteur** *m* **de ~** Blutzuckermessgerät *n*; **taux** *m* **de ~** Blutzuckerspiegel
gobelet [gɔblɛ] M Becher
godasse [gɔdas] F *umg* Latschen *m*
goéland [gɔelɑ̃] M (große) Möwe *f*
goitre [gwatʀ] M Kropf
golf [gɔlf] M Golf *n*; **~ miniature** Minigolf *n*
golfe [gɔlf] M Golf
gomme [gɔm] F (Radier)Gummi *m* **gommer** [gɔme] radieren
gondole [gɔ̃dɔl] F Gondel
gonflé [gɔ̃fle] geschwollen
gonfler [gɔ̃fle] *ballon* aufblasen; *pneu* aufpumpen; *genou* anschwellen
gorge [gɔʀʒ] F Kehle, Hals *m*; GEOGR Schlucht; **avoir mal à la ~** Halsschmerzen haben
gorgée [gɔʀʒe] F Schluck *m*
gorgonzola [gɔʀgɔ̃zɔla] M Gorgonzola
gorille [gɔʀij] M Gorilla
gosse [gɔs] *umg* M/F Kind *n*
gothique [gɔtik] gotisch
gouda [guda] M Gouda
goudron [gudʀɔ̃] M Teer
gouffre [gufʀ] M Abgrund
goulache [gulaʃ] F Gulasch *m/n*
gourde [guʀd] F Feldflasche
gourmand [guʀmɑ̃] **être ~** gern essen, *de sucreries* gern naschen
gourmandises [guʀmɑ̃diz] FPL Leckereien
gourmet [guʀmɛ] M Feinschmecker
gousse [gus] F Hülse, Schote; **~ d'ail** Knoblauchzehe
goût [gu] M Geschmack
goûter [gute] **1** kosten (à

von); *apprécier* genießen **2** M (Nachmittags)Imbiss

goutte [gut] F Tropfen *m;* MED Gicht **goutter** [gute] tropfen **gouttière** [gutjɛʀ] F Dachrinne

gouvernail [guvɛʀnaj] M Ruder *n*

gouvernement [guvɛʀnəmɑ̃] M Regierung *f* **gouverner** [guvɛʀne] regieren

GPS [ʒepeɛs] M (global positioning system) Navigationsgerät *n*, *umg* Navi *n*

grâce [gʀɑs] F Gnade; JUR *a.* Begnadigung; *charme* Anmut; **~ à** dank (*dat od gen*)

gracier [gʀasje] begnadigen **gracieux** [gʀasjø] anmutig

grade [gʀad] M Dienstgrad; MIL *a.* Rang

gradins [gʀadɛ̃] MPL (ansteigende) Sitzreihen *fpl*

grain [gʀɛ̃] M Korn *n; raisin* Beere *f; café* Bohne *f*

graine [gʀɛn] F Samen *m;* **~ de lin** Leinsamen *m;* **~s** *pl* **de tournesol** Sonnenblumenkerne *mpl*

graissage [gʀɛsaʒ] M TECH (Ab)Schmieren *n*

graisse [gʀɛs] F Fett *n;* TECH Schmierfett *n* **graisser** [gʀese] TECH schmieren; AUTO abschmieren **graisseux** [gʀɛsø] fettig

grammaire [gʀamɛʀ] F Grammatik

gramme [gʀam] M Gramm *n*

grand [gʀɑ̃] groß

grand-chose [gʀɑ̃ʃoz] **pas ~** nicht viel

Grande-Bretagne [gʀɑ̃dbʀətaɲ] **la ~** Großbritannien *n*

grandeur [gʀɑ̃dœʀ] F Größe **grandir** [gʀɑ̃diʀ] wachsen

grand-mère [gʀɑ̃mɛʀ] F Großmutter **grand-père** [gʀɑ̃pɛʀ] M Großvater

grand-route [gʀɑ̃ʀut] F Landstraße **grand-rue** [gʀɑ̃ʀy] F Hauptstraße

grands-parents [gʀɑ̃paʀɑ̃] MPL Großeltern *pl*

grange [gʀɑʒ] F Scheune

granit(e) [gʀanit] M Granit

granule [gʀanyl] M MED *homéopathie* Globuli *pl*

grappe [gʀap] F Traube *umg;* **~ de raisin** Weintraube

gras [gʀɑ] **1** ‹*f* grasse [gʀɑs]› fett; *graisseux* fettig; **mardi** *m* **~** Fastnacht *f* **2** M Fett *n*

gratin [gʀatɛ̃] M Gratin *n;* **au ~** überbacken; **~ dauphinois** *überbackener Kartoffelauflauf*

gratiné [gʀatine] überbacken **gratinée** [gʀatine] F *mit Käse überbackene Zwiebelsuppe*

gratitude [gʀatityd] F Dankbarkeit

gratte-ciel [gʀatsjɛl] M Wolkenkratzer **gratte-langue** [gʀatlɑ̃g] M Zungenreiniger

gratter [gʀate] kratzen; *enlever* ab-, auskratzen; **se ~** sich kratzen

gratuit [gʀatɥi] kostenlos

gravats [gʀava] MPL Bauschutt *m*

grave [gʀɑv] ernst; *faute* schwer(wiegend); *maladie* schwer; *voix* tief

gravement [gʀɑvmɑ̃] **~ malade** schwer krank

graver [gʀave] eingravieren

graveur [gʀavœʀ] M **~ de CD/DVD** CD-/DVD-Brenner

gravier [gʀavje] M Kies

gravillon [gʀavijõ] M Splitt

gravité [gʀavite] F Ernst *m*

gravure [gʀavyʀ] F Grafik; *sur métal* Stich *m*

gré [gʀe] M **de son plein ~** (ganz) freiwillig; **contre son ~** widerwillig

grec [gʀɛk] 1 griechisch 2 **Grec** M Grieche

Grèce [gʀɛs] **la ~** Griechenland *n*

greffe [gʀɛf] F MED Transplantation

grêle [gʀɛl] F Hagel *m* **grêler** [gʀɛle] **il grêle** es hagelt **grêlon** [gʀɛlõ] M Hagelkorn *n*

grelotter [gʀəlɔte] (vor Kälte) zittern

grenier [gʀənje] M Speicher, Dachboden

grenouille [gʀənuj] F Frosch *m*

grève [gʀɛv] F Streik *m*; **~ du zèle** Bummelstreik *m*; **faire ~** streiken

gréviste [gʀevist] M/F Streikende(r) *m/f(m)*

gribouiller [gʀibuje] (hin)schmieren

grièvement [gʀijɛvmɑ̃] **~ blessé** schwer verletzt

griffe [gʀif] F Kralle, Klaue **griffé** [gʀife] **mode ~e** Designermode

gril [gʀil] M Brat-, Grillrost; **sur le ~** auf dem Rost

grillade [gʀijad] F gegrilltes Fleischstück *n*; **~s** PL Gegrillte(s) *n*

grillage [gʀijaʒ] M (Draht)Gitter *n*

grille [gʀij] F Gitter *n*

grille-pain [gʀijpɛ̃] M Toaster

griller [gʀije] (auf dem Rost) braten, grillen; *pain* toasten

grillon [gʀijõ] M Grille *f*

grimper [gʀɛ̃pe] klettern

grincer [gʀɛ̃se] knarren

grippe [gʀip] F Grippe; **~ A** Schweinegrippe **grippé** [gʀipe] **être ~** (die) Grippe haben

gris [gʀi] grau (*a. ciel*); *temps* trüb; *fig* angetrunken

grogner [gʀɔɲe] *personne* murren (**contre** über *akk*) **grognon** [gʀɔɲõ] mürrisch

gronder [gʀõde] *enfant* (aus)schimpfen; *tonnerre* grollen

groom [gʀum] Hotelboy, Page

gros [gʀo] ⟨*f* **grosse** [gʀos]⟩ groß; *gras* dick; ADV groß; *beaucoup* viel; **en ~** im Wesentlichen; HANDEL im Großen, en gros

groseille [gʀõzɛj] F (rote) Johannisbeere; **~ à maquereau** Stachelbeere

grosse → gros **grossesse** [gʀosɛs] F Schwangerschaft **grosseur** [gʀosœʀ] F Größe; MED Geschwulst

grossier [gʀosje] grob; *mot* derb **grossièreté** [gʀosjɛʀte] F Grobheit

grossir [gʀosiʀ] *personne* zunehmen; *robe* dick machen; *microscope* vergrößern

grotesque [gʀɔtɛsk] grotesk

grotte [gʀɔt] F Höhle, Grotte

groupe [gʀup] M Gruppe *f*; ~ **sanguin** Blutgruppe *f*; **en** ~ in der Gruppe

grue [gʀy] F Kran *m*

gruyère [gʀyjɛʀ] M Schweizer Käse

guêpe [gɛp] F Wespe

guère [gɛʀ] **ne ... ~** kaum

guérir [geʀiʀ] heilen; *aller mieux* gesund werden; *plaie* (ver)heilen **guérison** [geʀizõ] F Heilung

guerre [gɛʀ] F Krieg *m*

guetter [gɛte] lauern (**qn** auf j-n); auflauern (**qn** j-m)

gueule [gœl] F Maul *n* (*a. umg*); *umg visage* Gesicht *n*

guichet [giʃɛ] M Schalter; ~ **automatique** Geldautomat; FLUG ~ **d'enregistrement** Check-in-Schalter

guide [gid] M (Fremden)Führer; *accompagnateur* Reiseleiter; *livre* ~ **(touristique)** Reiseführer; ~ **des hôtels** Hotelführer

guider [gide] *touristes* führen; *diriger* lenken; **se ~ sur** sich richten nach

guidon [gidõ] M Lenker, Lenkstange *f*

guirlande [giʀlɑ̃d] F Girlande

guitare [gitaʀ] F Gitarre

gymnase [ʒimnɑz] M Turnhalle *f*

gymnaste [ʒimnast] M/F Turner(in) *m(f)* **gymnastique** [ʒimnastik] F Gymnastik; *école* Turnen *n*

gynécologue [ʒinekɔlɔg] M/F Frauenarzt *m*, -ärztin *f*

H

habile [abil] geschickt **habileté** [abilte] F Geschicklichkeit

habiller [abije] anziehen; **s'~** sich anziehen; *en tenue de soirée* sich festlich kleiden

habitant [abitɑ̃] M Einwohner *m*; *d'un immeuble* Bewohner **habitation** [abitasjõ] F Wohnung **habiter** [abite] wohnen in (*dat*), bewohnen (*akk*)

habits [abi] MPL Kleider *npl*

habitude [abityd] F Gewohnheit; **d'~** gewöhnlich

habitué(e) [abitɥe] M(F) Stammgast *m* **habituel** [abitɥɛl] üblich, gewöhnlich

habituer [abitɥe] (**s'~** sich) gewöhnen (**à** an *akk*)

°hache [aʃ] F Axt **°hacher** [aʃe] hacken **°hachis** [aʃi] M Gehackte(s) *n* **°hachoir** [aʃwaʀ] M Fleischwolf; *couteau* Hackbeil *n*
°hachurer [aʃyʀe] schraffieren
°haie [ɛ] F Hecke; SPORT Hürde
°haine [ɛn] F Hass *m*
°haïr [aiʀ] hassen
°hâlé [ɑle] (sonnen-, wetter)-gebräunt
haleine [alɛn] F Atem *m*
°hall [ol] M Halle *f*; **~ de l'hôtel** Hotelhalle *f*
°Halles [al] F **les ~** die *früheren* Pariser Markthallen
°halte [alt] F Halt *m*; **faire (une) ~** haltmachen
°hamac [amak] M Hängematte *f*
°Hambourg [ɑ̃buʀ] Hamburg
°hamburger [ɑ̃buʀgœʀ] M GASTR Hamburger
hameçon [amsõ] M Angelhaken
°hanche [ɑ̃ʃ] F Hüfte
°handball [ɑ̃dbal] M Handball
°handicapé [ɑ̃dikape] **1** *neg!* behindert **2** *neg!* **°handicapé(e)** M(F) Behinderte(r) *m/f(m) neg!*
°hangar [ɑ̃gaʀ] M Schuppen
°hanneton [antõ] M Maikäfer
°Hanovre [anɔvʀ] Hannover
°harcèlement [aʀsɛlmɑ̃] M **~ (moral)** Mobbing *n*
°hardi [aʀdi] kühn
°hareng [aʀɑ̃] M Hering; **~ saur** [sɔʀ] Bückling
°haricot [aʀiko] M Bohne *f*; **~s** *pl* **verts** grüne Bohnen *fpl*
harmonie [aʀmɔni] F Harmonie **harmonieux** [aʀmɔnjø] harmonisch
°harpe [aʀp] F Harfe
°harpon [aʀpõ] M Harpune *f*
°hasard [azaʀ] M Zufall; **au ~** auf gut Glück; **par ~** zufällig
°hashtag [aʃtag] M IT Hashtag *m od n* → mot-dièse
°hâte [ɑt] F Eile; **avoir ~ de faire qc** es kaum erwarten können, etw zu tun
°hâter [ɑte] **se ~** sich beeilen
°hausse [os] F Anstieg *m*; *de salaire* Erhöhung; **être en ~** steigen
°hausser [ose] erhöhen; *voix* heben; **~ les épaules** mit den Achseln zucken
°haut [o] **1** hoch, hohe(r, -s); *parler* laut; **~e tension** F Hochspannung **2** M oberer Teil; *d'une robe* Oberteil *n*; **en ~** oben
°hautain [otɛ̃] hochmütig
°hautbois [obwa] M Oboe *f*
°hauteur [otœʀ] F Höhe; **être à la ~ de qc** e-r Sache (*dat*) gewachsen sein
°haut-parleur [opaʀlœʀ] M Lautsprecher
hebdomadaire [ɛbdɔmadɛʀ] **1** wöchentlich, Wochen... **2** M Wochenzeitschrift *f*
héberger [ebɛʀʒe] beherbergen

°hélas [elɑs] leider
hélice [elis] F Propeller *m*; SCHIFF Schraube
hélicoptère [elikɔptɛʀ] M Hubschrauber **héliport** [elipɔʀ] M Hubschrauberlandeplatz
hématome [ematom] M Bluterguss **hémorragie** [emɔʀaʒi] F Blutung; ~ **cérébrale** Hirnblutung
hémorroïdes [emɔʀɔid] FPL Hämorr(ho)iden
hémostatique [emɔstatik] 1 blutstillend 2 M blutstillendes Mittel *n*
°henné [ene] M Henna *n*
hépatique [epatik] Leber... **hépatite** [epatit] F Hepatitis
herbe [ɛʀb] F Gras *n*; *umg drogue* Stoff *m*; **mauvaise(s)** ~**(s)** F(PL) Unkraut *n*; GASTR **fines** ~**s** PL Küchenkräuter *npl*
héréditaire [eʀeditɛʀ] Erb..., erblich
°hérisson [eʀisõ] M Igel
héritage [eʀitaʒ] M Erbe *n* **hériter** [eʀite] erben **héritier** [eʀitje] M Erbe **héritière** [eʀitjɛʀ] F Erbin
hermétique [ɛʀmetik] luftdicht
°hernie [ɛʀni] F MED Bruch *m*; ~ **discale** Bandscheibenvorfall *m*; ~ **inguinale** Leistenbruch *m*
héroïne[1] [eʀɔin] F Heldin
héroïne[2] [eʀɔin] F *drogue* Heroin *n*
°héron [eʀõ] M Reiher
°héros [eʀo] M Held
herpès [ɛʀpɛs] M Herpes
hésiter [ezite] zögern; ~ **entre** schwanken zwischen (*dat*)
hétéro [eteʀo] M *umg* Hetero
°hêtre [ɛtʀə] M Buche *f*
heure [œʀ] F *60 minutes* Stunde; *à sa montre* (Uhr)Zeit; ~ **d'été** Sommerzeit; ~ **d'arrivée** Ankunftszeit; ~ **du départ** Abfahrtszeit; ~**s** *pl* **de pointe, d'affluence** Stoßzeit *f*; ~**s** *pl* **de visite** Besuchszeit *f*; ~**s** *pl* **de consultation** Sprechstunde *f*; ~**s** *pl* **d'ouverture** Öffnungszeiten; **quelle** ~ **est-il?** wie spät ist es?; **il est °huit** ~**s** es ist acht (Uhr); **à quelle** ~**?** um wie viel Uhr?; **de bonne** ~ früh; **tout à l'**~ *passé* (so)eben, gerade, *futur* gleich, sofort; **à tout à l'**~**!** bis nachher!
heureusement [øʀøzmɑ̃] glücklicherweise
heureux [œʀø] glücklich
°heurter [œʀte] stoßen gegen; *fig* verletzen; **se** ~ zusammenstoßen; **se** ~ **à** stoßen auf (*akk*)
°hibou [ibu] M Eule *f*
°hideux [idø] scheußlich
hier [ijɛʀ] gestern; ~ **matin/soir** gestern früh/Abend
hilarité [ilaʀite] F Heiterkeit
°hip-hop [ipɔp] M Hip-Hop
hippique [ipik] **concours** *m* ~ Reitturnier *n*
hippocampe [ipɔkɑ̃p] M Seepferdchen *n*

hippopotame [ipɔpɔtam] M Nilpferd *n*
hirondelle [iʀɔ̃dɛl] F Schwalbe
histoire [istwaʀ] F Geschichte
historique [istɔʀik] historisch
hiver [ivɛʀ] M Winter
HLM [aʃɛlɛm] M/F (habitation à loyer modéré) Sozialwohnung *f*
°**hocher** [ɔʃe] **~ la tête** *d'accord* (mit dem Kopf) nicken; *pas d'accord* den Kopf schütteln
°**hockey** [ɔkɛ] M Hockey *n*; **~ sur glace** Eishockey *n*
hold-up [ɔldœp] M Raubüberfall
°**hollandais** [ɔlɑ̃dɛ] 1 holländisch 2 °**Hollandais** M Holländer
°**Hollande** [ɔlɑ̃d] **la ~** Holland *n*
°**homard** [ɔmaʀ] M Hummer; **~ à l'armoricaine** (*od* **à l'américaine**) *Hummerstücke in Weißwein*
homéopathe [ɔmeɔpat] M/F Homöopath(in) *m(f)* **homéopathie** [ɔmeɔpati] F Homöopathie
homicide [ɔmisid] M **~ involontaire** fahrlässige Tötung *f*
hommage [ɔmaʒ] M Huldigung *f*; **rendre ~ à qn** j-m huldigen
homme [ɔm] M Mann; *être humain* Mensch; **~ d'affaires** Geschäftsmann; **~ politique** Politiker
homophobe [ɔmɔfɔb] homosexuellenfeindlich, homophob
homosexuel [ɔmɔsɛksyɛl] homosexuell
°**Hongrie** [ɔ̃gʀi] **la ~** Ungarn *n*
°**hongrois** [ɔ̃gʀwa] 1 ungarisch 2 °**Hongrois** M Ungar
honnête [ɔnɛt] ehrlich, anständig **honnêtement** [ɔnɛtmɑ̃] auf ehrliche (Art und) Weise; *franchement* ehrlich
honneur [ɔnœʀ] M Ehre *f*; **en l'~ de** zu Ehren von
honoraires [ɔnɔʀɛʀ] MPL Honorar *n*
honorer [ɔnɔʀe] ehren
°**honte** [ɔ̃t] F Scham; *scandale* Schande; **avoir ~** sich schämen
°**honteux** [ɔ̃tø] *personne* verschämt; *scandaleux* schändlich
hôpital [ɔpital] M ⟨*pl* **hôpitaux** [ɔpito]⟩ Krankenhaus *n*
°**hoquet** [ɔkɛ] M **avoir le ~** (den) Schluckauf haben
horaire [ɔʀɛʀ] M *cars, trains* Fahrplan; *avions* Flugplan; *emploi du temps* Zeitplan; *école* Stundenplan
horizon [ɔʀizɔ̃] M Horizont
horizontal [ɔʀizɔ̃tal] waagerecht
horloge [ɔʀlɔʒ] F (Wand-, Turm)Uhr; TEL **~ parlante** Zeitansage
horloger [ɔʀlɔʒe] M Uhrmacher
hormonal [ɔʀmɔnal] hormo-

nell **hormone** [ɔʀmɔn] F Hormon *n*
horodateur [ɔʀɔdatœʀ] M Parkscheinautomat
horreur [ɔʀœʀ] F Entsetzen *n*; **avoir ~ de** verabscheuen (*akk*)
horrible [ɔʀibl] entsetzlich
°hors [ɔʀ] **~ de** außerhalb (*gen*); **~ de danger** außer Gefahr; **~ service** außer Betrieb; **~ taxes** ohne Mehrwertsteuer, *importations* zollfrei; SPORT **~ jeu** abseits
°hors-bord [ɔʀbɔʀ] M Boot *n* mit Außenbordmotor **°hors-d'œuvre** [ɔʀdœvʀə] M Vorspeise *f* **°hors-jeu** [ɔʀʒø] M SPORT Abseits *n*
horticulture [ɔʀtikyltyʀ] F Gartenbau *m*
hospitalier [ɔspitalje] gastfreundlich **hospitaliser** [ɔspitalize] in ein Krankenhaus einliefern **hospitalité** [ɔspitalite] F Gastfreundschaft
hostile [ɔstil] feindlich
°hot-dog [ɔtdɔg] M Hotdog
hôte [ot] **1** M Gastgeber **2** M/F *invité(e)* Gast *m*
hôtel [otɛl] M Hotel *n*; **~ de ville** Rathaus *n*; **~ design** Designhotel *n* **hôtel-Dieu** M (Zentral)Krankenhaus *n* **hôtelier** [otəlje] Hotel... **hôtellerie** [otɛlʀi] F Hotelgewerbe *n*
hôtesse [otɛs] F Gastgeberin; **~ (d'accueil)** Hostess; **~ de l'air** Stewardess
°houmous [umus] M GASTR Hummus *m od n*
°housse [us] F (Schutz)Hülle; AUTO Schonbezug *m*; **~ de portable** Handyhülle
H.T. (**hors taxes**) o. MwSt. (*ohne Mehrwertsteuer*)
°hublot [yblo] M SCHIFF Bullauge *n*; FLUG Fenster *n*
°huer [ɥe] ausbuhen
huile [ɥil] F Öl *n*; **~ d'olive** Olivenöl *n*; **~ moteur** Motorenöl *n*; **~ solaire** Sonnenöl *n*
huiler [ɥile] (ein)ölen
huissier [ɥisje] M Gerichtsvollzieher
°huit [ɥit, ɥi] acht **°huitième** [ɥitjɛm] **1** achte(r, -s) **2** M MATH Achtel *n*
huître [ɥitʀ] F Auster
humain [ymɛ̃] menschlich
humanitaire [ymanitɛʀ] humanitär **humanité** [ymanite] F Menschheit
humecter [ymɛkte] anfeuchten; *linge* einsprengen; **s'~** *yeux* feucht werden; **s'~ qc** sich etw befeuchten
humeur [ymœʀ] F Laune; **être de bonne/mauvaise ~** gut/schlecht gelaunt sein, gute/schlechte Laune haben
humide [ymid] feucht
humilier [ymilje] demütigen
humour [ymuʀ] M Humor
°hurler [yʀle] schreien, brüllen; *loup* heulen
°hutte [yt] F Hütte
hybride [ibʀid] **voiture** *f* **~** Hybridauto *n*

hydrate [idʀat] M Hydrat *n*; **~ de carbone** Kohlenhydrat *n*
hydravion [idʀavjõ] M Wasserflugzeug *n*
hyène [jɛn] F Hyäne
hygiène [iʒjɛn] F Hygiene
hygiénique [iʒjenik] hygienisch
hyperactif [ipɛʀaktif] hyperaktiv **hyperlien** [ipɛʀljɛ̃] M Hyperlink **hypermarché** [ipɛʀmaʀʃe] M großer Supermarkt **hypersensible** [ipɛʀsɑ̃sibl] überempfindlich **hypertension** [ipɛʀtɑ̃sjõ] F Bluthochdruck *m*
hypnose [ipnoz] F Hypnose **hypnotiser** [ɔtize] hypnotisieren
hypocrite [ipɔkʀit] 1 heuchlerisch 2 M/F Heuchler(in) *m(f)*
hypoglycémie [ipɔglysemi] F Unterzuckerung **hypotension** [ipɔtɑ̃sjõ] F zu niedriger Blutdruck *m*
hypothèque [ipɔtɛk] F Hypothek
hypothèse [ipɔtɛz] F Hypothese
hystérique [isteʀik] hysterisch

I

iceberg [ajsbɛʀg, isbɛʀg] M Eisberg
ici [isi] hier, hierher; **par ~** hier entlang; **jusqu'~** bis hierher; *temporel* bis jetzt; **les gens** *mpl* **d'~** die Einheimischen
idéal [ideal] M Ideal *n*
idée [ide] F Idee, Gedanke *m*, Vorstellung; **changer d'~** es sich anders überlegen
identifiant [idɑ̃tifjɑ̃] M IT Benutzerkennung *f*, (Benutzer-)ID *f*
identique [idɑ̃tik] identisch
identité [idɑ̃tite] F Identität; **pièce** *f* **d'~** Ausweis(papier) *m(n)*
idiot [idjo] 1 dumm 2 M Dummkopf **idiotie** [idjɔsi] F Dummheit
idole [idɔl] M Idol *n*
ignoble [iɲɔbl] *répugnant* widerlich; *odieux* gemein
ignorant [iɲɔʀɑ̃] unwissend **ignorer** [iɲɔʀe] nicht wissen
il [il] er; *impersonnel* es
île [il] F Insel; **~ flottante** *Eierschnee auf Vanillesoße*
illégal [ilegal] ungesetzlich
illimité [ilimite] unbegrenzt
illisible [ilizibl] unleserlich
illuminer [ilymine] (festlich) beleuchten
illustre [ilystʀ] berühmt
illustré [ilystʀe] M Illustrierte *f*
ils [il] sie
image [imaʒ] F Bild *n*; **~ (de marque)** Image *n*
imaginaire [imaʒinɛʀ] nicht wirklich; Fantasie... **imagination** [imaʒinasjõ] F Fantasie
imaginer [imaʒine] (*a.* **s'~**)

sich vorstellen; *inventer* sich einfallen lassen; **s'~ que** sich einbilden, dass

imbécile [ɛ̃besil] **1** dumm **2** M/F Dummkopf *m*

imbuvable [ɛ̃byvabl] ungenießbar, nicht trinkbar

imitation [imitasjõ] F Nachahmung **imiter** [imite] nachahmen

immangeable [ɛ̃mɑ̃ʒabl] ungenießbar, nicht essbar

immatriculation [imatʀikylasjõ] F Eintragung; AUTO Zulassung

immédiat [imedja] unmittelbar; *départ* sofortig **immédiatement** [imedjatmɑ̃] sofort

immense [imɑ̃s] riesig

immeuble [imœbl] M Gebäude *n*

immigré [imigʀe] **1** eingewandert **2** M (**travailleur** M) ~ Gastarbeiter

imminent [iminɑ̃] unmittelbar bevorstehend

immobile [imɔbil] unbeweglich

immobilier [imɔbilje] Immobilien…

immoral [imɔʀal] unmoralisch

immortel [imɔʀtɛl] unsterblich

immunisé [imynize] immun **immunitaire** [imynitɛʀ] Immun…; **déficience** *f* ~ Immunschwäche **immunité** [imynite] F Immunität; **à ~ compromise** immungeschwächt **~ collective** Herdenimmunität

impair [ɛ̃pɛʀ] ungerade

impartial [ɛ̃paʀsjal] unparteiisch

impasse [ɛ̃pɑs] F Sackgasse

impatience [ɛ̃pasjɑ̃s] F Ungeduld

impatient [ɛ̃pasjɑ̃] ungeduldig **impatienter** [ɛ̃pasjɑ̃te] **s'~** die Geduld verlieren

impératrice [ɛ̃peʀatʀis] F Kaiserin

imperméable [ɛ̃pɛʀmeabl] **1** undurchlässig; *tissu* wasserdicht **2** M Regenmantel

impertinent [ɛ̃pɛʀtinɑ̃] unverschämt

impitoyable [ɛ̃pitwajabl] unbarmherzig

implant [ɛ̃plɑ̃] M Implantat *n*

impliquer [ɛ̃plike] *mêler* verwickeln (**dans** in *akk*); *signifier* bedeuten; *supposer* voraussetzen

implorer [ɛ̃plɔʀe] **~ qn** j-n anflehen; **~ qc** um etw flehen

impoli [ɛ̃pɔli] unhöflich

importance [ɛ̃pɔʀtɑ̃s] F Wichtigkeit; **sans ~** unwichtig

important [ɛ̃pɔʀtɑ̃] **1** wichtig; *somme, dégâts* groß **2** M Hauptsache *f*

importation [ɛ̃pɔʀtasjõ] F Einfuhr, Import *m*

importer[1] [ɛ̃pɔʀte] HANDEL einführen, importieren

importer[2] [ɛ̃pɔʀte] wichtig sein (**à qn** j-m, für j-n); **peu importe** das ist nicht so wichtig;

n'importe! das ist egal!; **n'importe où** irgendwo(hin), egal wo(hin); **n'importe qui** jeder (x-beliebige)
importuner [ɛ̃pɔʀtyne] belästigen
imposer [ɛ̃poze] vorschreiben, auferlegen; *de force* aufzwingen; **s'~** sich aufdrängen; *par sa valeur* sich durchsetzen
impossible [ɛ̃pɔsibl] unmöglich
impôt [ɛ̃po] M Steuer *f*
impraticable [ɛ̃pʀatikabl] unbefahrbar
imprécis [ɛ̃pʀesi] ungenau
imprégner [ɛ̃pʀeɲe] tränken (**de** mit)
impression [ɛ̃pʀesjõ] F Eindruck *m*; **avoir l'~ de** (+ *inf*) *od* **que ...** den Eindruck haben, zu *od* dass ...
impressionnant [ɛ̃pʀesjɔnɑ̃] beeindruckend **impressionner** [ɛ̃pʀesjɔne] beeindrucken **impressionnisme** [ɛ̃pʀesjɔnism] M Impressionismus
imprévu [ɛ̃pʀevy] unvorhergesehen
imprimante [ɛ̃pʀimɑ̃t] F IT Drucker *m*; **~ couleur/laser** Farb-/Laserdrucker *m*
imprimer [ɛ̃pʀime] drucken **imprimerie** [ɛ̃pʀimʀi] F Druckerei **imprimeur** [ɛ̃pʀimœʀ] M Drucker
improviser [ɛ̃pʀɔvize] improvisieren
improviste [ɛ̃pʀɔvist] **à l'~** unerwartet
imprudence [ɛ̃pʀydɑ̃s] F Unvorsichtigkeit **imprudent** [ɛ̃pʀydɑ̃] unvorsichtig
impudique [ɛ̃pydik] schamlos
impuissant [ɛ̃pɥisɑ̃] machtlos; MED impotent
inabordable [inabɔʀdabl] *prix* unerschwinglich
inacceptable [inaksɛptabl] unannehmbar
inaccessible [inaksɛsibl] unzugänglich
inactif [inaktif] untätig
inanimé [inanime] leblos
inattendu [inatɑ̃dy] unerwartet
inaugurer [inogyʀe] einweihen; *musée* eröffnen
incapable [ɛ̃kapabl] unfähig
incendie [ɛ̃sɑ̃di] M Brand **incendier** [ɛ̃sɑ̃dje] in Brand stecken
incertain [ɛ̃sɛʀtɛ̃] unsicher; *temps* unbeständig **incertitude** [ɛ̃sɛʀtityd] F Unsicherheit
incessant [ɛ̃sesɑ̃] unaufhörlich
incident [ɛ̃sidɑ̃] M Zwischenfall
incisive [ɛ̃siziv] F Schneidezahn *m*
inciter [ɛ̃site] anregen (**à** zu)
incliner [ɛ̃kline] neigen; **s'~** sich neigen; *fig* **s'~ devant** sich beugen (*dat*)
inclus [ɛ̃kly] einschließlich
incohérent [ɛ̃kɔeʀɑ̃] zusammenhanglos
incolore [ɛ̃kɔlɔʀ] farblos

incombustible [ɛ̃kõbystibl] feuerfest **incommoder** [ɛ̃kɔmɔde] belästigen, plagen **incomparable** [ɛ̃kõpaʀabl] unvergleichlich **incompatible** [ɛ̃kõpatibl] unvereinbar; IT inkompatibel **incompréhensible** [ɛ̃kõpʀeɑ̃sibl] unverständlich **inconnu** [ɛ̃kɔny] unbekannt **inconsciemment** [ɛ̃kõsjamɑ̃] unbewusst **inconscience** [ɛ̃kõsjɑ̃s] F Leichtsinn *m* **inconscient** [ɛ̃kõsjɑ̃] **1** *inanimé* bewusstlos; *fou* leichtsinnig **2** M Unterbewusstsein *n* **inconstant** [ɛ̃kõstɑ̃] unbeständig **inconvénient** [ɛ̃kõvenjɑ̃] M Nachteil **incorrect** [ɛ̃kɔʀɛkt] unkorrekt; *personne* nicht korrekt **incorrigible** [ɛkɔʀiʒibl] unverbesserlich **incroyable** [ɛ̃kʀwajabl] unglaublich **inculper** [ɛ̃kylpe] beschuldigen (**de** *gen*) **inculte** [ɛ̃kylt] ungebildet; AGR unbebaut **incurable** [ɛ̃kyʀabl] unheilbar **Inde** [ɛ̃d] F **l'~** Indien *n* **indécent** [ɛ̃desɑ̃] unanständig **indécis** [ɛ̃desi] unentschlossen **indéfini** [ɛ̃defini] unbestimmt **indemne** [ɛ̃dɛmn] unverletzt **indemniser** [ɛ̃dɛmnize] entschädigen (**de** für) **indemnité** [ɛ̃dɛmnite] F Entschädigung **indépendance** [ɛ̃depɑ̃dɑ̃s] F Unabhängigkeit **indépendant** [ɛ̃depɑ̃dɑ̃] unabhängig (**de** von) **indescriptible** [ɛ̃dɛskʀiptibl] unbeschreiblich **index** [ɛ̃dɛks] M Register *n*, Index; *doigt* Zeigefinger **indicatif** [ɛ̃dikatif] M TEL Vorwahl(nummer) *f* **indication** [ɛ̃dikasjõ] F Hinweis *m* **indice** [ɛ̃dis] M Anzeichen *n*; JUR Indiz *n*; *crème solaire* Schutzfaktor **indien** [ɛ̃djɛ̃] **1** *Inde* indisch; *neg! Amérique* indianisch *neg!* **2** **Indien** M *Inde* Inder; *neg! Amérique* Indianer *neg!* **indifférent** [ɛ̃difeʀɑ̃] gleichgültig **indigène** [ɛ̃diʒɛn] M/F Eingeborene(r) *m/f(m) neg!* **indigeste** [ɛ̃diʒɛst] schwer verdaulich **indigestion** [ɛ̃diʒɛstjõ] F Magenverstimmung **indignation** [ɛ̃diɲasjõ] F Empörung **indigner** [ɛ̃diɲe] **s'~** sich entrüsten, sich empören (**contre qn, de qc** über j-n, etw) **indiquer** [ɛ̃dike] zeigen; *prix, température* angeben; *recommander* nennen **indiscret** [ɛdiskʀɛ] indiskret **indispensable** [ɛ̃dispɑ̃sabl] unentbehrlich

individu [ɛ̃dividy] M Individuum *n*

individuel [ɛ̃dividɥɛl] individuell; **chambre** *f* **~le** Einzelzimmer *n*; **maison** *f* **~le** Einfamilienhaus *n*

indolore [ɛ̃dɔlɔʀ] schmerzlos

indoor [indɔʀ] ADJ indoor

indulgence [ɛ̃dylʒɑ̃s] F Nachsicht **indulgent** [ɛ̃dylʒɑ̃] nachsichtig

industrie [ɛ̃dystʀi] F Industrie; **~ d'avenir** Zukunftsindustrie

industriel [ɛ̃dystʀijɛl] **1** Industrie… **2** M Industrielle(r)

inefficace [inefikas] unwirksam

inerte [inɛʀt] regungslos

inespéré [inɛspeʀe] unverhofft

inévitable [inevitabl] unvermeidlich

inexact [inɛgza(kt)] ungenau; *faux* falsch; *personne* unpünktlich

inexpérimenté [inɛkspeʀimɑ̃te] unerfahren **inexplicable** [inɛksplikabl] unerklärlich

infaillible [ɛ̃fajibl] unfehlbar

infantile [ɛ̃fɑ̃til] Kinder…; *pej* kindisch

infarctus [ɛ̃faʀktys] M Infarkt

infatigable [ɛ̃fatigabl] unermüdlich

infect [ɛ̃fɛkt] scheußlich; *personne* ekelhaft

infecter [ɛ̃fɛkte] **s'~** sich infizieren

infection [ɛ̃fɛksjõ] F Infektion

inférieur [ɛ̃feʀjœʀ] untere(r, -s), Unter…; **~ à** unterlegen (*dat*)

infernal [ɛ̃fɛʀnal] höllisch

infidèle [ɛ̃fidɛl] untreu

infime [ɛ̃fim] winzig

infini [ɛ̃fini] unendlich

infirme [ɛ̃fiʀm] (körper)behindert **infirmerie** [ɛ̃fiʀməʀi] F Krankenabteilung **infirmier** [ɛ̃fiʀmje] M Krankenpfleger **infirmière** [ɛ̃fiʀmjɛʀ] F Krankenschwester

inflammation [ɛ̃flamasjõ] F Entzündung

inflation [ɛ̃flasjõ] F Inflation

influence [ɛ̃flyɑ̃s] F Einfluss *m* **influencer** [ɛ̃flyɑ̃se] beeinflussen

informaticien(ne) [ɛ̃fɔʀmatisjɛ̃ (ɛ̃fɔʀmatisjɛn)] M(F) Informatiker(in)

information [ɛ̃fɔʀmasjõ] F Information; *renseignement a.* Auskunft; JUR Ermittlungen *fpl*; **~s** PL Nachrichten

informatique [ɛ̃fɔʀmatik] F Informatik; *techniques* EDV

informer [ɛ̃fɔʀme] benachrichtigen (**de** von); **s'~** sich erkundigen (**de** nach)

infraction [ɛ̃fʀaksjõ] F Verstoß *m* (**à** gegen)

infroissable [ɛ̃fʀwasabl] knitterfrei

infusion [ɛ̃fyzjõ] F (Kräuter)-Tee, Aufguss *m*; **~ de menthe** Pfefferminztee *m*

ingénieur [ɛ̃ʒenjœʀ] M Ingenieur

ingénieux [ɛ̃ʒenjø] *personne* erfinderisch; *explications* geistreich
ingrat [ɛ̃gʀa] undankbar
ingrédients [ɛ̃gʀedjɑ̃] MPL Zutaten *fpl*
inguinal [ɛ̃ginal] ANAT Leisten…
inhabituel [inabitɥɛl] ungewöhnlich
inhumain [inymɛ̃] unmenschlich
inimaginable [inimaʒinabl] unvorstellbar
ininflammable [inɛ̃flamabl] unentzündbar
initial [inisjal] Anfangs…
initiative [inisjativ] F Initiative; **syndicat** *m* **d'~** Fremdenverkehrsamt *n*
initier [inisje] einweihen (**à** in *akk*)
injecter [ɛ̃ʒɛkte] injizieren, (ein)spritzen (**dans** in *akk*) **injection** [ɛ̃ʒɛksjõ] F Injektion, Einspritzung
injure [ɛ̃ʒyʀ] F Beleidigung; *gros mot* Schimpfwort *n* **injurier** [ɛ̃ʒyʀje] beschimpfen
injuste [ɛ̃ʒyst] ungerecht
inlay [inlɛ] M MED Inlay *n*
inné [ine] angeboren
innocence [inɔsɑ̃s] F Unschuld **innocent** [inɔsɑ̃] unschuldig
innombrable [inõbʀabl] zahllos, unzählig
innovation [inɔvasjõ] F Neuerung, Innovation
inoccupé [inɔkype] *personne* untätig; *maison* unbewohnt, leer stehend
inodore [inɔdɔʀ] geruchlos
inoffensif [inɔfɑ̃sif] harmlos
inondation [inõdasjõ] F Überschwemmung **inonder** [inõde] überschwemmen
inoubliable [inublijabl] unvergesslich
inouï [inwi] unerhört
inquiet [ɛ̃kjɛ] unruhig
inquiéter [ɛ̃kjete] beunruhigen; **s'~** sich Sorgen machen (**pour qn** um j-n, **de qc** um etw)
inquiétude [ɛ̃kjetyd] F Unruhe, Sorge
inscription [ɛ̃skʀipsjõ] F Anmeldung, Einschreibung; *sur un écriteau* Aufschrift
inscrire [ɛ̃skʀiʀ] **~ sur** eintragen in (*akk*); **~ à** *école, crèche* anmelden in (*dat*); **s'~ à** *cours* sich anmelden zu
insecte [ɛ̃sɛkt] M Insekt *n* **insecticide** [ɛ̃sɛktisid] M Insektenvertilgungsmittel *n*
insensé [ɛ̃sɑ̃se] unsinnig **insensible** [ɛ̃sɑ̃sibl] unempfindlich
insérer [ɛ̃seʀe] einfügen
insigne [ɛ̃siɲ] M Abzeichen *n*
insignifiant [ɛ̃siɲifjɑ̃] unbedeutend
insinuer [ɛ̃sinɥe] zu verstehen geben
insister [ɛ̃siste] darauf bestehen (**pour** zu); **~ sur qc** Nachdruck auf etw (*akk*) legen

insolation [ɛ̃sɔlasjõ] F Sonnenstich *m*
insolent [ɛ̃sɔlɑ̃] frech
insoluble [ɛ̃sɔlybl] unlösbar
insomnie [ɛ̃sɔmni] F Schlaflosigkeit; **avoir des ~s** schlaflose Nächte haben
insouciant [ɛ̃susjɑ̃] sorglos
inspecter [ɛ̃spɛkte] kontrollieren
inspirer [ɛ̃spiʀe] inspirieren; *respirer* einatmen
instable [ɛ̃stabl] unbeständig
installateur [ɛ̃stalatœʀ] M Installateur **installation** [ɛ̃stalasjõ] F Einrichtung; **~s** PL Anlagen
installer [ɛ̃stale] installieren; *cuisine* einrichten; **s'~** sich niederlassen; **s'~ chez qn** bei j-m wohnen
instant [ɛ̃stɑ̃] M Augenblick; **à l'~** soeben
instantané [ɛ̃stɑ̃tane] augenblicklich
instinct [ɛ̃stɛ̃] M Instinkt
institut [ɛ̃stity] M Institut *n*; **~ de beauté** Schönheitssalon
instituteur [ɛ̃stitytœʀ] M, **institutrice** [ɛ̃stitytʀis] F (Grundschul)Lehrer(in) *m(f)*
instructif [ɛ̃stʀyktif] lehrreich
instruction [ɛ̃stʀyksjõ] F Unterricht *m*; *formation* Ausbildung; *culture* (Schul)Bildung; **~s** PL *directives* Anweisungen; *notice* (Betriebs)Anleitung *f*
instruire [ɛ̃stʀɥiʀ] unterrichten; **s'~** sich bilden
instrument [ɛ̃stʀymɑ̃] M Instrument *n*
insuffisant [ɛ̃syfizɑ̃] ungenügend
insuline [ɛ̃sylin] F Insulin *n*
insulte [ɛ̃sylt] F Beleidigung, Beschimpfung **insulter** [ɛ̃sylte] beleidigen, beschimpfen
insupportable [ɛ̃sypɔʀtabl] unerträglich; *personne a.* unausstehlich
intact [ɛ̃takt] unbeschädigt
intégral [ɛ̃tegʀal] vollständig **intégration** [ɛ̃tegʀasjõ] F Integration
intellectuel [ɛ̃telɛktɥɛl] **A** geistig, Geistes… **B** **intellectuel(le)** [ɛ̃telɛktɥɛl] M(F) Intellektuelle(r) *m/f(m)*
intelligence [ɛ̃teliʒɑ̃s] F Intelligenz **intelligent** [ɛ̃teliʒɑ̃] intelligent
intendance [ɛ̃tɑ̃dɑ̃s] F Verwaltung **intendant(e)** [ɛ̃tɑ̃dɑ̃(t)] M(F) Verwaltungsdirektor(in)
intense [ɛ̃tɑ̃s] stark **intensif** [ɛ̃tɑ̃sif] intensiv, Intensiv… **intensité** [ɛ̃tɑ̃site] F Stärke, Intensität
intention [ɛ̃tɑ̃sjõ] F Absicht
intentionnel [ɛ̃tɑ̃sjɔnɛl] absichtlich
interactif [ɛ̃tɛʀaktif] interaktiv
interaction [ɛ̃tɛʀaksjõ] F Wechselwirkung
intercalaire [ɛ̃tɛʀkalɛʀ] eingeschoben; **jour** *m* **~** Schalttag

intercaler [ɛ̃tɛʀkale] einschieben
intercéder [ɛ̃tɛʀsede] sich einsetzen (**pour qn** für j-n)
intercepter [ɛ̃tɛʀsɛpte] abfangen
interchangeable [ɛ̃tɛʀʃɑ̃ʒabl] austauschbar
interdiction [ɛ̃tɛʀdiksjõ] F Verbot *n*; **~ de vol/de fumer** Flug-/Rauchverbot *n* **interdire** [ɛ̃tɛʀdiʀ] verbieten **interdit** [ɛ̃tɛʀdi] verboten
intéressant [ɛ̃teʀɛsɑ̃] interessant
intéresser [ɛ̃teʀɛse] interessieren; *concerner* betreffen; **s'~ à** sich interessieren für
intérêt [ɛ̃teʀɛ] M Interesse *n*; *égoïsme* Eigennutz; **~s** PL *Zinsen* PL
interface [ɛ̃tɛʀfas] F Schnittstelle; **~ utilisateur** Benutzeroberfläche
intérieur [ɛ̃teʀjœʀ] **1** innere(r, -s), Innen...; *mer* Binnen...; *vol* Inland... **2** M Innere(s) *n* (*a. fig*); **à l'~** (dr)innen; **à l'~ de** innerhalb (*gen*); **d'~** indoor
interlocuteur [ɛ̃tɛʀlɔkytœʀ] M Gesprächspartner
intermédiaire [ɛ̃tɛʀmedjɛʀ] **1** Zwischen... **2** M Vermittler; **par l'~ de qn** über j-n
internat [ɛ̃tɛʀna] M Internat *n*
international [ɛ̃tɛʀnasjɔnal] international
internaute [ɛ̃tɛʀnot] M/F Internetsurfer(in) *m(f)*
interne [ɛ̃tɛʀn] intern
Internet [ɛ̃tɛʀnɛt] M Internet *n*; **adresse** *f* **~** Internetadresse; **connexion** *f* **~** Internetanschluss *m*
interphone [ɛ̃tɛʀfɔn] M Sprechanlage *f*
interprète [ɛ̃tɛʀpʀɛt] M/F Dolmetscher(in) *m(f)*; MUS, *théâtre* Interpret(in) *m(f)*; *d'un rôle* Darsteller(in) *m(f)* **interpréter** [ɛ̃tɛʀpʀete] interpretieren
interrogatoire [ɛ̃tɛʀɔgatwaʀ] M Verhör *n* **interroger** [ɛ̃tɛʀɔʒe] befragen (**sur** über *akk*); *élève* prüfen; JUR verhören
interrompre [ɛ̃tɛʀõpʀ] unterbrechen; *entretien, voyage* abbrechen
interrupteur [ɛ̃tɛʀyptœʀ] M ELEK Schalter **interruption** [ɛ̃tɛʀypsjõ] F Unterbrechung
intersaison [ɛ̃tɛsɛzõ] F Zwischensaison
intersection [ɛ̃tɛʀsɛksjõ] F *carrefour* Kreuzung
intervalle [ɛ̃tɛʀval] M Zwischenraum; *dans le temps* Zwischenzeit *f*
intervenir [ɛ̃tɛʀvəniʀ] einschreiten, eingreifen
intestin [ɛ̃tɛstɛ̃] M Darm; **~ grêle** Dünndarm
intime [ɛ̃tim] intim; *ami* eng; *vie* Privat...
intimider [ɛ̃timide] einschüchtern
intolérance [ɛ̃tɔleʀɑ̃s] F **~ au lactose, au gluten** Laktose-,

Glutenintoleranz *f*, Laktose-, Glutenunverträglichkeit *f*
intoxication [ɛ̃tɔksikasjõ] F Vergiftung
Intranet [ɛ̃tʀanɛt] M IT Intranet *n*
introduction [ɛ̃tʀɔdyksjõ] F Einführung; *préface* Einleitung **introduire** [ɛ̃tʀɔdɥiʀ] einführen
inusable [inyzabl] unverwüstlich
inutile [inytil] unnütz
invalide [ɛ̃valid] **1** erwerbsunfähig, schwerbehindert **2** M/F Invalide **invalidité** [ɛ̃validite] F Invalidität, Erwerbsunfähigkeit
inventaire [ɛ̃vɑ̃tɛʀ] M Aufstellung *f*
inventer [ɛ̃vɑ̃te] erfinden **inventeur** [ɛ̃vɑ̃tœʀ] M Erfinder
invention [ɛ̃vɑ̃sjõ] F Erfindung
inverse [ɛ̃vɛʀs] **1** umgekehrt **2** M Gegenteil *n* (**de** von)
investir [ɛ̃vɛstiʀ] investieren (**dans** in *akk*) **investissement** M Investition *f*
invisible [ɛ̃vizibl] unsichtbar
invitation [ɛ̃vitasjõ] F, *umg* **invit** [ɛ̃vit] Einladung **invité(e)** [ɛ̃vite] M(F) Gast *m* **inviter** [ɛ̃vite] einladen (**au cinéma** ins Kino; **à dîner** zum Abendessen)
involontaire [ɛ̃vɔlõtɛʀ] unabsichtlich
invraisemblable [ɛ̃vʀɛsɑ̃blabl] unwahrscheinlich
iode [jɔd] M Jod *n*
iPad® [ipad] M *pl* ~ iPad® [aipɛt] *n*
iPhone® [ifɔn] M *pl* ~ iPhone® [aifoːn] *n*
iPod® [ipɔd] M *pl* ~ iPod® [aipɔt] *m*
irai [iʀe] → aller
Iran [iʀɑ̃] M **l'~** der Iran
Iraq [iʀak] M **l'~** der Irak
irlandais [iʀlɑ̃dɛ] **1** irisch **2** **Irlandais** M Ire
Irlande [iʀlɑ̃d] F **l'~** Irland *n*
ironique [iʀɔnik] ironisch
irréel [iʀeɛl] unwirklich
irrégulier [iʀegylje] unregelmäßig; *situation* regelwidrig
irréparable [iʀepaʀabl] nicht (mehr) zu reparieren
irréprochable [iʀepʀɔʃabl] tadellos
irrésistible [iʀezistibl] unwiderstehlich
irritable [iʀitabl] reizbar **irriter** [iʀite] reizen
islam [islam] M Islam **islamique** [islamik] islamisch **islamiste** [islamist] islamistisch
isolé [izɔle] *retiré* abgelegen; *seul* einsam; *unique* einzeln, Einzel…; ELEK, ARCH isoliert
isoler [isɔle] isolieren
Israël [isʀaɛl] M Israel *n*
israélien [isʀaeljɛ̃] **1** israelisch **2** **Israélien** M Israeli
issu [isy] hervorgegangen (**de** aus)
issue [isy] F Ausgang *m*; *fig* so-

lution Ausweg *m*; **~ de secours** Notausgang *m*; **voie** *f* **sans ~** Sackgasse
Italie [itali] F **l'~** Italien *n*
italien [italjɛ̃] **1** italienisch **2** **Italien** M Italiener
itinéraire [itineʀɛʀ] M Route *f*, Weg(beschreibung) *m(f)*; **~ bis** Ausweichstrecke *f*
itinérance [itineʀɑ̃s] F TEL Roaming *n*; **frais d'~** Roaming-gebühren *fpl*
ivoire [ivwaʀ] M Elfenbein *n*
ivre [ivʀ] betrunken **ivresse** [ivʀɛs] F Trunkenheit
ivrogne [ivʀɔɲ] **1** trunksüchtig **2** M/F Säufer(in) *m(f)*

j' [ʒ] → je
jacinthe [ʒasɛ̃t] F Hyazinthe
jacuzzi® [ʒakyzi] M Whirlpool
jadis [ʒadis] einst, früher
jaillir [ʒajiʀ] *gicler* herausspritzen (**de** aus)
jalouse → jaloux
jalousie [ʒaluzi] F Neid *m*; *en amour* Eifersucht
jaloux [ʒalu] ‹*f* **jalouse** [ʒaluz]› *envieux* neidisch; *en amour* eifersüchtig
jamais [ʒamɛ] je(mals); **à ~** für immer; *négatif* **ne … ~** nie(-mals); **ne … plus ~, ne … ~ plus** nie mehr, nie wieder
jambe [ʒɑ̃b] F Bein *n*
jambon [ʒɑ̃bõ] M Schinken; **~ blanc** *od* **de Paris** gekochter Schinken; **~ cru/fumé** roher/geräucherter Schinken;
jambonneau [ʒɑ̃bɔno] M Eisbein *n*, Schweinshaxe *f*
jante [ʒɑ̃t] F Felge
janvier [ʒɑ̃vje] M Januar; **en ~** im Januar
Japon [ʒapõ] **le ~** Japan *n* **japonais** [ʒapɔnɛ] **1** japanisch **2** **Japonais** M Japaner
jardin [ʒaʀdɛ̃] M Garten; **~ d'enfants** Kindergarten
jardinage [ʒaʀdinaʒ] M Gartenarbeit *f* **jardinier** [ʒaʀdinje] M Gärtner **jardinière** [ʒaʀdinjɛʀ] F Gärtnerin; GASTR **~ de légumes** gemischtes Gemüse *n*
jarret [ʒaʀɛ] M (Schweins-, Kalbs)Hachse *f*
jauge [ʒoʒ] F **~ d'essence** Benzinuhr
jaune [ʒon] **1** gelb **2** M Gelb *n*; **~ d'œuf** Eigelb *n*
javelot [ʒavlo] M Speer
je [ʒə] ‹*vor Vokal* **j'**› ich
jerrican(e), jerrycan [(d)ʒeʀikan] M (Benzin)Kanister
jet [ʒɛ] M Wurf; **~ (d'eau)** (Wasser)Strahl
jetée [ʒəte] F Mole
jeter [ʒəte] werfen; *se débarrasser de* wegwerfen
jeton [ʒətõ] M Marke *f*, Münze *f*; *au jeu* Spielmarke *f*; **~ de té-**

léphone Telefonmarke *f*
jet-set [dʒɛtsɛt] F *pl* ~s Jetset *m*
jeu [ʒø] M Spiel *n* (*a.* TECH); *de clés* Satz; **~ de cartes** Kartenspiel *n*; **~ de construction** Baukasten; **~ vidéo** Computer-, Videospiel *n*; **~ télévisé** Quiz(sendung) *n(f)*; **Jeux** *pl* **Olympiques** Olympische Spiele *npl*
jeudi [ʒødi] M Donnerstag; **le ~** donnerstags
jeun [ʒɛ̃, ʒœ̃] **à ~** nüchtern
jeune [ʒœn] jung
jeûner [ʒøne] fasten
jeunesse [ʒœnɛs] F Jugend
joaillier [ʒɔaje] M Juwelier
job [dʒɔb] M *umg* Job; **~ pour les vacances** Ferienjob
jogging [dʒɔgiŋ] Jogging *n*; **faire du ~** joggen
joie [ʒwa] F Freude
joindre [ʒwɛ̃dʀ] miteinander verbinden; *à une lettre* beilegen (**à** *dat*); **~ qn (par téléphone)** j-n (telefonisch) erreichen
joint [ʒwɛ̃] **1** PPERF → joindre **2** M *du robinet* Dichtung *f*
joli [ʒɔli] hübsch, niedlich
jonction [ʒõksjõ] F Verbindung
jongler [ʒõgle] jonglieren
joue [ʒu] F Backe
jouer [ʒwe] spielen; *somme* setzen; **~ aux cartes** Karten spielen; **~ au football** Fußball spielen; **~ du piano** Klavier spielen
jouet [ʒwɛ] M Spielzeug *n*
joueur [ʒwœʀ] M, **joueuse** [ʒwøz] F Spieler(in) *m(f)*
jour [ʒuʀ] M Tag; **~ férié** Feiertag; **~ ouvrable** Werktag; **~ de l'An** Neujahrstag; **~ d'arrivée** Anreisetag; **~ de départ** Abreisetag; **~ de repos** Ruhetag; **~ de travail** Arbeitstag; **un ~** eines Tages; **le ~, de ~** am Tag(e); **de nos ~s** heutzutage; **il fait ~** es ist Tag, es ist hell; **à ~** auf dem Laufenden; **mettre à ~** auf den neuesten Stand bringen, aktualisieren; **par ~** täglich, pro Tag; **l'autre ~** neulich
journal [ʒuʀnal] M ⟨*pl* journaux [ʒuʀno]⟩ Zeitung *f*; *télévisé* Nachrichten *fpl*; *intime* Tagebuch *n*
journaliste [ʒuʀnalist] M/F Journalist(in) *m(f)*
journée [ʒuʀne] F Tag *m*; **pendant la ~** tagsüber; **toute la ~** den ganzen Tag (lang, über)
joyeux [ʒwajø] fröhlich
judiciaire [ʒydisjɛʀ] gerichtlich
judo [ʒydo] M Judo *n*
juge [ʒyʒ] M Richter(in) *m(f)*
jugement [ʒyʒmɑ̃] M Urteil *n*
juger [ʒyʒe] *affaire* entscheiden; *personne* das Urteil sprechen über (*akk*); *fig* **~ (de)** beurteilen (*akk*)
juif [ʒɥif] **1** jüdisch **2** **Juif** M Jude
juillet [ʒɥijɛ] M Juli

juin [ʒɥɛ̃] M Juni
juke-box [(d)ʒykbɔks] M Musikbox *f*
julienne [ʒyljɛn] F *dünne Gemüsestreifen; potage* Gemüsesuppe
jumeau [ʒymo] 1 ⟨*f* jumelle [ʒymɛl]⟩ Zwillings... 2 M Zwillingsbruder; **~x** PL Zwillinge
jumelage [ʒymlaʒ] M Städtepartnerschaft *f*
jumelé [ʒymle] **villes** *fpl* **~es** Partnerstädte
jumelle [ʒymɛl] F Zwillingsschwester
jumelles [ʒymɛl] FPL Fernglas *n*; **~ de théâtre** Opernglas *n*
jument [ʒymɑ̃] F Stute
jupe [ʒyp] F Rock *m* **jupe-culotte** [ʒypkylɔt] F Hosenrock *m*
jupon [ʒypɔ̃] M Unterrock
jurer [ʒyʀe] schwören
juridique [ʒyʀidik] Rechts...
juron [ʒyʀɔ̃] M Fluch
jury [ʒyʀi] M Jury *f*; JUR die Geschworenen *pl*
jus [ʒy] M Saft; *de viande* Bratensaft; **~ d'orange** Orangensaft; **~ de tomate** Tomatensaft
jusque [ʒysk(ə)] **jusqu'à** bis; **jusqu'à la gare** bis zum Bahnhof; **jusqu'à Paris** bis nach Paris; **jusqu'à quand?** bis wann?; **jusqu'à ce que** (+*subj*) bis
juste [ʒyst] *correct* richtig; *exact* genau; *équitable* gerecht; *serré* zu eng; ADV *chanter* richtig; *exactement* genau; *seulement* nur; *depuis peu* **(tout) ~** gerade (noch)
justement [ʒystəmɑ̃] *précisément* gerade; *avec raison* zu *od* mit Recht
justice [ʒystis] F Gerechtigkeit; *institution* Justiz
justifier [ʒystifje] rechtfertigen
juteux [ʒytø] saftig
juvénile [ʒyvenil] jugendlich

K

kangourou [kɑ̃guʀu] M Känguru *n*
karaoké [kaʀaɔke] M *action* Karaoke *n*; *appareil* Karaokeanlage *f*
kart [kaʀt] M Gokart
kayak [kajak] M Kajak
képi [kepi] M Käppi *n*
kermesse [kɛʀmɛs] F Kirmes
kérosène [keʀozɛn] M Kerosin *n*
khôl [kol] M Kajal *n*
kif-kif [kifkif] *umg* **c'est ~** das ist Jacke wie Hose
kilo(gramme) [kilɔ(gʀam)] M Kilo(gramm) *n*
kilométrage [kilɔmetʀaʒ] M Kilometerstand
kilomètre [kilɔmɛtʀ] M Kilometer; **130 ~s à l'heure, 130**

~s-heure 130 Stundenkilometer

kinésithérapeute [kineziteʀapøt] M/F Krankengymnast(in) *m(f)* **kinésithérapie** [kineziteʀapi] F Heil-, Krankengymnastik

kiosque [kjɔsk] M Kiosk

kir [kiʀ] M *Cocktail aus Weißwein und Johannisbeerlikör;* **~ breton/royal** *Cocktail aus Cidre/Sekt und Johannisbeerlikör*

kirsch [kiʀʃ] M Kirsch, Kirschwasser *n*

kitchenette [kitʃənɛt] F Kochnische

kitesurf [kitsœʀf] M SPORT Kitesurfen *n*

kiwi [kiwi] M *fruit* Kiwi *f*

klaxon® [klaksɔn] M Hupe *f*

klaxonner [klaksɔne] hupen

koala [kɔala] M Koala(bär)

kouglof [kuglɔf] M Napfkuchen, Gugelhupf *(aus dem Elsass)*

kyste [kist] M Zyste *f*

L

l' [l] → le

la [la] → le

là [la] da *od* dahin; *là-bas* dort *od* dorthin; **par ~** da, dort (entlang, hindurch)

là-bas [laba] dort

label [labɛl] M (Handels)Marke *f*; **~ de qualité** Gütesiegel *n*

laboratoire [labɔʀatwaʀ] M Labor(atorium) *n*

lac [lak] M See

lacer [lase] *chaussures* (zu)schnüren **lacet** [lasɛ] M Schnürsenkel

lâche [laʃ] **1** feige **2** M/F Feigling *m*

lâcher [laʃe] loslassen; *freins* versagen

lactose [laktoz] M Laktose *f*; **sans ~** laktosefrei; **intolérance** *f* **au ~** Laktoseintoleranz *f*, -unverträglichkeit *f*

lacune [lakyn] F Lücke

là-dedans [lad(ə)dɑ̃] drinnen **là-dessous** [lad(ə)su] darunter **là-dessus** [lad(ə)sy] darüber, darauf **là-haut** [lao] da oben

laid [lɛ] hässlich

laine [lɛn] F Wolle

laisse [lɛs] F Leine

laisser [lɛse] lassen; *adresse, message* hinterlassen; *oublier* liegen lassen; **~ faire qc à qn** j-n etw tun lassen; **se ~ aller** sich gehen lassen; **se ~ faire** sich alles gefallen lassen

lait [lɛ] M Milch *f*; **~ écrémé/entier** Mager-/Vollmilch *f*; **~ en poudre** Milchpulver *n*; **~ démaquillant** Reinigungsmilch *f*; **~ de soja** Sojamilch *f*

laiterie [lɛtʀi] F Molkerei **laitier** [lɛtje] Milch…, Molkerei…

laitue [lɛty] F Kopfsalat *m*
lambeau [lɑ̃bo] M Fetzen
lame [lam] F ~ **(de rasoir)** Rasierklinge
lamentable [lamɑ̃tabl] kläglich, jämmerlich **lamenter** [lamɑ̃te] **se** ~ jammern
lampadaire [lɑ̃padɛʀ] M *d'appartement* Stehlampe *f*; *réverbère* Straßenlaterne *f*
lampe [lɑ̃p] F Lampe; ~ **de poche** Taschenlampe; ~ **de chevet** Nachttischlampe
lancer [lɑ̃se] werfen; *produit* einführen; *mode* aufbringen; ~ **qc à qn** j-m etw zuwerfen
landau [lɑ̃do] M Kinderwagen
lande [lɑ̃d] F Heide
langage [lɑ̃gaʒ] M Sprache *f*
langer [lɑ̃ʒe] M *bébé* wickeln
langouste [lɑ̃gust] F Languste
langoustines [lɑ̃gustin] FPL Scampi *pl*
langue [lɑ̃g] F ANAT Zunge; *langage* Sprache; ~ **étrangère** Fremdsprache; ~ **maternelle** Muttersprache
lanière [lanjɛʀ] F Riemen *m*
lanterne [lɑ̃tɛʀn] F Laterne
lapin [lapɛ̃] M Kaninchen *n*
laque [lak] F Lack *m*; *pour les cheveux* Haarspray *n*
laquelle [lakɛl] → lequel
lard [laʀ] M Speck **lardons** [laʀdɔ̃] MPL Speckwürfel
large [laʀʒ] **1** breit; *vêtements* weit; *généreux* großzügig **2** M **3 mètres de** ~ 3 Meter breit, in der Breite; **au** ~ **de** auf der Höhe von **3** M SCHIFF hohe, offene See *f*
largeur [laʀʒœʀ] F Breite
larme [laʀm] F Träne
laser [lazɛʀ] M Laser; **spectacle** *m* ~ Lasershow *f*
lasser [lɑse] ermüden; **se** ~ **de qc** e-r Sache (*gen*) müde, überdrüssig werden
latéral [lateʀal] seitlich, Seiten..., Neben...
latin [latɛ̃] M Latein(isch) *n*
latitude [latityd] F GEOGR Breite
lauréat(e) [lɔʀea(t)] M(F) Preisträger(in)
laurier [lɔʀje] M Lorbeer
lavable [lavabl] waschbar
lavabo [lavabo] M Waschbecken *n*; *pièce* Waschraum; **~s** PL Toilette *f*
lavage [lavaʒ] M Waschen *n*, Wäsche *f*; AUTO ~ **automatique** Waschanlage *f*
lavande [lavɑ̃d] F Lavendel *m*
lave [lav] F Lava
lave-glace [lavglas] M Scheibenwaschanlage *f*
lave-linge [lavlɛ̃ʒ] M Waschmaschine *f*
laver [lave] **(se** ~ sich) waschen; **se** ~ **les dents** sich die Zähne putzen
laverie [lavʀi] F ~ **automatique** Waschsalon *m*
lave-vaisselle [lavvesɛl] M Geschirrspülmaschine *f*
laxatif [laksatif] M Abführmittel *n*

le [lə] M, **la** [la] F ⟨*beide vor Vokal l'*⟩, **les** [le] PL der, die, das; PL die; PRON ihn, sie, es; PL sie

leader [lidœʀ] M Spitzenreiter; WIRTSCH Marktführer

lèche-carreaux [lɛʃkaʀo] M *umg* Einkaufsbummel

lécher [leʃe] lecken

leçon [ləsõ] F (Unterrichts)-Stunde, Lektion; *fig* Lehre; **~s** *pl* **de conduite** Fahrstunden

lecteur [lɛktœʀ] M Leser; IT Laufwerk *n*; **~ de CD** CD-Player; *ordinateur* CD-Laufwerk *n*; **~ de DVD** DVD-Player

lecture [lɛktyʀ] F (Vor-, Durch)Lesen *n*; *livre* Lektüre

légal [legal] gesetzlich

légende [leʒɑ̃d] F Legende

léger [leʒe] leicht; *couche* dünn; **à la légère** leichtfertig

législation [leʒislasjõ] F Gesetzgebung

légitime [leʒitim] rechtmäßig, legitim; *enfant* ehelich; *juste* gerecht(fertigt); **~ défense** F Notwehr

léguer [lege] vererben (*a. fig*)

légume [legym] M Gemüsesorte *f*; **~s** PL Gemüse *n*

Léman [lemɑ̃] M **le lac ~** der Genfer See

lendemain [lɑ̃dmɛ̃] M **le ~** am nächsten Tag, am Tag danach

lent [lɑ̃] langsam

lentille [lɑ̃tij] F BOT, TECH Linse; **~s** *pl* **de contact** Kontaktlinsen

lequel [ləkɛl] ⟨*f* laquelle [lakɛl]⟩ PRON *interrogatif* welche(r, -s)?; PRON *relatif* der, die, das

les [le] → le

lésion [lezjõ] F Beschädigung

lessive [lɛsiv] F Waschmittel *n*, -pulver *n*; *lavage, linge* Wäsche; **faire la ~** (Wäsche) waschen

lest [lɛst] M Ballast

lettre [lɛtʀ] F Brief *m*; *caractère* Buchstabe *m*; **~ piégée** Briefbombe

leucémie [løsemi] F Leukämie

leur [lœʀ] PRON *possessif* ihr(e); PRON *personnel* ihnen

levée [ləve] F Leerung

lever [ləve] **1** (hoch)heben; AUTO *vitre* zu-, hochmachen; *pâte* gehen; **se ~** aufstehen; *soleil, lune* aufgehen; *jour* anbrechen; *brouillard* sich auflösen **2** M Aufstehen *n*; **~ du soleil** Sonnenaufgang; **au ~** beim Aufstehen

levier [ləvje] M Hebel; **~ de changement de vitesse** Schalthebel

lèvre [lɛvʀ] F Lippe

levure [ləvyʀ] F Hefe

lézard [lezaʀ] M Eidechse *f*

liaison [ljɛzõ] F Verbindung; *amoureuse* Verhältnis *n*; GRAM Bindung; **~ aérienne** Flugverbindung

libéral [libeʀal] liberal; *méde-*

cin etc freiberuflich

libération [liberasjõ] F Befreiung **libérer** [libere] befreien (**de** von)

liberté [libɛrte] F Freiheit

libraire [librɛr] M Buchhändler **librairie** [librɛri] F Buchhandlung

libre [libr] frei

libre-service [librəsɛrvis] M Selbstbedienung *f*; *magasin* Selbstbedienungsladen

licence [lisɑ̃s] F UNIV Bachelor *m*

licenciement [lisɑ̃simɑ̃] M Entlassung *f* **licencier** [lisɑ̃sje] entlassen

liège [ljɛʒ] M Kork

lien [ljɛ̃] M Band *n*; *affectif* Bindung *f*; *rapport* Verbindung *f*; IT Link *m/n*

lier [lje] (zusammen)binden; *idées, personnes* verbinden; **se ~ d'amitié avec qn** sich mit j-m anfreunden

lierre [ljɛr] M Efeu

lieu [ljø] M Ort; **~ de naissance** Geburtsort; **au ~ de** (an)statt (*gen*); **avoir ~** stattfinden

lièvre [ljɛvr] M Hase

ligne [liɲ] F Linie; *dans un texte* Zeile; *transports a.* Strecke; TEL Leitung; *communication* Verbindung; **~ directe** Direktverbindung; TEL *a.* Hotline; *chemin de fer* **grandes ~s** PL Fernverbindungen; **~ de métro** U-Bahn-Linie; IT **en ~** online; IT °**hors ~** offline; **banque** *f* **en ~** Onlinebank *f*; **boutique** *f* **en ~** Onlineshop *m*; **opérations** *fpl* **bancaires en ~** Onlinebanking *n*; **catalogue** *m* **en ~** Onlinekatalog *m*; **achats** *mpl* **en ~** Onlineshopping *n*; **jeu** *m* **en ~** Onlinespiel *n*; **avoir la ~** e-e schlanke Figur haben

ligoter [ligɔte] fesseln

liker [lajke] IT liken

lilas [lilɑ] **1** lila **2** M Flieder

limace [limas] F (Nackt)Schnecke

lime [lim] F Feile **limer** [lime] feilen

limitation [limitasjõ] F Beschränkung; **~ de vitesse** Geschwindigkeitsbeschränkung, Tempolimit *n*

limite [limit] F Grenze

limiter [limite] begrenzen, beschränken (**à** auf *akk*); **se ~** sich einschränken

limonade [limɔnad] F Limonade

limpide [lɛ̃pid] klar

lin [lɛ̃] M Leinen *n*

linge [lɛ̃ʒ] M Wäsche *f*; **~ (de corps)** Unterwäsche *f* **lingerie** [lɛ̃ʒri] F Damen(unter)wäsche

lion [ljõ] M Löwe

lionne [ljɔn] F Löwin

liqueur [likœr] F Likör *m*; **~ aux œufs** Eierlikör *m*

liquidation [likidasjõ] F JUR Auflösung; **~ (du stock)** (Räumungs)Ausverkauf *m*

liquide [likid] **1** flüssig **2** M Flüssigkeit *f*; *argent* Bargeld *n*; **~ de frein** Bremsflüssigkeit *f*; **en ~** (in) bar
lire [liʀ] lesen; *à voix haute* vorlesen (**qc à qn** j-m etw)
liseuse [lizøz] F **~ électronique** E-Reader *m*; E-Book-Reader
lisible [lizibl] leserlich
lisse [lis] glatt
liste [list] F Liste; **~ de contrôle** Checkliste
lit [li] M Bett *n*; **~ d'enfant** Kinderbett *n*; **petit ~** Einzelbett *n*; **grand ~** französisches Bett *n*; **~s** *pl* **jumeaux** Doppelbett *n* (*2 Einzelbetten*)
litchi [litʃi] M BOT Litschi *f*
litre [litʀ] M Liter *n od m*
littéraire [liteʀɛʀ] literarisch
littérature [liteʀatyʀ] F Literatur
littoral [litɔʀal] **1** Küsten... **2** M Küstenstrich, Küste *f*
livraison [livʀɛzõ] F Lieferung
livre[1] [livʀ] M Buch *n*; **~ audio** Hörbuch *n*; **~ de cuisine** Kochbuch *n*; **~ de poche** Taschenbuch *n*; **~ photo** Fotobuch *n*; **~ numérique, électronique** E-Book *n*
livre[2] [livʀ] F Pfund *n*
livrer [livʀe] liefern
livret [livʀɛ] M Heft *n*; **~ (de caisse) d'épargne** Spar(kassen)buch *n*
lobe [lɔb] M *de l'oreille* Ohrläppchen *n*
local [lɔkal] **1** örtlich **2** M Raum
localité [lɔkalite] F Ortschaft
locataire [lɔkatɛʀ] M/F Mieter(in) *m(f)*
location [lɔkasjõ] F Vermietung; *par le locataire* Mieten *n*; *de vélos, skis, etc* Verleih *m*; *loyer* Miete; **~ de vélos** Fahrradverleih; **~ de voitures** Autovermietung
locomotive [lɔkɔmɔtiv] F Lokomotive
loft [lɔft] M Loft *m/n*
logement [lɔʒmã] M Wohnung *f* **loger** [lɔʒe] beherbergen; *habiter* wohnen
logiciel [lɔʒisjɛl] M Software *f*; Programm *n*
logique [lɔʒik] logisch
loguer [lɔge] IT **se ~** sich anmelden, sich einloggen
loi [lwa] F Gesetz *n*
loin [lwɛ̃] weit; **au ~** weit weg; **de ~** von weitem; *fig* bei weitem
lointain [lwɛtɛ̃] **1** fern **2** M Ferne *f*
Loire [lwaʀ] **la ~** die Loire; *vallée* das Loiretal
loisirs [lwaziʀ] MPL Freizeit *f*; *occupations* Freizeitbeschäftigung *f*
Londres [lõdʀ] London
long [lõ] **1** lang **2** M Länge *f*; **dix mètres de ~** zehn Meter lang; **le ~ de** längs, entlang (*gen*), an … (*dat*) entlang

longer [lõʒe] entlanggehen, fahren (**qc** an etw *dat*); *voie ferrée* entlangführen (an *dat*)
longitude [lõʒityd] F GEOGR Länge
longtemps [lõtã] lange
longueur [lõgœʀ] F Länge
longue-vue [lõgvy] F Fernrohr *n*
Lorraine [lɔʀɛn] **la ~** Lothringen *n*
lors [lɔʀ] **~ de** bei
lorsque [lɔʀsk(ə)] 〈*vor Vokal* lorsqu'〉 *au présent ou futur* wenn, *au passé* als
lose [luz] F *umg* Pech *n*; **c'est la ~!** so ein Pech!
lot [lo] M *loterie* Gewinn
loterie [lɔtʀi] F Lotterie
lotion [losjõ] F Lotion, Gesichts-, Rasierwasser *n*
loto [lɔto] M Lotto *n*; **~ sportif** Fußballtoto *n*
lotte [lɔt] F *de mer* Seeteufel *m*
loucher [luʃe] schielen
louer [lwe] *propriétaire* vermieten; *locataire* mieten; **à ~** zu vermieten; **chambre à ~** Zimmer frei
lounge [lõʒ] M Lounge *f* [laundʃ] *f*; **espace** *m* **~** Lounge-Bereich *m*
loup [lu] M Wolf
loupe [lup] F Lupe
lourd [luʀ] schwer; *temps* schwül; *plaisanterie* plump
loyer [lwaje] M Miete *f*
lu [ly] PPERF → lire
lubrifiant [lybʀifjã] M Schmiermittel *n*
lucarne [lykaʀn] F Dachfenster *n*
luge [lyʒ] F (Rodel)Schlitten *m*; **faire de la ~** Schlitten fahren, rodeln
lui [lɥi] *objet indirect* ihm (*m u. n*), ihr (*f*); *après* PRÄP ihn (*akk*), ihm (*dat*); *sujet* er
luire [lɥiʀ] *soleil* scheinen; *métal* glänzen
lumbago [lõbago] M Hexenschuss
lumière [lymjɛʀ] F Licht *n* (*a. fig*)
lumineux [lyminø] leuchtend
lunatique [lynatik] launisch
lunch [lœntʃ, lɛ̃ʃ] M kaltes Büfett *n*
lundi [lɛ̃di, lœ̃di] M Montag; **~ de Pâques** Ostermontag; **le ~** montags
lune [lyn] F Mond *m*; **~ de miel** Flitterwochen *fpl*
lunette [lynɛt] F Fernrohr *n*
lunettes [lynɛt] FPL Brille *f*; **~ de plongée** Taucherbrille *f*; **~ de ski** Skibrille *f*; **~ de soleil** Sonnenbrille *f*
lustre [lystʀ] M Kronleuchter
lutte [lyt] F Kampf *m*; SPORT Ringen *n*, Ringkampf *m* **lutter** [lyte] kämpfen (**pour** für *od* um, **contre** gegen); SPORT ringen
luxation [lyksasjõ] F Verrenkung
luxe [lyks] M Luxus
Luxembourg [lyksãbuʀ] **le ~** Luxemburg *n*

luxembourgeois [lyksãbuʀʒwa] **1** luxemburgisch **2** **Luxembourgeois** M Luxemburger
luxer [lykse] **se ~ le bras** sich den Arm ausrenken *od* verrenken
luxueux [lyksɥø] luxuriös
lycée [lise] M Gymnasium *n*
lycéen(ne) [liseɛ̃ (liseɛn)] M(F) Gymnasiast(in)
lyncher [lɛ̃ʃe] lynchen
lynx [lɛ̃ks] M Luchs
lys [lis] M Lilie *f*

M

M. (monsieur) Herr
m' [m] → me
ma [ma] → mon
macaronis [makaʀɔni] MPL Makkaroni *pl*
macédoine [masedwan] F **~ de fruits** Obstsalat *m*; **~ de légumes** Mischgemüse *n*
mâche [mɑʃ] F Feldsalat *m*
mâcher [mɑʃe] kauen
machin [maʃɛ̃] M *umg* Dings(da) *n*
machinal [maʃinal] mechanisch, automatisch
machine [maʃin] F Maschine; **~ à coudre** Nähmaschine; **~ à laver** Waschmaschine; **~ à écrire** Schreibmaschine; **~ à sous** Spielautomat *m*
mâchoire [mɑʃwaʀ] F Kiefer *m*
maçon [masõ] M Maurer
madame [madam] F Frau; *lettre* **Madame**, Sehr geehrte Frau (+ *nom de famille*)
mademoiselle [madmwazɛl] F Frau
magasin [magazɛ̃] M Geschäft *n*, Laden; **grand ~** Kaufhaus *n*; **~ de bricolage** Baumarkt
magazine [magazin] M Zeitschrift *f*, Magazin *n* (*a.* TV)
Maghreb [magʀɛb] M Maghreb (*Nordafrika*)
magicien [maʒisjɛ̃] M Zauberer **magique** [maʒik] magisch, Zauber...; **baguette** *f* **~** Zauberstab
magnétique [maɲetik] magnetisch
magnifique [maɲifik] herrlich, prächtig
magret [magʀɛ] M **~ de canard** Entenbrust(filets) *f* (*npl*)
mai [mɛ] M Mai
maigre [mɛgʀ] mager **maigrir** [mɛgʀiʀ] abnehmen
mail [mɛl] M IT Mail *f*
maille [maj] F Masche
maillot [majo] M SPORT Trikot *n*; **~ (de bain)** Badehose *f*, *de femme* Badeanzug; **~ de corps** Unterhemd *n*
main [mɛ̃] F Hand
main-d'œuvre [mɛ̃dœvʀ] F Arbeitskräfte *fpl*; *travail* Arbeit
maintenant [mɛ̃tnɑ̃] jetzt

maintenir [mɛ̃tniʀ] aufrechterhalten; *tradition* erhalten; **~ que …** dabei bleiben, dass
maire [mɛʀ] M Bürgermeister
mairie [mɛʀi] F Rathaus *n*
mais [mɛ] aber; *après une négation* sondern
maïs [mais] M Mais
maison [mɛzõ] **1** F Haus *n*; **à la ~** zu Hause *od* nach Hause; **~ de campagne** Landhaus *n*; **~ de retraite** Altersheim *n* **2** ADJ GASTR hausgemacht; *tarte* selbst gebacken
maître [mɛtʀ] M Herr; **~ d'école** Grundschullehrer; **~ nageur** Bademeister; **~ d'hôtel** Oberkellner
maîtresse [mɛtʀɛs] F Herrin; *amante* Geliebte; **~ d'école** Grundschullehrerin; **~ de maison** Dame des Hauses
maîtriser [mɛtʀize] *agresseur* überwältigen; *langue* beherrschen; *incendie* unter Kontrolle bringen
majeur [maʒœʀ] **1** Haupt…; *partie* Groß…; JUR volljährig; MUS **do** *m* **~** C-Dur *n* **2** M Mittelfinger
majorité [maʒɔʀite] F Mehrheit (*a.* POL); JUR Volljährigkeit
Majorque [maʒɔʀk] Mallorca *n*
mal [mal] **1** ⟨*pl* maux [mo]⟩ Böse(s) *n*; *effort* Mühe *f*; **être, se sentir ~** sich nicht wohlfühlen; **avoir ~ (aux dents/à la tête)** (Zahn-/Kopf)Schmerzen haben; **faire ~** wehtun (**à qn** j-m); **se donner du ~** sich Mühe geben; **avoir le ~ de mer** seekrank sein **2** ADV schlecht; **pas ~** ganz gut; **pas ~ de** ziemlich viel(e)
malade [malad] **1** krank **2** M/F Kranke(r) *m/f(m)*, Patient(in) *m(f)* **maladie** [maladi] F Krankheit **maladif** [maladif] *personne* kränklich; *curiosité* krankhaft
maladroit [maladʀwa] ungeschickt
malaise [malɛz] M Unbehagen *n*; MED Unwohlsein *n*; **avoir un ~** ohnmächtig werden
malbouffe [malbuf] F *umg* Junkfood *n*
malchance [malʃɑ̃s] F Unglück *n*, Pech *n*
mâle [mɑl] **1** männlich **2** M ZOOL Männchen *n*; *umg* Mann
malentendu [malɑ̃tɑ̃dy] M Missverständnis *n*
malfaiteur [malfɛtœʀ] M Übeltäter
malgré [malgʀe] trotz (*gen*)
malheur [malœʀ] M Unglück *n* **malheureusement** [maløʀøzmɑ̃] leider **malheureux** [maløʀø] unglücklich
malhonnête [malɔnɛt] unehrlich
malicieux [malisjø] schelmisch
malin [malɛ̃] ⟨*f* maligne [maliɲ]⟩ *rusé* schlau; *malveillant* boshaft; MED bösartig

malle [mal] F Reisekoffer *m*
malsain [malsɛ̃] ungesund
malt [malt] M Malz *n*
maltraiter [maltʀɛte] misshandeln
malveillant [malvɛjɑ̃] böswillig
malvoyant [malvwajɑ̃] sehbehindert
maman [mamɑ̃] F Mutti, Mama, Mami
mamie [mami] F Oma
mammifère [mamifɛʀ] M Säugetier *n*
manche[1] [mɑ̃ʃ] M *d'une pelle* Stiel; *d'un tournevis* Griff
manche[2] [mɑ̃ʃ] F Ärmel *m*; **à ~s courtes, longues** kurz-, langärm(e)lig; **sans ~s** ärmellos
Manche [mɑ̃ʃ] **la ~** der Ärmelkanal
mandarine [mɑ̃daʀin] F Mandarine
mandat [mɑ̃da] M **~ (postal)** Postanweisung *f*; **~ d'arrêt** Haftbefehl
manège [manɛʒ] M Reitbahn *f*; *de fête foraine* Karussell *n*
mangeable [mɑ̃ʒabl] essbar
manger [mɑ̃ʒe] essen; *animal* fressen; **inviter qn à ~** j-n zum Essen einladen
mangue [mɑ̃g] Mango **manguier** [mɑ̃gje] M Mangobaum
maniable [manjabl] handlich; AUTO wendig
maniaque [manjak] *tatillon* pingelig; *fou* wahnsinnig
manier [manje] umgehen (**qc** mit etw); *voiture* lenken
maniéré [manjeʀe] geziert, gekünstelt
manière [manjɛʀ] F Art, Weise; **~s** PL Manieren *fpl*, Benehmen *n*; **faire des ~s** sich zieren
manifestation [manifɛstasjõ] F, *umg* **manif** F Kundgebung, Demonstration; *événement* Veranstaltung **manifester** [manifɛste] (**se ~** sich) äußern; POL demonstrieren
manipuler [manipyle] handhaben; *pej* manipulieren
manivelle [manivɛl] F Kurbel
mannequin [mankɛ̃] M (Schaufenster)Puppe; *modèle* Mannequin *n*
manœuvre[1] [manœvʀ] M Hilfsarbeiter
manœuvre[2] [manœvʀ] F AUTO, MIL Manöver *n* **manœuvrer** [manœvʀe] manövrieren
manque [mɑ̃k] M Mangel (**de** an *dat*)
manquer [mɑ̃ke] fehlen; *cible* verfehlen; *occasion* verpassen; **~ de** Mangel haben an (*dat*)
manteau [mɑ̃to] M Mantel
manucure [manykyʀ] F Maniküre
manuel [manɥɛl] **1** Hand…, manuell **2** M Handbuch *n*
maquereau [makʀo] M Makrele *f*; *sl* Zuhälter
maquillage [makijaʒ] M Schminke *f*, Make-up *n* **ma-**

quiller [makije] (se ~ sich) schminken
maracuja [marakyʒa] M BOT Maracuja *f*
marais [marɛ] M Sumpf, Moor *n*
marbre [marbr] M Marmor
marc [mar] M Trester *mpl*; *eau de vie* Tresterschnaps; **~ de café** Kaffeesatz
marchand(e) [marʃɑ̃(d)] M(F) Händler(in); **~ des quatre saisons** Obst- und Gemüsehändler(in); **~ de journaux** Zeitungshändler(in)
marchander [marʃɑ̃de] feilschen
marchandise [marʃɑ̃diz] F Ware
marche [marʃ] F Marsch *m* (*a.* MIL); *randonnée* Wanderung; *d'escalier* Stufe; **en ~** *véhicule* in Fahrt; *machine, moteur* in Gang; AUTO **~ arrière** Rückwärtsgang *m*
marché [marʃe] M Markt; *arrangement* Geschäft *n*; **~ aux puces** Flohmarkt; **au ~** auf dem Markt, auf den Markt; **bon/meilleur ~** billig/billiger; **par-dessus le ~** (auch) noch dazu
marcher [marʃe] gehen, laufen; *fonctionner* laufen; **faire ~** *appareil* anstellen; *umg personne* zum Narren halten
mardi [mardi] M Dienstag; **~ gras** Fastnacht *f*
mare [mar] F Tümpel *m*
marécage [marekaʒ] M Sumpf, Moor *n* **marécageux** [marekaʒø] sumpfig, morastig
marée [mare] F Ebbe und Flut, Gezeiten *pl*; **~ basse** Ebbe; **~ °haute** Flut; **~ noire** Ölpest
marennes [marɛn] FPL *Austern aus Marennes*
margarine [margarin] F Margarine
marge [marʒ] F Rand *m*; *fig* Spielraum *m* **marginal** [marʒinal] **1** Rand...; *fig a.* nebensächlich **2** M Außenseiter, Aussteiger
mari [mari] M (Ehe)Mann
mariage [marjaʒ] M Heirat *f*; *fête* Hochzeit *f*; *institution* Ehe *f*
marié [marje] **1** verheiratet **2** **marié(e)** M(F) Bräutigam *m*, Braut *f*
marier [marje] **se ~** heiraten (**avec qn** j-n)
marin [marɛ̃] **1** Meer(es)..., See... **2** M Seemann
marine [marin] **1** F Marine **2** ADJ **(bleu) ~** marineblau
mariner [marine] in Marinade liegen; **(faire) ~** marinieren
maritime [maritim] See...
marjolaine [marʒɔlɛn] F Majoran *m*
mark [mark] M *hist* Mark *f*
marmite [marmit] F Kochtopf *m*
Maroc [marɔk] **le ~** Marokko *n*
marocain [marɔkɛ̃] **1** marokkanisch **2** **Marocain** M Ma-

rokkaner
maroquinerie [marɔkinʀi] F Lederwarengeschäft *n*
marquant [maʀkɑ̃] bedeutend, hervorstechend, markant
marque [maʀk] F Zeichen *n*; *trace* Spur; HANDEL Marke
marquer [maʀke] (kenn)zeichnen; *noter* aufschreiben; *influencer* prägen, *but* schießen
marraine [maʀɛn] F Patin
marron[1] [maʀõ] braun
marron[2] [maʀõ] M (Ess)Kastanie *f*, Marone *f*
mars [maʀs] M März
marteau [maʀto] M Hammer
martre [maʀtʀ] F Marder *m*
masculin [maskylɛ̃] männlich
masque [mask] M Maske *f*; **~ à gaz** Gasmaske; **~ de repos** Schlafmaske
massage [masaʒ] M Massage *f*
masse [mas] F Masse, Menge; **en ~** massenweise, in Massen
masser [mase] massieren **masseur** [masœʀ] M, **masseuse** [masøz] F Masseur(in) *m(f)*
massif [masif] 1 massiv; *gros* massig 2 M (Gebirgs)Massiv *n*; **~ de fleurs** Blumenbeet *n*; **le Massif central** das Zentralmassiv
mat [mat] matt (*a. échecs*)
mât [mɑ] M Mast
match [matʃ] M SPORT Spiel *n*; **~ de foot(ball)** Fußballspiel *n*; **~ aller** Hinspiel *n*; **~ retour** Rückspiel *n*; **~ nul** unentschieden
matelas [matla] M Matratze *f*; **~ pneumatique** Luftmatratze *f*
matelot [matlo] M Matrose
matériau [mateʀjo] M Material *n*; **~x** PL Baumaterial *n*
matériel [mateʀjɛl] 1 materiell; *problèmes* finanziell 2 M Material *n*; IT Hardware *f*; **~ de camping** Campingausrüstung *f*
maternel [matɛʀnɛl] Mutter..., mütterlich **maternelle** [matɛʀnɛl] F Kindergarten *m*
maternité [matɛʀnite] F Mutterschaft; *hôpital* Entbindungsstation
mathématiques [matematik] FPL Mathematik *f*
matière [matjɛʀ] F Stoff *m*, Material *n*; *sujet* Thema *n*; *école* (Schul)Fach *n*; **~ première** Rohstoff *m*; **~s** *pl* **grasses** Fett *n*
matin [matɛ̃] M Morgen; *matinée* Vormittag; **ce ~** heute Morgen
matinée [matine] F Vormittag *m*, Morgen *m*; *théâtre* **(en) ~** (in der) Nachmittagsvorstellung *f*; **faire la grasse ~** ausschlafen
maudire [modiʀ] verfluchen
mauvais [movɛ] schlecht; *méchant* böse; *faux* falsch; *mer* bewegt; **il fait ~** es ist schlechtes Wetter
maux → mal
Mayence [majɑ̃s] Mainz
mayonnaise [majɔnɛz] F Mayonnaise
mazout [mazut] M Heizöl *n*

mdr (mort de rire) *umg* lol, ich lach mich tot
me [m(ə)] ⟨*vor Vokal* m'⟩ mich; mir
mécanicien [mekanisjɛ̃] M Mechaniker; *umg* **~ auto** Automechaniker
mécanique [mekanik] 1 mechanisch 2 F Mechanik **mécanisme** [mekanism] M Mechanismus
méchanceté [meʃɑ̃ste] F Bosheit **méchant** [meʃɑ̃] böse; *chien* bissig
mèche [mɛʃ] F *bougie* Docht *m*; *explosif* Zündschnur *f*; *de cheveux* Strähne
mécontent [mekõtɑ̃] unzufrieden
médaille [medaj] F Medaille
médecin [medsɛ̃] M Arzt, Ärztin *f*; **~ de garde** Notarzt
médecine [medsin] F Medizin
médias [medja] MPL Medien *npl*; **~ sociaux** soziale Medien *npl*, Social Media *pl*
médical [medikal] ärztlich
médicament [medikamɑ̃] M Medikament *n*
médiéval [medjeval] mittelalterlich
médiocre [medjɔkʀ] unzureichend; *élève* schwach
méditatif [meditatif] nachdenklich **méditation** [meditasjõ] F Nachdenken *n*, Meditation **méditer** [medite] nachdenken (**sur qc** über etw *akk*), meditieren
Méditerranée [mediteʀane] **la ~** das Mittelmeer
méduse [medyz] F Qualle
méfiance [mefjɑ̃s] F Misstrauen *n* **méfiant** [mefjɑ̃] misstrauisch
méfier [mefje] **se ~ de qn** j-m misstrauen
meilleur [mɛjœʀ] besser; **le ~, la ~e** der, die, das beste; *de la classe* der, die Beste
mélange [melɑ̃ʒ] M Mischung *f* **mélanger** [melɑ̃ʒe] (ver)mischen (**à** *od* **avec** mit); *dossiers, dates* durcheinanderbringen
mêler [mɛle] (ver)mischen; **se ~ de** sich (ein)mischen in (*akk*)
mélèze [melɛz] M Lärche *f*
mélodie [melɔdi] F Melodie
melon [məlõ] M Melone *f*
membre [mɑ̃bʀ] M ANAT Glied *n*; *d'un club* Mitglied *n*
mémé [meme] F Oma
même [mɛm] ADV sogar, selbst; ADJ *u.* PRON **le ~, la ~** derselbe, dieselbe, dasselbe; **la ~ chose** dasselbe, das Gleiche; **~ si** selbst wenn; **de ~ que** ebenso (wie); **de ~!** gleichfalls!
mémoire [memwaʀ] F Gedächtnis *n*; IT Speicher *m*; **~s** PL Memoiren; **de ~** aus dem Gedächtnis; **à la ~ de, en ~ de** zur Erinnerung an
menace [mənas] F Drohung; *danger* Bedrohung **menacer** [mənase] drohen (**qn de** j-m mit); *avec une arme* bedrohen

(j-n mit)
ménage [menaʒ] M Haushalt; *couple* Ehepaar *n*; **faire le ~** putzen
ménager¹ [menaʒe] schonen
ménager² [menaʒe] ADJ Haushalt(ung)s...
mendiant(e) [mɑ̃djɑ̃(t)] M(F) Bettler(in) **mendier** [mɑ̃dje] betteln
mener [məne] *conduire* bringen; *fig* führen; *diriger* leiten; *route* führen (à nach, zu); SPORT führen
menhir [meniʀ] M Menhir, Hinkelstein
méningite [menɛ̃ʒit] F Hirnhautentzündung
mensonge [mɑ̃sɔ̃ʒ] M Lüge *f*
mensuel [mɑ̃sɥɛl] 1 monatlich 2 M Monatszeitschrift *f*
mental [mɑ̃tal] geistig, Geistes... **mentalité** [mɑ̃talite] F Mentalität
menteur [mɑ̃tœʀ] M, **menteuse** [mɑ̃tøz] F Lügner(in) *m(f)*
menthe [mɑ̃t] F Minze; **crème** *f* **de ~** Pfefferminzlikör *m*
mentionner [mɑ̃sjɔne] erwähnen
mentir [mɑ̃tiʀ] lügen
menton [mɑ̃tɔ̃] M Kinn *n*
menu¹ [məny] schmächtig; *hacher* fein
menu² M Menü *n* (*a.* IT); *carte* Speisekarte *f*
menuisier [mənɥizje] M Tischler, Schreiner
mépris [mepʀi] M Verachtung *f*
mépriser [mepʀize] verachten
mer [mɛʀ] F Meer *n*, See; **la ~ Baltique** die Ostsee; **la ~ du Nord** die Nordsee; **à la ~** am *od* ans Meer, an der *od* an die See
mercerie [mɛʀsəʀi] F *articles* Kurzwaren *fpl*; *magasin* Kurzwarengeschäft *n*
merci [mɛʀsi] danke; **~ beaucoup!** vielen Dank!; **~ de** *od* **pour** danke für
mercredi [mɛʀkʀədi] M Mittwoch; **le ~** mittwochs
mercure [mɛʀkyʀ] M Quecksilber *n*
merde [mɛʀd] F *sl* Scheiße, Kacke; **~ alors!** verdammt!
mère [mɛʀ] F Mutter
merguez [mɛʀgɛz] F *scharf gewürztes Würstchen*
méridional [meʀidjɔnal] südfranzösisch
meringue [məʀɛ̃g] F Baiser *n*
mérite [meʀit] M Verdienst *n*
mériter [meʀite] verdienen
merlan [mɛʀlɑ̃] M Merlan
merle [mɛʀl] M Amsel *f*
merveille [mɛʀvɛj] F Wunder *n*; **à ~** vortrefflich
merveilleux [mɛʀvɛjø] wunderbar
mesdames [medam] **~ (et messieurs)!** meine Damen (und Herren)!
mesquin [mɛskɛ̃] kleinlich

message [mɛsaʒ] M Nachricht *f*; *petit mot* **un ~** ein paar Zeilen *fpl*; **laisser un ~ à qn** j-m e-e Nachricht hinterlassen

messe [mɛs] F Messe

messieurs [mesjø] MPL Herren; **~!** meine Herren!; *sl* **~ dames!** die Herrschaften!

mesure [məzyʀ] F Maß *n*; *disposition* Maßnahme; MUS Takt *m*; **être en ~ de** in der Lage sein zu; **sur ~** nach Maß; **en ~** im Takt

mesurer [məzyʀe] messen; **~ 1,80 m** 1,80 m groß sein; **tu mesures combien?** wie groß bist du?

métal [metal] M ‹*pl* métaux [meto]› Metall *n*

météo [meteo] *umg* F Wetterbericht *m*

méthode [metɔd] F Methode

méticuleux [metikylø] peinlich genau

métier [metje] M Beruf; Handwerk *n*

mètre [mɛtʀ] M Meter *n*; *règle, ruban* Metermaß *n*

métro [metʀo] M U-Bahn *f*

métropole [metʀɔpɔl] F Metropole

métrosexuel [metʀosɛksɥɛl] metrosexuell

mets [mɛ] M GASTR Gericht *n*

metteur [mɛtœʀ] M **~ en scène** Regisseur

mettre [mɛtʀ] (**se ~** sich) legen, stellen, setzen; *vêtements* (sich) anziehen; **~ deux jours à** (*+inf*) zwei Tage brauchen, um zu; **~ en marche** anlassen; **~ au courant** informieren; **se ~ à faire qc** anfangen, etw zu tun

meuble [mœbl] M Möbel(-stück) *n*; **~s** PL Möbel

meublé [mœble] möbliert

meubler [mœble] (**se ~** sich) einrichten

meunière [mønjɛʀ] F *poisson* **(à la) ~** nach Müllerinart

meurt [mœʀ] PRÄS → mourir

meurtre [mœʀtʀ] M Mord

meurtrier [mœʀtʀije] M Mörder

mi-... [mi] halb...; **(à la) ~janvier** Mitte Januar

micro [mikʀo] M Mikrofon *n*; *micro-ordinateur* PC

microbe [mikʀɔb] M Mikrobe *f*

microfibre [mikʀofibʀ] F Mikrofaser **micro-ondes** [mikʀoõd] M Mikrowellenherd

micro-ordinateur [mikʀoɔʀdinatœʀ] M PC **microprocesseur** [mikʀopʀɔsɛsœʀ] M Mikroprozessor **microscope** [mikʀoskɔp] M Mikroskop *n*

midi [midi] M Mittag; *heure* zwölf (Uhr); **le Midi** Südfrankreich *n*; **à ~** mittags; *heure* um zwölf (Uhr)

mie [mi] F Krume

miel [mjɛl] M Honig

mien [mjɛ̃] ‹*f* mienne [mjɛn]› **le ~, la ~ne** meine(r, -s); **les ~s, les ~nes** meine

mieux [mjø] besser; **le ~** am besten; **beaucoup ~, bien ~** viel besser; **un peu ~** etwas besser; **le ~ possible** so gut wie möglich; **au ~** bestenfalls; **de ~ en ~** immer besser
mignon [miɲõ] niedlich
migraine [migʀɛn] F Migräne
migrant(e) [migʀɑ̃(t)] M(F) Migrant(in)
mijoter [miʒɔte] bei schwacher Hitze schmoren
mil [mil] *dans une date* tausend
milieu [miljø] M Mitte *f*; *entourage* Umwelt *f*; *social* Milieu *n*; **au ~ de** in der Mitte *(gen)*
militaire [militɛʀ] **1** militärisch **2** M Soldat
milk-shake [milkʃɛk] M Milchshake
mille [mil] **1** tausend **2** M **~ (marin)** Seemeile *f*
millefeuille [milfœj] M *Cremeschnitte aus Blätterteig*
millénaire [milenɛʀ] M Jahrtausend *n*
millésime [milezim] M *d'un vin* Jahrgang
milliard [miljaʀ] M Milliarde *f*
millième [miljɛm] **1** tausendste(r, -s) **2** M MATH Tausendstel *n*
millier [milje] M Tausend *n*; **un ~ de** tausend; **des ~s (de)** Tausende (von)
millimètre [milimɛtʀ] M Millimeter *m*
million [miljõ] M Million *f*
mince [mɛ̃s] dünn; *personne* schlank
mine¹ [min] F Mine (*a.* MIL)
mine² [min] F *expression* Gesicht *n*; *aspect* Äußere(s) *n*; **avoir bonne ~** gut aussehen
mineur¹ [minœʀ] zweitrangig; JUR minderjährig; MUS **do** *m* **~** c-Moll *n*
mineur² [minœʀ] M Bergmann
minibar [minibaʀ] M Minibar *f*
minibus [minibys] M Kleinbus
minijupe [miniʒyp] F Minirock *m*
minime [minim] winzig
minimum [minimɔm] M Minimum *n*
ministère [ministɛʀ] M Ministerium *n* **ministre** [ministʀ] M Minister
minorité [minɔʀite] F Minderheit
minuit [minɥi] M Mitternacht *f*
minute [minyt] F Minute; **une ~!** e-n Augenblick!
minutieux [minysjø] peinlich genau
mirabelle [miʀabɛl] F Mirabelle
miracle [miʀakl] M Wunder *n*
miroir [miʀwaʀ] M Spiegel
mis [mi] PPERF → **mettre**
mise [miz] F *au jeu* Einsatz *m*; **~ à jour** Aktualisierung, IT Update *n*; **~ à niveau** FLUG Upgrade *n*; **~ au point** Einstellung, *fig* Richtigstellung; **~ en**

scène Inszenierung; ~ **en garde** Warnung *f*
miser [mize] setzen (**sur** auf *akk*)
misérable [mizeʀabl] elend, erbärmlich
misère [mizɛʀ] F Elend *n*
mission [misjõ] F Auftrag *m*
missionnaire [misjɔnɛʀ] M Missionar
mite [mit] F Motte
mi-temps [mitɑ̃] F SPORT Halbzeit; **travailler à ~** halbtags arbeiten
mitraillette [mitʀajɛt] F Maschinenpistole **mitrailleuse** [mitʀajøz] F Maschinengewehr *n*
mixeur [miksœʀ] M Mixer
mixte [mikst] gemischt
MJC [ɛmʒise] F (Maison des jeunes et de la culture) städtisches Jugendklubhaus *n*
Mlle (mademoiselle) Fr. (*Frau*)
Mme (madame) Fr. (*Frau*)
mobile [mɔbil] **1** beweglich **2** M Beweggrund, Motiv *n*
mobilité [mɔbilite] F Beweglichkeit; **à ~ réduite** gehbehindert
mobylette® [mɔbilɛt] F Mofa *n*
mode¹ [mɔd] M Art *f*, Weise *f*; ~ **d'emploi** Gebrauchsanweisung *f*
mode² [mɔd] F Mode; **à la ~** Mode…, modisch
modèle [mɔdɛl] **1** Muster… **2** M Modell *n*; *fig exemple* Vorbild *n* **3** *mode* Model *n*
modem [mɔdɛm] M Modem *n*
modération [mɔdeʀasjõ] F Mäßigung
modéré [mɔdeʀe] mäßig; *prix, personne* maßvoll
moderne [mɔdɛʀn] modern
moderniser [mɔdɛʀnize] modernisieren
modeste [mɔdɛst] bescheiden
modification [mɔdifikasjõ] F (Ab)Änderung **modifier** [mɔdifje] ändern; *retoucher* abändern
moelle [mwal] F Mark *n*; ~ **épinière** Rückenmark *n* **moelleux** [mwalø] **1** ADJ *tapis, son* weich **2** M ~ **au chocolat** Schokoladenkuchen (mit weichem Inneren)
mœurs [mœʀ(s)] FPL Sitten
moi [mwa] *après* PRÄP mich (*akk*), mir (*dat*); *sujet* ich
moindre [mwɛ̃dʀ] geringer, minder; **le/la ~** der/die/das geringste
moine [mwan] M Mönch
moineau [mwano] M Spatz
moins¹ [mwɛ̃] weniger (**que, de** als); **le ~** am wenigsten; ~ **cher** billiger; **le ~ cher** am billigsten; **du ~, au ~** wenigstens; **de ~ en ~** immer weniger; **à ~ que** es sei denn, dass
moins² [mwɛ̃] PRÄP MATH, *température* minus; HANDEL abzüglich (*gen*); **cinq heures ~ dix** zehn vor fünf

mois [mwa] M Monat
moisi [mwazi] **1** schimm(e)lig **2** M Schimmel **moisir** [mwaziʀ] (ver)schimmeln **moisissures** [mwazisyʀ] FPL Schimmel *m*
moisson [mwasõ] F Ernte
moissonner [mwasɔne] ernten
moitié [mwatje] F Hälfte; **à ~** halb, zur Hälfte
moka [mɔka] M Mokka; *gâteau* Mokka- *od* Schokoladentörtchen *n*
molaire [mɔlɛʀ] F Backenzahn *m*
molle → mou
mollet [mɔlɛ] M Wade *f*
moment [mɔmã] M Augenblick, Moment; **en ce ~** im Augenblick, in diesem Moment; **dans un ~** gleich; **pour le ~** vorerst; **au ~ où** in dem Augenblick, als *od* wo
momentané [mɔmãtane] augenblicklich
mon [mõ] ‹*f* ma [ma], *pl* mes [me]› mein(e)
monastère [mɔnastɛʀ] M Kloster *n*
monde [mõd] M Welt *f*; **du ~** Leute *pl*; **tout le ~** jeder (-mann), alle
mondial [mõdjal] Welt..., global **mondialisation** [mõdjalizasjõ] F Globalisierung
Moneo [moneo] **carte** *f* **~** Geldkarte
monétaire [mɔnetɛʀ] Geld..., Währungs..., Münz...
moniteur [mɔnitœʀ] M, **monitrice** [mɔnitʀis] F *de ski* Skilehrer(in) *m(f)*; *d'auto-école* Fahrlehrer(in) *m(f)*; *de colonie de vacances* Betreuer(in) *m(f)*
monnaie [mɔnɛ] F *d'un pays* Währung; *argent* Geld *n*; *pièces* Kleingeld *n*; **rendre la ~** herausgeben; **faire la ~ de 100 euros** 100 Euro wechseln
monologue [mɔnɔlɔg] M Selbstgespräch *n*
monotone [mɔnɔtɔn] eintönig
monsieur [məsjø] M Herr; *lettre* **Monsieur**, Sehr geehrter Herr (+ *nom de famille*)
monstre [mõstʀ] **1** M Ungeheuer *n* **2** ADJ Monster..., Riesen... **monstrueux** [mõstʀyø] scheußlich
mont [mõ] M Berg
montagne [mõtaɲ] F *mont* Berg *m*; *opposé à plaine* Gebirge *n*, Berge *mpl*; **à la ~** im *od* ins Gebirge
montant [mõtã] M Betrag
montée [mõte] F *ascension* Aufstieg *m*; *pente* Steigung; *fig hausse* Anstieg *m*
monter [mõte] steigen (**à, sur** auf *akk*), hinauf- *od* herauf- *od* hochgehen (*véhicule* -fahren); *route* ansteigen; *température, marée* steigen; TECH montieren; *tente* aufschlagen; **~ dans** (ein)steigen in (*akk*); **se ~ à** betragen (*akk*)

montre [mõtʀ] F Uhr; IT **~ connectée** Smartwatch; *fig* **jouer la ~** auf Zeit spielen **montre-bracelet** [mõtʀbʀaslɛ] F Armbanduhr

montrer [mõtʀe] zeigen

monture [mõtyʀ] F **~ (de lunettes)** Brillengestell *n*

monument [mɔnymɑ̃] M Denkmal *n*

moquer [mɔke] **se ~ de** sich lustig machen über (*akk*)

moquette [mɔkɛt] F Teppichboden *m*

moqueur [mɔkœʀ] spöttisch

moral [mɔʀal] **1** moralisch; *psychologique* seelisch **2** M Moral *f*, Stimmung *f*

morale [mɔʀal] F Moral

morceau [mɔʀso] M ⟨*pl* morceaux⟩ Stück *n*

mordre [mɔʀdʀ] beißen; *insecte* stechen; *poisson* anbeißen; **se ~ la langue** sich auf die Zunge beißen

morille [mɔʀij] F Morchel

morse [mɔʀs] M ZOOL Walross *n*

morsure [mɔʀsyʀ] F Bisswunde; (Insekten)Stich *m*

mort [mɔʀ] **1** tot, gestorben; *bois* dürr **2** F Tod *m* **3** **mort(e)** [mɔʀ(t)] M(F) Tote(r) *m/f(m)* **mortel** [mɔʀtɛl] tödlich; *l'homme* sterblich; *umg très ennuyeux* sterbenslangweilig **mort(e)-vivant(e)** [mɔʀ(t)vivɑ̃(t)] M(F) Zombie *m*; Untote(r) *m/f(m)*

morue [mɔʀy] F Kabeljau *m*

mosaïque [mɔzaik] M Mosaik *n*

mosquée [mɔske] F Moschee

mot [mo] M Wort *n*; **~s** *pl* **croisés** Kreuzworträtsel *n*; IT **~ de passe** Passwort *n*

motard [mɔtaʀ] M Motorradfahrer *m* (*der Polizei*)

mot-dièse [modjɛz] M IT Hashtag *m od n*

motel [mɔtɛl] M Motel *n*

moteur [mɔtœʀ] M Motor; **~ Diesel** Dieselmotor; **~ à deux temps** Zweitaktmotor; IT **~ de recherche** Suchmaschine *f*

motif [mɔtif] M Motiv *n*

moto [mɔto] *umg* F, **motocyclette** [mɔtosiklɛt] F Motorrad *n* **motocycliste** [mɔtosiklist] M Motorradfahrer

motte [mɔt] F **~ (de terre)** Scholle; **~ de beurre** Butterklumpen *m*

mou [mu] ⟨*f* **molle** [mɔl]⟩ weich; *apathique* lahm

mouche [muʃ] F Fliege

moucher [muʃe] **se ~** sich die Nase putzen **mouchoir** [muʃwaʀ] M Taschentuch *n*; **~ en papier** Papiertaschentuch *n*

moudre [mudʀ] mahlen

mouette [mwɛt] F Möwe

mouillé [muje] nass; **être tout mouillé** völlig durchnässt sein

mouiller [muje] nass machen; **se ~** nass werden

moule[1] [mul] F ZOOL Miesmuschel; **~s** *pl* **marinière** *in Wein-*

sud gekochte Miesmuscheln

moule² [mul] M (Gieß)Form *f*; GASTR Back-, Kuchenform

mouler [mule] *statue* gießen; *briques* formen

moulin [mulɛ̃] M Mühle *f*; **~ à vent** Windmühle *f*; **~ à café** Kaffeemühle *f*; **~ à poivre** Pfeffermühle *f*

moulu [muly] gemahlen

mourir [muʀiʀ] sterben

mousqueton [muskətõ] M SPORT *d'escalade* Karabiner

mousse¹ [mus] F BOT Moos *n*

mousse² [mus] F Schaum *m*; GASTR Mousse; *matière plastique* Schaumstoff *m*; **~ au chocolat** Schokoladenmousse; **~ coiffante** Schaumfestiger *m*; **~ à raser** Rasierschaum *m*

mousser [muse] schäumen

mousseux [musø] **1** schäumend **2** M Schaumwein

moustache [mustaʃ] F Schnurrbart *m*

moustiquaire [mustikɛʀ] F Moskitonetz *n*

moustique [mustik] M (Stech)Mücke *f*

moût [mu] M Most

moutarde [mutaʀd] F Senf *m*

mouton [mutõ] M Schaf *n*; *mâle castré* Hammel; *viande* Hammelfleisch *n*

mouvement [muvmã] M Bewegung *f*

mouvementé [muvmãte] *séance* erregt; *vie* bewegt

moyen [mwajɛ̃] **1** mittlere(r, -s), durchschnittlich **2** M Mittel *n*; **~s** PL (Geld)Mittel *npl*; *capacités* Fähigkeiten *fpl*

moyenne [mwajɛn] F Durchschnitt *m*

mozzarella [mɔdzaʀela] F Mozzarella *m*

MST F (maladie sexuellement transmissible) Geschlechtskrankheit

muesli [mysli] M Müsli *n*

muet [mɥɛ] ‹*f* muette [mɥɛt]› stumm

muguet [mygɛ] M Maiglöckchen *n*

mule [myl] F Pantoffel *m*

mulet [mylɛ] M Maulesel

multicolore [myltikɔlɔʀ] bunt

multiculturel [myltikyltyʀɛl] multikulturell

multiple [myltipl] verschieden; **à de ~s reprises** mehrmals

multiplier [myltiplije] vermehren; MATH multiplizieren; **se ~** sich häufen; BIOL sich vermehren

multitude [myltityd] F **une ~ de …** e-e Vielzahl von (*od gen*)

Munich [mynik] München

municipal [mynisipal] ‹*pl* municipaux [mynisipo]› kommunal; städtisch **municipalité** [mynisipalite] F *commune* Gemeinde; *ville* Stadt

munir [myniʀ] ausrüsten, versehen (**de** mit)

munitions [mynisjõ] FPL Munition *f*

mur [myʀ] M Mauer *f; intérieur* Wand *f*
mûr [myʀ] reif
muraille [myʀaj] F (Stadt-)Mauer **mural** [myʀal] Wand...
mûre [myʀ] F Brombeere
murer [myʀe] zumauern
mûrir [myʀiʀ] reifen
murmure [myʀmyʀ] M Gemurmel *n* **murmurer** [myʀmyʀe] murmeln
muscade [myskad] F Muskatnuss
muscat [myska] M Muskateller (-wein)
muscle [myskl] M Muskel
musclé [myskle] muskulös
musculation [myskylasjõ] F Muskeltraining *n*
museau [myzo] M Schnauze *f*
musée [myze] M Museum *n*
musicien [myzisjɛ̃] 1 musikalisch 2 M Musiker
musique [myzik] F Musik; **~ classique** klassische Musik; **~ pop** Popmusik; **~ de chambre** Kammermusik
musulman [myzylmɑ̃] 1 muslimisch, mohammedanisch 2 M Muslim, Mohammedaner
mutiler [mytile] verstümmeln
mutuel(lement) [mytɥɛl(mɑ̃)] gegenseitig
mygale [migal] F Vogelspinne
myope [mjɔp] kurzsichtig
myrtille [miʀtij] F Heidel-, Blaubeere
mystère [mistɛʀ] M Geheimnis *n; énigme* Rätsel *n*
mystérieux [misteʀjø] geheimnisvoll

N

nacre [nakʀ] F Perlmutt *n*
nage [naʒ] F Schwimmen *n;* **être en ~** schweißgebadet sein
nageoire [naʒwaʀ] F Flosse
nager [naʒe] schwimmen; **~ le crawl** kraulen
nageur [naʒœʀ] M, **nageuse** [naʒøz] F Schwimmer(in) *m(f)*
naïf [naif] naiv
nain [nɛ̃] M Zwerg
naissance [nɛsɑ̃s] F Geburt; *fig* Entstehung
naître [nɛtʀ] geboren werden; *fig* entstehen
nappe [nap] F Tischtuch *n*
narcisse [naʀsis] M Narzisse *f*
narcotique [naʀkɔtik] M Betäubungsmittel *n*
narine [naʀin] F Nasenloch *n*
narration [naʀasjõ] F Erzählung
natal [natal] Geburts..., Heimat... **natalité** [natalite] F (**taux** *m* **de**) **~** Geburtenzahl
natation [natasjõ] F Schwimmen *n*
natif [natif] **~ de** gebürtig aus
nation [nasjõ] F Nation
national [nasjɔnal] National...

nationale [nasjɔnal] F *correspond à* Bundesstraße

nationalité [nasjɔnalite] F Staatsangehörigkeit, Nationalität

natte [nat] F Zopf *m*; ~ **isolante** Isomatte

nature [natyʀ] F Natur; *caractère a.* Wesen *n*; ~ **morte** Stilleben *n*; **café** *m* ~ schwarzer Kaffee

naturel [natyʀɛl] natürlich, Natur...; *aliments* naturbelassen **naturellement** [natyʀɛlmɑ̃] natürlich, selbstverständlich

naturisme [natyʀism] M Freikörperkultur *f*, FKK

naufrage [nofʀaʒ] M Schiffbruch

nausée [noze] F Übelkeit

nautique [notik] Wasser...

naval [naval] See...

navarin [navaʀɛ̃] M Lammragout *n*

navet [navɛ] M weiße Rübe *f*

navette [navɛt] F Pendelzug *m*, -bus *m*; *bac* Fähre; *correspondance* Zubringer(bus) *m*; **faire la** ~ pendeln

navigateur [navigatœʀ] M IT Browser

navigation [navigasjõ] F Schifffahrt; ~ **aérienne** Luftfahrt; ~ **spatiale** Raumfahrt

naviguer [navige] *bateau* fahren; *marin* zur See fahren; *voilier* segeln; FLUG fliegen; IT ~ **sur Internet** im Internet surfen

navire [naviʀ] M (See)Schiff *n*

navré [navʀe] tief betrübt

ne [nə] ~ ... **pas** nicht; ~ ... **que** nur, *temporel* erst; ~ ... **plus** nicht mehr

né [ne] PPERF *von* **naître** geboren

néanmoins [neɑ̃mwɛ̃] dennoch, trotzdem

nécessaire [nesesɛʀ] **1** notwendig **2** M **le** ~ das Notwendige; *trousse* Necessaire *n*

nécessité [nesesite] F Notwendigkeit **nécessiter** [nesesite] erfordern

néerlandais [neɛʀlɑ̃dɛ] **1** niederländisch **2** **Néerlandais** M Niederländer

nef [nɛf] F Schiff *n*

néfaste [nefast] verhängnisvoll

négatif [negatif] **1** negativ; *réponse* verneinend **2** M FOTO Negativ *n*

négation [negasjõ] F Verneinung

négligent [negliʒɑ̃] nachlässig **négliger** [negliʒe] vernachlässigen

négociant [negɔsjɑ̃] M ~ **en vins** Weinhandlung *f* **négocier** [negɔsje] verhandeln

neige [nɛʒ] F Schnee *m*; ~ **fraîche** Neuschnee *m*; ~ **fondue** Schneeregen *m*; ~ **verglacée** Schneeglätte

neiger [nɛʒe] schneien; **il neige** es schneit

neigeux [nɛʒø] verschneit;

sommet schneebedeckt

néon [neõ] M Neon *n*; *tube* Neonröhre *f*

nerf [nɛʀ] M Nerv

nerveux [nɛʀvø] nervös, Nerven... **nervosité** [nɛʀvozite] F Nervosität

n'est-ce pas? [nɛspa] nicht wahr?

net [nɛt] *propre* sauber, rein; *clair* klar, deutlich; *réponse* eindeutig; FOTO, TV scharf; HANDEL netto

Net [nɛt] **le ~** *Internet* das Net(z)

netteté [nɛtte] F Sauberkeit; Klarheit; FOTO, TV Schärfe

nettoyage [nɛtwajaʒ] M Reinigung *f*; **~ à sec** chemische Reinigung *f*

nettoyer [nɛtwaje] reinigen, säubern

neuf¹ [nœf] neun

neuf² [nœf] ⟨*f* **neuve** [nœv]⟩ neu

neutre [nøtʀ] neutral; GRAM sächlich

neuvième [nœvjɛm] **1** neunte(r, -s) **2** M MATH Neuntel *n*

névé [neve] M Firn

neveu [nəvø] M Neffe

névralgie [nevʀalʒi] F Neuralgie **névrodermite** [nevʀɔdɛʀmit] F MED Neurodermitis **névrotique** [nevʀɔtik] neurotisch

nez [ne] M Nase *f*

ni [ni] und nicht; **~ ... ~ ...** weder ... noch ...

niais [njɛ] albern

Nice [nis] Nizza

niche [niʃ] F Nische; *de chien* Hundehütte

nid [ni] M Nest *n*

nièce [njɛs] F Nichte

nier [nje] leugnen

n'importe → importer²

niveau [nivo] M Niveau *n* (*a. fig*); *hauteur* Höhe *f*; **~ d'huile** Ölstand; **~ de la mer** Meeresspiegel; **~ de vie** Lebensstandard; **au ~ de** auf gleicher Höhe mit

Nobel [nɔbɛl] **prix** *m* **~** Nobelpreis

noble [nɔbl] **1** ad(e)lig; *fig* edel **2** M/F Adlige(r) *m/f(m)* **noblesse** [nɔblɛs] F Adel *m*

noce [nɔs] F, **~s** PL Hochzeit *f*

nocif [nɔsif] schädlich

nocturne [nɔktyʀn] **1** nächtlich, Nacht... **2** F *od* M HANDEL *Öffnungszeit am Abend*

Noël [nɔɛl] M Weihnachten *n*; **père** *m* **~** Weihnachtsmann

nœud [nø] M Knoten

noir [nwaʀ] **1** schwarz; *sombre* dunkel; *umg ivre* blau **2** **Noir(e)** M(F) Schwarze(r) *m/f(m)*

noisette [nwazɛt] F Haselnuss

noix [nwa] F (Wal)Nuss

nom [nõ] M Name; **petit ~** Vorname; **~ de famille** Familienname; **~ de jeune fille** Geburts- *od* Mädchenname; **~ propre** Eigenname; **de ~** dem Namen nach

nombre [nõbʀ] M Zahl *f*; *quantité a.* Anzahl *f*
nombreux [nõbʀø] zahlreich
nombril [nõbʀi(l)] M Nabel
nommer [nɔme] nennen; *à une fonction* ernennen; **se ~** sich nennen, heißen
non [nõ] nein; **moi ~** ich nicht!; **moi ~ plus** ich auch nicht; **~ seulement ..., mais encore** nicht nur ..., sondern auch
nonante [nɔnɑ̃t] *Belgique, Suisse* neunzig
non-fumeur [nõfymœʀ] M Nichtraucher; **espace** *m* **~** Nichtraucherzone *f* **non-nageur** [nõnaʒœʀ] M Nichtschwimmer
nord [nɔʀ] M Norden; **au ~ de** nördlich von
nord-est [nɔʀɛst] M Nordosten
nordique [nɔʀdik] nordisch; **marche** *f* **~** Nordic Walking *n*
nord-ouest [nɔʀwɛst] M Nordwesten
normal [nɔʀmal] normal **normalement** [nɔʀmalmɑ̃] normalerweise
normand [nɔʀmɑ̃] normannisch, aus der Normandie
Normandie [nɔʀmɑ̃di] **la ~** die Normandie
Norvège [nɔʀvɛʒ] **la ~** Norwegen *n*
norvégien [nɔʀveʒjɛ̃] **1** norwegisch **2** **Norvégien** M Norweger
nos [no] → notre
nostalgie [nɔstalʒi] F Sehnsucht (**de** nach)
notaire [nɔtɛʀ] M Notar
notamment [nɔtamɑ̃] besonders
note [nɔt] F Note; *annotation* Anmerkung; *d'hôtel* Rechnung
notebook [nɔtbuk] M IT Notebook *n* **noter** [nɔte] *écrire* (sich) notieren, (sich) aufschreiben; *constater* feststellen
notice [nɔtis] F *d'un appareil* Anleitung; *d'un médicament* Beipackzettel *m*
notion [nosjõ] F Begriff *m*; **~s** PL Grundkenntnisse (**de** in *dat*)
notre [nɔtʀ] ⟨*pl* nos [no]⟩ unser(e)
nôtre [notʀ] **le ~, la ~** unsere(r, -s); **les ~s** PL unsere
nouer [nwe] (zusammen-, zu)binden
nouilles [nuj] FPL Nudeln
nourrice [nuʀis] F Tagesmutter
nourrir [nuʀiʀ] ernähren; *animaux* füttern; **se ~** sich ernähren (**de** von)
nourrissant [nuʀisɑ̃] nahrhaft **nourrisson** [nuʀisõ] M Säugling
nourriture [nuʀityʀ] F Nahrung
nous [nu] wir; *complément d'objet* uns
nouveau [nuvo] ⟨*vor Vokal* nouvel, *f* nouvelle [nuvɛl]⟩ neu; **de** *od* **à ~** wieder, noch

einmal; ~-**né** [nuvone] M Neugeborene(s) *n*
nouveauté [nuvote] F Neuheit
nouvel(le) → nouveau
nouvelle [nuvɛl] F Nachricht; *récit* Novelle; *radio*, TV ~**s** PL Nachrichten
Nouvelle-Zélande [nuvɛlzelɑ̃d] **la** ~ Neuseeland *n*
novembre [nɔvɑ̃bʀ] M November
novice [nɔvis] **1** unerfahren **2** M Neuling
noyau [nwajo] M Kern
noyer¹ [nwaje] ertränken; **se** ~ ertrinken
noyer² [nwaje] M Nussbaum
nu [ny] **1** nackt; *plaine, arbre* kahl **2** M *peinture, sculpture* Akt
nuage [nɥaʒ] M Wolke *f*
nuageux [nɥaʒø] wolkig
nuancer [nɥɑ̃se] nuancieren, differenzieren
nucléaire [nykleɛʀ] Kern..., nuklear; **centrale** *f* ~ Kernkraftwerk *n*
nudisme [nydism] M Freikörperkultur *f*, FKK
nuire [nɥiʀ] schaden (**à** *dat*)
nuisible [nɥizibl] schädlich (**à** für)
nuit [nɥi] F Nacht; *à l'hôtel a.* Übernachtung; **cette** ~ heute Nacht; **la** ~ nachts; **bonne** ~! gute Nacht; **il fait** ~ es ist Nacht, dunkel; **la** ~ **tombe** es wird Nacht, dunkel
nuitée [nɥite] F Übernachtung
nul [nyl] SPORT unentschieden; *visibilité, risques* gleich null; *devoir* wertlos
nullement [nylmɑ̃] keineswegs
numérique [nymeʀik] digital
numéro [nymeʀo] M Nummer *f*; ~ **de la chambre** Zimmernummer *f*; ~ **de fax** Faxnummer *f*; ~ **d'immatriculation** Zulassungsnummer *f*; ~ **de téléphone** Telefonnummer *f*; ~ **vert** Service-130-Rufnummer *f*; **faire le** ~ wählen; **faire un faux** ~ sich verwählen
numéroter [nymeʀɔte] nummerieren
nu-pieds [nypje] **1** barfuß **2** MPL (einfache) Sandalen *fpl*
nuque [nyk] F Genick *n*, Nacken *m*

oasis [ɔazis] F Oase
obéir [ɔbeiʀ] gehorchen (**à** *dat*)
obéissance [ɔbeisɑ̃s] F Gehorsam *m*
obélisque [ɔbelisk] M Obelisk
objectif [ɔbʒɛktif] **1** objektiv **2** M *but* Ziel *n*; FOTO Objektiv *n*
objection [ɔbʒɛksjõ] F Ein-

wand *m*
objet [ɔbʒɛ] M Gegenstand; **~ d'art** Kunstgegenstand; **~s** *pl* **de valeur** Wertsachen *fpl*; **bureau** *m* **des ~s trouvés** Fundbüro *n*
obligation [ɔbligasjõ] F Verpflichtung
obligatoire [ɔbligatwaʀ] obligatorisch; **enseignement** *m* **~** Schulpflicht *f*
obligé [ɔbliʒe] dankbar, verbunden; **je vous serais très ~(e) de bien vouloir faire qc** ich wäre Ihnen sehr dankbar, wenn Sie etw tun würden
obligeant [ɔbliʒɑ̃] freundlich, entgegenkommend **obliger** [ɔbliʒe] zwingen **(à zu)**
oblique [ɔblik] schief, schräg
oblitérer [ɔbliteʀe] entwerten
obscène [ɔpsɛn] obszön
obscur [ɔpskyʀ] dunkel (*a. fig*)
obscurité [ɔpskyʀite] F Dunkelheit
obsèques [ɔpsɛk] FPL Trauerfeier *f*, Beisetzung *f*
observation [ɔpsɛʀvasjõ] F Beobachtung; *remarque* Bemerkung
observatoire [ɔpsɛʀvatwaʀ] M Observatorium *n*
observer [ɔpsɛʀve] beobachten; *remarquer* bemerken; *règlement* einhalten
obstacle [ɔpstakl] M Hindernis *n*
obstiné [ɔpstine] hartnäckig
obstiner [ɔpstine] **s'~** stur sein; **s'~ à faire qc** sich darauf versteifen, etw zu tun
obtenir [ɔptəniʀ] erlangen
obturateur [ɔptyʀatœʀ] M FOTO Verschluss
obus [ɔby] M Granate *f*
occasion [ɔkazjõ] F Gelegenheit; **à l'~** gelegentlich, bei Gelegenheit; **à l'~ de** anlässlich (*gen*); **d'~** gebraucht; **voiture** *f* **d'~** Gebrauchtwagen *m*
occasionner [ɔkazjɔne] verursachen
Occident [ɔksidɑ̃] M **l'~** der Westen **occidental** [ɔksidɑ̃tal] westlich
occupant [ɔkypɑ̃] M (Haus)-Bewohner; AUTO Insasse **occupation** [ɔkypasjõ] F Beschäftigung; MIL Besetzung
occupé [ɔkype] *personne* beschäftigt; *place, taxi*, TEL besetzt; *appartement* bewohnt
occuper [ɔkype] *enfant* beschäftigen; *temps, soirées* verbringen; *de la place* ein-, wegnehmen; *appartement* bewohnen; *poste* innehaben; MIL besetzen; **s'~ de** sich beschäftigen mit, sich kümmern um
océan [ɔseɑ̃] M Ozean
octante [ɔktɑ̃t] *Belgique, Suisse* achtzig
octobre [ɔktɔbʀ] M Oktober
oculiste [ɔkylist] M/F Augenarzt *m*, -ärztin *f*
odeur [ɔdœʀ] F Geruch *m*; *parfum* Duft *m*; **mauvaise ~** Gestank *m*

odieux [ɔdjø] grässlich; **~ avec qn** gemein zu j-m
odorat [ɔdɔʀa] M Geruchssinn
œdème [edɛm] M MED Ödem *n*
œil [œj] M ‹*pl* **yeux** [jø]› Auge *n*; **coup** *m* **d'~** Blick
œillet [œjɛ] M Nelke *f*
œuf [œf] M ‹*pl* **œufs** [ø]› Ei *n*; **~ à la coque** weiches Ei *n*; **~ dur** hartes Ei *n*; **~ sur le plat** Spiegelei *n*; **~s** *pl* **brouillés** Rührei(er) *n(pl)*
œuvre [œvʀə] F Werk *n*; **~ d'art** Kunstwerk *n*
offense [ɔfɑ̃s] F Beleidigung
offenser [ɔfɑ̃se] beleidigen
office [ɔfis] M Dienststelle *f*; *messe* Gottesdienst; **~ du tourisme** Fremdenverkehrsamt *n*; **d'~** von Amts wegen
officiel [ɔfisjɛl] offiziell
officier [ɔfisje] M Offizier
offre [ɔfʀ] F Angebot *n*; **~s** *pl* **d'emploi** Stellenangebote *npl*; **~ de dernière minute** Last-Minute-Angebot *n*
offrir [ɔfʀiʀ] anbieten; *en cadeau* schenken; **s'~ qc** sich etw leisten
OGM M (organisme génétiquement modifié) gentechnisch veränderter Organismus
oie [wa] F Gans
oignon [ɔɲõ] M Zwiebel *f*
oiseau [wazo] M Vogel; **~ de proie** Greifvogel
olive [ɔliv] F Olive; ADJ *couleur* oliv
ombragé [õbʀaʒe] schattig
ombre [õbʀ] F Schatten *m*; **~ à paupières** Lidschatten *n*; **à l'~** im Schatten
ombrelle [õbʀɛl] F Sonnenschirm *m*
omelette [ɔmlɛt] F Omelett *n*; **~ au jambon** Schinkenomelett *n*
omettre [ɔmɛtʀ] auslassen; **~ de** (+*inf*) (es) unterlassen zu
omoplate [ɔmɔplat] F Schulterblatt *n*
on [õ] man; *umg* wir; **~ frappe** es klopft
oncle [õkl] M Onkel
onde [õd] F Welle; *radio*; **sur les ~s** im Rundfunk
ongle [õgl] M Nagel
ont [õ] PRÄS → avoir
ONU [ɔny] F (Organisation des Nations unies) **l'~** die UNO
onze [õz] elf
opaque [ɔpak] undurchsichtig
opéra [ɔpeʀa] M Oper *f*
opération [ɔpeʀasjõ] F (Rettungs-, Polizei)Aktion; MED, MIL Operation; *affaire* Geschäft *n* **opérer** [ɔpeʀe] MED operieren; *procéder* vorgehen; *médicament* wirken
ophtalmologiste [ɔftalmɔlɔʒist] M/F Augenarzt *m*, -ärztin *f*
opiniâtre [ɔpinjatʀ] hartnäckig
opinion [ɔpiɲõ] F Meinung
opportun [ɔpɔʀtɛ̃, ɔpɔʀtœ̃] günstig, angebracht

opposé [ɔpoze] **1** gegenüberliegend; *direction, goûts* entgegengesetzt; **être ~ à qc** gegen etw sein **2** M Gegenteil *n*; **à l'~ de** im Gegensatz zu

opposer [ɔpoze] gegenüberstellen (**à** *dat*); **s'~ à** *personne* sich widersetzen (*dat*); *chose* im Wege stehen (*dat*)

opposition [ɔpɔzisjõ] F Gegensatz *m*; *résistance* Widerstand *m* (**à** gegen); JUR Einspruch *m*; POL Opposition

oppresser [ɔpʀese] beklemmen; *fig* bedrücken **opprimer** [ɔpʀime] unterdrücken

opticien [ɔptisjɛ̃] M Optiker

option [ɔpsjõ] F Wahl; AUTO **~s** PL Extras *npl*; *école* (**matière** *f* **à**) **~** Wahlfach *n*

or¹ [ɔʀ] M Gold *n*

or² [ɔʀ] KONJ nun (aber)

orage [ɔʀaʒ] M Gewitter *n* **orageux** [ɔʀaʒø] gewittrig

oral [ɔʀal] **1** mündlich; MED **par voie ~e oral 2** M mündliche Prüfung *f*

orange [ɔʀɑ̃ʒ] **1** *couleur* orange(farben) **2** F Apfelsine, Orange

orchestre [ɔʀkɛstʀ] M Orchester *n*; *théâtre* (Platz im) Parkett *n*

ordi [ɔʀdi] *umg* M (*ordinateur*) Computer; *umg* Kiste *f*

ordinaire [ɔʀdinɛʀ] **1** gewöhnlich; *pej* ordinär **2** M *essence* Normalbenzin *n*; **d'~** gewöhnlich

ordinateur [ɔʀdinatœʀ] M Computer, PC; **~ portable** Laptop, Notebook

ordonnance [ɔʀdɔnɑ̃s] F MED Rezept *n*

ordonné [ɔʀdɔne] *personne* ordentlich; *intérieur* wohlgeordnet

ordonner [ɔʀdɔne] *classer* ordnen; *commander* befehlen

ordre [ɔʀdʀ] M Ordnung *f*; *classement* Reihenfolge *f*; *commandement* Befehl (*a.* IT)

ordures [ɔʀdyʀ] FPL Müll *m*

oreille [ɔʀɛj] F Ohr *n* **oreiller** [ɔʀeje] M Kopfkissen *n* **oreillons** [ɔʀɛjõ] MPL Mumps *m*

orfèvre [ɔʀfɛvʀə] M Goldschmied

organe [ɔʀgan] M Organ *n*

organisation [ɔʀganizasjõ] F Organisation **organiser** [ɔʀganize] organisieren

organisme [ɔʀganism] M ANAT, BOT Organismus; *institution* Organisation *f*

orgasme [ɔʀgasm] M Orgasmus

orgie [ɔʀʒi] F Orgie

orgue [ɔʀg] M (*od* **~s** FPL) Orgel *f*

orgueil [ɔʀgœj] M *vanité* Hochmut; *fierté* Stolz

Orient [ɔʀjɑ̃] M **l'~** der Orient **oriental** [ɔʀjɑ̃tal] orientalisch; *à l'est* östlich

orientation [ɔʀjɑ̃tasjõ] F Orientierung; **~ sexuelle** sexuelle Orientierung **orienter** [ɔʀjɑ̃-

te] s'~ sich orientieren
originaire [ɔʀiʒinɛʀ] **être ~ de** stammen aus
original [ɔʀiʒinal] **1** original; Original...; *idée* originell; *personne* sonderbar **2** M Original *n*
origine [ɔʀiʒin] F Ursprung *m*, Herkunft; *cause* Ursache
ORL [oɛʀɛl] M/F (otorhino-laryngologiste) HNO-Arzt *m*, -Ärztin *f*
orner [ɔʀne] schmücken
orphelin(e) [ɔʀfəlɛ̃ (ɔʀfəlin)] M(F) Waise *f*
orteil [ɔʀtɛj] M Zehe *f*
orthodoxe [ɔʀtɔdɔks] orthodox
orthographe [ɔʀtɔgʀaf] F Rechtschreibung
orthopédiste [ɔʀtɔpedist] M Orthopäde *m*
ortie [ɔʀti] F Brennnessel
os [ɔs, PL o] M Knochen
osciller [ɔsile] schwingen; *fig* schwanken (**entre** zwischen *dat*)
osé [oze] gewagt **oser** [oze] wagen, sich trauen
osier [ozje] M Korbweide *f*; **en ~** Korb...
otage [ɔtaʒ] M Geisel *f*
OTAN [ɔtɑ̃] F **l'~** die NATO
ôter [ote] wegnehmen; *manteau* ablegen
otite [ɔtit] F Ohrenentzündung
oto-rhino(-laryngologiste) [ɔtoʀino(laʀɛ̃gɔlɔʒist)] M/F Hals-Nasen-Ohren-Arzt *m*, -Ärztin *f*
ou [u] oder; **~ bien** oder; **~ (bien) ... ~ (bien)** ... entweder ... oder ...; **cinq ~ six** ... fünf bis sechs ...
où [u] **~?** wo? wohin?; **d'~?** woher?; PRON *relatif* in dem (der), in den (die, das); **d'~** aus dem; **là ~** da, dort, wo; **le soir ~** der Abend, an dem
ouate [wat] F Watte
oubli [ubli] M Vergessen *n*; **tomber dans l'~** in Vergessenheit geraten
oublier [ublije] vergessen (**de** zu)
ouest [wɛst] M Westen; **à l'~ de** westlich von
oui [wi] ja; **mais ~** aber ja, ja doch
ouïe [wi] F Gehör(sinn) *n(m)*
ouragan [uʀagɑ̃] M Orkan
ourlet [uʀlɛ] M Saum
ours [uʀs] M Bär; **~ blanc** Eisbär
oursin [uʀsɛ̃] M Seeigel
outdoor [autdɔʀ] ADJ outdoor
outil [uti] M Werkzeug *n*
outre [utʀ] PRÄP außer (*dat*); ADV **en ~** außerdem
outré [utʀe] entrüstet
outre-mer [utʀəmɛʀ] **d'~** überseeisch, Übersee...
ouvert [uvɛʀ] geöffnet **ouverture** [uvɛʀtyʀ] F Öffnung; *d'un compte, d'une exposition* Eröffnung; MUS Ouvertüre
ouvrage [uvʀaʒ] M Arbeit *f*; *li-*

vre Werk *n*
ouvre-boîtes [uvʀəbwat] M Dosenöffner **ouvre-bouteilles** [uvʀəbutɛj] M Flaschenöffner
ouvrier [uvʀije] M, **ouvrière** [uvʀijɛʀ] F Arbeiter(in) *m(f)*
ouvrir [uvʀiʀ] (er)öffnen; *lumière* anmachen
ovale [ɔval] oval
oxygène [ɔksiʒɛn] M Sauerstoff
ozone [ozon, ozɔn] M Ozon *n*; **couche** *f* **d'~** Ozonschicht; **taux** *m* **d'~** Ozonwert; **trou** *m* **d'~** Ozonloch *n*

P

pace-maker [pɛsmɛkœʀ] M Herzschrittmacher
pacifique [pasifik] friedlich **Pacifique** [pasifik] **le ~, l'océan ~** der Pazifik
pacs, Pacs [paks] M (pacte civil de solidarité) *vom frz Staat anerkannte Lebenspartnerschaft*
pacte [pakt] M Pakt
paddle [padœl] M *sport* Stehpaddeln *n*; Stand-up-Paddeln *n*
pagayer [pagɛje] paddeln
page [paʒ] F Seite; TEL **~s** *pl* **jaunes** Gelbe Seiten; IT **~ d'accueil** Homepage
paiement [pɛmɑ̃] M Zahlung *f*
paillasson [pajasɔ̃] M Strohmatte *f* **paille** [paj] F Stroh *n*; *pour boire* Strohhalm *m*
pain [pɛ̃] M Brot *n*; **~ de campagne** Landbrot *n*; **~ complet** Vollkornbrot *n*; **~ de mie** Toastbrot *n*; **petit ~** Brötchen *n*; **~ au chocolat** (*rechteckiger*) Schokocroissant; **~ aux raisins** Rosinenbrötchen *n*
pair [pɛʀ] *nombre* gerade
paire [pɛʀ] F Paar *n*
paisible [pɛzibl] friedlich; *sommeil, vie* ruhig
paix [pɛ] F Friede *m*; *tranquillité* Ruhe (*a. fig*)
palace [palas] M Luxushotel *n*
palais[1] [palɛ] M Palast
palais[2] [palɛ] M ANAT Gaumen
Palatinat [palatina] **le ~** die Pfalz
pâle [pɑl] blass, bleich
palier [palje] M Treppenabsatz
pâlir [pɑliʀ] erblassen
palissade [palisad] F Lattenzaun *m*
palme [palm] F Schwimmflosse
palmier [palmje] M Palme *f*
palper [palpe] abtasten
palpitations [palpitasjɔ̃] FPL Herzklopfen *n* **palpiter** [palpite] *cœur* klopfen
paludisme [palydism] M Malaria *f*
pamplemousse [pɑ̃pləmus] M Pampelmuse *f*, Grapefruit *f*
panaché [panaʃe] M **(demi) ~**

Bier *n* mit Limonade

pan-bagnat [pɑ̃baɲa] M *mit Nizza-Salat gefüllte Brötchen*

pancarte [pɑ̃kaʀt] F Schild *n*

pancréas [pɑ̃kʀeas] M Bauchspeicheldrüse *f*

pandémie [pɑ̃demi] F Pandemie

paner [pane] panieren

panier [panje] M Korb **panier-repas** [panjeʀəpa] M Lunchpaket *n*

panique [panik] F Panik

panne [pan] F Panne; **~ de courant** Stromausfall *m*; **en ~** defekt; **tomber en ~** e-e Panne haben; **avoir une ~ d'essence** kein Benzin mehr haben

panneau [pano] M Schild *n*, Tafel *f*; TECH Platte *f*; **~ de signalisation** Verkehrsschild *n*; **~x solaires** Solaranlage *fsg*

panorama [panɔʀama] M Panorama *n*, Rundblick

pansement [pɑ̃smɑ̃] M Verband; Pflaster *n*; **~ provisoire** Notverband

pantalon [pɑ̃talõ] M Hose *f*; **~ corsaire** Caprihose *f*

pantoufle [pɑ̃tufl] F Pantoffel *m*, Hausschuh *m*

paon [pɑ̃] M Pfau

papa [papa] M Papa, Vati

papaye [papaj] F Papaya

pape [pap] M Papst

papeterie [papɛtʀi] F Schreibwarengeschäft *n*

papi [papi] M Opa

papier [papje] M Papier *n*; **un ~** ein Blatt *n*, ein Stück *n* Papier; **~ hygiénique** Toilettenpapier *n*; **~ à lettres** Briefpapier *n*; **~ d'emballage** Packpapier *n*; **~ d'alu(minium)** Alu(minium)folie *f*; **~ peint** Tapete *f*; **~s** *pl* **(d'identité)** (Ausweis)-Papiere *npl*; **~s** *pl* **de la voiture** Wagen-, Fahrzeugpapiere *npl*

papillon [papijõ] M Schmetterling; *umg contravention* Strafzettel *m*

paprika [papʀika] M Paprika

papy [papi] M Opa

paquebot [pakbo] M Passagierschiff *n*

Pâques [pɑk] FPL Ostern *n*; **à ~** (zu, an) Ostern

paquet [pakɛ] M Paket *n*; *de cigarettes* Schachtel *f*; **petit ~** Päckchen *n*

paquet-cadeau [pakɛkado] M **faire un ~** als Geschenk verpacken

par [paʀ] *en passant* durch, über (*akk*); *moyen* mit; *passif* von, durch; *raison* aus; **~ Paris** über Paris; **~ le train** mit dem Zug; **~ an** pro Jahr; **~ chèque** mit Scheck

parachute [paʀaʃyt] M Fallschirm

paradis [paʀadi] M Paradies *n*

paragraphe [paʀagʀaf] M Absatz (*a.* JUR)

paraître [paʀɛtʀ] erscheinen (*a. livre*); *sembler* scheinen, aussehen; **il paraît que tu ...** man sagt, dass du ...; du sollst ...

parallèle [paʀalɛl] 1 parallel 2 F Parallele
paralyser [paʀalize] lähmen
paralysie [paʀalizi] F Lähmung
parapente [paʀapɑ̃t] M Gleitschirmfliegen *n*; *engin* Gleitschirm
parapet [paʀapɛ] M Brüstung *f*
parapluie [paʀaplɥi] M Regenschirm
parasite [paʀazit] M Parasit (*a. fig*); **~s** PL *radio* Störgeräusche *npl*, Störungen *fpl*
parasol [paʀasɔl] M Sonnenschirm
paratonnerre [paʀatɔnɛʀ] M Blitzableiter
paravent [paʀavɑ̃] M Wandschirm
parc [paʀk] M Park; **~ national, régional** National-/Naturpark; **~ d'attractions** Erlebnis-, Vergnügungspark; **~ de loisirs** Freizeitpark; **~ de stationnement** Parkplatz
parce que [paʀs(ə)kə] ⟨*vor Vokal* parce qu'⟩ weil
parcmètre [paʀkmɛtʀ] M Parkuhr *f*
parcourir [paʀkuʀiʀ] *ville* durchlaufen, -fahren; *trajet* zurücklegen; *lettre* überfliegen
parcours [paʀkuʀ] M (Fahr-, Renn)Strecke *f*
par-derrière [paʀdɛʀjɛʀ] von hinten; *passer, fig dire du mal* hinten(he)rum
par-dessous [paʀdəsu] darunter hindurch
pardessus [paʀdəsy] M Überzieher
par-dessus [paʀdəsy] darüber (hinweg) **par-devant** [paʀdəvɑ̃] vorn (herum)
pardon [paʀdõ] M **~!** Entschuldigung!; **~?** wie bitte?
pardonner [paʀdɔne] verzeihen
pare-brise [paʀbʀiz] M Windschutzscheibe *f* **pare-chocs** [paʀʃɔk] M Stoßstange *f*
pareil [paʀɛj] *semblable* gleich, ähnlich (**à** *dat*); *tel* solche(r, -s)
pareillement [paʀɛjmɑ̃] gleichfalls
parent [paʀɑ̃] 1 verwandt 2 **parent(e)** [paʀɑ̃(t)] M(F) Verwandte(r) *m/f(m)*
parenthèse [paʀɑ̃tɛz] F Klammer
parents [paʀɑ̃] MPL Eltern
paresseux [paʀɛsø] faul
parfait [paʀfɛ] 1 perfekt, vollkommen 2 M Parfait *n*
parfaitement [paʀfɛtmɑ̃] vollkommen; *très bien* sehr gut; *réponse* gewiss
parfois [paʀfwa] manchmal
parfum [paʀfɛ̃, paʀfœ̃] M Duft; *en parfumerie* Parfüm *n*, Parfum *n*; *d'une glace* Geschmack *m*
pari [paʀi] M Wette *f*
parier [paʀje] wetten (**qc** um etw)
Paris [paʀi] Paris

parisien [parizjɛ̃] **1** Pariser, pariserisch **2** **Parisien** M Pariser

parking [parkiŋ] M Parkplatz; **~ couvert** Parkhaus *n*; **~ souterrain** Tiefgarage *f*

parlement [parləmɑ̃] M Parlament *n*

parler [parle] sprechen, reden (**de** von, über *akk*; **à qn** mit j-m); TEL **pourrais-je ~ à M. ...?** kann ich bitte Herrn ... sprechen?

parmesan [parməzɑ̃] M Parmesan(käse)

parmi [parmi] unter (*dat*)

paroi [parwa] F Wand

paroisse [parwas] F (Kirchen-, Pfarr)Gemeinde

parole [parɔl] F Wort *n*; **~s** PL *d'une chanson* Text *m*; **~ (d'honneur)!** Ehrenwort!

parquet [parkɛ] M Parkett *n*

parrain [parɛ̃] M Pate

part [par] F Anteil *m* (*a.* WIRTSCH); *partie* Teil *m/n*; *de gâteau* Stück *n*; **nulle ~** nirgends; **autre ~** anderswo(hin); **quelque ~** irgendwo(hin); **d'autre ~** außerdem; **d'une ~, ... d'autre ~** einerseits ... andererseits; **(mis) à ~** abgesehen von; **de la ~ de qn** von j-m; **prendre ~ à** teilnehmen an (*dat*); TEL **c'est de la ~ de qui?** wer ist am Apparat?

partager [partaʒe] M (auf)teilen; **(se) ~ qc avec qn** (sich) etw mit j-m teilen

partance [partɑ̃s] F **en ~** abfahrbereit; **le train en ~ pour ...** der Zug nach ...

partenaire [partənɛr] M/F Partner(in) *m(f)*

parterre [partɛr] M *fleurs* Blumenbeet *n*; *théâtre* Parkett *n*

parti [parti] M Partei *f*

partial [parsjal] parteiisch

participant [partisipɑ̃] M Teilnehmer **participer** [partisipe] **~ à** teilnehmen an (*dat*); *aux frais* sich beteiligen an (*dat*)

particularité [partikylarite] F Besonderheit

particulier [partikylje] besondere(r, -s); *privé* Privat...; **en ~** → **particulièrement** [partikyljɛrmɑ̃] besonders

partie [parti] F Teil *m*; *jeux*, SPORT Spiel *n*, Partie; JUR Partei; **en ~** teilweise; **faire ~ de** gehören zu

partir [partir] (weg)gehen; *en voyage* abreisen; *train* abfahren (**à, pour** nach); *avion* abfliegen; *peinture* abgehen; *tache* weggehen; **à ~ de** ab, von ... an

partout [partu] überall

paru [pary] PPERF → paraître

parvenir [parvənir] gelangen (**à** zu); **faire ~** zukommen lassen; **il parvient à** (*+inf*) er kann ..., es gelingt ihm zu ...

pas[1] [pɑ] **ne ... ~** nicht; **ne ... ~ de** kein(e); **ne ... ~ non plus** auch nicht; **~ du tout** überhaupt nicht

pas² [pa] M Schritt; **~ à ~** Schritt für Schritt; **le ~ de Calais** die Straße von Dover
passable [pasabl] leidlich; *note* ausreichend
passage [pasaʒ] M Durchgang, -fahrt *f*; *couvert, extrait* Passage *f*; **~ à niveau** Bahnübergang; **~ pour piétons** Fußgängerüberweg; *panneau* **~ protégé** Vorfahrt *f* (*an der nächsten Kreuzung*); **de ~** auf der Durchreise
passager [pasaʒe] **1** vorübergehend **2** **passager** M, **passagère** [pasaʒɛʀ] F FLUG, SCHIFF Passagier *m*; *d'un train* Reisende(r) *m/f(m)*; *d'une voiture* Insasse *m*, Insassin *f*
passant [pasɑ̃] **1** **en ~** beiläufig **2** M Passant
passe [pɑs] F SPORT Zuspiel *n*; *football* Pass *m*
passé [pɑse] **1** vergangen; *couleur* verblichen; PRÄP nach **2** M Vergangenheit *f* (*a.* GRAM)
passe-partout [pɑspaʀtu] M Hauptschlüssel
passeport [pɑspɔʀ] M (Reise-)Pass
passer [pɑse] *frontière* überschreiten; *vacances* verbringen; *examen* machen; *soupe* passieren; *donner* reichen; V/I *temps* vergehen; *film* laufen; *café* durchlaufen; **se ~** sich ereignen; **~ devant qn, qc** an j-m, etw vorbeigehen (*od* -fahren); **~ chez qn** bei j-m hereinschauen; **~ par Lyon** über Lyon fahren; **laisser ~** durchlassen; **se ~ de** auskommen ohne; **qu'est- ce qui se passe?** was ist los?
passerelle [pɑsʀɛl] F Steg *m*, Fußgängerbrücke; SCHIFF, FLUG Gangway
passe-temps [pɑstɑ̃] M Zeitvertreib
passif [pasif] **1** passiv **2** M GRAM Passiv *n*
passion [pasjõ] F Leidenschaft
passionnant [pasjɔnɑ̃] aufregend, spannend **passionner** [pasjɔne] begeistern
passoire [paswaʀ] F Sieb *n*
pastèque [pastɛk] F Wassermelone
pasteur [pastœʀ] M (evangelischer) Pfarrer
pastille [pastij] F (Zucker-)Plätzchen *n*; *petite pilule* Pastille; AUTO **~ verte** Umweltplakette; **~ de charbon** Kohletablette
pastis [pastis] M *Aperitif mit Anis*
pataugeoire [patoʒwaʀ] F Plan(t)schbecken *n* **patauger** [patoʒe] plan(t)schen
pâte [pɑt] F Teig *m*; **~s** PL Teigwaren; **~ feuilletée** Blätterteig *m*; **~ d'amande** Marzipan *n*; **~ dentifrice** Zahnpasta
pâté [pɑte] M Pastete *f*; **~ de foie** Leberpastete *f*; **~ de cam-**

pagne *Pastete aus verschiedenen Fleischsorten*
paternel [patɛʀnɛl] Vater…, väterlich
patience [pasjɑ̃s] F Geduld
patient [pasjɑ̃] 1 geduldig 2 **patient(e)** [pasjɑ̃(t)] M(F) Patient(in)
patienter [pasjɑ̃te] sich gedulden
patin [patɛ̃] M ~ **(à glace)** Schlittschuh; ~ **à roulettes** Rollschuh; ~ **en ligne** Inlineskate *n*; **faire du** ~ Schlittschuh laufen
patinage [patinaʒ] M Schlittschuhlaufen *n*; ~ **artistique** Eiskunstlauf
patiner [patine] Schlittschuh laufen; *roues* durchdrehen; *embrayage* rutschen
patinette [patinɛt] F Roller *m*
pâtisserie [pɑtisʀi] F feines Gebäck *n*, Kuchen *m*; *magasin* Konditorei
patois [patwa] M Mundart *f*
patrie [patʀi] F Vaterland *n*, Heimat
patron(ne) [patʀõ (patʀɔn)] M(F) Chef(in); *d'un café* Besitzer(in), Wirt(in)
patrouille [patʀuj] F MIL Patrouille; *police* Streife
patte [pat] F Pfote; *fauve* Tatze; *oiseau, insecte* Bein *n*
pâturage [pɑtyʀaʒ] M (Vieh-)Weide *f*
paume [pom] F Handfläche
paupière [popjɛʀ] F Augenlid *n*
paupiette [popjɛt] F Roulade
pauvre [povʀ] 1 arm 2 M/F Arme(r) *m/f(m)*
pauvreté [povʀəte] F Armut
pavé [pave] M Pflasterstein, (Straßen)Pflaster *n*; IT ~ **tactile** Touchpad *n*
payant [pɛjɑ̃] *personne* zahlend; *parking* gebührenpflichtig; *fig* **être** ~ sich lohnen
paye [pɛj] F (Arbeits)Lohn *m*
payer [pɛje] (be)zahlen (**qc dix euros** für etw zehn Euro); ~ **séparément/tout ensemble** getrennt/zusammen zahlen; **se** ~ **qc** sich etw leisten
pays [pei] M Land *n* **paysage** [peizaʒ] M Landschaft *f* **paysan** [peizɑ̃] M Bauer **paysanne** [peizan] F Bäuerin
Pays-Bas [peiba] MPL **les** ~ die Niederlande *npl*
PC [pese] M (personal computer) PC
P-DG [pedeʒe] M (président-directeur général) Generaldirektor
péage [peaʒ] M AUTO Autobahngebühr *f*; *lieu* Zahlstelle *f*; **à** ~ gebührenpflichtig, Maut…
peau [po] F Haut; *fourrure* Fell *n*; *cuir* Leder *n*; *de fruits* Schale
péché [peʃe] M Sünde *f*
pêche[1] [pɛʃ] F BOT Pfirsich *m*;
pêche[2] [pɛʃ] F Fischerei, Fischfang *m*; *action* Fischen *n*; *à la ligne* Angeln *n*; **aller à la** ~ angeln gehen

pêcher[1] [pɛʃe] fischen; **~ à la ligne** angeln
pêcher[2] [pɛʃe] M Pfirsichbaum
pêcheur [pɛʃœʀ] M Fischer; **~ (à la ligne)** Angler
pédale [pedal] F (Kupplungs-, Brems)Pedal *n* **pédaler** [pedale] (in die Pedale) treten
pédalo® [pedalo] M Tretboot *n*
pédé [pede] M *umg* Schwule(r) *neg!*
pédiatre [pedjatʀ] M/F Kinderarzt *m*, -ärztin *f*
pédicure [pedikyʀ] M/F Fußpfleger(in) *m(f)* **pédicurie** [pedikyʀi] F Pediküre
peigne [pɛɲ] M Kamm **peigner** [pɛɲe] kämmen
peignoir [pɛɲwaʀ] M *de bain* Bademantel; *robe de chambre* Morgenmantel
peindre [pɛ̃dʀ] malen; *mur* (an)streichen; *fig* schildern
peine [pɛn] F *chagrin* Kummer *m*; *effort* Mühe; JUR Strafe; **ce n'est pas la ~** das ist nicht nötig; **à ~** kaum
peintre [pɛ̃tʀ] M Maler; **~ (en bâtiment)** Anstreicher
peinture [pɛ̃tyʀ] F *couche* Anstrich *m*; *d'une voiture* Lack *m*; *action* (An)Streichen *n*; *matière* Farbe; *art* Malerei; *tableau* Gemälde *n*
pêle-mêle [pɛlmɛl] bunt durcheinander
peler [pəle] (ab)schälen; *nez* sich schälen
pèlerinage [pɛlʀinaʒ] M Pilger-, Wallfahrt *f*
pélican [pelikɑ̃] M Pelikan
pelle [pɛl] F Schaufel
pellicule [pɛlikyl] F Film *m*; **~s** PL (Kopf)Schuppen *fpl*
pelote [p(ə)lɔt] F Knäuel *n od m*; SPORT **~ basque** Pelota
peloton [p(ə)lɔtõ] M SPORT (Haupt)Feld *n*
pelouse [p(ə)luz] F Rasen *m*
peluche [p(ə)lyʃ] F Plüsch *m*; **ours** *m* **en ~** Teddy(bär)
pelure [p(ə)lyʀ] F Schale
pénal [penal] JUR Straf…
penalty [penalti] M Elfmeter, Strafstoß
penchant [pɑ̃ʃɑ̃] M Hang, Neigung *f* (**à** *od* **pour** zu)
pencher [pɑ̃ʃe] neigen; *bateau* sich (zur Seite) neigen; *tableau* schief hängen; **se ~ en avant** sich nach vorn beugen; **se ~ par la fenêtre** sich zum Fenster hinauslehnen
pendant [pɑ̃dɑ̃] 1 während (*gen*); **~ que** während 2 M Gegenstück *n*
penderie [pɑ̃dʀi] F (eingebauter) Kleiderschrank *m*; *pièce* Kleiderkammer
pendre [pɑ̃dʀ] aufhängen; V/I hängen; **se ~** sich erhängen; **se ~ à qc** sich an etw (*akk*) hängen
pendule [pɑ̃dyl] F Pendel-, Wand-, Küchenuhr
pénétrer [penetʀe] **~ dans** eindringen in (*akk*)

pénible [penibl] *travail* mühsam; *circonstances* traurig; *umg personne* schwierig
péniche [peniʃ] F Lastkahn *m*
pénicilline [penisilin] F Penizillin *n*
péninsule [penɛ̃syl] F Halbinsel
pénis [penis] M Penis
pensée [pɑ̃se] F Denken *n*; *idée* Gedanke *m*; BOT Stiefmütterchen *n*
penser [pɑ̃se] denken; **~ à** denken an (*akk*); **~ de** halten von; **je pense que …** ich glaube, dass …; **je pense partir demain** ich habe vor, morgen abzureisen
pensif [pɑ̃sif] nachdenklich
pension [pɑ̃sjõ] F *hôtel* Pension; *allocation* Rente; *internat* Internat *n*; **~ de famille** kleine Pension; **~ complète** Vollpension
pente [pɑ̃t] F (Ab)Hang *m*; *d'une route* Gefälle *n*; **en ~** abfallend
Pentecôte [pɑ̃tkot] F Pfingsten *n*
people [pipœl] **presse** *f* **~** Klatschpresse *f*
pépé [pepe] M Opa
pépin [pepɛ̃] M Kern
percer [pɛʀse] *trou, tunnel* bohren; *planche, mur* durchbohren; *dents* durchkommen; *réussir* den Durchbruch schaffen
percevoir [pɛʀsəvwaʀ] wahrnehmen; *somme, impôts* einnehmen
perche [pɛʀʃ] F Stange; SPORT Stab *m*; **saut** *m* **à la ~** Stabhochsprung; **~ à selfie** Selfiestick *m*
perdre [pɛʀdʀ] verlieren; *occasion* versäumen; *temps* vergeuden; **se ~** verloren gehen; *personne* sich verlaufen; *en voiture* sich verfahren
perdrix [pɛʀdʀi] F Rebhuhn *n*
perdu [pɛʀdy] verloren
père [pɛʀ] M Vater; REL Pater
perfectionner [pɛʀfɛksjɔne] vervollkommnen; *connaissances* verbessern; **se ~** sich verbessern
péril [peʀil] M Gefahr *f*
périlleux [peʀijø] gefährlich
périmé [peʀime] *passeport* abgelaufen; *dépassé* überholt
périmètre [peʀimɛtʀ] M Umfang
période [peʀjɔd] F Periode; **~ des vacances** Ferienzeit
périodique [peʀjɔdik] M Zeitschrift *f* **périodiquement** [peʀjɔdikmɑ̃] immer wieder
périphérique [peʀifeʀik] **1** (Stadt)Rand…; IT peripher **2** M IT Peripheriegerät *n*; *à Paris* **le ~** die Ringautobahn
périr [peʀiʀ] umkommen
périssable [peʀisabl] verderblich
perle [pɛʀl] F Perle
permanence [pɛʀmanɑ̃s] F *service* Bereitschaftsdienst *m*;

en ~ ständig
permanent [pɛʀmɑ̃] ständig **permanente** [pɛʀmɑ̃t] F Dauerwelle
permettre [pɛʀmɛtʀ] **(se ~** sich) erlauben
permis [pɛʀmi] M Erlaubnis (-schein) *f(m)*; **~ (de conduire)** Führerschein; **~ de séjour** Aufenthaltserlaubnis *f*, Aufenthaltsgenehmigung *f*
permission [pɛʀmisjõ] F Erlaubnis; MIL Urlaub *m*; **avoir la ~ de** (*+inf*) dürfen
perpétuel(lement) [pɛʀpetɥɛl(mɑ̃)] dauernd, ständig
perpétuité [pɛʀpetɥite] F **à ~** lebenslänglich
perplexe [pɛʀplɛks] ratlos
perquisition [pɛʀkizisjõ] F Haussuchung
perroquet [pɛʀɔkɛ] M Papagei
perruche [pɛʀyʃ] F Wellensittich *m*
perruque [pɛʀyk] F Perücke
persévérance [pɛʀseveʀɑ̃s] F Ausdauer **persévérant** [pɛʀseveʀɑ̃] ausdauernd **persévérer** [pɛʀseveʀe] nicht aufgeben
persienne [pɛʀsjɛn] F Fensterladen *m*
persil [pɛʀsi] M Petersilie *f*
persister [pɛʀsiste] anhalten, andauern; **~ dans** bleiben bei, beharren auf (*dat*)
personnage [pɛʀsɔnaʒ] M Person *f* (*a. théâtre*) **personnalité** [pɛʀsɔnalite] F Persönlichkeit
personne [pɛʀsɔn] **1** **ne ... ~** niemand **2** F Person; **~ dépendante** Pflegefall *m*
personnel [pɛʀsɔnɛl] **1** persönlich **2** M Personal *n*
persuader [pɛʀsɥade] überzeugen (**de qc** von etw), überreden (**de faire qc** etw zu tun)
perte [pɛʀt] F Verlust *m*
perturbation [pɛʀtyʀbasjõ] F Störung (*a. radio*, TV)
pesant [pəzɑ̃] schwer; *démarche* schwer(fällig); *silence* erdrückend **pesanteur** [pəzɑ̃tœʀ] F Schwerkraft
pèse-bagages [pɛzbagaʒ] M Gepäckwaage *f*, Kofferwaage *f*
peser [pəze] wiegen (*a. v/i*); *fig* abwägen
peste [pɛst] F Pest
pétanque [petɑ̃k] F Boule (-spiel) *n*
pétard [petaʀ] M Knallkörper
pétiller [petije] *eau minérale* sprudeln; *champagne* prickeln; *yeux* funkeln, blitzen
petit [p(ə)ti] klein
petit-beurre [p(ə)tibœʀ] M Butterkeks
petite-fille [p(ə)titfij] F Enkelin
petit-fils [p(ə)tifis] M Enkel
petit-suisse [p(ə)tisɥis] M *kleiner runder Doppelrahmfrischkäse*
pétrir [petʀiʀ] kneten
pétrole [petʀɔl] M Erdöl *n*

pétrolier [petʀɔlje] M Tanker
peu [pø] wenig; **~ à ~** nach und nach; **à ~ près** beinahe, fast
peuple [pœpl] M Volk *n* **peupler** [pœple] bevölkern
peur [pœʀ] F Angst **peureux** [pœʀø] ängstlich
peut [pø] PRÄS → pouvoir
peut-être [pøtɛtʀ] vielleicht
phare [faʀ] M Leuchtturm; AUTO Scheinwerfer
pharmacie [faʀmasi] F Apotheke; **~ de garde** dienstbereite Apotheke; **(armoire** *f* **à) ~** Hausapotheke
pharmacien(ne) [faʀmasjɛ̃ (faʀmasjɛn)] M(F) Apotheker(in)
philosophe [filɔzɔf] M Philosoph **philosophie** [filɔzɔfi] F Philosophie
phoque [fɔk] M Seehund
photo [fɔto] F Foto *n*; **~ d'identité** Passbild *n*; **~ (en) couleur** Farbfoto *n*; **~ du profil** *a. Internet* Profilfoto *n*; **prendre qn en ~** ein Foto von j-m machen
photocopie [fɔtɔkɔpi] F Fotokopie **photocopier** [fɔtɔkɔpje] fotokopieren **photocopieuse** [fɔtɔkɔpjøz] F (Foto-)Kopiergerät *n*
photographe [fɔtɔgʀaf] M/F Fotograf(in) *m(f)* **photographie** [fɔtɔgʀafi] F Fotografie **photographier** [fɔtɔgʀafje] fotografieren
phrase [fʀɑz] F Satz *m*
physique [fizik] **1** körperlich, physisch; *lois* physikalisch **2** M Äußere(s) *n* **3** F Physik
piano [pjano] M Klavier *n*; **~ à queue** Flügel
pic [pik] M Bergspitze *f*; *outil* Spitzhacke *f*; ZOOL Specht; **à ~** senkrecht; *umg arriver, tomber* wie gerufen
picard [pikaʀ] aus der Pikardie **Picardie** [pikaʀdi] **la ~** die Pikardie (*Region nördlich von Paris*)
pichet [piʃɛ] M Krug
pickpocket [pikpɔkɛt] M Taschendieb
picoter [pikɔte] kribbeln; *yeux* brennen
pie [pi] F Elster
pièce [pjɛs] F Stück *n*; *élément* Teil *m*; *d'habitation* Zimmer *n*; **~ de dix centimes** Zehn-Cent-Stück *n*; **~ de monnaie** Geldstück *n*, Münze; **~ de rechange** Ersatzteil *n*; **~ d'identité** Ausweis *m*; **deux ~s** zweiteilig
pied [pje] M Fuß; **à ~** zu Fuß
piédestal [pjedɛstal] M Sockel
piège [pjɛʒ] M Falle *f*
piercing [piʀsiŋ] M Piercing *n*
pierre [pjɛʀ] F Stein *m*; **~ précieuse** Edelstein *m*
piéton(ne) [pjetõ (pjetɔn)] M(F) Fußgänger(in)
pieu [pjø] M Pfahl
pieux [pjø] fromm
pigeon [piʒõ] M Taube *f*
piger [piʒe] *umg* kapieren

pile [pil] F *tas* Stapel *m*; ELEK Batterie; ~ **solaire** Solarzelle; ~ **ou face?** Kopf oder Zahl?
pilier [pilje] M Pfeiler
piller [pije] plündern
pilote [pilɔt] M Pilot; *de course* (Renn)Fahrer; SCHIFF Lotse **piloter** [pilɔte] *avion* fliegen; *voiture* fahren; SCHIFF lotsen; *fig qn* führen
pilule [pilyl] F Pille
piment [pimɑ̃] M Paprika
pimenté [pimɑ̃te] sehr scharf
pin [pɛ̃] M BOT Kiefer *f*; ~ **parasol** Pinie *f*
pince [pɛ̃s] F Zange; *de homard* Schere; ~ **à linge** Wäscheklammer; ~ **à épiler** Pinzette
pinceau [pɛ̃so] M Pinsel
pincer [pɛ̃se] kneifen; **se ~ le doigt** sich den Finger (ein)klemmen (**dans** in *dat*)
ping-pong [piŋpɔ̃g] M Tischtennis *n*
pioche [pjɔʃ] F Hacke
pion [pjɔ̃] M *échecs* Bauer; *dames* Stein
pipe [pip] F Pfeife
piquant [pikɑ̃] GASTR pikant; *moutarde* sehr scharf
pique [pik] M *cartes* Pik *n*
pique-nique [piknik] M Picknick *n* **pique-niquer** [piknike] picknicken, Picknick machen
piquer [pike] stechen (*a. insecte*); *fumée, moutarde* beißen; MED e-e Spritze geben (**qn** j-m)
piquet [pikɛ] M Pflock; ~ **de tente** Hering
piqûre [pikyʀ] F Stich *m*; MED Spritze; ~ **de moustique** Mückenstich *m*
pirate [piʀat] M Pirat; IT Hacker; **copie** *f* ~ Raubkopie
pire [piʀ] schlimmer; **le, la ~** der, die, das schlimmste
piscine [pisin] F Schwimmbad *n*; ~ **couverte** Hallenbad *n*
pissaladière [pisaladjɛʀ] F Anchovisfladen *m* (*provenzalische Pizza*)
pissenlit [pisɑ̃li] M Löwenzahn
pistache [pistaʃ] F Pistazie
piste [pist] F *trace* Spur (*a. fig*); *de danse* Tanzfläche; SPORT (Renn)Bahn; FLUG Rollbahn; *de ski* Piste; ~ **de fond** Loipe; ~ **cyclable** Rad(fahr)weg *m*
pistolet [pistɔlɛ] M Pistole *f*; ~ **à eau** Wasserpistole *f*
piston [pistɔ̃] M Kolben
pistou [pistu] M **soupe** *f* **au ~** Gemüsesuppe mit Basilikum
pitbull [pitbyl, pitbul] M Pitbull
pitié [pitje] F Mitleid *n*
pitoyable [pitwajabl] mitleiderregend; *pej* erbärmlich
pittoresque [pitɔʀɛsk] malerisch
pizza [pidza] F Pizza **pizzeria** [pidzeʀja] F pizzeria
placard [plakaʀ] M Wandschrank
place [plas] F Platz *m*; *emploi*

Stelle; **à la ~ de** anstelle von; **à ta ~** an deiner Stelle; **sur ~** an Ort und Stelle

placement [plasmɑ̃] M (Geld)Anlage *f*

placer [plase] (hin)stellen, (hin)legen; *argent* anlegen; **~ qn** *à table* j-n setzen; **se ~** sich setzen

plafond [plafõ] M (Zimmer)-Decke *f*

plage [plaʒ] F Strand *m*; **~ de sable** Sandstrand *m*; **aller à la ~** an den Strand gehen

plaie [plɛ] F Wunde

plaindre [plɛ̃dʀ] bedauern; **se ~** sich beklagen (**de** über *akk*); *de douleurs* klagen (über *akk*); **se ~ à qn** sich bei j-m beschweren (**de** über *akk*)

plaine [plɛn] F Ebene

plainte [plɛ̃t] F Klage; **porter ~** Anzeige erstatten (**contre** gegen)

plaire [plɛʀ] gefallen; **s'il te** *od* **vous plaît** bitte; **se ~ à Paris** gern in Paris sein

plaisanter [plɛzɑ̃te] scherzen, Spaß machen **plaisanterie** [plɛzɑ̃tʀi] F Scherz *m*, Spaß *m*

plaisir [plɛziʀ] M Vergnügen *n*, Freude *f*; **avec ~** mit Vergnügen; **pour le ~** zum Vergnügen

plan [plɑ̃] **1** eben **2** M *surface* Fläche *f*; *projet* Plan; *d'une rédaction* Gliederung *f*; **~ de la ville** Stadtplan

planche [plɑʃ] F Brett *n*; **~ à voile** Surfbrett *n*; SPORT Windsurfen *n*; **~ à roulettes** Skateboard *n*; **faire de la ~ à voile** (wind)surfen

plancher [plɑ̃ʃe] M Fußboden

planchette [plɑ̃ʃɛt] F Brettchen *n*, kleines Brett *n*

planer [plane] schweben

planète [planɛt] M Planet

planeur [planœʀ] M Segelflugzeug *n*

plantation [plɑ̃tasjõ] F Plantage

plante [plɑ̃t] F Pflanze; **~s** *pl* **médicinales** Heilpflanzen; **~ du pied** Fußsohle

planter [plɑ̃te] (an-, ein)pflanzen; *piquet* einschlagen; *tente* aufstellen

plaque [plak] F Platte; *chocolat* Tafel; *sur la peau* Fleck *m*; **~ commémorative** Gedenktafel; **~ électrique** Kochplatte; **~ minéralogique, d'immatriculation** Nummernschild *n*; **~ d'égout** Kanaldeckel *m*; **~ d'identité du chien** Hundemarke; **~ dentaire** Zahnbelag *m*

plastique [plastik] F Plastik

plat[1] [pla] flach; **à ~** *batterie* leer; *pneu* platt

plat[2] [pla] M *vaisselle* Platte *f*; *creux* Schüssel *f*; GASTR Gericht *n*; **~ du jour** Tagesgericht *n*; **~ cuisiné** Fertiggericht *n*

platane [platan] F Platane

plateau [plato] M Tablett *n*; GEOGR Hochebene *f*; GASTR **~ de fromages** Käseplatte *f*

plâtre [platʀ] M Gips; MED Gipsverband **plâtrer** [platʀe] (ver)gipsen; MED eingipsen

plein [plɛ̃] voll; **~ de** (+nom) voll(er); **~e lune** F Vollmond m; **en ~ été** im Hochsommer; **en ~ air** im Freien, Open-Air-...; **en ~e nuit** mitten in der Nacht; **en ~ soleil** in der prallen Sonne; **à ~ temps** ganztags; **faire le ~** volltanken

pleurer [plœʀe] weinen (**de** vor)

pleurote [plœʀɔt] M Austernpilz

pleuvoir [plœvwaʀ] regnen; **il pleut** es regnet

pli [pli] M Falte f; *du pantalon* Bügelfalte f; *lettre* Brief; *cartes* Stich

pliant [plijɑ̃] zusammenklappbar; **chaise** f **~e, siège** m **~** Klappstuhl m; **canot** m **~** Faltboot n

plie [pli] F ZOOL Scholle

plier [plije] (zusammen)falten, (-)legen; *chaise* zusammenklappen; *genoux* beugen; *se courber* sich biegen

plomb [plɔ̃] M Blei n; **sans ~** bleifrei

plombage [plɔ̃baʒ] M Plombe f, Füllung f

plongée [plɔ̃ʒe] F Tauchen n; **~ sous marine** Tauchsport m

plongeoir [plɔ̃ʒwaʀ] M Sprungbrett n

plongeon [plɔ̃ʒɔ̃] M Kopfsprung

plonger [plɔ̃ʒe] tauchen; *qc* (ein)tauchen (**dans** in *akk*); *faire un plongeon* springen; **se ~ dans** *fig* sich vertiefen, versenken in (*akk*)

plongeur [plɔ̃ʒœʀ] M, **plongeuse** [plɔ̃ʒøz] F Taucher(in) m(f); *natation* Springer(in) m(f)

plu [ply] PPERF → pleuvoir *und von* **plaire**

pluie [plɥi] F Regen m

plume [plym] F Feder

plupart [plypaʀ] **la ~ des ...** die meisten ...; **la ~ du temps** meistens

pluriel [plyʀjɛl] M Plural, Mehrzahl f

plus[1] [ply, *alleinstehend* plys] mehr (**que, de** als); **le ~** am meisten; **~ grand** größer (**que** als); **le ~ grand** der größte; **ne ... ~** nicht mehr; **ne ... ~ de** kein(e) ... mehr; **ne ... ~ que** nur noch; **non ~** auch nicht; **de ~** mehr; *en outre* außerdem; **en ~** noch dazu; **(tout) au ~** höchstens; **d'autant ~** umso mehr; **de ~ en ~** immer mehr

plus[2] [plys] **1** MATH plus **2** M *signe, avantage* Plus n

plusieurs [plyzjœʀ] mehrere

plutôt [plyto] eher; *mieux* lieber; *assez* ziemlich

pluvieux [plyvjø] regnerisch

pneu [pnø] M Reifen; **~ neige** Winterreifen

pneumonie [pnømɔni] F Lungenentzündung

poche [pɔʃ] F Tasche; **livre** *m* **de ~** Taschenbuch *n; d'une veste, d'une chemise* **~ portable** Handytasche
podcast [pɔdkast] M IT Podcast
poêle[1] [pwal] M Ofen
poêle[2] [pwal] F (Brat)Pfanne
poème [pɔɛm] M Gedicht *n*
poésie [pɔezi] F Poesie (*a. fig*); *poème* Gedicht *n*
poète [pɔɛt] M Dichter
poids [pwa] M Gewicht *n; fig* Last *f;* **~ lourd** Lkw, Lastwagen, *umg* Laster; **prendre du ~** zunehmen
poignard [pwaɲaʀ] M Dolch
poignée [pwaɲe] F *quantité* Handvoll *f; d'une fenêtre, d'une valise* Griff *m;* **~ (de porte)** Türgriff *m*, Klinke; **~ de main** Händedruck *m*
poignet [pwaɲɛ] M Handgelenk *n*
poil [pwal] M (Tier-, Körper)-Haar *n;* **à ~** (splitter)nackt
poilu [pwaly] behaart
poing [pwɛ̃] M Faust *f*
point [pwɛ̃] M Punkt; *endroit* Stelle *f; couture* Stich; **deux ~s** PL Doppelpunkt *m;* **~ d'exclamation** Ausrufezeichen *n;* **~ d'interrogation** Fragezeichen *n;* **~ de départ** Ausgangspunkt; **~ de vue** Stand-, Gesichtspunkt; MED **~ de côté** Seitenstechen *n;* **à ~** *steak* medium; **être sur le ~ de** (+*inf*) gerade im Begriff sein zu
pointe [pwɛ̃t] F Spitze; **de ~** Spitzen...
pointu [pwɛ̃ty] spitz
pointure [pwɛ̃tyʀ] F (Schuh)-Größe
poire [pwaʀ] F Birne **poireau** [pwaʀo] M Porree **poirier** [pwaʀje] M Birnbaum
pois [pwa] M Erbse *f;* **petits ~** PL grüne Erbsen
poison [pwazõ] M Gift *n*
poisson [pwasõ] M Fisch
poissonnerie [pwasɔnʀi] F Fischgeschäft *n*
poitrine [pwatʀin] F Brust
poivre [pwavʀ] M Pfeffer
poivré [pwavʀe] gepfeffert
poivrer [pwavʀe] pfeffern
poivrier [pwavʀije] M, **poivrière** [pwavʀijɛʀ] F Pfefferstreuer *m*
poivron [pwavʀõ] M Paprika (-schote) *m(f)*
polaire [pɔlɛʀ] Polar...
pôle [pol] M Pol; **~ Nord** Nordpol; **~ Sud** Südpol
poli [pɔli] höflich; *métal, pierre* glatt, poliert
police[1] [pɔlis] F Polizei; **~ judiciaire** Kriminalpolizei; **~ de la route** Verkehrspolizei; **~ secours** Überfallkommando *n*
police[2] [pɔlis] F **~ (d'assurance)** (Versicherungs)Police
policier [pɔlisje] **1** *enquête* polizeilich; *chien* Polizei...; *film, roman* Kriminal... **2** M Polizist
polir [pɔliʀ] schleifen, polie-

ren, glätten
politesse [pɔlitɛs] F Höflichkeit
politique [pɔlitik] 1 politisch 2 F Politik 3 M Politiker
polluant [pɔlɥɑ̃] umweltschädlich **polluer** [pɔlɥe] verschmutzen **pollution** [pɔlysjõ] F (Luft-, Umwelt)Verschmutzung
Pologne [pɔlɔɲ] **la ~** Polen *n*
polonais [pɔlɔnɛ] 1 polnisch 2 **Polonais** M Pole
polycopier [pɔlikɔpje] vervielfältigen
pommade [pɔmad] F Salbe
pomme [pɔm] F Apfel *m*; ANAT **~ d'Adam** Adamsapfel *m*; **~ de pin** Tannenzapfen *m*; **~ de terre** Kartoffel; **~s** *pl* **de terre sautées** Bratkartoffeln; **~s** *pl* **de terre à l'eau** Salzkartoffeln; **~** *pl* **de terre en robe des champs** Pellkartoffeln; **~s** *pl* **mousseline** *sahnig geschlagenes Kartoffelpüree*
pommier [pɔmje] M Apfelbaum
pompe [põp] F Pumpe; **~ à vélo** Luftpumpe; **~ à essence** Zapfsäule; **~s** *pl* **funèbres** Beerdigungsinstitut *n*
pomper [põpe] ab-, hochpumpen
pompier [põpje] M Feuerwehrmann; **~s** PL Feuerwehr *f*
pompiste [põpist] M Tankwart
poncer [põse] (ab)schleifen; *au papier émeri* (ab)schmirgeln
ponctuel [põktɥɛl] pünktlich
pondre [põdʀ] *œufs* legen
poney [pɔnɛ] M Pony *n*
pont [põ] M Brücke *f*; SCHIFF Deck *n*; AUTO **~ arrière** Hinterachse *f*
pontage [põtaʒ] M MED Bypass
pop-corn [pɔpkɔʀn] M Popcorn *n*
populaire [pɔpylɛʀ] Volks...; *aimé* populär, beliebt
population [pɔpylasjõ] F Bevölkerung
porc [pɔʀ] M Schwein *n*; *viande* Schweinefleisch *n*
porcelaine [pɔʀsəlɛn] F Porzellan *n*
port¹ [pɔʀ] M Hafen; *ville* Hafenstadt *f*; **~ de pêche** Fischereihafen *m*; **~ de plaisance** Jacht-, Segelhafen *m*
port² [pɔʀ] M *lettre* Porto *n*; **en ~ payé** frankiert
portable [pɔʀtabl] 1 tragbar 2 M TEL Handy *n*; IT Laptop
portail [pɔʀtaj] M Portal *n*; *d'un parc* Tor *n*; IT **~ de service** Serviceportal *n*; IT **~ en ligne** Onlineportal *n*
portant [pɔʀtɑ̃] **bien ~** gesund
porte [pɔʀt] F Tür; *de la ville* Tor *n*; *à l'aéroport* Gate *n*; **~ (d'embarquement)** Flugsteig *m*
porte-avions [pɔʀtavjõ] M Flugzeugträger **porte-bagages** [pɔʀtbagaʒ] M Gepäckträ-

ger **porte-bébé** [pɔʀtbebe] M Babytragetasche *f* **porte-bonheur** [pɔʀtbɔnœʀ] M Glücksbringer **porte-clés** [pɔʀtkle] M Schlüsselring, -tasche *f* **porte-documents** [pɔʀtdɔkymɑ̃] M (Kolleg)Mappe *f*

portée [pɔʀte] F **à ~ de la main** in Reichweite; *fig* **à la ~ de qn** für j-n verständlich

porte-fenêtre [pɔʀtfənɛtʀ] F Verandatür

portefeuille [pɔʀtfœj] M Brieftasche *f* **portemanteau** [pɔʀtmɑ̃to] M Garderobe (-nständer) *f(m)*, Kleiderhaken

porte-monnaie [pɔʀtmɔnɛ] M Geldbeutel, Portemonnaie *n*; **~ ceinture** Geldgürtel **porte-parole** [pɔʀtpaʀɔl] M Sprecher

porter [pɔʀte] tragen; *apporter* (hin)bringen, (hin)schaffen; **~ sur** betreffen; **elle se porte bien/mal** es geht ihr gut/schlecht; **~ bonheur** Glück bringen

porte-serviettes [pɔʀtsɛʀvjɛt] M Handtuchhalter **porte-skis** [pɔʀtski] M Skiträger

porteur [pɔʀtœʀ] M *à la gare* Gepäckträger; *d'un chèque* Überbringer

portier [pɔʀtje] M Pförtner

portière [pɔʀtjɛʀ] F (Wagen)-Tür

portion [pɔʀsjɔ̃] F GASTR Portion, Stück *n*; *partie* Teil *m*

porto [pɔʀto] M Portwein

portrait [pɔʀtʀɛ] M Porträt *n*

portugais [pɔʀtygɛ] **1** portugiesisch **2** **Portugais** M Portugiese

Portugal [pɔʀtygal] **le ~** Portugal *n*

pose [poz] F *de carrelage* Verlegung; FOTO Belichtung

poser [poze] *à plat* (hin)legen; *debout* (hin)stellen; *carrelage, moquette* (ver)legen; *question* stellen; **se ~** *oiseau* sich setzen (**sur** auf *akk*); *avion* aufsetzen

positif [pozitif] positiv

position [pozisjɔ̃] F *du corps* Stellung; *emplacement, situation* Lage; *place* Stelle

posologie [pozɔlɔʒi] F Dosierung

posséder [pɔsede] besitzen

possesseur [pɔsɛsœʀ] M Besitzer **possession** [pɔsɛsjɔ̃] F Besitz *m*

possibilité [pɔsibilite] F Möglichkeit

possible [pɔsibl] möglich; **autant que ~** so viel wie möglich; **le plus vite ~** so schnell wie möglich; **faire (tout) son ~ (pour** *+inf*) sein Möglichstes tun (um zu)

postal [pɔstal] Post...

poste[1] [pɔst] F Post®; **à la ~** auf der Post

poste[2] [pɔst] M Posten; *emploi a.* Stelle *f*; *radio*, TV Apparat, Gerät *n*; **~ de police** Polizeiwache *f*

postérieur [pɔsteʀjœʀ] **1** *de derrière* hintere(r, -s), Hinter...; *d'après* spätere(r, -s); ~ **à** später als **2** M *umg* Hintern
post-it® [pɔstit] M Haftnotiz *f*
pot [po] M (Blumen-, Farb)-Topf; AUTO ~ **d'échappement** Auspuff(topf); ~ **catalytique** Kat(alysator)
potable [pɔtabl] trinkbar; **eau** *f* ~ Trinkwasser *n*
potage [pɔtaʒ] M Suppe *f*
pot-au-feu [pɔtofø] M *Eintopf aus Suppenfleisch und Gemüse*
pot-de-vin [podvɛ̃] M Schmiergeld *n*
poteau [pɔto] M Pfosten (*a.* SPORT); ~ **indicateur** Wegweiser
potée [pɔte] F *Eintopf aus gekochtem Fleisch und Gemüse*
poterie [pɔtʀi] F Töpferei; **~s** PL Töpferwaren *fpl*
potiron [pɔtiʀõ] M Riesenkürbis
pou [pu] M Laus *f*
poubelle [pubɛl] F Mülleimer *m*; *d'un immeuble* Mülltonne
pouce [pus] M Daumen
poudre [pudʀ] F Pulver *n*; *maquillage* Puder *m*; **café** *m* **en** ~ Pulverkaffee
poudreuse [pudʀøz] F Pulverschnee *m*
poulailler [pulaje] M Hühnerstall; *théâtre* Galerie *f*
poulain [pulɛ̃] M Fohlen *n*
poularde [pulaʀd] F Poularde
poule [pul] F Huhn *n*, Henne
poulet [pulɛ] M Hähnchen *n*
poulpe [pulp] M Oktopus
pouls [pu] M Puls; **prendre le** ~ den Puls messen
poumon [pumõ] M Lunge *f*
poupe [pup] F SCHIFF Heck *n*
poupée [pupe] F Puppe
pour [puʀ] für; *contre* gegen; *à destination de* nach; *en raison de* wegen (*gen*); ~ (+*inf*) um zu; ~ **que** (+*subj*) damit; **cinq** ~ **cent** fünf Prozent
pourboire [puʀbwaʀ] M Trinkgeld *n*
pourcentage [puʀsɑ̃taʒ] M Prozentsatz
pourquoi [puʀkwa] warum, weshalb, wieso; **c'est** ~ darum, deshalb
pourrai [puʀe] *fut* → pouvoir
pourri [puʀi] faul, verfault; *été* verregnet **pourrir** [puʀiʀ] (ver)faulen
poursuite [puʀsɥit] F Verfolgung; JUR **~s** PL Strafverfolgung *f*
poursuivre [puʀsɥivʀ] verfolgen; *continuer* fortsetzen; JUR ~ **qn** (**en justice**) j-n gerichtlich belangen
pourtant [puʀtɑ̃] dennoch, doch
pourvoir [puʀvwaʀ] ausstatten, versehen (**de** mit)
pourvu [puʀvy] ~ **que** (+*subj*) vorausgesetzt dass; *espérons que* hoffentlich, wenn nur
pousse-pousse [puspus] M Rikscha *f*

pousser¹ [puse] schieben; *voiture en panne* anschieben; *personne* anstoßen; **~ à** (+*inf*) drängen zu; **se ~** zur Seite rücken; **ne poussez pas!** bitte nicht drängen; *inscription* **poussez** drücken

pousser² [puse] wachsen; *dents* durchbrechen

poussière [pusjɛʀ] F Staub *m*

poussiéreux [pusjeʀø] staubig

poussin [pusɛ̃] M Küken *n*

poutre [putʀ] F Balken *m*

pouvoir [puvwaʀ] **1** können; *avoir le droit de* dürfen; **il se peut que** (+*subj*) es kann sein, dass; **je n'en peux plus** ich halte es nicht mehr aus **2** M Macht *f*; *capacité* Fähigkeit *f*

praire [pʀɛʀ] F Venusmuschel

prairie [pʀeʀi] F Wiese

praline [pʀalin] F gebrannte Mandel **praliné** [pʀaline] *chocolat* mit Nougatfüllung; *glace* mit Krokantsplittern

praticable [pʀatikabl] *route* befahrbar

pratique [pʀatik] **1** praktisch **2** F Praxis; *expérience a.* (praktische) Erfahrung; *d'un métier* Ausübung; *d'un sport* (Be)Treiben *n*; **~s** PL Praktiken

pratiquement [pʀatikmɑ̃] praktisch

pratiquer [pʀatike] ausüben, (be)treiben

pré [pʀe] M Wiese *f*

préavis [pʀeavi] M **sans ~** fristlos

précaution [pʀekosjõ] F Vorsicht; **~s** PL Vorsichtsmaßnahmen

précédent [pʀesedɑ̃] **1** vorhergehend, vorig **2** M Präzedenzfall

précéder [pʀesede] **~ qc** e-r Sache (*dat*) vorangehen; **~ qn** vor j-m hergehen *od* -fahren

précieux [pʀesjø] wertvoll

précipice [pʀesipis] M Abgrund

précipitations [pʀesipitasjõ] FPL Niederschlag *m*

précipiter [pʀesipite] *faire tomber* (hinab)stürzen; *catapulter* schleudern; *départ, décision* überstürzen; **se ~** sich stürzen (**sur** auf *akk*)

précis [pʀesi] präzis(e), genau; **à dix heures ~es** Punkt zehn (Uhr)

précisément [pʀesizemɑ̃] genau **préciser** [pʀesize] *point* präzisieren; *date, endroit* genau angeben; *souligner* klarstellen; **se ~** klarer werden

précision [pʀesizjõ] F Genauigkeit; **~s** PL genauere Angaben (**sur** über *akk*)

précoce [pʀekɔs] *fruit* Früh...; *enfant* frühreif

préconçu [pʀekõsy] vorgefasst

préconiser [pʀekɔnize] empfehlen

prédécesseur [pʀedesesœʀ] M Vorgänger

prédiction [prediksjõ] F Voraussage
prédire [prediʀ] voraus-, vorhersagen
préfabriqué [prefabʀike] **maison** *f* **~e** Fertighaus *n*
préface [prefas] F Vorwort *n*
préfecture [prefɛktyʀ] F Präfektur; **Préfecture (de police)** *Polizeipräsidium in Paris*
préférable [preferabl] besser (à als); **il est ~ de** (+*inf*) es ist besser zu
préféré [prefere] Lieblings…
préférence [preferɑ̃s] F Vorzug *m*; **de ~** lieber
préférer [prefere] vorziehen (à *dat*); **~ faire qc** etw lieber tun
préinscription [preɛ̃skripsjõ] F Voranmeldung
préinscrire [preɛ̃skʀiʀ] **se ~** voranmelden
pré-installé [preɛ̃stale] vorinstalliert
préjugé [preʒyʒe] M Vorurteil *n*
prélavage [prelavaʒ] M Vorwäsche *f*
prélever [prel(ə)ve] entnehmen (**sur** *dat od* aus); *sur un compte* abbuchen (von)
prématuré [prematyʀe] verfrüht; **enfant** *m* **~** Frühgeburt *f*
premier [prəmje] erste(r, -s); **le ~, la première** der, die, das Erste; **en ~** zuerst
première [prəmjɛʀ] F Erstaufführung, Premiere
premièrement [prəmjɛʀmɑ̃] erstens
prendre [prɑ̃dʀ] nehmen (*a. voiture, train*); *emmener* mitnehmen; *voler* (weg-, ab)nehmen; *pêcher* fangen; *arrêter* fassen; *surprendre* ertappen; *repas, médicament* einnehmen; *billet* kaufen; *café, verre* trinken; *argent à la banque* abheben; *temps* kosten; **~ froid** sich erkälten; **~ du poids** zunehmen; **~ son temps** sich Zeit nehmen; **~ à droite** rechts abbiegen; **(se) ~ pour** (sich) halten für; **s'y ~ bien** geschickt sein
prénom [prenõ] M Vorname
préoccuper [preɔkype] **~ qn** j-n stark beschäftigen; *santé* j-m Sorge(n) machen
préparatifs [preparatif] MPL Vorbereitungen *fpl*
préparation [preparasjõ] F Vorbereitung; GASTR Zubereitung **préparer** [prepare] vorbereiten; *repas* zubereiten
près [prɛ] nah(e); **tout ~** ganz in der Nähe; **à peu ~** ungefähr; **de ~** aus der Nähe; *fig* genau; **~ de** nah(e) bei, in der Nähe von; *presque* fast
presbyte [presbit] weitsichtig
prescription [prɛskripsjõ] F MED Rezept *n*
prescrire [prɛskʀiʀ] vorschreiben; MED verschreiben
présence [prezɑ̃s] F Anwesenheit
présent [prezɑ̃] **A** anwesend;

actuel gegenwärtig **2** M Gegenwart *f*; GRAM Präsens *n*; **à ~** jetzt
présentateur [prezɑ̃tatœʀ] M, **présentatrice** [prezɑ̃tatʀis] F TV *des programmes* Ansager(in) *m(f)*; *d'un show* Moderator(in) *m(f)*; *du journal* Nachrichtensprecher(in) *m(f)*
présenter [prezɑ̃te] vorzeigen; *appareil, collection* vorführen; *qn à qn* vorstellen; *show télévisé* moderieren; **se ~** sich vorstellen; *difficultés* auftauchen
préservatif [prezɛʀvatif] M Kondom *n*, Präservativ
préserver [prezɛʀve] bewahren, schützen (**de** vor)
président [prezidɑ̃] M Vorsitzende(r), Präsident
presque [pʀɛsk] fast
presqu'île [pʀɛskil] F Halbinsel
pressant [pʀɛsɑ̃] dringend
presse [pʀɛs] F Presse
pressé [pʀɛse] eilig; **il est ~** er hat es eilig
presse-ail [pʀɛsaj] M Knoblauchpresse *f* **presse-citron** [pʀɛssitʀɔ̃] M Zitronenpresse *f*
pressentiment [pʀesɑ̃timɑ̃] M Vorgefühl *n*, Ahnung *f*
presser [pʀɛse] *bouton* drücken; *fruits* (aus)pressen; *être urgent* eilen; *temps* drängen; **se ~** sich beeilen
pressing [pʀɛsiŋ] M Reinigung *f*
pression [pʀɛsjɔ̃] F Druck *m*; *bouton* Druckknopf *m*; **bière** *f* **~** Fassbier *n*; **~ artérielle** Blutdruck *m*; **~ des pneus** Reifendruck *m*
prestidigitateur [pʀɛstidiʒitatœʀ] M Zauberkünstler
prestige [pʀɛstiʒ] M Prestige *n*, Ansehen *n*
présumer [pʀezyme] vermuten
prêt[1] [pʀɛ] fertig; **~ à** bereit zu
prêt[2] [pʀɛ] M Darlehen *n*
prétendre [pʀetɑ̃dʀ] behaupten **prétendu** [pʀetɑ̃dy] angeblich, sogenannt **prétentieux** [pʀetɑ̃sjø] anmaßend, eingebildet
prêter [pʀɛte] leihen; **se ~ à** sich eignen zu, für
prétexte [pʀetɛkst] M Vorwand
prêtre [pʀɛtʀ] M Priester
preuve [pʀœv] F Beweis *m*; **faire ~ de courage** Mut beweisen
prévenant [pʀevnɑ̃] zuvorkommend
prévenir [pʀevniʀ] *informer* benachrichtigen (**de** von); *mettre en garde* warnen (**de** vor *dat*); *éviter* vorbeugen (**qc** *dat*)
préventif [pʀevɑ̃tif] vorbeugend
prévention [pʀevɑ̃sjɔ̃] F Verhütung; JUR Untersuchungshaft; *préjugé* Vorurteil *n*
prévisible [pʀevizibl] vorhersehbar **prévision** [pʀevizjɔ̃]

F Vorhersage; **~s** *pl* **météorologiques** Wettervorhersage *f*
prévoir [pʀevwaʀ] voraus-, vorhersehen; *programmer* vorsehen, planen **prévoyant** [pʀevwajɑ̃] vorausschauend
prier [pʀije] beten (**Dieu** zu Gott); *demander* bitten; **je vous en prie** bitte (sehr); *pas de quoi* gern geschehen!, keine Ursache!
prière [pʀiɛʀ] F Gebet *n*; *demande* Bitte; **~ du vendredi** Freitagsgebet *n*
primaire [pʀimɛʀ] **école** *f* **~** Grundschule
prime [pʀim] F Prämie
primé [pʀime] preisgekrönt
primeurs [pʀimœʀ] FPL Frühobst *n*, -gemüse *n*
primitif [pʀimitif] Ur...; *rudimentaire* primitiv
prince [pʀɛ̃s] M Prinz; *régnant* Fürst; *fig* **~ charmant** Märchenprinz **princesse** [pʀɛ̃sɛs] F Prinzessin; *régnante* Fürstin
principal [pʀɛ̃sipal] **1** *entrée, raison* Haupt... **2** M Hauptsache *f* **principalement** [pʀɛ̃sipalmɑ̃] hauptsächlich
principe [pʀɛ̃sip] M Prinzip *n*, Grundsatz; **en ~** im Prinzip; **par ~** aus Prinzip
printemps [pʀɛ̃tɑ̃] M Frühling; **au ~** im Frühling
priorité [pʀijɔʀite] F Vorrang *m*; AUTO Vorfahrt
pris [pʀi] PPERF → prendre
prise [pʀiz] F MIL Eroberung; *pêche, chasse* Fang *m*; *judo* Griff; *alpinisme* Halt; **~ (de courant)** Steckdose; **~ de sang** Blutentnahme; *alcootest* Blutprobe
prison [pʀizɔ̃] F Gefängnis *n*
prisonnier [pʀizɔnje] M, **prisonnière** [pʀizɔnjɛʀ] F Gefangene(r) *m/f(m)*
privé [pʀive] privat; *vie, club* Privat...; **vie** *f* **~e** *a.* Privatsphäre
priver [pʀive] **~ qn de qc** j-m etw entziehen; **se ~ de qc** auf etw *akk* verzichten
privilège [pʀivilɛʒ] M Privileg *n*, Vorrecht *n*
prix [pʀi] M Preis
probable(ment) [pʀɔbablə(mɑ̃)] wahrscheinlich
problème [pʀɔblɛm] M Problem *n*
procédé [pʀɔsede] M Verfahren *n* **procéder** [pʀɔsede] verfahren **procédure** [pʀɔsedyʀ] F JUR (Gerichts)Verfahren *n*
procès [pʀɔsɛ] M Prozess
procession [pʀɔsesjɔ̃] F Prozession
procès-verbal [pʀɔsɛvɛʀbal] M ⟨*pl* procès-verbaux [pʀɔsɛvɛʀbo]⟩ gebührenpflichtige Verwarnung *f*; *compte-rendu* Protokoll *n*
prochain [pʀɔʃɛ̃] nächste(r, -s), kommende(r, -s)
proche [pʀɔʃ] **1** nahe; **~ de** nah an *od* bei (*dat*) **2** MPL **ses**

~s s-e Angehörigen

procuration [pʀɔkyʀasjõ] F Vollmacht

procurer [pʀokyʀe] (**se** ~ sich) verschaffen

procureur [pʀɔkyʀœʀ] M Staatsanwalt

prodigieux [pʀɔdiʒjø] außergewöhnlich

producteur [pʀɔdyktœʀ] M Erzeuger, Produzent (*a. Kino*, TV); *fabricant* Hersteller

production [pʀɔdyksjõ] F Produktion

produire [pʀɔdɥiʀ] produzieren (*a. Film*); *acier, énergie* erzeugen; **se** ~ sich ereignen

produit [pʀɔdɥi] M Produkt *n*; **~s** *pl* **naturels** Naturprodukte *npl*; ~ **de nettoyage** Reinigungsmittel *n*, Reiniger *m*; **~s** *pl* **surgelés** Tiefkühlkost *f*

professeur [pʀɔfɛsœʀ] M Lehrer(in) *m(f)*; *d'université* Professor(in) *m(f)*

profession [pʀɔfɛsjõ] F Beruf *m* **professionnel** [pʀɔfɛsjɔnɛl] **1** Berufs… **2** M Fachmann; SPORT Profi

profil [pʀɔfil] M Profil *n*; IT ~ **d'utilisateur** Benutzerprofil *n*

profit [pʀɔfi] M Nutzen; WIRTSCH Profit; **au** ~ **de** zugunsten (*gen*)

profiter [pʀɔfite] ~ **de** profitieren von, ausnützen (*akk*); ~ **à** von Nutzen sein (*dat*)

profiterole [pʀɔfitʀɔl] F *Windbeutel mit Creme- oder Eisfüllung*

profond [pʀɔfõ] tief **profondeur** [pʀɔfõdœʀ] F Tiefe

programme [pʀɔgʀam] M Programm *n*

progrès [pʀɔgʀɛ] M Fortschritt **progresser** [pʀɔgʀese] Fortschritte machen **progressivement** [pʀɔgʀesivmɑ̃] stufenweise

proie [pʀwa] F Beute

projecteur [pʀɔʒɛktœʀ] M Scheinwerfer **projectile** [pʀɔʒɛktil] M Geschoss *n*

projet [pʀɔʒɛ] M Plan

projeter [pʀɔʒte] *film* vorführen; *catapulter* schleudern; ~ **de** (*+inf*) planen zu

prolongation [pʀɔlõgasjõ] F *zeitliche* Verlängerung

prolonger [pʀɔlõʒe] verlängern

promenade [pʀɔmnad] F Spaziergang *m*; ~ **en bateau** Bootsfahrt

promener [pʀɔmene] **se** ~ spazieren gehen; *en voiture* spazieren fahren; *umg fig* **envoyer** ~ **qn** *umg* j-n abwimmeln *od* zum Teufel jagen

promesse [pʀɔmɛs] F Versprechen *n* **promettre** [pʀɔmɛtʀ] versprechen

promotion [pʀɔmosjõ] F *avancement* Beförderung; HANDEL **en** ~ im Sonderangebot

prononcer [pʀɔnõse] *mot* aussprechen; *discours* halten;

jugement verkünden; **se ~** sich äußern (**sur** zu), sich aussprechen (**pour**, **contre** für, gegen); *mot* (aus)gesprochen werden

propager [pʀɔpaʒe] verbreiten; **se ~** *nouvelle* sich verbreiten; *épidémie* sich ausbreiten

propos [pʀɔpo] MPL Äußerungen *fpl*; **à ~** übrigens; **à ~ de** wegen (*gen*)

proposer [pʀɔpoze] vorschlagen; *aide, argent* anbieten

proposition [pʀɔpozisjõ] F Vorschlag *m*

propre[1] [pʀɔpʀ] sauber

propre[2] [pʀɔpʀ] eigen; **~ à** charakteristisch für; **nom** *m* **~** Eigenname

propret [pʀɔpʀɛ] *chose* schmuck; *personne* adrett

propreté [pʀɔpʀəte] F Sauberkeit

propriétaire [pʀɔpʀietɛʀ] M/F Eigentümer(in) *m(f)*, Besitzer(in) *m(f)*; *qui loue* Vermieter(in) *m(f)*, Hauswirt(in) *m(f)*

propriété [pʀɔpʀiete] F Eigentum *n*, Besitz *m*; *caractéristique* Eigenschaft

propulsion [pʀɔpylsjõ] F Antrieb *m*

prospectus [pʀɔspɛktys] M Prospekt

prospère [pʀɔspɛʀ] blühend

prospérité [pʀɔspeʀite] F Wohlstand *m*

prostituée [pʀɔstitye] F Prostituierte

protection [pʀɔtɛksjõ] F Schutz *m*; **~ solaire** Sonnenschutz *m*

protéger [pʀɔteʒe] (**se ~** sich) schützen (**de** vor *dat*, **contre** gegen)

protège-slip [pʀɔtɛʒslip] M Slipeinlage *f*

protestant [pʀɔtɛstã] **1** protestantisch, evangelisch **2** **protestant(e)** [pʀɔtɛstã(t)] M(F) Protestant(in)

protester [pʀɔtɛste] protestieren

prothèse [pʀɔtɛz] F Prothese

proue [pʀu] F SCHIFF Bug *m*

prouver [pʀuve] beweisen

provenance [pʀɔvnãs] F Herkunft; **en ~ de ...** aus

provenir [pʀɔvniʀ] **~ de** (her)kommen aus, von

proverbe [pʀɔvɛʀb] M Sprichwort *n*

province [pʀɔvɛ̃s] F Provinz; **en ~** außerhalb von Paris

provision [pʀɔvizjõ] F Vorrat *m* (**de** an *dat*); *d'un chèque* Deckung; **~s** PL (Lebensmittel-, Winter)Vorräte *mpl*; *courses* Einkäufe *mpl*

provisoire [pʀɔvizwaʀ] vorläufig, provisorisch

provoquer [pʀɔvoke] *qn* provozieren; *qc* auslösen

proximité [pʀɔksimite] F Nähe; **à ~ (de)** in der Nähe (*gen*)

prudence [pʀydãs] F Vorsicht

prudent [pʀydã] vorsichtig

prune [pʀyn] F Pflaume **pru-**

neau [pryno] M Backpflaume *f*
psychiatre [psikjatr] M/F Psychiater(in) *m(f)*
psychique [psiʃik] psychisch
psychologique [psikɔlɔʒik] psychologisch; *problèmes* psychisch **psychologue** [psikɔlɔg] M/F Psychologe *m*, -login *f*
pu [py] PPERF → pouvoir
pub [pyb] F Werbung
public [pyblik] 1 ⟨*f* publique⟩ öffentlich; **rendre ~** bekannt machen 2 M Publikum *n*
publication [pyblikasjõ] F Veröffentlichung
publicité [pyblisite] F Werbung
publier [pyblije] veröffentlichen
publique → public
puce [pys] F Floh *m*; IT Chip *m*
pudeur [pydœr] F Scham(-haftigkeit) **pudique** [pydik] schamhaft; *réservé* zurückhaltend
puer [pɥe] stinken (**qc** nach etw)
puéril [pɥeril] kindisch
puis [pɥi] dann
puisque [pɥisk(ə)] da (ja)
puissance [pɥisɑ̃s] F *pouvoir* Macht; *force* Stärke **puissant** [pɥisɑ̃] mächtig; *moteur, médicament* stark
puisse [pɥis] SUBJ → pouvoir
puits [pɥi] M Brunnen
pull [pyl] M *umg* Pulli
pull-over [pylɔvɛr] M Pullover
pulmonaire [pylmɔnɛr] Lungen…
pulpe [pylp] F Fruchtfleisch *n*
pulsation [pylsasjõ] F Herzschlag *m*, Puls(schlag) *m*
punaise [pynɛz] F ZOOL Wanze; *clou* Reißzwecke, -nagel *m*
punch[1] [põʃ] M Punsch
punch[2] [pœnʃ] M *umg* Schwung, Elan
punir [pynir] bestrafen
punition [pynisjõ] F Strafe; **en ~ de** zur Strafe für
punk[1] [pœ̃k] M *musique* Punk (-rock)
punk[2] [pœ̃k] M/F *personne* Punk *m*, Punker(in) *m(f)*
pur [pyr] rein; *vin* pur, unverdünnt; **~ sang** Vollblut…
purée [pyre] F Püree *n*, Brei *m*; **~ de pommes de terre** Kartoffelpüree *n*, -brei *m*
pureté [pyrte] F Reinheit
purger [pyrʒe] *radiateur* entlüften; *peine* ver-, abbüßen
purifier [pyrifje] reinigen
pur-sang [pyrsɑ̃] M Vollblut (-pferd) *n*
purulent [pyrylɑ̃] eit(e)rig
pus [py] M Eiter
putain [pytɛ̃] F *sl* Hure *pej*
putois [pytwa] M Iltis
puzzle [pœzəl] M Puzzle *n*
PV [peve] *umg* M (procès-verbal) Strafzettel
pyjama [piʒama] M Schlafanzug, Pyjama
pylône [pilon] M ELEK Mast; ARCH Pylon

pyramide [piʀamid] F Pyramide

Pyrénées [piʀene] **les ~** FPL die Pyrenäen *pl*

QR [kyɛʀ] M (Quick Response) **code** *m* ~ QR-Code

qu' [k] → que

quad [kwad] M AUTO Quad *n*

quadrillé [kadʀije] kariert

quadruple [kwadʀypl] vierfach

quai [ke] M *port* Kai; *gare* Bahnsteig

qualifié [kalifje] geeignet

qualifier [kalifje] bezeichnen; SPORT **se ~** sich qualifizieren

qualité [kalite] F (gute) Eigenschaft; *de produits* Qualität; **de ~** Qualitäts...

quand [kɑ̃] wann?; *lorsque* wenn (*+präs od fut*), als (*+passé*); *toutes les fois que* (jedesmal) wenn; **~ même** trotzdem; *tout de même* immerhin

quant à [kɑ̃ta] was ... betrifft

quantité [kɑ̃tite] F Menge

quarantaine[1] [kaʀɑ̃tɛn] F *âge* Vierzig; **une ~ (de ...)** etwa vierzig (...)

quarantaine[2] [kaʀɑ̃tɛn] F MED Quarantäne

quarante [kaʀɑ̃t] vierzig

quart [kaʀ] M Viertel *n*; **~ d'heure** Viertelstunde *f*

quartier [kaʀtje] M Viertel *n*

quatorze [katɔʀz] vierzehn

quatre [katʀ] vier; **manger comme ~** für drei essen

Quatre-Cantons [katʀəkɑ̃tõ] **le lac des ~** der Vierwaldstätter See

quatre-vingt(s) [katʀəvɛ̃] achtzig **quatre-vingt-dix** [katʀəvɛ̃dis] neunzig

quatrième [katʀijɛm] vierte(r, -s)

que [kə] ⟨*vor Vokal* qu'⟩ **(qu'est-ce) ~?** was?; PRON *relatif* den, die, das (*akk*); PL die; KONJ dass; **ne ... ~** nur; *temporel* erst; **plus grand ~ moi** größer als ich; **qu'il pleuve ou non** ob es regnet oder nicht; **(qu'est-ce) ~ c'est beau!** wie schön!

quel [kɛl] welche(r, -s); **~ âge a-t-il?** wie alt ist er?; **~le chance!** was für ein Glück!; **~le que soit l'heure** egal, wie spät es ist

quelconque [kɛlkõk] irgendein(e)

quelque [kɛlk(ə)] irgendein; ungefähr; **~s** PL einige; **quarante ans et ~s** etwas über vierig Jahre; **~ chose** etwas; **~ part** irgendwo(hin)

quelquefois [kɛlkəfwa] manchmal

quelques-uns [kɛlkəzɛ̃, kɛl-

kəzœ̃] MPL einige
quelqu'un [kɛlkœ̃] jemand
quenelle [kənɛl] F Klößchen *n*
querelle [kəʀɛl] F Streit *m*
quereller [kəʀɛle] **se ~** (sich) streiten
qu'est-ce que? → que
question [kɛstjõ] F Frage
questionnaire [kɛstjɔnɛʀ] M Fragebogen **questionner** [kɛstjɔne] be-, ausfragen
quête [kɛt] F Suche; *collecte* Geldsammlung
queue [kø] F Schwanz *m*; *de casserole* Stiel *m*; *de train* Ende *n*; **faire la ~** Schlange stehen, anstehen
qui [ki] **~ (est-ce ~)?** wer?; **~ (est-ce que)?** wen?; **à ~?** wem? (*od* an wen?, mit wem? *etc*); PRON *relatif* der, die, das, *pl* die; **à ~** dem (*od* an den, mit dem *etc*); **~ que ce soit** wer auch immer
quiche [kiʃ] F **~ lorraine** Speckkuchen *m*
quiconque [kikõk] jeder, der ...; *n'importe qui* irgend jemand
quille [kij] F Kegel *m*; SCHIFF Kiel *m*
quincaillerie [kɛ̃kajʀi] F Eisenwarengeschäft *n*
quinine [kinin] F Chinin *n*
quintuple [kɛ̃typl] M **le ~** das Fünffache; *du prix* der fünffache Preis
quinzaine [kɛ̃zɛn] F *quinze jours* vierzehn Tage; **une ~ (de ...)** etwa fünfzehn (...)
quinze [kɛ̃z] fünfzehn; **~ jours** vierzehn Tage
quinzième [kɛ̃zjɛm] fünfzehnte(r, -s)
quittance [kitɑ̃s] F Quittung
quitte [kit] quitt
quitter [kite] verlassen; *emploi* aufgeben; **se ~** sich trennen; **ne quittez pas!** bitte, bleiben Sie am Apparat!
quoi [kwa] **~?** was?; **à ~** woran, womit, wozu *etc*; **~ que ce soit** was auch immer; **à ~ bon?** wozu?; **~ qu'il en soit** wie dem auch sei
quoique [kwakə] obgleich, obwohl
quota [kɔta, kwɔta] M Quote *f*
quotidien [kɔtidjɛ̃] **1** täglich **2** M Tageszeitung *f*

R

rabais [ʀabɛ] M Rabatt; **~ pour les réservations anticipées** Frühbucherrabatt
rabaisser [ʀabɛse] herabsetzen
rabattre [ʀabatʀ] *siège* herunterklappen; *col* umschlagen; *faire un rabais* nachlassen (**sur** von); **se ~** *voiture* rasch wieder einscheren
rabbin [ʀabɛ̃] M Rabbiner

rabougri [ʀabugʀi] verkümmert
raccommoder [ʀakɔmɔde] flicken
raccourci [ʀakuʀsi] M Abkürzung *f* **raccourcir** [ʀakuʀsiʀ] *séjour* ab-, verkürzen; *robe* kürzer machen; *jours* kürzer werden
raccrocher [ʀakʀɔʃe] wieder aufhängen; *wagon* wieder anhängen; TEL auflegen; **se ~ à** sich festhalten an *(dat)*
race [ʀas] F Rasse
racheter [ʀaʃte] wiederkaufen; **~ qc à qn** etw von j-m abkaufen
racine [ʀasin] F Wurzel
racisme [ʀasism] M Rassismus
raciste [ʀasist] **1** rassistisch **2** M/F Rassist(in) *m(f)*
raconter [ʀakõte] erzählen
radar [ʀadaʀ] M Radar *m/n*; **contrôle** *m* **~** Radarkontrolle *f*
radeau [ʀado] M Floß
radiateur [ʀadjatœʀ] M Heizkörper; AUTO Kühler; **~ électrique** Heizofen
radiations [ʀadjasjõ] FPL PHYS Strahlen *mpl*
radieux [ʀadjø] strahlend
radio [ʀadjo] F Radio *n*; *station* Sender *m*; MED Röntgenaufnahme, -bild *n*; *liaison* **par ~** über Funk; **écouter la ~** Radio hören; **se faire faire une ~** sich röntgen lassen
radioactif [ʀadjoaktif] radioaktiv
radiographie [ʀadjogʀafi] F Röntgenaufnahme, -bild *n*
radioprotection [ʀadjopʀotɛksjõ] F Strahlenschutz *m*
radio-réveil [ʀadjoʀevɛj] M Radiowecker
radiotéléphonie [ʀadjotelefoni] F Sprechfunk *m*
radis [ʀadi] M **~ (rose)** Radieschen *n*
radoucir [ʀadusiʀ] *temps* **se ~** milder werden
rafale [ʀafal] F Bö
raffiné [ʀafine] *pétrole* raffiniert; *sucre* weiß; *personne* feinsinnig; *goût* erlesen **raffinerie** [ʀafinʀi] F Raffinerie
rafraîchir [ʀafʀɛʃiʀ] *boisson* kühlen, kalt stellen; *peintures* auffrischen; **se ~** *temps* kühler werden; *personne* sich erfrischen **rafraîchissement** [ʀafʀɛʃismɑ̃] M Erfrischung *f*
rafting [ʀaftiŋ] M Rafting *n*
rage [ʀaʒ] F Wut; MED Tollwut; **~ de dents** rasende Zahnschmerzen *mpl*
ragoût [ʀagu] M Ragout *n*
raï [ʀaj] M MUS Rai
raide [ʀɛd] steif (*a. fig*); *pente* steil
raie [ʀɛ] F *rayure* Streifen *m*; *cheveux* Scheitel *m*; ZOOL Rochen *m*
raifort [ʀɛfɔʀ] M Meerrettich
rail [ʀɑj] M Schiene *f*
railler [ʀaje] spotten (**qn** über j-n)
rainure [ʀɛnyʀ] F Rille

raisin [ʀɛzɛ̃] M (Wein)Traube(n) *f(pl)*; **~s** *pl* **secs** Rosinen *fpl*

raison [ʀɛzõ] F Vernunft; *cause* Grund *m*; *argument* Argument *n*; **~ de vivre** Lebensinhalt *m*; **avec ~** mit Recht; **avoir/donner ~** recht haben/geben; **pour cette ~** aus diesem Grund; **en ~ de** auf Grund *(gen)*

raisonnable [ʀɛzɔnabl] vernünftig; *prix* angemessen

raisonnement [ʀɛzɔnmɑ̃] M Überlegung *f*, Argumentation *f*

rajeunir [ʀaʒœniʀ] jünger aussehen; *coiffure* jünger machen

rajouter [ʀaʒute] hinzufügen; *sel* zugeben

ralenti [ʀalɑ̃ti] M AUTO Leerlauf; *film* Zeitlupe *f*; **au ~** in Zeitlupe

ralentir [ʀalɑ̃tiʀ] verlangsamen; AUTO langsamer fahren

râler [ʀale] *umg* meckern

rallonge [ʀalõʒ] F *d'une table* Ausziehplatte; ELEK Verlängerungsschnur **rallonger** [ʀalõʒe] verlängern; *vêtement* länger machen; *table* ausziehen; *jours* länger werden

ramadan [ʀamadɑ̃] M REL Ramadan

ramasser [ʀamase] aufheben; *champignons* sammeln; *cahiers* einsammeln

rame [ʀam] F Ruder *n*; *de métro* Zug *m*

rameau [ʀamo] M Zweig

ramener [ʀamne] zurückbringen; *qn chez lui* nach Hause bringen; *apporter* mitbringen

ramer [ʀame] rudern **rameur** [ʀamœʀ] M Ruderer

ramollir [ʀamɔliʀ] weich machen; **se ~** weich werden

rampe [ʀɑ̃p] F (Treppen)Geländer *n*; *dans un parking* Auffahrt *od* Abfahrt

ramper [ʀɑ̃pe] kriechen (*a. fig* **devant qn** vor j-m)

rance [ʀɑ̃s] ranzig

rancœur [ʀɑ̃kœʀ] F Groll *m*

rançon [ʀɑ̃sõ] F Lösegeld *n*

rancune [ʀɑ̃kyn] F Groll *m*

rancunier [ʀɑ̃kynje] nachtragend

randonnée [ʀɑ̃dɔne] F *en montagne* Wanderung; *à vélo* (Fahr)Radtour; **~ à ski** Skitour

rang [ʀɑ̃] M *rangée* Reihe *f*; *place* Platz, Stelle *f*; **au troisième ~** in der dritten Reihe, *classement* auf Platz drei

rangée [ʀɑ̃ʒe] F Reihe

ranger [ʀɑ̃ʒe] *affaires, chambre* aufräumen; *papiers* ordnen; *voiture* (ein)parken

ranimer [ʀanime] wiederbeleben

rap [ʀap] M MUS Rap

rapace [ʀapas] M Greifvogel

râpe [ʀɑp] F Reibe **râper** [ʀape] reiben

rapide [ʀapid] **1** schnell **2** M GEOGR Stromschnelle *f*; *train* (Fern)Schnellzug, D-Zug **rapidité** [ʀapidite] F Schnelligkeit

rappel [ʀapɛl] M MED Nachimpfung *f*; *théâtre* **~s** PL Vorhänge; *panneau* **~!** *Wiederholungsschild zur Geschwindigkeitsbeschränkung*

rappeler [ʀaple] erinnern (**qc à qn** j-n an etw *akk*); TEL noch einmal anrufen; *en réponse* zurückrufen; **se ~** sich erinnern an (*akk*)

rapper [ʀape] MUS rappen

rappeur [ʀapœʀ] M, **rappeuse** [ʀapøz] F MUS Rapper(in) *m(f)*

rapport [ʀapɔʀ] M Bericht; *lien* Zusammenhang; **~s** PL Beziehungen *fpl*; *sexuels* (Geschlechts)Verkehr *m*; **par ~ à** gegenüber (*dat*)

rapporter [ʀapɔʀte] zurückbringen; *ramener* mitbringen; *raconter* berichten; *bénéfice* einbringen (*v/i* einträglich sein); *école* petzen; **se ~ à** sich beziehen auf (*akk*)

rapprocher [ʀapʀɔʃe] heranrücken, *deux objets* zusammenrücken; *fig* einander näherbringen; **se ~** sich nähern; *fig* sich näherkommen

rapt [ʀapt] M Entführung *f*

raquette [ʀakɛt] F (Tischtennis-, Tennis)Schläger *m*; *pour la neige* Schneeschuh *m*

rare(ment) [ʀaʀ(mɑ̃)] selten

ras [ʀɑ] *cheveux* kurz geschnitten; **à ~ bord** bis zum Rand; **à, au ~ de** dicht über (*dat od akk*)

raser [ʀɑze] rasieren; *bâtiment* abreißen; AUTO *piéton* dicht vorbeifahren an (*dat*); **se ~** sich rasieren

rasoir [ʀɑzwaʀ] M Rasierapparat; **~ électrique** elektrischer Rasierapparat

rassembler [ʀasɑ̃ble] (ver)sammeln; *informations* sammeln; **se ~** sich versammeln

rassis [ʀasi] alt(backen)

rassurer [ʀasyʀe] beruhigen

rat [ʀa] M Ratte *f*

ratatouille [ʀatatuj] F **~ (niçoise)** *provenzalischer Gemüseeintopf*

rate [ʀat] F Milz

râteau [ʀɑto] M Rechen, Harke *f*

rater [ʀate] *cible* verfehlen; *train, occasion* verpassen; *échouer* misslingen; **~ un examen** in e-r Prüfung durchfallen

ratés [ʀate] MPL AUTO Fehlzündung *f*

ration [ʀasjõ] F Ration

rationnel [ʀasjɔnɛl] rational; *pratique* rationell

RATP [ɛʀatepe] F (Régie autonome des transports parisiens) Pariser Verkehrsbetriebe

rattraper [ʀatʀape] *voiture* einholen; *retard* aufholen; *heures, cours* nachholen; **se ~ à** sich festhalten an (*dat*); **se ~ sur** ausgleichen durch

rauque [ʀok] heiser, rau

ravager [ʀavaʒe] verwüsten, verheeren **ravages** [ʀavaʒ]

MPL Verwüstungen *fpl*
rave¹ [ʀav] F BOT Rübe
rave² [ʀɛv] F *fête* Rave *m*, Raveparty
ravi [ʀavi] entzückt
ravin [ʀavɛ̃] M Schlucht *f*
ravissant [ʀavisɑ̃] entzückend
ravitaillement [ʀavitɑjmɑ̃] M Versorgung *f*; *umg provisions* Lebensmittel *npl*, Verpflegung *f* **ravitailler** [ʀavitɑje] versorgen
rayé [ʀɛje] gestreift; *carrosserie* zerkratzt **rayer** [ʀɛje] *voiture* zerkratzen; *mot* (durch-, aus)-streichen
rayon [ʀɛjõ] M Strahl; MATH Radius; *d'une roue* Speiche *f*; *d'un grand magasin* Abteilung *f*; *étagère* Regal *n*
rayonnage [ʀɛjɔnaʒ] M Regal *n*
rayonnant [ʀɛjɔnɑ̃] strahlend
rayonnement [ʀɛjɔnmɑ̃] M PHYS Strahlung *f*; *fig* Ausstrahlung *f* **rayonner** [ʀɛjɔne] (aus)strahlen
rayure [ʀɛjyʀ] F Streifen *m*; *égratignure* Kratzer *m*
RDA [ɛʀdeɑ] F (République démocratique allemande) *hist* **la ~** die DDR (*Deutsche Demokratische Republik*)
RDC M (rez-de-chaussée) EG *n* (*Erdgeschoss*)
réacteur [ʀeaktœʀ] M Reaktor; FLUG Düsentriebwerk *n*; **~ nucléaire** Kernreaktor
réaction [ʀeaksjõ] F Reaktion *f*; **avion** *m* **à ~** Düsenflugzeug *n*
réagir [ʀeaʒiʀ] reagieren
réalisateur [ʀealizatœʀ] M, **réalisatrice** [ʀealizatʀis] F Regisseur(in) *m(f)*
réaliser [ʀealize] realisieren, verwirklichen; *se rendre compte* begreifen
réalité [ʀealite] F Wirklichkeit
réanimation [ʀeanimasjõ] F Intensivstation
réarmement [ʀeaʀməmɑ̃] M Aufrüstung *f*
rebelle [ʀ(ə)bɛl] M/F Rebell(in)
rebeller [ʀ(ə)bɛle] **se ~** sich auflehnen (**contre** gegen)
rébellion [ʀebɛljõ] F Aufstand *m*
rebondir [ʀ(ə)bõdiʀ] zurück-, abprallen (**sur** von)
rebord [ʀ(ə)bɔʀ] M Rand; **~ d'une fenêtre** Fensterbank *f*
rebut [ʀ(ə)by] M Ausschuss, Abfall
récapituler [ʀekapityle] zusammenfassen
récemment [ʀesamɑ̃] kürzlich, vor Kurzem, neulich
récent [ʀesɑ̃] neu; *passé* jüngste(r, -s)
récépissé [ʀesepise] M Empfangsschein
récepteur [ʀesɛptœʀ] M *radio* Empfänger; TEL Hörer
réception [ʀesɛpsjõ] F Empfang *m*
réceptionniste [ʀesɛpsjɔnist] M/F Rezeptionist(in) *m(f)*

recette [ʀ(ə)sɛt] F **~ (de cuisine)** (Koch)Rezept *n*; HANDEL **~(s)** (*Pl*) Einnahme(n); **livre** *m* **de ~s** Kochbuch *n*

receveur [ʀəsvœʀ] M **~ (de bus)** (Bus)Schaffner; MED Empfänger

recevoir [ʀəsvwaʀ] *qc* erhalten; *personne(s)* empfangen; **être reçu (à un examen)** (e-e Prüfung) bestehen

rechange [ʀ(ə)ʃɑ̃ʒ] M **de ~** Ersatz...

réchapper [ʀeʃape] **en ~** überleben

recharge [ʀ(ə)ʃaʀʒ] F Nachfüllpack *m*

recharger [ʀ(ə)ʃaʀʒe] *batterie* aufladen; *fusil* wieder laden; *briquet* nachfüllen

réchaud [ʀeʃo] M Kocher

réchauffement [ʀeʃofmɑ̃] M Erwärmung *f*; **~ de la planète** Erderwärmung *f*

réchauffer [ʀeʃofe] aufwärmen; **se ~** *personne* sich aufwärmen; *temps* wärmer werden

recherche [ʀ(ə)ʃɛʀʃ] F Suche (**de** nach); *scientifique* Forschung; **~s** PL Nachforschungen

rechercher [ʀ(ə)ʃɛʀʃe] suchen; *criminel* fahnden (**qn** nach j-m)

rechute [ʀ(ə)ʃyt] F Rückfall *m* **rechuter** [ʀ(ə)ʃyte] e-n Rückfall haben

récif [ʀesif] M Riff *n*

récipient [ʀesipjɑ̃] M Behälter

réciproque [ʀesipʀɔk] gegenseitig

récit [ʀesi] M Erzählung *f*; **faire le ~ de** erzählen von

récital [ʀesital] M Konzert *n*

réciter [ʀesite] *leçon* aufsagen; *vers* vortragen

réclamation [ʀeklamasjõ] F Reklamation **réclamer** [ʀeklame] verlangen (**qc à qn** etw von j-m, **qn** nach j-m); *revendiquer* fordern; *nécessiter* erfordern

récolte [ʀekɔlt] F Ernte **récolter** [ʀekɔlte] ernten

recommandé [ʀ(ə)kɔmɑ̃de] *lettre* eingeschrieben; **en ~** per Einschreiben

recommander [ʀ(ə)kɔmɑ̃de] empfehlen

recommencer [ʀ(ə)kɔmɑ̃se] wieder *od* von vorn(e) anfangen (**qc** etw, mit etw, **à** *+inf* zu)

récompense [ʀekõpɑ̃s] F Belohnung **récompenser** [ʀekõpɑ̃se] belohnen (**de** für)

réconcilier [ʀekõsilje] (**se ~** sich) versöhnen

reconduire [ʀ(ə)kõdɥiʀ] (zurück)bringen, (-)begleiten; **~ qn jusqu'à la porte** j-n zur Tür begleiten

réconforter [ʀekõfɔʀte] trösten

reconnaissance [ʀ(ə)kɔnɛsɑ̃s] F Anerkennung; *gratitude* Dankbarkeit **reconnaissant** [ʀ(ə)kɔnɛsɑ̃] dankbar (**de** für)

reconnaître [ʀ(ə)kɔnɛtʀ] (wie-

der)erkennen (à an *dat*); *faute* erkennen; *enfant, état* anerkennen
reconnu [R(ə)kɔny] anerkannt
reconstruire [R(ə)kõstRɥiR] wieder aufbauen
record [R(ə)kɔR] M Rekord
recourbé [R(ə)kuRbe] gebogen; *bec* krumm
récréation [RekReasjõ] F Erholung; *école* Pause
recruter [R(ə)kRyte] rekrutieren; *personnel a.* einstellen
rectangle [Rɛktɑ̃gl] M Rechteck *n*
rectangulaire [Rɛktɑ̃gylɛR] rechteckig
rectifier [Rɛktifje] berichtigen; *tracé de route* begradigen
reçu [R(ə)sy] **1** PPERF → recevoir **2** M Quittung *f*
recueil [R(ə)kœj] M Sammlung *f*
recueillement [R(ə)kœjmɑ̃] M innere Sammlung *f*, Andacht *f*
recueilli [R(ə)kœji] andächtig
recueillir [R(ə)kœjiR] sammeln; *personne* (bei sich) aufnehmen; **se ~** sich innerlich sammeln
recul [R(ə)kyl] M *fig* Abstand
reculé [R(ə)kyle] abgelegen
reculer [R(ə)kyle] zurückschieben; *décision* auf-, hinausschieben; *personne, fig chômage* zurückgehen; *voiture* zurückfahren, rückwartsfahren
reculons [R(ə)kylõ] **à ~** rückwärts
récupérer [RekypeRe] wiedererlangen; *rattraper* nachholen; *recycler* (wieder)verwerten; *sportif, malade* sich erholen
récurer [RekyRe] scheuern
recyclable [R(ə)siklabl] wiederverwertbar, recyclingfähig
recyclage [R(ə)siklaʒ] M Recycling *n*; *formation* Umschulung *f* **recycler** [R(ə)sikle] recyceln
rédacteur [RedaktœR] M Redakteur **rédaction** [Redaksjõ] F Verfassen *n*; *école* Aufsatz *m*; *d'un journal* Redaktion
redevance [Rədvɑ̃s] F *radio*, TV Gebühr
rédiger [Rediʒe] verfassen
redire [R(ə)diR] noch einmal sagen; **trouver à ~ à qc** etw an etw (*dat*) auszusetzen haben
redoubler [R(ə)duble] *école* **~ (une classe)** e-e Klasse wiederholen
redoutable [R(ə)dutabl] furchterregend; *adversaire* (sehr) gefährlich **redouter** [R(ə)dute] fürchten
redresser [R(ə)dRɛse] *chose penchée* gerade richten; *chose tordue* gerade biegen; *situation* wieder in Ordnung bringen; **se ~** sich (wieder) aufrichten
réduction [Redyksjõ] F Reduzierung; *rabais* Ermäßigung *f*, Preisnachlass *m*; **~ du temps de travail** Arbeitszeitverkür-

zung
réduire [redɥiʀ] reduzieren; *vitesse* drosseln; MED einrenken; GASTR **(faire) ~** einkochen lassen
réduit [redɥi] M *prix, tarif* ermäßigt; *format* verkleinert
rééducation [reedykasjõ] F Heil-, Krankengymnastik; Rehabilitation
réel [reɛl] wirklich
réexpédier [reɛkspedje] zurücksenden; *faire suivre* nachsenden
refaire [ʀ(ə)fɛʀ] noch einmal machen; *remettre en état* instand setzen; **~ la peinture** neu streichen
référer [refere] **se ~ à** sich beziehen auf (*akk*)
réfléchir [refleʃiʀ] *refléter* widerspiegeln; *penser* nachdenken (**à, sur** über *akk*)
réflecteur [reflɛktœʀ] M Reflektor
reflet [ʀ(ə)flɛ] M *image* Spiegelbild *n*; **~s** PL Glanz *m*
refléter [ʀ(ə)flete] widerspiegeln
réflexe [reflɛks] M Reflex
réflexion [reflɛksjõ] F Überlegung; *remarque* Bemerkung
réforme [refɔʀm] F Reform
réfrigérateur [refʀiʒeʀatœʀ] M Kühlschrank
refroidir [ʀ(ə)fʀwadiʀ] abkühlen; **se ~** kälter werden, sich abkühlen; **laisser ~** abkühlen lassen; **ça va ~** es wird kalt
refroidissement [ʀ(ə)fʀwadismɑ̃] M Abkühlung *f*; MED Erkältung *f*; AUTO **eau** *f* **de ~** Kühlwasser *n*
refuge [ʀ(ə)fyʒ] M *abri* Zuflucht(sort) *f(m)*; *en montagne* (Schutz)Hütte *f*
réfugié [refyʒje] M Flüchtling
réfugier [refyʒje] **se ~** (sich) flüchten
refus [ʀ(ə)fy] M Ablehnung *f*
refuser [ʀ(ə)fyze] ablehnen; **~ qc à qn** j-m etw verweigern; **~ de** (*+inf*) sich weigern zu
régaler [regale] **il se régale** es schmeckt ihm sehr gut
regard [ʀ(ə)gaʀ] M Blick
regarder [ʀ(ə)gaʀde] ansehen; *concerner* **~ qn** j-n (etwas) angehen
régates [regat] FPL Regatta *f*
reggae [rege] M Reggae
régime [reʒim] M Diät *f*; AUTO Drehzahl *f*
région [reʒjõ] F Gegend
réglage [reglaʒ] M Einstellung *f*
règle [rɛgl] F *instrument* Lineal *n*; *principe* Regel, Vorschrift; MED **~s** PL Periode *f*; **en ~** *papiers* in Ordnung
règlement [rɛgləmɑ̃] M *règles* Vorschrift(en) *f(pl)*; *d'une affaire* Regelung *f*; *d'une facture* Begleichung *f*
réglementaire [rɛgləmɑ̃tɛʀ] vorschriftsmäßig
régler [regle] regeln; *facture* bezahlen; TECH einstellen

réglisse [ʀeglis] F Lakritze
régner [ʀeɲe] herrschen
regret [ʀ(ə)gʀɛ] M Bedauern n, Reue f (**de** über *akk*); *nostalgie* Sehnsucht f (**de** nach)
regrettable [ʀ(ə)gʀɛtabl] bedauerlich **regretter** [ʀ(ə)gʀete] bedauern; *faute* bereuen; *personne, époque* nachtrauern (*dat*)
régulier [ʀegylje] regelmäßig; *en règle* vorschriftsmäßig **régulièrement** [ʀegyljɛʀmɑ̃] regelmäßig
rein [ʀɛ̃] M Niere f; **~s** PL ANAT Kreuz n
reine [ʀɛn] F Königin
rejeter [ʀəʒte] zurückwerfen, *refuser* ablehnen
rejoindre [ʀ(ə)ʒwɛ̃dʀ] *personne* (wieder)treffen; SPORT einholen; *endroit* wiedergelangen an (*akk*); **se ~** sich (wieder)treffen
réjouir [ʀeʒwiʀ] erfreuen; **se ~** sich freuen (**de** über *akk*, **que** *+subj* dass)
relâche [ʀ(ə)lɑʃ] F **sans ~** ununterbrochen
relâcher [ʀ(ə)lɑʃe] *détendre* lockern; *libérer* freilassen
relais [ʀ(ə)lɛ] M SPORT Staffel(-lauf) f(m); ELEK Relais n; **~ (routier)** Raststätte f; **prendre le ~ de qn** j-n ablösen
relatif [ʀ(ə)latif] relativ; **~ à** bezüglich (*gen*)
relation [ʀ(ə)lasjɔ̃] F *lien* Beziehung; *ami(e)* Bekannte(r) m/f(m); **~s** PL Beziehungen
relaxer [ʀ(ə)lakse] **se ~** sich entspannen
relayer [ʀ(ə)leje] (**se ~** sich) ablösen
relevé [ʀəlve] **1** GASTR pikant **2** M **~ de compte** Kontoauszug; **~ d'identité bancaire** Bankverbindung f
relever [ʀəlve] *enfant* (wieder) aufheben; *adulte* aufhelfen (**qn** j-m); *chaise* wieder aufstellen; *siège* hochklappen; *col* hochschlagen; GASTR pikanter machen; *fautes* feststellen; **se ~** wieder aufstehen
relief [ʀəljɛf] M Relief n; *fig* **mettre en ~** hervorheben
relier [ʀəlje] verbinden; *livre* binden
religieuse [ʀ(ə)liʒjøz] F Nonne; *gâteau* Windbeutel m (*mit Mokka- od Schokoladencreme*)
religieux [ʀ(ə)liʒjø] **1** religiös; *fête, mariage* kirchlich **2** M Mönch **religion** [ʀ(ə)liʒjɔ̃] F Religion
reliure [ʀəljyʀ] F Einband m
remarquable [ʀ(ə)maʀkabl] bemerkenswert
remarque [ʀ(ə)maʀk] F Bemerkung
remarquer [ʀ(ə)maʀke] bemerken; **se faire ~** auffallen
rembourrer [ʀɑ̃buʀe] polstern
remboursement [ʀɑ̃buʀsəmɑ̃] M Rückzahlung f; *des frais* (Rück)Erstattung f; **contre ~**

per Nachnahme

rembourser [ʀɑ̃buʀse] *emprunt* zurückzahlen; *frais* (zurück)erstatten

remède [ʀ(ə)mɛd] M (Heil-, Gegen)Mittel *n*

remerciement [ʀ(ə)mɛʀsimɑ̃] M Dank

remercier [ʀ(ə)mɛʀsje] danken (**qn de** *od* **pour qc** j-m für etw)

remettre [ʀ(ə)mɛtʀ] wieder hinstellen, -legen, -hängen; *veste* wieder anziehen; *départ* verschieben; **~ qc à qn** j-m etw aushändigen; **se ~ à faire qc** wieder etw tun; **se ~ de** sich erholen von

remise [ʀ(ə)miz] F *réduction* Rabatt *m*; *débarras* Schuppen *m*; **~ en forme** Fitnesstraining *n*

remonte-pente [ʀ(ə)mõtpɑ̃t] M Schlepplift

remonter [ʀ(ə)mõte] wieder hinaufgehen, -steigen, -fahren; *prix, fièvre* wieder (an)steigen; *dans la voiture* wieder (ein)steigen; *objets* wieder hinauftragen; *réveil* aufziehen; **~ qn** j-n stärken; **~ à** zurückgehen auf (*akk*)

remords [ʀ(ə)mɔʀ] M Gewissensbisse *pl*

remorque [ʀ(ə)mɔʀk] F Anhänger *m* **remorquer** [ʀ(ə)mɔʀke] AUTO abschleppen

remparts [ʀɑ̃paʀ] MPL Wall *m*; *d'une ville* Stadtmauer *f*

remplaçant [ʀɑ̃plasɑ̃] M Vertreter, Vertretung *f*

remplacement [ʀɑ̃plasmɑ̃] M Ersatz **remplacer** [ʀɑ̃plase] ersetzen; **~ qn** *provisoirement* j-n vertreten

remplir [ʀɑ̃pliʀ] füllen (**de** mit); *chèque* ausfüllen; *conditions, devoir* erfüllen

remporter [ʀɑ̃pɔʀte] wieder mitnehmen; *victoire, prix* erringen

remuer [ʀəmɥe] *lèvres* bewegen; *salade* umrühren; VI sich bewegen; *enfant* lebhaft sein

rémunérer [ʀemyneʀe] bezahlen

renaissance [ʀ(ə)nɛsɑ̃s] F Wiederaufleben *n*

renard [ʀ(ə)naʀ] M Fuchs

rencontre [ʀɑ̃kõtʀ] F Begegnung (*a.* SPORT), Treffen *n*

rencontrer [ʀɑ̃kõtʀe] **~ qn** j-m begegnen; *faire la connaissance de* j-n kennenlernen; SPORT auf j-n treffen; **se ~** sich kennenlernen

rendement [ʀɑ̃dmɑ̃] M Ertrag; *efficacité* Leistung *f*

rendez-vous [ʀɑ̃devu] M Verabredung *f*; *amoureux* Rendezvous *n*; *lieu* Treffpunkt; *professionnel, chez le médecin* Termin; **donner ~ à qn** sich mit j-m verabreden; **prendre (un) ~** e-n Termin vereinbaren; **sur ~** nach Vereinbarung

rendre [ʀɑ̃dʀ] zurückgeben; *vomir* erbrechen; **~ fou** ver-

rückt machen; **se ~** sich begeben (**chez qn** zu j-m); MIL sich ergeben
rênes [ʀɛn] FPL Zügel *mpl*
renfermer [ʀɑ̃fɛʀme] enthalten
renforcer [ʀɑ̃fɔʀse] verstärken
renier [ʀ(ə)nje] verleugnen
renifler [ʀ(ə)nifle] schnüffeln
renne [ʀɛn] M Rentier *n*
renommé [ʀ(ə)nɔme] berühmt (**pour** für)
renoncer [ʀ(ə)nõse] verzichten (**à** auf *akk*)
renouvelable [ʀ(ə)nuvlabl] erneuerbar **renouveler** [ʀ(ə)nuvle] erneuern
rénover [ʀenɔve] renovieren; *fig* erneuern
renseignement [ʀɑ̃sɛɲmɑ̃] M Auskunft *f*; **donner des ~s sur** Auskunft erteilen über (*akk*); **prendre des ~s** Auskünfte einholen
renseigner [ʀɑ̃seɲe] Auskunft geben (**qn sur** j-m über *akk*); **se ~** sich erkundigen (**sur** über *akk*)
rente [ʀɑ̃t] F (Kapital)Rente
rentrée [ʀɑ̃tʀe] F Rückkehr; **~ des classes** Schulbeginn *m*
rentrer [ʀɑ̃tʀe] *entrer* hineingehen; *de voyage* zurückkehren; *du travail* nach Hause kommen; **~ dans un arbre** gegen e-n Baum fahren
renverser [ʀɑ̃vɛʀse] umstoßen, umwerfen; **se ~** umfallen, umkippen
renvoyer [ʀɑ̃vwaje] *lettre* zurückschicken; *ballon* zurückwerfen; *personne* entlassen; *de l'école* verweisen
répandre [ʀepɑ̃dʀ] *liquide* verschütten; *sable* streuen; *odeur, nouvelle* verbreiten; **se ~** *liquide* sich verteilen; *odeur, nouvelle* sich verbreiten
répandu [ʀepɑ̃dy] verbreitet, üblich
réparation [ʀepaʀasjõ] F Reparatur **réparer** [ʀepaʀe] reparieren
repartir [ʀ(ə)paʀtiʀ] wieder weggehen, abfahren; *retourner* zurückgehen, -fahren
répartir [ʀepaʀtiʀ] ver-, aufteilen
repas [ʀ(ə)pɑ] M Mahlzeit *f*
repasser [ʀ(ə)pɑse] wieder vorbeigehen, -kommen; *linge* bügeln
repentir [ʀ(ə)pɑ̃tiʀ] **se ~ de qc** etw bereuen
répercussions [ʀepɛʀkysjõ] FPL Auswirkungen
repérer [ʀ(ə)peʀe] ausfindig machen; **se ~** sich zurechtfinden
répertoire [ʀepɛʀtwaʀ] M Verzeichnis *n*; *agenda* Adressbuch *n*; *théâtre* Repertoire *n*
répéter [ʀepete] wiederholen
répétition [ʀepetisjõ] F Wiederholung; *théâtre* Probe
replier [ʀ(ə)plije] wieder zusammenfalten
répliquer [ʀeplike] erwidern

répondeur [repõdœʀ] M Anrufbeantworter
répondre [repõdʀ] antworten (**à qn** j-m; **à qc** auf etw *akk*); *freins* ansprechen; **~ à** entsprechen (*dat*)
réponse [repõs] F Antwort
reportage [ʀ(ə)pɔʀtaʒ] M Reportage *f*
reporter[1] [ʀ(ə)pɔʀte] ver-, aufschieben
reporter[2] [ʀ(ə)pɔʀtɛʀ] M Reporter *m*
repos [ʀəpo] M Ruhe *f*; **prendre du ~** ausspannen
reposer [ʀ(ə)poze] zurücklegen, -stellen; **~ sur** beruhen auf (*dat*); **se ~** sich ausruhen
repose-tête [ʀ(ə)poztɛt] M AUTO Kopfstütze *f*
repousser [ʀ(ə)puse] *reporter* hinausschieben; *cheveux, gazon* wieder wachsen
reprendre [ʀ(ə)pʀɑ̃dʀ] wieder nehmen; *à table* noch einmal nehmen; *travail* wieder aufnehmen; *corriger* (**se ~** sich) verbessern
représentant [ʀ(ə)pʀezɑ̃tɑ̃] M Vertreter
représentation [ʀ(ə)pʀezɑ̃tasjõ] F Darstellung; *théâtre* Vorstellung; **~ du soir** Abendvorstellung
représenter [ʀ(ə)pʀezɑ̃te] darstellen; *théâtre* aufführen; POL, HANDEL vertreten; **se ~ qc** sich etw vorstellen
répression [ʀepʀɛsjõ] F Unterdrückung **réprimer** [ʀepʀime] unterdrücken
reprise [ʀ(ə)pʀiz] F *du travail* Wiederaufnahme; HANDEL Zurücknahme; SPORT Runde; **à plusieurs ~s** mehrmals
reproche [ʀ(ə)pʀɔʃ] M Vorwurf **reprocher** [ʀ(ə)pʀɔʃe] vorwerfen
reproduction [ʀ(ə)pʀɔdyksjõ] F BIOL Fortplanzung; *illustration* Abbildung
reproduire [ʀ(ə)pʀɔdɥiʀ] nachbilden, wiedergeben; **se ~** sich wiederholen, wieder vorkommen; BIOL sich fortpflanzen
reptile [ʀɛptil] M Reptil *n*
république [ʀepyblik] F Republik
répugnant [ʀepyɲɑ̃] widerlich, abstoßend
réputation [ʀepytasjõ] F Ansehen *n*, Ruf *m*
requin [ʀ(ə)kɛ̃] M Hai(fisch)
réquisition [ʀekizisjõ] F Beschlagnahme
RER [ɛʀəɛʀ] M (réseau express régional) *Pariser* S-Bahn® *f*
réseau [ʀezo] M Netz *n*, Netzwerk *n* (*a.* IT); **~ routier** Straßennetz *n*; **~ social** soziales Netz(werk) *n*; **zone °hors ~** Funkloch *n*
réservation [ʀezɛʀvasjõ] F Reservierung; **~ de chambres** Zimmerreservierung, Zimmervermittlung
réserve [ʀezɛʀv] F Natur-

schutzgebiet *n*, Reservat *n*; *restriction* Vorbehalt *m*; *provisions* Reserve; *retenue* Zurückhaltung

réserver [REZERVE] reservieren; *voyage* buchen; *garder* zurücklegen; **être réservé à qn** j-m vorbehalten sein

réservoir [REZERVWAR] M Reservoir *n* (*a. fig*); *d'essence* Tank

résidence [Rezidɑ̃s] F Wohnsitz *m* **résider** [Rezide] wohnhaft sein

résidu [Rezidy] M Rest, Rückstand

résigner [Reziɲe] **se ~** resignieren; **se ~ à** sich abfinden mit

résine [Rezin] F Harz *n*

résistance [Rezistɑ̃s] F Widerstand *m*; *endurance* Widerstandskraft **résistant** [Rezistɑ̃] widerstandsfähig

résister [Reziste] **~ à** Widerstand leisten (*dat*); *supporter* aushalten (*akk*)

résolu [Rezɔly] entschlossen **résolution** [Rezɔlysjõ] F Entschluss *m*

résonner [Rezɔne] widerhallen

résoudre [RezudR] *problème* lösen; **~ de** (+*inf*) beschließen zu; **se ~ à** (+*inf*) sich entschließen zu

respect [Rɛspɛ] M Respekt, Achtung *f*

respecter [Rɛspɛkte] respektieren, achten; *priorité* beachten; *règlement* einhalten

respectif [Rɛspɛktif] jeweilig

respiration [Rɛspirasjõ] F Atmung, Atmen *n*; **~ artificielle** künstliche Beatmung

respirer [Rɛspire] atmen

resplendissant [Rɛsplɑ̃disɑ̃] glänzend

responsabilité [Rɛspõsabilite] F Verantwortung **responsable** [Rɛspõsabl] verantwortlich (**de** für)

resquiller [Rɛskije] schwarzfahren

ressemblance [R(ə)sɑ̃blɑ̃s] F Ähnlichkeit **ressembler** [R(ə)sɑ̃ble] **~ à** ähneln, gleichen (+*dat*)

ressemeler [R(ə)səmle] besohlen

ressentir [R(ə)sɑ̃tiR] empfinden

resserrer [R(ə)sɛRRe] *nœud* fester ziehen; *vis* fester anziehen

ressort [R(ə)sɔR] M TECH Feder *f*

ressortir [R(ə)sɔRtiR] wieder hinausgehen; *couleur* sich abheben (**sur** von); **faire ~** hervorheben; **il ressort de qc que …** aus etw geht hervor, dass

ressortissant [R(ə)sɔRtisɑ̃] M Staatsangehörige(r)

ressourcerie [R(ə)suRs(ə)Ri] F Wertstoffhof *m*

ressources [R(ə)suRs] FPL Mittel *npl*; **~ en énergie** Energiequellen *fpl*; **sans ~** mittellos

ressusciter [ʀesysite] auferstehen
restaurant [ʀɛstɔʀɑ̃] M Restaurant *n*
restauration [ʀɛstɔʀasjõ] F *d'art* Restaurierung; *métier* Gaststättengewerbe *n*; **~ rapide** Fast Food *n*
restaurer [ʀɛstɔʀe] restaurieren; **se ~** sich (wieder) stärken
reste [ʀɛst] M Rest; **du ~** übrigens
rester [ʀɛste] bleiben; *subsister* übrig bleiben; **il reste du vin** es ist noch Wein übrig; **il ne reste plus de pain** es ist kein Brot mehr da
resto [ʀɛsto] M *umg* Restaurant *n*
restoroute® [ʀɛstoʀut] F Raststätte, Rasthaus *n*
restreindre [ʀɛstʀɛ̃dʀ] be-, einschränken **restriction** [ʀɛstʀiksjõ] F Ein-, Beschränkung
résultat [ʀezylta] M Ergebnis *n* **résulter** [ʀezylte] sich ergeben, folgen (**de** aus)
résumé [ʀezyme] M Zusammenfassung *f* **résumer** [ʀezyme] zusammenfassen
rétablir [ʀetabliʀ] wiederherstellen; **se ~** (wieder) gesund werden **rétablissement** [ʀetablismɑ̃] M Genesung *f*
retard [ʀ(ə)taʀ] M Verspätung *f*; *paiement* Rückstand; **être en ~** sich verspäten, zu spät kommen; *train* Verspätung haben
retarder [ʀ(ə)taʀde] *personne* aufhalten; *montre* zurückstellen; *départ* hinausschieben; V/I *montre* nachgehen (**de** um)
retenir [ʀətniʀ] zurück-, aufhalten; *se souvenir* behalten; *chambre* reservieren; **se ~** sich beherrschen; **se ~ à** sich festhalten an (*dat*)
retentir [ʀ(ə)tɑ̃tiʀ] widerhallen
retenue [ʀətny] F Zurückhaltung; (Gehalts)Abzug *m*; *école* Nachsitzen *n*
rétine [ʀetin] F Netzhaut
retiré [ʀ(ə)tiʀe] abgelegen, zurückgezogen **retirer** [ʀ(ə)tiʀe] herausnehmen; *argent* abheben; **se ~** sich zurückziehen
retour [ʀ(ə)tuʀ] M Rückfahrt *f*, -reise *f*; **à mon ~** bei m-r Rückkehr; **être de ~** zurück sein; **par ~ du courrier** postwendend
retourner [ʀ(ə)tuʀne] zurückkehren, -gehen, -fahren; *de nouveau* wieder gehen, fahren; *matelas* umdrehen; *lettre* zurücksenden; **se ~** *personne* sich umdrehen; AUTO sich überschlagen
retrait [ʀ(ə)tʀɛ] M *du permis de conduire* Entzug; *d'argent* Abheben *n*
retraite [ʀ(ə)tʀɛt] F Ruhestand *m*; *pension* (Alters)Rente
retraité [ʀ(ə)tʀete] pensioniert
rétrécir [ʀetʀesiʀ] *au lavage* einlaufen; **se ~** enger werden;

fig sich verkleinern
rétrograder [retrɔgrade] AUTO zurückschalten
rétrospective [retrɔspɛktiv] F Retrospektive **rétrospectivement** [retrɔspɛktivmɑ̃] rückblickend
retrouver [rətruve] wiederfinden
rétroviseur [rətrɔvizœr] M **~ (intérieur)** Rückspiegel; **~ extérieur** Außenspiegel
réunification [reynifikasjõ] F Wiedervereinigung
réunion [reynjõ] F Versammlung
réunir [reynir] *choses séparées* (miteinander) verbinden; *documents* zusammenstellen; *preuves* zusammentragen; *conditions* erfüllen; *fonds* auf-, zusammenbringen; **se ~** sich versammeln
réussir [reysir] *personne* Erfolg haben; *projet* gelingen; **je réussis à** es gelingt mir zu; **~ à un examen** e-e Prüfung bestehen
réussite [reysit] F Erfolg *m*
revanche [r(ə)vɑ̃ʃ] F Rache; SPORT Revanche; **prendre sa ~** Rache nehmen (**sur qn** an j-m); SPORT sich revanchieren; **en ~** dafür
rêve [rɛv] M Traum
réveil [revɛj] M Wecker
réveiller [reveje] wecken; **se ~** aufwachen
révélation [revelasjõ] F Aufdeckung; **~s** PL Enthüllungen
révéler [revele] aufdecken; **se ~ exact** sich als richtig erweisen
revenant [rəvnɑ̃] M Gespenst *n*
revendication [r(ə)vɑ̃dikasjõ] F Forderung **revendiquer** [r(ə)vɑ̃dike] fordern
revendre [r(ə)vɑ̃dr] weiterverkaufen
revenir [rəvnir] wiederkommen; *rentrer* zurückkommen; *mot, nom* wieder einfallen; HANDEL sich belaufen (**à** auf); **~ sur** *décision* rückgängig machen; *sa parole* zurücknehmen, GASTR **faire ~** *viande* anbraten; *oignons* in Fett dünsten; **cela revient au même** das kommt auf das Gleiche hinaus
revenu [rəvny] M Einkommen *n*
rêver [rɛve] träumen (**de** von)
réverbère [reverbɛr] M Straßenlaterne *f*
rêverie [rɛvri] F Träumerei
revers [r(ə)vɛr] M Rückseite *f*; *d'un pantalon, d'une manche* Auf-, Umschlag; *tennis* Rückhand *f*
revêtement [r(ə)vɛt(ə)mɑ̃] M TECH Aus-, Verkleidung *f*; *d'une route* Straßendecke *f*
revient [rəvjɛ̃] **prix** *m* **de ~** Selbstkostenpreis
réviser [revize] *école* wiederholen; **faire ~ sa voiture** s-n Wagen zur Inspektion bringen
revoir [r(ə)vwar] wiedersehen;

film sich wieder ansehen; **se ~** sich wiedersehen; **au ~!** auf Wiedersehen!
révolte [ʀevɔlt] F Aufstand *m* **révolter** [ʀevɔlte] empören; **se ~** sich auflehnen (**contre** gegen); *s'indigner* sich empören (**contre** über *akk*)
révolution [ʀevɔlysjõ] F Revolution
revolver [ʀ(ə)vɔlvɛʀ] M Revolver
revue [ʀ(ə)vy] F Zeitschrift; **~ spécialisée** Fachzeitschrift; *théâtre* Revue; MIL Parade
rez-de-chaussée [ʀedʃose] M Erdgeschoss *n*
RFA [ɛʀɛfa] F (République fédérale d'Allemagne) BRD (*Bundesrepublik Deutschland*)
Rhin [ʀɛ̃] **le ~** der Rhein
Rhône [ʀon] **le ~** die Rhone
rhubarbe [ʀybaʀb] F Rhabarber *m*
rhum [ʀɔm] M Rum
rhumatisme [ʀymatism] M Rheuma *n*; **avoir des ~s** Rheuma haben
rhume [ʀym] M Schnupfen; *refroidissement* Erkältung *f*; **~ des foins** Heuschnupfen; **avoir un ~** e-n Schnupfen haben; **attraper un ~** sich erkälten
ri [ʀi] PPERF → rire
RIB [ɛʀibe] M (relevé d'identité bancaire) → relevé
ricaner [ʀikane] höhnisch lachen; *bêtement* kichern
riche [ʀiʃ] reich **richesse** [ʀiʃɛs] F Reichtum *m*
ride [ʀid] F Falte
rideau [ʀido] M Vorhang, Gardine *f*; **~ de douche** Duschvorhang
ridicule [ʀidikyl] lächerlich **ridiculiser** [ʀidikylize] lächerlich machen
rien [ʀjɛ̃] **(ne …) ~** nichts; **~ du tout** überhaupt nichts; **pour ~** umsonst; **de ~!** keine Ursache!; **sans ~ dire** ohne etwas zu sagen
rigide [ʀiʒid] starr, steif; *personne* streng
rigole [ʀigɔl] F Rinne
rigoler [ʀigɔle] Spaß machen; *rire* lachen; **pour ~** zum Spaß
rigolo [ʀigɔlo] *umg* lustig; *étrange* komisch
rigoureux [ʀiguʀø] streng
rigueur [ʀigœʀ] F Strenge; **à la ~** notfalls, zur Not
rillettes [ʀijɛt] FPL *im eigenen Fett konserviertes Schweinefleisch*
rimer [ʀime] (sich) reimen
rincer [ʀɛ̃se] *linge* spülen; *cheveux, verre* ausspülen
riposter [ʀipɔste] schlagfertig antworten
rire [ʀiʀ] **1** lachen (**de** über *akk*); **pour ~** zum Spaß **2** M Lachen *n*
ris [ʀi] M **~ de veau** Kalbsbries *n* **risque** [ʀisk] M Risiko *n* **risqué** [ʀiske] riskant **risquer** [ʀiske] riskieren; **~ de** (+*inf*) Gefahr laufen zu, *chose* drohen

zu

rissoler [ʀisɔle] GASTR goldbraun braten

rivage [ʀivaʒ] M Ufer *n*

rival [ʀival] M ⟨*pl* rivaux [ʀivo]⟩ Rivale **rivale** [ʀival] F Rivalin

rive [ʀiv] F Ufer *n*

riverain [ʀivʀɛ̃] M Anlieger

rivière [ʀivjɛʀ] F Fluss *m*

riz [ʀi] M Reis

RN (route nationale) *correspond à* B (*Bundesstraße*)

RNIS [ɛʀɛniɛs] M (réseau numérique à intégration de services) ISDN *n* (*Integrated Services Digital Network*); **connexion** *f* ~ ISDN-Anschluss *m*

robe [ʀɔb] F Kleid *n*; **~ d'été** Sommerkleid *n*; **~ de soirée** Abendkleid *n*; **~ de chambre** Morgenrock *m*

robinet [ʀɔbinɛ] M Hahn

robot [ʀɔbo] M Roboter

robuste [ʀɔbyst] robust

roche [ʀɔʃ] F Fels *m* **rocher** [ʀɔʃe] M Felsen

rodage [ʀɔdaʒ] M Einfahren *n*

roder [ʀɔde] *voiture* einfahren

rôder [ʀode] herum-, umherstreifen

rognon [ʀɔɲõ] M GASTR Niere *f*

roi [ʀwa] M König; **les Rois mages** die Heiligen Drei Könige

rôle [ʀol] M Rolle *f* (*a. théâtre*); **à tour de ~** abwechselnd

roller[1] [ʀɔlœʀ] M *dispositif* Inlineskate *n*; **faire du ~** inlineskaten

roller[2] [ʀɔlœʀ] M, **rolleuse** [ʀɔløz] F Inlineskater(in) *m(f)*

romain [ʀɔmɛ̃] 1 römisch 2 **Romain** M Römer

roman [ʀɔmɑ̃] 1 romanisch 2 M Roman

romancier [ʀɔmɑ̃sje] M, **romancière** [ʀɔmɑ̃sjɛʀ] F Romanschriftsteller(in) *m(f)*

romantique [ʀɔmɑ̃tik] 1 romantisch 2 M Romantiker

romarin [ʀɔmaʀɛ̃] M Rosmarin *n*

Rome [ʀɔm] F Rom *n*

rompre [ʀõpʀ] brechen; *relations* abbrechen; **se ~** *ficelle* reißen; **~ avec qn** mit j-m brechen

romsteck [ʀɔmstɛk] M Rumpsteak *n*

rond [ʀõ] 1 rund; *personne* rund(lich) 2 M Kreis; **en ~** im Kreis

ronde [ʀõd] F Runde

rond-point [ʀõpwɛ̃] M Kreisverkehr, runder Platz

ronfler [ʀõfle] schnarchen

ronger [ʀõʒe] nagen; **se ~ les ongles** an den Nägeln kauen

ronronner [ʀõʀɔne] schnurren

roquette [ʀɔkɛt] F Rakete; GASTR Rucola *m*

rosbif [ʀɔsbif] M Roastbeef *n*

rose [ʀoz] 1 rosa 2 F Rose

rosé [ʀoze] 1 zartrosa 2 M Rosé(wein)

roseau [ʀozo] M Schilf *n*

rosée [ʀoze] F Tau *m*
rosier [ʀozje] M Rosenstrauch
rossignol [ʀɔsiɲɔl] M Nachtigall *f*
roter [ʀɔte] rülpsen
rôti [ʀɔti] **1** gebraten, Brat... **2** M Braten
rôtir [ʀotiʀ] braten
rôtisserie [ʀotisʀi] F Grillrestaurant *n* **rôtissoire** [ʀotiswaʀ] F Grill *m*
rotule [ʀɔtyl] F Kniescheibe
roue [ʀu] F Rad *n*; **~ avant** Vorderrad *n*; **~ arrière** Hinterrad *n*; **~ de secours** Reserverad *n*
rouge [ʀuʒ] **1** rot **2** M Rot *n*; *vin* Rotwein; **~ à lèvres** Lippenstift; **être/passer au ~** *feu* auf Rot sein/schalten
rougeâtre [ʀuʒɑtʀ] rötlich
rouge-gorge [ʀuʒgɔʀʒ] M Rotkehlchen *n*
rougeole [ʀuʒɔl] F Masern *pl*
rougeurs [ʀuʒœʀ] FPL rote Flecken *mpl* **rougir** [ʀuʒiʀ] rot werden
rouille [ʀuj] F Rost *m*; GASTR *mit Peperoni gewürzte Knoblauchsoße*
rouillé [ʀuje] rostig **rouiller** [ʀuje] rosten
rouleau [ʀulo] M (Klopapier-, Tapeten)Rolle *f*; *grosse vague* Brandungswelle *f*; **~ à pâtisserie** Nudelholz *n*
roulement [ʀulmɑ̃] M **~ à billes** Kugellager *n*
rouler [ʀule] rollen; *voiture* fahren
roulette [ʀulɛt] F *meubles* Rolle; *jeu* Roulette *n*
roulotte [ʀulɔt] F Wohnwagen *m*
roumain [ʀumɛ̃] **1** rumänisch **2** **Roumain** M Rumäne
Roumanie [ʀumani] **la ~** Rumänien *n*
rouspéter [ʀuspete] *umg* meckern
rousse → roux
roussi [ʀusi] M Brandgeruch; **sentir le ~** versengt, angesengt riechen
routard [ʀutaʀ] M Backpaper
route [ʀut] F (Auto-, Land)-Straße; *itinéraire* Weg *m*, Strecke; **~ de Paris** Straße nach Paris; **~ à grande circulation** Hauptverkehrsstraße; *panneau* **~ prioritaire** Vorfahrtsstraße; **en ~** unterwegs; **quitter la ~** von der Fahrbahn abkommen; **six heures de ~** sechs Stunden Fahrzeit; **bonne ~!** gute Fahrt!
routier [ʀutje] **1** Straßen..., Verkehrs... **2** M Fernfahrer
routine [ʀutin] F Routine
roux [ʀu] ⟨*f* **rousse** [ʀus]⟩ rothaarig; *cheveux* rot
royal [ʀwajal] königlich (*a. fig*), Königs...
royaume [ʀwajom] M Königreich *n*
ruban [ʀybɑ̃] M Band *n*; **~ adhésif** Klebeband *n*
rubéole [ʀybeɔl] F Röteln *pl*
rubis [ʀybi] M Rubin

rubrique [RybRik] F Rubrik
ruche [Ryʃ] F Bienenstock *m*
rude [Ryd] *climat* rau; *travail* hart; *hiver* streng
rue [Ry] F Straße; **dans la ~** auf der Straße; **en pleine ~** auf offener Straße
ruée [Rɥe] Ansturm *m*
ruelle [Rɥɛl] F Gasse
ruer [Rɥe] *cheval* ausschlagen; **se ~ sur** sich stürzen auf (*akk*)
rugir [RyʒiR] brüllen
ruine [Rɥin] F Verfall *m*; **en ~** verfallen; **~s** PL Ruinen
ruiné [Rɥine] ruiniert **ruiner** [Rɥine] ruinieren; *fig* zunichtemachen
ruisseau [Rɥiso] M Bach; *caniveau* Gosse *f* (*a. fig*)
ruisseler [Rɥisle] rinnen; **~ de** triefen von
rumeur [RymœR] F (dumpfer) Lärm *m*; *on-dit* Gerücht *n*
rupture [RyptyR] F Bruch *m* (*a. entre personnes*); MED Riss *m*; *de négociations* Abbruch *m*
rural [RyRal] ländlich
ruse [Ryz] F List
rusé [Ryze] listig
russe [Rys] **1** russisch **2** **Russe** M Russe
Russie [Rysi] **la ~** Russland *n*
rustique [Rystik] rustikal
rythme [Ritm] M Rhythmus

S

s' [s] → se; *vor il, ils* → si[1]
SA [ɛsa] F (*société anonyme*) AG (*Aktiengesellschaft*)
sa [sa] → son[1]
sabbat [saba] M Sabbat
sable [sɑbl] M Sand
sablé [sɑble] M Sandplätzchen *n* **sablier** [sablije] M Sanduhr *f*; Eieruhr *f*
sablonneux [sɑblɔnø] sandig
sabot [sabo] M Holzschuh; ZOOL Huf; AUTO **~ de frein** Bremsklotz; **~ de Denver** [dɑ̃vɛR] Parkkralle *f*
sabre [sɑbR] M Säbel
sac [sak] M *pours ses affaires* Tasche *f*; *pour le transport* Sack; *pour l'emballage* Tüte *f*; **~ isotherme** Kühltasche *f*; **~ poubelle** Müllbeutel; **~ à chaussures** Schuhbeutel; **~ à dos** Rucksack; **~ (à main)** Handtasche *f*; **~ à vêtements** Kleidersack; **~ de couchage** Schlafsack *m*; **~ de plage** Badetasche *f*; **~ de sport** Sporttasche *f*; **~ de voyage** Reisetasche *f*; **~ en plastique** Plastiktüte *f*
saccager [sakaʒe] *ville* plündern; *maison* auf den Kopf stellen
sache [saʃ] SUBJ → savoir
sachet [saʃɛ] M **~ de thé** Tee-

beutel
sacoche [sakɔʃ] F Umhängetasche; *vélo, moto* Packtasche; **~ pour ordinateur portable** Laptoptasche
sacré [sakʀe] heilig
sacrifice [sakʀifis] M Opfer *n*
sacrifier [sakʀifje] opfern
safari [safaʀi] M Safari *f*
sage [saʒ] weise; *enfant* artig
sage-femme [saʒfam] F Hebamme
saignant [sɛɲɑ̃] blutend; *steak* englisch
saigner [sɛɲe] bluten; **~ du nez** Nasenbluten haben
sain [sɛ̃] gesund; **~ et sauf** wohlbehalten
saindoux [sɛ̃du] M Schweineschmalz *n*
saint [sɛ̃] **1** heilig **2** **saint(e)** [sɛ̃(t)] M(F) Heilige(r) *m/f(m)*
saint-bernard [sɛ̃bɛʀnaʀ] M Bernhardiner **saint-pierre** [sɛ̃bpjɛʀ] M GASTR Petersfisch
saisir [seziʀ] ergreifen (*a. occasion*); *ballon* (auf)fangen; *comprendre* begreifen; *viande* anbraten; JUR pfänden; IT erfassen; **se ~ de** ergreifen (*akk*)
saison [sɛzõ] F Jahreszeit; *période* Zeit; *touristique* Saison; *théâtrale* Spielzeit; **°haute ~** Hochsaison; **basse ~** Vor- *od* Nachsaison; **en pleine ~** in der Hochsaison
saisonnier [sɛzɔnje] saisonbedingt
sait [sɛ] PRÄS → **savoir**
salade [salad] F Salat *m*; **~ verte** grüner Salat *m*; **~ de fruits** Obstsalat *m*; **~ niçoise** Nizza-Salat *m*
saladier [saladje] M Salatschüssel *f*
salaire [salɛʀ] M *ouvrier* (Arbeits)Lohn; *employé* Gehalt *n*
salami [salami] M Salami *f*
salarié(e) [salaʀje] M(F) Arbeitnehmer(in)
salaud [salo] *sl* M gemeiner Kerl, Mistkerl
sale [sal] schmutzig, dreckig; *umg devant nom* übel; **~ type** M widerlicher Kerl; **~ temps** M Sauwetter *n*
salé [sale] **1** gesalzen; *au goût* salzig; *umg addition a.* gepfeffert **2** M **petit ~** *gepökeltes Schweinefleisch*
saler [sale] salzen
saleté [salte] F Schmutzigkeit; *crasse* Schmutz *m*, Dreck *m*
salière [saljɛʀ] F Salztreuer *m*
salir [saliʀ] (**se ~** sich) schmutzig machen
salive [saliv] F Speichel *m*
salle [sal] F Saal *m*; *moins grand* Raum *m*; *pièce* Zimmer *n*; **~ d'attente** *gare* Wartesaal *m*; *d'un médecin* Wartezimmer *n*; **~ à manger** Esszimmer *n*; *hôtel* Speisesaal *m*; **~ de séjour** Wohnzimmer *n*; **~ de bains** Bad(ezimmer) *n*
salon [salõ] M Wohnzimmer *n*; **Salon** *foire* Messe *f*, Ausstellung *f*; **~ de coiffure** Friseursa-

lon; IT ~ **de conversation** Chatroom; ~ **de thé** Café *n*

salopette [salɔpɛt] F Latzhose

salsa [salsa] F MUS Salsa *m*

saluer [salɥe] grüßen

salut [saly] M Gruß; ~! grüß dich!; *au revoir* tschüs!

salutation [salytasjõ] F Begrüßung; **~s** PL *lettre* viele Grüße

samedi [samdi] M Samstag; **le** ~ samstags

SAMU [samy] M (service d'aide médicale d'urgence) Notarzt, Rettungsdienst

sandale [sɑ̃dal] F Sandale

sandwich [sɑ̃dwitʃ] M Sandwich *n*

sang [sɑ̃] M Blut *n*; **être en** ~ blutüberströmt sein; *umg* **se faire du mauvais** ~ sich Sorgen machen

sang-froid [sɑ̃fʀwa] M *calme* Beherrschung *f*; *froideur* Kaltblütigkeit *f*; **de** ~ kaltblütig

sanglant [sɑ̃glɑ̃] blutig

sangle [sɑ̃gl] F Gurt *m*

sanglier [sɑ̃glije] M Wildschwein *n*

sangloter [sɑ̃glɔte] schluchzen

sans [sɑ̃] ohne

sans-abri [sɑ̃sabʀi] M/F Obdachlose(r) *m/f(m)*

sans-gêne [sɑ̃ʒɛn] **1** dreist **2** M Dreistigkeit *f*

santé [sɑ̃te] F Gesundheit; **être en bonne** ~ gesund sein; **à votre ~!** auf Ihr Wohl!, zum Wohl!

sapin [sapɛ̃] M Tanne *f*

Sardaigne [saʀdɛɲ] **la** ~ Sardinien *n*

sardine [saʀdin] F Sardine; ~ **à l'huile** Ölsardine

SARL [ɛsaɛʀɛl] F (société à responsabilité limitée) GmbH (*Gesellschaft mit beschränkter Haftung*)

sarrasin [saʀazɛ̃] M Buchweizen

Sarre [saʀ] **la** ~ Saarland *n*

Sarrebruck [saʀbʀyk] Saarbrücken

satellite [satɛlit] M Satellit; **(télévision** *f* **par)** ~ Satellitenfernsehen *n*

satisfaction [satisfaksjõ] F Zufriedenheit; *d'un besoin* Befriedigung

satisfaire [satisfɛʀ] *personne* zufriedenstellen; *besoin* befriedigen

satisfaisant [satisfəzɑ̃] befriedigend, zufriedenstellend

satisfait [satisfɛ] zufrieden (**de** mit)

sauce [sos] F Soße; ~ **blanche** weiße, helle Soße; ~ **tomate** Tomatensoße; ~ **de soja** Sojasoße

saucer [sose] (mit Brot) austunken, -wischen

saucisse [sosis] F Würstchen *n*; ~ **grillée** Bratwurst

saucisson [sosisõ] M Wurst *f*; ~ **sec** Dauerwurst *f*; ~ **à l'ail** Knoblauchwurst *f*

sauf¹ [sof] ⟨*f* **sauve** [sov]⟩ **sain et ~** wohlbehalten

sauf² [sof] außer (*dat*), bis auf (*akk*); **~ que** außer dass; **~ si** außer (wenn)

sauge [soʒ] F Salbei *m*

saule [sol] M Weide *f*; **~ pleureur** Trauerweide *f*

saumon [somõ] M Lachs; **~ fumé** Räucherlachs

sauna [sona] F Sauna

saupoudrer [sopudʀe] bestreuen

saurai [sɔʀe] *fut* → savoir

saut [so] M Sprung; **~ en °hauteur** Hochsprung; **~ en longueur** Weitsprung; **~ à l'élastique** Bungeejumping *n*; **~ à la perche** Stabhochspringen *n*; **~ périlleux** Salto

sauter [sote] springen; *bâtiment* in die Luft fliegen; ELEK *plombs* durchbrennen; *obstacle* überspringen; *ligne, repas* auslassen; **faire ~** *pont* sprengen; *pommes de terre* braten

sauterelle [sotʀɛl] F Heuschrecke

sauvage [sovaʒ] wild; *farouche* menschenscheu; *forêt* naturbelassen

sauve → sauf¹

sauvegarder [sovgaʀde] schützen; IT sichern

sauver [sove] retten; *accidentés* bergen; **se ~** *s'enfuir* davonlaufen; *umg s'en aller* (weg)gehen

sauvetage [sovtaʒ] M Rettung *f* **sauveteur** [sovtœʀ] M Retter **sauveur** [sovœʀ] M Retter; REL **Sauveur** Erlöser

savant [savã] **1** gelehrt **2** M Gelehrte(r)

savate [savat] F alter Schuh *m od* Pantoffel *m*, *umg* Latschen *m*

saveur [savœʀ] F Geschmack *m*

Savoie [savwa] **la ~** Savoyen *n*

savoir [savwaʀ] **1** wissen; *langue* können; **~ nager** schwimmen können; **faire ~** mitteilen **2** M Wissen *n*

savoir-faire [savwaʀfɛʀ] M Können *n*, Know-how *n* **savoir-vivre** [savwaʀvivʀ] M (feine) Manieren *fpl*, Lebensart *f*

savon [savõ] M Seife *f*

savonner [savɔne] (**se ~** sich) einseifen

savourer [savuʀe] genießen **savoureux** [savuʀø] köstlich

scandale [skãdal] M Skandal; **faire ~** Aufsehen erregen

scandaleux [skãdalø] skandalös, empörend **scandaliser** [skãdalize] empören, entrüsten

scanner¹ [skanɛʀ] M TECH Scanner; **~ corporel** Körperscanner

scanner² [skane] (ein)scannen

scanographie [skanɔgʀafi] F MED Computertomografie

scaphandre [skafãdʀ] M Taucheranzug **scaphandrier**

[skafɑ̃dʀije] M Taucher
scarlatine [skaʀlatin] F Scharlach *m*
scarole [skaʀɔl] F Winterendivie
sceau [so] M Siegel *n*
scénario [senaʀjo] M Drehbuch *n*
scène [sɛn] F Szene; *plateau* Bühne; **mettre en ~** inszenieren; *cinéma* Regie führen
sceptique [sɛptik] skeptisch
schéma [ʃema] M Schema *n* **schématique** [ʃematik] schematisch
sciatique [sjatik] F Ischias *m*
scie [si] F Säge
science [sjɑ̃s] F Wissenschaft; **~s** PL Naturwissenschaften; *école* **~s** *pl* **naturelles** Biologie *f*
scientifique [sjɑ̃tifik] **1** wissenschaftlich **2** M/F (*non littéraire* Natur)Wissenschaftler(in) *m(f)*
scier [sje] sägen
scintiller [sɛ̃tije] funkeln, glitzern
scolaire [skɔlɛʀ] Schul... **scolarité** [skɔlaʀite] F Schulzeit
scooter [skutœʀ] M (Motor)-Roller
score [skɔʀ] M SPORT (Spiel)-Stand; **~ final** Endstand
scorpion [skɔʀpjõ] M Skorpion
scotch[1] [skɔtʃ] M *whisky* Scotch
scotch®[2] [skɔtʃ] M Tesafilm®
scout [skut] M Pfadfinder
scrupule [skʀypyl] M Skrupel; **~s** PL *a.* Bedenken *npl*; **sans ~(s)** skrupellos
scrupuleux [skʀypylø] gewissenhaft
scrutin [skʀytɛ̃] M POL Wahl *f*
sculpter [skylte] *bois* schnitzen; *pierre, marbre* meißeln **sculpteur** [skyltœʀ] M Bildhauer **sculpture** [skyltyʀ] F *art* Bildhauerei; *œuvre* Skulptur
SDF [ɛʀdea] M/F (sans domicile fixe) Obdachlose(r) *m/f(m)*
se [sə] ⟨*vor Vokal* s'⟩ sich
séance [seɑ̃s] F Sitzung; *cinéma* Vorstellung; MED Behandlung
seau [so] M Eimer
sec [sɛk] ⟨*f* sèche [sɛʃ]⟩ trocken; *feuille* dürr; *vin a.* herb; *réponse* schroff; **à ~** *rivière* ausgetrocknet; *umg fig* blank; **au ~** im Trockenen *od* ins Trockene
sécateur [sekatœʀ] M Gartenschere *f*
sèche → sec
sèche-cheveux [sɛʃʃəvø] M Föhn, Haartrockner; **sécher au ~** föhnen
sèche-linge [sɛʃlɛ̃ʒ] M Wäschetrockner
sécher [seʃe] trocknen (*a. v/i*); **se ~** sich (ab)trocknen; *umg école* **~ un cours** e-e Stunde schwänzen
sécheresse [seʃʀɛs] F Trockenheit, Dürre

second [s(ə)gõ] zweite(r, -s)
secondaire [s(ə)gõdɛʀ] Neben..., nebensächlich; **enseignement** *m* ~ Sekundarstufe *f*
seconde [s(ə)gõd] F Sekunde; *train* zweite Klasse; AUTO zweiter Gang *m*
secouer [s(ə)kwe] schütteln
secourir [s(ə)kuʀiʀ] beistehen (**qn** j-m)
secours [s(ə)kuʀ] M Hilfe *f*; **au ~!** Hilfe!; **premiers ~** PL Erste Hilfe *f*; **~ en montagne** Bergwacht *f*
secousse [s(ə)kus] F Stoß *m*
secret [səkʀɛ] **1** geheim **2** M Geheimnis *n*; **en ~** heimlich
secrétaire [s(ə)kʀetɛʀ] M/F Sekretär(in) *m(f)*; **~ *f* de direction** Chefsekretärin
sécrétion [sekʀesjõ] F MED Sekret *n*
secte [sɛkt] F Sekte
secteur [sɛktœʀ] M Sektor; ELEK (Strom)Netz *n*
sécurité [sekyʀite] F Sicherheit; **Sécurité sociale** *französische Sozialversicherung*
sédatif [sedatif] M Beruhigungsmittel *n*
séduire [sedɥiʀ] verführen; *fig* verlocken **séduisant** [sedɥizɑ̃] verführerisch; *idée* verlockend
seiche [sɛʃ] F Tintenfisch *m*
seigle [sɛglə] M Roggen
seigneur [sɛɲœʀ] M Herr; REL **le Seigneur** der Herr
sein [sɛ̃] M Brust *f*; **~s** PL Busen *m*; **au ~ de** innerhalb (*gen*)
Seine [sɛn] **la ~** die Seine
séisme [seism] M Erdbeben *n*
seize [sɛz] sechzehn **seizième** [sɛzjɛm] sechzehnte(r, -s)
séjour [seʒuʀ] M Aufenthalt
séjourner [seʒuʀne] sich aufhalten
sel [sɛl] M Salz *n*; **mettre du ~** salzen (**dans qc** etw *akk*)
sélection [selɛksjõ] F Auswahl
sélectionner [selɛksjɔne] auswählen
selfie [sɛlfi] M Selfie *n*, Selbstportrait *n*
self-service [sɛlfsɛʀvis] M Selbstbedienungsladen *m*, -restaurant *n*
selle [sɛl] F Sattel *m*; GASTR Rücken *m*; MED **~s** PL Stuhlgang *m*
selon [s(ə)lõ] gemäß (*dat*), nach (*dat*); **~ la taille** je nach Größe; **~ que** je nachdem, ob; **~ moi** meiner Meinung nach
semaine [s(ə)mɛn] F Woche; **en ~** unter der Woche
semblable [sɑ̃blabl] ähnlich (**à** *dat*)
semblant [sɑ̃blɑ̃] M (An-)Schein; **faire ~ de** (*+inf*) so tun, als ob; **il fait ~** er tut nur so
sembler [sɑ̃ble] scheinen; **il semble fatigué** er scheint müde zu sein; **il semble que** es scheint, dass; **il me semble que** mir scheint(, dass)

semelle [s(ə)mɛl] F Sohle
semestre [s(ə)mɛstʀ] M Halbjahr *n*
semi-remorque [səmiʀ(ə)mɔʀk] F Sattelschlepper *m*
semoule [s(ə)mul] F Grieß *m*
sens [sɑ̃s] M **1** Sinn; *direction* Richtung *f*; **~ de l'orientation** Orientierungssinn; **~ de l'humour** Sinn für Humor; **le bon ~** der gesunde Menschenverstand **2** AUTO **~ unique** Einbahnstraße *f*; **~ giratoire** Kreisverkehr; *panneau* **~ interdit** Einfahrt verboten!
sensation [sɑ̃sasjõ] F Empfindung; *impression* Gefühl *n*; **faire ~** Aufsehen erregen
sensationnel [sɑ̃sasjɔnɛl] *umg* toll
sensible [sɑ̃sibl] empfindlich; *impressionnable* empfindsam; *baisse* fühlbar
sensuel [sɑ̃sɥɛl] sinnlich
sentence [sɑ̃tɑ̃s] F Urteil *n*
sentier [sɑ̃tje] M Pfad; Fußweg, Wanderweg
sentiment [sɑ̃timɑ̃] M Gefühl *n*
sentimental [sɑ̃timɑ̃tal] Gefühls…; *personne* gefühlsbetont; *pej* sentimental
sentir [sɑ̃tiʀ] riechen (**qc** nach etw); *ressentir* fühlen; *physiquement* spüren; **~ bon/mauvais** gut/schlecht riechen; **(ne pas) se ~ bien** sich (nicht) gut fühlen
séparation [sepaʀasjõ] F Trennung
séparé(ment) [sepaʀe(mɑ̃)] getrennt
séparer [sepaʀe] trennen; *deux personnes* auseinanderbringen; **se ~** sich trennen; **(se) ~ en** (sich) teilen in (*akk*)
sept [sɛt] sieben
septante [sɛptɑ̃t] *Belgique, Suisse* siebzig
septembre [sɛptɑ̃bʀ] M September
septicémie [sɛptisemi] F Blutvergiftung
septième [sɛtjɛm] **1** siebte(r, -s) **2** M MATH Siebtel *n*
séquelles [sekɛl] FPL Nachwirkungen
serai [səʀe] *fut* → être
serein [səʀɛ̃] gelassen
série [seʀi] F Reihe, Serie (*a.* TV) **série-réalité** [seʀiʀealite] F Dokusoap
sérieusement [seʀjøzmɑ̃] ernsthaft, im Ernst
sérieux [seʀjø] ernst; *consciencieux* zuverlässig; *élève* fleißig; *travail* sorgfältig; **prendre au ~** ernst nehmen
seringue [səʀɛ̃g] F Spritze; **~ jetable** Einwegspritze
serment [sɛʀmɑ̃] M Schwur, Eid
sermon [sɛʀmõ] M Predigt *f*
séronégatif [seʀonegatif] HIV-negativ **séropositif** [seʀopozitif] HIV-positiv
serpent [sɛʀpɑ̃] M Schlange *f*
serpillière [sɛʀpijɛʀ] F Scheu-

erlappen *m*

serre [sɛʀ] F Gewächshaus *n*; ZOOL Klaue

serré [seʀe] *vêtement* eng; *personnes* dicht gedrängt

serrer [seʀe] (zusammen)drücken, (-)pressen; *nœud* fest-, zuziehen; *vis* anziehen; **se ~** zusammenrücken; **~ la main à qn** j-m die Hand geben; **~ qn** *vêtement* j-m zu eng sein; AUTO **~ à droite** sich rechts einordnen

serrure [seʀyʀ] F Schloss *n*

serrurier [seʀyʀje] M Schlosser

sérum [seʀɔm] M Serum *n*

serveur [sɛʀvœʀ] M Kellner; IT Server **serveuse** [sɛʀvøz] F Kellnerin

service [sɛʀvis] M Dienst; *faveur* Gefallen; *au café, au restaurant* Bedienung *f*, Service; *département* Abteilung *f*; *hôpital a.* Station *f*; *vaisselle* Service *n*; *tennis* Aufschlag; **~ après-vente** Kundendienst; **~ (militaire)** Wehrdienst; **~ de sécurité** (privater) Sicherheitsdienst; **°hors ~** außer Betrieb; **être de ~** Dienst haben; **rendre (un) ~ à qn** j-m e-n Dienst erweisen; **~ compris** einschließlich Bedienung; **~ de livraison** Lieferservice

serviette [sɛʀvjɛt] F **1** *de table* Serviette; *de toilette* Handtuch *n*; **~ hygiénique** (Damen)Binde *f*; **~ en papier** Papierserviette **2** *porte-documents* Aktentasche

servir [sɛʀviʀ] *mets* servieren, auftragen; *à boire* einschenken; *client* bedienen; **~ à qn** j-m nützen; **~ à qc** zu etw dienen; **~ de** dienen als; **se ~** sich bedienen; **se ~ de** benutzen (*akk*)

servofrein [sɛʀvofʀɛ̃] M Bremskraftverstärker

ses [se] PL seine; *à elle* ihre

set [sɛt] M *tennis* Satz

seuil [sœj] M Schwelle *f*

seul [sœl] allein; *unique* einzig; *seulement* allein, nur; **le ~, la ~e** der, die, das einzige

seulement [sœlmɑ̃] nur; *temps* erst; **hier ~** erst gestern

seum [sœm] M *sl* Wut *f*; **avoir le ~** die Nase voll haben

sévère [sevɛʀ] streng

sexe [sɛks] M Geschlecht *n*; *sexualité* Sex; ANAT Geschlechtsteile *pl*

sexuel [sɛksɥɛl] sexuell

shampooing [ʃɑ̃pwɛ̃] M Shampoo *n*; *lavage* Haarwäsche *f*

sherry [ʃɛʀi] M Sherry

shopping [ʃɔpiŋ] M Einkaufsbummel *m*, Shopping *n*

short [ʃɔʀt] M Shorts *pl*

si[1] [si] KONJ ⟨*vor il, ils* **s'**⟩ wenn; **même ~** selbst wenn, wenn auch; **comme ~** als ob; **je me demande ~ …** ich frage mich, ob …

si[2] [si] *tellement, aussi* so

si[3] [si] *après négation* doch

sida [sida] M Aids *n*

sidéen [sideɛ̃] **1** aidskrank **2** **sidéen(ne** [sideɛn]) M/F Aidskranke(r) *m/f(m)*
siècle [sjɛkl] M Jahrhundert *n*
siège [sjɛʒ] M Sitz; *chaise* Stuhl; *fauteuil* Sessel; **~ côté couloir** Gangplatz
sien [sjɛ̃] ⟨*f* **sienne** [sjɛn]⟩ **le ~, la ~ne** seine(r, -s), *à elle* ihre(r, -s)
sieste [sjɛst] F Mittagsschläfchen *n*
siffler [sifle] *chanson* pfeifen; *chanteurs* auspfeifen
sifflet [siflɛ] M Pfeife *f*; **coup** *m* **de ~** Pfiff; **~s** PL Pfiffe
signal [siɲal] M ⟨*pl* **signaux** [siɲo]⟩ Signal *n*; *train* **~ d'alarme** Notbremse *f*
signalement [siɲalmɑ̃] M Personenbeschreibung *f*
signaler [siɲale] anzeigen; *à la police a.* melden; **~ qc à qn** j-n auf etw (*akk*) hinweisen
signalisation [siɲalizasjõ] F *routière* Be-, Ausschilderung
signature [siɲatyʀ] F Unterschrift
signe [siɲ] M Zeichen *n*; **faire ~ à qn** j-m winken
signer [siɲe] unterschreiben, unterzeichnen
significatif [siɲifikatif] bezeichnend (**de** für)
signification [siɲifikasjõ] F Bedeutung **signifier** [siɲifje] bedeuten
silence [silɑ̃s] M *de qn* Schweigen *n*; *d'un endroit* Stille *f* **silencieux** [silɑ̃sjø] still; *de nature* schweigsam
silhouette [silwɛt] F Umrisse *mpl*; *d'une femme* Figur
SIM TEL **carte** *f* **~** SIM-Karte
similaire [similɛʀ] ähnlich
similicuir [similikɥiʀ] M Kunstleder *n* **similitude** [similityd] F Ähnlichkeit
simple [sɛ̃pl] **1** einfach; schlicht **2** M *tennis* Einzel *n*
simplement [sɛ̃pl(ə)mɑ̃] einfach **simplifier** [sɛ̃plifje] vereinfachen
simulateur [simylatœʀ] M Simulator **simuler** [simyle] vortäuschen
simultané(ment) [simyltane(mɑ̃)] gleichzeitig
sincère [sɛ̃sɛʀ] aufrichtig **sincérité** [sɛ̃seʀite] F Aufrichtigkeit
singe [sɛ̃ʒ] M Affe
singulier [sɛ̃gylje] **1** eigenartig, merkwürdig **2** M GRAM Singular, Einzahl *f*
sinistre [sinistʀ] **1** unheimlich **2** M (Brand)Katastrophe *f*; *assurances* Schaden(sfall)
sinon [sinõ] *autrement* sonst; *sauf* außer; *si ce n'est* wenn nicht
sinueux [sinɥø] gewunden (*a. fig*); *route* kurvenreich
sirop [siʀo] M Sirup
site [sit] M Lage *f*; *paysage* Landschaft *f*; IT **~ (Web)** Website *f*; **~ de rencontre** (Online-)Kontaktbörse *f* **situation** [si-

tɥasjõ] F Lage; *poste* (hohe) Stellung, Position **situé** [sitɥe] gelegen; **être ~** liegen
six [sis, si] sechs
sixième [sizjɛm] **1** sechste(r, -s) **2** M MATH Sechstel *n*
skateboard [skɛtbɔʀd] M Skateboard *n*
ski [ski] M Ski; *sport* Skifahren *n*, Skisport; **~ de fond** Langlauf; **~ de randonnée** Skiwandern *n*; **~ nautique** Wasserski; **faire du ~** Ski laufen, fahren
skier [skje] Ski laufen, fahren
skieur [skjœʀ] M, **skieuse** [skjøz] F Skiläufer(in) *m(f)*, -fahrer(in) *m(f)*
skin [skin] M/F *umg* Skin *m*
skinhead [skinɛd] M/F Skinhead *m*
skyper® [skajpe] *utiliser skype®* skypen®
slalom [slalɔm] M Slalom
slip [slip] M Slip; **~ de bain** Badehose *f*
slovaque [slɔvak] **1** slowakisch **2** **Slovaque** M Slowake
Slovaquie [slɔvaki] **la ~** Slowakei
smartphone [smaʀtfɔn] M Smartphone *n*
SMIC [smik] M (salaire minimum interprofessionnel de croissance) *en France* garantierter Mindestlohn
SMS [ɛsɛmɛs] M (short message service) *service* SMS *n*; *message* SMS *f*
snack(-bar) [snak(baʀ)] M Snackbar *f*
SNCF [ɛsɛnseɛf] F (Societé nationale des chemins de fer français) französische Staatsbahn
sneaker [snikœʀ] F Sneaker *m*, Turnschuh *m*
sniper [snajpœʀ] M Heckenschütze
sobre [sɔbʀ] mäßig, enthaltsam; *style* nüchtern
sociable [sɔsjabl] gesellig
social [sɔsjal] sozial, Sozial...; *de la société a.* Gesellschafts..., gesellschaftlich
société [sɔsjete] F Gesellschaft; **~ anonyme** Aktiengesellschaft; **en ~** in Gesellschaft
socle [sɔkl] M Sockel
socquette [sɔkɛt] F Söckchen *n*; *pour homme* Socke
sœur [sœʀ] F Schwester
soi [swa] sich; **chez ~** zu Hause
soi-disant [swadizɑ̃] angeblich
soie [swa] F Seide
soif [swaf] F Durst *m*; **avoir ~** Durst haben
soigner [swaɲe] pflegen; MED behandeln; **se ~** *malade* etwas dagegen tun
soigneux [swaɲø] sorgfältig
soin [swɛ̃] M Sorgfalt *f*; **~s** PL Pflege *f*, MED Behandlung *f*; **premiers ~s** Erste Hilfe *f*; **prendre ~ de** sich kümmern um; *santé, affaires* achten auf (*akk*)
soir [swaʀ] M Abend; **ce ~**

heute Abend; **le ~** abends
soirée [swaʀe] F Abend *m; réception* Gesellschaft
soit[1] [swa] SUBJ → être
soit[2] [swa] **~ … ~ …** entweder … oder …
soixantaine [swasɑ̃tɛn] F *âge* Sechzig; **une ~ (de …)** etwa sechzig (…)
soixante [swasɑ̃t] sechzig; **~ et onze** einundsiebzig
soixante-dix [swasɑ̃tdis] siebzig
soja [sɔʒa] M Soja(bohne) *f*
sol [sɔl] M Boden
solaire [sɔlɛʀ] Sonnen…
solarium [sɔlaʀjɔm] M Solarium *n*
soldat [sɔlda] M Soldat
solde [sɔld] M *d'un compte* Saldo; *reste à payer* Restbetrag; **~s** PL (Sommer- *od* Winter)Schlussverkauf; Ausverkauf; **acheter en ~** im Schlussverkauf kaufen
soldé [sɔlde] HANDEL herabgesetzt
sole [sɔl] F Seezunge
soleil [sɔlɛj] M Sonne *f*; **au ~** in der Sonne; **en plein ~** in der prallen Sonne; **il fait du ~** die Sonne scheint
solennel [sɔlanɛl] feierlich
solidaire [sɔlidɛʀ] solidarisch
solide [sɔlid] fest, solide (*a. Kenntnisse*); *personne* robust
soliste [sɔlist] M/F Solist(in) *m(f)*
solitaire [sɔlitɛʀ] **1** einsam **2** M/F Einzelgänger(in) *m(f)*
solitude [sɔlityd] F Einsamkeit
soluble [sɔlybl] löslich
solution [sɔlysjõ] F Lösung
sombre [sõbʀ] dunkel; *a. fig* düster
sommaire [sɔmɛʀ] **1** *exposé* kurz (gefasst); *examen* kurz *connaissances* dürftig **2** M kurze Inhaltsangabe *f*
somme[1] [sɔm] F Summe
somme[2] [sɔm] M *umg* Schläfchen *n*, Nickerchen *n*
sommeil [sɔmɛj] M Schlaf; **avoir ~** müde sein
sommelier [sɔməlje] M Kellermeister; *au restaurant* Weinkellner
sommes [sɔm] PRÄS → être
sommet [sɔmɛ] M Gipfel; *d'un arbre* Wipfel
sommier [sɔmje] M Sprungfederrahmen
somnambule [sɔmnɑ̃byl] **1** mondsüchtig **2** M/F Mondsüchtige(r) *m/f(m)*
somnifère [sɔmnifɛʀ] M Schlafmittel *n*
somptueux [sõptɥø] prächtig, pracht-, prunkvoll
son[1] [sõ] M ⟨*f* sa [sa], *pl* ses [se]⟩ sein(e); *à elle* ihr(e)
son[2] [sõ] M Ton; *d'un instrument, de la voix* Klang
sondage [sõdaʒ] M **~ (d'opinions)** Meinungsumfrage *f*
sonde [sõd] F Sonde (*a.* MED)
songer [sõʒe] **~ à** (*+inf*) daran denken zu
sonner [sɔne] *cloches* läuten;

réveil, sonnette, téléphone klingeln; *horloge* schlagen
sonnerie [sɔnʀi] F Läuten *n*; Klingeln *n*; TEL Klingelton *m*
sonnette [sɔnɛt] F Klingel
sono [sɔno] F *umg* Verstärker-, Lautsprecheranlage
sonore [sɔnɔʀ] tönend, klangvoll **sonorité** [sɔnɔʀite] F Klang *m*
sont [sõ] *prés* von **être**
sophistiqué [sɔfistike] *maniéré* gekünstelt; *perfectionné* hoch entwickelt
sorbet [sɔʀbɛ] M Fruchteis *n*, Sorbet(t) *m/n*
sorcière [sɔʀsjɛʀ] F Hexe
sordide [sɔʀdid] schmutzig (*a. fig*); *crime* gemein
sort [sɔʀ] M Schicksal *n*; **tirer au ~** auslosen
sorte [sɔʀt] F Art; *espèce* Sorte; **toutes ~s de** allerlei; **une ~ de** e-e Art (von); **de ~ que** sodass
sortie [sɔʀti] F Ausgang *m*; *pour voitures* Ausfahrt; *action* Hinausgehen *n*; *balade* Ausflug *m*; *d'un film* Uraufführung; **~ de voitures** *pancarte* Ausfahrt (*a.* Einfahrt) frei halten; **~ de secours** Notausgang *m*
sortir [sɔʀtiʀ] hinausgehen, herauskommen; (*en*) *voiture* hinaus- *od* herausfahren; *film* herauskommen; *qc de qc* herausholen, -nehmen, -ziehen; *chien* ausführen; *voiture* herausfahren; *chaise de jardin* hinausstellen; **~ avec qn** mit j-m ausgehen; **s'en ~** damit fertig werden; *s'en tirer* davonkommen
sot [so] töricht, dumm
sottise [sɔtiz] F Dummheit
souche [suʃ] F Baumstumpf *m*
souci [susi] M Sorge *f*
soucier [susje] **se ~** sich kümmern (**de** um)
soucieux [susjø] besorgt; **~ de** bedacht auf (*akk*)
soucoupe [sukup] F Untertasse
soudain [sudɛ̃] plötzlich
souder [sude] schweißen; *avec du métal* löten
souffle [sufl] M Atem; **être à bout de ~** außer Atem sein; *fig* **second ~** neuer Anlauf
soufflé [sufle] M Auflauf, Soufflee *n*
souffler [sufle] blasen; *bougie* ausblasen; *reprendre haleine* Atem, Luft holen; *école* vorsagen
soufflet [suflɛ] M Blasebalg
souffrance [sufʀɑ̃s] F Schmerz *m* **souffrant** [sufʀɑ̃] (leicht) erkrankt **souffrir** [sufʀiʀ] leiden (**de** unter *dat*; MED an *dat*)
soufre [sufʀ] M Schwefel
souhait [swɛ] M Wunsch; *umg* **à vos ~s!** Gesundheit!
souhaitable [swɛtabl] wünschenswert **souhaiter** [swɛte] wünschen
souk [suk] M Basar, S(o)uk
soûl [su] *umg* betrunken
soulagement [sulaʒmɑ̃] M

Erleichterung *f*
soulager [sulaʒe] *douleur, migraine* lindern; *malade* Erleichterung bringen (*dat*); **être soulagé** erleichtert sein
soûler [sule] **~ qn** j-n betrunken machen
soulever [sulve] hochheben; *problème* aufwerfen; **se ~** *peuple* sich erheben
soulier [sulje] M Schuh
souligner [suliɲe] unterstreichen (*a. fig*)
soumettre [sumɛtʀ] *pays* unterwerfen; *présenter* vorlegen
soupape [supap] F Ventil *n*
soupçon [supsõ] M Verdacht
soupçonner [supsɔne] verdächtigen **soupçonneux** [supsɔnø] argwöhnisch
soupe [sup] F Suppe; **~ à l'oignon** Zwiebelsuppe; **~ de poisson** Fischsuppe; **~ au pistou** *provenzalische Gemüsesuppe mit Basilikum*
souper [supe] (nach der Abendveranstaltung) essen
soupière [supjɛʀ] F Suppenschüssel, Terrine
soupirer [supiʀe] seufzen
souple [supl] biegsam, geschmeidig
source [suʀs] F Quelle
sourcil [suʀsi] M Augenbraue *f*
sourd [suʀ] taub (**de** auf *dat*); *qui entend mal* schwerhörig; *bruit* dumpf
sourd-muet [suʀmɥɛ] taubstumm
sourire [suʀiʀ] **1** lächeln **2** M Lächeln *n*
souris [suʀi] F Maus (*a.* IT); IT **~ sans fil** Funkmaus, schnurlose Maus
sournois [suʀnwa] hinterhältig
sous [su] unter (*dat od akk*); **~ peu** in Kürze
sous-alimenté [suzalimɑ̃te] unterernährt **sous-développé** [sudevlɔpe] unterentwickelt **sous-entendu** [suzɑ̃tɑ̃dy] M Andeutung *f* **sous-estimer** [suzɛstime] unterschätzen **sous-exposé** [suzɛkspoze] *photo* unterbelichtet
sous-locataire [sulɔkatɛʀ] M/F Untermieter(in) *m(f)* **sous-marin** [sumaʀɛ̃] M U-Boot *n* **sous-sol** [susɔl] M Untergeschoss *n*
soustraction [sustʀaksjõ] F Subtraktion **soustraire** [sustʀɛʀ] abziehen (**de** von)
sous-vêtements [suvɛtmɑ̃] MPL Unterwäsche *f*
souteneur [sutnœʀ] M Zuhälter
soutenir [sutniʀ] *piliers* stützen; *projet* unterstützen; *prétendre* behaupten
souterrain [sutɛʀɛ̃] **1** unterirdisch **2** M Unterführung *f*
soutien [sutjɛ̃] M *aide* Unterstützung *f* **soutien-gorge** [sutjɛ̃gɔʀʒ] M Büstenhalter, BH; **~ push-up** Push-up-BH
souvenir [suvniʀ] **1** **se ~** sich erinnern (**de** an *akk*) **2** M Erin-

nerung *f*; *objet* Andenken *n*; *tourisme* Souvenir *n*, Reiseandenken *n*; **en ~ de** zur Erinnerung an (*akk*)

souvent [suvɑ̃] oft

soyez [swaje] SUBJ → être

spa [spa] M Wellnesscenter *n*; *bain à remous* Whirlpool

spacieux [spasjø] geräumig

spaghetti [spageti] MPL Spaghetti *pl*

spam [spam] M Spam

sparadrap [spaʀadʀa] M Heftpflaster *n*

spasme [spasm] M Krampf

spatial [spasjal] Raum...

spécial [spesjal] ⟨*mpl* **spéciaux** [spesjo]⟩ besondere(r, -s), speziell; *exceptionnel* Sonder...; *spécialisé* Fach...; *umg inhabituel* eigenartig **spécialement** [spesjalmɑ̃] speziell

spécialiste [spesjalist] M Spezialist, Fachmann; MED Facharzt

spécialité [spesjalite] F Fach (-gebiet) *n*; GASTR Spezialität

spectacle [spɛktakl] M Anblick, Schauspiel *n*; *représentation* Vorstellung *f*; **~ laser** Lasershow *f* **spectateur** [spɛktatœʀ] M Zuschauer

speed(é) [spid(e)] *umg* hektisch, (voll) im Stress

sphère [sfɛʀ] F Kugel

spirituel [spiʀitɥɛl] geistig; *drôle* geistreich **spiritueux** [spiʀitɥø] MPL Spirituosen *pl*

splendeur [splɑ̃dœʀ] F Glanz *m*, Pracht **splendide** [splɑ̃did] prächtig

spoiler [spɔjle] *umg* spoilern **~ un film** das Ende eines Films verraten

spontané [spɔ̃tane] spontan; *personne* natürlich

sport [spɔʀ] M Sport; **~s** *pl* **d'hiver** Wintersport *m*; **faire du ~** Sport treiben

sportif [spɔʀtif] **A** sportlich, Sport... **B** M, **sportive** [spɔʀtiv] F Sportler(in) *m(f)*

spray [spʀɛ] M **~ nasal** Nasenspray *n*; **~ solaire** Sonnenspray *n*

squash [skwaʃ] M Squash *n*

squelette [skəlɛt] M Skelett *n*

stable [stabl] stabil; *échelle* standfest; *emploi* fest, sicher; *personne* ausgeglichen

stade [stad] M Stadium *n*; SPORT Stadion *n*

stage [staʒ] M Praktikum *n*

stagiaire [staʒjɛʀ] M/F Praktikant(in)

stand [stɑ̃d] M HANDEL Stand

standard [stɑ̃daʀ] **A** Standard... **B** M TEL Zentrale *f*

standardiste [stɑ̃daʀdist] F Telefonistin

stand-up paddle [stɑ̃dœppadœl] M *sport* Stehpaddeln *n*, Stand-up-Paddeln *n*

star [staʀ] F Filmstar *m*

starter [staʀtɛʀ] M AUTO Choke

station [stasjɔ̃] F Station, Haltestelle; *de métro a.* Bahnhof *m*; *de radio* Sender *m*; **~ de taxis** Taxistand *m*; **~ balnéaire**

Seebad *n;* ~ **de sports d'hiver** Wintersportort *m*

stationnaire [stasjɔnɛʀ] gleichbleibend, unverändert

stationnement [stasjɔnmɑ̃] M Parken *n;* ~ **interdit** Parkverbot *n* **stationner** [stasjɔne] parken

station-service [stasjõsɛʀvis] F Tankstelle

statistique [statistik] **1** statistisch **2** ~**s** *fpl* Statistik(en) *f(pl)*

statue [staty] F Statue

statut [staty] M Status; ~**s** *pl* Satzung *f*, Statuten *npl*

steak [stɛk] M Steak *n;* ~ **au poivre** Pfeffersteak *n;* ~ **tartare** Tatar *n;* ~ **°haché** Hacksteak *n*

stéréo [steʀeo] **1** Stereo... **2** F Stereo *n;* **en** ~ in Stereo

stériliser [steʀilize] sterilisieren

steward [stjuwaʀd, stiwaʀd] M Steward

stimulateur [stimylatœʀ] M ~ **cardiaque** Herzschrittmacher

stimuler [stimyle] *personne* anspornen; *appétit* anregen

stock [stɔk] M *d'un magasin* Warenbestand; *réserve* Vorrat (**de** an); **en** ~ vorrätig

stocker [stɔke] lagern; speichern (*a.* IT)

stop [stɔp] **1** stopp! **2** M *panneau* Stoppschild *n; feu arrière* Bremslicht *n; umg* **faire du** ~ per Anhalter fahren

stopper [stɔpe] V/T & V/I anhalten, stoppen

strapontin [stʀapõtɛ̃] M Klappsitz

Strasbourg [stʀazbuʀ] Straßburg

streaming [stʀimiŋ] M IT Streaming *n* **en** ~ **direct** als Livestream

strict [stʀikt] streng; **le** ~ **nécessaire** das (Aller)Nötigste

studio [stydjo] M TV, *radio* Studio *n; de cinéma* Atelier *n; logement* Einzimmerwohnung *f*

stupéfait [stypefɛ] verblüfft

stupéfiant [stypefjɑ̃] **1** verblüffend **2** M Rauschgift *n*

stupide [stypid] dumm **stupidité** [stypidite] F Dummheit

style [stil] M Stil **stylé** [stile] *umg* geil, super; **c'est trop** ~ das ist echt geil

stylo [stilo] M ~ (**à plume**) Füller ~ (**à encre**) Tintenroller; ~ **à bille** Kugelschreiber **stylo-feutre** [stiloføtʀ] M Filzschreiber, Filzstift

su [sy] PPERF → savoir

subir [sybiʀ] erleiden; ~ **un examen** sich e-m Examen unterziehen

subit [sybi] plötzlich

subjonctif [sybʒõktif] M Konjunktiv

sublime [syblim] großartig

substance [sypstɑ̃s] F Substanz, Stoff *m*

substantif [sypstɑ̃tif] M Substantiv *n*, Hauptwort *n*

substituer [sypstitɥe] ersetzen (**A à B** B durch A)

subtil [syptil] scharfsinnig; *nuance* fein

succès [syksɛ] M Erfolg; **avec ~** erfolgreich

successeur [syksɛsœʀ] M Nachfolger

successif [syksɛsif] aufeinanderfolgend **succession** [syksɛsjõ] F (Aufeinander)Folge **successivement** [syksɛsivmã] nacheinander

succulent [sykylã] köstlich

succursale [sykyʀsal] F Filiale; *d'une banque* Zweigstelle

sucer [syse] lutschen **sucette** [sysɛt] F Lutscher *m*; *tétine* Schnuller *m*

sucre [sykʀ] M Zucker; **~ en morceaux** Würfelzucker

sucré [sykʀe] süß **sucrer** [sykʀe] zuckern **sucreries** [sykʀəʀi] FPL Süßigkeiten **sucrier** [sykʀije] M Zuckerdose *f*

sud [syd] M Süden; **au ~ de** südlich von

sud-est [sydɛst] M Südosten **sud-ouest** [sydwɛst] M Südwesten

sudoku [sudoku] M Sudoku *n*

Suède [sɥɛd] **la ~** Schweden *n*

suédois [sɥedwa] **1** schwedisch **2** **Suédois** M Schwede

suer [sɥe] schwitzen

sueur [sɥœʀ] F Schweiß *m*

suffire [syfiʀ] genügen, reichen; **ne pas ~** nicht ausreichen

suffisamment [syfizamã], **suffisant** [syfizã] ausreichend

suffoquer [syfɔke] ersticken

suggérer [sygʒeʀe] vorschlagen; *faire penser à* denken lassen an (*akk*)

suggestion [sygʒɛstjo] F Vorschlag *m*

suicide [sɥisid] M Selbstmord **suicider** [sɥiside] **se ~** Selbstmord begehen

suie [sɥi] F Ruß *m*

suis [sɥi] PRÄS → **être**

Suisse [sɥis] **la ~** die Schweiz

suisse [sɥis] **1** schweizerisch, Schweizer **2** **Suisse** M/F Schweizer(in) *m(f)*

suite[1] [sɥit] F Folge; *série* Reihe; **~s** PL *conséquences* Folgen; **de ~** hintereinander; **à la ~ de, par ~ de** infolge (*gen*); **par la ~** später; **tout de ~** sofort; **et ainsi de ~** und so weiter

suite[2] [sɥit] F *dans un hôtel* Suite

suivant [sɥivã] nächste(r, -s), folgende(r, -s); **au ~!** der Nächste, bitte!; **~ que** je nachdem, ob

suivi [sɥivi] M MED (weitere) Betreuung *f*

suivre [sɥivʀ] folgen (**qn** j-m); *cours* besuchen; **faire ~** *lettre* nachsenden; **à ~** Fortsetzung folgt

sujet [syʒɛ] M Thema *n*; *motif* Anlass (**de** zu); GRAM Subjekt *n*; **au ~ de** wegen (*gen*)

super [sypɛʀ] **1** *umg* super **2**

M Super(benzin) *n*

superbe [sypɛʀb] prächtig

superficie [sypɛʀfisi] F Fläche

superficiel [sypɛʀfisjɛl] oberflächlich

superflu [sypeʀfly] 1 überflüssig 2 M Überfluss

supérieur [sypeʀjœʀ] 1 obere(r, -s), Ober…; **~ à** höher als; *fig* überlegen (*dat*) 2 **~(e)** *m(f)* Vorgesetzte(r) *m/f(m)*

supermarché [sypeʀmaʀʃe] M Supermarkt

superposer [sypeʀpoze] übereinanderlegen

superstitieux [sypɛʀstisjø] abergläubisch

supplément [syplemɑ̃] M Zusatz; *train* Zuschlag; *restaurant, hôtel* **avec ~** gegen Aufpreis; **être en ~** *boissons* extra gehen

supplémentaire [syplemɑ̃tɛʀ] zusätzlich

supplice [syplis] M Folter *f*; *souffrance* Qual *f*

supplier [syplije] anflehen

support [sypɔʀ] M Stütze *f*

supportable [sypɔʀtabl] erträglich

supporter[1] [sypɔʀte] ertragen; *chaleur* vertragen; TECH tragen; **ne pas ~ qn** j-n nicht ausstehen können

supporter[2] [sypɔʀtɛʀ] M SPORT Fan

supposer [sypoze] annehmen, vermuten; *impliquer* voraussetzen

suppositoire [sypozitwaʀ] M MED Zäpfchen *n*

supprimer [sypʀime] *mur* wegnehmen; *passage* streichen; *emplois* abbauen; *douleur* stillen; *permis de conduire* entziehen; *personne* beseitigen; *abolir* aufheben

suppurer [sypyʀe] eitern

suprême [sypʀɛm] höchste(r, -s), oberste(r, -s)

sur [syʀ] auf (*dat od akk*); *au dessus de* über (*dat od akk*); *vers* auf (*akk*) zu, nach; *au sujet de* über (*akk*); **une fenêtre ~ la rue** ein Fenster zur Straße; **avoir de l'argent ~ soi** Geld bei sich haben; **trois mètres ~ cinq** drei mal fünf Meter

sûr [syʀ] sicher; *sérieux* zuverlässig; **bien ~!** natürlich!

surcharger [syʀʃaʀʒe] überladen, überlasten

surchauffer [syʀʃofe] *pièce* überheizen; TECH überhitzen

surélever [syʀelve] erhöhen

sûrement [syʀmɑ̃] sicher(lich)

surestimer [syʀɛstime] überschätzen

sûreté [syʀte] F Sicherheit

surexposé [syʀɛkspoze] *photo* überbelichtet

surf [sœʀf] M Wellenreiten *n*, Surfen *n*; *planche* Surfbrett *n*; **~ (des neiges)** Snowboard(en) *n*

surface [syʀfas] F *de l'eau* Oberfläche; MATH Fläche

surfer [sœʀfe] SPORT surfen; IT **~ sur Internet** im Internet sur-

fen
surgelé [syʀʒəle] **1** tiefgekühlt **2** **surgelés** MPL Tiefkühlkost *f*
surgir [syʀʒiʀ] auftauchen
sur-le-champ [syʀləʃɑ̃] auf der Stelle, sofort
surmené [syʀməne] überarbeitet
surmonter [syʀmõte] überwinden, bezwingen
surnom [syʀnõ] M Spitzname
surpasser [syʀpase] übertreffen
surprenant [syʀpʀənɑ̃] erstaunlich
surprendre [syʀpʀɑ̃dʀ] überraschen
surpris [syʀpʀi] überrascht; **être ~ que** (+*subj*) sich wundern, dass
surprise [syʀpʀiz] F Überraschung
sursis [syʀsi] M Bewährungsfrist *f*
surtaxe [syʀtaks] F Zuschlag *m*; *d'une lettre* Nachgebühr
surtout [syʀtu] besonders, vor allen Dingen
surveillance [syʀvɛjɑ̃s] F Aufsicht, Überwachung **surveillant** [syʀvɛjɑ̃] M Aufseher **surveiller** [syʀvɛje] überwachen, beaufsichtigen
survêtement [syʀvɛtmɑ̃] M Trainingsanzug
survivant [syʀvivɑ̃] M Überlebende(r)
survivre [syʀvivʀ] **~ à** überleben (*akk*)
survoler [syʀvɔle] überfliegen
sus [sys] **être en ~** extra gehen
susceptible [sysɛptibl] *personne* empfindlich; **être ~ de** (+*inf*) fähig sein zu (+*inf*)
susciter [sysite] hervorrufen
suspect [syspɛ(kt)] verdächtig (**de** *gen*) **suspecter** [syspɛkte] verdächtigen
suspendre [syspɑ̃dʀ] aufhängen; *séance* unterbrechen; *paiements* einstellen; **se ~ à** sich hängen an (*akk*)
suspense [syspɛns] M Spannung *f*
suspension [syspɑ̃sjõ] F AUTO Aufhängung, Federung
SUV [ɛsyve] M *pl* ~ (Sport Utility Vehicle) AUTO SUV *m*/*n*, Geländewagen
svelte [svɛlt] schlank
S.V.P. (s'il vous plaît) bitte
sweat-shirt [switʃœʀt] M Sweatshirt *n*
sympa(thique) [sɛ̃pa(tik)] sympathisch; *soirée* nett
symphonie [sɛ̃fɔni] F Sinfonie
symptôme [sɛ̃ptom] M Symptom *n*
synagogue [sinagɔg] F Synagoge
syndic [sɛ̃dik] M Verwalter
syndical [sɛ̃dikal] gewerkschaftlich, Gewerkschafts...
syndicat [sɛ̃dika] M Gewerkschaft *f*; **~ d'initiative** Fremdenverkehrsamt *n*, -büro *n*
syndrôme [sɛ̃dʀɔm] M Syn-

drom *n*

synthétique [sɛ̃tetik] synthetisch; *fibres a.* Kunst…

système [sistɛm] M System *n*; **~ immunitaire** Immunsystem *n*; IT **~ d'exploitation** Betriebssystem *n*

T

t' [t] → te

ta [ta] → ton[1]

tabac [taba] M Tabak; **(bureau** *m* **de)** ~ Tabakladen

table [tabl] F Tisch *m*; **~ de nuit** Nachttisch *m*; **~ de ping-pong** Tischtennisplatte; **~ des matières** Inhaltsverzeichnis *n*; **mettre la ~** den Tisch decken; **à ~!** (das) Essen ist fertig!

tableau [tablo] M Gemälde *n*, Bild *n*, Tafel *f*; *schéma* Tabelle *f*; *école* **~ (noir)** (Wand)Tafel *f*; **~ d'affichage** Anzeigetafel *f*, Schwarzes Brett *n*; **~ de bord** Armaturenbrett *n*; **~ de composition des trains** Wagenstandanzeiger

tablette [tablɛt] F **1** (Ablage)-Platte; **~ de chocolat** Tafel Schokolade **2** IT **~ (électronique)** Tablet *n*, Tablet-PC *m*

tablier [tablije] M Schürze *f*

tabou [tabu] **1** tabu **2** M Tabu *n*

taboulé [tabule] M *Gericht aus Kuskus, Petersilie, Pfefferminze, Zwiebeln und Tomaten*

tabouret [tabuʀɛ] M Hocker

tache [taʃ] F Fleck *m*; **~s** *pl* **de rousseur** Sommersprossen

tâche [taʃ] F Aufgabe

tacher [taʃe] fleckig machen

tâcher [taʃe] **~ de** (+*inf*) sich bemühen zu, versuchen zu

tact [takt] M Takt(gefühl) *m(n)*

tactile [taktil] Tast…; **écran** *m* **~** Berührungsbildschirm, Touchscreen

taie [tɛ] F Kopfkissenbezug *m*

taille [taj, tɑj] F Größe; ANAT Taille

taille-crayon(s) [tajkʀɛjõ] M Bleistiftspitzer

tailler [taje] *vêtement* zuschneiden; *haie* beschneiden; *crayon* spitzen; **~ grand** groß ausfallen

tailleur [tajœʀ] M Schneider; *vêtement* Kostüm *n* **tailleur-pantalon** [tajœʀpɑ̃talõ] M Hosenanzug

taire [tɛʀ] **se ~** schweigen; **tais-toi!** sei still!

talon [talõ] M Ferse *f*; *de la chaussure* Absatz; *d'un chèque* Stammabschnitt

talus [taly] M Böschung *f*

tambour [tɑ̃buʀ] M Trommel *f* **tambourin** [tɑ̃buʀɛ̃] M Tamburin *n*

tamis [tami] M Sieb *n*

tamiser [tamize] sieben; *lu-*

mière dämpfen

tampon [tɑ̃pɔ̃] M (Watte)-Bausch; *cachet* Stempel; **~ hygiénique** Tampon

tamponner [tɑ̃pɔne] *plaie* abtupfen; *timbre* (ab)stempeln; *voiture* auffahren auf (*akk*); **se ~** zusammenstoßen

tandis que [tɑ̃dik(ə)] während

tanga [tɑ̃ga] M Tanga

tango [tɑ̃go] M Tango

tankini [tɑ̃kini] M Tankini

tant [tɑ̃] so viel; *aimer* so sehr; **~ de fois** so oft; **~ que** solange; **en ~ que** als; **~ mieux** umso besser; **~ pis** schade

tante [tɑ̃t] F Tante

taon [tɑ̃] M ZOOL Bremse *f*

tapage [tapaʒ] M Lärm

tapas [tapas] FPL GASTR Tapas

tape [tap] F Klaps *m*

tapenade [tapənad] F Olivenpaste (*aus der Provence*)

taper [tape] schlagen; *sur l'épaule de qn* klopfen; *à la machine* tippen; IT eingeben

tapis [tapi] M Teppich; SPORT Matte *f*; **~ roulant** Förderband *n*; *pour piétons* Roll-, Fahrsteig; IT **~ de souris** Mauspad *n*

tapisser [tapise] tapezieren

tapisserie [tapisʀi] F Wandteppich *m*

taquiner [takine] necken

tard [taʀ] spät; **au plus ~** spätestens

tarder [taʀde] auf sich warten lassen; zögern; **ne pas ~ à faire qc** bald etw tun

tarif [taʀif] M Tarif; *d'un hôtel* Preisliste *f*; *transports* **~ réduit** ermäßigter Preis; **plein ~** normaler Preis

tarir [taʀiʀ] versiegen

tarte [taʀt] F Obstkuchen *m*, -torte; **~ au citron** Zitronentorte; **~ à l'oignon** Zwiebelkuchen *m*; **~ Tatin** *gestürzter Apfelkuchen mit Karamel*

tartelette [taʀtəlɛt] F Törtchen *n*

tartine [taʀtin] F Butter- *od* Marmeladenbrot *n*

tartre [taʀtʀ] M Kesselstein; *des dents* Zahnstein

tas [tɑ] M Haufen; *umg* **un ~ de (…)** e-e Menge (…), ein Haufen (…)

tasse [tɑs] F Tasse

tâter [tɑte] befühlen, betasten; *pouls* fühlen

tatouage [tatuaʒ] M Tätowierung *f*, Tattoo *n*

taupe [top] F Maulwurf *m*

taureau [toʀo] M Stier, Bulle; **course** *f* **de ~x** Stierkampf *m*

taux [to] M *montant fixé* Satz; *pourcentage* Rate *f*, Quote *f*; **~ d'alcoolémie** Alkoholspiegel; **~ de change** Wechselkurs; **~ d'inflation** Inflationsrate *f*

taxe [taks] F *redevance* Gebühr; *impôt* Steuer; **~ de séjour** Kurtaxe; **toutes ~s comprises** einschließlich Mehrwertsteuer; **°hors ~s** ohne Mehrwertsteuer

taxi [taksi] M Taxi *n*; **~ collectif** Sammeltaxi

tchao [tʃao] *umg* tschüs; tschau; ciao
tchèque [tʃɛk] tschechisch; **la République ~** die Tschechische Republik, Tschechien *n*
Tchèque [tʃɛk] M Tscheche
te [t(ə)] ⟨*vor Vokal* t'⟩ dich; dir
technicien [tɛknisjɛ̃] M Techniker
technique [tɛknik] 1 technisch 2 F Technik
techno [tɛkno] F MUS Techno *m*
teindre [tɛ̃dʀ] färben
teint [tɛ̃] M Teint, Gesichtsfarbe *f*; **fond** *m* **de ~** Make-up *n*
teinte [tɛ̃t] F Farbton *m*
teinté [tɛ̃te] getönt
teinturerie [tɛ̃tyʀʀi] F (chemische) Reinigung
tel [tɛl] ⟨*f* **telle**⟩ solche(r, -s); **~ que** wie
télé [tele] F *umg* Fernsehen *n*; *téléviseur* Fernseher *m*
télécarte [telekaʀt] F Telefonkarte **télécharger** [teleʃaʀʒe] IT herunterladen **télécommande** [telekɔmɑ̃d] F Fernbedienung **télécopie** [telekɔpi] F (Tele)Fax *n* **téléfilm** [telefilm] M Fernsehfilm
téléguidé [telegide] ferngelenkt **téléobjectif** [teleɔbʒɛktif] M Teleobjektiv *n* **télépéage** [telepeaʒ] M *vollautomatisches Mautsystem an Autobahnen* **téléphérique** [teleferik] M (Draht)Seilbahn *f*
téléphone [telefɔn] M Telefon *n*; **~ sans fil** schnurloses Telefon *n*; **~ mobile** *ou* **portable** Mobiltelefon *n*, Handy *n*; **par ~** telefonisch; **au ~** am Telefon
téléphoner [telefɔne] telefonieren (**à qn** mit j-m), anrufen (**à qn** j-n)
téléphonique [telefɔnik] telefonisch, Telefon…
téléréalité [teleʀealite] F (**émission** *f* **de**) **~** Realityshow *f*
télescope [telɛskɔp] M Teleskop *n*, Fernrohr *n*
télescoper [telɛskɔpe] zusammenstoßen mit; **se ~** zusammenstoßen
télésiège [telesjɛʒ] M Sessellift **téléski** [teleski] M Skilift
téléspectateur [telespɛktatœʀ] M, **téléspectatrice** [telespɛktatʀis] F Fernsehzuschauer(in) *m(f)*
télétexte [teletɛkst] M Videotext
télévisé [televize] Fernseh…
téléviseur [televizœʀ] M Fernseher
télévision [televisjõ] F Fernsehen *n*; *téléviseur* Fernseher *m*; **regarder la ~** fernsehen
télex [telɛks] M Fernschreiben *n*, Telex *n*
telle → **tel** **tellement** [tɛlmɑ̃] dermaßen, so
témoigner [temwaɲe] (als Zeuge) aussagen; **~ de** bezeugen (*akk*); *chose* zeugen von
témoin [temwɛ̃] M Zeuge

tempe [tɑ̃p] F Schläfe
température [tɑ̃peʀatyʀ] F Temperatur (a. MED); **~ ressentie** gefühlte Temperatur
tempête [tɑ̃pɛt] F Sturm *m*
temple [tɑ̃pl] M Tempel; (protestantische) Kirche *f*
temporaire [tɑ̃pɔʀɛʀ] zeitweilig, vorübergehend
temps[1] [tɑ̃] M Zeit *f*; **~ libre** Freizeit *f*; **à ~** rechtzeitig; **en même ~** gleichzeitig; **de ~ en ~** von Zeit zu Zeit; **(ne pas) avoir le ~** (keine) Zeit haben; **travailler à ~ partiel** Teilzeit arbeiten
temps[2] [tɑ̃] M *météo* Wetter *n*; **quel ~ fait-il?** wie ist das Wetter?
tenace [tənas] hartnäckig
tenailles [tənɑj] FPL Zange *f*
tendance [tɑ̃dɑ̃s] F Tendenz
tendinite [tɑ̃dinit] F Sehnenscheidenentzündung
tendon [tɑ̃dõ] M Sehne *f*
tendre[1] [tɑ̃dʀ] spannen; *piège* stellen; *bras* ausstrecken; *main* reichen (*a. fig*)
tendre[2] [tɑ̃dʀ] zärtlich, liebevoll; *viande* zart **tendresse** [tɑ̃dʀɛs] F Zärtlichkeit
tenir [təniʀ] (fest)halten; *promesse* halten; *restaurant* führen; *place* einnehmen; **~ à** halten an (*dat*); *fig* hängen an (*dat*); *être dû à* liegen an (*dat*); **~ au frais** kühl aufbewahren; **se ~** sich (fest)halten (**à** an *dat*); **se ~ mal** sich schlecht benehmen; **tiens!** *prends* da (nimm)!
tennis [tenis] M Tennis *n*; **~ de table** Tischtennis *n*; **~** PL Turnschuhe
tension [tɑ̃sjõ] F Spannung; MED Blutdruck *m*
tentant [tɑ̃tɑ̃] verlockend
tentation [tɑ̃tasjõ] F Versuchung
tentative [tɑ̃tativ] F Versuch *m*
tente [tɑ̃t] F Zelt *n*; **~ de plage** Strandmuschel *f*
tenter [tɑ̃te] versuchen (**de** zu); *attirer* locken, reizen
tenue [təny] F *vêtements* Kleidung; *savoir-vivre* Anstand *m*; **~ de soirée** Abendkleidung; AUTO **~ de route** Straßenlage
TER® [teøɛʀ] M (train express régional) Regionalzug
terme [tɛʀm] M Frist *f*; *expression* Ausdruck; **à court, long ~** kurz-, langfristig
terminaison [tɛʀminɛzõ] F GRAM Endung
terminal [tɛʀminal] M Terminal *n*; *en ville* Endstation *f* der Flughafenlinie in der Stadt
terminale [tɛʀminal] F Abiturklasse
terminer [tɛʀmine] beenden; **se ~** enden (**par** mit), zu Ende gehen; **être terminé, avoir terminé** fertig sein
terminus [tɛʀminys] M Endstation *f*
terne [tɛʀn] glanzlos, matt

terrain [tɛʀɛ̃] M Gelände *n*; *parcelle* Grundstück *n*; *sol* Boden; **~ de camping** Campingplatz; **~ de football** Fußballplatz
terrasse [tɛʀas] F Terrasse
terre [tɛʀ] F Erde; Land *n* **terre ferme** Festland *n*
terrible [tɛʀibl] furchtbar, schrecklich; *umg* toll; *appétit* gewaltig; **pas ~** nicht besonders
terrine [tɛʀin] F Tonschüssel *m* mit Deckel; *pâté* Pastete
territoire [tɛʀitwaʀ] M Gebiet *n*
test [tɛst] M Test; **~ de dépistage du sida** Aidstest; **~ génétique/de résistance** Gen-/Stresstest; **~ de grossesse** Schwangerschaftstest
testicule [tɛstikyl] M Hoden
tétanos [tetanos] M Wundstarrkrampf, Tetanus
tête [tɛt] F Kopf *m*; *visage* Gesicht *n*; **en ~** an der Spitze; **en ~ à ~** unter vier Augen
tétée [tete] F **donner la ~ à** stillen
téter [tete] saugen
tétine [tetin] F *du biberon* Sauger *m*; *jouet* Schnuller *m*
tétu [tety] starrköpfig
texte [tɛkst] M Text **texter** [tɛkste] TEL simsen, e-e SMS schicken
textile [tɛkstil] M Textil…; **~s** MPL Textilien *pl*
texto® [tɛksto] M TEL SMS (-Nachricht) *f*
TF1 [teɛfɛ̃] (Télévision française un) Französisches Fernsehen, 1. Programm
TGV [teʒeve] M (train à grande vitesse) *correspond à* ICE
thé [te] M Tee; **~ glacé** Eistee; **~ au citron, au lait** Tee mit Zitrone, mit Milch
théâtre [teɑtʀ] M Theater *n*; *fig* Schauplatz
théière [tejɛʀ] F Teekanne
thème [tɛm] M Thema *n*
théorie [teɔʀi] F Theorie
théorique [teɔʀik] theoretisch
thermal [tɛʀmal] Thermal…; **cure** *f* **~e** Bade- *od* Trinkkur
thermes [tɛʀm] MPL Therme *f*
thermoactif [tɛʀmɔaktif] *vêtements* atmungsaktiv
thermomètre [tɛʀmɔmɛtʀ] M Thermometer *n*; **~ médical** Fieberthermometer *n*
thermos® [tɛʀmos] F (**bouteille** F) **~** Thermosflasche®
thon [tõ] M Tunfisch
thorax [tɔʀaks] M Brustkorb
thrombose [tʀɔmboz] F Thrombose
thym [tɛ̃] M Thymian
tibia [tibja] M Schienbein *n*
ticket [tikɛ] M Fahrschein; *d'entrée* Eintrittskarte *f*; **~ restaurant** Essensmarke *f*; **~ de caisse** Kassenzettel *f*; **~ de stationnement** Parkschein
tiède [tjɛd] lau(warm)
tien [tjɛ̃] ⟨*f* tienne [tjɛn]⟩ **le ~,**

la ~ne deine(r, -s); **les ~s, les ~nes** deine
tient [tjɛ̃] PRÄS → tenir
tiers [tjɛʀ] M Drittel *n* **tiers-monde** [tjɛʀmɔ̃d] M Dritte Welt *f*
tige [tiʒ] F BOT Stängel *m*, Stiel *m*; *barre* Stange
tigre [tigʀ] M Tiger
tilleul [tijœl] M Linde *f*; *tisane* Lindenblütentee
timbre [tɛ̃bʀ] M Briefmarke *f*; **~ de collection** Sondermarke *f*
timbré [tɛbʀe] frankiert
timide [timid] schüchtern **timidité** [timidite] F Schüchternheit
tique [tik] F ZOOL Zecke
tir [tiʀ] M Schuss; SPORT Schießen *n*
tirage [tiʀaʒ] M *loterie* Ziehung *f*; FOTO Abziehen *n*; **~ au sort** Auslosung *f*
tire-bouchon [tiʀbuʃɔ̃] M Korkenzieher
tirer [tiʀe] ziehen; *rideau* zu- *od* aufziehen; *coup de feu* abgeben; *lièvre* schießen; *chèque* ausstellen; **~ les cartes** die Karten legen; **~ sur qn** auf j-n schießen; **s'en ~** davonkommen; *umg* **se ~** abhauen
tiroir [tiʀwaʀ] M Schublade *f*
tisane [tizan] F Kräutertee *m*
tisser [tise] weben
tissu [tisy] M Stoff
titre [titʀə] M Titel; *d'un article* Überschrift *f*
titulaire [titylɛʀ] M/F *d'un document* Inhaber(in) *m(f)*
toast [tost] M Trinkspruch; *pain grillé* Toast; **porter un ~ à qn** auf j-n trinken
toboggan [tɔbɔgɑ̃] M Rutschbahn *f*.; **~ aquatique** Wasserrutsche *f*, Wasserrutschbahn *f*
tofu [tɔfu] M Tofu
toi [twa] *après* PRÄP dich (*akk*), dir (*dat*); *sujet* du
toile [twal] F *tissu* Leinen *n*; *peinture* Gemälde *n*; **~ d'araignée** Spinnwebe, Spinnennetz *n*
Toile [twal] IT **la ~** das Web
toilette [twalɛt] F Waschen *n*; *vêtements* Kleidung; **~s** PL Toilette *f*, WC *n*; **faire sa ~** sich waschen
toit [twa] M Dach *n*; **~ ouvrant** Schiebedach *n*
tôle [tol] F Blech *n*; **~ ondulée** Wellblech *n*; **~s** *pl* **froissées** Blechschaden *m*
tolérant [tɔleʀɑ̃] tolerant **tolérer** [tɔleʀe] dulden; *médicament* vertragen
tomate [tɔmat] F Tomate; **~ cerise/en grappe** Kirsch-/Strauchtomate; **salade** *f* **de ~s** Tomatensalat *m*
tombe [tɔ̃b] F Grab *n* **tombeau** [tɔ̃bo] M Grabmal *n*
tombée [tɔ̃be] F **à la ~ de la nuit** bei Einbruch der Dunkelheit
tomber [tɔ̃be] fallen; *glisser, trébucher* stürzen, hinfallen; *vent* sich legen; *anniversaire* ~

un dimanche auf e-n Sonntag fallen; **~ malade** krank werden; **~ amoureux** sich verlieben (**de** in *akk*); AUTO **~ en panne** e-e Panne haben; **faire ~** umwerfen; **laisser ~** fallen lassen; **ça tombe bien** das trifft sich gut

tome [tɔm] M Band

tomme [tɔm] F **~ (de Savoie)** *Hartkäse aus Savoyen*

ton¹ [tõ] M ⟨*f* **ta** [ta], *pl* **tes** [te]⟩ dein(e)

ton² [tõ] M Ton; *fig* **donner le ~** den Ton angeben

tonalité [tɔnalite] F TEL Wählton *m*, Freizeichen *n*

tondeuse [tõdøz] F **~ à gazon** Rasenmäher *m*

tondre [tõdʀ] scheren; *gazon* mähen

tongs [tõg] FPL Zehensandalen, Flipflops® *mpl*

tonique [tɔnik] M Stärkungsmittel *n*

tonne [tɔn] F Tonne

tonneau [tɔno] M ⟨*pl* **tonneaux**⟩ Fass *n*; AUTO **faire un ~** sich überschlagen

tonnerre [tɔnɛʀ] M Donner

torche [tɔʀʃ] F Fackel; **~ électrique** Stablampe

torchon [tɔʀʃõ] M Geschirrtuch *n*

tordre [tɔʀdʀ] *linge* auswringen; *bras* verdrehen; **se ~ de rire** sich schieflachen; **se ~ de douleur** sich krümmen vor Schmerzen; **se ~ le pied** mit dem Fuß umknicken

torréfier [tɔʀefje] *café* rösten

torrent [tɔʀɑ̃] M Wild-, Sturzbach; *fig* Flut *f*, Strom; **il pleut à ~s** es gießt in Strömen

torride [tɔʀid] heiß (*a. fig*); *chaleur* glühend

torse [tɔʀs] M Oberkörper

tort [tɔʀ] M Unrecht *n*; *erreur* Fehler; *dommage* Schaden; **avoir ~** unrecht haben; **à ~** zu Unrecht; **être dans son** *od* **en ~** *conducteur* schuld sein

torticolis [tɔʀtikɔli] M steifer Hals

tortue [tɔʀty] F Schildkröte

torturer [tɔʀtyʀe] foltern; *fig* quälen

tôt [to] früh; **au plus ~** frühestens; **le plus ~ possible** so bald wie möglich; **~ ou tard** früher oder später

total [tɔtal] **1** völlig; *confiance* voll; *prix* Gesamt... **2** M *addition* (Gesamt)Summe

toubib [tubib] M *umg* Arzt, Doktor

touchant [tuʃɑ̃] rührend

touche [tuʃ] F Taste; **~ échappe/entrée** Escape-/Entertaste; **~ de fonction** Funktionstaste; **~ retour** Returntaste; SPORT **(ligne** *f* **de) ~** Seitenlinie

toucher [tuʃe] **1** berühren; *émouvoir* rühren; *atteindre* treffen; *joindre* erreichen; *argent* bekommen; *chèque* einlösen; **~ à** berühren (*akk*) **2** M Tastsinn

touffe [tuf] F Büschel *n*
toujours [tuʒuʀ] immer, *encore* immer noch; **depuis ~** schon immer; **~ est-il que** jedenfalls
toupie [tupi] F Kreisel *m*
tour[1] [tuʀ] F Turm *m*; *building* Hochhaus *n*
tour[2] [tuʀ] M *d'une roue, d'un moteur* Umdrehung *f*; *promenade* Rundgang, -fahrt *f*; *excursion* (Rad-, Auto)Tour *f*; *voyage* Reise *f*; *farce* Streich; SPORT Runde *f*; **~ d'escalade** Klettertour *f*; **faire le ~ de qc** um etw herumgehen; **c'est mon ~** ich bin dran
tourbillon [tuʀbijõ] M Wirbelwind
tourisme [tuʀism] M Fremdenverkehr, Tourismus; **~ vert** Ferien *pl* auf dem Bauernhof; **office** *m* **du ~** Fremdenverkehrsamt *n*, -büro *n*
touriste [tuʀist] M/F Tourist(in) *m(f)*
touristique [tuʀistik] Fremdenverkehrs..., Tourismus...; **menu** *m* **~** *preiswertes Menü für Touristen*
tourmenter [tuʀmɑ̃te] quälen; **se ~** sich Sorgen machen
tournant [tuʀnɑ̃] M Kurve *f*
tourne-disque [tuʀnədisk] M Plattenspieler
tournedos [tuʀnədo] M (Rinder)Filetschnitte *f*, Tournedos *n*
tournée [tuʀne] F *théâtrale* Tournee; *umg au café* Runde; **en ~** auf Tournee
tourner [tuʀne] (auf-, zu)drehen; *page* umblättern; *salade* umrühren; *film* drehen; *tête* wenden; V/I sich drehen; *au carrefour* abbiegen; *moteur* laufen; *lait* sauer werden; **se ~** sich umwenden; **se ~ vers** sich zuwenden (*dat*)
tournesol [tuʀnəsɔl] M Sonnenblume *f*
tournevis [tuʀnəvis] M Schraubenzieher
tournoi [tuʀnwa] M Turnier *n*
tournure [tuʀnyʀ] F Wendung
tourte [tuʀt] F (Fleisch- *od* Fisch)Pastete; (Porree-, Spinat-, Birnen)Torte
Toussaint [tusɛ̃] F Allerheiligen *n*
tousser [tuse] husten
tout [tu, tut] ⟨*f* toute [tut]; *mpl* tous [tu, tus], *fpl* toutes [tut]⟩ **~(e)** jede(r, -s) *avec article* ganze(r, -s); *employé seul* **~** alles; PL **tous, toutes** alle; **~e la ville** die ganze Stadt; **~ le monde** alle; **tous les (deux) jours** jeden (zweiten) Tag; **~ ou rien** alles oder nichts; **en ~** insgesamt; **~ propre** ganz sauber; **tout neuf** ganz neu; **~ à fait** ganz (und gar)
toutefois [tutfwa] jedoch
tout-puissant [tupɥisɑ̃] allmächtig
toux [tu] F Husten *m*
toxicomane [tɔksikɔman]

(rauschgift)süchtig, drogenabhängig

toxique [tɔksik] **1** giftig **2** M Gift *n*

tracasser [trakase] bekümmern; **se ~** beunruhigt sein

trace [tras] F Spur

tracé [trase] M Verlauf

tracer [trase] *ligne* ziehen; *plan* (auf)zeichnen

trachée [traʃe] F Luftröhre

tract [trakt] M Flugblatt *n*

tracteur [traktœr] M Traktor

traction [traksjõ] F **~ avant** Vorderradantrieb *m*

tradition [tradisjõ] F Tradition; *coutume* Brauch *m*

traditionnel [tradisjɔnɛl] traditionell

traducteur [tradyktœr] M, **traductrice** [tradyktris] F Übersetzer(in) *m(f)*

traduction [tradyksjõ] F Übersetzung

traduire [tradɥir] übersetzen; *exprimer* ausdrücken; **se ~** sich äußern

trafic[1] [trafik] M Verkehr; **~ routier** Straßenverkehr; **~ aérien** Flugverkehr

trafic[2] [trafik] M *pej* Schleich-, Schwarzhandel; **~ de drogue** Rauschgifthandel; **faire le ~ de** schieben mit

trafiquant [trafikã] M Schwarzhändler; **~ de drogue** Rauschgifthändler, Dealer

tragédie [traʒedi] F Tragödie (*a. fig*) **tragique** [traʒik] tragisch

trahir [trair] verraten

trahison [traizõ] F Verrat *m*

train[1] [trɛ̃] M Zug; **~ de marchandises** Güterzug; **~ de voyageurs** Personenzug; **~ auto-couchettes** Autoreisezug

train[2] [trɛ̃] M FLUG **~ d'atterrissage** Fahrgestell *n*

train[3] [trɛ̃] **être en ~ de travailler** gerade arbeiten

traîneau [trɛno] M Schlitten

traîner [trɛne] schleppen, schleifen; V/I *vêtements* herumliegen; *discussion* sich in die Länge ziehen; *traînasser* trödeln; *dans les rues, les cafés* sich herumtreiben

traire [trɛr] melken

trait [trɛ] M Strich; **~s** PL Gesichtszüge; **d'un ~** in e-m Zug(e)

traité [trɛte] M POL Vertrag

traitement [trɛtmã] M Behandlung *f* (*a.* MED); **mauvais ~s** PL Misshandlung(en); IT **~ de l'information** Datenverarbeitung *f*; **~ de texte** Textverarbeitung *f*

traiter [trɛte] behandeln (*a.* MED); **~ qn de menteur** j-n e-n Lügner nennen; **~ de qc** von etw handeln

traiteur [trɛtœr] M Partyservice

traître [trɛtr] M Verräter

trajet [traʒɛ] M Strecke *f*

tramway [tramwɛ] M Straßenbahn *f*

tranchant [tʀɑ̃ʃɑ̃] scharf

tranche [tʀɑ̃ʃ] F Scheibe, Schnitte; ~ **napolitaine** Fürst-Pückler-Eis *n*

trancher [tʀɑ̃ʃe] (durch)-schneiden; *fig* sich entscheiden

tranquille [tʀɑ̃kil] ruhig; *rassuré* unbesorgt; **laisse-moi ~!** lass mich in Ruhe!

tranquillisant [tʀɑ̃kilizɑ̃] M Beruhigungsmittel *n* **tranquillité** [tʀɑ̃kilite] F Ruhe

transat [tʀɑ̃sat] M Liegestuhl

transférer [tʀɑ̃sfeʀe] *détenu* überstellen; *bureaux* verlegen

transformation [tʀɑ̃sfɔʀmasjõ] F (Ver)Änderung; *métamorphose* Um-, Verwandlung; **~s** PL *travaux* Umbau *m*

transformer [tʀɑ̃sfɔʀme] verändern; um-, verwandeln (**en** in *akk*); *maison* umbauen; **se ~** sich (ver)ändern; sich verwandeln (**en** in *akk*)

transfusion [tʀɑ̃sfyzjõ] F **~ (sanguine)** Bluttransfusion

transgénique [tʀɑ̃sʒenik] gentechnisch verändert, Gen...; **maïs** *m* ~ Genmais

transit [tʀɑ̃zit] M Transit; **en ~** Transit...

transitoire [tʀɑ̃zitwaʀ] Übergangs..., vorläufig

transmettre [tʀɑ̃smɛtʀ] weitergeben; *message* übermitteln; *maladie* übertragen (**à qn** auf j-n)

transmission [tʀɑ̃smisjõ] F Übertragung

transparence [tʀɑ̃spaʀɑ̃s] F Durchsichtigkeit, Transparenz

transparent [tʀɑ̃spaʀɑ̃] durchsichtig

transpiration [tʀɑ̃spiʀasjõ] F Schwitzen *n*; *sueur* Schweiß *m*

transpirer [tʀɑ̃spiʀe] schwitzen

transplantation [tʀɑ̃splɑ̃tasjõ] F Verpflanzung, Transplantation **transplanter** [tʀɑ̃splɑ̃te] verpflanzen, transplantieren

transport [tʀɑ̃spɔʀ] M Transport, Beförderung *f*; **~s** *pl* **en commun** öffentliche Verkehrsmittel *npl*

transportable [tʀɑ̃spɔʀtabl] transportabel; *malade* transportfähig **transporter** [tʀɑ̃spɔʀte] transportieren, befördern

transversal [tʀɑ̃svɛʀsal] Quer...

travail [tʀavaj] M ⟨*pl* **travaux** [tʀavo]⟩ Arbeit *f*; **travaux** PL Bauarbeiten *fpl*; *panneau* Baustelle *f*

travailler [tʀavaje] arbeiten (*a. bois*); *matériau* bearbeiten **travailleur** [tʀavajœʀ] M, **travailleuse** [tʀavajøz] F Arbeiter(in) *m(f)*

traveller's chèque [tʀavlœʀ(s)ʃɛk] M Reise-, Travellerscheck

travers [tʀavɛʀ] M **à ~** durch; **de ~** schief, quer, verkehrt;

en ~ de quer über (*dat*)
traversée [travɛrse] F (Durch)Fahrt (**de** durch); *en bateau a.* (Über)Fahrt (**de** über *akk*)
traverser [travɛrse] über-, durchqueren; *à pied a.* gehen über (*akk*) *od* durch, *en voiture a.* fahren über (*akk*) *od* durch; *transpercer* durchdringen **traversin** [travɛrsɛ̃] M Nackenrolle *f*
trébucher [trebyʃe] stolpern
trèfle [trɛfl] M Klee; *cartes* Kreuz *n*
treize [trɛz] dreizehn **treizième** [trɛzjɛm] dreizehnte(r, -s)
trekking [trɛkiŋ] M Trekking *n*; **chaussures** *fpl* **de ~** Trekkingschuhe
tremblement [trɑ̃bləmɑ̃] M Zittern *n*; **~ de terre** Erdbeben *n*
trembler [trɑ̃ble] zittern (**de froid** vor Kälte); *terre, vitres* beben
trempé [trɑ̃pe] durchnässt
tremper [trɑ̃pe] *vêtement* durchnässen; **~ dans** eintauchen, -tunken in (*akk*)
tremplin [trɑ̃plɛ̃] M Sprungbrett *n ski* Sprungschanze *f*
trentaine [trɑ̃tɛn] F *âge* Dreißig; **une ~ (de ...)** etwa dreißig (...)
trente [trɑ̃t] dreißig
trépied [trepje] M Dreifuß; FOTO Stativ *n*
très [trɛ] sehr
trésor [trezɔr] M Schatz
tresse [trɛs] F Zopf *m*
tresser [trɛse] flechten
tréteau [treto] M Bock
Trèves [trɛv] Trier
tri [tri] M Sortieren *n*; **faire un ~** auswählen
triage [trijaʒ] M **~ des déchets** Mülltrennung *f*
triangle [triɑ̃gl] M Dreieck *n*; **~ de présignalisation** Warndreieck *n*
triangulaire [triɑ̃gylɛr] dreieckig
tribord [tribɔr] M Steuerbord *n*; **à ~** steuerbord(s)
tribu [triby] F (Volks)Stamm *m*
tribunal [tribynal] M Gericht *n*
tricher [triʃe] *umg* mogeln
tricolore [trikɔlɔr] dreifarbig; **drapeau** *m* **~** Trikolore *f*
tricot [triko] M *action* Stricken *n*; *chandail* Strickjacke *f*; *pull* Pullover
tricoter [trikɔte] stricken
trier [trije] *courrier* sortieren; *lentilles* auslesen
trilingue [trilɛ̃g] dreisprachig
trimestre [trimɛstr] M Vierteljahr *n*, Quartal *n*
trinquer [trɛ̃ke] (mit den Gläsern) anstoßen (**à** auf *akk*)
triomphe [triɔ̃f] M Triumph
triompher [triɔ̃fe] triumphieren, siegen (**de** über *akk*)
tripes [trip] FPL GASTR Kaldaunen, Kutteln; **~ à la mode de Caen** *Kaldaunen in Cidre und*

Calvados
triple [tʀipl] dreifach **tripler** [tʀiple] verdreifachen
triste [tʀist] traurig; *temps, paysage* trist **tristesse** [tʀistɛs] F Traurigkeit
troc [tʀɔk] M Tausch(handel)
trois [tʀwa] drei; **~ quarts** drei viertel
troisième [tʀwazjɛm] dritte(r, -s); **~ âge** *m* Senioren *pl*
troll [tʀɔl] M IT Troll
trombe [tʀõb] F Windhose; **~ d'eau** Wolkenbruch *m*
trombone [tʀõbɔn] M MUS Posaune *f*; *de bureau* Büroklammer *f*
trompe [tʀõp] F MUS Horn *n*; ZOOL Rüssel *m*
tromper [tʀõpe] täuschen; betrügen (*a. en amour*); **se ~** sich irren; **se ~ de chemin** sich verlaufen, *en voiture* sich verfahren
trompette [tʀõpɛt] F Trompete
trompeur [tʀõpœʀ] trügerisch
tronc [tʀõ] M **~ (d'arbre)** (Baum)Stamm
tronçon [tʀõsõ] M (Autobahn)Abschnitt
tronçonneuse [tʀõsɔnøz] F Kettensäge
trop [tʀo] zu viel; *aimer* zu sehr; *avec adj et adv* zu; **~ de** zu viel; **de, en ~** zu viel; **~ peu** zu wenig
tropical [tʀɔpikal] tropisch
tropiques [tʀɔpik] PL Tropen; **sous les ~** in den Tropen
trot [tʀo] M Trab **trotter** [tʀɔte] traben
trottinette [tʀɔtinɛt] F Roller *m*
trottoir [tʀɔtwaʀ] M Bürgersteig
trou [tʀu] M Loch *n*
trouble [tʀubl] **1** *liquide* trüb; *image* verschwommen; *affaire* dunkel **2** M Verwirrung *f*; **~s** *pl* **respiratoires** Atembeschwerden *fpl*; **~s** *pl* **digestifs** Verdauungsstörungen *fpl*; **~s** *pl* **de la circulation** Durchblutungsstörungen *fpl*; **~s** *pl* **de la vue** Sehstörungen *fpl*
troubler [tʀuble] stören; *personne* verwirren (*a. physiquement*); **se ~** unsicher werden
trouer [tʀue] durchlöchern
troupe [tʀup] F *de théâtre* Theatertruppe; *bande* Gruppe, Schar; MIL Truppe
troupeau [tʀupo] M Herde *f*
trousse [tʀus] F Etui *n*; *école* Federmäppchen *n*; **~ de toilette** Kulturbeutel *m*; **~ à maquillage** Kosmetiktasche *f*
trousseau [tʀuso] M **~ de clés** Schlüsselbund *n*
trouver [tʀuve] finden; **se ~** sich befinden
truc [tʀyk] M *umg* Trick; *chose* Sache *f*, Ding(sda) *n*
truffe [tʀyf] F Trüffel
truite [tʀɥit] F Forelle
truquage [tʀykaʒ] M Trickaufnahme *f*
trust [tʀœst] M Trust, Konzern

tsigane [tsigan] M/F *neg!* Zigeuner(in) *m(f) neg!*
tsunami [tsynami] M Tsunami
TTC (toutes taxes comprises) einschl. MwSt. (*einschließlich Mehrwertsteuer*)
tu[1] [ty] du
tu[2] [ty] PPERF → taire
tuba [tyba] M SPORT Schnorchel
tube [tyb] M Rohr *n*; *bes* ELEK Röhre *f*; *de dentifrice* Tube *f*; *d'aspirine* Röhrchen *n*
tuer [tɥe] töten; **se ~** *mourir* umkommen; *en voiture* tödlich verunglücken
tuerie [tyʀi] F Blutbad *n*
tuile [tɥil] F (Dach)Ziegel *m*
tulipe [tylip] F Tulpe
tumeur [tymœʀ] F Geschwulst
tunique [tynik] F MODE Tunika
Tunisie [tynizi] **la ~** Tunesien *n* **tunisien** [tynizjɛ̃] **1** tunesisch **2** **Tunisien** M Tunesier
tunnel [tynɛl] M Tunnel
turban [tyʀbɑ̃] M Turban
turbot [tyʀbo] M Steinbutt
turbulent [tyʀbylɑ̃] wild
turc, turque [tyʀk] **1** türkisch **2** **Turc, Turque** M,F Türke
Turquie [tyʀki] **la ~** die Türkei
tuto(riel) [tytɔʀjɛl] M Tutorial *n*, Lernprogramm *n*
tutoyer [tytwaje] duzen
tuyau [tɥijo] M Rohr *n*, Röhre *f*; *umg* Tip; **~ d'arrosage** Gartenschlauch; **~ d'échappement** Auspuffrohr *n*
TVA [tevea] F (taxe à la valeur ajoutée) Mehrwertsteuer
tweet [twit] M IT Tweet **tweeter** [twite] IT twittern
tympan [tɛ̃pɑ̃] M ANAT Trommelfell *n*
type [tip] M Typ; *modèle* Modell *n*; *umg gars* Kerl, Typ
typhoïde [tifɔid] F Typhus *m*
typique [tipik] typisch (**de** für)

ulcère [ylsɛʀ] M Geschwür *n*; **~ de l'estomac** Magengeschwür *n*
ultérieur [ylteʀjœʀ] spätere(r, -s)
ultra... [yltʀa] extrem, hoch...; POL, PHYS ultra... **ultrason** [yltʀasõ] M Ultraschall
un [ɛ̃, œ̃] M, **une** [yn] F ein *m*, eine *f*, ein *n*; *employé seul* einer, eine, ein(e)s; *chiffre* **un** eins; **le un** die Eins; **un par un** einer nach dem anderen; **l'un(e)** der (die, das) eine; **l'un(e) l'autre** sich gegenseitig, einander; **l'un(e) et l'autre** beide
unanime [ynanim] einstimmig
uni [yni] *tissus* einfarbig; *surface, papier* glatt
unifier [ynifje] *pays* einigen;

tarifs vereinheitlichen
uniforme [ynifɔʀm] M Uniform *f*
union [ynjõ] F Union, Vereinigung; **Union européenne** Europäische Union
unique [ynik] *seul* einzig; *extraordinaire* einmalig **uniquement** [ynikmɑ̃] nur
unir [yniʀ] verein(ig)en; *relier* verbinden; *couple* trauen; **s'~** sich vereinigen
unité [ynite] F Einheit
univers [ynivɛʀ] M Weltall *n*; *fig* Welt *f*
université [ynivɛʀsite] F Universität
urbain [yʀbɛ̃] städtisch, Stadt…
urgence [yʀʒɑ̃s] F Dringlichkeit; MED Notfall *m*; **(service** *m* **des) ~s** PL Notaufnahme *f*; **d'~** dringend
urgent [yʀʒɑ̃] dringlich
urine [yʀin] F Harn *m*
urologue [yʀɔlɔg] M Urologe
usage [yzaʒ] M Gebrauch; *coutume* Brauch; **°hors d'~** außer Gebrauch
usagé [yzaʒe] gebraucht
usager [yzaʒe] M Benutzer; **~ de la route** Verkehrsteilnehmer
USB [yɛsbe] M (universal serial bus) IT USB; **câble** *m* **~** USB-Kabel *n*; **clé** *f* **~**, **stick** *f* **~** USB-Stick; **port** *m* **~** USB-Anschluss
user [yze] abnutzen; *consommer* verbrauchen; **s'~** sich abnutzen
usine [yzin] F Fabrik
ustensile [ystɑ̃sil] M (Küchen-, Garten)Gerät *n*
usuel [yzɥɛl] gebräuchlich
utile [ytil] nützlich
utilisateur [ytilizatœʀ] M Benutzer **utiliser** [ytilize] benutzen, verwenden **utilité** [ytilite] F Nützlichkeit
utopique [ytɔpik] utopisch
UV [yve] MPL (ultra-violets) UV-Strahlen

V

va [va] PRÄS → aller
vacances [vakɑ̃s] FPL Ferien *pl*, Urlaub *m*; **grandes ~** große Ferien; **~ actives** Aktivurlaub *m*; **~ randonnée** Wanderurlaub *m*; **~ scolaires** Schulferien; **~ à la ferme** Urlaub *m* auf dem Bauernhof; **~ à la plage** Strandurlaub *m*; **~ de dernière minute** Last-Minute-Urlaub *m*; **~ de neige** Winter-, Skiurlaub *m*; **être en ~** in *od* im Urlaub sein, Ferien haben; **partir en ~** in Urlaub fahren
vacarme [vakaʀm] M Heidenlärm, Krach
vaccin [vaksɛ̃] M Impfstoff
vaccination [vaksinasjõ] F Impfung **vacciner** [vaksine]

impfen
vache [vaʃ] F Kuh; **maladie** *f* **de la ~ folle** Rinderwahn(sinn) *m*
vachement [vaʃmɑ̃] *umg* unheimlich, wahnsinnig
vacherin [vaʃʀɛ̃] M *Baisertorte mit Eis und Sahne*
va-et-vient [vaevjɛ̃] M Kommen und Gehen *n*
vagin [vaʒɛ̃] M ANAT Scheide *f*, Vagina *f*
vague [vag] **1** vage; *formes* verschwommen **2** F Welle
vain [vɛ̃] **en ~** vergebens
vaincre [vɛ̃kʀ] siegen (**qn** über j-n), besiegen (j-n); *peur* überwinden
vainqueur [vɛ̃kœʀ] M Sieger
vais [vɛ] PRÄS → aller
vaisseau [vɛso] M **~ (sanguin)** Blutgefäß *n*; **~ spatial** Raumschiff *n*
vaisselle [vɛsɛl] F Geschirr *n*; **produit** *m* **~** Geschirrspülmittel *n*; **faire la ~** (das) Geschirr spülen, abwaschen
valable [valabl] *passeport* gültig; *argument* annehmbar
valet [valɛ] M Diener; *cartes* Bube
valeur [valœʀ] F Wert *m*; **objet** *m* **de ~** Wertgegenstand; **d'une ~ de** im Wert von
valider [valide] *billet* entwerten **validité** [validite] F Gültigkeit
valise [valiz] F Koffer *m*; **~ à roulettes** Trolley *m*; **faire sa ~** (den Koffer) packen
vallée [vale] F Tal *n*
valoir [valwaʀ] wert sein; *coûter* kosten; **~ cher** teuer sein; **ne rien ~** nichts taugen; **ça vaut mieux** das ist (auch) besser; **il vaut mieux que** (+*subj*) es ist besser, wenn; **ça vaut la peine** es lohnt sich
valonné [valɔne] hügelig
valse [vals] F Walzer *m*
valve [valv] F Ventil *n*
vanille [vanij] F Vanille
vaniteux [vanitø] eitel, eingebildet
vanter [vɑ̃te] **se ~** prahlen, angeben (**de** mit)
vapeur [vapœʀ] F Dampf *m*
vaporisateur [vapɔʀizatœʀ] M Zerstäuber
vapoter [vapɔte] E-Zigarette(n) rauchen; *umg* dampfen, vapen **vapoteuse** [vapɔtøz] F E-Zigarette
varappe [vaʀap] F (Felsen-)Klettern *n*
variable [vaʀjabl] unterschiedlich, variabel; *temps* veränderlich **variateur** M **~ (de lumière)** Dimmer
varice [vaʀis] F Krampfader; **bas** *m* **à ~s** Stützstrumpf
varicelle [vaʀisɛl] F Windpocken *pl*
varié [vaʀje] *programme* abwechslungsreich; *choix* reich
varier [vaʀje] abwechslungsreich gestalten; VI sich ändern; *prix* schwanken
variété [vaʀjete] F *diversité*

Vielfalt; *de fruits* Sorte; TV **(émission** *f* **de) ~s** PL Unterhaltungssendung *f*
variole [vaʀjɔl] F Pocken *pl*
vas [va] PRÄS → aller
vase[1] [vɑz] M Vase *f*
vase[2] [vɑz] F Schlamm *m*; *dans la mer* Schlick *m*
vaste [vast] weit; *pièce* geräumig
vaut [vo] PRÄS → valoir
vautour [votuʀ] M Geier
veau [vo] M Kalb *n*; *viande* Kalbfleisch *n*
vécu [veky] PPERF → vivre
vedette [vədɛt] F *cinéma*, SPORT Star *m*
végan(e) [vegɑ̃ (vegan)] F vegan
végétal [veʒetal] Pflanzen... **végétalien** [veʒetaljɛ̃] **1** vegan **2** **végétalien(ne** [veʒetaljɛn]) M(F) Veganer(in)
végétarien [veʒetaʀjɛ̃] **1** vegetarisch **2** **végétarien(ne** [veʒetaʀjɛn]) M(F) Vegetarier(in)
végétation [veʒetasjõ] F Vegetation
véhicule [veikyl] M Fahrzeug *n*
veille [vɛj] F Vortag *m*; **la ~** am Tag zuvor; **la ~ de** am Tag vor (*dat*)
veiller [vɛje] **~ tard** lang(e) aufbleiben; **~ sur** aufpassen auf (*akk*); **~ à** achten auf (*akk*)
veilleur [vɛjœʀ] M **~ de nuit** Nachtwächter
veilleuse [vɛjøz] F Nachtlicht *n*; AUTO Standlicht *n*
veine [vɛn] F Ader, Vene; *umg* **avoir de la ~** Schwein haben
vélib [velib] **service** *m* **~** *Paris städtisches Fahrradverleihsystem*
véliplanchiste [veliplɑ̃ʃist] M/F (Wind)Surfer(in) *m(f)*
vélo [velo] *umg* M (Fahr)Rad *n*; **~ de tourisme** Tourenrad *n*; **~ tout chemin** Trekkingrad *n*
vélodrome [velodʀɔm] M Radrennbahn *f* **vélomoteur** [velomɔtœʀ] M Moped *n*
velours [vəluʀ] M Samt
velouté [vəlute] M Cremesuppe *f* **~ d'asperges** Spargelcremesuppe *f*
vendanges [vɑ̃dɑ̃ʒ] FPL (Zeit *f* der) Weinlese *f*
vendeur [vɑ̃dœʀ] M, **vendeuse** [vɑ̃døz] F Verkäufer(in) *m(f)*
vendre [vɑ̃dʀ] verkaufen; **à ~** zu verkaufen
vendredi [vɑ̃dʀədi] M Freitag; **le ~** freitags; **~ saint** Karfreitag
vénéneux [venenø] giftig
vénérer [veneʀe] verehren
vénérien [veneʀjɛ̃] MED Geschlechts...
vengeance [vɑ̃ʒɑ̃s] F Rache **venger** [vɑ̃ʒe] rächen; **se ~** sich rächen (**de qn** an j-m; **de qc** für etw)
venimeux [vənimø] *animal* giftig (*a. fig*), Gift...
venin [vənɛ̃] M Gift *n* (*a. fig*)

venir [v(ə)niʀ] kommen (**en voiture, par le train** mit dem Wagen, Zug); **~ de** kommen aus; *tenir à* (her)kommen von; **~ de faire qc** gerade, (so)eben etw getan haben; **~ voir qn** j-n besuchen; **faire ~** *médecin* kommen lassen; **où veux-tu en ~?** worauf willst du hinaus?

vent [vɑ̃] M Wind; **~ contraire** Gegenwind; **il fait du ~** es ist windig

vente [vɑ̃t] F Verkauf *m*; **~ par correspondance** Versandhandel *m*; **~ aux enchères** Versteigerung *f*, Auktion *f*; **en ~** erhältlich (**chez** bei)

ventilateur [vɑ̃tilatœʀ] M Ventilator

ventre [vɑ̃tʀ] M Bauch; **bas ~** Unterleib

ver [vɛʀ] M Wurm; **~ de terre** Regenwurm

verbal [vɛʀbal] mündlich

verbe [vɛʀb] M Verb *n*

verdict [vɛʀdikt] M Urteilsspruch

verdure [vɛʀdyʀ] F Grün *n*

véreux [veʀø] wurmstichig

verger [vɛʀʒe] M Obstgarten

verglacé [vɛʀglase] vereist

verglas [vɛʀgla, vɛʀglɑ] M Glatteis *n*

vérification [veʀifikasjõ] F Überprüfung

vérifier [veʀifje] nach-, überprüfen; **se ~** sich bestätigen

véritable [veʀitabl] echt

vérité [veʀite] F Wahrheit

vermicelle [vɛʀmisɛl] M Fadennudeln *fpl*; **~ chinois** Glasnudeln *fpl*

vermine [vɛʀmin] F Ungeziefer *n*

vernis [vɛʀni] M Lack; **~ à ongles** Nagellack

vernissage [vɛʀnisaʒ] M Lackierung *f*; KUNST Vernissage *f*

verrai [vɛʀe] *fut* → voir

verre [vɛʀ] M Glas *n*; **~ usagé** Altglas *n*; **~ à vin** Weinglas *n*; **un ~ de vin** ein Glas Wein; **~s** *pl* **de contact** Kontaktlinsen *fpl*

verrière [vɛʀjɛʀ] F Glasdach *n*

verrou [vɛʀu] M Riegel

verrouiller [vɛʀuje] verriegeln

verrue [vɛʀy] F Warze

vers[1] [vɛʀ] gegen, nach; **~ l'est** nach Osten (hin); **~ midi** gegen Mittag

vers[2] [vɛʀ] M Vers

versant [vɛʀsɑ̃] M (Ab)Hang

verse [vɛʀs] F **il pleut à ~** es gießt in Strömen

versement [vɛʀsəmɑ̃] M (Ein)-Zahlung *f*

verser [vɛʀse] (hinein)gießen; *vin* einschenken; *somme sur un compte* einzahlen

verso [vɛʀso] M Rückseite *f*; **au ~** umseitig

vert [vɛʀ] **A** grün **B** M Grün *n*; **passer au ~** *feu* auf Grün schalten

vertèbre [vɛʀtɛbʀ] F Wirbel *m*

vertical [vɛʀtikal] senkrecht

vertige [vɛʀtiʒ] M Schwindel;

j'ai un ~, des ~s mir ist schwindlig; **j'ai le ~** ich bin nicht schwindelfrei
vertu [vɛʀty] F Tugend
verveine [vɛʀvɛn] F Eisenkraut *n*
vésicule [vezikyl] F **~ biliaire** Gallenblase
vessie [vesi] F (Harn)Blase
veste [vɛst] F Jacke; *d'un costume* Jackett *n*
vestiaire [vɛstjɛʀ] M Garderobe *f*
vestibule [vɛstibyl] M Diele *f*, Flur
vestiges [vɛstiʒ] MPL Überreste; *fig* Spuren *fpl*
veston [vɛstõ] M Jackett *n*
vêtements [vɛtmã] MPL Kleidung *f*
vétérinaire [veteʀinɛʀ] M Tierarzt
veuf [vœf] 1 ⟨*f* **veuve** [vœv]⟩ verwitwet 2 M Witwer
veuille [vœj], **veuillez** [vœje], **veut** [vø] → vouloir
veuve [vœv] 1 → veuf 2 F Witwe
vexer [vɛkse] kränken, beleidigen; **se ~** gekränkt, beleidigt sein
viande [vjãd] F Fleisch *n*; **~ froide** kalter Braten *m*; **~ °hâchée** Hackfleisch *n*
vibrer [vibʀe] vibrieren, schwingen
vice [vis] M Laster *n*
vice versa [vis(ə)vɛʀsa] umgekehrt
vicié [visje] *air* verbraucht
vicieux [visjø] *personne* pervers; *regard* lüstern
victime [viktim] F Opfer *n*
victoire [viktwaʀ] F Sieg *m*
victorieux [viktɔʀjø] siegreich
vidange [vidãʒ] M Ölwechsel
vide [vid] 1 leer 2 M Leere *f* (*a. fig*); *abîme* Tiefe *f*; PHYS Vakuum *n*
vidéo [video] 1 F Video *n*; **~ sur Internet** Internetvideo *n* 2 Video...; **caméra** *f* **~** Videokamera; **enregistrement** *m* **~** Videoaufzeichnung *f*; **fichier** *m* **~** Videodatei *f*
vidéocassette [videokasɛt] F Videokassette
vide-ordures [vidɔʀdyʀ] M Müllschlucker
vidéosurveillance [videosyʀvɛjãs] F Videoüberwachung
vidéothèque [videotɛk] F Videothek
vider [vide] (aus)leeren, leer machen; *boire* austrinken; *poisson* ausnehmen
vie [vi] F Leben *n*; **être en ~** am Leben sein; **gagner sa ~** s-n Lebensunterhalt verdienen
vieil → vieux **vieillard** [vjɛjaʀ] M Greis **vieille** [vjɛj] 1 → vieux 2 F Alte **vieillesse** [vjɛjɛs] F (hohes) Alter *n* **vieillir** [vjɛjiʀ] altern
vient [vjɛ̃] PRÄS → venir
vierge [vjɛʀʒ] 1 jungfräulich; *feuille* unbeschrieben; *huile* na-

turrein; **DVD** *m* ~ DVD-Rohling; **forêt** *f* ~ Urwald *m*; **laine** *f* ~ Schurwolle **2** F Jungfrau; **la (Sainte) Vierge** die Heilige Jungfrau, die Jungfrau Maria

vieux [vjø] **1** ⟨*vor Vokal* vieil, *f* vieille [vjɛj]⟩ alt **2** M Alte(r)

vif [vif] lebhaft; *couleur* kräftig; *allure* schnell

vigilant [viʒilɑ̃] wachsam

vigne [viɲ] F *plante* Rebstock *m*; *vignoble* Weinberg *m* **vigneron** [viɲəʀõ] M Winzer

vignette [viɲɛt] F Aufkleber *m*, Gebührenmarke; AUTO Plakette

vignoble [viɲɔbl] M Weinberg

vigueur [vigœʀ] F Kraft; **être en ~** gültig sein; **entrer en ~** in Kraft treten

vilain [vilɛ̃] hässlich; *méchant* böse; *temps* schlecht

villa [vila] F Villa

village [vilaʒ] M Dorf *n*

ville [vil] F Stadt; **en ~** in der *od* in die Stadt

vin [vɛ̃] M Wein; **~ rouge** Rotwein; **~ de pays** Landwein; **~ de table** Tafelwein; **~ en pichet** offener Wein; **~ mousseux** Sekt

vinaigre [vinɛgʀ] M Essig **vinaigrette** [vinɛgʀɛt] F Salatsoße

vingt [vɛ̃] zwanzig **vingtaine** [vɛ̃tɛn] F **une ~ (de ...)** etwa zwanzig (...) **vingtième** [vɛ̃tjɛm] zwanzigste(r, -s)

vinicole [vinikɔl] Wein..., Weinbau...

viol [vjɔl] M Vergewaltigung *f*

violation [vjɔlasjõ] F *d'une personne* Vergewaltigung; *d'une loi* Verletzung; **~ de domicile** Hausfriedensbruch *m*

violence [vjɔlɑ̃s] F Gewalt; *d'une tempête* Heftigkeit **violent** [vjɔlɑ̃] *personne* gewalttätig; *vent, douleur* heftig

violer [vjɔle] *personne* vergewaltigen; *loi, secret* verletzen

violet [vjɔlɛ] violett **violette** [vjɔlɛt] F Veilchen *n*

violon [vjɔlõ] M Geige *f* **violoncelle** [vjɔlõsɛl] M Cello *n*

VIP M/F Prominente(r) *f(m)*

vipère [vipɛʀ] F Viper

virage [viʀaʒ] M Kurve *f*

virement [viʀmɑ̃] M FIN Überweisung *f*

virer [viʀe] *somme* überweisen; *umg* **~ qn** j-n rauswerfen

virgule [viʀgyl] F Komma *n*

viril [viʀil] männlich

virtuel [viʀtɥɛl] virtuell

virus [viʀys] M Virus *n*

vis [vis] F Schraube

visa [viza] M Visum *n*

visage [vizaʒ] M Gesicht *n*

vis-à-vis [vizavi] **~ de** gegenüber (*dat*)

viser [vize] zielen auf (*akk*); *accusations* sich richten gegen

viseur [vizœʀ] M Visier *n*; FOTO Sucher **visibilité** [vizibilite] F Sicht **visible** [vizibl] sichtbar; *manifeste* erkennbar, sichtlich

vision [vizjõ] F *vue* Sehen *n*; *hallucination* Vision
visite [vizit] F Besuch *m*; *d'une ville* Besichtigung; **~ guidée** Führung; **rendre (une) ~ à qn** j-n besuchen
visiter [vizite] *musée* besichtigen; *malade* besuchen
visiteur [vizitœʀ] M Besucher
visqueux [viskø] zähflüssig; *pej* schmierig
visser [vise] *fixer* an-, festschrauben; *serrer* zu-, verschrauben
vitamine [vitamin] F Vitamin *n*
vite [vit] schnell
vitesse [vitɛs] F Geschwindigkeit, Tempo *n*; AUTO Gang *m*; **~ maximale** Höchstgeschwindigkeit
viticole [vitikɔl] Wein..., Weinbau... **viticulture** [vitikyltyʀ] F Weinbau *m*
vitrail [vitʀaj] M ⟨*pl* vitraux [vitʀo]⟩ Kirchenfenster *n*
vitre [vitʀ] F Fensterscheibe
vitré [vitʀe] **porte** *f* **~e** Glastür
vitrine [vitʀin] F Schaufenster *n*; *meuble* Vitrine
vivant [vivɑ̃] lebend; lebendig (*a. fig*); *enfant* lebhaft
vivre [vivʀ] leben; VT erleben; **vive ...! es lebe ...! vivres** [vivʀ] MPL Lebensmittel *npl*
v.o. (*version originale*) OF *f* (*Originalfassung*)
vocabulaire [vɔkabylɛʀ] M Wortschatz
vocation [vɔkasjõ] F Berufung, Neigung
vodka [vɔdka] M Wodka
vœu [vø] M Wunsch; **tous mes ~x!** alles Gute!
voici [vwasi] hier ist *od* sind
voie [vwa] F Weg *m* (*a. fig*), Straße; *file* Fahrspur; **~ (ferrée)** Gleis *n*; **~ express** Schnellstraße; **à trois ~s** dreispurig
voilà [vwala] da ist *od* sind; **le ~** da ist er
voile[1] [vwal] M Schleier
voile[2] [vwal] F Segel *n*; **faire de la ~** segeln
voilier [vwalje] M Segelboot *n*; *grand* Segelschiff *n*
voir [vwaʀ] sehen; *film* sich ansehen; *comprendre* einsehen; **se ~** sich sehen; **cela se voit** das sieht, merkt man; **faire ~** zeigen; **aller** (*od* **venir**) **~** besuchen
voisin [vwazɛ̃] **1** *maison* Nachbar...; *pièce* Neben... **2** M, **voisine** [vwazin] F Nachbar(in) *m(f)*
voiture [vwatyʀ] F Wagen *m*, Auto *n*; **~ ancienne** Oldtimer *m*; **~ piégée** Autobombe; **~ de tourisme** Personenwagen, Pkw; **~ tout terrain** Geländewagen; **en ~** mit dem Auto
voiture-couchettes [vwatyʀkuʃɛt] F Liegewagen *m* **voiture-lit** [vwatyʀli] F Schlafwagen *m* **voiture-restaurant** [vwatyʀʀɛstɔʀɑ̃] F Speisewagen *m*

voix [vwa] F Stimme (a. POL); **à ~ basse** leise; **à °haute ~** laut
vol¹ [vɔl] M JUR Diebstahl
vol² [vɔl] M Flug; **~ aller** Hinflug; **~ charter** Charterflug; **~ direct** Direktflug; **~ intérieur** Inlandsflug; **~ international** Auslandsflug; **~ régulier** Linienflug; **~ retour** Rückflug; **~ de correspondance** Anschlussflug; **~ de dernière minute** Last-Minute-Flug; **~ de nuit** Nachtflug; **à ~ d'oiseau** (in der) Luftlinie
volaille [vɔlaj] F Geflügel *n*
volant [vɔlɑ̃] M AUTO Lenkrad *n*; SPORT Federball
vol-au-vent [vɔlovɑ̃] M Blätterteigpastete *f*
volcan [vɔlkɑ̃] M Vulkan
voler¹ [vɔle] stehlen; **~ qn** j-n bestehlen
voler² [vɔle] *oiseau* fliegen
volet [vɔlɛ] M Fensterladen
voleur [vɔlœʀ] M, **voleuse** [vɔløz] F Dieb(in) *m(f)*; **~ à la tire** Taschendieb(in) *m(f)*
volley-ball [vɔlɛbol] M Volleyball
volontaire [vɔlɔ̃tɛʀ] **1** freiwillig **2** M/F Freiwillige(r) *m/f(m)*
volonté [vɔlɔ̃te] F Wille *m*; **bonne ~** guter Wille *m*; **à ~** nach Belieben
volontiers [vɔlɔ̃tje] gern
volt [vɔlt] M Volt *n*
volume [vɔlym] M Volumen *n*; *tome* Band; *du son* Lautstärke *f*
vomi M *umg* Erbrochene(s) *n*; *sl* **sac** *m* **à ~** Kotztüte *f*, Spucktüte *f* **vomir** [vɔmiʀ] sich übergeben **vomissements** [vɔmismɑ̃] MPL Erbrechen *n*
vont [vɔ̃] PRÄS → aller
vorace [vɔʀas] gefräßig
vos [vo] → votre
Vosges [voʒ] FPL Vogesen
vote [vɔt] M Votum *n*, Stimme *f*; Abstimmung *f* **voter** [vɔte] abstimmen
votre [vɔtʀ] ⟨*pl* vos [vo]⟩ euer (eure); Ihr(e)
vôtre [votʀ] **le ~, la ~** eure(r, -s); Ihre(r, -s); **les ~s** PL eure; Ihre
voucher [vuʃœʀ] M *tourisme* Voucher *n/m*
vouloir [vulwaʀ] wollen; **je voudrais** ich möchte gern; **~ dire** bedeuten; **en ~ à qn** auf j-n böse sein
vous [vu] ihr, euch; *forme de politesse* Sie, Ihnen
voûte [vut] F Gewölbe *n*, Wölbung
vouvoiement [vuvwamɑ̃] M Siezen *n* **vouvoyer** [vuvwaje] siezen
voyage [vwajaʒ] M Reise *f*; **~ organisé** Pauschal-, Gruppenreise *f*; **~ trekking** Trekkingtour *f*; **~ à l'étranger** Auslandsreise *f*; **~ d'études** Studienreise *f*; **~ en bateau** Schiffsreise *f*; **~ en train** Bahnfahrt *f*; **~ en voiture** Autofahrt *f*; **bon ~!** gute Reise!; **en ~** auf Reisen; **partir en ~** verreisen; **2**

jours de ~ 2 Tage Fahrt
voyager [vwajaʒe] reisen **voyageur** [vwajaʒœʀ] M, **voyageuse** [vwajaʒøz] F Reisende(r) *m/f(m)*
voyant [vwajɑ̃] auffällig
voyelle [vwajɛl] F Vokal *m*
voyou [vwaju] M jugendlicher Rowdy; *truand* Ganove
vrac [vʀak] **en** ~ *non emballé* lose; *en désordre* durcheinander
vrai [vʀɛ] wahr; **à** ~ **dire** offen gesagt
vraiment [vʀɛmɑ̃] wirklich
vraisemblable(ment) [vʀɛsɑ̃blablə(mɑ̃)] wahrscheinlich
VTC [vetese] M (vélo tout chemin) Trekkingrad *n*
VTT [vetete] M (vélo tout terrain) Mountainbike *n*
vu[1] [vy] PPERF → voir
vu[2] [vy] in Anbetracht (*gen*)
vue [vy] F *sens* Sehen *n*; *panorama* Aussicht, (Aus)Blick *m* (**sur** auf *akk*); *photo, dessin* Ansicht; **de** ~ vom Sehen; **en** ~ in Sicht; **en** ~ **de** (*+inf*) um zu; **à première** ~ auf den ersten Blick
vulgaire [vylgɛʀ] gewöhnlich; *grossier* vulgär, ordinär; **langue** *f* ~ Volkssprache

W

wagon [vagɔ̃] M Wagen
wagon-couchettes [vagɔ̃kuʃɛt] M Liegewagen **wagon-lit** [vagɔ̃li] M Schlafwagen **wagon-restaurant** [vagɔ̃ʀɛstɔʀɑ̃] M Speisewagen
wakeboard [wɛkbɔʀd] M SPORT Wakeboarden *n*
waters [wateʀ] MPL Toilette *f*
watt [wat] M Watt *n*
W.-C. [(dublə)vese] MPL WC *n*
Web [wɛb] M (*World Wide Web*) IT Web *n*; **page** *m* ~ Webseite *f*
webcam® [wɛbkam] F IT Webcam **webmaster** [wɛbmastœʀ] M IT Webmaster
week-end [wikɛnd] M Wochenende *n*
western [wɛstɛʀn] M Western, Wildwestfilm
whisky [wiski] M Whisky
wi-fi® [wifi] M (*wireless fidelity*) IT WLAN *n*
wok [wɔk] M GASTR Wok
wrap [vʀap] M GASTR Wrap *m* od *n*

X

xénophobe [gzenɔfɔb] fremdenfeindlich **xénophobie** [gzenɔfɔbi] F Fremdenfeindlichkeit
xérès [kseʀɛs, gzeʀɛs] M Sherry

Y

y [i] 1 *à cet endroit* da, dort; da-, dorthin; **j'y étais aussi** ich war auch dort; **tu y vas?** gehst du dahin?; **on y va!** gehen wir!; **ça y est!** es ist so weit 2 *à cela* daran, darauf; **j'y penserai** ich werde daran denken; **j'y renonce** ich verzichte darauf
yacht [jɔt] M Jacht *f* **yachting** [jɔtiŋ] M Segelsport
yaourt [jauʀ(t)] M Joghurt *m/n*
yeux [jø] MPL → œil
yoga [jɔga] M Yoga *m/n*
youtubeur [jutjubœʀ] M, **youtubeuse** [jutjubøz] F Youtuber(in) *m(f)* ['ju:tju:bər(ın)]

Z

zadiste [zadist] M/F ökologischer Aktivist, ökologische Aktivistin
zapper [zape] TV 1 zappen 2 *umg fig* vergessen; *umg* versiebem, verschwitzen
zèbre [zɛbʀ] M Zebra *n*
zèle [zɛl] M Eifer; **faire du ~** übereifrig sein
zéro [zeʀo] M Null *f*; *umg* **c'est ~** das taugt nichts
zeste [zɛst] M **~ de citron** (Stück *n*) Zitronenschale *f*
zézayer [zezeje] lispeln
zigzag [zigzag] M **en ~** im Zickzack
zinc [zɛ̃g] M Zink *n*; *umg comptoir* Theke *f*
zodiac® [zɔdjak] M (Zodiac®-)Schlauchboot *n*
zone [zon] F Zone; Gebiet *n*; **~ bleue** Kurzparkzone; **~ interdite** Sperrgebiet *n*; **~ piétonne** Fußgängerzone; **~ résidentielle** Wohngebiet *n*; IT **~ d'accès sans fil** (WLAN-)Hotspot *m*; **~ d'ombre** Grauzone; **~ de °haute pression** Hochdruckgebiet *n*
zoo [zo] M Zoo
zoom [zum] M Zoom *n*
zut! [zyt] verflixt!, verdammt!

Reisetipps von A bis Z

A

Anrede

Einige Regeln zur Unterscheidung von **tu** (du) und **vous** (Sie) im Französischen: Auch junge Leute untereinander siezen sich zunächst, daher lieber warten, bis das Du angeboten wird. Das alleinige Siezen gilt als unhöflich, daher hängt man bei Kurzsätzen **Madame/Monsieur** an: **Bonjour, Madame ! Oui/Non, Madame ! Au revoir, Monsieur !** Die Nennung des akademischen Titels ist unüblich, außer bei Ärzten und Ärztinnen (**docteur**) sowie bei Rechtsanwälten und -anwältinnen und Notaren und Notarinnen (**maître**).

Apéro

On prend un apéro? Trinken wir einen Aperitif? **Apéro** ist die Kurzform von **apéritif**, mit dem meist ein gutes Menü beginnt. Er soll den Appetit anregen. Oft wird er auch als Begrüßungsdrink gereicht. Ein **apéro** kann ein Sherry, Martini, Portwein oder Campari sein. Typisch französische Aperitife sind **pastis** (Anisschnaps, meist mit Wasser verdünnt) oder **kir**. Hier wird **crème de cassis** (Schwarzer Johannisbeerlikör) mit trockenem Weißwein aufgegossen oder mit Champagner, dann ist es ein **kir royal**.

Austern

Austern (**huîtres**) gelten als Delikatesse und werden oft als Vorspeise gegessen. Man serviert sie z. B. roh, beträufelt sie dann mit Zitronensaft und schlürft sie aus. Roh verzehrte Austern müssen noch leben. Dies erkennt man bei geöffneten Austern daran, dass sich der Rand bei Berührung zusammenzieht. Zentren der französischen Austernzucht sind die Bretagne, das Bassin d'Arcachon und Bouzigues am Mittelmeer.

Autobahn

Die französischen Autobahnen (**autoroutes**) tragen die Abkürzung **A** und eine Nummer für die Region, die sie durchqueren. Autobahnen, die beispielsweise durch die Urlaubsregion Provence-Alpes-Côtes d'Azur gehen, haben die Kennzeichnung **A 50 – A 59**. Daneben führen viele so klangvolle Namen wie **Autoroute du Soleil**, Sonnenautobahn (A 6 und A 7) oder **Autoroute des Deux Mers**, Autobahn zwischen den Meeren (A 61, 62).

Die meisten französischen Autobahnen sind gebührenpflichtig. Die Autobahngebühr können Sie bar oder per Kreditkarte bezahlen.

Autofahren

In Frankreich sind alle Führerscheine gültig, die in Mitgliedsstaaten der EU bzw. des EWR (Europäischer Wirtschaftsraum) erworben wurden. Es besteht Gurtpflicht; Kinder unter 10 Jahren dürfen nicht auf dem Vordersitz Platz nehmen, Kleinkinder müssen in einem Kindersitz transportiert werden. Die Promillegrenze liegt bei 0,5 ‰. Bei Regen und Schneefall sowie in Tunnels ist Abblendlicht vorgeschrieben, tagsüber wird es empfohlen.

Autovermietung

Internationale Autovermietungen findet man in größeren Städten in Bahnhöfen und Flughäfen. Voraussetzung für das Mieten eines Fahrzeuges ist ein Mindestalter von 23 Jahren und der einjährige Besitz des Führerscheins. Wenn man keine in Frankreich akzeptierte Kreditkarte hat, muss eine Kaution von mehreren Hundert Euro hinterlegt werden.

B

Baguette

Das Stangenweißbrot ist das „tägliche Brot" Frankreichs und gehört zu fast jeder Mahlzeit dazu. Es wird mehrmals am Tag frisch gebacken. Da es schnell austrocknet, wird es erst kurz vor dem Servieren angeschnitten. Man reicht es zu Salat, Käse und Suppen oder es wird als Sandwich gegessen. Ein **baguette** wiegt ca. 250 g und ist 65 cm lang. Kleinere Varianten sind **flûte** („Flöte") und **ficelle** („Bindfaden").

Bank

Französische Banken sind i. d. R. montags bis freitags von 9 bis 12 und von 14 bis 16 Uhr geöffnet. Banken, die auch am Samstag (meist bis 12 Uhr) Publikumsverkehr haben, sind dafür montags geschlossen. Mit EC- und Kreditkarten kann man am Geldautomaten (**distributeur de billets**) den jeweiligen Höchstbetrag in bar ziehen.

Bedienung

Im Restaurant gibt es mehrere Möglichkeiten, die Bedienung an den Tisch zu rufen: mit einem neutralen **S'il vous plaît !**, mit **Madame !** oder **Mademoiselle !** für eine Kellnerin und mit **Monsieur !** oder **Garçon !** für einen Kellner. Auf die Frage **Vous avez choisi ?** (Haben Sie gewählt?) können Sie mit **On prend** ... (Wir nehmen ...) oder **Je voudrais** ... (Ich möchte ...) das Essen bestellen.

Begrüßung

Die üblichen Begrüßungsformeln lauten **Bonjour, comment allez-vous ?** (Guten Tag, wie geht es Ihnen?) oder, wenn man sich gut kennt, **Salut, ça va ?** (Hallo, wie geht's?). Frauen begrüßen sich mit Küsschen,

Männer hingegen geben sich meist die Hand. Einer Frau die Hand zu geben wirkt distanziert.

Bise

In Frankreich gibt man sich zur Begrüßung und zur Verabschiedung oft zwei oder mehr Küsschen auf die Wange, in Belgien eines. Man nennt das **faire la bise**. Küsschen gibt es vor allem im Verwandten- und Freundeskreis, häufig aber auch unter jungen Leuten, die sich gerade kennenlernen. Küsschen zur Begrüßung sind ganz normal und bedeuten nicht immer eine besondere Zuneigung. Wer sich unsicher ist, sollte besser nicht selbst die Initiative zu **bises** ergreifen, sondern warten, was das Gegenüber anbietet.

Bus

Die städtischen Busverbindungen sind sehr gut. Busse fahren in der Regel von 5.30 bis 20.30 Uhr und werden in größeren Städten von den Nachtbussen (in Paris: **Noctilien**) abgelöst. Einzelfahrscheine können im Bus gekauft werden, Wochen- und Monatskarten sowie spezielle Touristentickets an Schaltern und Fahrkartenautomaten der Metrostationen und Busendhaltestellen. Dort stehen auch Netzpläne zur Verfügung.

C

Café

Bestellt man in Frankreich **un café**, bekommt man eine kleine Tasse starken Kaffees ohne Milch, ähnlich dem italienischen Espresso. Wer einen Kaffee mit Milch möchte, bestellt **un café crème** (kurz **un crème**), in einer größeren Tasse **un grand crème**. Der **café au lait** ist ein Milchkaffee in einer großen Tasse oder einer Trinkschale. Wenn es ausdrücklich ein italienischer Espresso sein soll, bestellt man **un café express** oder **un expresso** (**italien**). Koffeinfreier Kaffee heißt **déca** (**café décaféiné**).

E

Eiffel: la tour Eiffel

Dieses bekannteste Wahrzeichen von Paris wurde von 1887 bis 1889 nach den Plänen des Ingenieurs Gustave Eiffel für die Weltausstellung 1889 gebaut. **La tour Eiffel** ist 320 m hoch und besteht ganz aus Metallstreben. Nach einer Fahrt mit dem Aufzug oder nach 1652 Stufen kann man die einzigartige Aussicht über Paris genießen. Der Aufstieg ist täglich von morgens bis spätabends möglich, die genauen Öffnungszeiten können sich jedoch je nach Wetterlage ändern.

Escargot

In manchen Regionen Frankreichs gelten Weinbergschnecken (**escargots**) als besondere Delikatesse. Die bekannteste Zubereitungsart ist **à la bourguignonne**: Hier werden die Schnecken zunächst gegart, die Häuschen mit einer Mischung aus Butter, Knoblauch und Petersilie geschlossen und anschließend im Ofen gebraten.

Essen

Die französischen Essgewohnheiten unterscheiden sich in vielerlei Hinsicht von den unsrigen. Das Frühstück (**le petit-déjeuner**) fällt mit einem großen Milchkaffee und einem Croissant eher karg aus. Für das Mittagessen (**le déjeuner**) und das Abendessen (**le dîner**) sollte man dagegen Zeit mitbringen. Im Restaurant dauern 3-Gänge-Menüs leicht zwei Stunden. Serviert wird mittags ab 12.30 Uhr, abends nicht vor

19.30 Uhr. Es ist üblich, dass die Bedienung den Gast an seinen Tisch führt. Mit **Bon appétit** ! wünscht man sich einen guten Appetit.

F

Fahrrad

Radfahren ist in Frankreich eher eine Sportart, weniger eine Fortbewegungsart. In den meisten Großstädten gibt es kaum Radwege, und Radfahrende werden auf der normalen Fahrspur nicht wirklich ernst genommen. Auf dem Land dagegen sind die Bedingungen für das Radfahren ideal. Dort kann man auf kleinen Nebenstraßen in Ruhe die abwechslungsreiche Landschaft Frankreichs entdecken.

Feiertage

An lokalen Festtagen sowie an den nationalen Feiertagen (s. a. Anhang) sind Banken, Büros, Geschäfte und viele Museen und Sehenswürdigkeiten geschlossen.

Ferien

In Frankreich hat man in der Regel fünf Wochen Urlaub im Jahr. Die Sommerwochen verbringt man gerne im eigenen Land. Da auch die Schule im Juli und August wegen der Sommerferien geschlossen hat, kommt es in diesen Hauptreisemonaten zu endlosen Staus Richtung Mittelmeer und Atlantik. Dann ist jedes Zimmer und jeder Stellplatz auf den Campingplätzen belegt. Auch die Maßnahme der Regierung, das Land ähnlich wie in Deutschland in Zonen einzuteilen, um die Urlaubszeiten zu entzerren, hat da nicht geholfen.

G

Galette

Diese bretonische Spezialität ist die herzhafte Variante der in Deutschland bekannteren Crêpes. Der Teig wird u. a. aus Buchweizenmehl, Salz und Wasser gemacht und in einer Crêpe-Pfanne ausgebacken. Im Unterschied zum deutschen Pfannkuchen sind **galettes** sehr dünn. Sie werden mit herzhaften Zutaten belegt und als Hauptgericht gegessen. Dazu trinkt man trockenen Cidre.

Geld

Die meisten Tankstellen, Hotels und Restaurants akzeptieren Kreditkarten – jedoch nicht alle, daher besser vorher fragen! Am einfachsten ist es, mit EC- oder Kreditkarte am Bankautomaten Geld zu ziehen.

Gendarmerie

Die **gendarmerie nationale** ist eine französische Polizeieinheit, die als Ordnungshüterin polizeiliche Aufgaben wahrnimmt. Sie wird vor allem auf dem Land, auf den Straßen und auf den Flughäfen eingesetzt.

Geschwindigkeitsbegrenzungen

Die Höchstgeschwindigkeiten liegen in geschlossenen Ortschaften bei 50 km/h, außerhalb von Ortschaften bei 90 km/h (bei Nässe 80 km/h). Auf Schnellstraßen mit je zwei Fahrspuren pro Richtung darf höchstens 110 km/h (bei Nässe 90 km/h), auf Autobahnen 130 km/h (bei Nässe 110 km/h) gefahren werden. Wer zu schnell fährt, muss mit satten Geldstrafen rechnen.

Gesundheit

Aufgrund des Versicherungsabkommens mit Frankreich ist man über seine Krankenkasse in Frankreich versichert. Es genügt die Europäische Krankenversichertenkarte EHIC, die sich auf der Rückseite der Gesundheitskarte Ihrer Krankenkasse befindet. Diese wird dann beim Arzt oder bei der Ärztin (**médecin**) oder im Krankenhaus (**hôpital**) als Anspruchsnachweis vorgelegt. Sammeln Sie auch alle Quittungen der Apotheke (**pharmacie**), sodass diese Ausgaben evtl. auch erstattet werden können. Unter Umständen empfiehlt sich auch noch eine zusätzliche Auslandsreisekrankenversicherung.

H

Handy

Wer im Restaurant ist, sollte sein Handy (**portable**, in Belgien **GSM**) lautlos stellen, denn Geklingel und laute Gespräche sind dort nicht gerne gesehen. Im Flugzeug muss man das Handy ausschalten bzw. auf Flugmodus stellen. Beim Fahren ist das Telefonieren mit Handy ohne Freisprechanlage verboten und wird mit hohen Bußgeldern bestraft! Deutsches und österreichisches Handyguthaben kann man bei den meisten Netzbetreibern per Internet aufladen.

I

Internetcafés

Französische Internetcafés (**cybercafés**) sind vor allem in den Stadtzentren sehr verbreitet und oftmals rund um die Uhr geöffnet. Dort kann man nicht nur surfen, chatten und mailen, sondern auch kopieren, scannen und CDs brennen.

J

Jugendherberge

Für die Übernachtung in Frankreichs Jugendherbergen (**auberges de jeunesse**) ist der deutsche Jugendherbergsausweis notwendig, den man beim Deutschen Jugendherbergswerk (DJH) erwerben kann. Alternativ dazu kann man in der französischen Jugendherberge eine Gastkarte (**Hostelling International Card**) mit den dazugehörigen **welcome stamps** pro Übernachtung kaufen. In den Sommermonaten sollte man rechtzeitig reservieren.

K

Kirchen

Viele französische Kirchen kann man besichtigen, wenn kein Gottesdienst stattfindet. Bei den meisten ist der Eintritt frei, für die Besichtigung von Klöstern muss man allerdings zahlen. Am Eingang informiert eine Tafel über eventuelle Kleidervorschriften: So sollte man die Besichtigung einer Kirche nicht in Strandkleidung planen. Das Fotografieren ist entweder verboten oder nur ohne Blitzlicht erlaubt.

Kleidergrößen

Die französischen Kleidergrößen unterscheiden sich von den deutschen um ein bis zwei Nummern: So entspricht z. B. der deutschen Damengröße 38 die Größe 40 in Frankreich.

L

Ladenöffnungszeiten

Französische Ladenöffnungszeiten sind nicht gesetzlich festgelegt, sodass Geschäfte prinzipiell rund um die Uhr öffnen können. Dennoch gibt es einige Faustregeln: An Werktagen haben die Läden normalerweise von 9 bis 19.30 Uhr, größere Geschäfte und Einkaufszentren bis 20 oder 21 Uhr geöffnet. Dafür machen viele Geschäfte eine Mittagspause von ein bis zwei Stunden. An Sonn- und Feiertagen sind Kaufhäuser und Supermärkte meist durchgehend von 10 bis 17 Uhr, kleinere Geschäfte oft bis 23 Uhr geöffnet. Montags oder montagvormittags sind dafür viele Läden geschlossen.

M

Métro

In Großstädten ist die U-Bahn (**le métro**) das schnellste Transportmittel. Die Pariser **métro** beispielsweise ist mit ihren 360 Stationen auf 200 km Streckennetz sehr gut ausgebaut. Die nächste Station ist meist nur wenige Gehminuten entfernt. Die Bahnen fahren zwischen 9 und 17 Uhr in einem Takt von 3 bis 6 Minuten und zu den Stoßzeiten sogar alle 1,5 bis 3 Minuten. Dann sind die **métros** jedoch sehr voll und man sollte gut auf seine persönlichen Wertgegenstände aufpassen. Die Einzelfahrscheine, besser noch die billigeren **carnets** (10er-Fahrschein), kann man u. a. an den Metro-Eingängen kaufen.

Müll

Auch in Frankreich wird der Müll getrennt: Blechdosen, Plastikflaschen und Papier werden im gelben Sack vors Haus gestellt oder zum gelben

Container der Gemeinde gebracht. Auch Altglas sammelt man in dafür vorgesehenen Containern. Der Restmüll (Küchenabfälle etc.) wird extra gesammelt. Je nach Gemeinde wird der Müll wöchentlich, in den Städten z. T. auch täglich abgeholt.

Museen

Wer ein Museum besichtigen möchte, kauft an der **billetterie** (Ticketverkauf) ein **billet d'entrée** (Eintrittskarte). Die Eintrittspreise sind meist nach dem Alter gestaffelt: In vielen Museen zahlen Kinder bis 13, manchmal bis 18 Jahren, keinen Eintritt (**tarif enfant**). Junge Erwachsene zwischen 18 und 25 Jahren erhalten nach Vorlage des Personalausweises eine Ermäßigung (**tarif réduit**), wer älter ist, zahlt den vollen Preis (**adulte** oder **plein tarif**).

N

Notrufnummern

Die folgenden Notrufnummern gelten in ganz Frankreich und sind gebührenfrei. Sie können von Handys aus meist ohne Sim-Karte und Guthaben gewählt werden: der Notarzt (**le SAMU**) mit der 15, die Polizei (**la police**) mit der 17 und die Feuerwehr (**les pompiers**) mit der 18.

O

Ostern

Den Osterhasen oder Ostereiersuchen kennen französische Kinder in der Regel nicht. Die süßen Ostereier werden von den Glocken gebracht, die, so erzählt man sich, am Gründonnerstag nach Rom geflogen seien und auf ihrer Rückreise die Ostereier fallen lassen würden. Am Ostersonntag (**dimanche de Pâques**) läuten die Glocken wieder. Dann wünscht man sich mit **Joyeuses Pâques !** ein frohes Osterfest. Traditionell wird Lammbraten mit grünen Bohnen gegessen.

P

Parken

Da Falschparken in Frankreich ein teures Vergnügen ist, sollte man auf folgende Markierungen achten: An Bordsteinen mit gelb durchgezogener Linie gilt absolutes Halteverbot, eine gelb gestrichelte Linie bedeutet Parkverbot. Bei einer blauen Linie ist Parken nur mit Parkscheibe oder Sonderausweis erlaubt. Achten Sie auch auf andere Autos: In manchen Straßen wird an geraden Tagen auf der einen, an ungeraden Tagen auf der anderen Straßenseite geparkt.

Péage

Auf vielen Autobahnen werden **Mautgebühren** (**péage**) erhoben, die sich nach der Entfernung und der Art des Fahrzeugs sowie den Unterhaltskosten der Autobahn richten. Einige Autobahnen sind mautfrei. Der Tarif für den Streckenabschnitt ist auf den Tickets verzeichnet, die man an der **Mautstelle** (ebenfalls **péage**) zieht. Die Maut wird dann meist beim Verlassen der Autobahn gezahlt. Dafür stehen Personal, Automaten oder – für häufige Fahrten auch – eine Abonnementlösung **télépéage** zur Verfügung.

Pétanque

Vor allem in Südfrankreich trifft man sich auf öffentlichen Plätzen oder speziellen Bouleplätzen, um **pétanque** zu spielen. **Boules** und **pétanque** bezeichnen zwei Varianten desselben Spiels. **Pétanque** spielt man aus einem in den Boden gezogenen Kreis ohne Anlauf und mit geschlossenen Füßen aus dem Stand oder der Hocke. Zwei Mannschaften aus bis zu drei Mitgliedern versuchen dabei, ihre Metallkugeln möglichst nah an eine 6 bis 10 Meter entfernt liegende kleine Holzkugel, **le cochonnet** („Schweinchen"), zu platzieren.

Polizei

Es genügt, im Urlaub den gültigen Personalausweis dabeizuhaben. Der deutsche Führerschein wird akzeptiert, außerdem muss man den Fahrzeugschein mit sich führen. Als Vorsichtsmaßnahme empfiehlt es sich, Ausweispapiere und Führerschein zu kopieren. Wer den Diebstahl oder Verlust seiner Wertsachen anzeigen möchte, wendet sich an die **police nationale** (allgemeine französische Polizei) im nächstgelegenen **commissariat de police**.

Post

Briefmarken (**timbres**) sind auf der Post (**La Poste**) und in Tabakläden (**bureaux de tabac**) erhältlich. Wer einen Brief (**lettre**) oder eine Postkarte (**carte postale**) in die Heimat schicken will, sollte bei den hellgelben Briefkästen auf die richtige Vorsortierung achten. Die Briefkästen haben oft mehrere Schlitze: für die Stadt, die Region und entferntere Ziele (**autres destinations**).

R

Rauchen

In Frankreich ist das Rauchen in allen öffentlichen Gebäuden, in Bahnhöfen, Flughäfen und in öffentlichen Verkehrsmitteln untersagt. In

Cafés und Restaurants gilt ein beschränktes Rauchverbot: Das Rauchen ist nur in den Raucherbereichen gestattet. Zigaretten kann man – meist auch zu später Stunde – im **bureau de tabac** (Tabakladen) kaufen.

Rechnung

Wenn Sie im Restaurant zahlen möchten, rufen Sie die Bedienung (z. B. mit **Madame !** beziehungsweise **Monsieur !**) und bitten: **L'addition, s'il vous plaît !** (Die Rechnung bitte!) Meist „serviert" man Ihnen die Rechnung diskret auf einem Tellerchen. Isst man mit mehreren zusammen im Restaurant, übernimmt normalerweise einer aus der Runde den Gesamtbetrag. Später teilt man dann untereinander auf, getrenntes Zahlen ist in Frankreich nämlich nicht üblich. In Bars und Cafés bekommen Sie den Kassenbon oft direkt mit der Bestellung und bezahlen sofort.

S

Schuhgrößen

Beim Kauf von Schuhen in Frankreich sollte man darauf achten, dass es zu leichten Abweichungen hinsichtlich der Schuhgröße kommen kann. Generell sind deutsche und französische Schuhgrößen jedoch vergleichbar. Übergrößen sind in Frankreich sehr schwer zu erhalten. Dafür gibt es eine große Auswahl an Schuhen kleinerer Nummern.

Silvester

Der Silvesterabend (**le réveillon de la Saint-Sylvestre**) ist im Allgemeinen weniger bunt und laut als in Deutschland, da das Feuerwerk nicht zu den französischen Traditionen gehört. Meist wird im Freundeskreis mit Champagner und Leberpastete (**pâté de foie gras**) gefeiert. Um Mitternacht wünscht man sich mit **Bonne année !** ein gutes neues Jahr.

Son et lumière

Das Schauspiel **son et lumière** ist in Frankreich und bei Frankreichreisenden gleichermaßen beliebt. Es handelt sich dabei um eine Licht- und Tonshow rund um ein historisches Gebäude. Die Show findet nach Einbruch der Dunkelheit statt und lässt die Vergangenheit wieder lebendig werden, indem historische Ereignisse erzählt oder manchmal sogar auch in entsprechenden Kostümen nachgestellt werden, oft mit musikalischer Untermalung.

Souvenirs

In Frankreich lässt sich für jeden Geschmack ein Souvenir finden. Typisch sind natürlich die Weine in der Region Bordeaux und in Burgund, der Cognac im Poitou-Charentes und der Champagner in der gleichnamigen Region. Man kauft sie am besten bei den Herstellern selbst und verbindet den Kauf mit einer Weinprobe (**dégustation**). Die Provence ist berühmt für ihr Olivenöl, den Trüffel und die farbenfrohen Stoffe, die man auch auf den Märkten kaufen kann. Aus der Auvergne kommt das wertvolle Taschenmesser Laguiole, das man immer einem Freund schenkt und niemals sich selbst kauft.

Straßen

Autobahnen haben mehrere Fahrspuren in beide Richtungen und sind mit einem **A** (für **autoroute**) gekennzeichnet. Sehr gut ausgebaut sind die mit einem **N** (für **route nationale**) markierten Nationalstraßen. Sie entsprechen den deutschen Bundesstraßen. Dreispurige Nationalstraßen sind gewöhnungsbedürftig: Die mittlere Spur ist nämlich die Überholspur – auch für den Gegenverkehr! Straßen mit **D**-Nummerierung bezeichnen Landstraßen (**routes départementales**). Sie sind schmaler und manchmal etwas holprig.

T

Tanken

Wer tanken muss, fragt nach einer **station de service** (Tankstelle). Billiger als die Tankstellen an den Autobahnen sind diejenigen bei großen Supermärkten. Die Bezeichnungen für Kraftstoffe sind folgende: **Sans plomb 95** (Normal bleifrei), **Sans plomb 98** (Super bleifrei) und **Gasoil** (Diesel).

Taxi

Taxis haben keine einheitliche Farbe. Sie sind erkennbar an ihrem Taxischild auf dem Dach, das leuchtet, wenn das Taxi frei ist. Neuere Taxischilder leuchten grün, wenn das Taxi frei ist, und rot, wenn es besetzt ist. In den Städten geht man am besten zu einem der Taxistände oder winkt eines an einer verkehrsreicheren Straße heran. Die Taxipreise sind eher niedriger als in Deutschland. Nachtfahrten haben einen höheren Tarif, in großen Städten ändert sich der Fahrpreis je nach Tarifzone. Tipp: Es ist üblich, sich auf die Rückbank zu setzen.

Telefonieren

Am Telefon meldet man sich nur mit **Allô** ?. Wer anruft, nennt seinen Namen und sein Anliegen: **Allô ? C'est Marie à l'appareil. Je voudrais parler à Janine, s'il vous plaît** ! In Frankreich gibt es keine Vorwahlen. Eine Telefonnummer hat immer 10 Ziffern, von denen sich die ersten beiden auf die Region beziehen. Handynummern beginnen immer mit 06, die Nummer 0800 ist kostenfrei. Wenn Sie jemandem Ihre Telefonnummer geben, nennen Sie die Ziffern immer paarweise.

TGV

Der **TGV** (**train à grande vitesse**) ist der französische Hochgeschwindigkeitszug. Er verbindet Paris mit den anderen französischen Großstädten wie Lyon oder Bordeaux. Da er auch im Regelbetrieb über 320 km/h fährt, wird die Reisezeit um mehrere Stunden verkürzt. Der **TGV** ist zuschlags- und reservierungspflichtig.

Toilette

Mit **Où sont les toilettes ?** oder **Où sont les W.-C. ?** fragen Sie nach den Toiletten. An den Tankstellen gehört die kostenlose Benutzung der Toiletten zum Service. Auch alle Restaurants und Cafés haben für die Gäste Toiletten. In den Städten findet man öffentliche Toiletten (**toilettes publiques/W.-C. publics**), die jedoch nicht immer regelmäßig gewartet werden. Sollte es Toilettenpersonal geben, ist es üblich, etwas Trinkgeld auf dem bereitgestellten Tellerchen liegen zu lassen.

Touristeninformation

Jede Stadt und fast jeder kleine Ort hat sein eigenes **office du tourisme** oder **syndicat d'initiative**. Sie befinden sich meist im Zentrum des Ortes und sind mit einem großen **i** gekennzeichnet. Sie bieten Prospekte mit Informationen zum Ort und zur Region, Unterkunftsverzeichnisse, Informationen zu kulturellen Angeboten wie zum Beispiel Konzerte und Festivals sowie Führungen (**visites guidées**) und Ausflüge in die Umgebung. Sie helfen auch bei Hotelreservierungen.

Trinkgeld

Trotz des Vermerks **service compris** (einschließlich Bedienung) ist in Restaurants und Cafés ein Trinkgeld (**pourboire**) üblich. Anders als in Deutschland wird nicht die Rechnungssumme aufgerundet, sondern man zahlt zunächst die exakte Summe und lässt das Trinkgeld dann einfach auf dem Tisch liegen. Je nach Zufriedenheit gibt man ca. 10 % bis 15 %. Im Hotel ist Trinkgeld keine Pflicht, kann aber eventuell auf den Nachttisch gelegt werden. Bei einer Taxifahrt gibt man ca. 10 % Trinkgeld.

U

Übernachtung

Wer zu zweit in einem französischen Hotel übernachten möchte, bekommt oft ein Zimmer mit einem rund 140 cm breiten französischen Bett (**une chambre avec un grand lit**) angeboten. Wenn Sie lieber in getrennten Betten schlafen wollen, dann fragen Sie nach einem **chambre à deux lits**. Diese Zweibettzimmer sind jedoch seltener und oft teurer. Dies gilt übrigens auch für Einzelzimmer (**chambre individuelle**). Die französische Variante des Bed and Breakfast ist **la chambre d'hôte**: Hier bieten Privatfamilien ihren Gästen ein Zimmer mit Frühstück an.

Unfall

Wenn man mit dem Auto nach Frankreich fährt, sollte man die Internationale Grüne Versicherungskarte und den Europäischen Unfallbericht (**constat amiable**, erhältlich bei der Versicherung) dabeihaben. Die Unfallaufnahme wird damit wesentlich erleichtert. Ist ein Blechschaden entstanden, füllen Sie den Unfallbericht gemeinsam mit allen am Unfall Beteiligten aus und schicken ihn an die Versicherung. Die Polizei wird nur bei Verkehrsbehinderung oder Personenschaden gerufen (Notrufnummer 17).

V

Verkehr

Verkehrsverstöße werden in Frankreich strenger als in Deutschland bestraft. An fast allen Autobahnen wird geblitzt. Fahren Sie also nie schneller als erlaubt! Verkehrstechnische Besonderheiten sind die zahlreichen Kreisverkehre (**ronds-points**) und die mit **BIS** (Abkürzung für **Bison Futé** „schlauer Büffel") gekennzeichneten Straßen. **BIS** verweist im Urlaubsverkehr auf Alternativrouten zur Umgehung von stauträchtigen Strecken.

Verpflegung

Das Frühstück ist nur selten im Hotelzimmerpreis inbegriffen, daher fragt man besser vorher, ob das Zimmer **avec** oder **sans petit-déjeuner** ist. Günstiger ist es sicherlich, seinen Kaffee mit Croissant im nächsten Café zu bestellen. Manche Hotels vermieten ihre Zimmer auch mit Halbpension (**demi-pension**) oder Vollpension (**pension complète**).

Vorfahrt

Generell gilt die „Rechts vor Links"-Regelung. Achten Sie aber immer auf die Beschilderung. Im Kreisverkehr signalisiert das Schild **Vous n'avez pas la priorité**, dass die Fahrzeuge im Kreisverkehr Vorfahrt haben. Vorfahrtsstraßen enden am Ortseingang. Im Ort sollte man vorsichtig sein, da auch kleine Sträßchen vorfahrtsberechtigt sein können.

W

Wasser

Die Trinkwasserqualität ist im Allgemeinen gut, kann aber von Region zu Region variieren. In Frankreich wird häufig Leitungswasser (**eau du robinet**) getrunken, das im Restaurant in einer Karaffe (**carafe d'eau**) gekühlt auf den Tisch gestellt wird. Das gehört zum Service dazu. Leider schmeckt es häufig nach Chlor. Wer lieber Mineralwasser trinkt, bestellt es mit (**eau minérale gazeuse**) oder ohne Kohlensäure (**eau non gazeuse**). An öffentlichen Brunnen verweisen Schilder auf die Trinkbarkeit des Wassers: **eau potable** (Trinkwasser) oder **eau non potable** (kein Trinkwasser).

Weihnachten

Joyeux Noël – frohe Weihnachten! Während in Deutschland das Weihnachtsfest eher besinnlich verläuft, ist es in Frankreich ein lautes, fröhliches Familienfest. Tannenbäume sind vornehmlich in Nordfrankreich und im Elsass Tradition. Das Festessen am Heiligabend (**le réveillon**) besteht aus mehreren Gängen und wird mit dem **bûche de Noël**, einer Biskuitrolle mit Cremefüllung, die wie ein Holzscheit aussieht, abgeschlossen. Um Mitternacht geht man gemeinsam in die Mitternachtsmesse (**la messe de minuit**). In der Nacht auf den 25. Dezember bringt dann nicht das Christkind, sondern der Weihnachtsmann **Père Noël** die Geschenke. Einen zweiten Weihnachtstag gibt es in Frankreich nicht. Am 26. Dezember wird wieder gearbeitet. Ausnahme: die Departements Moselle, Bas-Rhin und Haut-Rhin.

Z

Züge

Aufgrund der Zentralisierung ist das französische Eisenbahnnetz von Paris her organisiert, d. h. viele Verbindungen enden beziehungsweise beginnen an einem der Kopfbahnhöfe in Paris. Die Eisenbahngesellschaft heißt **SNCF** (**Société nationale des chemins de fer français**). Die regionalen Züge heißen **TER** (**train express régional**), Fernzüge nennt man **trains de grande ligne**. Der Hochgeschwindigkeitszug ist der **TGV**. Die Fahrkarten müssen vor dem Einsteigen an speziellen Automaten entwertet werden.

Deutsch – Französisch

Aachen Aix-la-Chapelle
Aal M anguille *f*
ab (*dat*) à partir de; *weg* parti; **~ morgen** à partir de demain; **~ Düsseldorf fliegen** prendre l'avion à Düsseldorf; *Fahrplan* **Berlin ~ 9.15** départ de Berlin à 9 h 15; **~ und zu** de temps en temps
AB M (Anrufbeantworter) répondeur
abändern modifier
Abbau M *e-s Zelts etc* démontage; *Bergbau* extraction *f*; *Verminderung* réduction *f* **abbauen** démonter; *Erz etc* extraire; *verringern* réduire
abbeißen arracher (en mordant) **abbestellen** *Hotelzimmer* annuler la réservation de; *Zeitung* résilier l'abonnement à
abbiegen tourner (**nach rechts** à droite)
Abbildung F illustration
abbinden MED ligaturer
abblenden AUTO se mettre en code **Abblendlicht** N feux *mpl* de croisement, , codes *mpl*
abbrechen casser; *Haus* démolir; *Zelt* démonter; *unterbrechen* interrompre; *Beziehungen* rompre; V/I se casser **abbremsen** freiner, ralentir **abbrennen** brûler; *Feuerwerk* tirer
abbringen j-n von etw ~ détourner, dissuader qn de qc
abbröckeln s'effriter
Abbruch M démolition *f*; *von Verhandlungen* rupture *f*
abbürsten brosser
abdecken découvrir; *Tisch* débarrasser; *zudecken* recouvrir
abdichten calfeutrer **abdrehen** SCHIFF, FLUG changer de cap; *umg Wasser, Licht* fermer
Abdruck M tirage; *Fingerabdruck* empreinte *f*
Abend M soir; *Abendstunden* soirée *f*; **am ~** le soir; **heute ~** ce soir; **im Laufe des ~s** dans la soirée; **guten ~!** bonsoir!; **schönen ~!** bonne soirée!; **zu ~ essen** dîner
Abendanzug M tenue *f* de soirée **Abendbrot** N repas *m* du soir **Abenddämmerung** F crépuscule *m*
Abendessen N dîner *m*

Abendkasse F caisse **Abendkleid** N robe *f* du soir, de soirée **Abendland** N Occident *m*
abends le soir
Abendvorstellung F soirée
Abenteuer N aventure *f* **abenteuerlich** aventureux **Abenteurer(in)** M(F) aventurier *m*, aventurière *f*
aber mais
Aberglaube M superstition *f* **abergläubisch** superstitieux
Abf. ABK (Abfahrt) départ *m*
abfahren partir (**nach** pour, à; **von** de); *Müll* enlever; *Reifen* user
Abfahrt F départ *m*
Abfahrtslauf M SPORT descente *f* **Abfahrtstag** M jour du départ **Abfahrtszeit** F heure du départ
Abfall M déchets *mpl*; *Müll* ordures *fpl* **Abfalleimer** M poubelle *f*
abfallen *Blätter, Blüten* tomber; *Gelände* aller en pente
abfärben déteindre (**auf** *akk* sur) **abfassen** rédiger
abfertigen contrôler (*a. Reisende*); *Gepäck* enregistrer **Abfertigung** F contrôle *m*; *des Gepäcks* enregistrement *m*
abfinden j-n ~ indemniser qn; **sich mit etw ~** accepter qc
Abfindung F indemnisation; *Betrag* indemnité
abfliegen partir, s'envoler (**nach** pour) **abfließen** s'écouler
Abflug M départ **Abflugtag** M → Abfahrtstag **Abflugzeit** F → Abfahrtszeit
Abfluss M écoulement **Abflussrohr** N tuyau *m* d'écoulement
Abführmittel N laxatif *m*
Abgabe F remise; *Verkauf* vente; *Steuer* taxe **Abgase** NPL gaz *mpl* d'échappement **Abgasuntersuchung** F AUTO contrôle *m* antipollution
abgeben remettre, donner; *zur Aufbewahrung* déposer; *verkaufen* vendre; **sich ~ mit** s'occuper de
abgebrannt *umg fig* fauché
abgedroschen rebattu
abgehen partir, s'en aller; *Knopf* se défaire
abgelaufen *Pass* périmé **abgelegen** isolé **abgemacht!** entendu!, d'accord! **abgenutzt** usé
Abgeordnete(r) M/F(M) député(e) *m(f)*
abgeschlossen fermé à clé; *beendet* terminé
abgesehen ~ von à part, abstraction faite de; **davon ~** (mis) à part cela
abgespannt très fatigué
abgestanden éventé
abgewöhnen déshabituer (**j-m etw** qn de qc); **sich das Rauchen ~** s'arrêter de fumer
abgrenzen délimiter
Abgrund M précipice; *fig* abî-

me

abhaken *auf e-r Liste* cocher

abhalten *Sitzung* tenir; *Gottesdienst* célébrer; **j-n von etw ~** empêcher qn de faire qc

abhandenkommen disparaître, s'égarer

Abhang M pente *f*; *Bergabhang* versant

abhängen dépendre (**von** de); *Wagen* décrocher

abhängig dépendant (**von** de); **~ sein von** dépendre de

Abhängigkeit F dépendance

abhärten endurcir, aguerrir

abhauen *umg* foutre le camp

abheben *Geld* retirer; TEL décrocher; *Karten* couper; FLUG décoller; **sich ~ von** se détacher de

abheilen guérir

abhetzen sich ~ se presser

Abhilfe F **~ schaffen** y porter remède

abholen aller *od* venir chercher; **~ lassen** envoyer chercher

abhören *Schüler* faire réciter (**j-n** *od* **j-m etw** qc à qn); TEL mettre sur écoute **Abhörgerät** N micro *m*

Abi(tur) N bac(calauréat) *m*

Abiturient M bachelier **Abiturientin** F bachelière

abklingen *Schmerz* diminuer

abkochen faire bouillir

abkommen *v. Weg* s'écarter (de); *v. Thema* s'éloigner (de); **von der Fahrbahn ~** entrer dans le décor

Abkommen N accord *m*

abkühlen sich ~ se rafraîchir

Abkühlung F rafraîchissement *m*

abkürzen *Weg* raccourcir; *Wort, Besuch* abréger **Abkürzung** F abréviation; *Weg* raccourci *m*

abladen décharger

Ablauf M déroulement; *e-r Frist* expiration *f*; **nach ~ von** au bout de

ablaufen se dérouler; *abfließen* s'écouler; *Frist, Pass* expirer

Ableben N décès *m*

ablecken lécher

ablegen déposer; *Mantel* retirer; *Prüfung* passer; *Akten* classer; *Eid* prêter; *Gewohnheit* se défaire de **Ableger** M BOT marcotte *f*

ablehnen refuser; *Vorschlag* rejeter; *Verantwortung* décliner

Ablehnung F refus *m*

ablenken détourner (**von** de); *zerstreuen* distraire **Ablenkung** F distraction

ablesen lire; *Zähler* relever

abliefern livrer; *abgeben* remettre **Ablieferung** F livraison; remise

ablösen *etw* décoller; *j-n* relayer; **sich ~** se relayer

Ablösung F relève

abmachen défaire; *vereinbaren* convenir (**etw** de qc) **Abmachung** F accord *m*

Abmagerungskur F cure

d'amaigrissement
Abmarsch M départ
abmelden **sich ~** *von e-m Kurs etc* retirer son inscription; *polizeilich* faire une déclaration de changement de résidence
abmessen mesurer
abmühen **sich ~** se donner du mal
Abnahme F *Rückgang* diminution; *Kauf* achat *m*
abnehmen *Hut* enlever; TEL *Hörer* décrocher; *Führerschein* retirer; *abkaufen* acheter; V/I *geringer werden* diminuer; *Mond* décroître; *an Gewicht* maigrir
Abnehmer M acheteur
Abneigung F aversion (**gegen** pour)
abnutzen user
Abonnement N abonnement *m* **Abonnent** M abonné
abonnieren s'abonner à
Abordnung F délégation
abpacken empaqueter **abpassen** *Gelegenheit* guetter
abpflücken cueillir **abprallen** rebondir; *Geschoss* ricocher **abrasieren** raser **abraten** déconseiller (**j-m von etw** qc à qn) **abräumen** *Tisch* débarrasser
abrechnen faire les comptes; *abziehen* déduire **Abrechnung** F règlement *m* de comptes (*a. fig*)
abreiben frotter
Abreise F départ *m*
abreisen partir (**nach** pour, à); *zurückreisen* rentrer **Abreisetag** M jour du départ
abreißen arracher; *Haus* démolir; *Knopf* se détacher; *aufhören* cesser
Abriss M *Abbruch* démolition *f*; *Skizze* précis
abrunden arrondir
abrupt brusque (*a. fig*)
abrüsten désarmer **Abrüstung** F désarmement *m*
abrutschen glisser
ABS N ABK (Antiblockiersystem) AUTO **ABS** *m*
Abs. ABK (Absender) exp. (*expéditeur*)
Absage F refus *m*; *auf e-e Bewerbung* réponse négative
absagen se décommander; *etw* annuler; **j-m ~** annuler un rendez-vous avec qn
absägen scier
Absatz M *Schuhabsatz* talon; *Text* alinéa; HANDEL vente *f*
Absatzmarkt M débouché
abschaffen abolir, supprimer
Abschaffung F abolition, suppression
abschalten *Strom* couper; *Gerät* éteindre; *sich entspannen* se relaxer
abschätzen estimer, évaluer
abschätzig méprisant
Abscheu M horreur *f* (**vor** *dat* de), répulsion *f* (pour)
abscheulich horrible
abschicken envoyer
abschieben *ins Ausland* expul-

ser
Abschied M adieux *mpl*; **~ nehmen** prendre congé (**von** de); *endgültig* faire ses adieux (à)
Abschiedsgeschenk N cadeau *m* d'adieux
abschießen *Flugzeug, Wild* abattre; *Rakete* lancer
abschirmen protéger (**gegen** contre)
abschlagen *Ast* couper; *Bitte* refuser **Abschlagszahlung** F avance, acompte *m*
Abschleppdienst M entreprise *f* de dépannage **abschleppen** remorquer, dépanner **Abschleppseil** N câble *m* de remorquage **Abschleppwagen** M dépanneuse *f*
abschließen fermer à clé; *beenden* terminer; *Vertrag* conclure; *Versicherung* contracter **abschließend** pour conclure
Abschluss M *Ende* fin *f*; *e-s Vertrages* conclusion *f*; **zum ~** pour terminer
Abschlussprüfung F examen *m* de fin d'études
abschmecken goûter (pour assaisonner)
abschminken **sich ~** se démaquiller
abschneiden couper; *fig* **gut ~** s'en tirer bien
Abschnitt M *im Text* passage, paragraphe; *zeitlich* période *f*; *e-r Strecke* tronçon; *Kontrolle* talon
abschrauben dévisser **abschrecken** décourager; GASTR passer à l'eau froide
abschreiben copier (**von** sur) **Abschrift** F copie
Abschuss M *Rakete* lancement
abschüssig escarpé
Abschussrampe F rampe de lancement
abschütteln secouer (*a. fig*) **abschwächen** atténuer **abschwellen** MED désenfler
absehbar **in ~er Zeit** dans un proche avenir
absehen *Folgen* prévoir; **~ von** faire abstraction de; *verzichten auf* renoncer à
abseilen **sich ~** descendre en rappel
abseits à l'écart
Abseits N SPORT °hors-jeu *m*
absenden envoyer
Absender(in) M(F) expéditeur *m*, expéditrice *f*
absetzen déposer (*a. Fahrgast*); *Brille* enlever; *v. Amt* destituer; *v. Spielplan* retirer (de l'affiche); *Ware* vendre
Absicht F intention; **mit ~** → **absichtlich** ADV intentionnellement, exprès; ADJ intentionnel
absolut absolu
absondern séparer, isoler; MED sécréter; **sich ~** s'isoler (**von** de)
absperren *Straße* barrer; *Tür* fermer à clé **Absperrung** F

barrage *m*
abspielen *Platte, Band* passer; **sich ~** se dérouler
Absprache F accord *m*
abspringen sauter **Absprung** M saut **abspülen** rincer
abstammen descendre (**von** de) **Abstammung** F origine
Abstand M distance *f*, intervalle (*a. zeitlich*); **~ halten** garder ses distances; **in regelmäßigen Abständen** à intervalles réguliers; **mit ~** de loin
abstauben épousseter
Abstecher M crochet
absteigen descendre
abstellen *Koffer etc* poser; *alte Möbel* déposer; *Auto* garer; *Maschine* arrêter; *Gas, Wasser, Strom* couper; *Radio, Heizung* fermer
Abstellgleis N voie *f* de garage **Abstellraum** M débarras
abstempeln timbrer; *entwerten* oblitérer
Abstieg M descente *f*; *Niedergang* déclin
abstimmen voter (**über** *akk* qc); **aufeinander ~** harmoniser; *Mode* assortir
Abstimmung F vote *m*
abstoßen pousser; *anwidern* dégoûter
abstoßend répugnant
abstrakt abstrait
abstreiten contester **Abstrich** M MED prélèvement, frottis **Absturz** M chute *f* **abstürzen** faire une chute; FLUG s'écraser **absuchen** fouiller
absurd absurde
Abszess M abcès
Abt M abbé
abtasten palper **abtauen** *Kühlschrank* dégivrer
Abtei F abbaye
Abteil N *Bahn* compartiment *m*
Abteilung F *e-r Firma* département *m*; *e-s Kaufhauses* rayon *m* **Abteilungsleiter(in)** M(F) *e-r Firma* chef *m* de service; *im Kaufhaus* chef *m* de rayon
abtippen *umg* taper (à la machine) **abtransportieren** *Verletzte* évacuer
abtreiben SCHIFF dériver; MED se faire avorter **Abtreibung** F MED avortement *m*
abtrennen détacher; *absondern* séparer
abtreten céder (**j-m etw** qc à qn); *sich zurückziehen* se retirer; **(sich) die Füße ~** s'essuyer les pieds
Abtreter M paillasson **Abtretung** F cession
abtrocknen essuyer; *trocken werden* sécher **abwägen** peser **abwarten** attendre
abwärts vers le bas **abwärtsfahren, abwärtsführen** descendre
Abwasch M vaisselle *f* **abwaschbar** lavable **abwaschen** laver; *Geschirr* faire la vaisselle

Abwässer NPL eaux *fpl* usées
abwechseln alterner (**mit** avec); **sich** ~ *Personen* se relayer
abwechselnd alternativement, tour à tour; *Personen* à tour de rôle
Abwechslung F changement *m*; *Zerstreuung* distraction; **zur** ~ pour changer
abwechslungsreich varié; *Leben* mouvementé
abwegig aberrant
Abwehr F défense **abwehren** *Angriff* repousser; *Stoß* parer
abweichen v. *Kurs, Thema* s'écarter (**von** de); *sich unterscheiden* différer (**von** de); **voneinander** ~ diverger
abweichend divergent
Abweichung F *Unterschied* différence
abweisen *Bitte* rejeter; *j-n* renvoyer; éconduire
abwenden *Kopf, Blick* détourner; *Gefahr* écarter; **sich** ~ **von** se détourner de
abwerfen jeter, lancer; *Gewinn* rapporter
abwerten *Währung* dévaluer; *gering schätzen* déprécier **Abwertung** F dévaluation
abwesend absent (*a. fig*) **Abwesenheit** F absence
abwickeln dérouler; *fig erledigen* régler; *Betrieb* liquider **abwiegen** peser **abwischen** essuyer **abwürgen** *Motor* caler **abzahlen** payer à tempérament **abzählen** compter
Abzahlung F **auf** ~ à tempérament, à crédit
Abzeichen N insigne *m*
abzeichnen copier; *Schriftstück* parapher; **sich** ~ *fig* se dessiner
abziehen *Schlüssel* retirer; *Bett* défaire; HANDEL déduire (**von** de); MATH soustraire; VI *Rauch* s'échapper; *umg weggehen* ficher le camp
Abzocke F *umg* arnaque **abzocken** *umg* plumer
Abzug M FOTO épreuve *f*; HANDEL déduction *f*
abzüglich moins, déduction faite de
abzweigen *Straße* bifurquer; *Geld* prélever **Abzweigung** F bifurcation, embranchement *m*
Account M IT compte utilisateur
ach ~! ah!; °hélas!; ~ **so!** ah bon!
Achse F axe *m*; AUTO essieu *m*
Achsel F aisselle; **mit den ~n zucken** °hausser les épaules
Achselhöhle F creux *m* de l'aisselle
Achsenbruch M rupture *f* d'essieu
acht °huit; **in** ~ **Tagen** dans une semaine
Acht F **außer** ~ **lassen** négliger; **sich in** ~ **nehmen** prendre garde (**vor** *dat* à)

achte(r, -s) °huitième
Achtel N °huitième *m*
achten *hochachten* estimer, respecter; ~ **auf** (*akk*) faire attention à; **darauf ~, dass …** faire attention à ce que (*+subj*)
Achterbahn F grand °huit *m* **Achterdeck** N pont *m* arrière
achtgeben faire attention (**auf** *akk* à)
achthundert °huit cents
achtlos négligent
achtmal °huit fois
Achtung F *Hochachtung* estime; *Respekt* respect *m*; **~!** attention!
achtzehn dix-huit **achtzig** quatre-vingts
ächzen gémir
Acker M champ **Ackerbau** M agriculture *f*
ackern bûcher
ADAC M (Allgemeiner Deutscher Automobil-Club) Automobile-Club allemand
Adapter M adaptateur
addieren additionner
ade! *umg* salut!
Adel M noblesse *f*
ad(e)lig noble
Ader F veine; *Schlagader* artère; *fig* don *m* (**für** pour), sens *m* (de)
Adjektiv N adjectif *m*
Adler M aigle
Admiral M amiral
adoptieren adopter **Adoption** F adoption
Adoptiveltern PL parents *mpl* adoptifs **Adoptivkind** N enfant *m* adoptif
Adressanhänger M porte-adresse **Adressat** M destinataire **Adressbuch** N carnet *m* d'adresses **Adresse** F adresse **adressieren** écrire l'adresse sur; *richten* adresser (**an** *akk* à)
Advent M avent
Adverb N adverbe *m*
Aerobic N aérobic *f*
Affäre F affaire; *Liebesbeziehung* aventure
Affe M singe
affektiert maniéré
Afrika N l'Afrique *f* **Afrikaner(in)** M(F) Africain(e) **afrikanisch** africain
Aftershave N après-rasage *m*, after-shave *m*
AG[1] F (Aktiengesellschaft) SA (*société anonyme*)
AG[2] F → Arbeitsgruppe
Agave F agave *m* **Agavendicksaft** M sirop d'agave
Agent M agent **Agentur** F agence; ~ **für Arbeit** agence pour l'emploi
Aggression F agression **aggressiv** agressif
Ägypten N l'Égypte *f* **Ägypter(in)** M(F) Égyptien(ne) [eʒipsjɛ̃, eʒipsjɛn] **ägyptisch** égyptien
ähneln ressembler (**j-m** à qn)
ahnen *vermuten* se douter de; *Unglück* pressentir

Ahnen MPL aïeux, ancêtres
ähnlich semblable; **j-m ~ sehen** *od* **sein** ressembler à qn
Ähnlichkeit F ressemblance
Ahnung F *Vorgefühl* pressentiment *m*; *Vorstellung* idée; **keine ~!** aucune idée!
Ahorn M érable
Ähre F épi *m*
Aids N sida *m* **aidskrank** sidéen **Aidstest** M test de dépistage du sida
Airbag M AUTO airbag
Airline F compagnie aérienne
Akademie F académie **Akademiker(in)** M(F) diplômé(e) de l'Université
Akazie F acacia *m*
akklimatisieren sich ~ s'acclimater
Akkord M MUS accord; **im ~ arbeiten** travailler aux pièces
Akkordeon N accordéon *m*
Akku M accus *mpl* **Akkumulator** M accumulateur
Akkusativ M accusatif
Akne F acné
Akrobat(in) M(F) acrobate
Akt M acte (*a. Theater*); MAL nu
Akte F dossier *m*; JUR pièces *fpl*
Aktenkoffer M attaché-case [ataʃekɛz] **Aktentasche** F serviette **Aktenzeichen** N référence *f*
Aktie F action
Aktiengesellschaft F société anonyme (*od* par actions)
Aktion F action
Aktionär M actionnaire
aktiv actif **aktivieren** activer **Aktivität** F activité **Aktivurlaub** M vacances *fpl* actives
aktualisieren actualiser, mettre à jour
aktuell actuel; *modisch* à la mode
akupunktieren traiter par l'acupuncture **Akupunktur** F acupuncture
Akustik F acoustique **akustisch** acoustique
akut MED aigu; *Frage* brûlant; *Gefahr* imminent
Akzent M accent
akzeptieren accepter
Alarm M alerte *f*, alarme *f* **Alarmanlage** F alarme automatique
alarmieren alerter; *beunruhigen* alarmer
Albaner(in) M(F) Albanais(e) **Albanien** N l'Albanie *f* **albanisch** albanais
albern niais, stupide **Albernheit** F niaiseries *fpl*
Albtraum M cauchemar
Album N album *m*
Alcopops PL premix *mpl*, alcopops *mpl*
al dente al dente [aldɛnte]
Alge F algue
Algerien N l'Algérie *f* **Algerier(in)** M(F) Algérien(ne) **algerisch** algérien
Alibi N alibi *m*
Alimente PL pension *f* alimentaire

Alkohol M alcool **alkoholfrei** sans alcool; *Getränk a.* non alcoolisé **Alkoholiker(in)** M(F) alcoolique **alkoholisch** alcoolisé
All N univers *m*
alle tous [tu] les, toutes les; *allein stehend* tous [tus], toutes; *umg* **... ist ~** il n'y a plus de ...
Allee F allée; *Straße* avenue
allein seul; **von ~** tout seul; **~ stehend** *Haus* isolé
alleinstehend *Haus* isolé; *Person* seul
allenfalls tout au plus
allerdings à vrai dire
Allergie F allergie **Allergiepass** M passeport d'allergie, passeport de santé **allergisch** allergique (**gegen** à)
allerhand *umg* pas mal de, toutes sortes de; **das ist doch ~!** c'est un peu fort!
Allerheiligen N la Toussaint
allerletzte(r) tout dernier; **zu allerletzt** en tout dernier lieu
Allerseelen N le jour, la fête des Morts
alles tout; **~ Gute!** bonne chance; *zum Geburtstag* bon anniversaire!
allgemein général; **im Allgemeinen** en général; **~ verständlich** à la portée de tous
Allgemeinbildung F culture générale **Allgemeinheit** F public *m*
Alligator M alligator
All-inclusive-Urlaub M vacances *fpl* tout compris
allmächtig tout-puissant
allmählich ADV peu à peu
Alltag M vie *f* quotidienne **alltäglich** *täglich* quotidien; *gewöhnlich* banal **alltagstauglich** utile au quotidien
allzu ~ (viel) trop
Alm F alpage *m*
Almosen N aumône *f*
Alpen PL **die ~** les Alpes *fpl*
Alphabet N alphabet *m* **alphabetisch** alphabétique
Alptraum M cauchemar
als *zeitlich* quand, lorsque; *nach Komparativ* que; *in der Eigenschaft* comme; **~ ob** comme si
also *folglich* donc; *das heißt* c'est-à-dire; **~ gut!, ~ schön!** bon, d'accord!
alt vieux; *Person a.* âgé; *früher* ancien; **wie ~ bist du?** quel âge as-tu?; **ich bin 15 Jahre ~** j'ai 15 ans
Altar M autel
Altenheim N maison *f* de retraite
Alter N âge *m*; *hohes Alter* vieillesse *f*; **im ~ von** à l'âge de
älter plus âgé; *Geschwister* aîné; **~er Herr** monsieur d'un certain âge
Alternative F alternative
Alterserscheinung F signe *m* de vieillesse **Altersgenosse** M personne *f* du même âge
Altersgrenze F limite *f* d'âge **Altersheim** N maison

f de retraite
Altertum N Antiquité *f* **altertümlich** antique
Altglas N verre *m* usagé **Altglascontainer** M conteneur à verre
altklug précoce (et arrogant) **altmodisch** démodé **Altpapier** N vieux papiers *mpl* **Altstadt** F vieille ville
Alufolie F papier *m* alu **Aluminium** N aluminium *m*
Alzheimerkrankheit F maladie d'Alzheimer
am ~ **13. April** le 13 avril; ~ **Sonntag** le dimanche; ~ **Abend** le soir; ~ **besten** le mieux
Amalgam N amalgame *m*
Amateur M amateur **Amateurfotograf** M photographe amateur
Amboss M enclume *f*
ambulant MED qui ne nécessite pas d'hospitalisation **Ambulanz** F *einer Klinik* consultations *f/pl* externes; *Krankenwagen* ambulance
Ameise F fourmi **Ameisenhaufen** M fourmilière *f*
Amerika N l'Amérique *f* **Amerikaner(in)** M(F) Américain(e) **amerikanisch** américain
Amok M ~ **laufen** avoir un accès de folie meurtrière
Ampel F feu *m*
Ampere N ampère *m*
Ampulle F ampoule
amputieren amputer
Amsel F merle *m*
Amt N *Dienststelle* service *m*, office *m*; *Tätigkeit* charge *m*, fonction *f* **amtlich** officiel
Amtsantritt M entrée *f* en fonction
Amulett N amulette *f*
amüsant amusant **amüsieren** **(sich)** ~ (s')amuser
an à; GEOGR sur; **von heute** ~ à partir d'aujourd'hui; *Fahrplan* **Paris** ~ **9.10** arrivée à Paris à 9 h 10; ~ **Ostern** à Pâques; ~ **sein** *Licht* être allumé; *Radio* marcher; → am
Analphabet(in) M(F) illettré(e)
Analyse F analyse **analysieren** analyser
Ananas F ananas *m*
Anarchie F anarchie
anbahnen **sich** ~ se préparer
Anbau M AGR culture *f*; ARCH annexe *f* **anbauen** cultiver; ARCH rajouter (**an** *akk* à) **Anbauküche** F cuisine intégrée
anbehalten garder
anbei ci-joint
anbelangen **was ... anbelangt** en ce qui concerne ...
anbeten adorer
Anbetracht M **in** ~ **der Lage** vu *od* étant donné la situation
anbieten offrir
anbinden attacher (**an** *akk od dat* à)
Anblick M vue *f*
anbrechen *Flasche etc* entamer **anbrennen** *Essen* brûler;

Milch attacher **anbringen** *festmachen* fixer (**an** *dat* à)
Anchovis F anchois *m*
andächtig recueilli
andauern durer; *Verhandlungen* se prolonger
andauernd continuel; *Frost* persistant; ADV sans arrêt
Andenken N souvenir *m*; mémoire *f*; **zum ~ an** (*akk*) en souvenir de
andere(r, -s) autre; **~ (Leute)** d'autres; **ein ~s Mal** une autre fois; **unter ~m** entre autres; **etwas ~s** autre chose
andererseits d'autre part
ändern (sich) ~ changer
andernfalls sinon, autrement
anders autrement; **jemand/niemand ~** quelqu'un/personne d'autre; **ganz ~ sein** être complètement différent
anderswo ailleurs, autre part
anderthalb un et demi; **~ Stunden** une heure et demie
Änderung F changement *m*, modification **Änderungsschneiderei** F retouches *fpl*
andeuten indiquer (vaguement) **Andeutung** F (vague) indication
Andorra N l'Andorre *f*
Andrang M affluence *f*
andrehen *Radio* allumer; *Wasser* ouvrir
aneignen sich etw ~ s'approprier qc; *Kenntnisse* assimiler qc
aneinander l'un contre l'autre; *denken* l'un à l'autre **aneinanderfügen** joindre
Anekdote F anecdote
anekeln dégoûter
anerkennen reconnaître; *Regel, Abmachung* respecter **Anerkennung** F reconnaissance
anfahren *Fahrzeug* démarrer; *j-n* renverser
Anfall M MED attaque *f*, crise *f*
anfällig de santé délicate; sujet (**für** à)
Anfang M commencement, début; **am ~, zu ~** au début; **~ Mai** début mai; **von ~ an** dès le début
anfangen commencer (**zu** à, **mit** par); **~ zu** *a.* se mettre à
Anfänger(in) M(F) débutant(e)
Anfängerkurs M cours pour débutants
anfangs au début
anfassen toucher; **mit ~** donner un coup de main
anfertigen faire, fabriquer; *Kleidung* confectionner **anfeuchten** humecter **anfliegen** FLUG s'approcher de; *Zwischenlandung* faire escale à; *Fluglinie* desservir
anfordern demander; *Ware* commander **Anforderung** F exigence
Anfrage F demande
anfragen demander (**bei** à)
anfreunden sich ~ se lier d'amitié (**mit j-m** avec qn)
anführen *Festzug* être en tête de; *Grund* donner; *Text* citer; *umg täuschen* avoir **Anführer**

M chef; *pej* meneur **Anführungszeichen** NPL guillemets *mpl*
Angabe F indication; TECH donnée; *umg Prahlerei* frime; **nähere ~n** *pl* précisions *fpl*
angeben donner, indiquer; *umg prahlen* crâner; **genau(er) ~** préciser
Angeber(in) M(F) crâneur *m*, crâneuse *f* **angeblich** soi-disant
angeboren inné; *Krankheit* congénital
Angebot N offre *f*
angebracht opportun, indiqué **angeheiratet** par alliance **angeheitert** gai
angehen *j-n* concerner; *Licht* s'allumer; **das geht dich nichts an** cela ne te regarde pas
Angehörige(r) M/F(M) (proche) parent(e); **meine ~n** *pl* les miens, ma famille
Angeklagte(r) M/F(M) accusé(e)
Angel F canne à pêche; *Türangel* gond *m*
Angelegenheit F affaire
angelehnt *Tür* entrouvert
Angelhaken M hameçon
angeln pêcher à la ligne **Angelrute** F canne à pêche **Angelschein** M permis de pêche **Angelschnur** F ligne **Angelsport** M pêche *f* à la ligne
angemessen approprié; *Strafe* justifié; *Preis* raisonnable
angenehm agréable; **~e Reise!** bon voyage!
Angestellte(r) M/F(M) employé(e); **leitender ~r** cadre *m* (supérieur)
angetrunken éméché
angewiesen ~ sein auf *(akk)* dépendre de
angewöhnen sich etw ~ prendre l'habitude de faire qc; **sich das Trinken ~** se mettre à boire
Angewohnheit F habitude
Angina F angine
Angler(in) M(F) pêcheur *m*, pêcheuse *f*
angreifen attaquer *(a. fig)* **Angreifer(in)** M(F) agresseur *m*; SPORT attaquant(e)
angrenzend contigu (**an** *akk* à); *Zimmer* voisin
Angriff M attaque *f*
angriffslustig agressif
Angst F peur (**vor** *dat* de, **um** pour); **~ haben** avoir peur
Angstattacke F crise d'angoisse
ängstigen faire peur (**j-n** à qn) **ängstlich** peureux, craintif; *besorgt* anxieux
anhaben *Kleidung* porter
anhalten *j-n, etw* arrêter; *Atem* retenir; *stehen bleiben* s'arrêter; *andauern* durer **anhaltend** *Regen etc* persistant; ADV sans arrêt
Anhalter(in) M(F) auto-stoppeur *m*, auto-stoppeuse *f*; **per**

~ fahren faire de l'auto-stop *od umg* du stop
Anhaltspunkt M point de repère
anhand (*gen*) à l'aide de
anhängen accrocher
Anhänger M *e-r Partei* partisan; SPORT supporter [sypɔrtɛr]; *am Wagen* remorque *f*; *Schmuck* pendentif; *am Koffer* étiquette *f* **Anhängerin** F *e-r Partei* partisane; SPORT supporter [sypɔrtɛr] *m*
anhänglich affectueux
anhäufen amasser, accumuler
Anhieb auf ~ du premier coup
Anhöhe F °hauteur, colline
anhören écouter; **mit ~** entendre; **sich etw ~** écouter qc
Animateur(in) M(F) animateur *m*, animatrice *f*
Anis M anis
Ank. (Ankunft) arrivée *f*
Ankauf M achat
Anker M ancre *f*; **vor ~ gehen** jeter l'ancre
ankern mouiller
Anklage F accusation **anklagen** accuser (**wegen** de)
Anklang M **~ finden** être bien accueilli (**bei** par), avoir du succès (auprès de)
ankleben coller (**an** *akk* à, sur)
anklicken IT cliquer sur **anklopfen** frapper (à la porte)
anknipsen *umg Licht* allumer
ankommen arriver (**pünktlich** à l'heure); *Anklang finden* avoir du succès (**bei** auprès de); **es kommt auf das Wetter an** cela dépend(ra) du temps
ankreuzen marquer d'une croix **ankündigen** annoncer
Ankunft F arrivée
Ankunftstag M jour d'arrivée
Ankunftszeit F heure d'arrivée
Anlage F TECH installation; *Bau* construction; *Grünfläche* jardin *m* (public); *zu e-m Brief* pièce jointe; *Geld* placement *m*; *Veranlagung* disposition (**zu** à)
Anlass M *Gelegenheit* occasion *f*; *Grund* raison *f*, motif; **~ geben zu** donner lieu à
anlassen *Motor* faire démarrer; *Licht* laisser allumé; *Mantel* garder **Anlasser** M démarreur
anlässlich à l'occasion de
Anlauf M élan **anlaufen** *Hafen* faire escale à
anlegen mettre (**an** contre); *Garten, Straße* aménager; *Sammlung* constituer; *Geld* placer; *Verband* appliquer; *Schiff* accoster (**am Kai** le quai)
Anlegeplatz M, **Anlegestelle** F embarcadère *m*, débarcadère *m*
anlehnen (**sich**) **~** (s')appuyer (**an** *akk* contre, à); *Tür* laisser entrouvert
Anleitung F instructions *fpl*
anlernen former
anliegend ci-joint
Anlieger M riverain

anlocken attirer **anlügen** mentir à
anmachen *befestigen* attacher (**an** à); *Licht, Heizung etc* allumer; *Salat* assaisonner; *umg flirten mit* draguer
anmalen peindre
anmaßend prétentieux
Anmeldeformular N formulaire *m* de demande d'inscription **Anmeldefrist** F délai *m* d'inscription
anmelden *Besuch* annoncer; *beim Zoll* déclarer; **sich ~** *zur Teilnahme* s'inscrire; *beim Arzt* prendre rendez-vous
Anmeldeschluss M (date *f* de) clôture *f* des inscriptions
Anmeldung F *zur Teilnahme* inscription; *behördliche* déclaration; **nur nach vorheriger ~** sur rendez-vous
anmerken sich nichts ~ lassen ne rien laisser paraître
Anmerkung F remarque
anmutig gracieux
annageln clouer (**an** *akk* à)
annähen (re)coudre (**an** *akk* à)
annähernd ADV approximativement
Annahme F acceptation; *Vermutung* supposition **Annahmestelle** F réception
annehmbar acceptable, passable **annehmen** accepter; *vermuten* supposer
Annonce F annonce
annullieren annuler
anonym anonyme
Anorak M anorak
anordnen ordonner **Anordnung** F ordre *m*
anpacken *Problem* s'attaquer à
anpassen (sich) j-m/e-r Sache ~ (s')adapter à qn/qc
anpassungsfähig souple
anpflanzen planter
anpreisen vanter
Anprobe F essayage *m* **anprobieren** essayer
anrechnen *abziehen* compter (**auf** *akk* dans), déduire (de); (*berechnen* compter (**j-m** à qn)
Anrecht N droit *m* (**auf** *akk* à)
anreden adresser la parole à; **mit Du/Sie ~** tutoyer/vouvoyer
anregen exciter; *Appetit*, MED stimuler; *vorschlagen* suggérer
anregend stimulant; *Buch* intéressant
Anreise F voyage *m*; *Hinreise* aller *m*; *Ankunft* arrivée **Anreisetag** M jour d'arrivée
Anreiz M stimulant
anrichten *Speisen* préparer, servir; *Unheil* causer
Anruf M appel, coup de téléphone **Anrufbeantworter** M répondeur **anrufen** appeler (**j-n** qn); téléphoner (à qn)
anrühren toucher; GASTR, *Farbe* délayer
Ansage F annonce **ansagen** annoncer **Ansager(in)** M(F) présentateur *m*, présentatrice *f*

ansammeln amasser, accumuler
anschaffen faire l'acquisition de, acheter **Anschaffung** F acquisition, achat *m*
anschalten allumer
anschauen regarder **anschaulich** clair, concret
Anschein M apparence *f* **anscheinend** ADV apparemment
anschieben *Auto* pousser
Anschlag M POL attentat; *Plakat* affiche *f*
anschließen ELEK brancher (**an** *dat od akk* sur); *Schlauch* raccorder (à); **sich ~** *Person* se joindre (**j-m** à qn)
anschließend ensuite, après
Anschluss M *Verkehrsanschluss* correspondance *f* (**nach** pour); ELEK branchement; TECH, TEL raccordement; TEL *Verbindung* communication *f*; **~ finden** se faire des relations; **im ~ an** (*akk*) juste après
Anschlussflug M, **Anschlusszug** M correspondance *f*
anschnallen sich ~ attacher sa ceinture **anschneiden** entamer (*a. fig*)
anschrauben visser
anschreien crier (**j-n** après qn)
Anschrift F adresse
anschwellen MED enfler
ansehen regarder; **sich etw ~** voir qc; **j-n ~ als** considérer qn comme
ansehnlich considérable
anseilen sich ~ s'encorder
ansetzen ajuster (**an** *akk* à); rapporter (à); *Termin* fixer; **Fett ~** engraisser
Ansicht F *Bild* vue; *Meinung* avis *m*; **meiner ~ nach** à mon avis
Ansichtskarte F carte postale (illustrée) **Ansichtssache** F affaire d'opinion
Anspannung F tension
Anspielung F allusion (**auf** *akk* à)
anspitzen *Bleistift* tailler
Ansporn M stimulant **anspornen** stimuler
Ansprache F allocution
ansprechen *j-n, Problem etc* aborder; *gefallen* plaire (**j-n** à qn); *Bremsen* répondre
ansprechend agréable, plaisant
Ansprechpartner(in) M(F) interlocuteur *m*, interlocutrice *f*
anspringen *Motor* démarrer
Anspruch M *Forderung* exigence *f*; *Recht* droit (**auf** *akk* à); **in ~ nehmen** *Versicherung etc* avoir recours à; *Zeit* prendre; *j-n* accaparer
anspruchslos peu exigeant
anspruchsvoll exigeant
Anstalt F *allg* établissement *m*; *fam Klinik* hôpital *m* psychiatrique
Anstand M convenances *fpl*,

bonnes manières *fpl* **anständig** honnête, convenable **anstandslos** sans problème
anstarren fixer
anstatt ~ **zu** au lieu de
anstecken *befestigen* attacher; *Ring* mettre; *Zigarette* allumer; MED contaminer **ansteckend** contagieux **Ansteckung** F contagion
anstehen faire la queue
ansteigen monter
anstelle (*gen*) à la place de
anstellen *Arbeitskräfte* engager, embaucher; *Gerät* mettre en marche; *Radio*, TV allumer; *Gas, Wasser* ouvrir; **sich** ~ prendre la file, faire la queue
Anstellung F emploi *m*
Anstieg M montée *f*
anstiften inciter (**zu** à)
Anstoß M impulsion *f*; SPORT coup d'envoi; ~ **erregen** choquer (**bei j-m** qn); ~ **nehmen an** (*dat*) être choqué par
anstoßen °heurter (**an etw** *akk* qc); *mit Gläsern* trinquer (**auf** *akk* à)
anstößig choquant
anstrahlen *Gebäude* illuminer
anstreben aspirer à
anstreichen peindre
anstrengen fatiguer; **sich** ~ se donner du mal **anstrengend** fatigant **Anstrengung** F effort *m*; *Strapaze* fatigue
Anstrich M (couche *f* de) peinture *f*
Ansturm M ruée *f* (**auf** *akk* vers)
Anteil M part *f*; ~ **nehmen an** (*dat*) prendre part à **Anteilnahme** F intérêt *m*; *Beileid* sympathie
Antenne F antenne
Antibabypille F pilule contraceptive **antibakteriell** antibactérien **Antibiotikum** N antibiotique *m* **Antiblockiersystem** N AUTO système antiblocage des roues
antik antique **Antike** F antiquité
Antikörper M anticorps
Antillen PL **die** ~ les Antilles *fpl*
Antilope F antilope
Antiquariat N librairie *f* d'occasion **antiquarisch** d'occasion **Antiquitäten** FPL objets *mpl* anciens **Antiquitätenhändler(in)** M(F) antiquaire
antisemitisch antisémite
antörnen *umg* **j-n** ~ *Droge* faire flipper qn; *Musik, Person* exciter qn
Antrag M demande *f*; *Formular* formulaire; **e-n** ~ **stellen** (**auf**) faire une demande (de)
antreffen trouver
antreiben pousser, inciter (**zu** à); TECH entraîner; *Motor* propulser
antreten *Arbeit, Studium* commencer; **e-e Reise** ~ partir en voyage
Antrieb M TECH entraîne-

ment; FLUG, SCHIFF propulsion *f*; **aus eigenem ~** de sa propre initiative

Antwerpen Anvers

Antwort F réponse (**auf** *akk* à)

antworten répondre (**j-m** à qn)

anvertrauen confier

anwachsen *Pflanze* prendre racine; *fig* s'accroître

Anwalt M, **Anwältin** F avocat(e) *m(f)*

anwärmen (faire) chauffer légèrement

anweisen *anleiten* instruire; *anordnen* donner des instructions (**j-n** à qn); *zuweisen* attribuer; *Geld* virer **Anweisung** F instruction; *Überweisung* virement *m*

anwenden employer, utiliser; *Regel etc* appliquer (**auf** *akk* à) **Anwendung** F emploi *m*, utilisation; MED, IT application

anwerben engager, recruter

anwesend présent; **die Anwesenden** les personnes présentes

Anwesenheit F présence

anwidern **j-n ~** dégoûter qn

Anzahl F nombre *m* **anzahlen** verser un acompte **Anzahlung** F acompte *m*, arrhes *fpl*

Anzeichen N indice *m*, signe *m*

Anzeige F annonce; *Familienanzeige* faire-part *m*; JUR plainte; *anonyme* dénonciation; IT affichage *m*; **~ erstatten** porter plainte (**gegen** contre)

anzeigen indiquer; *Geburt etc* faire part de; *bei der Polizei* signaler, dénoncer

anziehen *Kleidung* mettre; *Bremse, Schraube* serrer; *anlocken* attirer; **sich ~** s'habiller

anziehend attirant **Anziehungskraft** F force d'attraction

Anzug M costume

anzünden allumer

Apartment N studio *m* **Apartmenthaus** N immeuble *m* de studios

apathisch apathique

Aperitif M apéritif

Apfel M pomme *f* **Apfelbaum** M pommier **Apfelkuchen** M tarte *f* aux pommes **Apfelmus** N compote *f* de pommes **Apfelsaft** M jus de pomme **Apfelschorle** F *mélange de jus de pommes et d'eau minérale gazeuse*

Apfelsine F orange

Apfelstrudel M strudel [ʃtʀudœl] (aux pommes) **Apfeltasche** F chausson *m* aux pommes **Apfelwein** M cidre

Apostel M apôtre

Apostroph M apostrophe *f*

Apotheke F pharmacie **Apotheker(in)** M(F) pharmacien *m*, pharmacienne *f*

App F IT application *f*, appli *f*

Apparat M appareil; *Radio* poste; TEL **am ~!** c'est moi!;

TEL **wer ist am ~?** c'est qui à l'appareil?; **bitte bleiben Sie am ~!** ne quittez pas!
Appartement N → Apartment
appellieren faire appel (**an** *akk* à)
Appetit M appétit; **guten ~!** bon appétit **appetitlich** appétissant **Appetitlosigkeit** F manque *m* d'appétit
Applaus M applaudissements *mpl*
Après-Ski N sortie *f*, soirée *f* sympa au ski
Aprikose F abricot *m*
April M avril **Aprilscherz** M poisson d'avril
Aquarell N aquarelle [-kw-] *f*
Aquarium N aquarium [-kw-] *m*
Äquator M équateur [-kw-]
Araber(in) M(F) Arabe **Arabien** N l'Arabie *f* **arabisch** arabe
Arbeit F travail *m* **arbeiten** travailler **Arbeiter(in)** M(F) ouvrier *m*, ouvrière *f* **Arbeitgeber(in)** M(F) employeur *m*, employeuse *f* **Arbeitnehmer(in)** M(F) salarié(e)
Arbeitsamt N, **Arbeitsagentur** F agence *f* pour l'emploi **Arbeitsgruppe** F groupe de travail **Arbeitskräfte** PL main-d'œuvre *f* **Arbeitslohn** M salaire **arbeitslos** au chômage **Arbeitslose(r)** M/F(M) chômeur *m*, chômeuse *f* **Arbeitslosengeld** N allocation *f* (de) chômage **Arbeitslosigkeit** F chômage *m* **Arbeitsplatz** M *Stelle* emploi; *Ort* lieu de travail **arbeitsunfähig** invalide
Arbeitsunfall M accident du travail **Arbeitszeit** F heures *fpl* de travail **Arbeitszimmer** N bureau *m*
Archäologie F archéologie [-k-]
Architekt(in) M(F) architecte
Architektur F architecture
Archiv N archives *fpl*
ARD F (**Arbeitsgemeinschaft der Rundfunkanstalten Deutschlands**) première chaîne de la télévision publique allemande
Arena F arène
Arganöl N *Kosmetik* huile *f* d'argane
Argentinien N l'Argentine *f*
Ärger M *Zorn* colère *f*; *Unannehmlichkeiten* ennuis *mpl* **ärgerlich** *verärgert* en colère; *unangenehm* ennuyeux
ärgern énerver; *necken* embêter; **sich ~** s'énerver (**über etw** *akk* à cause de qc, **über j-n** contre qn)
Argument N argument
Arie F air *m* (d'opéra)
Aristokratie F aristocratie [aʀistɔkʀasi] **aristokratisch** aristocratique
arm pauvre
Arm M bras

Armaturenbrett N tableau *m* de bord **Armband** N bracelet *m* **Armbanduhr** F montre-bracelet
Armee F armée
Ärmel M manche *f* **Ärmelkanal der ~** la Manche
ärmellos sans manches
ärmlich pauvre, misérable **armselig** misérable; *pej* minable
Armut F pauvreté
Aroma N arôme *m*
arrogant arrogant
Arsch M *sl* cul [ky]
Art F *Sorte* genre *m*, espèce (*a.* BIOL); *Weise* manière, façon; **e-e ~** ... un genre *od* une espèce de; **aller ~** de toutes sortes; **auf diese ~** de cette manière *od* façon
Arterie F artère **Arterienverkalkung** F artériosclérose
Arthrose F arthrose
artig sage
Artikel M article
Artillerie F artillerie
Artischocke F artichaut *m*
Artist(in) M(F) artiste de cirque *od* de music-hall
Arzneimittel N médicament *m*
Arzt M médecin **Arzthelferin** F secrétaire médicale
Ärztin F (femme *f*) médecin *m*
ärztlich médical
Asbest M amiante
Asche F cendre **Aschenbecher** M cendrier **Aschermittwoch** M mercredi des Cendres
Asiat M Asiatique **asiatisch** asiatique
Asien N l'Asie *f*
Aspekt M aspect
Asphalt M asphalte
Aspirin® N aspirine® *f*
Ass N as [as] *m* (*a. fig*)
Assistent(in) M(F) assistant(e)
Ast M branche *f*
ästhetisch esthétique
Asthma N asthme [asm] *m*
Astrologie F astrologie **Astronaut** N astronaute **Astronomie** F astronomie
Asyl N asile *m* **Asylbewerber(in)** M(F) demandeur *m*, demandeuse *f* d'asile
Atelier N atelier *m*
Atem M respiration *f*; **schlechter ~** mauvaise haleine *f*; **außer ~ kommen** s'essouffler; **~ holen** respirer
Atembeschwerden FPL troubles *mpl* respiratoires **atemlos** °hors d'haleine, essoufflé
Atemnot F difficulté à respirer
Atheist(in) M(F) athée
Äther M éther [etɛʀ]
Äthiopien N l'Éthiopie *f*
Athlet(in) M(F) athlète
atlantisch atlantique; **der Atlantische Ozean** l'océan *m* Atlantique
Atlas M atlas [atlas]
atmen respirer

Atmosphäre F atmosphère
Atmung F respiration **atmungsaktiv** *Kleidung* thermoactif
Atom N atome *m* **atomar** atomique **Atombombe** F bombe atomique **Atomenergie** F énergie atomique **Atomkraftwerk** N centrale *f* nucléaire **Atommüll** M déchets *mpl* radioactifs **Atomwaffen** FPL armes atomiques
Attachment N IT fichier *m* joint
Attentat N attentat *m* **Attentäter(in)** M(F) auteur d'un attentat
Attest N certificat *m* médical
Attraktion F attraction **attraktiv** séduisant
au! aïe!
Aubergine F aubergine
auch aussi; ~ **nicht** non plus; **ich** ~ moi aussi; **ich** ~ **nicht** moi non plus; **wenn** ~ même si; **wer/wo** ~ **immer** qui/où que ce soit
Audioguide M audioguide
auf sur; à, en; ~ **dem Land** à la campagne; ~ **der Post®** à la poste; ~ **der Reise** pendant le voyage; ~ **der Straße** dans la rue; ~ **Korsika** en Corse; ~ **Deutsch** en allemand; ~ **einmal** tout d'un coup; ~ **sein** *Geschäft* être ouvert; *Person* être debout
aufatmen respirer
Aufbau M construction *f*; *e-s Gerüsts* montage; *Gliederung* structure *f* **aufbauen** construire; *aufstellen* monter
aufbekommen arriver à ouvrir
aufbewahren garder, conserver **Aufbewahrung** F conservation; *für Gepäck* consigne
aufblasen gonfler **aufbleiben** *Kinder* rester debout; *Fenster* rester ouvert **aufblenden** AUTO mettre les phares
aufblühen s'épanouir **aufbrauchen** épuiser (*a. fig*)
aufbrechen *Tür* forcer, fracturer; *sich öffnen* s'ouvrir; *losgehen, -fahren* se mettre en route **Aufbruch** M départ
aufbrühen *Tee* faire **aufbügeln** repasser
aufdecken découvrir (*a. fig*)
aufdrängen **sich** ~ s'imposer (**j-m** à qn)
aufdrehen ouvrir; *Radio* mettre plus fort **aufdringlich** envahissant; *anhänglich* collant **Aufdruck** M texte imprimé
aufeinander l'un sur (*od* après) l'autre **aufeinanderfolgen** se succéder **aufeinanderfolgend** consécutif **aufeinanderprallen, aufeinanderstoßen** se °heurter
Aufenthalt M séjour; *während der Fahrt* arrêt
Aufenthaltserlaubnis F, **Aufenthaltsgenehmigung** F permis *m* de séjour

Aufenthaltsort M lieu de séjour **Aufenthaltsraum** M lieu de réunion *od* de distraction
Auferstehung F résurrection
aufessen manger tout
auffahren °heurter, télescoper (**auf etw** *akk* qc); *aufschrecken* sursauter
Auffahrt F rampe (d'accès); *zur Autobahn* bretelle d'accès **Auffahrunfall** M télescopage
auffallen frapper (**j-m** qn); *Person* se faire remarquer; **nicht ~** passer inaperçu
auffallend, **auffällig** frappant; *Kleider* voyant
auffangen rattraper; *Wasser* recueillir; *Notruf etc* capter
auffassen saisir, comprendre **Auffassung** F opinion **Auffassungsgabe** F compréhension
auffinden retrouver
auffordern inviter (**zu** à) **Aufforderung** F invitation
auffrischen rafraîchir; *Wind* fraîchir
aufführen *Theater* représenter; **sich ~** se conduire **Aufführung** F représentation
auffüllen remplir
Aufgabe F tâche; *Pflicht u. Hausaufgabe* devoir *m*; MATH problème *m*; *Verzicht* abandon *m*
Aufgang M *der Sonne etc* lever; *Hausaufgang* escalier
aufgeben *Paket etc* expédier; *Gepäck* faire enregistrer; *Anzeige, Bestellung* passer; *verzichten* abandonner; **das Rauchen ~** arrêter de fumer
aufgebracht en colère
aufgehen *Sonne, Mond* se lever; *sich öffnen* s'ouvrir; *Naht* se découdre; *Geklebtes* se décoller
aufgelegt gut/schlecht ~ de bonne/mauvaise humeur; **zu etw ~ sein** être d'humeur à faire qc
aufgeregt énervé **aufgeschlossen** ouvert **aufgeweckt** éveillé
aufgießen *Tee, Kaffee* faire
aufgrund (*gen*) *od* **~ von** en raison de
Aufguss M infusion *f*
aufhaben *Hut* avoir (sur la tête); *Geschäft* être ouvert
aufhalten *hemmen* enrayer; *j-n* retarder; *Tür* tenir ouvert; **sich ~** séjourner
aufhängen suspendre, accrocher; *Wäsche* étendre **Aufhänger** M attache *f*
aufheben *v. Boden* ramasser; *Person* relever; *aufbewahren* garder; *abschaffen* abolir; *Verbot* lever, annuler
aufheitern j-n ~ égayer, dérider qn; **sich ~** s'éclaircir
Aufheiterung F éclaircie
aufhören arrêter (**zu** de); *Sturm, Weg* s'arrêter; **mit etw ~** arrêter (de faire) qc

aufklären élucider; **j-n ~** renseigner qn (**über** *akk* sur); *sexuell* faire l'éducation sexuelle de qn **Aufklärung** F éclaircissements *mpl*
Aufkleber M autocollant
aufknöpfen déboutonner
aufkommen subvenir (**für** à); *Verdacht* naître; *Wind* se lever
aufladen charger; *Batterie* recharger
Auflage F *e-s Buchs* édition; *Bedingung* condition
auflassen laisser ouvert; *Hut* garder
Auflauf M GASTR soufflé; *Menschenauflauf* attroupement
aufleben renaître **auflegen** mettre, poser (**auf** *akk* sur); TEL raccrocher
auflehnen sich ~ s'insurger (**gegen** contre); *gegen die Eltern* se rebeller (contre)
auflösen *in Flüssigkeit* dissoudre (*a. fig Verein etc*); *Geschäft* liquider; *Rätsel* résoudre; **sich ~** se dissoudre; *Nebel* se dissiper
Auflösung F dissolution
aufmachen ouvrir; *Knoten* défaire **Aufmachung** F présentation
aufmerksam attentif; *zuvorkommend* attentionné; **j-n auf etw ~ machen** attirer l'attention de qn sur qc
Aufmerksamkeit F attention
aufmuntern encourager
Aufnahme F *Empfang* accueil; FOTO photo, prise de vue; *Tonaufnahme* enregistrement *m*; **e-e ~ machen** prendre une photo
Aufnahmeprüfung F examen *m* d'entrée
aufnehmen *Gast* accueillir; *zulassen* admettre (**in** *akk* à, dans); *Arbeit* commencer; FOTO prendre en photo; *auf Band* enregistrer; **Kontakt ~** prendre contact
aufpassen faire attention (**auf** *akk* à); *auf Kinder* garder
Aufprall M choc **aufprallen** °heurter (**auf etw** qc)
Aufpreis M supplément
aufpumpen gonfler
aufräumen ranger
aufrecht droit (*a. fig*) **aufrechterhalten** maintenir
aufregen énerver; **sich ~** s'énerver (**über etw** *akk* à cause de qc, **über j-n** contre qn)
aufregend excitant **Aufregung** F énervement *m*, émotion
aufreiben *Haut* écorcher
aufreibend exténuant
aufreißen ouvrir brusquement; *zerreißen* déchirer
aufreizen exciter
aufreizend provocant
aufrichtig franc, sincère **Aufrichtigkeit** F sincérité
aufrücken avancer
Aufruf M appel (**an** *akk* à) **aufrufen** appeler

Aufruhr M émeute *f*, révolte *f* **aufrunden** arrondir **Aufrüstung** F (ré)armement *m* **aufsässig** rebelle **Aufsatz** M *Schule* rédaction *f*; *in e-r Zeitschrift* article **aufschieben** remettre
Aufschlag M *Aufprall* choc; *an Kleidung* revers; *Preisaufschlag* augmentation *f*; *Tennis* service **aufschlagen** *Buch* ouvrir; *Zelt* monter; *aufprallen* °heurter (**auf etw** *akk* qc)
aufschließen ouvrir
aufschlussreich instructif
aufschneiden couper; *Fleisch* découper; *prahlen* se vanter **Aufschnitt** M charcuterie *f* (en tranches)
aufschreiben noter
Aufschrift F inscription
Aufschub M délai
aufschürfen érafler
Aufschwung M essor
Aufsehen N **~ erregen** faire du bruit
Aufseher(in) M(F) gardien(ne), surveillant(e)
aufsetzen *Hut, Brille* mettre; *Brief* rédiger; FLUG se poser
Aufsicht F surveillance; *Person* surveillant *m*
aufspringen se lever d'un bond; *Tür* s'ouvrir (brusquement); *Haut* (se) gercer; **auf e-n Zug ~** prendre un train en marche
Aufstand M soulèvement, insurrection *f* **Aufständische(r)** M/F(M) insurgé(e) *m(f)*
aufstapeln empiler
aufstecken *Haar* relever; *umg aufgeben* abandonner
aufstehen se lever; *Tür* être ouvert
aufsteigen monter (**auf** *akk* sur); *beruflich* monter en grade
aufstellen *hinstellen* mettre, poser; *aufrichten* dresser; *aufbauen* monter; *Programm, Rekord* établir; *Mannschaft* former **Aufstellung** F *Liste* relevé *m*
Aufstieg M montée *f*, ascension *f*; *im Beruf* avancement
aufsuchen aller voir
Auftakt M début (**zu** de)
auftanken faire le plein **auftauchen** faire surface; *fig* apparaître, surgir **auftauen** dégeler; *Tiefgekühltes* décongeler **aufteilen** partager (**in** *akk* en); répartir (**unter** *dat* entre)
Auftrag M mission; HANDEL commande *f*; **im ~ von** au nom de, pour; **j-m den ~ geben zu** charger qn de
auftragen *Farbe, Salbe* mettre, appliquer (**auf** *akk* sur); *Speisen* servir
auftreiben *umg Geld etc* trouver **auftrennen** découdre
auftreten *Theater* entrer en scène; *Schwierigkeiten* apparaître; **entschlossen ~** se montrer ferme
Auftritt M scène *f* (*a. fig*); *Schauspieler* entrée *f* en scène
aufwachen se réveiller

aufwachsen grandir
Aufwand M dépense *f* (**an** *dat* de); *an Geld* dépenses *fpl*, moyens *mpl*; *Luxus* luxe
aufwärmen réchauffer
aufwärts vers le °haut
aufwecken réveiller **aufweichen** ramollir; *Weg* détremper
aufweisen présenter
aufwenden *Geld, Zeit* dépenser, investir **aufwendig** coûteux **Aufwendungen** FPL dépenses
aufwerten réévaluer; *fig* valoriser **Aufwertung** F réévaluation
aufwickeln enrouler **aufwirbeln** soulever (des tourbillons de) **aufwischen** essuyer
aufzählen énumérer
aufzeichnen dessiner; *schriftlich* noter; *auf Band* enregistrer
Aufzeichnung F note; *auf Band* enregistrement *m*; TV émission en différé
aufziehen *Vorhang* ouvrir; *Uhr* remonter; *Kind* élever; *umg necken* charrier **Aufzug** M ascenseur; *Theater* acte; *Kleidung pej* accoutrement
aufzwingen **j-m etw ~** imposer qc à qn
Augapfel M globe oculaire
Auge N œil *m* ⟨*pl* yeux⟩; **ins ~ fassen** envisager; **ins ~ fallen** sauter aux yeux; *fig* **ein ~ zudrücken** fermer les yeux (sur qc)
Augenarzt M oculiste
Augenblick M instant, moment **augenblicklich** *gegenwärtig* actuel; *sofortig* instantané; *vorübergehend* momentané; ADV *sofort* immédiatement
Augenbraue F sourcil [suʀsi] *m* **Augenfarbe** F couleur des yeux **Augenlid** N paupière *f* **Augenringe** MPL cernes **Augentropfen** MPL collyre *m* **Augenzeuge** M témoin oculaire
August M août [u(t)]
Auktion F vente aux enchères
Aula F salle des fêtes
Au-pair-Mädchen N jeune fille *f* au pair
aus (*dat*) de; **~ München** de Munich; **~ Liebe** par amour; **~ Gold** en or; **von hier ~** d'ici; **~ sein** *Veranstaltung* être fini; *Licht, Heizung* être éteint
ausarbeiten élaborer **ausarten** dégénérer (**in** *akk* en)
ausatmen expirer **ausbauen** *vergrößern* agrandir; *umbauen* aménager; *Motor* démonter **ausbessern** réparer; *Wäsche* raccommoder **ausbeulen** débosseler; *Kotflügel* redresser
Ausbeute F profit *m* **ausbeuten** exploiter **Ausbeutung** F exploitation
ausbilden former **Ausbildung** F formation
Ausblick M vue *f*
ausbrechen *Feuer, Krankheit* se déclarer; *Krieg* éclater; *ent-*

fliehen s'évader; **in Tränen ~** fondre en larmes
ausbreiten *entfalten* étaler; *ausstrecken* étendre; **sich ~** s'étendre; *Gerücht, Mode* se répandre, se propager
Ausbruch M *Flucht* évasion *f*; *Vulkanausbruch* éruption *f*; *Kriegsausbruch* début; **zum ~ kommen** éclater; *Krankheit* se déclarer
Ausdauer F persévérance; SPORT endurance **ausdauernd** persévérant; SPORT endurant
ausdehnen **(sich) ~** (s')étendre; *zeitlich* (se) prolonger; PHYS (se) dilater **Ausdehnung** F extension; prolongation; PHYS dilatation; *Größe* étendue
ausdenken **sich etw ~** imaginer qc
Ausdruck[1] M expression *f*; **zum ~ bringen** exprimer
Ausdruck[2] M IT listage **ausdrucken** imprimer, lister
ausdrücken exprimer; *Zitrone, Schwamm* presser; *Zigarette* écraser; **sich ~** s'exprimer
ausdrücklich exprès; ADV expressément
ausdruckslos inexpressif
ausdrucksvoll expressif
Ausdrucksweise F façon de s'exprimer
auseinander séparés l'un de l'autre; **2 Jahre ~ sein** *Brüder* avoir 2 ans de différence
auseinandergehen *Personen* se séparer; *Menschenmenge* se disperser; *Geleimtes* se décoller; *Meinungen* diverger **auseinanderhalten** distinguer
auseinandernehmen démonter
Auseinandersetzung F explication, querelle
Ausfahrt F sortie
ausfallen *Haare etc* tomber; *Veranstaltung* être annulé; TECH tomber en panne; **gut/schlecht ~** être bon/mauvais
Ausfallstraße F route de sortie
ausfegen balayer
ausfindig **~ machen** (finir par) trouver
Ausflug M excursion *f*
ausfragen **j-n ~** interroger qn
Ausfuhr F exportation
ausführen *j-n* emmener (**zum Tanz** danser); *Hund* sortir; *durchführen* effectuer, exécuter; *Plan* réaliser; HANDEL exporter
ausführlich détaillé; ADV en détail **Ausführung** F exécution, réalisation; *Modell* version
ausfüllen remplir
Ausgabe F *Geldausgabe* dépense; *Buchausgabe* édition; *Verteilung* distribution
Ausgang M sortie *f*; *a. fig* issue *f*; *fig* dénouement **Ausgangspunkt** M point de départ
ausgeben *Geld* dépenser; *ver-*

teilen distribuer; *Fahrkarten* délivrer; **sich ~ für, als** (*akk*) se faire passer pour
ausgebucht complet
ausgedehnt *Spaziergang* long; *Land* vaste **ausgefallen** original; *Idee* saugrenu **ausgeglichen** équilibré
ausgehen sortir; *Licht, Feuer* s'éteindre; *Haare* tomber; *enden* se terminer; **mir sind die Zigaretten ausgegangen** je n'ai plus de cigarettes; **davon ~, dass** partir du principe que
ausgehungert affamé **ausgenommen** excepté **ausgerechnet** justement **ausgeschlossen** exclu **ausgeschnitten** *Kleid* décolleté **ausgesprochen** prononcé; ADV vraiment **ausgewogen** équilibré **ausgezeichnet** excellent
ausgiebig abondant; *Mahlzeit* copieux
ausgießen vider
Ausgleich M compensation *f*; SPORT égalisation *f*; **zum ~** en compensation
ausgleichen compenser; SPORT égaliser
ausgleiten glisser
ausgraben déterrer **Ausgrabungen** FPL fouilles
Ausguss M évier
aushalten supporter **aushändigen** remettre
Aushang M affiche *f*
aushelfen dépanner (**j-m** qn)
Aushilfe F *Person* auxiliaire *m/f*
Aushilfspersonal N personnel *m* intérimaire
aushöhlen creuser
auskehren balayer
auskennen sich ~ s'y connaître (**in** *dat* en)
ausknipsen *umg Licht* fermer
auskochen faire bouillir
auskommen s'en sortir, y arriver (**mit etw** avec qc); s'entendre (**mit j-m** avec qn); **ohne j-n/etw nicht ~** ne pouvoir se passer de qn/qc
Auskommen N **sein ~ haben** avoir de quoi vivre
Auskunft F renseignement *m*; TEL, *Zugauskunft* renseignements *mpl*; **~ geben** renseigner (**j-m über etw** *akk* qn sur qc)
Auskunftsschalter M *Bahn* guichet informations
auskuppeln AUTO débrayer
auskurieren guérir complètement *od* tout à fait **auslachen** rire de **ausladen** décharger; *umg Gäste* décommander
Auslagen FPL dépenses
Ausland N étranger *m*; **im** *od* **ins ~** à l'étranger
Ausländer M étranger **Ausländerfeindlichkeit** F xénophobie **Ausländerin** F étrangère
ausländisch étranger
Auslandsaufenthalt M sé-

jour à l'étranger **Auslandsbrief** M lettre *f* pour l'étranger **Auslandsgespräch** N TEL communication *f* internationale **Auslandspostanweisung** F mandat *m* international **Auslandsreise** F voyage *m* à l'étranger **Auslandsschutzbrief** M contrat d'assistance automobile à l'étranger

auslassen oublier; *Wort etc* sauter; *Wut* passer (**an j-m** sur qn) **auslaufen** s'écouler; *Schiff* appareiller **ausleeren** vider **auslegen** *Geld* avancer; *deuten* interpréter

ausleihen prêter (**j-m** à qn); **sich etw ~** emprunter qc (**von j-m** à qn)

Auslese F sélection; *Wein* vin *m* de grand cru

ausliefern livrer; POL extrader **Auslieferung** F livraison; POL extradition

ausloggen IT (**sich**) **~** se déconnecter

auslöschen éteindre **auslosen** tirer au sort **auslösen** déclencher **Auslöser** M FOTO déclencheur **auslüften** aérer

ausmachen *Licht, Radio etc* fermer, éteindre; *Termin* fixer; **macht es Ihnen etwas aus, wenn ...?** ça vous dérange si...?

Ausmaß N ampleur *f*; *Größe* dimensions *fpl*

ausmessen mesurer

Ausnahme F exception; **mit ~ von** à l'exception de

Ausnahmezustand M état d'urgence

ausnahmslos sans exception

ausnahmsweise exceptionnellement

ausnehmen *Fisch* vider; *fig umg j-n* plumer **ausnutzen** profiter de **auspacken** *Koffer* défaire **ausplündern** *Person* dévaliser **auspressen** presser **ausprobieren** essayer

Auspuff M échappement **Auspuffgase** NPL gaz *mpl* d'échappement **Auspuffrohr** N tuyau *m* d'échappement **Auspufftopf** M pot d'échappement

auspumpen pomper; **den Magen ~** faire un lavage d'estomac

ausradieren gommer **ausrangieren** mettre au rancart **ausrasieren** raser **ausrauben** dévaliser **ausräumen** vider **ausrechnen** calculer

Ausrede F excuse

ausreden j-m etw ~ dissuader qn de qc

ausreichen suffire

ausreichend suffisant

Ausreise F sortie

ausreisen (**aus e-m Land**) **~** quitter un pays

ausreißen arracher; *umg weglaufen* se sauver **ausrenken** démettre **ausrichten** *Gruß* transmettre; *erreichen* obtenir

ausrotten exterminer
Ausruf M exclamation *f*, cri **ausrufen** s'écrier; *Stationen* annoncer; *verkünden* proclamer **Ausrufezeichen** N point *m* d'exclamation
ausruhen (**sich**) ~ se reposer
ausrüsten équiper (**mit** de) **Ausrüstung** F équipement *m*
ausrutschen glisser
Aussage F déclaration; JUR déposition **aussagen** déclarer; JUR déposer
aussaugen sucer **ausschalten** *Licht, Radio,* TV éteindre, fermer; *Maschine* arrêter; *Gegner* écarter
Ausschank M débit
ausscheiden éliminer; *aus e-r Firma* quitter (qc); SPORT être éliminé; *Bewerber* ne pas être retenu; *Möglichkeit* être exclu **Ausscheidung** F élimination; MED sécrétion
ausscheren AUTO déboîter **ausschimpfen** gronder
ausschlafen dormir assez; **s-n Rausch** ~ dormir tout son soûl
Ausschlag M MED éruption *f*; **den ~ geben** être décisif (**für** dans)
ausschlagen *Zahn* casser; *Auge* crever; *Angebot* refuser; *Pferd* ruer; BOT bourgeonner **ausschlaggebend** décisif
ausschließen exclure (**aus, von** de) **ausschließlich** exclusif; ADV exclusivement
Ausschluss M exclusion *f*
ausschmücken décorer; *fig* enjoliver **ausschneiden** découper (**aus** dans)
Ausschnitt M *Zeitungsausschnitt* coupure *f*; *Buchausschnitt* extrait; *Bildausschnitt* détail; *Kleiderausschnitt* décolleté
ausschreiben *Wort* écrire en toutes lettres; *Stelle* mettre au concours; *Rechnung* établir; *Scheck* remplir
Ausschuss M comité, commission *f*; *Ware* rebuts *mpl*
ausschütten *Wasser* verser; *Glas* vider, *Gewinn* distribuer
ausschweifend dissolu **Ausschweifung** F débauche
aussehen avoir l'air; **gut ~** *Person* être beau; *gesundheitlich* avoir bonne mine; *Sache* faire bien; **wie j-d/etw ~** ressembler à qn/qc; **es sieht nach Regen aus** le temps est à la pluie
außen à l'extérieur; **nach/von ~** vers/de l'extérieur
Außenbordmotor M moteur 'hors-bord **Außenhandel** M commerce extérieur **Außenministerium** N ministère *m* des affaires étrangères **Außenseite** F extérieur *m* **Außenseiter(in)** M(F) marginal(e); SPORT outsider *m* **Außenspiegel** M rétroviseur extérieur **Außenstürmer** M SPORT ailier

außer (*dat*) *außerhalb* °hors de; *ausgenommen* sauf, excepté; *neben* outre, en plus de; **~ wenn** sauf si; à moins que ... ne (*+subj*); **~ dass** sauf que; **~ Betrieb** °hors service
außerdem en outre, de plus
äußere(r, -s) extérieur
Äußere(s) N extérieur *m*
außergewöhnlich extraordinaire
außerhalb (*gen*) °hors de, en dehors de; **~ wohnen** habiter en dehors de la ville
äußerlich extérieur; *fig* superficiel; MED **zur ~en Anwendung** à usage externe
äußern dire, exprimer; **sich ~** se prononcer (**zu** *akk* sur); donner son avis (**über** *akk* sur); *sich zeigen* se manifester
außerordentlich extraordinaire
äußerst extrêmement
außerstande ~ sein être incapable (**etw zu tun** de faire qc)
äußerste(r, -s) extrême; *Preis, Termin* dernier
Äußerung F propos *mpl*
aussetzen *Kind* abandonner; *Belohnung* offrir; *e-r Gefahr, der Sonne* exposer (à); *Motor* s'arrêter; **etw auszusetzen haben an** (*dat*) trouver à redire à
Aussicht F vue; *fig* perspective, chance
aussichtslos sans espoir; *Vorhaben* voué à l'échec **Aussichtsturm** M belvédère
Aussiedler(in) M(F) rapatrié(e)
aussortieren trier
ausspannen *Pferd* dételer; *ausruhen* se reposer **ausspielen** *Karte* jouer
Aussprache F prononciation; *Gespräch* discussion
aussprechen *Wort* prononcer; *äußern* exprimer; **sich ~** s'expliquer (**mit j-m** avec qn); se prononcer (**für, gegen** pour, contre)
Ausspruch M parole *f*, sentence *f*
ausspucken cracher
ausspülen rincer
ausstatten équiper (**mit** de) **Ausstattung** F équipement *m*
ausstehen nicht ~ können ne pas pouvoir supporter
aussteigen descendre (**aus** de)
Aussteiger(in) M(F) *umg* marginal(e)
ausstellen *Waren* exposer; *Pass, Urkunde* délivrer; *Rechnung* établir; *Scheck* faire **Ausstellung** F exposition; *e-s Passes* délivrance **Ausstellungsgelände** N parc *m* d'exposition
aussterben disparaître **Aussteuer** F trousseau *m* **Ausstieg** M sortie *f* **ausstoßen** expulser; *Schrei* pousser
ausstrahlen *Wärme* répandre; *Radio*, TV diffuser

ausstrecken *Hand* tendre; *Arme, Beine* étendre
ausstreichen rayer **ausströmen** *Wärme, Geruch* se dégager (**aus** de); *Gas, Dampf* s'échapper (de)
aussuchen choisir
Austausch M échange **austauschen** échanger
austeilen distribuer
Auster F huître **Austernpilz** M pleurote
austragen *Briefe* distribuer; *Wettkampf* disputer
Australien N l'Australie *f*
Australier(in) M(F) Australien *m*, Australienne *f* **australisch** australien
austreten *aus e-r Partei etc* quitter (qc); *umg zur Toilette* aller au petit coin **austrinken** finir; vider **Austritt** M départ (**aus** de), démission (de) **ausüben** exercer; SPORT pratiquer
Ausverkauf M soldes *fpl*
ausverkauft *Ware* épuisé; *Theater* complet
Auswahl F choix *m;* SPORT sélection **auswählen** choisir (**aus** parmi)
Auswanderer M émigrant
Auswanderin F émigrante
auswandern émigrer **Auswanderung** F émigration
auswärts à l'extérieur; **von ~** d'ailleurs; **~ essen** déjeuner *od* dîner en ville, aller au restaurant
auswaschen laver **auswechseln** remplacer (**gegen** par)
Ausweg M issue *f* **ausweglos** sans issue
ausweichen éviter (**j-m, e-r Sache** qn, qc); *e-r Frage* éluder (qc)
ausweichend *Antwort* évasif
Ausweis M carte *f*; *Personalausweis* carte *f* d'identité **ausweisen** expulser; **sich ~** montrer ses papiers **Ausweispapiere** NPL papiers *mpl* d'identité **Ausweisung** F expulsion
ausweiten élargir; *fig* agrandir
auswendig par cœur **auswerten** utiliser, exploiter
auswiegen peser (exactement)
auswirken **sich ~** se répercuter (**auf** *akk* sur)
auswuchten AUTO équilibrer
auszahlen payer, verser; **sich ~** être payant **Auszahlung** F paiement *m*, versement *m*
auszeichnen *ehren* distinguer; *mit Orden* décorer (de); *Ware* étiqueter; **sich ~** se distinguer (**durch** par) **Auszeichnung** F distinction; *Orden* décoration
ausziehen *Kleidung* enlever; *Tisch* mettre les rallonges à; *aus e-r Wohnung* déménager; **sich ~** se déshabiller **Ausziehtisch** M table *f* à rallonges
Auszubildende(r) M/F(M) ap-

prenti(e) *m(f)*
Auszug M *aus e-m Buch* extrait; *aus e-r Wohnung* déménagement
authentisch authentique
Auto N voiture *f*; **~ fahren** *Fahrer* conduire; **mit dem ~ nach Paris fahren** aller en voiture à Paris
Autobahn F autoroute **Autobahnauffahrt** F bretelle d'accès **Autobahnausfahrt** F sortie d'autoroute **Autobahndreieck** N échangeur *m* **Autobahngebühr** F péage *m* **Autobahnkreuz** N échangeur *m* **Autobahnraststätte** F restoroute **Autobahnzubringer** M bretelle *f* (*od* voie *f*) d'accès à l'autoroute
Autobiografie F autobiographie **Autobombe** F voiture piégée
Autobus M autobus; *Reisebus* autocar; → Bus…
Autodach N toit *m* de la voiture **Autofähre** F car-ferry *m* **Autofahrer(in)** M(F) automobiliste **Autofahrt** F voyage *m* en voiture
Autogramm N autographe *m*
Autokarte F carte routière
Autokino N drive-in *m* **Autokolonne** F file de voitures
Automat M distributeur (automatique)
Automatikgetriebe N boîte *f* (de vitesses) automatique
Automatikgurt M ceinture *f* de sécurité à enrouleur
automatisch automatique
Automechaniker M mécanicien **Automobilklub** M club automobile
autonom autonome **Autonomie** F autonomie
Autonummer F numéro *m* d'immatriculation
Autor M auteur
Autoradio N autoradio *f od m* **Autoreifen** M pneu de voiture **Autoreisezug** M train auto-couchettes **Autorennen** N course *f* automobile **Autoreparaturwerkstatt** F garage *m*
Autorin F auteur *m*
autoritär autoritaire **Autorität** F autorité
Autoschlüssel M clé *f* de voiture **Autoskooter** M auto *f* tamponneuse **Autotelefon** N (radio)téléphone *m* de voiture **Autounfall** M accident de voiture **Autoverkehr** M circulation *f* (automobile) **Autovermietung** F location de voitures **Autowaschanlage** F lavage *m* automatique de voitures **Autowerkstatt** F garage *m* **Autozubehör** N accessoires *mpl* d'automobile
Avocado F avocat *m*
Axt F °hache
Azalee F azalée
Azubi M/F(M) apprenti(e) *m(f)*

B

Baby N bébé *m* **Babyfon®** N écoute-bébé *m*, babyphone® *m* **Babynahrung** F aliments *mpl* pour bébés **Babypause** F *umg* congé *m* maternité **Babysitter(in)** M(F) baby-sitter *m/f* **Babytragetasche** F porte-bébé *m*

Bach M ruisseau

Bachelor M UNIV bachelor *m* **Bachelorstudiengang** M études *fpl* en bachelor

Backblech N plaque *f* à pâtisserie

Backbord N bâbord *m*

Backe F joue

backen *Kuchen, Brot* faire (cuire); *Fisch* (faire) frire

Backenknochen M pommette *f* **Backenzahn** M molaire *f*

Bäcker M boulanger **Bäckerei** F boulangerie **Bäckerin** F boulangère

Backform F moule *m* à gâteaux **Backobst** N fruits *mpl* secs **Backofen** M four

Backpacker M routard

Backpflaume F pruneau *m* **Backpulver** N levure *f* chimique **Backshop** M boulangerie *f* self-service **Backstein** M brique *f*

Bad N bain *m*; *Badezimmer* salle *f* de bains; *Kurort* station *f* thermale; *Schwimmbad* piscine *f*

Badeanzug M maillot de bain **Badehose** F slip *m* de bain **Badekappe** F bonnet *m* de bain **Badelatschen** MPL *umg* sandales *fpl* de plage **Bademantel** M peignoir **Bademeister** M maître nageur

baden se baigner; *in der Wanne* prendre un bain; *j-n* baigner; **Baden verboten!** baignade interdite!

Baden-Württemberg N le Bade-Wurtemberg

Badeort M station *f* balnéaire **Badeschuhe** MPL, *umg* **Badeschlappen** MPL sandales *fpl* de plage, chaussures *fpl* de bain **Badesee** M lac (*où la baignade est autorisée*) **Badestrand** M plage *f* **Badetasche** F sac *m* de plage **Badetuch** N serviette *f* de bain **Badewanne** F baignoire **Badezeug** N affaires *fpl* de bain

Badezimmer N salle *f* de bains **Badezusatz** M complément de bain

Badminton N badminton *m* [badmintɔn]

Badreiniger M produit *m* de nettoyage pour salle de bains

Bagatelle F bagatelle

Bagger M pelle *f* mécanique

Bahn F 1 *Eisenbahn* chemin *m* de fer; **mit der ~ fahren** aller en train; **zur ~ bringen** emme-

ner à la gare **2** *Weg* voie; *Rennbahn, Startbahn* piste
bahnen **sich e-n Weg ~** se frayer un chemin
Bahnfahrt F voyage *m* en train
Bahnhof M gare *f*; **auf dem ~** à la gare
Bahnhofshalle F °hall *m* (d'une gare) **Bahnhofsvorsteher** M chef de gare
Bahnlinie F ligne de chemin de fer **Bahnsteig** M quai
Bahnübergang M passage à niveau
Bahre F civière, brancard *m*
Baiser N meringue *f*
Bakterie F bactérie
Balance F équilibre *m*
bald bientôt; **~ darauf** peu après; **so ~ wie möglich** le plus tôt possible; **bis ~!** à bientôt!
baldig prochain
Baldrian M valériane *f*
Balken M poutre *f*
Balkon M balcon
Ball M balle *f*; *größerer* ballon; *Tanzfest* bal
Ballast M lest [lɛst] **Ballaststoffe** MPL fibres *fpl*
Ballett N ballet *m*
Ballon M ballon
Ballungsraum M agglomération *f*
Balsam M baume
Bambus M bambou
banal banal
Banane F banane
Bancomat® M *bes schweiz* guichet automatique
Band[1] M volume, tome
Band[2] N ruban *m*; *fig* lien *m*; **auf ~ aufnehmen** enregistrer
Band[3] F MUS groupe *m*
Bandage F bandage *m* **bandagieren** bander
Bande F bande; *Verbrecherbande* gang [gɑ̃g] *m*
Bänderriss M déchirure *f* des ligaments **Bänderzerrung** F foulure
Bandit M bandit
Bandmaß N mètre *m* à ruban
Bandnudeln FPL nouilles (plates) **Bandscheibe** F disque *m* intervertébral **Bandscheibenvorfall** M °hernie *f* discale **Bandwurm** M ver solitaire
Bank F banc *m*; *gepolstert* banquette; HANDEL banque
Bankangestellte(r) M/F(M) employé(e) *m(f)* de banque
Bankautomat M distributeur (automatique) de billets
Bankier M banquier **Bankkonto** N compte *m* en banque **Bankleitzahl** F code *m* banque **Banknote** F billet *m* de banque
Bankomat® M *bes österr* guichet automatique
bankrott en faillite
bar (in) ~ en espèces, en liquide
Bar F bar *m*; *Nachtbar* boîte de nuit

Bär M ours [uʀs]
Baracke F baraque
Barbar M barbare **barbarisch** barbare
Barbecue N barbecue *m*
Barcode M code-barres
barfuß pieds nus
Bargeld N (argent *m*) liquide *m*, espèces *fpl* **bargeldlos** par chèque, par virement
Barhocker M tabouret de bar
Bariton M baryton
Barkeeper M barman [baʀman]
Bärlauch M BOT ail [aj] des ours
barmherzig charitable
barock baroque
Barometer N baromètre *m*
Barren M SPORT barres *fpl* parallèles; *Gold* lingot
Barriere F barrière **barrierefrei** accessible aux personnes ayant un handicap
Barrikade F barricade
barsch brusque
Barsch M perche *f*
Barscheck M chèque non barré *od* payable au porteur
Bart M barbe *f*
Barzahlung F paiement *m* comptant; *nicht mit Scheck* en espèces, en liquide
Basar M bazar, souk
Basel Bâle
basieren ~ **auf** (*dat*) reposer sur
Basilika F basilique
Basilikum N basilic *m*
Basis F base
Baskenmütze F béret *m* basque
Basketball M basket(-ball) [baskɛt(bol)]
Bass M basse *f*
Bast M raphia
basteln bricoler **Bastler(in)** M(F) bricoleur *m*, bricoleuse *f*
Batterie F pile; AUTO batterie
Bau M construction *f*; *Gebäude* bâtiment; *Tierhöhle* terrier
Bauarbeiten FPL travaux *mpl* **Bauarbeiter** M ouvrier du bâtiment
Bauch M ventre **Bauchfell** N péritoine *m* **Bauchfellentzündung** F péritonite
bauchfrei ADJ MODE **~es T-Shirt** tee-shirt *m* court
Bauchschmerzen MPL **~ haben** avoir mal au ventre
Bauchspeicheldrüse F pancréas [pãkʀeas] *m* **Bauchtanz** M danse *f* du ventre
Baudenkmal N monument *m*
bauen construire, bâtir
Bauer[1] M paysan, fermier; *Schach* pion
Bauer[2] N cage *f*
Bäuerin F paysanne, fermière
bäuerlich paysan
Bauernhaus N, **Bauernhof** M ferme *f* **Bauernmöbel** PL meubles *mpl* rustiques
baufällig délabré **Baufirma** F entreprise de bâtiment **Baugerüst** N échafaudage *m*
Baujahr N année *f* de la

construction **Baukasten** M jeu de construction **Baukunst** F architecture **Bauleiter(in)** M(F) chef *m* de chantier
Baum M arbre
Baumarkt N magasin *m* de bricolage **Baumaterial** N matériaux *mpl* de construction **Baumeister** M architecte
Baumschule F pépinière **Baumstamm** M tronc d'arbre **Baumstumpf** M souche *f*
Baumwolle F coton *m* **Baumwollhemd** N chemise *f* de *od* en coton
Bauplatz M terrain à bâtir
Bausparen N épargne-logement *m* **Baustelle** F chantier *m* **Baustil** M style architectural **Bauunternehmer** M entrepreneur (de bâtiment) **Bauwerk** N édifice *m*, ouvrage *m* d'art
Bayer(in) M(F) Bavarois(e) **bayerisch** bavarois **Bayern** N la Bavière
Bazillus M bacille [basil]
beabsichtigen avoir l'intention (**etw zu tun** de faire qc)
beachten faire attention à; *Vorschrift* observer; *Vorfahrt* respecter **beachtlich** considérable
Beachvolleyball M volleyball de plage, beach volley [bitʃvɔlɛ]
Beamer M projecteur vidéo, vidéoprojecteur
Beamte(r) M, **Beamtin** F fonctionnaire
beängstigend inquiétant
beanspruchen *Recht* revendiquer; *Platz, Zeit* prendre; *Nerven* fatiguer; TECH solliciter
beanstanden trouver à redire à; *Ware* faire une réclamation pour **Beanstandung** F réclamation
beantragen demander
beantworten répondre à **Beantwortung** F réponse (à)
bearbeiten *Material* travailler; *für den Film* adapter; *Antrag, Fall* étudier
beaufsichtigen surveiller **Beaufsichtigung** F surveillance
beauftragen charger (**mit** de)
bebauen *Gelände* bâtir; AGR cultiver
beben trembler
Becher M gobelet
Becken N bassin *m* (*a.* ANAT); MUS cymbale *f*
bedanken **sich bei j-m ~** remercier qn (**für etw** de *od* pour qc)
Bedarf M besoin(s) *mpl* (**an** *dat* en); **bei ~** en cas de besoin; **nach ~** selon les besoins
bedauerlich regrettable
bedauern regretter (**dass** que … ne *+subj*); *j-n* plaindre
Bedauern N regret *m*
bedecken (re)couvrir (**mit** de)
bedeckt *Himmel* couvert
bedenken considérer, penser

à **Bedenken** NPL doutes *mpl*, scrupules *mpl* **bedenklich** douteux; *bedrohlich* inquiétant
bedeuten signifier, vouloir dire **bedeutend** important **Bedeutung** F *Sinn* signification; *Wichtigkeit* importance **bedeutungslos** sans importance
bedienen servir; *Maschine* faire marcher; **sich ~** se servir; **werden Sie schon bedient?** on s'occupe de vous?
Bedienung F service *m*; *Kellnerin* serveuse; **einschließlich ~** service compris
Bedienungsanleitung F mode *m* d'emploi
Bedingung F condition; **unter der ~, dass** à la condition que (*+subj*)
bedingungslos sans condition(s)
bedrohen menacer (**mit** de) **bedrohlich** menaçant
Bedürfnis N besoin *m* (**nach** de) **bedürftig** nécessiteux
Beefsteak N bifteck *m*
beeilen **sich ~** se dépêcher
beeindrucken impressionner **beeinflussen** influencer **beeinträchtigen** porter atteinte à; *Gesundheit* nuire à
beenden finir, terminer
beerben **j-n ~** hériter de qn
beerdigen enterrer **Beerdigung** F enterrement *m* **Beerdigungsinstitut** N pompes *fpl* funèbres
Beere F baie
Beet N *Blumenbeet* parterre *m*; *Gemüsebeet* carré *m*, planche *f*
befahrbar praticable
befahren *Straße* emprunter; ADJ **stark ~** très fréquenté
befassen **sich ~ mit** s'occuper de
Befehl M ordre; commandement **befehlen** ordonner (**zu** de), donner l'ordre (de)
befestigen attacher, fixer (**an** *dat* à); MIL fortifier; *Straße, Ufer* stabiliser
befinden **sich ~** se trouver
Befinden N état *m* de santé
befolgen suivre
befördern transporter; *im Rang* promouvoir (**zum Direktor** directeur) **Beförderung** F transport *m*; promotion
befragen interroger
befreien libérer; *freistellen* dispenser (**von** de) **Befreiung** F libération
befreundet ami (**mit** de); **ich bin mit ihm ~** nous sommes amis
befriedigen satisfaire **befriedigend** satisfaisant **Befriedigung** F satisfaction
befristet temporaire; limité (**auf** *akk* à)
befugt autorisé (**zu etw** à)
Befund M MED résultat; **ohne ~** résultat négatif
befürchten craindre, redouter (**dass** que ... ne *+subj*) **Befürchtung** F crainte

befürworten préconiser
begabt doué (**für** pour) **Begabung** F don *m*
Begebenheit F événement *m*
begegnen rencontrer (**j-m** qn)
Begegnung F rencontre
begehen *Verbrechen, Irrtum* commettre; *Fest* célébrer
begehrt demandé, recherché
begeistern (**sich**) ~ (s')enthousiasmer, (se) passionner (**für** pour) **Begeisterung** F enthousiasme *m*
begierig avide (**auf** *akk*, **nach** de)
Beginn M commencement; début; **zu** ~ au début **beginnen** commencer (**zu** à, **mit** par)
beglaubigen certifier (conforme)
begleichen *Rechnung* régler
begleiten accompagner (*a.* MUS) **Begleiter(in)** M(F) compagnon *m*, compagne *f* **Begleitung** F accompagnement *m*; **in** ~ (*gen*) en compagnie de
beglückwünschen féliciter (**zu** pour *od* de)
begnadigen gracier **Begnadigung** F grâce *f*
begnügen **sich** ~ **mit** se contenter de
begonnen → beginnen
begraben enterrer **Begräbnis** N enterrement *m*
begreifen comprendre
begreiflich compréhensible; **j-m etw** ~ **machen** faire comprendre qc à qn
begrenzen limiter
Begriff M notion *f*; **im** ~ **sein etw zu tun** être sur le point de faire qc
begründen justifier, motiver (**mit** par) **begründet** fondé
Begründung F raison, motif *m*
begrüßen saluer **Begrüßung** F *Empfang* accueil *m*
begünstigen favoriser, avantager
begutachten donner son avis sur; *fachlich* expertiser
behaart poilu
behagen **j-m** ~ plaire à qn
behalten garder; *im Gedächtnis* retenir
Behälter M récipient
behandeln traiter; MED *a.* soigner **Behandlung** F traitement *m*; MED *a.* soins *mpl*
beharrlich persévérant
behaupten affirmer, prétendre; **sich** ~ s'affirmer **Behauptung** F affirmation
beheben *Schaden* réparer
behelfen **sich** ~ **mit** se débrouiller avec
behelfsmäßig provisoire
behelligen importuner
beherrschen dominer; *Markt* être leader sur; *Lage* contrôler; *Sprache* maîtriser; **sich** ~ se retenir
Beherrschung F **die** ~ **verlieren** ne plus pouvoir se contrôler

beherzigen suivre
behilflich j-m ~ sein aider qn (**bei etw** à faire qc)
behindern gêner
behindert ADJ ayant un handicap **Behinderte(r)** M/F(M) *neg!* °handicapé(e) *m(f) neg!* **behindertengerecht** (aménagé) pour les personnes ayant un handicap
Behörde F autorité(s) *fpl*, administration
bei (*dat*) près de; **~ j-m** chez qn; **~ der Ankunft** à l'arrivée; **~ schlechtem Wetter** par mauvais temps; **beim Essen** en mangeant; **etw ~ sich haben** avoir qc sur soi
beibringen j-m etw ~ apprendre, enseigner qc à qn
Beichte F confession **beichten** se confesser **Beichtstuhl** M confessionnal
beide les deux; **alle ~** tous les deux; **eins von ~n** l'un des deux
beieinander ensemble
Beifahrer(in) M(F) *Pkw* passager *m*, passagère *f* avant; *Lkw* aide-conducteur *m*; *Rallye* coéquipier *m*, coéquipière *f* **Beifahrersitz** M place *f* du passager avant
Beifall M applaudissements *mpl*; **~ klatschen** applaudir (**j-m** qn)
beifügen joindre
beige beige
Beigeschmack M arrière-goût; *fig* connotation *f* **Beihilfe** F *Geldbeihilfe* allocation; JUR complicité
Beil N °hache *f*
Beilage F *zur Zeitung* supplément *m*; GASTR garniture, accompagnement *m*; **mit ~n** garni
Beilagensalat M salade *f* d'accompagnement
beiläufig en passant
beilegen *e-m Brief* joindre (à); *Streit* régler
Beileid N condoléances *fpl*; **j-m sein ~ aussprechen** faire ses condoléances à qn; **(mein) herzliches ~** mes sincères condoléances
beiliegend ci-joint
Bein N jambe *f*; *von Tieren* patte *f*; *Tischbein* pied *m*
beinah(e) presque; **ich wäre ~(e) gefallen** j'ai failli tomber
Beiname M surnom
Beipackzettel M notice *f*
beirren déconcerter
beisammen ensemble
Beisammensein N **gemütliches ~** réunion *f* amicale
Beisein N **im ~ von** en présence de
beiseitelegen mettre de côté (*a. Geld*) **beiseiteschaffen** faire disparaître **beiseiteschieben** *Bedenken* écarter
Beisetzung F enterrement *m*, obsèques *fpl*
Beispiel N exemple *m*; **zum ~** par exemple **beispielhaft**

exemplaire **beispiellos** sans précédent **beispielsweise** par exemple
beißen mordre **Beißzange** F tenailles *fpl*
Beistand M assistance *f*, aide *f* **beistehen** assister (**j-m** qn), aider (qn)
Beitrag M contribution *f*; *Mitgliedsbeitrag* cotisation *f* **beitragen** contribuer (**zu** à)
beitreten (*dat*) adhérer (à), entrer (dans)
bejahen répondre affirmativement à
bekämpfen combattre, lutter contre **Bekämpfung** F lutte
bekannt connu (**für** pour); **~ geben** annoncer; **j-n mit j-m ~ machen** présenter qn à qn; **mit j-m ~ sein** connaître qn; **mir ist ~, dass ...** je sais que ...
Bekannte(r) M/F(M) connaissance *f* **bekanntlich** comme on sait **Bekanntmachung** F annonce; *Anschlag* avis *m* **Bekanntschaft** F connaissance
beklagen déplorer; **sich ~ über** (*akk*) se plaindre de
beklagenswert déplorable
Bekleidung F vêtements *mpl*
bekommen recevoir; *oft* avoir; *erlangen* obtenir; *Krankheit* attraper; *Kind* avoir; **Hunger ~** commencer à avoir faim; **j-m (gut) ~** réussir à qn; **was ~ Sie?** *an Geld* combien je vous dois?; *im Geschäft* vous désirez?
bekömmlich digeste
bekräftigen confirmer
bekreuzigen sich ~ se signer
bekümmert soucieux
belächeln sourire de
beladen charger (**mit** de)
Belag M couche *f*; revêtement; *Brotbelag* garniture *f*
belagern assiéger **Belagerung** F siège *m*
belanglos insignifiant, sans importance
belasten charger (**mit** de); *Umwelt* polluer; *Konto* débiter (**mit** de); *j-n* préoccuper; JUR accabler
belästigen importuner **Belästigung** F dérangement *m*, °harcèlement *m*
Belastung F charge
belaufen sich ~ auf s'élever à, se monter à
belebt *Straße* animé
Beleg M pièce *f* justificative, preuve *f*; *Zahlungsbeleg* reçu
belegen *Platz* occuper; *Kurs* s'inscrire à; *beweisen* justifier de, prouver; *Brot* garnir (**mit** de) **Belegschaft** F personnel *m*
belegt *Hotel* complet; *Zunge* chargé; **~es Brötchen** sandwich *m*
belehren informer (**über** *akk* de) **Belehrung** F instruction
beleidigen offenser, vexer; *beschimpfen* insulter, injurier
beleidigt offensé, vexé **Belei-**

digung F offense; *Beschimpfung* insulte, injure
beleuchten éclairer; *festlich* illuminer **Beleuchtung** F éclairage *m*; *festliche* illumination
Belgien N la Belgique **Belgier(in)** M(F) Belge **belgisch** belge
belichten FOTO exposer **Belichtung** F pose, exposition
Belieben N **nach ~** à volonté
beliebig quelconque, n'importe quel; **~ lange** aussi longtemps que l'on veut
beliebt aimé (**bei** de *od* par); *Schauspieler* populaire (auprès de) **Beliebtheit** F popularité
bellen aboyer
belohnen récompenser (**für** de *od* pour) **Belohnung** F récompense
Belüftung F ventilation
belügen mentir à
bemalen peindre
bemängeln critiquer, trouver à redire à
bemerkbar sich ~ machen se faire remarquer; *Sache* se faire sentir
bemerken remarquer, noter
bemerkenswert remarquable **Bemerkung** F remarque
bemitleiden prendre en pitié
bemühen sich ~ s'efforcer (**zu** de), se donner du mal *od* de la peine; **sich um j-n ~** prendre soin de qn; **~ Sie sich nicht!** ne vous dérangez pas!
Bemühung F effort *m*, peine
benachbart voisin
benachrichtigen j-n (von etw) ~ prévenir qn (de qc)
benachteiligen *j-n* désavantager **Benachteiligung** F désavantage *m*
benehmen sich ~ se comporter, se conduire; **Benehmen** N comportement *m*
beneiden j-n um etw ~ envier qc à qn **beneidenswert** enviable
Bengel M *umg* gamin, gosse
benommen étourdi, hébété
benötigen avoir besoin de
benutzen utiliser; *Verkehrsmittel* prendre; *Weg* emprunter **Benutzer(in)** M(F) utilisateur *m*, utilisatrice *f*; *e-s Verkehrsmittels* usager *m* **benutzerfreundlich** ADJ pratique **Benutzername** M nom d'utilisateur **Benutzeroberfläche** F IT interface utilisateur **Benutzung** F utilisation **Benutzungsgebühr** F droits *mpl* d'utilisation; *e-r Straße* péage *m*
Benzin N essence *f* **Benzinkanister** M bidon d'essence, jerrycan **Benzinpumpe** F pompe à essence **Benzintank** M réservoir d'essence **Benzinuhr** F jauge d'essence **Benzinverbrauch** M consommation *f* d'essence
beobachten observer **Beobachter(in)** M(F) observateur

m, observatrice *f* **Beobachtung** F observation
bequem confortable; *Ausrede, Lösung* facile; **es sich ~ machen** se mettre à son aise
Bequemlichkeit F confort *m*; *Trägheit* paresse
beraten j-n ~ conseiller qn; **(über) etw** (*akk*) **~** discuter de qc; **(sich) ~** se consulter, délibérer (**über** *akk* sur)
Berater(in) M(F) conseiller *m*, conseillère *f* **Beratung** F *durch j-n* consultation; *Besprechung* discussion
berauben dépouiller
berechnen calculer; **j-m etw ~** compter, facturer qc à qn
berechnend *pej* calculateur
Berechnung F calcul *m* (*a. fig*)
berechtigen ~ zu autoriser à, donner le droit de
berechtigt autorisé; *begründet* fondé
Bereich M domaine
bereichern sich ~ s'enrichir
Bereifung F pneus *mpl*
bereisen parcourir
bereit prêt (**zu** à); **sich ~ erklären zu** être prêt *od* disposé à
bereiten *Sorge, Freude* causer; GASTR préparer **bereithalten** tenir prêt
bereits déjà
Bereitschaftsdienst M permanence *f*; MED (service de) garde *f* **bereitstellen** préparer; mettre à la disposition (**für j-n** de qn) **bereitwillig** empressé; ADV volontiers
bereuen se repentir de; *bedauern* regretter
Berg M montagne *f*
bergab ~ fahren, ~ führen descendre
Bergarbeiter M mineur
bergauf ~ fahren, führen monter
Bergbahn F *Zahnradbahn* train *m* à crémaillère; *Seilbahn* téléphérique *m* **Bergbau** M industrie *f* minière
bergen sauver; *aus dem Wasser* repêcher; *Tote* dégager
Bergführer(in) M(F) guide *m* de montagne **Berghütte** F refuge *m* **bergig** montagneux
Bergkette F chaîne de montagnes **Bergmann** M mineur
Bergrutsch M éboulement
Bergsee M lac de montagne
Bergstation F gare d'arrivée du téléphérique **Bergsteigen** N alpinisme *m* **Bergsteiger(in)** M(F) alpiniste **Bergtour** F course en montagne
Bergung F sauvetage *m*; dégagement *m*
Bergwacht F secours *m* en montagne **Bergwerk** N mine *f*
Bericht M rapport, compte rendu; *Erzählung* récit; *Pressebericht* reportage
berichten rapporter (**j-m etw** qc à qn); rendre compte (**über** *akk* de), raconter (**von etw** qc)

Berichterstatter(in) M(F) reporter [ʀəpɔʀtɛʀ] *m*
berichtigen corriger; *richtigstellen* rectifier
Bermudashorts PL bermuda(s) *mpl*
Bernhardiner M saint-bernard
Bernstein M ambre (jaune)
berüchtigt de mauvaise réputation
berücksichtigen tenir compte de; prendre en considération
Beruf M profession *f*, métier; **von ~** de métier; **was sind Sie von ~?** quelle est votre profession?
berufen sich ~ auf (*akk*) se référer à
beruflich professionnel
Berufsausbildung F formation professionnelle **Berufsberatung** F orientation professionnelle **Berufserfahrung** F expérience professionnelle **Berufssportler(in)** M(F) professionnel(le) **berufstätig** actif, qui travaille; **~ sein** travailler **Berufsverkehr** M heures *fpl* de pointe
Berufung F *innere* vocation; JUR appel *m*; **~ einlegen** faire appel (**gegen ein Urteil** d'un jugement)
beruhen ~ auf (*dat*) reposer sur
beruhigen (**sich**) **~** (se) calmer
beruhigt rassuré
Beruhigungsmittel N calmant *m*, tranquillisant *m*
berühmt célèbre (**für** pour, par) **Berühmtheit** F célébrité
berühren toucher (*a. fig*) **Berührung** F contact *m* **Berührungsbildschirm** M écran tactile
besänftigen calmer, apaiser
Besatzung F FLUG, SCHIFF équipage *m*; MIL (troupes *fpl* d')occupation
besaufen *umg* **sich ~** se soûler
beschädigen endommager **Beschädigung** F endommagement *m*
beschaffen procurer
beschäftigen occuper; *Arbeitskräfte* employer; *Probleme: j-n* préoccuper; **sich ~ mit** s'occuper de
Beschäftigung F occupation; *berufliche* emploi *m*
beschämen faire °honte à; **beschämend** °honteux
Bescheid M réponse *f*; **~ wissen** être au courant (**über** *akk* de); **j-m ~ geben** *od* **sagen** prévenir qn (**über** *akk* de)
bescheiden modeste **Bescheidenheit** F modestie
bescheinigen certifier, attester **Bescheinigung** F certificat *m*, attestation
Bescherung F distribution des cadeaux (de Noël)
beschimpfen insulter, inju-

rier
Beschlag in ~ nehmen accaparer
beschlagen ADJ *Scheibe* couvert de buée
Beschlagnahme F saisie **beschlagnahmen** saisir, confisquer
beschleunigen accélérer **Beschleunigung** F accélération
beschließen décider (**zu** de); *beenden* terminer
Beschluss M décision *f*
beschmieren barbouiller
beschmutzen salir
beschränken limiter; **sich ~ auf** (*akk*) se limiter à
beschrankt *Bahnübergang* gardé
beschränkt limité; *geistig* borné **Beschränkung** F limitation
beschreiben décrire **Beschreibung** F description
beschriften mettre une inscription sur
beschuldigen accuser; JUR inculper (**j-n e-r Sache** *gen* qn de qc)
Beschuldigte(r) M/F(M) inculpé(e) *m(f)* **Beschuldigung** F accusation
beschützen protéger (**vor** *dat* de *od* contre) **Beschützer(in)** M(F) protecteur *m*, protectrice *f*
Beschwerde F réclamation, plainte; **~n** *pl* MED troubles *mpl*
beschweren sich ~ se plaindre (**bei j-m** à qn, **über** *akk* de)
beschwerlich pénible, fatigant
beschwichtigen apaiser, calmer **beschwipst** *umg* éméché
beseitigen supprimer, éliminer; *Abfall, Fleck* enlever; *Spuren* faire disparaître
Besen M balai
besetzen occuper
besetzt *Platz, WC*, TEL occupé; *Bus, Zug* complet
Besetztzeichen N TEL tonalité *f* «occupé»
Besetzung F occupation
besichtigen visiter **Besichtigung** F visite
besiedelt dicht ~ très peuplé
besiegen vaincre
besinnlich méditatif
Besinnung F **die ~ verlieren** perdre connaissance; **zur ~ kommen** reprendre ses esprits (*a. fig*)
besinnungslos évanoui
Besitz M possession *f*; *Eigentum* propriété *f* **besitzen** posséder **Besitzer(in)** M(F) JUR possesseur *m*; *Eigentümer(in)* propriétaire
besohlen ressemeler
besondere(r, -s) particulier, spécial; **~ Kennzeichen** signes *mpl* particuliers; **nichts Besonderes** rien de spécial *od* d'exceptionnel
Besonderheit F particularité

besonders particulièrement, spécialement; *vor allem* surtout; *sehr* très
besorgen procurer
Besorgnis F inquiétude, souci *m* **besorgniserregend** inquiétant
besorgt inquiet
Besorgung F **~en machen** faire des courses
bespaßen *umg Kind* divertir
besprechen discuter (**etw** de qc) **Besprechung** F discussion; *Sitzung* réunion; *e-s Buchs, Films* critique
besser meilleur; ADV mieux; **~ werden** s'améliorer; **etwas Besseres** quelque chose de mieux; **es geht ihm ~** il va mieux; **immer ~** de mieux en mieux; **umso ~** tant mieux
bessern sich ~ s'améliorer
Besserung F amélioration; **gute ~!** bon rétablissement!
Bestand M existence *f*, durée *f*; *Vorrat* stock
beständig continuel; constant; stable (*a. Wetter*)
Bestandteil M partie *f* intégrante; composante *f*, élément
bestätigen (sich) ~ (se) confirmer; **den Empfang ~** accuser réception
Bestätigung F confirmation
Bestattung F inhumation
Bestattungsinstitut N pompes *fpl* funèbres
beste(r, -s) meilleur(e); **am ~n** le mieux; **sein Bestes tun** faire de son mieux
bestechen corrompre **bestechlich** corruptible **Bestechung** F corruption
Besteck N couvert *m*
bestehen exister; *Prüfung* réussir; **~ auf** (*dat*) insister sur; **~ aus** se composer de
bestehlen voler
besteigen monter sur, à; *Berg a.* faire l'ascension de **Besteigung** F ascension
bestellen *Waren, im Restaurant* commander; *Zimmer, Tisch* retenir, réserver; *Grüße* transmettre (**j-m** à qn) **Bestellnummer** F numéro *m* de commande **Bestellung** F commande
bestenfalls au mieux
bestens pour le mieux
Bestie F bête féroce
bestimmen *festlegen* fixer; *entscheiden* décider; *vorsehen* destiner (**für** à); *ernennen* désigner (**zu** comme)
bestimmt *feststehend* déterminé; *Stunde* fixé; *gewiss* certain; ADV certainement
Bestimmung F *Vorschrift* disposition, règlement *m*; (*Zweck, Ziel*) destination **Bestimmungsort** M destination *f*
Bestleistung F SPORT record *m*
bestrafen punir **Bestrafung** F punition
bestrahlen MED traiter par les rayons **Bestrahlung** F MED

(séance *f* de) rayons *mpl*
bestreichen enduire (**mit** de)
bestreiten contester; *Kosten* supporter **bestreuen** parsemer (**mit** de)
Bestseller M best-seller
bestürzt consterné (**über** *akk* par) **Bestürzung** F consternation
Besuch M visite *f*; **~ haben** avoir de la visite; **bei j-m zu ~ sein** être en visite chez qn
besuchen aller voir; *herkommen* venir voir; *förmlich* rendre visite à; *Museum, Stadt* visiter; *Schule* fréquenter **Besucher(in)** M(F) visiteur *m*, visiteuse *f* **Besuchszeit** F heures *fpl* de visite
betätigen actionner; **sich politisch/sportlich ~** faire de la politique/du sport
Betätigung F activité
betäuben MED anesthésier; *örtlich* insensibiliser **Betäubung** F MED anesthésie (**örtliche** locale) **Betäubungsmittel** N anesthésique *m*
Bete F **Rote ~** betterave rouge
beteiligen sich ~ an (*dat*) participer, prendre part à; **beteiligt sein** être impliqué (**an e-m Unfall** dans un accident)
Beteiligung F participation
beten prier
beteuern protester de
Beton M béton
betonen accentuer (*a. fig*) **Betonung** F accentuation
Betracht M **in ~ kommen** entrer en ligne de compte; **in ~ ziehen** prendre en considération, tenir compte de
betrachten regarder; *Gemälde etc* contempler; **~ als** considérer comme
beträchtlich considérable
Betrag M montant, somme *f*
betragen *Summe* se monter à, s'élever à; *Entfernung* être de; **sich ~** se conduire
Betragen N conduite *f*
betreffen concerner; **was ... betrifft** en ce qui concerne; **betrifft** *im Briefkopf* objet
betreffend concerné, en question
betreten *Raum* entrer dans; *Rasen* marcher sur
betreuen s'occuper de; prendre soin de **Betreuer(in)** M(F) *e-r Reisegruppe* responsable; *e-r Jugendgruppe* moniteur *m*, monitrice *f*; SPORT soigneur *m* **Betreuung** F *von Kindern* garde
Betrieb M **1** *Firma* entreprise *f*; *e-r Maschine* marche *f*, fonctionnement; **außer ~** °hors service; **in ~ sein** être en marche, fonctionner; **in ~ setzen** mettre en marche **2** *umg lebhaftes Treiben* animation *f*; **viel ~** beaucoup de monde
Betriebsleitung F direction
Betriebsrat M *etwa* comité d'entreprise **Betriebsunfall** M accident *m* du travail **Be-**

triebswirtschaft F gestion (des entreprises)
betrinken sich ~ se soûler
betroffen touché; *erschüttert* bouleversé; **sich ~ fühlen** se sentir concerné
betrogen → betrügen
betrübt affligé, attristé
Betrug M fraude *f*
betrügen tromper (*a. in der Liebe*); JUR escroquer (**j-n um etw** qc à qn); WIRTSCH frauder; *beim Spiel* tricher **Betrüger(in)** M(F) JUR escroc [ɛskʀo] *m*; WIRTSCH fraudeur *m*, fraudeuse *f* **betrügerisch** frauduleux; *Person* malhonnête
betrunken soûl, ivre
Bett N lit *m*; **ins** *od* **zu ~ gehen** (aller) se coucher; **ins ~ bringen** coucher
Bettbezug M °housse *f* de couette **Bettcouch** F canapé-lit *m* **Bettdecke** F couverture; *Tagesdecke* couvre-lit *m*
betteln mendier (**um etw** qc)
Bettlaken N drap *m* (de lit)
Bettler(in) M(F) mendiant(e)
Bettruhe F **~ verordnen** ordonner un repos complet
Betttuch N drap *m* (de lit)
Bettvorleger M descente *f* de lit **Bettwäsche** F draps *mpl*
Beule F bosse
beunruhigen (sich) ~ (s')inquiéter
beurteilen juger, porter un jugement sur **Beurteilung** F jugement *m*; *Gutachten* évaluation
Beute F proie; *Diebesbeute* butin *m*
Beutel M sac
Bevölkerung F population
bevollmächtigen donner mandat *od* procuration à **Bevollmächtigte(r)** M/F(M) mandataire *m/f*
bevor avant que (*+subj*), avant de (*+inf*)
bevorstehen se préparer; **unmittelbar ~** être imminent; **etw steht j-m bevor** qc attend qn
bevorzugen préférer; *j-n* favoriser
bewachen *etw* garder; *j-n* surveiller **Bewacher(in)** M(F) gardien *m*, gardienne *f* **Bewachung** F garde; surveillance
bewaffnen armer (**mit** de)
Bewaffnung F armement *m*
bewahren garder; *j-n* préserver (**vor** *dat* de)
bewähren sich ~ faire ses preuves
bewährt éprouvé; *Person* expérimenté **Bewährungsfrist** F JUR sursis *m*
bewaldet boisé
bewältigen venir à bout de
bewandert ~ sein in (*dat*) s'y connaître en
bewässern irriguer
bewegen bouger; **j-n ~** *rühren* toucher qn; **j-n zu etw ~** décider qn à faire qc; **sich ~** bou-

ger
beweglich mobile; *geistig* vif
bewegt *Leben* mouvementé; *See* agité; *fig* ému
Bewegung F mouvement *m*; *körperliche* exercice *m*; *Rührung* émotion
Bewegungsfreiheit F liberté d'action **bewegungslos** immobile
Beweis M preuve *f* (**für etw** de qc) **beweisen** prouver; *Mut etc* faire preuve de **Beweisstück** N pièce *f* à conviction
bewerben sich ~ um poser sa candidature à
Bewerber(in) M(F) candidat(e) **Bewerbung** F candidature
Bewerbungsgespräch N entretien *m* d'embauche **Bewerbungsschreiben** N lettre *f* de candidature
bewerkstelligen effectuer; *zustande bringen* accomplir
bewerten évaluer; SPORT, *Schule* noter **Bewertung** F évaluation; SPORT, *Schule* note;
bewilligen accorder
bewirken causer, amener; *erreichen* obtenir
bewirten régaler **bewirtschaften** exploiter, administrer **Bewirtung** F accueil *m*, service *m*
bewohnen habiter; *Wohnung a.* occuper **Bewohner(in)** M(F) habitant(e); *e-s Hauses etc* occupant(e)
bewölken sich ~ se couvrir (de nuages) **bewölkt** nuageux **Bewölkung** F nuages *mpl*
bewundern admirer
bewundernswert admirable **Bewunderung** F admiration
bewusst conscient; *absichtlich* délibéré; ADV *wissentlich* sciemment; **sich e-r Sache ~ sein** être conscient de qc
bewusstlos sans connaissance **Bewusstlosigkeit** F évanouissement *m*
Bewusstsein N conscience *f*; MED **das ~ /wiedererlangen** perdre/reprendre connaissance
bezahlen payer
bezahlt payé; **sich ~ machen** être payant
Bezahlung F paiement *m*
bezaubernd charmant, ravissant
bezeichnen marquer; *benennen* désigner; *einschätzen* qualifier (**als** de) **bezeichnend** caractéristique (**für** de) **Bezeichnung** F désignation; *Name* nom *m*
bezeugen témoigner de
beziehen *Haus* emménager dans; *Zeitung* être abonné à; *Waren* acheter (**von j-m** chez qn); *Gehalt* toucher; **das Bett frisch ~** changer les draps; **sich ~** *Himmel* se couvrir; **sich ~ auf** (*akk*) concerner; *sich berufen auf* se référer à
Beziehung F relation, rapport *m*; **in dieser ~** à cet égard;

~en haben avoir des relations
beziehungsweise respectivement; *genauer gesagt* ou plutôt
Bezirk M district; *Wahlbezirk* circonscription *f*
Bezug M *Überzug* °housse *f*; enveloppe *f*; *Kissenbezug* taie *f* d'oreiller; *e-r Zeitung* abonnement; **~ nehmen auf** (*akk*) se référer à; **in ~ auf** (*akk*) en ce qui concerne
bezüglich (*gen*) au sujet de, en ce qui concerne
bezwecken avoir pour but
bezweifeln douter de
BH M (Büstenhalter) soutien-gorge
Bhf. (Bahnhof) gare
bibbern *umg* trembler
Bibel F Bible
Biber M castor
Bibliothek F bibliothèque **Bibliothekar(in)** M(F) bibliothécaire
Bidet N bidet *m*
biegen **(sich)** ~ (se) courber; **um die Ecke ~** tourner au coin de la rue
biegsam flexible, souple
Biene F abeille **Bienenstich** M piqûre *f* d'abeille **Bienenstock** M ruche *f*
Bier N bière *f*; **~ vom Fass** bière (à la) pression; **dunkles/helles ~** bière brune/blonde
Bierkrug M chope *f*
bieten offrir; **sich ~** se présenter; **sich etw nicht ~ lassen** ne pas se laisser marcher sur les pieds
Bike N *Rad* vélo *m*; *Mountainbike* VTT *m*; *umg Motorrad umg* moto *f*
Bikini M bikini **Bikinihose** F bas *m* de bikini **Bikinioberteil** N °haut *m* de bikini
Bilanz F bilan *m*
Bild N image *f*; *Gemälde* tableau *m*; FOTO photo *f*; **sich ein ~ machen von** se faire une idée de
Bildband M livre illustré
bilden former; *ausmachen* constituer; **sich ~** se former; *geistig* se cultiver, s'instruire
Bilderbuch N livre *m* d'images
Bildhauer(in) M(F) sculpteur [-lt-] *m* **bildlich** figuratif; *übertragen* figuré
Bildschirm M écran **Bildschirmschoner** M économiseur d'écran **Bildschirmtext** M vidéotex
Bildung F formation; *geistige* culture; *Schulbildung* éducation
Billard N billard *m*
billig bon marché, pas cher; **~er** meilleur marché
billigen approuver **Billigflug** M vol à bas prix **Billigung** F approbation
bin → sein
Binde F bande; *Verband* bandage *m*; *Damenbinde* serviette hygiénique

Bindegewebe N tissu *m* conjonctif **Bindehaut** F conjonctive **Bindehautentzündung** F conjonctivite
binden lier, attacher (**an** *akk* à); *Krawatte* nouer; *Buch* relier **Bindestrich** M trait d'union **Bindfaden** M ficelle *f* **Bindung** F *innere* lien(s) *mpl*; *vertragliche* engagement *m*; *Skibindung* fixation
binnen (*dat*) en, dans un délai de; **~ Kurzem** sous peu
Binnenhafen M port fluvial **Binnenhandel** M commerce intérieur **Binnenmarkt** M marché unique
bio *umg* bio
Biodiesel M biodiesel **Bioei** N œuf *m* bio(logique) **Bioethik** F bioéthique **Biogemüse** N légumes *mpl* biologiques **Biografie** F biographie **Biokost** F alimentation biologique **Biokraftstoff** M biocarburant **Bioladen** M magasin bio **Biologe** M biologiste **Biologie** F biologie **Biologin** F biologiste
biologisch biologique; **~ abbaubar** biodégradable
Biomüll M déchets *mpl* organiques **Bioprodukt** N produit *m* organique **Biosprit** *umg* M biocarburant **Biotonne** F poubelle pour déchets organiques **Biotop** N/M biotope *m*
Birke F bouleau *m*
Birnbaum M poirier
Birne F poire; ELEK ampoule
bis PRÄP jusqu'à; KONJ jusqu'à ce que (*+subj*); **~ gleich!** à tout à l'heure!; **~ morgen!** à demain!; **2 ~ 3 Tage** 2 ou 3 jours; **von … ~ …** de … à …; **~ hierher** jusqu'ici; **~ dahin** jusque-là; *zeitlich a.* d'ici là; **~ jetzt** jusqu'à présent; **~ auf** (*akk*) sauf, à part
Bisamratte F rat *m* musqué
Bischof M évêque
bisexuell bisexuel
bisher jusqu'à présent
Biskuit N biscuit *m* de Savoie
biss → beißen
Biss M morsure *f*
bisschen **ein ~** un peu (de)
Bissen M bouchée *f*
bissig méchant; *fig* °hargneux
Bisswunde F morsure
bist → sein
bitte s'il te *od* vous plaît; *auf Dank* je t'en *od* vous en prie, (il n'y a) pas de quoi!; *auf Entschuldigung* il n'y a pas de mal; (**wie**) **~?** pardon?
Bitte F demande; **ich habe e-e ~ an Sie** j'ai un service à vous demander
bitten **j-n um etw ~** demander qc à qn
bitter amer (*a. fig*); *Kälte* rigoureux; *Armut* extrême
Bizeps M biceps
Blähungen FPL gaz *mpl*
Blamage F °honte **blamieren** (**sich**) **~** (se) ridiculiser

blanchieren blanchir
blank brillant; *Draht* dénudé; *ohne Geld* à sec, sans le sou
Bläschen N MED vésicule *f*
Blase F *Luftblase* bulle; *Brandblase* cloque; *durch Reibung* ampoule; *Harnblase* vessie
Blasebalg M soufflet
blasen souffler; MUS jouer de
Blasenentzündung F cystite
Blasinstrument N instrument *m* à vent **Blaskapelle** F fanfare
blass pâle
Blatt N feuille *f* (*a. Zeitung*)
blättern feuilleter (**in etw** *dat* qc) **Blätterteig** M pâte *f* feuilletée
Blattlaus F puceron *m*
blau bleu; *umg fig* noir, rond; **~es Auge** œil *m* au beurre noir; **~er Fleck** bleu *m*
Blaubeere F myrtille **Blauhelm** M *UNO-Soldat* casque bleu **Blaukraut** N chou *m* rouge
bläulich bleuâtre, bleuté
Blaulicht N gyrophare *m*
blaumachen *umg* ne pas aller bosser
Blazer M blazer
Blech N tôle *f* **Blechdose** F boîte en fer-blanc **Blechschaden** M AUTO tôles *fpl* froissées
Blei N plomb *m*
bleiben rester; **es bleibt dabei!** c'est entendu!; **~ lassen** laisser tomber
bleich blême, pâle
bleifrei *Benzin* sans plomb
Bleistift M crayon **Bleistiftspitzer** M taille-crayon
Blende F FOTO diaphragme *m*
blenden éblouir (*a. fig*)
blendend *fig* fantastique
Blick M regard; *flüchtiger* coup d'œil; **auf den ersten ~** à première vue
blicken regarder (**auf etw** *akk* qc); **sich ~ lassen** donner signe de vie
blind aveugle; **~er Alarm** fausse alerte *f*; **~er Passagier** passager *m* clandestin
Blinddarm M appendice [-ɛ-]
Blinddarmentzündung F appendicite
Blinde(r) M/F(M) aveugle *m/f*
Blindenhund M chien d'aveugle **Blindenschrift** F écriture Braille **Blindenstock** M canne *f* blanche
Blindheit F cécité **blindlings** aveuglément
blinken clignoter; AUTO mettre son clignotant **Blinker** M, **Blinklicht** N AUTO clignotant *m*
blinzeln cligner des yeux
Blitz M éclair; *Blitzschlag* foudre *f*; FOTO flash **Blitzableiter** M paratonnerre **blitzen** étinceler; **es blitzt** il y a des éclairs
Blitzer M *umg Radarfalle* radar
Blitzlicht N FOTO flash *m*
Blitzschlag M foudre *f*

Block M bloc; *Häuserblock* pâté de maisons **Blockflöte** F flûte à bec **Blockhaus** N cabane *f* en rondins **blockieren** bloquer; *Räder* se bloquer
blöd(e) bête, idiot **Blödsinn** M bêtises *fpl*, idioties [idjosi] *fpl*
Blog N/M IT blog *m* **Blogeintrag** M article (publié) sur un blog **bloggen** IT bloguer **Blogger(in)** M(F) IT blogueur *m*, blogueuse *f*
blöken bêler
blond blond **blondieren** décolorer **Blondine** F blonde
bloß *nur* seulement; *unbedeckt* nu; **mit ~em Auge** à l'œil nu **bloßstellen** compromettre
Blouson N *od* M blouson *m*
Bluejeans PL blue-jean *m*
blühen être en fleur(s), fleurir (*a. fig*) **blühend** en fleur(s); *fig* florissant
Blume F fleur; *v. Wein* bouquet *m*
Blumenbeet N parterre *m* de fleurs **Blumengeschäft** N, **Blumenhändler(in)** M(F) fleuriste **Blumenkohl** M chou-fleur **Blumenstrauß** M bouquet de fleurs **Blumentopf** M pot de fleurs **Blumenvase** F vase *m*
Bluse F corsage *m*, chemisier *m*
Blut N sang *m* **Blutabnahme** F prise de sang **Blutalkohol** M alcoolémie *f* **Blutarmut** F anémie **Blutbild** N analyse *f* de sang **Blutdruck** M tension *f* (artérielle) **Blutdruckmessgerät** N tensiomètre *m*
Blüte F fleur; *Blütezeit* floraison; *fig* apogée *m*
Blutegel M sangsue *f*
bluten saigner **Bluter** M hémophile
Bluterguss M hématome **Blutfleck** M tache *f* de sang **Blutgefäß** N vaisseau *m* sanguin **Blutgruppe** F groupe *m* sanguin **Bluthochdruck** M hypertension *f* **blutig** plein de sang; *grausam* sanglant; GASTR saignant **Blutkonserve** F (flacon *m* de) sang *m* conservé **Blutorange** F (orange) sanguine **Blutprobe** F prise de sang **Blutspender(in)** M(F) donneur *m*, donneuse *f* de sang
blutstillend ~es Mittel hémostatique *m*
Bluttransfusion F transfusion sanguine **Blutung** F hémorragie **Blutvergiftung** F septicémie **Blutverlust** M perte *f* de sang **Blutwurst** F boudin *m* **Blutzucker** M MED glycémie *f* **Blutzuckermessgerät** N lecteur *m* de glycémie
BLZ F (Bankleitzahl) code *m* banque
Bö F rafale
Boa F boa *m*
Bob M bob(sleigh) **Bobbahn**

F piste de bob(sleigh)
Bock M *Ziegenbock* bouc; *Gestell* tréteau; *umg* **~ haben** avoir très envie (**auf** *akk* de); *umg* **keinen ~ haben** ne pas avoir envie (**auf** *akk* de)
bockig têtu **Bockwurst** F saucisse de Francfort
Boden M sol; *Erde* terre *f*; *Fußboden* plancher; *Dachboden* grenier; *Gefäßboden* fond; **zu** *od* **auf den ~ fallen** tomber par terre
Bodenpersonal N personnel *m* au sol **Bodenschätze** MPL richesses *fpl* naturelles
Bodensee M lac de Constance
Body M body **Bodybuilding** N culturisme *m*
Bogen M *Krümmung* courbe *f*; ARCH, *Waffe* arc; *Brückenbogen* arche *f*; MUS archet; *Papier* feuille *f* **Bogengang** M arcade *f* **Bogenschießen** N tir *m* à l'arc
Bohle F madrier *m*
Bohne F °haricot *m*; *Kaffeebohne* grain *m*; **grüne ~n** °haricots verts
Bohnenkaffee M (vrai) café
bohnern cirer **Bohnerwachs** N encaustique *f*
bohren percer, creuser; *nach Erdöl* forer **Bohrer** M TECH mèche *f*, foret; *Zahnbohrer* fraise *f* **Bohrmaschine** F perceuse **Bohrturm** M tour *f* de forage
Boiler M chauffe-eau (à accumulation)
Boje F bouée, balise
Bolzen M boulon
bombardieren bombarder
Bombe F bombe **Bombenanschlag** M attentat à la bombe (**auf** *akk* contre)
Bon M bon; *Kassenzettel* ticket de caisse
Bonbon M *od* N bonbon *m*
Boot N bateau *m*; *Kahn* barque *f*; *Motorboot* canot *m*
Bootsanlegestelle F embarcadère *m* **Bootsfahrt** F promenade en bateau **Bootsverleih** M location *f* de barques
Bord M **an ~** à bord; **an ~ gehen** embarquer; **von ~ gehen** débarquer; **über ~ werfen** jeter par-dessus bord (*a. fig*)
Bordell N maison *f* de tolérance
Bordfest N fête *f* à bord
Bordkarte F carte d'accès à bord **Bordstein** M bordure *f* du trottoir
borgen **j-m etw ~** prêter qc à qn; **(sich) etw von j-m ~** emprunter qc à qn
Borke F écorce
Börse F WIRTSCH Bourse; *Geldbeutel* bourse
Borste F soie
bösartig méchant; MED malin ⟨*f* maligne⟩
Böschung F talus [taly] *m*; *Uferböschung* berge
böse mauvais, méchant; *verärgert* fâché (**auf** *akk* contre);

auf j-n ~ sein en vouloir à qn
boshaft méchant **Bosheit** F méchanceté
Bosnien N la Bosnie **Bosnier(in)** M(F) Bosniaque **bosnisch** bosnien
böswillig malveillant
Botanik F botanique **botanisch** **~er Garten** jardin botanique
Bote M messager; *Laufbursche* garçon de courses
Botschaft F message *m*; POL ambassade **Botschafter(in)** M(F) ambassadeur *m*, ambassadrice *f*
Bottich M cuve *f*
Boulevardpresse F *pej* presse à sensation
Boutique F boutique de mode
Boutique-Hotel N hôtel--boutique *m*
Bowle F *etwa* punch *m* [pɔ̃ʃ]
Box F box *m*
boxen boxer **Boxen** N boxe *f*
Boxer M boxeur; *Hund* boxer
Boxershorts PL boxer *m*
Boxkampf M match de boxe
Boykott M boycottage **boykottieren** boycotter
Brachland N terre *f* en friche
brachte → bringen
Branche F branche **Branchenverzeichnis** N TEL pages *fpl* jaunes
Brand M incendie, feu; MED gangrène *f*; **in ~ geraten** prendre feu
Brandblase F cloque
Brandenburg N le Brandebourg
Brandgeruch M odeur *f* de brûlé **Brandsalbe** F pommade contre les brûlures **Brandstiftung** F incendie *m* criminel
Brandung F ressac *m*
Brandwunde F brûlure
Branntwein M eau-de-vie *f*
Brasilien N le Brésil
braten faire rôtir, faire cuire; *auf dem Rost* faire griller; *Kartoffeln* faire sauter **Braten** M rôti **Bratfisch** M poisson frit
Brathähnchen N poulet *m* rôti **Bratkartoffeln** FPL pommes de terre sautées **Bratpfanne** F poêle [pwal] **Bratrost** M gril [gʀil], barbecue [baʀbəkju]
Bratsche F alto *m*
Bratspieß M broche *f* **Bratwurst** F saucisse grillée
Brauch M usage, coutume *f*
brauchbar utilisable **brauchen** avoir besoin de; *Zeit* mettre
Braue F sourcil *m*
Brauerei F brasserie
braun marron; *Haar* brun; *von der Sonne* bronzé; **~e Butter** beurre *m* noir; **~ werden** bronzer
bräunen *Haut* bronzer; **sich ~ lassen** se bronzer
Braunkohle F lignite *m*
Braunschweig Brunswick
Brause F *Dusche* douche; *Ge-*

tränk limonade gazeuse
Braut F fiancée; *am Hochzeitstag* mariée
Bräutigam M fiancé; *am Hochzeitstag* marié
Brautpaar N mariés *mpl*
brav *Kind, a. fig* sage
BRD F (Bundesrepublik Deutschland) RFA (*République fédérale d'Allemagne*)
Brechdurchfall M gastro-entérite *f*
brechen casser (*von selber* se casser); rompre (*a. Vertrag, Schweigen*); *Rekord* battre; MED vomir; *fig* **mit j-m ~** rompre avec qn; **sich den Arm ~** se casser le bras
Brechmittel N vomitif *m* **Brechreiz** M envie *f* de vomir, nausée *f*
Brei M bouillie *f*; *Kartoffelbrei etc* purée *f*
breit large
Breite F largeur; GEOGR latitude **Breitengrad** M degré de latitude
Bremen Brême
Bremsbelag M garniture *f* de frein
Bremse F frein *m*; ZOOL taon [tã] *m* **bremsen** freiner
Bremsflüssigkeit F liquide *m* de frein **Bremslicht** N (feu *m*) stop *m* **Bremspedal** N pédale *f* de frein **Bremsspur** F trace de freinage **Bremsweg** M distance *f* de freinage
brennbar combustible; **leicht ~** inflammable
brennen brûler; *Sonne* taper; *Lampe* être allumé; **es brennt!** au feu!
Brennholz N bois *m* de chauffage **Brennnessel** F ortie **Brennspiritus** M alcool à brûler **Brennstoff** M combustible
Brett N planche *f*; **Schwarzes ~** tableau *m* d'affichage
Brexit M Brexit
Brief M lettre *f* **Briefbombe** F lettre piégée **Brieffreund(in)** M (F) correspondant(e)
Briefing N briefing *m*
Briefkasten M boîte *f* aux lettres **Briefmarke** F timbre *m* **Briefmarkensammler(in)** M(F) philatéliste **Briefpapier** N papier *m* à lettres **Brieftasche** F portefeuille *m* **Briefträger(in)** M(F) facteur *m*, factrice *f* **Briefumschlag** M enveloppe *f* **Briefwahl** F vote *m* par correspondance **Briefwechsel** M correspondance *f*
Brikett N briquette *f*
brillant brillant
Brillant M brillant
Brille F lunettes *fpl*
Brillengestell N monture *f*
bringen apporter, amener; *hinbringen* porter; *begleiten* emmener, accompagner (**zum Bahnhof** à la gare); *nach Hause* ramener; *Kino*, TV passer; **j-n dazu ~, etw zu tun** amener

qn à faire qc; **in Ordnung ~** arranger

Brise F brise

britisch britannique

bröckeln s'effriter

Brocken M morceau; *fig* **ein paar ~ Englisch** quelques bribes *fpl* d'anglais

Brokkoli PL brocoli *m*

Brombeere F mûre

Bronchitis F bronchite

Bronze F bronze *m*

Brosche F broche

Broschüre F brochure

Brot N pain *m*; **e-e Scheibe ~** une tranche de pain; *bestrichen* une tartine

Brötchen N petit pain *m*; **belegtes ~** sandwich *m*

Brotkorb M corbeille *f* à pain **Brotrinde** F croûte **Brotröster** M grille-pain

Browser M IT navigateur

Bruch M rupture *f* (*a. fig*); *Bruchstelle* cassure *f*; *Knochenbruch* fracture *f*; *Eingeweidebruch* °hernie *f*; MATH fraction *f*

brüchig cassant, fragile

Bruchrechnung F calcul *m* des fractions **Bruchstück** N fragment *m*

Brücke F pont *m*; SCHIFF passerelle; *Teppich* carpette; *Zahnbrücke* bridge *m*

Bruder M frère

brüderlich fraternel **Brüderlichkeit** F fraternité

Brühe F bouillon *m*; *umg pej* eau de vaisselle **Brühwürfel** M cube de consommé

brüllen *Mensch* °hurler

brummen *Mensch* grogner

Brummer M *umg* ZOOL grosse mouche *f* **brummig** grognon

Brunch M brunch [brœnʃ]

brünett brun

Brunnen M puits

Brüssel Bruxelles

Brust F poitrine; **die rechte/linke ~** le sein droit/gauche

Brustbeutel M pochette *f* portée autour du cou

brüsten sich ~ mit se vanter de

Brustkorb M thorax **Brustkrebs** M cancer du sein **Brustschwimmen** N brasse *f* **Brustumfang** M tour de poitrine

Brüstung F parapet *m*

Brustwarze F mamelon *m*

Brut F couvée; *pej* sale graine

brutal brutal **Brutalität** F brutalité

brüten couver

Brutkasten M couveuse *f*

brutto brut **Bruttogehalt** N salaire *m* brut **Bruttogewicht** N poids *m* brut **Bruttosozialprodukt** N produit *m* national brut

BSE F (bovine spongiforme Enzephalopathie) ESB (*encéphalopathie spongiforme bovine*)

Bub M garçon

Bube M *Kartenspiel* valet
Buch N livre *m* **Buchdruckerei** F imprimerie
Buche F °hêtre *m*
buchen *Flug etc* réserver
Bücherei F bibliothèque **Bücherregal** N étagère *f* **Bücherschrank** M bibliothèque *f*
Buchfink M pinson
Buchhalter(in) M(F) comptable **Buchhaltung** F comptabilité
Buchhändler(in) M(F) libraire **Buchhandlung** F librairie **Buchmacher** M bookmaker
Büchse F boîte; *Gewehr* carabine
Büchsenfleisch N viande *f* en conserve **Büchsenmilch** F lait *m* condensé **Büchsenöffner** M ouvre-boîtes
Buchstabe M lettre *f*, caractère **buchstabieren** épeler
Bucht F baie; *kleine* crique
Buchung F réservation **Buchungsbestätigung** F confirmation de (la) réservation
Buchweizen M sarrasin **Buchweizenmehl** N farine *f* de sarrasin
Buckel M bosse *f*
bücken **sich ~** se baisser
Bückling M °hareng saur
Bude F baraque; *Verkaufsbude* kiosque *m*; *umg Zimmer* piaule
Budget N budget *m*
Büfett N buffet *m*; *Theke* comptoir *m*; **kaltes ~** buffet *m* froid
Büffel M buffle
Bug M proue *f*; FLUG nez
Bügel M *Kleiderbügel* cintre; *Brillenbügel* branche *f* **Bügel-BH** M soutien-gorge à armature **Bügelbrett** N planche *f* à repasser **Bügeleisen** N fer *m* à repasser **Bügelfalte** F pli *m* **bügelfrei** qui ne se repasse pas, infroissable
bügeln repasser
Bühne F scène
Bühnenbild N décors *mpl*
Bulgare M Bulgare **Bulgarien** N la Bulgarie **bulgarisch** bulgare
Bulimie F boulimie
Bullauge N °hublot *m*
Bulle M taureau; *pej Polizist* flic
Bummel M *umg* balade *f*
bummeln *umg umherschlendern* se balader; *trödeln* traîner
Bummelzug M *umg* tortillard
bumsen *sl* baiser
Bund[1] N botte *f* (**Radieschen** de radis)
Bund[2] M union *f*, alliance *f*; *Hosenbund* ceinture *f*; *umg* **beim ~ sein** faire son service (militaire)
Bündel N paquet *m*
Bundes... fédéral **Bundesagentur** F *BRD* **~ für Arbeit** Office fédéral du travail; *Frankreich* ≈ Pôle emploi **Bundeskanzler(in)** M(F) chancelier fédéral **Bundesland** N land *m*

Bundesrepublik F République fédérale **Bundesstraße** F route nationale **Bundestag** M Parlement fédéral **Bundeswehr** F armée de la République fédérale
Bündnis N alliance *f*, pacte *m*
Bungalow M bungalow [bɛ̃galo]
Bungeejumping N saut *m* à l'élastique
Bunker M abri antiaérien
bunt multicolore; *abwechslungsreich* varié **Buntstift** M crayon de couleur **Buntwäsche** F linge *m* de couleur
Burg F château *m* fort
Bürge M garant **bürgen** se porter garant (**für** *akk* de)
Burger M *umg* hamburger [ambœʀgɛʀ]
Bürger(in) M(F) bourgeois(e); *Staatsbürger* citoyen(ne) **Bürgerinitiative** F comité *m* de défense **Bürgerkrieg** M guerre *f* civile **bürgerlich** civil, civique; *Milieu* bourgeois **Bürgermeister(in)** M(F) maire(sse) **Bürgersteig** M trottoir
Bürgin MF garante **Bürgschaft** F caution
Burgund N la Bourgogne **Burgunder(wein)** M bourgogne
Burka F burka
Büro N bureau *m* **Büroangestellte(r)** M/F(M) employé(e) *m(f)* de bureau **Büroklammer** F trombone *m* **Bürokratie** F bureaucratie [byʀokʀasi] **bürokratisch** bureaucratique
Bursche M garçon, *umg.* gars [ga]; *pej* type
burschikos désinvolte, sans gêne
Bürste F brosse **bürsten** brosser
Bus M bus; *Reisebus* (auto)car **Busbahnhof** M gare *f* routière
Busch M buisson; *in Afrika* brousse *f* **Büschel** N touffe *f*
Busen M poitrine *f*, seins *mpl* **Busenfreund(in)** M(F) ami(e) intime
Busfahrer(in) M(F) conducteur *m*, conductrice *f* de bus **Bushaltestelle** F arrêt *m* de bus
Business Class F classe affaires
Buslinie F ligne de bus **Busreise** F voyage *m* en car
Bussard M buse *f*
Buße F REL pénitence; *Geldbuße* amende **Bußgeld** N amende *f*
Büste F buste *m* **Büstenhalter** M soutien-gorge
Bustier N MODE bustier *m*
Butangas N butane *m*
Butler M majordome
Butter F beurre *m* **Butterbrot** N tartine *f* beurrée **Butterdose** F beurrier *m* **Buttermilch** F petit-lait *m*, babeurre *m*
Button M MODE badge
Bypass M MED bypass, pontage

bzw. (beziehungsweise) respectivement

C

Cabrio(let) N décapotable *f*
Café N salon *m* de thé **Cafeteria** F cafétéria
Callcenter N centre *m* d'appels
Camcorder M caméscope
Camembert M camembert
campen camper **Camper(in)** M(F) campeur *m*, campeuse *f*
Camping N camping *m* **Campingausrüstung** F matériel *m* de camping **Campingbus** M camping-car **Campingplatz** M (terrain de) camping
Candle-Light-Dinner N dîner *m* aux chandelles
Cappuccino M cappuccino [kaputʃino]
Caprihose F pantalon *m* corsaire
Caravan M caravane *f*
Carport M abri pour voitures
Carvingski M ski de carving
Castingshow F casting *m* télévisé
CD F (Compact Disc) CD *m* **CD-Brenner** M graveur de CD **CD-Laufwerk** N lecteur *m* de CD **CD-Player** M lecteur de CD **CD-ROM** F CD-ROM *m*
Cello N violoncelle *m*
Cellulite F MED cellulite
Celsius N **3 Grad ~** 3 degrés centigrade
Cent M *Währung der EU* cent, centime
Chamäleon N caméléon *m*
Champagner M champagne
Champignon M champignon de Paris
Chance F chance
Chaos N chaos [kao] *m* **chaotisch** chaotique
Charakter M caractère **charakteristisch** caractéristique (**für** de)
charmant charmant
Charme M charme
Charterflug M vol charter [ʃaʀtɛʀ] **Chartermaschine** F charter *m*
chartern affréter
Charts PL MUS °hit-parade *m*
Chat M IT chat [tʃat] **Chatroom** M IT salon de conversation **chatten** IT chatter [tʃate], bavarder (en ligne)
checken TECH contrôler; *umg kapieren* piger **Check-in** N *od* M FLUG enregistrement *m*
Check-in-Automat M FLUG borne *f* d'enregistrement (en libre-service) **Checkliste** F liste de contrôle
Chef M chef, patron **Chefarzt** M, **Chefärztin** F médecin-chef *m* **Chefin** F patronne
Chefkoch M, **Chefköchin** F chef *m/f* de cuisine; *berühmt*

grand chef *m/f* **Chefsekretärin** F secrétaire de direction
Chemie F chimie **Chemiker(in)** M(F) chimiste **chemisch** chimique; ~ **reinigen** nettoyer à sec
Chemo F *umg* chimio
Chemotherapie F chimiothérapie
Chiasamen MPL graines *fpl* de chia
Chicorée M *od* F endive *f*
Chile N le Chili
Chili(pfeffer) M piments *mpl* rouges **Chilisoße** F sauce au piment
chillen *umg* se la couler douce
China N la Chine **Chinese** M Chinois **chinesisch** chinois
Chinin N quinine *f*
Chip M *Spielmarke* jeton; IT puce *f* **Chipkarte** F IT carte à puce
Chips MPL chips [ʃips] *fpl*
Chirurg M chirurgien **chirurgisch** chirurgical
Chlor N chlore *m*
Choke M AUTO starter
Cholera F choléra *m*
Cholesterin N cholestérol *m* **cholesterinfrei** sans cholestérol
Chor M chœur **Choreografie** F chorégraphie
Christ M chrétien **Christentum** N christianisme *m* **Christkind** N enfant Jésus *m* **christlich** chrétien **Christus** M le Christ [kʀist], Jésus-Christ [kʀi]
Chrom N chrome *m*
chronisch chronique
circa environ
City F centre-ville *m* **Citymaut** F AUTO péage *m* urbain
Clementine F clémentine
Clown M clown [klun]
Club M club [klœb] **Cluburlaub** M vacances *fpl* (en) club
Cockpit N cockpit [kɔkpit] *m*
Cocktail M cocktail **Cocktailbar** F bar *m* à cocktails **Cocktailtomate** F tomate cerise
Cola F *umg* coca *m*
Comic M bande *f* dessinée (*abk* BD)
Community F IT communauté
Computer M ordinateur **Computerprogramm** N programme *m* informatique **Computerspiel** N jeu *m* vidéo **Computertisch** M desserte *f* informatique **Computertomografie** F scanographie **Computervirus** N *od* M virus *m* informatique
Container M conteneur
cool *umg lässig* cool [kul]; *toll* super
Copyshop M centre de photocopies
Cord M velours côtelé
Cornflakes PL corn-flakes [kɔʀnflɛks] *mpl*
Coronavirus N *od* M coronavirus *m*
Couch F canapé *m*
couchsurfen couchsurfer [kautʃsœʀfe] **Couchsurfing®** N navigation *f* sofa

Couchtisch M table *f* de salon
Countdown M *od* N compte *m* à rebours
Cousin(e) M(F) cousin(e)
COVID-19, Covid-19 ABK (corona virus disease 2019) COVID-19, Covid-19
Cowboy M cow-boy [kobɔj]
Creme F crème **cremig** crémeux
Crosstrainer M vélo elliptique
Crowdfunding N IT financement *f* participative
CT N ABK (Computertomografie) TDM *f* (*tomodensitométrie*), scanographie *f*
Curry N *od* M curry *m*
Cursor M IT curseur *m*
Cyberspace M cybermonde

D

da ADV *räumlich* là; *zeitlich* alors, à ce moment-là; KONJ *weil* comme; **~ (ja)** puisque; **~ kommt sie (ja)!** la voilà!; **~ drüben** là-bas; **ich bin gleich wieder ~!** je reviens tout de suite!; **~ sein** être là; **ist noch Milch ~?** il y a encore du lait?
dabei *örtlich* à côté; *zeitlich* en même temps; *mit enthalten* compris; **etw ~ haben** avoir qc sur soi; **gerade ~ sein, etw zu tun** être en train de faire qc
dableiben rester (là)
Dach N toit *m* **Dachboden** M combles *mpl*, grenier **Dachdecker** M couvreur **Dachgepäckträger** M AUTO galerie *f* **Dachkammer** F mansarde **Dachrinne** F gouttière
Dachs M blaireau
Dachstuhl M charpente *f* du toit
dachte → denken
Dachziegel M tuile *f*
Dackel M teckel
dadurch par là; *deshalb* c'est pourquoi; **~, dass** comme
dafür pour cela; *als Ersatz* en échange; *zum Ausgleich* par contre; **~ sein** être pour; **ich kann nichts ~** je n'y peux rien
dagegen contre cela; *im Gegensatz dazu* par contre; *im Vergleich dazu* en comparaison; **~ sein** être contre
daheim à la maison, chez moi, toi, *etc*
daher de là; en; *deshalb* c'est pourquoi; *folglich* par conséquent **dahin** là; y; **bis ~** jusque-là **dahinten** là-bas **dahinter** (là-)derrière
damals à l'époque
Dame F dame (*a. Spielkarte*); *beim Schach* reine; **~ spielen** jouer aux dames
Damenbinde F serviette hygiénique **Damenfriseur** M coiffeur pour dames **Damenschuhe** MPL chaussures *fpl*

de femme **Damentoilette** F toilettes *fpl* pour dames
damit avec cela; KONJ pour que, afin que (+*subj*)
Damm M digue *f*; *Staudamm* barrage
dämmern **es dämmert** *morgens* le jour se lève; *abends* la nuit tombe **Dämmerung** F *morgens* aube; *abends* crépuscule *m*
Dampf M vapeur *f* **Dampfbad** N bain *m* de vapeur, bain *m* turc **Dampfbügeleisen** N fer *m* à vapeur **dampfen** dégager de la vapeur; *Speisen* fumer; *E-Zigarette rauchen* vapoter
dämpfen *Speisen* (faire) cuire à l'étouffée *od* à l'étuvée; *Stoß, Geräusch* amortir; *Licht* tamiser
Dampfer M bateau à vapeur; *Ozeandampfer* paquebot
Dampfkochtopf M cocotte-minute *f*, autocuiseur
danach après (cela), ensuite
Däne M Danois
daneben à côté; *außerdem* en outre
Dänemark N le Danemark
Dänin F Danoise **dänisch** danois
Dank M remerciement; **vielen ~!** merci beaucoup
dank PRÄP (*gen od dat*) grâce à
dankbar reconnaissant (**für** de) **Dankbarkeit** F reconnaissance, gratitude
danke merci; **~ schön** (*od* **sehr**) merci beaucoup; **~, gleichfalls** merci, à vous aussi
danken remercier (**j-m für etw** qn de qc)
dann ensuite
daran y (*a. räumlich*), en; **~ glauben** y croire; **~ sterben** en mourir; **nahe ~ sein zu ...** être sur le point de ...
darauf (là-)dessus; **bald ~** peu après; **am Tag ~** le lendemain; **~ verzichten** s'en passer; **das kommt ~ an** ça dépend
daraus en; **~ folgt, dass ...** il en résulte que ...; **mach dir nichts ~!** ne t'en fais pas!
darf darfst → dürfen
darin (là-)dedans
darlegen exposer
Darleh(e)n N prêt *m*
Darm M intestin **Darmgrippe** F grippe intestinale **Darmkrebs** M cancer de l'intestin
darstellen représenter; *Theater* interpréter
Darsteller(in) M(F) interprète
darüber (au-)dessus; *darüber hinweg* par-dessus; *mehr* plus; **sich ~ freuen** s'en réjouir; **~ hinaus** *außerdem* en plus
darum c'est pourquoi; **es geht ~, dass ...** il s'agit de (+*inf*)
darunter (au-)dessous; *dazwischen* parmi eux *od* elles; **~ leiden** en souffrir
das → der; PRON cela, ça
Dasein N existence *f*
dass que; **so ~** de sorte que

dasselbe → derselbe
Date N (premier) rendez-vous *m*
Datei F fichier *m* (de données)
Daten NPL données *fpl* **Datenbank** F banque de données **Datenbestand** M base *f* de données **Datenbrille** F IT lunettes *fpl* intelligentes **Datenschutz** M protection *f* contre les abus de l'informatique **Datenübertragung** F transmission de données **Datenverarbeitung** F informatique
Dativ M datif
Dattel F datte **Dattelpalme** F dattier *m*
Datum N date *f*
Dauer F durée; **auf die ~** à la longue
dauerhaft durable **Dauerkarte** F abonnement *m*
dauern durer
dauernd continuel(lement)
Dauerwelle F permanente
Daumen M pouce
Daunen PL duvet *m* **Daunendecke** F édredon *m*
davon de cela, en **davonlaufen** s'enfuir, se sauver
davor devant; *zeitlich* avant; **er hat Angst ~** il en a peur
dazu *zusätzlich* avec cela; *Zweck* pour cela; **(noch) ~** en plus; **was meinen Sie ~?** qu'en pensez-vous?
dazugehören en faire partie
dazurechnen, dazutun ajouter
dazwischen entre les deux, au milieu; *zeitlich* entre-temps
dazwischenkommen survenir; **wenn nichts dazwischenkommt** sauf imprévu
DB F (Deutsche Bahn) chemins *mpl* de fer allemands
DDR F (Deutsche Demokratische Republik) *hist* **die ~** la RDA (*République démocratique allemande*)
Debatte F débat *m*
Deck N pont *m*
Decke F *Bettdecke* couverture; *Tischdecke* nappe; *Zimmerdecke* plafond *m*
Deckel M couvercle
decken couvrir; **den Tisch ~** mettre la table
Deckung F *bes* FIN couverture
Decoder M TV décodeur
defekt défectueux; *Motor* en panne **Defekt** M défaut (an *dat* de); panne (de)
Defibrillator M MED défibrillateur
Definition F définition
Defizit N déficit *m* (*a. fig*)
Degen M épée *f*
dehnbar extensible, élastique
dehnen (sich) ~ (s')étirer
Deich M digue *f*
Deichsel F timon *m*
dein(e) ton (ta); **~e** *pl* tes **deinerseits** de ton côté, de ta part **deinetwegen** à cause de toi; *für dich* pour toi
Deklination F déclinaison
Dekolleté N décolleté *m*
Dekoration F, *umg* **Deko** F

décoration; *Theater, Film* décors *mpl* **dekorieren** décorer (**mit** de)

Delegation F délégation **Delegierte(r)** M délégué

Delfin M dauphin

delikat *köstlich* délicieux; *heikel* délicat

Delikatesse F mets *m* délicat; **das ist eine ~** c'est délicieux **Delikatess(en)geschäft** N épicerie *f* fine

Delikt N délit

Delle F *umg* bosse

dementieren démentir

dementsprechend conformément à cela **demnach** par conséquent, donc **demnächst** prochainement

Demo F *umg* manif

Demokratie F démocratie [demɔkʀasi] **demokratisch** démocratique; *Partei, Person* démocrate

demolieren démolir

Demonstration F manifestation **demonstrieren** manifester

demütigen humilier **Demütigung** F humiliation

denkbar imaginable

denken penser (**an** *akk* à); **sich etw ~** s'imaginer qc; **wie ~ Sie darüber?** qu'en pensez-vous?

Denkmal N monument *m*

denn car; **wo ist er ~?** où est-il donc passé?; **mehr ~ je** plus que jamais; **es sei ~, dass …** à moins que (*+subj*)

dennoch cependant, pourtant

denunzieren dénoncer

Deo(dorant) N déodorant *m* **Deoroller** M déodorant *m* bille

Deponie F décharge **deponieren** déposer

der, die, das le, la, *vor Vokal* l'; **die** *pl* les; *relativ* qui (*akk* que)

derart tellement **derartig** tel

derb grossier

deren dont

derjenige, diejenige, dasjenige celui, celle; **diejenigen** *pl* ceux, celles

dermaßen tellement

derselbe, dieselbe, dasselbe le même, la même; **dieselben** *pl* les mêmes; **das ist dasselbe** c'est la même chose

desertieren déserter

deshalb pour cette raison, c'est pourquoi

Design N design *m* **Designer(in)** M(F) designer **Designermöbel** NPL meubles *mpl* design **Designermode** F mode design, mode griffée

Desinfektionsmittel N désinfectant *m*

desinfizieren désinfecter

Dessert N dessert *m*

Dessous NPL dessous *mpl*

destilliert ~es Wasser N eau *f* distillée

desto d'autant; **~ besser** tant mieux

deswegen → deshalb

Detail N détail *m*

Detektei F agence de détectives **Detektiv** M détective
deuten interpréter; **auf etw** (*akk*) ~ indiquer qc
deutlich distinct; *Schrift* lisible; *eindeutig* clair, net **Deutlichkeit** F netteté
deutsch allemand; **auf Deutsch** en allemand; **sprechen Sie Deutsch?** parlez-vous allemand?
Deutsche(r) M/F(M) Allemand(e) *m(f)* **Deutschland** N l'Allemagne *f* **deutschsprachig** *Bevölkerung, Gebiet* germanophone; *Person, Text* de langue allemande
Devisen FPL devises
Dezember M décembre
dezent discret
d. h. (das heißt) c.-à-d. (c'est à dire)
Dia N *umg* diapo *f*
Diabetes M diabète **Diabetiker(in)** M(F) diabétique
Diagnose F diagnostic *m*
Dialekt M dialecte
Dialog M dialogue
Diamant M diamant
Diaprojektor M projecteur (de diapositives)
Diät F régime *m*; ~ **halten** suivre un régime
dich te, *vor Vokal* t'; *betont, nach Präp* toi; **für** ~ pour toi
dicht dense (*a. Verkehr*), épais; *wasserdicht* étanche; ~ **an** (*dat*), ~ **bei** tout près de
Dichter(in) M(F) poète *m*
Dichtung F poésie; TECH joint *m*
dick épais; *Person* gros; *geschwollen* enflé; **~(er) werden** grossir
Dickdarm M gros intestin **Dickicht** N taillis *m* **dickköpfig** entêté, têtu
die → der
Dieb M voleur **Diebstahl** M vol
Diele F *Flur* entrée; *Brett* planche
dienen servir (**zu** à, **als** de)
Diener(in) M(F) domestique
Dienst M service; **~ haben, im ~ sein** être de service; **j-m e-n ~ erweisen** rendre (un) service à qn
Dienstag M mardi **dienstags** le mardi
Dienstleistung F (prestation *f* de) service *m*
dienstlich officiel, de service
Dienstmädchen N bonne *f*
Dienstreise F déplacement *m*, mission **Dienststelle** F service *m*, office *m* **Dienststunden** FPL heures de service
diese(r, -s) ce, *vor Vokal* cet, *f* cette; ~ *pl* ces; *allein stehend* celui-ci, celle-ci, *pl* ceux-ci, celles-ci
Diesel[1] N *Öl* gasoil *od* gazole *m* **Diesel**[2] M *Fahrzeug* diesel
Dieselmotor M moteur diesel **Dieselöl** N gasoil *od* gazole *m*
diesig brumeux

diesjährig de cette année **diesmal** cette fois(-ci) **diesseits** de ce côté
Differenz F différence
digital numérique **Digitalkamera** F appareil *m* photo numérique **Digitaluhr** F montre à affichage numérique
Diktat N dictée *f*
Diktatur F dictature
diktieren dicter **Diktiergerät** N dictaphone *m*
Dill M aneth [anɛt]
Dimmer M variateur *m* (de lumière)
Ding N chose *f*; **vor allen ~en** avant tout **Dings(da)** N *umg* truc *m*, machin *m*
Dinkel M épeautre
Dinosaurier M, *umg* **Dino** M dinosaure
Dip M GASTR dip, sauce *f*
Diplom N diplôme *m*
Diplomat(in) M(F) diplomate
diplomatisch diplomatique
dir te, *vor Vokal* t'; *betont* à toi; **mit ~** avec toi
direkt direct; **~ gegenüber** juste en face
Direktflug M vol direct
Direktion F direction
Direktor M directeur; *e-s Gymnasiums* proviseur
Direktübertragung F émission en direct **Direktverbindung** F liaison directe
Dirigent M chef d'orchestre
dirigieren diriger
Discjockey M disc-jockey
Disco F *umg* disco, boîte
Discounter M discounte(u)r
Diskette F disquette
Disko F *umg* disco, boîte **Diskothek** F discothèque
diskret discret
diskriminieren discriminer
Diskriminierung F discrimination
Diskussion F discussion
Diskuswerfen N lancement *m* du disque
diskutieren discuter (**über** *akk* de *od* sur)
Display N IT écran *m*
disqualifizieren disqualifier
dissen *umg* casser
distanzieren sich von etw ~ désapprouver qc
Distel F chardon *m*
Disziplin F discipline
dividieren diviser
DJ M ABK → Discjockey
D-Mark F (Deutsche Mark) *hist* mark *m* allemand
doch *trotzdem* pourtant; *als Antwort* **~!** si!; **das gibts ~ gar nicht!** c'est pas possible!
Docht M mèche *f*
Dock N dock *m*
Dogge F dogue *m*
Doktor M docteur (*a. umg Arzt*)
Dokument N document *m*
Dokumentarfilm M documentaire **Dokumentation** F, *fam* **Doku** documentation
Dokusoap F série-réalité
Dolch M poignard
Dollar M dollar

dolmetschen servir d'interprète; *etw* traduire **Dolmetscher(in)** M(F) interprète
Dom M cathédrale *f*
Donau F Danube *m*
Döner M kebab [kebab]
Donner M tonnerre **donnern es donnert** il tonne
Donnerstag M jeudi **donnerstags** le jeudi
doof *umg* bête, idiot
dopen doper
Doping N dopage *m* **Dopingkontrolle** F contrôle *m* antidopage
Doppel N double *m* (*a.* SPORT) **Doppelbett** N lits *mpl* jumeaux; *französisches Bett* grand lit *m* **Doppelgänger(in)** M(F) sosie *m* **Doppelklick** M IT double-clic **doppelklicken** IT double-cliquer (**auf** *akk* sur) **Doppelpunkt** M deux-points
doppelt double; **das Doppelte** le double
Doppelzimmer N chambre *f* pour deux personnes
Dorf N village *m*
Dorn M épine *f*
Dorsch M morue *f*
dort là-bas; **warst du schon mal ~?** tu y es déjà allé?
dorthin là-bas; **~ fahren, kommen** y aller
Dose F boîte
Dosenbier N bière *f* en boîte **Dosenmilch** F lait *m* concentré **Dosenöffner** M ouvre-boîte(s)
Dosis F dose
Dossier N dossier *m*
Dotter N jaune *m* d'œuf
downloaden IT télécharger (**aus** de)
Drache M dragon
Drachen M *Spielzeug* cerf-volant; *Fluggerät* deltaplane **Drachenfliegen** N deltaplane *m*
Dragée N dragée *f*
Draht M fil de fer **drahtlos** sans fil **Drahtseilbahn** F téléférique *m*
Drama N drame *m* **dramatisch** dramatique
dran *umg* → daran; **ich bin ~** c'est mon tour
drängeln bousculer, pousser
drängen pousser; **(sich) ~** (se) presser; **j-n ~, etw zu tun** presser qn de faire qc; **die Zeit drängt** le temps presse
drankommen *umg* **wer kommt jetzt dran?** c'est à qui (le tour)?
draußen dehors
Dreck M saleté; *Straßendreck* boue *f* **dreckig** sale
Drehbuch N scénario *m*
drehen tourner (*a. Film*); **sich ~** tourner (**um** autour de); **es dreht sich um …** il s'agit de …
Drehkreuz N tourniquet *m* **Drehtür** F porte à tambour **Drehung** F tour *m* **Drehzahlmesser** M compte-tours
drei trois **Dreibettzimmer** N chambre *f* à trois lits **Drei-**

eck N triangle *m* **dreieckig** triangulaire **dreifach** triple **dreihundert** trois cents **dreimal** trois fois **Dreirad** N tricycle *m* **dreispurig** à trois voies
dreißig trente
dreist effronté; *umg* culotté
dreitägig de trois jours **Dreiviertelstunde** F trois quarts *mpl* d'heure **dreizehn** treize
Dresscode M code vestimentaire **dressieren** dresser **Dressing** N sauce *f* (de salade)
Dressur F dressage *m*
dringen ~ **durch (in** *akk***)** pénétrer dans; **auf etw** (*akk*) ~ exiger qc
dringend urgent
drinnen dedans
dritte(r, -s) troisième **Drittel** N tiers *m* **drittens** troisièmement
Droge F drogue **drogenabhängig, drogensüchtig** drogué, toxicomane
Drogerie F droguerie
drohen menacer (**j-m** qn, **mit** de) **drohend** menaçant; *Gefahr* imminent **Drohne** F *Tier* faux bourdon *m* MIL; drone M **Drohnenangriff** M MIL attaque *f* de drone
dröhnen retentir; *Motor* vrombir
Drohung F menace
Dromedar N dromadaire *m*
drüben de l'autre côté; **da ~, dort ~** là-bas
Druck M pression *f*; *Buchdruck* impression *f* **Druckbuchstabe** M caractère d'imprimerie
drucken imprimer
drücken presser; *stoßen* pousser; *Hand, Schuhe* serrer; **auf den Knopf ~** appuyer sur le bouton; **sich ~** *umg* se défiler
drückend *Hitze* étouffant
Drucker M *Gerät* imprimeur; IT imprimante *f* **Druckerei** F imprimerie
Druckfehler M faute *f* d'impression **Druckknopf** M bouton-pression **Druckluft** F air *m* comprimé **Drucksache** F imprimé *m* **Druckschrift** F caractères *mpl* d'imprimerie
drunter es *od* **alles geht ~ und drüber** tout est sens dessus dessous
Drüse F glande
Dschungel M jungle *f*
du tu; *betont* toi
Dübel M cheville *f*
ducken sich ~ se baisser
Dudelsack M cornemuse *f*
Duell N duel *m*
Duett N MUS duo *m* (de chant)
Duft M parfum **duften** sentir bon **Duftkerze** F bougie parfumée
dulden tolérer
dumm bête **Dummheit** F bêtise **Dummkopf** M imbécile
dumpf sourd; *unklar* vague
Düne F dune
Dünger M engrais
dunkel obscur (*a. fig*); sombre;

Farbe foncé; **es wird ~** la nuit tombe; **im Dunkeln** dans l'obscurité
Dunkelheit F obscurité
dunkelrot rouge foncé
dünn mince; *Kaffee, Kleid* léger; *Haar, Luft* rare **Dünndarm** M intestin grêle
Dunst M brume *f*; *Küchendunst* vapeur *f*
dünsten cuire à l'étuvée
dunstig brumeux
Duplikat N duplicata *m*
Dur N mode *m* majeur; **C-~** do *m* majeur
durch par; *quer durch* à travers; **hier ~** par ici; **das ganze Jahr ~** toute l'année
durchaus tout à fait; **~ nicht** pas du tout
durchblättern feuilleter
durchblicken ~ lassen laisser entendre
Durchblutung F circulation sanguine
durchbohren percer **durchbrennen** *Sicherung* sauter; *Glühbirne* griller; *fig umg* filer **durchdenken** examiner à fond **durchdrehen** *Räder* patiner; *umg* déjanter **durchdringen** pénétrer
durcheinander en désordre
Durcheinander N désordre *m*
durchfahren passer par, traverser; *nicht halten* ne pas s'arrêter; **bei Rot ~** griller un feu rouge
Durchfahrt F traversée; **~ verboten!** passage interdit!
Durchfall M MED diarrhée *f*
durchfallen *im Examen* échouer
durchführbar réalisable
durchführen réaliser
Durchgang M passage; **kein ~!** passage interdit! **Durchgangsverkehr** M trafic de transit
durchgebraten bien cuit
durchgehen passer par; *Zug* être direct (**bis** jusqu'à); **etw ~ lassen** laisser passer qc
durchgehend *Zug* direct; **~ geöffnet** ouvert en permanence *od* à midi; **~ warme Küche** plats *mpl* chauds à toute heure
durchhalten tenir jusqu'au bout **durchkommen** passer par, *fig* s'en tirer; *im Examen* être reçu; TEL obtenir la communication **durchlassen** laisser passer **durchlässig** perméable
Durchlauferhitzer M chauffe-eau instantané
durchlesen lire en entier; *flüchtig* parcourir **Durchmesser** M diamètre **durchnässt** trempé **durchqueren** traverser
Durchreise F passage *m*; **auf der ~** de passage **durchreisen** passer par
durchreißen déchirer
Durchsage F annonce
durchschauen *Absichten* per-

cer à jour; **j-n ~** pénétrer les intentions de qn
Durchschlag M copie *f*, double **durchschneiden** couper (en deux)
Durchschnitt M moyenne *f*; **im ~** en moyenne **durchschnittlich** moyen; ADV en moyenne **Durchschnitts...** IN ZSSGN moyen
Durchschrift F copie, double *m* **durchsehen** examiner, réviser
durchsetzen faire adopter; **s-n Willen ~** imposer sa volonté; **sich ~** s'imposer
Durchsicht F examen *m*, révision **durchsichtig** transparent
durchsprechen discuter
durchstellen TEL passer
durchstreichen rayer
durchsuchen fouiller **Durchsuchung** F fouille; *e-r Wohnung* perquisition
durchtrieben rusé
Durchwahl(nummer) F (numéro *m* de sa) ligne directe
durchwandern parcourir à pied
durchweg sans exception
durchwühlen fouiller (**etw** dans qc) **durchzählen** compter un à un
Durchzug M courant d'air
dürfen avoir le droit *od* la permission de; **darf ich ...?** est-ce que je peux...?; **man darf nicht ...** il ne faut pas ..., on ne doit pas...; **was darf es sein?** vous désirez?
durfte → dürfen
dürftig médiocre; *armselig* pauvre
dürr sec (*a. Mensch*); *Ast, Blatt* mort; *Land* aride **Dürre** F sécheresse
Durst M soif *f*; **ich habe ~** j'ai soif
durstig ~ sein avoir soif
Dusche F douche **duschen (sich) ~** prendre une douche, se doucher
Duschgel N gel *m* douche **Duschkabine** F cabine de douche **Duschvorhang** M rideau de douche
Düse F tuyère **Düsenjet** N avion *m* à réaction
düster sombre
Duty-free-Shop M boutique *f* °hors taxes
Dutzend N douzaine *f*
duzen tutoyer
DVD F (digital versatile disc) DVD *m*; **auf ~** en DVD, sur DVD **DVD-Brenner** M graveur de DVD **DVD-Player** M lecteur de DVD **DVD-Rekorder** M enregistreur DVD
Dynamit N dynamite *f*
Dynamo M dynamo *f*

E

Ebbe F marée basse; **~ und Flut** marée
eben ADJ plat; ADV justement; **er ist ~ gekommen** il vient d'arriver
Ebene F plaine; POL plan *m*
ebenfalls également, aussi
ebenso de même; **~ groß wie** aussi grand que; **~ viel** autant (**wie** que); **~ wenig** aussi peu (**wie** que)
Eber M verrat
E-Bike N VAE *m* (*vélo à assistance électrique*)
ebnen aplanir
Ebola N MED Ebola *m* **Ebolavirus** N *od* M virus *m* d'Ebola *od* de l'Ebola
E-Book N livre *m* électronique, livre *m* numérique **E-Book-Reader** M liseuse *f*
EC M (Eurocity) Eurocity
Echo N écho [eko] *m*
echt véritable, authentique **Echtheit** F authenticité
EC-Karte F carte eurochèque
Eckball M corner [kɔrnɛr]
Ecke F coin *m*; **um die ~ biegen** tourner au coin de la rue
eckig anguleux
Eckzahn M canine *f*
Economyklasse F classe économique
edel noble **Edelstahl** M acier inoxydable **Edelstein** M pierre *f* précieuse
EDV F (elektronische Datenverarbeitung) informatique
Efeu M lierre
Effekt M effet
EG N ABK (Erdgeschoss) RDC (*rez-de-chaussée*)
egal égal; **das ist mir ~** ça m'est égal
Egoist M, **egoistisch** égoïste
ehe avant que (*+subj*)
Ehe F mariage *m* **Ehebett** N lit *m* conjugal **Ehebruch** M adultère **Ehefrau** F épouse **Ehekrach** M *umg* scène *f* de ménage **Eheleute** PL époux *mpl* **ehelich** conjugal; *Kind* légitime
ehemalig ancien
Ehemann M mari **Ehepaar** N couple *m* (marié)
eher *früher* plus tôt; *lieber* plutôt
Ehering M alliance *f* **Ehescheidung** F divorce *m* **Eheschließung** F mariage *m*
Ehre F honneur *m*
ehren honorer **ehrenamtlich** honorifique **Ehrengast** M invité d'honneur **Ehrenwort** N parole *f* d'honneur
Ehrfurcht F respect *m* (**vor** *dat* de, pour) **Ehrgeiz** M ambition *f* **ehrgeizig** ambitieux
ehrlich honnête(ment) **Ehrlichkeit** F honnêteté
Ei N œuf *m*; **hartes ~** œuf *m*

dur; **weiches** ~ œuf *m* à la coque

Eibe F if *m*

Eiche F chêne *m* **Eichel** F gland *m* **Eichhörnchen** N écureuil *m*

Eid M serment

Eidechse F lézard *m*

eidesstattlich **~e Erklärung** F déclaration à titre de serment

Eidotter N jaune *m* d'œuf

Eierbecher M coquetier **Eierkuchen** M crêpe *f* **Eierlikör** M liqueur *f* aux œufs **Eierschale** F coquille d'œuf **Eierstock** M ovaire **Eiertomate** F olivette

Eifer M enthousiasme **Eifersucht** F jalousie **eifersüchtig** jaloux (**auf** *akk* de)

eifrig enthousiaste; *Schüler* studieux

Eigelb N jaune *m* d'œuf

eigen propre **Eigenart** F particularité **eigenartig** étrange **Eigenbedarf** M consommation *f* personnelle **Eigenheim** N maison *f* individuelle **Eigenname** M nom propre **eigennützig** intéressé **Eigenschaft** F caractéristique; **gute ~en** *pl* qualités

eigensinnig obstiné

eigentlich véritable; ADV en réalité, à vrai dire

Eigentum N propriété *f* **Eigentümer(in)** M(F) propriétaire **Eigentumswohnung** F appartement *m* en copropriété

eignen **sich ~** convenir; *Person* avoir les qualités requises (**für** pour, **als** *od* **zu** pour être)

Eilbote M **durch ~n** par exprès [ɛkspʀɛs]

Eilbrief M lettre *f* exprès [ɛkspʀɛs]

Eile F °hâte; **in ~ sein** être pressé

eilen presser; **eilt!** urgent!

eilig pressé; *Sache* urgent; **es ~ haben** être pressé

Eilzug M train direct

Eimer M seau; *umg* **im ~ sein** être fichu

ein ⟨*f* eine⟩ un, une; **~ für alle Mal** une fois pour toutes; **~er von beiden** l'un des deux

einander l'un l'autre, les uns les autres; l'un à l'autre, les uns aux autres

einarbeiten **sich ~** se familiariser (**in** *akk* avec)

einatmen inspirer; *Gas, Rauch etc* respirer

Einbahnstraße F (rue à) sens *m* unique

Einband M reliure *f*

einbauen *Geräte* monter, installer; *Möbel* encastrer **Einbauküche** F cuisine aménagée

einbiegen tourner (**in** *akk* dans, **nach links** à gauche)

einbilden **sich etw ~** s'imaginer qc

Einbildung F imagination; *irrige* illusion; *Anmaßung* suffi-

sance
einbrechen cambrioler (**in etw** *akk* qc) **Einbrecher** M cambrioleur
einbringen *Gewinn* rapporter
Einbruch M cambriolage; **bei ~ der Nacht** à la tombée de la nuit
einbürgern naturaliser
einbüßen perdre
einchecken FLUG *abfertigen* enregistrer; *sich abfertigen lassen* se faire enregistrer
eindecken sich ~ mit s'approvisionner en
eindeutig clair, net, sans équivoque
eindringen pénétrer (**in** *akk* dans) **Eindringling** M intrus
Eindruck M impression *f*
eindrücken enfoncer
eindrucksvoll impressionnant
eine → ein
eineinhalb un et demi
einerseits d'un côté
einfach simple; *schlicht* modeste; **e-e ~e Fahrkarte** un aller simple (**nach** pour)
einfahren *Zug* entrer en gare (**auf Gleis 3** quai numéro 3); *neues Auto* roder
Einfahrt F entrée; *Tor* porte cochère
Einfall M idée *f*
einfallen *einstürzen* s'écrouler; MIL envahir (**in ein Land** un pays); *Gedanke* venir à l'esprit; **sein Name fällt mir nicht ein** son nom m'échappe
Einfamilienhaus N maison *f* individuelle
einfarbig uni
einfetten graisser
Einfluss M influence *f* **einflussreich** influent
einfrieren geler; *Lebensmittel* congeler **einfügen** insérer
Einfuhr F importation
einführen introduire; HANDEL importer **Einführung** F introduction
Einfuhrverbot N embargo *m* sur les importations **Einfuhrzoll** M taxes *fpl* à l'importation
Eingang M entrée *f*
Eingangstür F porte d'entrée
eingeben IT entrer; *Geheimnummer* taper
eingebildet prétentieux **Eingeborene(r)** M/F(M) *neg!* indigène *m/f*
eingehen *Post* arriver; *Pflanze, Tier* mourir; *Stoff* rétrécir; **auf etw** (*akk*) **~** *Angebot* accepter; *Details* entrer dans; **ein Risiko ~** courir un risque
Eingemachte(s) N conserves *fpl* maison
eingeschneit bloqué par la neige **eingeschrieben** *Brief* recommandé
Eingeweide PL intestins *mpl*
eingewöhnen sich ~ s'acclimater
eingießen verser (**in** *akk* dans)
eingleisig à voie unique

eingliedern incorporer **eingreifen** intervenir **Eingriff** M intervention *f* (*a.* MED) **einhalten** *Frist* respecter **einhängen** TEL *Hörer* raccrocher **einheimisch** local **Einheimische(r)** M/F(M) personne *f* du pays **Einheit** F unité **einheitlich** homogène; *für alle gleich* unique **Einheitspreis** M prix unique **einholen** *j-n, Zeit* rattraper **Einhorn** N licorne *f* **einig sich ~ sein/werden** être/tomber d'accord (**über** *akk* sur) **einige** quelque(s); *allein stehend* quelques-un(e)s; **~ Male** plusieurs fois **einigen sich ~** se mettre d'accord (**über** *akk* sur) **einigermaßen** relativement **Einigkeit** F union, concorde **Einigung** F accord *m* **einjährig** d'un an **einkalkulieren** tenir compte de **Einkauf** M achat; **Einkäufe machen** → **einkaufen** faire les courses; *etw* acheter **Einkaufsbummel** M **e-n ~ machen** faire du shopping **Einkaufspassage** F galerie marchande **Einkaufstasche** F sac *m* à provisions, cabas *m* **Einkaufswagen** M caddie® **Einkaufszentrum** N centre *m* commercial **einkehren** s'arrêter dans un restaurant, une auberge **einklammern** mettre entre parenthèses **einkleiden sich neu ~** s'habiller de neuf **einklemmen** coincer **Einkommen** N revenu *m* **Einkommensteuer** F impôt *m* sur le revenu **Einkünfte** PL revenus *mpl* **einladen** *j-n* inviter; *Gepäck etc* charger **Einladung** F invitation **Einlage** F *im Schuh* semelle orthopédique **Einlass** M entrée *f*; **~ ab 18 Uhr** ouverture des portes à 18 heures **einlassen** laisser entrer; **sich auf etw** (*akk*) **~** se laisser embarquer dans qc **einlaufen** *Schiff* entrer au port; *Stoff* rétrécir **einleben sich ~** s'acclimater **einlegen** *Film* mettre; AUTO *Gang* passer; *Fisch* mariner; *Pause* faire **Einlegesohle** F semelle orthopédique **Einleitung** F introduction **einleuchtend** évident **einliefern in ein Krankenhaus ~** hospitaliser **Einlieferung** F MED hospitalisation **einloggen** IT **(sich) ~** se connecter **einlösen** *Scheck* encaisser; *Versprechen* tenir **einmachen** faire des conserves de

einmal une fois; *künftig* un jour; **auf ~** *plötzlich* tout à coup; *in e-m Zug* d'un seul coup; *zugleich* à la fois; **noch ~** encore une fois
Einmaleins N table *f* de multiplication **einmalig** unique
einmischen sich ~ se mêler (**in** *akk* de)
einmünden déboucher (**in** *akk* sur) **einmütig** unanime; ADV à l'unanimité
Einnahme F HANDEL recette
einnehmen *Geld* toucher; *Arznei, Platz* prendre; *Stellung* occuper
einölen huiler
einordnen AUTO **sich links/rechts ~** prendre la file de gauche/droite
einpacken empaqueter; *in Papier* emballer; *in den Koffer* mettre (dans la valise)
einparken se garer; *rückwärts* faire un créneau
einplanen prévoir
einprägen sich etw ~ retenir, mémoriser qc
einquartieren *u.* **sich ~** loger
einrahmen encadrer
einräumen ranger; *zugestehen* accorder
einreiben (sich) ~ (se) frictionner
einreichen *Antrag* déposer
Einreise F entrée (dans un pays) **Einreiseerlaubnis** F permis *m* d'entrée
einreisen entrer (**nach Frankreich** en France) **Einreisevisum** N visa *m* d'entrée
einrenken MED remettre, remboîter
einrichten *Wohnung etc* aménager; **sich ~** s'installer **Einrichtung** F aménagement *m*; *Möbel* ameublement *m*; *Institution* institution
eins un; *Uhrzeit* **es ist ~** il est une heure
einsam *verlassen* seul; *abgelegen* isolé **Einsamkeit** F solitude
einsammeln ramasser
Einsatz M *persönlicher* engagement; *Verwendung* emploi; *im Spiel* mise *f*
einscannen scanner
einschalten *Licht, Radio,* TV allumer; **sich ~** intervenir
Einschaltquote F TV audience, audimat *m*
einschätzen estimer **einschenken** verser **einschieben** intercaler
einschiffen sich ~ embarquer
einschlafen s'endormir; *Glieder* s'engourdir **einschläfern** endormir (*a.* MED); *Tier* piquer
einschlagen *Nagel* enfoncer; *Glasscheibe* casser; *Weg* prendre; *Blitz* tomber (**in** *akk* sur)
einschleppen *Krankheit* introduire
einschließen *umfassen* renfermer; MIL encercler; **(sich) ~** (s')enfermer (à clé) **einschließlich** y compris

Einschnitt M incision *f*; *fig* tournant
einschränken limiter, restreindre; **sich ~** réduire ses dépenses **Einschränkung** F limitation; *Vorbehalt* restriction
einschreiben **(sich) ~** (s')inscrire
Einschreiben N lettre *f* recommandée; **per Einschreiben schicken** *Brief* envoyer en recommandé
einschreiten intervenir **einschüchtern** intimider
einsehen voir; *Fehler* reconnaître
einseitig d'un seul côté; POL unilatéral; *parteiisch* partial
einsenden envoyer **Einsendeschluss** M date *f* limite d'envoi **Einsendung** F envoi *m*
einsetzen mettre, insérer **(in** *akk* dans); *Mittel, Kräfte* employer; *Leben* risquer; *beginnen* commencer; **sich ~** s'engager; **sich ~ für** *j-n* intervenir en faveur de; *etw* défendre
Einsicht F compréhension **einsichtig** compréhensif
einsparen économiser
einsperren emprisonner
einspringen **für j-n ~** remplacer qn
einspritzen injecter **Einspritzmotor** M moteur à injection
Einspruch M protestation *f*; JUR opposition *f*; **~ erheben** protester **(gegen** contre)
einspurig *Straße* à une seule voie; *Bahn* à voix unique
einstecken empocher; *Brief* mettre à la boîte; *hinnehmen* encaisser
einsteigen monter **(in** *akk* dans); **~!** en voiture!
einstellen *Radio*, TV régler; FOTO mettre au point; *Arbeitskräfte* embaucher; *Arbeit* cesser; *Rekord* égaler; **sich auf etw** (*akk*) **~** se préparer à qc
Einstellung F *Haltung* attitude **(zu** envers)
einstimmig unanime; ADV à l'unanimité **einstöckig** à un étage **einstufen** classer
Einsturz M écroulement **einstürzen** s'écrouler **Einsturzgefahr** F danger *m* d'écroulement
einstweilen en attendant **einstweilig** provisoire
eintägig d'une journée **eintauchen** plonger **eintauschen** échanger **(gegen** contre)
einteilen diviser; *Zeit, Geld* répartir **(in** *akk* en)
einteilig d'une pièce
Einteilung F division, répartition
eintönig monotone
Eintopf M plat unique
eintragen inscrire **einträglich** rentable, lucratif
eintreffen arriver; *Voraussage* se réaliser
eintreten entrer; *sich ereignen*

arriver; ~ **für** défendre
Eintritt M entrée *f*; ~ **frei** entrée gratuite; ~ **verboten** entrée interdite
Eintrittskarte F billet *m* d'entrée **Eintrittspreis** M prix *m* d'entrée
eintrocknen sécher **einüben** étudier
einverstanden d'accord; (**mit** avec) **Einverständnis** N accord *m*
Einwand M objection *f* (**gegen** à)
Einwanderer M, **Einwanderin** F immigrant(e) *m(f)*; *Eingewanderter* immigré(e) *m(f)* **einwandern** immigrer **Einwanderung** F immigration
einwandfrei impeccable, irréprochable
Einwegflasche F bouteille non consignée **Einweghandschuh** M gant jetable **Einwegspritze** F seringue jetable **Einwegverpackung** F emballage *m* perdu *ou* jetable
einweichen faire tremper
einweihen *Bauwerk* inaugurer; *j-n* initier (**in** *akk* à) **Einweihung** F inauguration
Einweisung F *in eine Anstalt* envoi *m* (**in** *akk* dans); *in die Klinik* hospitalisation
einwenden objecter
einwerfen *Brief* mettre à la boîte; *Münze* introduire
einwickeln envelopper
einwilligen consentir (**in** *akk* à) **Einwilligung** F consentement *m*
Einwohner(in) M(F) habitant(e)
Einwurf M *Schlitz* fente *f*; SPORT remise *f* en jeu
Einzahl F singulier *m*
einzahlen verser **Einzahlung** F versement *m*
einzäunen entourer d'une clôture, clôturer
Einzel N *Tennis* simple *m* **Einzelbett** N lit *m* à une place **Einzelfall** M cas isolé *od* unique **Einzelgänger(in)** M(F) solitaire **Einzelhandel** M commerce de détail **Einzelheit** F détail *m* **Einzelkind** N enfant *m* unique
einzeln seul; ADV un à un, séparément; **im Einzelnen** en détail
Einzelunterricht M cours particulier **Einzelzimmer** N chambre *f* individuelle
einziehen *Bauch, Fahrwerk, Antenne* rentrer; *Steuern* percevoir; *Erkundigungen* prendre; *in e-e Wohnung* emménager (dans); *Flüssigkeit* pénétrer (**in** *akk* dans)
einzig unique; **kein Einziger** pas un seul **einzigartig** unique (en son genre), exceptionnel
Einzimmerwohnung F studio *m*
Eis N glace *f*; ~ **am Stiel** esquimau *m*

Eisbahn F patinoire **Eisbär** M ours blanc **Eisbecher** M coupe *f* glacée **Eisbein** N jambonneau *m* **Eisberg** M iceberg **Eiscafé** N, **Eisdiele** F glacier *m*

Eisen N fer *m*

Eisenbahn F chemin *m* de fer **Eisenbahnlinie** F ligne de chemin de fer

eisern en fer; *fig* de fer

eisgekühlt glacé; *Sekt* frappé **Eishockey** N °hockey *m* sur glace

eisig glacial (*a. fig*)

Eiskaffee M café liégeois **eiskalt** glacé, glacial **Eiskunstlauf** M patinage artistique **Eislauf** M patinage **eislaufen** faire du patin **Eispickel** M piolet **Eistee** M thé glacé **Eisverkäufer(in)** M(F) marchand(e) de glaces **Eiswürfel** M glaçon **Eiszapfen** M glaçon

eitel vaniteux **Eitelkeit** F vanité

Eiter M pus **eit(e)rig** purulent **eitern** suppurer

Eiweiß N blanc *m* d'œuf; BIOL protéines *fpl*

Ekel N dégoût (**vor** *dat* de) **ekelhaft** répugnant

EKG N (Elektrokardiogramm) ECG *m* (*électrocardiogramme*)

Ekzem N eczéma *m*

elastisch élastique

Elch M élan

Elefant M éléphant

elegant élégant

Elektriker(in) M(F) électricien *m*, électricienne *f* **elektrisch** électrique

Elektrizität F électricité **Elektrizitätswerk** N centrale *f* électrique

Elektroauto N voiture *f* électrique **Elektrogerät** N appareil *m* électrique **Elektroherd** M cuisinière *f* électrique **Elektronik** F électronique **elektronisch** électronique **Elektrorasierer** M rasoir électronique **Elektrotechnik** F électrotechnique

Element N élément *m* **elementar** élémentaire

elend misérable; **Elend** N misère *f* **Elendsviertel** N bidonville *m*

elf onze **Elf** F SPORT onze *m*

Elfenbein N ivoire *m*

Elfmeter M penalty

Ell(en)bogen M coude *m*

Elsass N l'Alsace *f*

Elsässer(in) M(F) Alsacien *m*, Alsacienne *f* **elsässisch** alsacien

Elster F pie

Eltern PL parents *mpl* **Elterngeld** N allocation *f* parentale **Elternzeit** F *etwa* congé *m* parental d'éducation

Email N émail *m*

E-Mail F *Einrichtung* courrier *m* électronique; *Nachricht* e-mail *m*; **per ~** par e-mail **E-Mail-Account** M compte de

courrier électronique **E-Mail--Adresse** F adresse e-mail
Emanzipation F émancipation **emanzipiert** émancipé
Embargo N embargo *m*
Embolie F embolie
Emoji N IT emoji *m*
Embryo M embryon
Empfang M réception *f* (*a.* TV, *Radio, Hotel*); *Begrüßung* accueil **empfangen** recevoir
Empfänger M destinataire; *Radio*, TV récepteur **empfänglich** sensible (**für** à) **Empfängnisverhütung** F contraception **Empfängnisverhütungsmittel** N contraceptif *m*
Empfangsbescheinigung F récépissé *m*, reçu *m* **Empfangsbestätigung** F accusé *m* de réception **Empfangschef** M réceptionniste
empfehlen recommander
empfehlenswert recommandable **Empfehlung** F recommandation
empfinden ressentir **empfindlich** sensible (**gegen, für** à); *leicht verletzt* susceptible
Empfindung F sensation; *Gefühl* sentiment *m*
empörend révoltant
empört indigné **Empörung** F indignation
Ende N fin *f*; *räumlich* bout *m*; **~ April** à la fin avril; **am ~** à la fin (de); au bout (de); *schließlich* finalement; **zu ~** terminé; **zu ~ gehen** toucher à sa fin
enden finir, se terminer
Endergebnis N résultat *m* final **endgültig** définitif
Endivie F chicorée
endlich enfin **endlos** sans fin, infini; interminable
Endspiel N finale *f* **Endspurt** M SPORT sprint **Endstand** M SPORT score final **Endstation** F terminus [tɛʀminys] *m*
Endung F GRAM terminaison
Energie F énergie **Energiesparlampe** F ampoule basse consommation **Energieversorgung** F alimentation en énergie
energisch énergique
Energydrink M boisson *f* énergisante
eng étroit; *dicht* serré; **~er machen** rétrécir; **~ anliegend** *Kleid* moulant
Enge F **j-n in die ~ treiben** acculer qn
Engel M ange
England N l'Angleterre *f*
Engländer(in) M(F) Anglais(e)
englisch anglais **englischsprachig** *Bevölkerung, Gebiet* anglophone; *Person, Text* de langue anglaise
Engpass M goulot d'étranglement (*a. fig*) **engstirnig** borné
Enkel M petit-fils **Enkelin** F petite-fille
enorm énorme
Ensemble N *Theater* troupe *f*
entbehren manquer de; **nicht**

~ **können** ne pas pouvoir se passer de
entbehrlich superflu
Entbindung F MED accouchement *m*
entdecken découvrir **Entdecker(in)** M(F) explorateur *m*, exploratrice *f* **Entdeckung** F découverte
Ente F canard *m* (*a. fig*)
enteignen exproprier **Enteignung** F expropriation
enterben déshériter
Entertainment N divertissement *m*
entfallen *wegfallen* être supprimé; **j-m ~** échapper à qn; **auf j-n ~** revenir à qn
entfernen *Fleck* enlever; **(sich) ~** (s')éloigner **entfernt** éloigné **Entfernung** F distance; *Beseitigung* enlèvement *m*
entführen enlever; *Flugzeug* détourner **Entführer(in)** M(F) ravisseur *m*, ravisseuse *f* **Entführung** F enlèvement *m*; *e-s Flugzeugs* détournement *m*
entgegen (*dat*) *Richtung* vers; *im Gegensatz zu* contrairement à **entgegengehen** aller à la rencontre (**j-m** de qn) **entgegengesetzt** opposé **entgegenkommen** *fig* faire des concessions (**j-m** à qn)
entgegnen répliquer
entgehen échapper (**e-r Gefahr** à un danger); **sich etw (nicht) ~ lassen** (ne pas) manquer qc
Entgelt N rémunération *f*
entgleisen dérailler
Enthaarungsmittel N dépilatoire *m*
enthalten contenir; **sich ~** s'abstenir (**e-r Sache** *gen* de qc) **enthaltsam** abstinent
enthüllen dévoiler **Enthüllung** F découverte
enthusiastisch enthousiaste
entkalken détartrer **entkommen** s'échapper **entkorken** déboucher **entkräften** affaiblir; *Argument* infirmer
entladen décharger (*a.* ELEK); **sich ~** *Batterie* se vider; *Gewitter* éclater
entlang **den** *od* **am Fluss ~** le long du fleuve **entlangfahren**, **entlanggehen** longer (**an etw** *dat* qc)
entlarven démasquer
entlassen *Arbeitskräfte* licencier; **~ werden** *Patient* sortir de l'hôpital; *Häftling* sortir de prison **Entlassung** F licenciement *m*; *aus dem Krankenhaus* sortie
entlasten décharger (*a.* JUR); *bei der Arbeit* aider
Entlastungsstraße F voie de délestage **Entlastungszug** M train supplémentaire
entlaufen s'échapper **entlegen** éloigné **entleihen** emprunter (**von** à) **entmündigen** mettre sous tutelle **entmutigen** décourager **ent-**

nehmen prendre (**aus** dans); *schließen* conclure (**aus** de) **entreißen** arracher
entrüsten **sich** ~ s'indigner (**über** *akk* de) **Entrüstung** F indignation
entschädigen dédommager (**für** de) **Entschädigung** F dédommagement *m*; *Summe* indemnité
entscheiden décider (**über** *akk* de); **sich** ~ se décider (**für** pour) **entscheidend** décisif **Entscheidung** F décision
entschlacken *Wellness* détoxifier **Entschlackungskur** F cure de détoxification
entschließen **sich** ~ se décider (**zu** à)
entschlossen déterminé **Entschlossenheit** F détermination
Entschluss M décision *f*; **e-n** ~ **fassen** prendre une décision
entschuldigen excuser; **sich** ~ s'excuser (**wegen, für** de, **bei** auprès de); ~ **Sie bitte!** excusez-moi!
Entschuldigung F excuse(s) *fpl*; ~! pardon!
Entsetzen N effroi *m*, horreur *f* **entsetzlich** horrible
entsorgen éliminer les déchets
entspannen **sich** ~ se détendre **Entspannung** F détente
entsprechen correspondre (**e-r Sache** *dat* à qc) **entsprechend** correspondant; PRÄP (*dat*) conformément à
entstehen naître (**aus** de), résulter (de) **Entstehung** F naissance, origine
entstellen défigurer
enttäuschen décevoir; **enttäuscht sein von** être déçu par **Enttäuschung** F déception
entwaffnen désarmer **Entwarnung** F fin d(e l)'alerte
entweder ~ ... **oder** ou ... ou
entweichen s'échapper **entwenden** dérober **entwerfen** *Muster* esquisser; *Plan* concevoir
entwerten *Fahrschein* composter; *Briefmarke* oblitérer
Entwerter M composteur
entwickeln développer (*a.* FOTO); TECH mettre au point; **sich** ~ se développer **Entwicklung** F développement *m*
Entwicklungshelfer(in) M(F) coopérant(e) **Entwicklungsland** N pays *m* en voie de développement
entwischen s'échapper
Entwurf M projet, plan; *Skizze* ébauche *f*
entziehen *Führerschein etc* retirer **Entziehungskur** F cure de désintoxication
entziffern déchiffrer
entzückend ravissant **entzückt** ravi
Entzugserscheinung F ~**en haben** être en état de manque

entzünden allumer; **sich ~** s'enflammer (*a.* MED) **Entzündung** F MED inflammation
entzwei cassé **entzweigehen** se casser, se briser
Enzian M gentiane *f*
Enzym N enzyme *m od f*
Epidemie F épidémie
Epilepsie F épilepsie
Episode F épisode *m*
Epoche F époque
er il; *betont* lui
Erachten N **meines ~s** à mon avis
Erbarmen N pitié *f* **erbärmlich** lamentable; *Leistung, moralisch* minable **erbarmungslos** impitoyable
erbauen construire; *a. fig* édifier **Erbauer** M bâtisseur
Erbe[1] N héritage *m* **Erbe**[2] M héritier **erben** hériter
erbeuten capturer
Erbfolge F succession
Erbin F héritière
erbitten demander (**etw von j-m** qc à qn)
erblich héréditaire
erblicken apercevoir
erblinden perdre la vue
erbost fâché
erbrechen *u.* **sich ~** vomir **Erbrechen** N vomissement(s) *mpl*
Erbschaft F héritage *m*
Erbse F pois *m*; **grüne ~n** petits pois
Erdapfel M *österr* pomme *f* de terre **Erdbeben** N tremblement *m* de terre, séisme *m*
Erdbeere F fraise **Erdboden** M sol; terre *f*
Erde F terre **erden** ELEK mettre à la terre
Erderwärmung F réchauffement *m* de la planète **Erdgas** N gaz *m* naturel **Erdgeschoss** N rez-de-chaussée *m*
Erdkunde F géographie
Erdnuss F cacahuète **Erdöl** N pétrole *m*
erdrosseln étrangler
erdrücken écraser (*a. fig*)
Erdrutsch M glissement de terrain **Erdteil** M continent
E-Reader M liseuse *f*
ereignen sich ~ se produire, arriver, se passer **Ereignis** N événement *m*
Erektion F érection
erfahren apprendre; *erleben* éprouver; ADJ expérimenté **Erfahrung** F expérience
erfassen saisir (*a. fig*, IT)
erfinden inventer **Erfinder(in)** M(F) inventeur *m*, inventrice *f* **Erfindung** F invention
Erfolg M succès, réussite *f*; **viel ~!** bonne chance!
erfolglos infructueux; ADV sans succès **erfolgreich** couronné de succès; ADV avec succès
erforderlich nécessaire
erfordern nécessiter, exiger
erforschen explorer
erfreuen faire plaisir à

erfreulich rejouissant
erfreut enchanté (**über** *akk* de); **sehr ~(, Sie kennenzulernen)!** enchanté (de faire votre connaissance)!
erfrieren geler; *Person* mourir de froid
erfrischen (**sich**) ~ (se) rafraîchir **Erfrischung** F rafraîchissement *m* **Erfrischungstuch** N pochette *f* rafraîchissante
erfüllen *Pflicht* accomplir; *Bedingung* remplir; *Wunsch* réaliser; *Bitte* satisfaire à; **~ mit** remplir de; **sich ~** se réaliser
ergänzen compléter **Ergänzung** F complément *m*
ergeben donner (pour résultat); **sich ~** résulter (**aus** de); MIL se rendre; ADJ dévoué
Ergebnis N résultat *m* **ergebnislos** sans résultat
ergiebig abondant, riche (*a. Diskussion*)
ergreifen saisir; *Maßnahmen, Flucht* prendre; *Beruf* embrasser; *rühren* toucher, émouvoir **ergriffen** ému, touché; **tief ~** bouleversé
erhalten recevoir; *bewahren* conserver; **gut ~** en bon état
erhältlich en vente
erhängen sich ~ se pendre
erheben *Glas, Hand* lever; *Stimme, Protest* élever; *Zoll, Steuern* percevoir; **sich ~** se lever; *Berg* s'élever; POL se soulever
erheblich considérable
erheitern égayer
erhitzen chauffer
erhöhen *u.* **sich ~** augmenter (**um** de) **Erhöhung** F augmentation
erholen sich ~ se remettre (**von** de); *im Urlaub* se reposer; **~ Sie sich gut!** reposez-vous bien!
Erholung F repos *m*
erinnern rappeler (**j-n an etw** *akk* qc à qn); **sich ~** se souvenir (**an** de)
Erinnerung F souvenir *m*; **zur ~ an** (*akk*) en souvenir de
erkälten sich ~ prendre froid **Erkältung** F rhume *m*
erkennen reconnaître (**an** *dat* à); *deutlich sehen* distinguer
Erker M encorbellement
erklären expliquer; *förmlich* déclarer **Erklärung** F explication; *Äußerung* déclaration
erkranken tomber malade **Erkrankung** F maladie; *e-s Körperteils* affection
erkundigen sich ~ se renseigner (**nach** sur); **sich nach j-m ~** demander des nouvelles de qn
Erkundigung F renseignement *m*
erlangen obtenir
erlassen promulguer; *Verordnung* publier; **j-m etw ~** dispenser qn de qc
erlauben permettre **Erlaubnis** F permission

erläutern expliquer **Erläuterung** F explication
Erle F au(l)ne
erleben voir; *erfahren* vivre **Erlebnis** N expérience *f*; *Ereignis* événement *m* **Erlebnispark** M parc d'attractions
erledigen régler, finir
erledigt fini; *umg erschöpft* crevé **Erledigung** F règlement *m*
erleichtern faciliter; *seelisch* soulager **Erleichterung** F soulagement *m*
erleiden subir; *Schmerzen* endurer
erlernen apprendre
erlesen ADJ de choix
erleuchten éclairer
Erlös M recette *f*
erlöschen s'éteindre; *Anspruch* expirer; *Firma* cesser d'exister
erlösen délivrer (**von** de) **Erlöser** M REL Rédempteur **Erlösung** F REL Rédemption
ermächtigen autoriser (**zu** à) **Ermächtigung** F autorisation
ermahnen exhorter (**zu** à) **Ermahnung** F exhortation
ermäßigen réduire **Ermäßigung** F réduction
ermessen évaluer, apprécier
ermitteln trouver; *Täter* retrouver; *bestimmen* déterminer **Ermittlungen** FPL enquête *f*, information *f*
ermöglichen rendre possible
ermorden assassiner **Ermordung** F assassinat *m*
ermüden se fatiguer; *j-n* fatiguer **Ermüdung** F fatigue
ermuntern, **ermutigen** encourager (**zu** à)
ernähren (**sich**) ~ (se) nourrir (**von** de) **Ernährung** F alimentation; *Nahrung* nourriture
ernennen nommer **Ernennung** F nomination
erneuerbar ADJ renouvelable
erneuern renouveler **Erneuerung** F renouvellement *m*
erneut de *od* à nouveau
ernst sérieux, grave; ~ **nehmen** prendre au sérieux
Ernst M sérieux; *der Lage* gravité *f*; **im** ~ sérieusement
Ernstfall M **im** ~ en cas grave
ernsthaft, **ernstlich** sérieux
Ernte F récolte; *Getreideernte* moisson **ernten** récolter (*a. fig*); *Getreide* moissonner
Ernüchterung F désenchantement *m*, désillusion
Eroberer M conquérant **erobern** conquérir **Eroberung** F conquête
eröffnen ouvrir; *feierlich* inaugurer **Eröffnung** F ouverture; inauguration
erörtern examiner, discuter
Erotik F érotisme *m* **erotisch** érotique
erpressen **j-n** ~ faire chanter qn **Erpresser** M maître chanteur **Erpressung** F chantage

m
erproben éprouver, tester
erraten deviner
erregen *erzürnen* énerver; *sexuell* exciter **Erreger** M MED agent pathogène **Erregung** F énervement *m*; excitation
erreichbar accessible **erreichen** atteindre; *j-n* joindre (*a.* TEL); *Zug, Bus* attraper; *erlangen* obtenir
errichten ériger
erröten rougir
Errungenschaft F conquête; *technische* progrès *m*; *soziale* acquis *m*
Ersatz M remplacement (**für** de); *Entschädigung* dédommagement **Ersatzmann** M remplaçant **Ersatzrad** N roue *f* de rechange **Ersatzspieler(in)** M(F) remplaçant(e) **Ersatzteil** N pièce *f* de rechange
erscheinen paraître (*a. Buch*); *Person, Geist* apparaître **Erscheinung** F apparition; *Aussehen* aspect *m*; *Natur* phénomène *m*
erschießen tuer (d'un coup de feu); *hinrichten* fusiller
erschlagen assommer; **vom Blitz ~ werden** être foudroyé
erschöpfen épuiser **erschöpft** épuisé **Erschöpfung** F épuisement *m*
erschrecken effrayer, faire peur à; V/I *u.* **sich ~** s'effrayer
erschreckend effrayant
erschrocken → erschrecken
erschüttern secouer; *fig a.* bouleverser **Erschütterung** F secousse; *fig* bouleversement *m*
erschweren rendre (plus) difficile
erschwinglich abordable
ersetzen remplacer (**durch** par); *Schaden* indemniser (**j-m etw** qn de qc); *Unkosten* rembourser
ersparen économiser; *fig* épargner (**j-m etw** qc à qn) **Ersparnis(se)** F(PL) économie(s)
erst d'abord; *nur* seulement, ne … que; **~ gestern** seulement hier; **nun ~ recht!** plus que jamais!
erstatten *Auslagen* rembourser; **Anzeige ~** porter plainte (**gegen** contre); **Bericht ~** faire un rapport
Erstaufführung F première
Erstaunen N étonnement *m*
erstaunlich étonnant
erstaunt étonné
erste(r, -s) premier, première; **am ~n Juni** le premier juin; **zum ~n Mal** pour la première fois; **Erste Hilfe** premiers soins *mpl*
erstechen poignarder
erstens premièrement
ersticken étouffer (*a. fig*)
erstklassig de première qualité **erstmals** pour la première fois
erstrahlen briller

erstrebenswert digne d'efforts
erstrecken **sich ~** s'étendre (**bis zu** jusqu'à; **über** *akk* sur)
ersuchen **j-n um etw ~** demander qc à qn
ertappen surprendre; **auf frischer Tat ~** prendre sur le fait
ertönen retentir
Ertrag M rendement
ertragen supporter; **nicht zu ~** insupportable
erträglich supportable
ertränken noyer
ertrinken se noyer
erübrigen avoir encore; **sich ~** être inutile
erwachen s'éveiller; *aufwachen* se réveiller
erwachsen adulte **Erwachsene(r)** M/F(M) adulte *m/f*
erwägen considérer, examiner; *ins Auge fassen* envisager
erwähnen mentionner
erwärmen chauffer
erwarten attendre; *rechnen mit* s'attendre à **Erwartung** F attente
erwecken *Verdacht* éveiller; *Vertrauen* inspirer; *Eindruck* donner
erweisen *Dienst, Ehre* rendre; **sich ~ als** se révéler
erweitern **(sich) ~** (s')élargir
Erwerb M acquisition *f* **erwerben** acquérir **erwerbslos** sans travail, chômeur
erwerbstätig actif **erwerbsunfähig** invalide **Erwerbsunfähigkeit** F invalidité
erwidern répondre (**auf** *akk* à), répliquer (à); *Gruß, Besuch* rendre
erwischen attraper
erwünscht souhaité
erwürgen étrangler
Erz N minerai *m*
erzählen raconter (**von etw** qc) **Erzählung** F récit *m*, nouvelle
Erzbischof M archevêque
erzeugen produire; *verursachen* engendrer **Erzeugnis** N produit *m*
erziehen élever, éduquer **Erzieher(in)** M(F) éducateur *m*, éducatrice *f* **Erziehung** F éducation
erzielen atteindre, obtenir
erzwingen forcer
es *als Subjekt* il, ce; *als Objekt* le, la; **~ regnet** il pleut; **~ ist genug!** ça suffit!; **~ gibt** il y a; **ich bin ~** c'est moi; **~ klingelt** on sonne
Escapetaste F IT touche échappe
Esche F frêne *m*
Esel M âne
Eskimo M *neg!* Esquimau
Espresso M express
essbar comestible
essen manger; **zu Mittag ~** déjeuner; **zu Abend ~** dîner
Essen N nourriture *f*; *Mahlzeit* repas *m*
Essensmarke F ticket-repas *m* **Essenszeit** F heure des re-

pas
Essig M vinaigre **Essiggurke** F cornichon *m* **Essig- und Ölständer** M huilier
Esslöffel M cuillère *f* à soupe
Esswaren FPL comestibles *mpl* **Esszimmer** N salle *f* à manger
Etage F étage *m* **Etagenbett** N lits *mpl* superposés
Etappe F étape
Etat M budget
Ethik F éthique
E-Ticket N billet *m* électronique
Etikett N étiquette *f*
etliche quelques, pas mal de
Etui N étui *m*
etwa environ, à peu près **etwaig** éventuel
etwas quelque chose; *ein wenig* un peu (de); **~ anderes** autre chose
EU F (Europäische Union) UE (Union européenne)
euch vous, à vous
euer votre; **eure** *pl* vos
Eukalyptus M eucalyptus
EU-Kommissar(in) M(F) POL commissaire européen(ne) **EU-Kommission** F Commission Européenne **EU-Land** N POL pays *m* (membre) de l'UE
Eule F °hibou *m*
euretwegen à cause de vous, pour vous
Euro M euro **Eurocent** M cent(ime) d'euro **Eurocity** M Eurocity
Europa N l'Europe *f* **Europäer(in)** M(F) Européen(ne) **europäisch** européen
Europameister(in) M(F) champion(ne) d'Europe **Europameisterschaft** F championnat *m* d'Europe
Europaparlament N Parlement *m* européen **Europarat** M Conseil de l'Europe **Europastraße** F route européenne **Europawahlen** FPL élections européennes **europaweit** dans toute l'Europe
Eurozone F zone euro
Euter N pis *m*
EU-weit dans toute l'Union européenne
evakuieren évacuer **Evakuierung** F évacuation
evangelisch protestant
Evangelium N Évangile *m*
Event N *od* M événement *m*
eventuell éventuel(lement)
ewig éternel **Ewigkeit** F éternité
exakt exact, précis
Examen N examen [ɛgzamɛ̃] *m*
Exemplar N exemplaire *m*
Exil N exil *m*; **ins ~ gehen** s'exiler
Existenz F existence
existieren exister
Exkursion F excursion, sortie
exotisch exotique
Expedition F expédition
Experiment N expérience *f*
experimentieren faire des

expériences (**mit** sur)
Experte M expert (**für** en)
explodieren exploser **Explosion** F explosion
Export M exportation *f* **exportieren** exporter
Expressionismus M expressionnisme
extra *speziell* spécialement; *umg absichtlich* exprès; *getrennt* à part; *zusätzlich* en plus
Extra N AUTO option *f*
Extrakt M extrait
extrem extrême **Extremist(in)** M(F) extrémiste
extrovertiert extraverti
Exzess M excès
Eyeliner M eye-liner
EZB F ABK (Europäische Zentralbank) BCE (Banque centrale européenne)
E-Zigarette F cigarette électronique, *umg* vapoteuse

F

Fabel F fable **fabelhaft** formidable
Fabrik F usine **Fabrikarbeiter(in)** M(F) ouvrier *m*, ouvrière *f* d'usine
Fabrikat N produit *m*
Fabrikationsfehler M défaut de fabrication
Fach N compartiment *m*, casier *m*; *Gebiet* branche *f*, spécialité *f*; *Schulfach, Studienfach* matière *f* **Facharbeiter(in)** M(F) ouvrier, ouvrière qualifié(e) **Facharzt** M spécialiste **Fachausbildung** F formation spécialisée **Fachausdruck** M terme technique
Fächer M éventail
Fachgebiet N spécialité *f*
Fachgeschäft N magasin *m* spécialisé **Fachkenntnisse** FPL connaissances spéciales
Fachmann M spécialiste
Fachwerkhaus N maison *f* à colombages
Fachzeitschrift F revue spécialisée
Fackel F flambeau *m*
fad(e) fade, insipide
Faden M fil **Fadennudeln** FPL vermicelle *m*
fähig capable (**zu** de) **Fähigkeit** F capacité
fahnden rechercher (**nach j-m** qn) **Fahndung** F recherches *fpl*
Fahne F drapeau *m*
Fahrbahn F chaussée
Fähre F bac *m*; *große* ferry *m*
fahren aller (**mit dem Auto** en voiture); *abfahren* partir (**nach** pour, à); VT *Auto* conduire; *Lasten* transporter; **durch** ... **~** passer par ...; **j-n nach** ... **~** conduire qn à ...
Fahrer M conducteur; chauffeur **Fahrerflucht** F délit *m* de fuite **Fahrerin** F conduc-

trice
Fahrgast M passager; *im Taxi* client **Fahrgeld** N argent *m* du billet **Fahrgemeinschaft** F covoiturage *m* **Fahrgestell** N châssis *m* **Fahrkarte** F billet *m*
Fahrkartenautomat M distributeur de billets **Fahrkartenschalter** M guichet
fahrlässig négligent; JUR **~e Tötung** homicide *m* involontaire **Fahrlässigkeit** F négligence
Fahrlehrer(in) M(F) moniteur *m*, monitrice *f* d'auto-école
Fahrplan M horaire; *als Broschüre* indicateur (des chemins de fer) **Fahrplanauskunft** F (information) horaires *mpl*, *umg* info horaires **fahrplanmäßig** d'après l'horaire
Fahrpreis M prix du billet
Fahrrad N bicyclette *f*; vélo *m*
Fahrradrikscha F, **Fahrradtaxi** N vélo-taxi *m* **Fahrradverleih** M location *f* de vélos **Fahrradweg** M piste *f* cyclable
Fahrschein M billet **Fahrscheinautomat** M distributeur de billets
Fährschiff N ferry *m*
Fahrschule F auto-école
Fahrspur F voie, file **Fahrstuhl** M ascenseur **Fahrstunde** F leçon de conduite
Fahrt F *Strecke* trajet *m*; *Reise* voyage *m*; *Ausflug* excursion; **gute ~!** bonne route!
Fahrtrichtung F sens *m* de la marche
Fahrwerk N train *m* d'atterrissage **Fahrzeit** F durée du parcours
Fahrzeug N véhicule *m* **Fahrzeugpapiere** NPL papiers *mpl* du véhicule **Fahrzeugschein** M carte *f* grise
fair fair-play [fɛʀplɛ]; **~er Handel** commerce équitable
Fakultät F faculté
Falke M faucon
Fall M cas (*a.* GRAM); **auf jeden/keinen ~** en tout/aucun cas; **für den ~, dass …** au cas où …
Falle F piège *m*
fallen tomber; *Preise, Temperatur* baisser; **~ lassen** laisser tomber
fällen abattre; *Urteil* prononcer
fällig *Zinsen* payable; *Zahlung, Steuer* exigible; **~ werden** échoir, être dû
falls au cas où, si
Fallschirm M parachute **Fallschirmspringer(in)** M(F) parachutiste
falsch faux
fälschen falsifier
Falschgeld N fausse monnaie *f*
Fälschung F contrefaçon; *Gemälde* faux *m*
Faltboot N canot *m* pliant
Falte F pli *m*; *Runzel* ride **falten** plier **Faltenrock** M jupe

f plissée
Falter M papillon
familiär *vertraut* familier; *die Familie betreffend* familial
Familie F famille
Familienangehörige(r) M/F(M) membre m de la famille, parent(e) m(f) **Familienanschluss** M accueil dans une famille **Familienbetrieb** M entreprise f familiale **Familienname** M nom de famille **Familienstand** M situation f de famille
Fan M fan [fan]; SPORT supporter [sypɔrtɛr] **Fanatiker(in)** M(F), **fanatisch** fanatique
Fanfare F fanfare
Fang M prise f **fangen** attraper; *Fisch* prendre
Fantasie F imagination **fantastisch** fantastique
Farbdrucker M imprimante f couleur
Farbe F couleur; *Malfarbe* peinture **farbecht** grand teint
färben teindre; *abfärben* déteindre
farbenblind daltonien
Farbfernseher M téléviseur couleurs **Farbfilm** M film en couleurs; FOTO pellicule f couleur **Farbfoto** N photo f couleur **farbig** a. *neg!* coloré
Farbige(r) M/F(M) *neg!* homme m, femme f de couleur **farblos** incolore **Farbstift** M crayon de couleur **Farbstoff** M matière f colorante
Farm F ferme **Farmer(in)** M(F) fermier m, fermière f
Farn(kraut) M(N) fougère f
Fasan M faisan
Fasching M *süddeutsch* carnaval
Faser F fibre
Fass N tonneau m; *Weinfass* fût m
Fassade F façade
Fassbier N bière f (à la) pression
fassen prendre, saisir; *begreifen* comprendre; *enthalten* contenir
Fassung F *e-r Brille* monture; *e-r Glühbirne* douille; *e-s Texts* version; *fig* calme m; **aus der ~ bringen** décontenancer
fassungslos décontenancé **Fassungsvermögen** N capacité f
fast presque
fasten jeûner **Fasten** N jeûne m **Fastenzeit** F REL carême m
Fastnacht F mardi m gras
faszinieren fasciner
faul paresseux; *verfault* pourri; **~e Ausrede** mauvaise excuse
faulen pourrir
faulenzen paresser **Faulenzer(in)** M(F) paresseux m, paresseuse f
Faulheit F paresse
Faust F poing m; **auf eigene ~** de son propre chef **Faustschlag** M coup de poing

Favorit(in) M(F) favori(te)
Fax N fax *m*; *Gerät* télécopieur *m*; **j-m ein ~ schicken** envoyer un fax à qn **faxen** faxer **Faxgerät** N télécopieur *m* **Faxnummer** F numéro *m* de télécopieur
FCKW (Fluorchlorkohlenwasserstoffe) CFC *mpl* (*chlorofluorocarbones*)
Februar M février
Fechten N escrime *f*
Feder F plume; TECH ressort *m* **Federball** M volant **Federbett** N édredon *m*
federn faire ressort **Federung** F ressorts *mpl*; AUTO suspension
Fee F fée
Feedback N feed-back *m* [fidbak]
fegen balayer
Fehlbetrag M déficit
fehlen manquer; *Person a.* être absent; **es fehlt uns an ...** (*dat*) nous manquons de ...
Fehler M faute *f*, erreur *f*; TECH, *im Charakter* défaut **fehlerfrei** sans faute(s); sans défaut(s) **fehlerhaft** *Aussprache* incorrect; *Material* défectueux
Fehlgeburt F fausse couche **fehlschlagen** échouer **Fehlstart** M faux départ **Fehlzündung** F AUTO ratés *mpl*
Feier F fête; *offiziell* cérémonie
Feierabend M **nach ~** après le travail; **~ machen** finir de travailler
feierlich solennel
feiern faire la fête; V/T fêter
Feiertag M jour férié; **schöne ~e!** bonnes fêtes!
feige lâche
Feige F figue
Feigheit F lâcheté **Feigling** M lâche
Feile F lime **feilen** limer
feilschen marchander (**um etw** qc)
fein fin; *vornehm* distingué
Feind M ennemi **feindlich** ennemi, hostile **Feindschaft** F inimitié
Feingefühl N tact *m* **Feinheit(en)** F(PL) finesse(s) (*a. fig*) **Feinschmecker(in)** M(F) gourmet *m*
Feld N champ *m*; *Brettspiel* case *f*; *Spielfeld* terrain *m* **Feldsalat** M mâche *f* **Feldweg** M chemin de terre
Felge F jante
Fell N poil *m*, pelage *m*; *von toten Tieren* peau *f*
Felsen M rocher; roc **felsig** rocheux **Felswand** F paroi rocheuse
feminin féminin **Feminist(in)** M(F) féministe **feministisch** féministe
Fenchel M fenouil
Fenster N fenêtre *f*; AUTO glace *f* **Fensterbrett** N rebord *m* **Fensterheber** M AUTO lève-glaces **Fensterladen** M volet **Fensterplatz** M coin fenêtre **Fensterscheibe** F

vitre
Ferien PL vacances *fpl*; **schöne ~!** bonnes vacances!
Ferienanlage F centre *m* de vacances, village *m* vacances
Ferienarbeit F job *m* de vacances **Feriendorf** N village *m* de vacances **Ferienjob** M job de vacances **Ferienkurs** M cours de vacances **Ferienlager** N colonie *f* de vacances
Ferienwohnung F location
Ferkel N porcelet *m*, goret *m*
fern loin (**von** de); *entlegen* lointain **Fernbedienung** F télécommande **Fernbus** M bus (longue distance), autocar
Ferne F lointain *m*; **in/aus der ~** au/de loin
Fernfahrer(in) M(F) routier *m*, routière *f* **Ferngespräch** N communication *f* interurbaine
ferngesteuert téléguidé, télécommandé **Fernglas** N jumelles *fpl* **Fernheizung** F chauffage *m* urbain **Fernlicht** N feux *mpl* de route, phares *mpl* **Fernreise** F voyage *m* dans un pays lointain **Fernrohr** N télescope *m*
Fernsehen N télévision *f*; *umg* télé *f* **fernsehen** regarder la télévision **Fernseher** M téléviseur
Fernsehnachrichten FPL journal *m* télévisé **Fernsehprogramm** N *Heft* programme *m* de télévision; *Sendungen* programmes *mpl*; *Kanal* chaîne *f* **Fernsehsendung** F émission de télévision **Fernsehturm** M tour *f* de télévision
Fernsehzuschauer(in) M(F) téléspectateur, -trice
Fernstraße F grand axe *m* routier **Fernstudium** N cours *mpl* par correspondance
Fernverkehr M trafic *m* à grande distance **Fernweh** N nostalgie *f* des pays lointains
Ferse F talon *m*
fertig fini; *bereit* prêt; *umg erschöpft* à plat; **mit etw ~ sein** avoir fini qc; **~ bringen** *beenden* arriver à finir; **~ machen** terminer; **sich ~ machen** se préparer
fertigbringen es ~, etw zu tun *es schaffen* être capable de faire qc; *sich trauen* oser faire qc
Fertiggericht N plat *m* cuisiné **Fertighaus** N maison *f* préfabriquée
fesseln ligoter; *fig* captiver
fesselnd captivant
fest ferme; *nicht flüssig* solide; *Zeitpunkt, Preis, Wohnsitz* fixe; *Schlaf* profond
Fest N fête *f*; **(ein) frohes ~!** joyeuse fête!
festbinden attacher (**an** *dat* à)
Festessen N banquet *m*
festhalten retenir; **~ an** (*dat*) *fig* tenir à; **sich ~ an** (*dat*) s'accrocher à
Festland N terre *f* ferme; continent *m*

festlich solennel **festmachen** fixer **Festnahme** F arrestation **festnehmen** arrêter
Festnetz N TEL réseau *m* fixe, fixe *m* **Festnetzanschluss** M (poste) fixe **Festnetznummer** F numéro *m* de fixe **Festnetztelefon** N téléphone *m* fixe, fixe *m*
Festplatte F IT disque *m* dur
Festpreis M prix fixe
festsetzen fixer **festsitzen** *Nagel etc* tenir bien; *klemmen* être coincé; *Fahrzeug* être en panne, rester bloqué; **wir sitzen fest** nous sommes bloqués
Festspiele NPL festival *m*
feststehen être certain
feststellen constater
Festung F forteresse
Festzug M cortège
Feta(käse) M (fromage de) feta
Fete *umg* F fête, boum
fett gras **Fett** N graisse *f*; *am Fleisch* gras *m* **fettarm** maigre; *Milch* écrémé **Fettfleck** M tache *f* de graisse **fettig** graisseux
Fetzen M lambeau
feucht humide **Feuchtigkeit** F humidité **Feuchtigkeitscreme** F crème hydratante
Feuer N feu *m*; *Brand* incendie *m* **Feueralarm** M alerte *f* au feu **Feuerbestattung** F incinération **feuerfest** incombustible; *Schüssel* résistant à la chaleur **feuergefährlich** inflammable **Feuerleiter** F échelle de secours **Feuerlöscher** M extincteur **Feuermelder** M avertisseur d'incendie **Feuerwehr** F pompiers *mpl* **Feuerwerk** N feu *m* d'artifice **Feuerzeug** N briquet *m*
Fewo F ABK → Ferienwohnung
Fichte F épicéa *m*
Fieber N fièvre *f*; **hohes ~** forte fièvre *f*; **~ haben** avoir de la fièvre
Fieberanfall M accès de fièvre **fieberhaft** fébrile **Fiebermittel** N fébrifuge *m*
Fieberthermometer N thermomètre *m* médical
fiebrig fiévreux
Figur F *geometrische, Eislauf* figure; *e-r Frau* silhouette; *Schachfigur* pièce
Filet N filet *m* **Filetsteak** N bifteck dans le filet
Filiale F succursale
Film M film; FOTO pellicule *f*
filmen filmer **Filmfestspiele** NPL festival *m* du cinéma
Filmkamera F caméra **Filmregisseur(in)** M(F) metteur *m* en scène de cinéma **Filmschauspieler(in)** M(F) acteur *m*, actrice *f* de cinéma **Filmstar** M vedette *f* de cinéma, star *f*
Filter M filtre **Filterkaffee** M café filtre

filtern filtrer **Filterpapier** N papier-filtre **Filterzigarette** F cigarette à bout filtre
Filz M feutre **Filzstift** M (crayon) feutre
Finale N MUS final(e) *m*; SPORT finale *f*
Finanzamt N *Gebäude* perception *f*; *Behörde* fisc *m* **Finanzen** PL finances *fpl* **finanziell** financier **finanzieren** financer **Finanzkrise** F crise financière
finden trouver **Finderlohn** M récompense *f*
Finger M doigt **Fingerabdruck** M empreinte *f* digitale **Fingerhut** M dé (à coudre) **Fingernagel** M ongle **Fingerring** M bague *f*
Fingerspitze F bout *m* du doigt **Fingerspitzengefühl** N doigté *m*
Fink M pinson
Finne M Finlandais **finnisch** finlandais **Finnland** N la Finlande
finster obscur, sombre **Finsternis** F obscurité
Firma F entreprise
Fisch M poisson **fischen** pêcher
Fischer M pêcheur **Fischerboot** N bateau *m* de pêche **Fischerdorf** N village *m* de pêcheurs
Fischerei F pêche *f* **Fischerin** F pêcheuse *f* **Fischfang** M pêche *f* **Fischgeschäft** N poissonnerie *f* **Fischhändler(in)** M(F) poissonnier *m*, poissonnière *f* **Fischotter** M loutre **Fischstäbchen** NPL bâtonnets *mpl* de poisson **Fischsuppe** F soupe de poisson **Fischzucht** F pisciculture
fit en forme **Fitness** F (pleine) forme **Fitnesscenter** N, **Fitnessstudio** N club *m* de remise en forme
fix *umg* rapide; ADV vite; **~ und fertig** fin prêt, *erschöpft* sur les genoux
fixen *umg* se piquer, se shooter
fixieren fixer
Fjord M fjord
FKK N (Freikörperkultur) naturisme *m*, nudisme *m* **FKK-Strand** M plage *f* naturiste
flach plat (*a. fig*); *niedrig* bas **Flachbildschirm** M IT, TV écran plat
Fläche F surface, superficie
Flachland N plaine *f*
Flagge F pavillon *m*
flambiert flambé
Flame M Flamand
Flamingo M flamant (rose)
flämisch flamand
Flamme F flamme
Flandern N la Flandre
Flanell M flanelle *f* **Flanellhemd** N chemise *f* de flanelle
flanieren flâner
Flanke F flanc *m*; *Fußball* centre *m*

Flasche F bouteille; *Säuglingsflasche* biberon *m*
Flaschenbier N bière *f* en bouteille **Flaschenöffner** M ouvre-bouteille(s) **Flaschenpfand** N consigne *f* **Flaschenzug** M palan
Flashmob M rassemblement éclair
Flatrate F TEL forfait *m* illimité; INTERNET *a.* accès *m* illimité
flattern voleter; *Fahne* flotter
flau faible
Flaum M duvet
Flaute F SCHIFF calme *m* plat
Flechte F BOT lichen [likɛn] *m*; MED dartre **flechten** tresser
Fleck M tache *f*; *Stelle* endroit **Fleckentferner** M détachant **fleckig** taché
Fledermaus F chauve-souris
Flegel M malappris
Fleisch N viande *f*; *lebendes* chair *f* **Fleischbrühe** F consommé *m*, bouillon *m* **Fleischer** M boucher **Fleischerei** F boucherie *f*
fleischig charnu; *Frucht* pulpeux
Fleischklößchen N boulette *f* (de viande) **Fleischwunde** F blessure (dans les chairs)
Fleiß M application *f* **fleißig** appliqué, travailleur
flexibel ADJ flexible; *fig a.* souple
Flexitarier(in) M(F) flexitarien(ne)
flicken rapiécer; *Fahrradschlauch* réparer **Flicken** M pièce *f*; *aus Gummi* rustine *f*
Flieder M lilas
Fliege F mouche; *Mode* nœud *m*, papillon *m*
fliegen voler; *im Flugzeug* prendre l'avion
Fliegenklatsche F tapette **Fliegenpilz** M amanite *f* tue-mouches
Flieger M aviateur; *fam Flugzeug* avion
fliehen fuir (**vor j-m** qn); **~ aus** s'enfuir de; *Gefangener* s'évader de
Fliese F carreau *m*, dalle
Fließband N chaîne *f* (de montage)
fließen couler
fließend **~es Wasser** eau *f* courante; **~ Französisch sprechen** parler couramment (le) français
Flinte F fusil [fyzi] *m*
Flipflops® MPL, **Flip-Flops®** MPL tongs [tõg] *fpl*
flirten flirter
Flitterwochen FPL lune *f* de miel
Flocke F flocon *m*
Floh M puce *f* **Flohmarkt** M marché aux puces
Floß N radeau *m*
Flosse F nageoire
Flöte F flûte
flott *schwungvoll* rapide; *schick* chic
Flotte F flotte
Fluch M *Kraftwort* juron; *Ver-*

wünschung malédiction *f* **fluchen** jurer
Flucht F fuite; *aus e-m Gefängnis* évasion
flüchten s'enfuir; **sich ~** se réfugier (**in** *akk* dans, **zu j-m** chez qn)
flüchtig fugitif; *oberflächlich* superficiel **Flüchtling** M réfugié **Flüchtlingsboot** N bateau *m* de réfugiés **Flüchtlingsunterkunft** F centre *m* d'hébergement pour réfugiés
Fluchtursachen FPL raisons de l'exode
Flug M vol **Flugblatt** N tract [tʀakt] *m* **Flugdrachen** M deltaplane
Flügel M aile *f*; *an Tür, Fenster* battant; MUS piano à queue
Fluggast M passager **Fluggesellschaft** F compagnie aérienne **Flughafen** M aéroport **Fluginformationen** FPL information(s) de vol **Flugkapitän** M commandant de bord **Fluglinie** F ligne aérienne **Fluglotse** M contrôleur aérien; aiguilleur du ciel **Flugplan** M horaire des vols **Flugplatz** M aérodrome **Flugreise** F voyage *m* en avion **Flugschreiber** M boîte *f* noire **Flugsteig** M porte *f* **Flugticket** N billet *m* d'avion **Flugverbot** N interdiction *f* de vol **Flugverkehr** M trafic aérien
Flugzeug N avion *m* **Flugzeugabsturz** M catastrophe *f* aérienne **Flugzeugentführung** F détournement *m* d'avion
Flur M couloir
Fluss M rivière *f*; *großer* fleuve **flussabwärts** en aval **flussaufwärts** en amont
flüssig liquide; *Verkehr* fluide **Flüssigkeit** F liquide *m*
flüstern chuchoter
Flut F marée °haute; *Wassermasse* flots *mpl*; *fig* flot *m* **Flutlicht** N lumière *f* des projecteurs **Flutwelle** F raz *m* de marée
Flyer M tract, prospectus
Fohlen N poulain *m*
Föhn M sèche-cheveux **föhnen** sécher au sèche-cheveux
Folge F suite, conséquence; *Reihe* série; **zur ~ haben** avoir pour conséquence
folgen suivre (**j-m** qn; *zeitlich* **auf etw** *dat* qc); *gehorchen* obéir; **aus etw ~** résulter de qc
folgend suivant **folgendermaßen** de la manière suivante
folgern conclure (**aus** de) **Folgerung** F conclusion
Folie F *Metallfolie* feuille; *Plastikfolie* film *m*
Folklore F folklore *m*
Folter F torture
foltern torturer
fordern exiger (**etw von j-m** qc de qn); *Recht* revendiquer
fördern encourager; *Kohle etc*

extraire **Förderschule** F établissement *m* scolaire spécialisé
Forderung F exigence; *berechtigte* revendication
Forelle F truite
Form F forme; *Backform* moule *m*; **in ~ sein** être en forme
formal formel **Formalität** F formalité
Format N format *m* **formatieren** V/T IT formater
Formel F formule
formell formel
formen former
förmlich *steif* guindé
formlos sans façons
Formular N formulaire *m*
formulieren formuler
forschen faire de la recherche
Forscher(in) M(F) chercheur *m*, chercheuse *f* **Forschung** F recherche
Forst M forêt *f*
Förster(in) M(F) garde *m* forestier
fort parti, absent; **in einem ~** sans arrêt; **und so ~** et ainsi de suite
fortbestehen continuer à exister, se perpétuer
fortbewegen sich ~ se déplacer
Fortbildung F formation continue *od* permanente
fortfahren partir; *weitermachen* continuer **fortgehen** partir, s'en aller **fortgeschritten** avancé **Fortpflanzung** F reproduction
fortschaffen emmener
Fortschritt M progrès **fortschrittlich** progressiste
fortsetzen continuer, poursuivre **Fortsetzung** F suite; **~ folgt** à suivre
Forum N forum *m a.* INTERNET
Foto N photo *f* **Fotoapparat** M appareil photo **Fotobuch** N livre *m* photo **Fotogalerie** F *bes* INTERNET galerie photos
Fotograf M photographe
Fotografie F photographie
fotografieren photographier; V/I prendre des photos
Fotohandy N portable *m* avec appareil photo intégré
Fotokopie F photocopie **fotokopieren** photocopier
Fr. ABK (Frau) Mme (Madame)
Fracht F fret **Frachter** M, **Frachtschiff** N cargo *m*
Frack M habit
Frage F question; **e-e ~ stellen** poser une question; **das kommt gar nicht in ~!** il n'en est pas question!
Fragebogen M questionnaire
fragen demander (**j-n nach etw** qc à qn; **nach j-m** des nouvelles de qn)
Fragezeichen N point *m* d'interrogation
fraglich *unsicher* incertain; *betreffend* en question
Franken M **(Schweizer) ~** franc suisse
Frankfurt Francfort

frankieren affranchir
Frankreich N la France
Franse F frange
Franzose M Français **Französin** F Française **französisch** français **französisch-deutsch** franco-allemand
Frau F femme (*a. Ehefrau*); *Anrede* Madame
Frauenarzt M, **Frauenärztin** F gynécologue *m/f* **Frauenbewegung** F féminisme *m* **Frauenzeitschrift** F magazine *m* féminin
Fräulein N demoiselle *f*; *hist Anrede* Mademoiselle
frech insolent **Frechheit** F insolence
frei libre; *kostenlos* gratuit; **ein ~er Tag** un jour de congé; **~ halten** *Platz* réserver; **Einfahrt ~ halten!** sortie de voitures; **~ machen** *Weg etc* dégager; **sich ~ machen** *beim Arzt* se déshabiller; **Zimmer ~** chambre à louer; **im Freien** en plein air
Freibad N piscine *f* en plein air **freigebig** généreux **Freigepäck** N franchise *f* de bagages **freihaben** avoir congé
Freiheit F liberté **Freiheitsstrafe** F peine de prison
Freikarte F billet *m* gratuit **Freikörperkultur** F naturisme *m*, nudisme *m* **freilassen** libérer
freilich bien sûr
Freilichtbühne F théâtre *m* de verdure
freimachen *Brief* affranchir; **sich ~** *zeitlich* se libérer
freimütig franc
freisprechen JUR acquitter **Freisprechset** N TEL téléphone *m* mains libres **Freispruch** M acquittement
freistehen es steht Ihnen frei, zu … vous êtes libre de …
Freistoß M SPORT coup franc
Freitag M vendredi **freitags** le vendredi **Freitagsgebet** N prière *f* du vendredi
freiwillig volontaire **Freiwillige(r)** M/F(M) volontaire *m/f*
Freizeichen N TEL tonalité *f*
Freizeit F loisirs *mpl* **Freizeitgestaltung** F organisation des loisirs **Freizeitkleidung** F vêtements *mpl* sport **Freizeitpark** M parc de loisirs
fremd étranger; *unbekannt* inconnu; **ich bin ~ hier** je ne suis pas d'ici
Fremde(r) M/F(M) qui n'est pas du pays; *Besucher(in)* touriste *m/f*
Fremdenführer(in) M(F) guide **Fremdenlegion** F Légion étrangère
Fremdenverkehr M tourisme **Fremdenverkehrsamt** N, **Fremdenverkehrsbüro** N office *m* de *od* du tourisme, syndicat *m* d'initiative **Fremdenzimmer** N chambre *f* à louer **fremdschämen sich ~** avoir °honte pour qn **Fremd-**

sprache F langue étrangère **Fremdwort** N mot *m* étranger
Fresko N fresque *f*
fressen *Tier* manger; *sl pej* bouffer
Freude F joie, plaisir *m*; **j-m e-e ~ machen** faire plaisir à qn
freuen sich ~ über (*akk*) se réjouir de; **sich ~ auf** (*akk*) se réjouir à l'avance de; **es freut mich, dass ...** je suis heureux que ... (*+subj*)
Freund(in) M(F) ami(e)
freundlich gentil (**zu j-m** avec qn); *Zimmer etc* gai; *Wetter* beau; **das ist sehr ~ von Ihnen** c'est très aimable à vous
Freundschaft F amitié **freundschaftlich** amical
Frieden M paix *f*
Friedhof M cimetière
friedlich pacifique; *ruhig* paisible
frieren geler; *Person* avoir froid; **es friert** il gèle; **mich friert** j'ai froid
Frikassee N fricassée *f*
frisch frais; *Wäsche* propre; **~ gestrichen!** peinture fraîche!; **auf ~er Tat** sur le fait
Frische F fraîcheur **Frischhaltebeutel** M sachet fraîcheur
Friseur M coiffeur **Friseursalon** M salon de coiffure **Friseuse** F coiffeuse
frisieren (**sich**) **~** (se) coiffer
Frist F délai *m* **fristlos** sans préavis
Frisur F coiffure
Fritten *umg* FPL frites **Fritteuse** F friteuse **frittiert** frit
froh content (**über** *akk* de); **ich bin ~, dass ...** je suis content que ... (*+subj*); **~e Ostern!** joyeuses Pâques!; **~e Weihnachten!** joyeux Noël!
fröhlich gai, joyeux
fromm pieux
Fronleichnam M Fête-Dieu *f*
Front F front *m*; ARCH façade **frontal** de face, de front **Frontalzusammenstoß** M choc frontal **Frontantrieb** M traction *f* avant
Frosch M grenouille *f* **Froschschenkel** MPL cuisses *fpl* de grenouilles
Frost M gel
frösteln frissonner
frostig froid; *fig* glacial **Frostschutzmittel** N antigel *m*
Frotteetuch N serviette *f* éponge **frottieren** (**sich**) **~** (se) frotter, (se) frictionner
Frucht F fruit *m* (*a. fig*) **Fruchtaufstrich** M pâte *f* à tartiner aux fruits **fruchtbar** AGR fertile; *Lebewesen* fécond; *fig* fructueux **Fruchteis** N glace *f* aux fruits **Fruchtfleisch** N pulpe *f* **Fruchtsaft** M jus de fruits
früh de bonne heure, tôt; **heute/morgen ~** ce/demain matin; **zu ~** trop tôt
Frühaufsteher(in) M(F) lève-tôt

Frühbucher M personne *f* réservant à l'avance **Frühbucherrabatt** M rabais pour les réservations anticipées

Frühchen N MED prématuré(e) *m(f)*

früher plus tôt; *ehemals* autrefois

Frühjahr N, **Frühling** M printemps *m*

Frühstück N petit déjeuner *m* **frühstücken** prendre le petit déjeuner **Frühstücksbüfett** N buffet *m* de petit déjeuner

Fruktose F fructose *m* **fruktosefrei** sans fructose

Frust M *umg* frustration *f* **frustriert** frustré

Fuchs M renard

Fuchsie F fuchsia *m*

fühlbar sensible **fühlen** sentir; *Puls* tâter

führen mener, conduire; *Touristen* guider; *Betrieb* diriger; *Ware* faire; SPORT mener; **zu etw ~** mener à qc

Führer M *Reiseführer* guide (*a. Buch*); *e-r Gruppe* chef; POL *a.* leader **Führerin** F *Reiseführerin* guide; *e-r Gruppe* chef *m* **Führerschein** M permis de conduire

Führung F *Besichtigung* visite guidée; *Leitung* direction; SPORT **in ~ liegen** mener

Fuhrwerk N charrette *f*

Fülle F abondance

füllen remplir; GASTR farcir

Füll(federhalt)er M stylo (à encre)

Füllung F remplissage *m*; GASTR farce; *Zahnfüllung* plombage *m*

Fund M objet trouvé; *glücklicher* trouvaille *f*; *archäologischer* découverte *f*

Fundament N fondations *fpl*; *fig* fondement *m*

Fundbüro N bureau *m* des objets trouvés **Fundgegenstand** M, **Fundsache** F objet *m* trouvé

fünf cinq **fünfhundert** cinq cents **fünfte(r, -s)** cinquième **Fünftel** N cinquième *m* **fünfzehn** quinze **fünfzig** cinquante

Funk M radio *f*; **über ~** par radio

Funke M étincelle *f* **funkeln** étinceler, scintiller

funken transmettre par radio **Funkgerät** N poste *m* émetteur-récepteur **Funkloch** N TEL zone *f* °hors réseau **Funkspruch** M message radio **Funkstreife** F voiture *f* de police (radio) **Funktaxi** N radio-taxi *m*

Funktion F fonction **funktionieren** fonctionner **Funktionstaste** F touche de fonction

Funkuhr F horloge *f* radiopilotée **Funkwecker** M TEL réveil radiopiloté

für (*akk*) pour

Furche F sillon *m*

Furcht F crainte *f*, peur *f* (**vor** de) **furchtbar** terrible, affreux
fürchten craindre (**dass** ... que ... ne *+subj*); **sich ~** avoir peur (**vor** *dat* de)
fürchterlich terrible
furchtlos intrépide **furchtsam** craintif
füreinander l'un pour l'autre
Fürsorge F soins *mpl*; *Sozialfürsorge* aide sociale
Fürsprache F intercession, intervention
Fürst M prince **Fürstentum** N principauté *f* **Fürstin** F princesse **fürstlich** princier
Furt F gué *m*
Furunkel M furoncle
Fuß M pied; *e-s Tieres* patte *f*; **zu ~** à pied
Fußball M football [futbol]; *Ball* ballon de football; **~ spielen** jouer au foot(ball)
Fußballplatz M terrain de football **Fußballspiel** N match *m* de football **Fußballspieler(in)** M(F) footballeur *m*, footballeuse *f* **Fußballweltmeisterschaft** F Coupe du monde de football
Fußboden M plancher **Fußbodenheizung** F chauffage *m* par le sol
Fußbremse F pédale de frein
Fußgänger(in) M(F) piéton **Fußgängerbrücke** F passerelle **Fußgängerüberweg** M passage pour piétons **Fußgängerzone** F zone piétonne *od* piétonnière
Fußgelenk N cheville *f* **Fußmatte** F paillasson *m* **Fußpflege** F soins *mpl* des pieds **Fußsohle** F plante du pied **Fußspur** F trace de pied **Fußtritt** M coup de pied **Fußweg** M sentier, chemin
Futter N nourriture *f*; *in Kleidung* doublure *f*
Futteral N étui *m*
füttern *Tier* donner à manger à; *Kind* faire manger; *Kleidung* doubler **Fütterung** F alimentation
Futur N futur *m*

G

gab → geben
Gabe F don *m*
Gabel F fourchette **Gabelflug** M vol open jaw **gabeln** **sich ~** *Weg* bifurquer
gackern caqueter
Gage F cachet *m*
gähnen bâiller
Galerie F galerie
Galgen M potence *f*, gibet
Galle F bile; *Tiergalle* fiel *m*
Gallenblase F vésicule biliaire **Gallenkolik** F colique hépatique **Gallenstein** M calcul biliaire

Galopp M galop **galoppieren** galoper
gammeln *umg* glander
Gämse F chamois *m*
Gang M marche *f*; *Art des Gehens* démarche; *Ablauf* cours; *Korridor* couloir; AUTO vitesse *f*; GASTR plat; **in ~ bringen** mettre en marche; **in vollem ~(e) sein** battre son plein
Gangplatz M *im Flugzeug, Zug* siège côté couloir
Gangschaltung F AUTO changement *m* de vitesse; *Fahrrad* dérailleur *m*
Gangster M gangster [gãgstɛʀ]
Gangway F passerelle
Ganove M truand
Gans F oie
Gänseblümchen N pâquerette *f* **Gänsebraten** M oie *f* rôtie **Gänsehaut** F *fig* chair de poule **Gänseleberpastete** F (pâté *m* de) foie *m* gras
Gänsemarsch M **im ~** en file indienne *neg!*
ganz tout; *vollständig* entier; *heil* intact; **den ~en Tag** toute la journée; **in der ~en Welt** dans le monde entier; **~ gut** assez bien; **~ und gar nicht** pas du tout
ganzheitlich global, intégral
Ganztagsarbeit F travail *m* à plein temps
gar[1] GASTR cuit; *Fleisch* à point
gar[2] ADV **~ nicht/nichts** pas/rien du tout
Garage F garage *m*
Garantie F garantie **garantieren** garantir (**für etw** qc)
Garantieschein M certificat de garantie
Garderobe F *Kleidung* garderobe; *Theater etc* vestiaire *m*; *im Flur* portemanteau *m*
Garderobenfrau F dame du vestiaire **Garderobenmarke** F numéro *m* de vestiaire
Gardine F rideau *m*
gären fermenter
Garn N fil *m*
Garnele F crevette
garnieren garnir (**mit** de)
Garnitur F ensemble *m*; *Polstergarnitur* salon *m*
Garten M jardin **Gartenbau** M horticulture *f* **Gartenfest** N garden-party *f* **Gartenlokal** N restaurant *od* café *m* avec jardin **Gartenzaun** M clôture *f* de jardin
Gärtner M jardinier **Gärtnerei** F établissement *m* horticole **Gärtnerin** F jardinière
Gas N gaz *m*; **~ geben** accélérer
Gasflasche F bouteille de gaz
Gashahn M robinet du gaz
Gasheizung F chauffage *m* au gaz **Gasherd** M cuisinière *f* à gaz **Gasleitung** F conduite de gaz **Gaspedal** N accélérateur *m*
Gasse F ruelle
Gast M invité; *im Hotel, Lokal* client **Gastarbeiter(in)** M(F)

neg! travailleur *m*, travailleuse *f* immigré(e)

Gästebuch N livre *m* d'or **Gästezimmer** N chambre *f* d'amis; *e-r Pension etc* chambre à louer

Gastfamilie F famille d'accueil **gastfreundlich** hospitalier **Gastfreundschaft** F hospitalité **Gastgeber(in)** M(F) hôte(sse) **Gasthaus** N, **Gasthof** M auberge *f* **Gaststätte** F restaurant *m* **Gastwirt** M restaurateur **Gastwirtschaft** F café-restaurant *m*

Gasvergiftung F intoxication par le gaz **Gaszähler** M compteur à gaz

Gate N FLUG porte *f*

Gatte M époux **Gattin** F épouse

Gattung F genre *m*; BIOL espèce

GAU M ABK (größter anzunehmender Unfall) accident majeur

Gaumen M palais

Gauner M escroc [ɛskʀo]

Gaze F gaze

Gazelle F gazelle

Gebäck N pâtisserie *f*; *Plätzchen* petits gâteaux *mpl*

gebacken cuit (au four)

Gebärde F geste *m*

Gebärmutter F utérus *m*

Gebäude N bâtiment *m*

geben donner (**j-m etw** qc à qn); *reichen, am Telefon* passer; **es gibt** il y a; **was gibt es?** qu'est-ce qu'il y a?

Gebet N prière *f* **gebeten** → bitten

Gebiet N région *f*; POL territoire *m*; *Fachgebiet* domaine *m*

gebildet cultivé

Gebirge N montagne *f*; **im ~, ins ~** à la montagne **gebirgig** montagneux

Gebirgsbach M torrent **Gebirgskette** F, **Gebirgszug** M chaîne *f* de montagnes

Gebiss N dentition *f*; *künstliches* dentier *m*

Gebläse N AUTO ventilateur *m*

geblieben → bleiben

geblümt à fleurs

geboren né (**am le**); **~e Müller** née Müller; **~ werden** naître

geborgen en sécurité

gebracht → bringen

gebrannt → brennen

gebraten rôti

Gebrauch M usage, emploi **gebrauchen** utiliser; **gut zu ~ sein** être utile **gebräuchlich** usuel

Gebrauchsanweisung F mode *m* d'emploi **gebrauchsfertig** prêt à l'emploi **Gebrauchsgegenstand** M objet d'usage courant

gebraucht usagé **Gebrauchtwagen** M voiture *f* d'occasion

gebrechlich fragile

gebrochen → brechen
Gebrüll N °hurlements *mpl*
Gebühr F taxe; *Maut* péage *m*; *Fernsehgebühr* redevance **gebührenfrei** gratuit **gebührenpflichtig** soumis à une taxe; *Parkplatz* payant; *Straße* à péage; **~e Verwarnung** F contravention
gebunden → binden
Geburt F naissance
Geburtenkontrolle F contrôle *m* des naissances **Geburtenrückgang** M dénatalité *f*
Geburtsdatum N date *f* de naissance **Geburtshaus** N maison *f* natale **Geburtsname** M nom de jeune fille **Geburtsort** M lieu de naissance
Geburtstag M anniversaire; **alles Gute zum ~!** bon anniversaire! **Geburtstagsgruß** M vœux *mpl* d'anniversaire
Geburtsurkunde F acte *m* de naissance
Gebüsch N buissons *mpl*
gedacht → denken
Gedächtnis N mémoire *f*; **aus dem ~** de mémoire
Gedanke M pensée *f*, idée *f*; **sich ~n machen** s'inquiéter (**über** *akk* pour); *nachdenken* réfléchir (sur)
Gedankenaustausch M échange d'idées **gedankenlos** irréfléchi; *zerstreut* distrait **Gedankenstrich** M tiret
Gedeck N couvert *m*; menu *m*
gedeihen prospérer
gedenken (*gen*) *ehrend* commémorer; *vorhaben* penser (**etw zu tun** faire qc) **Gedenkstätte** F lieu *m* commémoratif **Gedenktafel** F plaque commémorative
Gedicht N poème *m*
Gedränge N bousculade *f*
Geduld F patience **gedulden sich ~** patienter **geduldig** patient
geehrt *in Briefen* **Sehr ~er Herr N.,** … Monsieur, …
geeignet approprié; *Person* fait (**für** pour)
Gefahr F danger *m*; **~ laufen zu …** courir le risque de …; **auf eigene ~** à ses risques et périls [peʀil]
gefährden mettre en danger **gefährlich** dangereux
gefahrlos sans danger
Gefährte M compagnon **Gefährtin** F compagne
Gefälle N pente *f*
gefallen plaire (**j-m** à qn); **sich etw ~ lassen** se laisser faire
Gefallen[1] M service; **j-m e-n ~ tun** rendre (un) service à qn
Gefallen[2] N **~ finden an** (*dat*) prendre plaisir à
gefällig *hilfsbereit* serviable; *anziehend* plaisant, agréable **Gefälligkeit** F *Dienst* service
gefangen prisonnier; **~ nehmen** faire prisonnier
Gefangene(r) M/F(M) prisonnier *m*, prisonnière *f* **Gefan-**

genschaft F captivité
Gefängnis N prison *f*; **im ~ sitzen** être en prison
Gefäß N récipient *m*; *Blutgefäß* vaisseau *m*
gefasst (avec) calme; **auf etw ~ sein** s'attendre à qc
Gefecht N combat *m*
Gefieder N plumage *m*
gefleckt tacheté
geflogen → fliegen
Geflügel N volaille *f*
Gefolge N suite *f*
gefräßig vorace, glouton
gefrieren geler **Gefrierfach** N freezer [fʀizœʀ] *m* **gefriergetrocknet** lyophilisé **Gefrierschrank** M, **Gefriertruhe** F congélateur *m*
gefroren → gefrieren **Gefrorene(s)** N *österr* glace *f*
gefügig docile
Gefühl N sentiment *m*; *physisch* sensation *f*; *Gespür* sens *m* (**für** de); *Gemütsbewegung* émotion *f* **gefühllos** insensible (**gegen** à) **gefühlvoll** sensible; sentimental
gefüllt GASTR farci
gefunden → finden
gegangen → gehen
gegebenenfalls le cas échéant
gegen contre; *Richtung, zeitlich* vers
Gegend F région; *Nähe* voisinage *m*
gegeneinander l'un contre l'autre **Gegenfahrbahn** F voie d'en face **Gegenfrage** F question posée en retour
Gegengift N contrepoison *m*
Gegenleistung F **als ~** en contrepartie
Gegenlicht N **(im) ~** (à) contre-jour *m* **Gegenmittel** N MED antidote *m* **Gegenrichtung** F direction opposée
Gegensatz M contraste; **im ~ zu** contrairement à
Gegenseite F JUR parti *m* adverse **gegenseitig** mutuel, réciproque
Gegenstand M objet (*a. fig*); *Thema* sujet **Gegenstück** N pendant *m* **Gegenteil** N contraire *m* (**von** de); **im ~** au contraire
gegenüber **1** ADV en face **2** PRÄP (*dat*) en face de; *fig* envers; *im Vergleich zu* par rapport à **gegenüberstehen** être face à face **gegenüberstellen** confronter
Gegenverkehr M circulation *f* (venant) en sens inverse **Gegenwart** F présent *m* (*a.* GRAM); *Anwesenheit* présence
gegenwärtig présent (*a. anwesend*); *aktuell* actuel; ADV à présent **Gegenwind** M vent contraire
gegessen → essen
Gegner(in) M(F) adversaire
Gehackte(s) N viande *f* °hachée
Gehalt[1] M teneur *f* (**an** *dat* en)
Gehalt[2] N salaire *m* **Gehalts-**

erhöhung F augmentation de salaire
gehässig °haineux
Gehäuse N boîtier *m*
gehbehindert ADJT à mobilité réduite
geheim secret **Geheimdienst** M services *mpl* secrets **Geheimnis** N secret *m*, mystère *m* **geheimnisvoll** mystérieux **Geheimnummer** F code *m* secret **Geheimtipp** M *umg* tuyau **Geheimwaffe** F arme secrète **Geheimzahl** F code *m* confidentiel
gehemmt complexé, inhibé
gehen aller (à pied); marcher (*a. funktionieren*); *fortgehen* partir; *Ware* se vendre; *Zimmer* **auf den Hof ~** donner sur la cour; **das geht nicht** ça ne va pas; **es geht um …** il s'agit de …; **wie geht es Ihnen?** comment allez-vous?; **es geht mir gut/schlecht** je vais bien/mal; **sich ~ lassen** se laisser aller
Gehilfe M aide, commis
Gehirn N cerveau *m* **Gehirnerschütterung** F commotion cérébrale **Gehirnschlag** M apoplexie *f*
geholfen → helfen
Gehör N ouïe *f*
gehorchen obéir (**j-m** à qn)
gehören j-m ~ appartenir *od* être à qn; **~ zu** faire partie de; **es gehört sich nicht** ça ne se fait pas
gehörlos sourd
gehorsam obéissant **Gehorsam** M obéissance *f*
Gehsteig M, **Gehweg** M trottoir
Geier M vautour
Geige F violon *m* **Geiger(in)** M(F) violoniste
Geigerzähler M compteur Geiger
geil *umg lüstern* lubrique; *toll* cool [kul], génial
Geisel F otage *m* **Geiselnahme** F prise d'otage(s) **Geiselnehmer** M preneur d'otage(s)
Geist M esprit; *Gespenst* fantôme; **der Heilige ~** le Saint-Esprit
Geisterbahn F train *m* fantôme **Geisterfahrer(in)** M(F) automobiliste roulant à contresens sur l'autoroute
geistesabwesend absent **Geistesgegenwart** F présence d'esprit **geistesgestört** dérangé **Geisteskranke(r)** M/F(M) malade *m/f* mental(e) **Geisteswissenschaften** FPL sciences humaines **Geisteszustand** M état mental
geistig intellectuel; *psych* mental; **~e Getränke** NPL spiritueux *mpl*
geistlich religieux; *Musik* sacré **Geistliche(r)** M *katholischer* prêtre; *evangelischer* pasteur

geistreich spirituel
Geiz M avarice *f* **Geizhals** M avare **geizig** avare
Gejammer N lamentations *fpl*
gekannt → kennen
gekränkt vexé, blessé
Gelächter N rires *mpl*
gelähmt paralysé
Gelände N terrain *m*
Geländer N *Balkongeländer* balustrade *f*; *Treppengeländer* rampe *f*; *Brückengeländer* parapet *m*
Geländewagen M voiture *f* tout-terrain
gelassen calme **Gelassenheit** F calme *m*, sang-froid *m*
Gelatine F gélatine
geläufig courant; *vertraut* familier (j-m à qn)
gelaunt **gut/schlecht ~** de bonne/mauvaise humeur
gelb jaune; *Ampel* orange; **bei Gelb** à l'orange **gelblich** jaunâtre **Gelbsucht** F jaunisse
Geld N argent *m* **Geldautomat** M distributeur (automatique) de billets **Geldbeutel** M porte-monnaie *m* **Geldbuße** F amende **Geldkarte** F carte Moneo **Geldschein** M billet de banque **Geldstrafe** F amende **Geldstück** N pièce *f* (de monnaie) **Geldwechsel** M change **Geldwechsler** M *Automat* changeur (de monnaie)
Gelee N gelée *f*
gelegen *örtlich* situé; **das kommt mir sehr ~** cela m'arrange; *umg* ça tombe à pic
Gelegenheit F occasion; **bei dieser ~** à cette occasion
Gelegenheitsarbeit F petit boulot *m* **Gelegenheitskauf** M occasion *f*
gelegentlich à l'occasion
Gelehrte(r) M/F(M) érudit(e) *m(f)*; *Wissenschaftler(in)* savant *m*
Gelenk N articulation *f* **gelenkig** souple
gelernt *ausgebildet* qualifié
Geliebte F maîtresse **Geliebte(r)** M amant
gelingen réussir; **es gelingt mir zu ...** je réussis à ...
gelogen → lügen
gelten *gültig sein* être valable; *wert sein* valoir; *Gesetz* être en vigueur; **~ für** concerner; **~ als** passer pour; **j-m ~** s'adresser à qn
geltend valable, en vigueur; **~ machen** faire valoir
Geltung F *Gültigkeit* validité; *Bedeutung* importance; *Ansehen* autorité; **zur ~ bringen** mettre en valeur; **zur ~ kommen** ressortir
Gelübde N vœu *m*
gelungen réussi
gemächlich tranquille
Gemälde N peinture *f*, tableau *m* **Gemäldegalerie** F galerie de peinture
gemäß (*dat*) conformément à, selon

gemäßigt modéré; *Klima* tempéré
gemein commun; *niederträchtig* odieux, méchant
Gemeinde F commune; REL paroisse **Gemeinderat** M conseil municipal
Gemeinheit F méchanceté **gemeinnützig** d'utilité publique **gemeinsam** commun; ADV en commun, ensemble
Gemeinschaft F communauté **gemeinschaftlich** (en) commun **Gemeinschaftsantenne** F antenne collective
Gemisch N mélange *m* **gemischt** mixte
Gemurmel N murmure *m*
Gemüse N légumes *mpl* **Gemüsehändler(in)** M(F) marchand(e) de légumes **Gemüsesuppe** F potage *m* aux légumes
gemütlich *Lokal* accueillant; *Wohnung* douillet; *Sessel* confortable; *Abend* tranquille; **hier ist es ~** on est bien ici
Gen N gène *m*
genannt → nennen
genau exact, précis; **peinlich ~** minutieux; **~ um drei Uhr** à trois heures précises
Genauigkeit F exactitude, précision **genauso** → ebenso
genehmigen autoriser **Genehmigung** F autorisation; *Schein* permis *m*
General M général **Generaldirektor** M P-DG **Generalkonsulat** N consulat *m* général **Generalprobe** F répétition générale **Generalstreik** M grève *f* générale
Generation F génération
Generator M générateur
generell général; ADV en général
Genesung F guérison
Genetik F génétique
genetisch génétique
Genf Genève; **der ~er See** le lac Léman
Genforschung F recherche génétique
genial génial, de génie
Genick N nuque *f*; **sich das ~ brechen** se casser le cou
Genie N génie *m*
genieren **sich ~** être gêné
genießbar consommable; *essbar* mangeable; *trinkbar* buvable **genießen** savourer; *fig Natur, Ruhe* apprécier; *Ansehen etc* jouir de **Genießer(in)** M(F) bon vivant
Genitiv M génitif
genmanipuliert génétiquement modifié
genommen → nehmen
genormt standardisé
Genosse M camarade **Genossenschaft** F société coopérative
Gentechnik F ingénierie génétique, génie génétique
gentechnikfrei sans OGM,

sans recours au génie génétique **gentechnisch** génétique; ~ **verändert** génétiquement modifié **Gentest** M test génétique
genug assez; ~ **Geld** assez d'argent **genügen** suffire **genügend** suffisant
Genugtuung F satisfaction
Genuss M plaisir; *Nahrung, Alkohol* consommation *f*
geöffnet ouvert
Geografie F géographie **Geologie** F géologie
Gepäck N bagages *mpl* **Gepäckanhänger** M étiquette *f* pour bagage **Gepäckannahme** F enregistrement *m* des bagages **Gepäckaufbewahrung** F consigne **Gepäckausgabe** F remise des bagages **Gepäckgurt** M lanière *f* à bagages **Gepäckkontrolle** F contrôle *m* des bagages **Gepäckschein** M bulletin de bagages **Gepäckschließfach** N consigne *f* automatique **Gepäckstück** N colis *m* **Gepäckträger** M *Person* porteur; *am Fahrrad* porte-bagages **Gepäckversicherung** F assurance bagages **Gepäckwaage** F balance à bagages
gepanzert blindé **gepfeffert** poivré; *fig* salé **gepflegt** soigné
gerade droit; *Zahl* pair; ADV justement; *genau* juste; ~ **ein Jahr** juste un an; **er ist** ~ **angekommen** il vient (juste) d'arriver; **nicht** ~ **leicht** pas vraiment facile
Gerade F droite **geradeaus** tout droit **geradewegs** directement **geradezu** vraiment, tout simplement
Geranie F géranium *m*
gerannt → rennen
Gerät N ELEK appareil *m*; *Radio*, TV poste; *Küchengerät* ustensile *m*; *Turnen* ~**e** *pl* agrès *mpl*
geraten tomber (**in etw** *akk* dans qc; **an j-n** sur qn); **gut/schlecht** ~ bien/ne pas réussir
Geräteturnen N exercices *mpl* aux agrès
geräuchert fumé
geräumig spacieux
Geräusch N bruit *m* **geräuschlos** silencieux **geräuschvoll** bruyant
gerecht juste, équitable **gerechtfertigt** justifié **Gerechtigkeit** F justice
Gerede N bavardage *m*
gereizt irrité
Gericht N *Speise* plat *m*; JUR tribunal *m*; *Gebäude* palais *m* de justice **gerichtlich** judiciaire
Gerichtshof M **(internationaler)** ~ cour *f* (internationale) de justice **Gerichtssaal** M salle *f* d'audience **Gerichtsverfahren** N procédure *f* (judiciaire) **Gerichtsverhand-**

lung F débats *mpl*, audience *f* **Gerichtsvollzieher** M huissier (de justice)
gering peu (de), petit
geringfügig peu important, insignifiant **geringschätzig** dédaigneux
geringste(r, -s) moindre; **nicht im Geringsten** pas le moins du monde
gerinnen *Blut* se coaguler; *Milch* se cailler
Gerippe N squelette *m*
gerissen *fig* rusé, roué
gern(e) volontiers; **~(e) etw tun** aimer faire qc; **~(e) essen** aimer; **ich möchte ~(e) …** j'aimerais bien …; **~ geschehen!** il n'y a pas de quoi!
gernhaben aimer
Geröll N éboulis *m*
Gerste F orge **Gerstenkorn** N MED orgelet *m*
Geruch M odeur *f*; *Sinn* odorat **geruchlos** inodore
Gerücht N bruit *m*, rumeur *f*
gerührt touché, ému
Gerümpel N bric-à-brac *m*
Gerüst N échafaudage *m*
gesalzen salé (*a. fig*)
gesamt (tout) entier; *Summe* total; **die ~e Belegschaft** l'ensemble du personnel
Gesamtbetrag M total **Gesamteindruck** M impression *f* générale **Gesamtgewicht** N AUTO **das zulässige ~** le poids total autorisé
Gesang M chant **Gesangverein** M chorale *f*
Gesäß N derrière *m*
Geschäft N affaire *f*; *Laden* magasin *m* **geschäftlich** d'affaires, commercial; ADV pour affaires
Geschäftsbrief M lettre *f* d'affaires **Geschäftsfrau** F femme d'affaires **Geschäftsführer(in)** M(F) gérant(e) **Geschäftsmann** M homme d'affaires **Geschäftsreise** F voyage *m* d'affaires **Geschäftsstelle** F agence **Geschäftszeit** F heures *fpl* d'ouverture (des magasins *od* des bureaux)
geschehen se passer, arriver, se produire
gescheit intelligent
Geschenk N cadeau *m* **Geschenkgutschein** M chèque-cadeau **Geschenkpapier** N papier-cadeau *m*
Geschichte F histoire **geschichtlich** historique
Geschicklichkeit F adresse
geschickt adroit
geschieden divorcé
Geschirr N vaisselle *f* **Geschirrspüler** M lave-vaisselle
Geschirrtuch N torchon *m*
Geschlecht N BIOL sexe *m*; *Familie* famille *f*; GRAM genre *m* **geschlechtlich** sexuel
Geschlechtskrankheit F MST (*maladie sexuellement transmise*) **Geschlechtsorgane** NPL, **Geschlechtstei-**

le NPL organes *mpl* génitaux **Geschlechtsverkehr** M rapports *mpl* sexuels
geschlossen fermé
Geschmack M goût **geschmacklos** insipide; *taktlos* de mauvais goût; ADV sans goût **Geschmack(s)sache** F affaire de goût **geschmackvoll** de bon goût; ADV avec goût
geschmeidig souple
geschmort braisé, mijoté
geschnitten → schneiden
Geschöpf N créature *f*
Geschoss N projectile *m*; *Stockwerk* étage *m*
Geschrei N cris *mpl*
geschrieben → schreiben
Geschwätz N bavardage *m* **geschwätzig** bavard
Geschwindigkeit F vitesse
Geschwindigkeitsbegrenzung F limitation de vitesse **Geschwindigkeitsüberschreitung** F excès *m* de vitesse
Geschwister PL frère(s) *mpl* et sœur(s) *fpl*
geschwollen enflé
Geschworene(r) M juré
Geschwulst F tumeur
Geschwür N ulcère *m*
Geselchte(s) N *österr* viande *f* fumée
gesellig sociable; **~es Beisammensein** N réunion *f* entre amis
Gesellschaft F société; **in ~ von** en compagnie de; **geschlossene ~** réunion privée; **j-m ~ leisten** tenir compagnie à qn
Gesellschafter M HANDEL associé **gesellschaftlich** social
Gesellschaftsschicht F couche sociale **Gesellschaftsspiel** N jeu *m* de société
gesessen → sitzen
Gesetz N loi *f* **Gesetzbuch** N code *m* **Gesetzgebung** F législation **gesetzlich** légal **gesetzwidrig** illégal
Gesicht N figure *f*, visage *m*
Gesichtsausdruck M expression *f* (du visage) **Gesichtsfarbe** F teint *m* **Gesichtsmaske** F masque *m* **Gesichtspunkt** M point de vue; aspect **Gesichtswasser** N lotion *f* pour le visage **Gesichtszüge** MPL traits
Gesindel N racaille *f*
Gesinnung F sentiments *mpl*; *Meinung* opinion
gesondert séparé
Gespann N attelage *m*
gespannt tendu (*a. fig*); **ich bin ~, ob …** je suis curieux de savoir si …
Gespenst N fantôme *m*
gesperrt barré
gespickt (entre)lardé
Gespräch N conversation *f*, entretien *m*; TEL communication *f* **gesprächig** bavard
Gesprächspartner(in) M(F)

interlocuteur *m*, interlocutrice *f* **Gesprächsstoff** M, **Gesprächsthema** N sujet *m* de conversation
gesprochen → sprechen **gesprungen** → springen
Gestalt F forme; *Wuchs* taille
gestalten former, façonner; *Freizeit* organiser
gestanden → stehen, gestehen
Geständnis N aveu *m*
Gestank M puanteur *f*
gestatten permettre
Geste F geste *m*
gestehen avouer
Gestein N roche *f*
Gestell N *Bock* chevalet *m*; *Regal* rayonnages *mpl*; *e-r Brille* monture *f*
gestern hier; ~ **Abend** hier soir; **von** ~ d'hier
gestohlen volé **gestorben** mort **gestreift** rayé **gestresst** stressé
Gestrüpp N broussailles *fpl*
Gestüt N °haras *m*
gesund sain; *Person* en bonne santé, bien portant; ~ **werden** guérir
Gesundheit F santé; ~! *beim Niesen* à vos souhaits!
Gesundheitsamt N service *m* (local) de l'hygiène sociale et de la santé publique **gesundheitsschädlich** nocif **Gesundheitszustand** M état de santé
getan → tun
Getränk N boisson *f*
Getränkeautomat M distributeur de boissons **Getränkekarte** F carte des boissons
Getreide N céréales *fpl*, blé *m*
getrennt séparé; ~ **zahlen** payer séparément
Getriebe N AUTO boîte *f* de vitesses **Getriebeöl** N huile *f* de graissage
getrocknet sec
getroffen → treffen
getrunken → trinken
Gewächs N végétal *m*
gewachsen **e-r Sache** (*dat*) ~ **sein** être à la °hauteur de qc
Gewächshaus N serre *f*
gewachst *Zahnseide* ciré
gewagt risqué; osé
Gewähr F garantie **gewähren** accorder **gewährleisten** garantir
Gewahrsam M garde *f*; *Haft* détention *f*
Gewalt F force; *Gewalttätigkeit* violence; *Macht* pouvoir *m*; **höhere** ~ force majeure; **mit** ~ de force
gewaltig énorme
gewaltlos non-violent **gewaltsam** violent; *öffnen etc* de force **gewalttätig** violent
gewandt adroit; *körperlich* agile **Gewandtheit** F adresse; agilité; *im Benehmen* aisance
Gewässer N eaux *fpl*
Gewebe N tissu *m* (*a. fig*)
Gewehr N fusil [fyzi] *m*
Geweih N bois *mpl*

Gewerbe N industrie *f*; *Beruf* métier *m* **gewerblich** industriel **gewerbsmäßig** professionnel
Gewerkschaft F syndicat *m* **gewerkschaftlich** syndical
gewesen → sein
Gewicht N poids *m*; *fig* importance *f*; **nach ~** au poids **gewichtig** *fig* important
Gewimmel N fourmillement *m*
Gewinde N pas *m* de vis
Gewinn M gain; HANDEL bénéfice **gewinnbringend** lucratif
gewinnen gagner **Gewinner(in)** M(F) gagnant(e) **Gewinnspanne** F marge bénéficiaire **Gewinnzahl** F numéro *m* gagnant
gewiss certain(ement); **ein gewisser Herr ...** un certain monsieur ...
Gewissen N conscience *f* **gewissenhaft** consciencieux **gewissenlos** sans scrupules **Gewissensbisse** MPL remords
gewissermaßen pour ainsi dire
Gewissheit F certitude
Gewitter N orage *m* **gewitterig** orageux **Gewitterregen** M pluie *f* d'orage
gewöhnen (**sich**) ~ (s')accoutumer, (s')habituer (**an** *akk* à)
Gewohnheit F habitude
gewöhnlich *gewohnt* habituel; *alltäglich* ordinaire, normal; *unfein* vulgaire; ADV d'habitude; **wie ~** comme d'habitude
gewohnt habituel; **etw** (*akk*) **~ sein** être habitué à qc
Gewölbe N voûte *f*
gewonnen → gewinnen
geworden → werden
Gewühl N cohue *f*
Gewürz N épice *f* **Gewürzgurke** F cornichon *m* **Gewürznelke** F clou *m* de girofle
gewusst → wissen
Gezeiten PL marée *f*
geziert affecté, maniéré
gezogen → ziehen
gezwungen → zwingen
gib, gibt → geben
Gicht F MED goutte
Giebel M pignon
Gier F avidité **gierig** avide
gießen verser; *Blumen* arroser; TECH couler, fondre; **es gießt** il pleut à verse
Gießkanne F arrosoir *m*
Gift N poison *m*; ZOOL venin *m*
giftig toxique; *Tiere* venimeux; *Pflanzen* vénéneux
Giftmüll M déchets *mpl* toxiques **Giftpilz** M champignon vénéneux **Giftschlange** F serpent *m* venimeux
gigantisch gigantesque
gilt → gelten
Gin M gin [dʒin]
ging → gehen
Ginster M genêt

Gipfel M sommet (*a.* POL); *umg* **das ist der ~!** c'est un comble!

Gips M plâtre **gipsen** MED plâtrer **Gipsverband** M plâtre

Giraffe F girafe

Girlande F guirlande

Giro N virement *m* **Girokonto** N compte *m* courant

Gitarre F guitare

Gitter N grille *f*, grillage *m* **Gitterfenster** N fenêtre *f* grillagée

Gladiole F glaïeul *m*

Glanz M éclat; *fig* splendeur *f*

glänzen briller (*a. fig*)

glänzend brillant (*a. fig*)

Glas N verre *m* **Glaser(in)** M(F) vitrier *m*

gläsern de *od* en verre

Glashütte F verrerie **Glasnudeln** FPL vermicelle *m* chinois **Glasscheibe** F vitre **Glasscherbe** F morceau *m* de verre **Glastür** F porte vitrée

Glasur F vernis *m*; GASTR glaçage *m*

glatt lisse; *rutschig* glissant; ADV sans problème

Glätte F *der Fahrbahn* état *m* glissant

Glatteis N verglas *m*

Glätteisen N *für Haare* fer *m* à lisser, lisseur *m*

Glatze F calvitie; **e-e ~ haben** être chauve

Glaube M croyance *f* (**an** *akk* en); REL foi *f* (**an** *akk* en)

glauben croire (**etw** qc; **j-m** qn; **an etw** *akk* à qc; **an j-n** en qn)

Glaubensbekenntnis N Credo *m*

gläubig croyant; **die Gläubigen** les fidèles *mpl*

Gläubiger(in) M(F) WIRTSCH créancier *m*, créancière *f*

glaubwürdig crédible

gleich égal; *identisch* même; *ähnlich* pareil; *sofort* tout de suite; **das Gleiche** la même chose; **das ist mir ~** ça m'est égal; **~ groß** de même taille; **~ gegenüber** juste en face; **bis ~!** à tout à l'heure!

gleichaltrig du même âge

gleichberechtigt égal en droits

gleichen ressembler (**j-m** à qn); **sich ~** se ressembler

gleichfalls également; **danke, ~!** merci, à vous aussi!

Gleichgewicht N équilibre *m*

gleichgültig indifférent

Gleichheit F égalité **gleichmäßig** régulier

Gleichstrom M courant continu **Gleichung** F équation

gleichwertig équivalent

gleichzeitig simultané; ADV en même temps

Gleis N voie *f*

Gleitcreme F crème lubrifiante

gleiten glisser; **~de Arbeitszeit** F horaire *m* individualisé

Gleitflug M vol plané **Gleit-**

gel N gel *m* lubrifiant **Gleitschirm** M parapente
Gletscher M glacier **Gletscherspalte** F crevasse
Glied N membre *m*; *männliches* pénis; *e-r Kette* maillon *m* **gliedern (sich) ~** (se) diviser (**in** *akk* en) **Gliederung** F division; *e-s Aufsatzes, e-r Rede* plan *m*
glitschig glissant
glitzern étinceler, scintiller
global *weltweit* mondial, universel; *umfassend* global, général **Globalisierung** F mondialisation
Globetrotter M globe trotter
Globuli MPL MED granules
Globus M globe
Glocke F cloche
Glockenblume F campanule **Glockenspiel** N carillon *m* **Glockenturm** M clocher
Glück N bonheur *m*; *durch Zufall* chance *f*; **zum ~** heureusement; **viel ~!** bonne chance!; **~ haben** avoir de la chance; **~ bringen** porter bonheur
glücken réussir **glücklich** heureux **glücklicherweise** heureusement
Glücksspiel N jeu *m* de hasard
Glückwunsch M félicitations *fpl*; **herzlichen ~!** félicitations!; *zum Geburtstag* joyeux anniversaire!
Glühbirne F ampoule **glühen** *Metall* être incandescent; *fig Gesicht* être en feu **glühend** ardent, brûlant (*beide a. fig*); *Hitze* torride **Glühwein** M vin chaud **Glühwürmchen** N ver *m* luisant
Glut F braise; *fig* ardeur
Gluten N CHEM gluten [glytɛn] *m* **glutenfrei** sans gluten **Glutenunverträglichkeit** F intolérance au gluten
Glyzerin N glycérine *f*
GmbH F (Gesellschaft mit beschränkter Haftung) SARL (*société à responsabilité limitée*)
Gnade F grâce **Gnadengesuch** N recours *m* en grâce
gnädig clément; **~e Frau!** Madame!
Gold N or *m* **Goldbarren** M lingot d'or **golden** d'or; *Farbe* doré **Goldfisch** M poisson rouge
goldig mignon, adorable
Goldmedaille F médaille d'or **Goldmünze** F pièce d'or **Goldschmied(in)** M(F) orfèvre
Golf¹ M GEOGR golfe
Golf² N SPORT golf *m* **Golfplatz** M terrain de golf **Golfschläger** M club
Gondel F gondole; *Seilbahn* cabine
gönnen j-m etw ~ se réjouir pour qn de qc; **sich etw ~** se payer *od* s'offrir qc
googeln chercher sur Google®
Gorgonzola M gorgonzola

Gorilla M gorille
Gotik F style *m od* époque gothique **gotisch** gothique
Gott M dieu; *christl.* REL Dieu; **~ sei Dank!** Dieu merci!
Gottesdienst M office; *evangelischer* culte; *katholischer* messe *f*
Göttin F déesse
göttlich divin
Götze M *pej* idole
Gouda M gouda
GPS N GPS *m*
Grab N tombe *f*
graben creuser
Graben M fossé
Grabmal N tombeau *m*
Grabstein M pierre *f* tombale
Grad M degré; *Rang* grade; **zehn ~ minus/plus** dix degrés en dessous/dessus de zéro
Graf M comte
Grafik F arts *mpl* graphiques; *Druck* gravure, estampe; *Diagramm* graphique *m* **Grafiker(in)** M(F) graphiste **Grafikkarte** F carte graphique
Gräfin F comtesse
Gramm N gramme *m*
Grammatik F grammaire
Granatapfel M grenade *f*
Granate F obus [ɔby] *m*
Granit M granit(e)
Grapefruit F pamplemousse *m*
Gras N herbe *f* **Grashalm** M brin d'herbe
grässlich atroce, horrible
Grat M crête *f*
Gräte F arête
gratiniert gratiné
gratis gratuitement
gratulieren **j-m zu etw ~** féliciter qn de qc
grau gris **Graubrot** N pain *m* bis
Graubünden N les Grisons *mpl*
Gräuel M, **Gräueltat** F atrocité *f*
grauen **mir graut vor ...** j'ai horreur de ...
Grauen N horreur *f* **grauenhaft**, **grauenvoll** horrible
grauhaarig aux cheveux gris
Graupeln FPL grésil [gʀezil] *m*
Graupelschauer M giboulée *f*
grausam cruel **Grausamkeit** F cruauté
gravierend sérieux, grave
graziös gracieux
greifbar à portée de la main; *fig* tangible
greifen saisir (**nach etw** qc); **zu etw ~** recourir à qc; **um sich ~** se propager
Greifvogel M oiseau de proie, rapace
grell *Licht* cru; *Farbe* criard; *Ton* aigu
Grenze F frontière; *fig* limite; **an der ~** à la frontière
grenzen border (**an etw** *akk* qc); *fig* friser (qc)
Grenzgänger M frontalier **Grenzgebiet** N zone *f* frontalière **Grenzkontrolle** F

contrôle *m* à la frontière **Grenzübergang** M poste frontière **Grenzverkehr** M trafic frontalier
grenzwertig limite
Grieche M Grec **Griechenland** N la Grèce **griechisch** grec
Grieß M semoule *f*
Griff M *Türgriff, am Koffer* poignée *f*; *Messer-, Werkzeuggriff* manche; SPORT prise *f*; **etw im ~ haben** avoir qc en main
griffbereit à portée de la main
Grill M gril [gʀil]; *elektrischer* rôtissoire *f*; *Gartengrill* barbecue [baʀbəkju]; **vom ~** grillé; *Hähnchen* rôti
Grille F grillon *m*
grillen griller [gʀije]; V/I faire un barbecue [baʀbəkju] **Grillfest** N, **Grillparty** F barbecue *m*
Grimasse F grimace; **~n schneiden** faire des grimaces
grinsen ricaner
Grippe F grippe; **saisonale ~** grippe saisonnière; **~ haben** avoir la grippe
grob grossier **Grobheit** F grossièreté
Groll M rancœur *f*
Grönland N le Groenland
Groschen M *hist* **1** *umg* pièce de dix pfennigs **2** *österr Währung* groschen
groß grand; *voluminös* gros; **wie ~ bist du?** tu mesures combien?; **im Großen und Ganzen** dans l'ensemble
großartig magnifique; *umg* formidable **Großaufnahme** F gros plan *m* **Großbritannien** N la Grande-Bretagne **Großbuchstabe** M majuscule *f*
Größe F grandeur (*a. fig*); *Körper-, Kleidergröße* taille; *Schuhgröße* pointure
Großeltern PL grands-parents *mpl* **Großhandel** M commerce de *od* en gros **Großhändler(in)** M(F) grossiste **Großmacht** F grande puissance **Großmutter** F grand-mère **Großraumwagen** M *Bahn* voiture *f* corail **großspurig** crâneur **Großstadt** F grande ville
größtenteils pour la plupart
Großvater M grand-père
großzügig généreux
grotesk grotesque
Grotte F grotte
Grube F fosse; *Bergbau* mine
grübeln ruminer (**über etw** *akk* qc)
Gruft F caveau *m*
grün vert; **~er Salat** M salade *f* verte; **~ werden** *Ampel* passer au vert; POL **die Grünen** les Verts *mpl*
Grünanlage F espace *m* vert
Grund M fond; *Erdboden* sol; *Ursache* raison *f*; **im ~e** au fond; **aus diesem ~** pour cette raison

Grundbesitz M propriété *f* foncière **gründen** fonder **Gründer(in)** M(F) fondateur *m*, fondatrice *f*
Grundfläche F *e-r Wohnung* surface **Grundgebühr** F taxe de base; TEL taxe d'abonnement **Grundgedanke** M idée *f* de base **Grundgesetz** N loi *f* fondamentale **Grundlage** F base, fondement *m*
grundlegend fondamental
gründlich approfondi; ADV à fond
grundlos pas fondé, gratuit
Gründonnerstag M jeudi saint
Grundriss M plan **Grundsatz** M principe **grundsätzlich** ADV en principe; *aus Prinzip* par principe **Grundschule** F école primaire **Grundsteuer** F impôt *m* foncier
Grundstück N terrain *m* **Grundstücksmakler(in)** M(F) agent *m* immobilier
Gründung F fondation
Grundwasser N nappe *f* phréatique
Grünfläche F espace *m* vert **Grünkohl** M chou vert **Grünstreifen** M *der Autobahn* bande *f* médiane
grunzen grogner
Gruppe F groupe *m* **Gruppenreise** F voyage *m* organisé
gruppieren (sich) ~ (se) grouper (**um** autour de)
Gruß M salut; **j-m e-n ~ von j-m bestellen** donner le bonjour à qn de la part de qn; **herzliche Grüße an ...** (*akk*) mes amitiés à ...; **mit freundlichen Grüßen** sincères salutations
grüßen saluer; **Lisa lässt ~** tu as le bonjour de Lisa; **~ Sie ihn von mir!** donnez-lui le bonjour de ma part!
gucken *umg* regarder; **guck mal!** regarde!
Gulasch N goulasch *m od f*
gültig valable **Gültigkeit** F validité
Gummi N caoutchouc *m*, *Radiergummi* gomme *f* **Gummiball** M balle *f* en caoutchouc **Gummiband** N élastique *m* **Gummibärchen** N ourson *m* en gomme gélifiée **Gummiknüppel** M matraque *f* **Gummistiefel** MPL bottes *fpl* en caoutchouc **Gummistrumpf** M bas à varices
günstig favorable; *Preis* avantageux
Gurgel F gorge **gurgeln** se gargariser
Gurke F concombre *m*; *Gewürzgurke* cornichon *m* **Gurkensalat** M salade *f* de concombres
Gurt M sangle *f*; *Sicherheitsgurt* ceinture *f* (de sécurité)
Gürtel M ceinture *f* **Gürtelreifen** M pneu à carcasse radiale **Gürtelrose** F zona *m*

Gürteltasche F (sac *m*) banane *f*
Guss M *Regenguss* averse *f*
Gusseisen N fonte *f*
gut bon; ADV bien; *Wetter* beau; **ganz ~** pas mal; **~ gehen** bien finir; **es geht mir ~** je vais bien; **~ riechen** sentir bon; **es schmeckt ~** c'est bon; **mir ist nicht ~** je ne me sens pas bien; **also ~!** bon d'accord!; *umg* **mach's ~!** bonne chance!
Gut N bien *m*; *Landgut* domaine *m*, propriété *f* **Gutachten** N expertise *f* **Gutachter(in)** M(F) expert *m*
gutartig MED bénin
Güte F bonté; *e-r Ware* qualité
Güterbahnhof M gare *f* de marchandises **Güterwagen** M wagon de marchandises **Güterzug** M train de marchandises
Gütesiegel N label *m* de qualité **Gütezeichen** N marque *f* de qualité
Guthaben N avoir *m*
gütig bon
gütlich *Einigung* à l'amiable
gutmütig (d'un naturel) bon
Gutschein M bon
gutschreiben **j-m etw ~** créditer qn de qc
Gutshof M ferme *f*
guttun faire du bien (**j-m** à qn)
Gymnasium N lycée *m*
Gymnastik F gymnastique
Gynäkologe M, **Gynäkologin** F gynécologue

H

Haar N cheveu *m*; *a.* **~e** *pl* cheveux *mpl*; *am Körper, Tierhaar* poil *m*; **sich die ~e schneiden lassen** se faire couper les cheveux
Haarausfall M chute *f* des cheveux **Haarbürste** F brosse à cheveux **Haarfarbe** F couleur des cheveux **Haarfärbemittel** N teinture *f* pour les cheveux **Haarfestiger** M fixateur **Haargel** N gel *m* coiffant **Haarklemme** F pince à cheveux **Haarnadelkurve** F virage *m* en épingle à cheveux **Haarschnitt** M coupe *f* (de cheveux) **Haarspange** F barrette **Haarspray** N laque *f* **Haartrockner** M sèche-cheveux **Haarwäsche** F, **Haarwaschmittel** N shampooing *m* **Haarwasser** N lotion *f* capillaire
haben avoir; **wir ~ den 2. Mai** nous sommes le 2 mai; **was hast du?** qu'est-ce que tu as?; **bei sich ~** avoir sur soi
Haben N HANDEL crédit *m*
habgierig cupide
Habicht M autour
Hacke F pioche; *Ferse* talon *m*
hacken GASTR °hacher; *Holz* casser

Hacker(in) M(F) IT pirate **Hackfleisch** N viande *f* °hachée
Hafen M port **Hafenkneipe** F bistrot *m* du port **Hafenrundfahrt** F tour *m* du port en bateau **Hafenstadt** F ville portuaire **Hafenviertel** N quartier *m* du port
Hafer M avoine *f* **Haferflocken** FPL flocons *mpl* d'avoine **Hafermilch** F lait *m* d'avoine
Haft F détention **haftbar** responsable (**für** de) **Haftbefehl** M mandat d'arrêt **Haftcreme** F *für Zahnprothesen* crème adhésive
haften adhérer (**an** *dat* à); **~ für** répondre de
Häftling M détenu
Haftnotiz F post-it® *m*
Haftpflicht F responsabilité civile **Haftpflichtversicherung** F assurance responsabilité civile
Haftung F responsabilité (**für** de)
Hagebutte F fruit *m* de l'églantier
Hagel M grêle *f* **hageln es hagelt** il grêle
Hahn M ZOOL coq; TECH robinet
Hähnchen N poulet **Hähnchenflügel** M aile *f* de poulet
Hai(fisch) M requin
häkeln faire du crochet
Haken M crochet; *Angelhaken* hameçon; *umg* **die Sache hat e-n ~** il y a un os *od* un °hic
halb ADJ demi; ADV à moitié; **~ leer/voll** à moitié vide/plein; **zum ~en Preis** à moitié prix; **ein ~es Jahr** six mois; **e-e ~e Stunde** une demi-heure; **~ zwei (Uhr)** une heure et demie
Halbdunkel N pénombre *f*
Halbfinale N SPORT demi-finale *f*
halbieren partager en deux
Halbinsel F presqu'île, péninsule **Halbjahr** N semestre *m*
Halbkreis M demi-cercle
Halbkugel F hémisphère *m*
Halbmond M croissant
Halbpension F demi-pension **Halbschuh** M chaussure *f* basse **halbstündlich** toutes les demi-heures **halbtägig** d'une demie journée **Halbtagsarbeit** F emploi *m* à mi-temps **Halbzeit** F SPORT mi-temps
Hälfte F moitié; **zur ~** à moitié
Halle F (grande) salle; *Bahnhofshalle, Hotelhalle* °hall [ol] *m*
hallen résonner
Hallenbad N piscine *f* couverte
hallo! *Ruf* hé!, hep!; *Gruß* salut!; TEL allô!
Halogenlampe F lampe (à) halogène
Hals M cou; *Kehle* gorge *f* **Halsband** N collier *m* (*a. für Tiere*) **Halsentzündung** F

angine **Halskette** F collier *m* **Hals-Nasen-Ohren-Arzt** M oto-rhino-laryngologiste **Halsschmerzen** MPL **~ haben** avoir mal à la gorge **Halstuch** N foulard *m* **Halswirbel** M vertèbre *f* cervicale **Halt** M *Anhalten* arrêt; *Stütze* stabilité *f*; *moralischer* soutien; **e-n ~ suchen** chercher une prise **halt!** stop! **haltbar** solide; *Lebensmittel* qui se conserve **Haltbarkeitsdatum** N date *f* limite de consommation **halten** **1** tenir; *Rekord* détenir; *Rede* prononcer, faire; **sich rechts/links ~** tenir sa droite/gauche **2** *stehen bleiben* s'arrêter **3** **~ für** tenir pour; *fälschlich* prendre pour; **was ~ Sie davon?** qu'en pensez-vous? **Haltestelle** F arrêt *m* **Halteverbot** N arrêt *m* interdit; **eingeschränktes ~** stationnement *m* interdit (mais arrêt toléré) **haltmachen** s'arrêter, faire une °halte **Haltung** F *Körperhaltung* position; *Einstellung* attitude **Hamburger** M GASTR °hamburger **Hammel** M mouton **Hammelfleisch** N mouton *m* **Hammelkeule** F gigot *m* **Hammer** M marteau **hämmern** marteler **Hämorrhoiden** FPL hémorroïdes **Hampelmann** M pantin **Hamster** M °hamster **Hamsterkauf** M provisions *fpl* en masse **hamstern** faire des stocks **Hand** F main; **mit der ~** à la main; **zu Händen von** à l'attention de; **etw bei der ~, zur ~ haben** avoir qc sous la main **Handarbeit** F travail *m* manuel **Handball** M °handball **Handbewegung** F geste *m* de la main **Handbremse** F frein *m* à main **Handbuch** N manuel *m* **Handcreme** F crème pour les mains **Händedruck** M poignée *f* de main **Handel** M commerce (**mit** de) **handeln** agir; *feilschen* marchander (**um etw** qc); **mit etw ~** faire le commerce de qc; **es handelt sich um** il s'agit de **Handelsbeziehungen** FPL relations commerciales **Handelskammer** F chambre de commerce **Handelsschule** F école de commerce **Handfeger** M balayette *f* **Handfläche** F paume **Handgelenk** N poignet *m* **handgemacht** fait main **Handgepäck** N bagages *mpl* à main **Handgriff** M poignée *f* **handhaben** manier, manipuler **Handkoffer** M

petite valise *f*
Händler(in) M(F) marchand(e)
handlich maniable
Handlung F *Tat* acte *m*; *e-s Films etc* action; *Laden* magasin *m*
Handschellen FPL menottes
Handschrift F écriture **handschriftlich** écrit à la main
Handschuh M gant **Handschuhfach** N boîte *f* à gants
Handstand M appui tendu **Handtasche** F sac *m* à main **Handteller** M paume *f* (de la main) **Handtuch** N serviette *f* (de toilette)
Handwerk N métier *m* **Handwerker(in)** M(F) artisan *m* **Handwerkszeug** N outils *mpl*
Handy N portable *m* **Handyhülle** F coque (de) portable **Handynummer** F numéro *m* du portable **Handytasche** F *Handyfach* poche portable; *Handyhülle* étui *m* (à) portable
Hanf M chanvre
Hang M pente *f*; *fig* penchant (**zu** pour)
Hängebrücke F pont *m* suspendu **Hängematte** F °hamac *m*
hängen pendre, être suspendu *od* accroché (**an** *dat* à); *aufhängen* suspendre, accrocher (**an** *akk* à); **~ bleiben** rester accroché (**an** *dat* à); **~ lassen** *Mantel etc* laisser
Hantel F haltère *m*
Happen M bouchée *f*; *fig* morceau
Happy Hour F °happy hour [apiauwœʀ]
Hardware F matériel *m*
Harfe F °harpe
Harke F râteau *m*
harmlos inoffensif
harmonisch harmonieux
Harn M urine *f* **Harnblase** F vessie **Harnleiter** M uretère
Harpune F °harpon *m*
hart dur (*a. fig*); *rau* rude; *streng* rigoureux; **~ werden** durcir; **~ gekocht** *Ei* dur
Härte F dureté
hartherzig insensible **hartnäckig** opiniâtre
Harz N résine *f* **harzig** résineux
Haschisch N, *fam* **Hasch** °haschisch *m*
Hase M lièvre
Haselnuss F noisette
Hasenbraten M rôti de lièvre **Hasenpfeffer** M civet de lièvre **Hasenscharte** F bec-de-lièvre *m*
Hashtag M *od* N mot-dièse *m*
Hass M °haine *f* **hassen** °haïr; détester
hässlich laid, vilain
hast → haben
Hast F précipitation **hastig** précipité; ADV en toute °hâte; précipitamment
hat, hatte, hätte → haben
Haube F AUTO capot *m*; *Trockenhaube* casque

Hauch M souffle **hauchdünn** très fin **hauchen** souffler
hauen battre; frapper
Haufen M tas; *Menschen* foule *f*
häufen **sich ~** s'entasser; *Beweise* s'accumuler; *Beschwerden* se multiplier
häufig fréquent; ADV fréquemment **Häufigkeit** F fréquence
Haupt N tête *f* (*a. fig*) **Hauptbahnhof** M gare *f* centrale **Hauptdarsteller(in)** M(F) acteur *m*, actrice *f* principal(e) **Haupteingang** M entrée *f* principale **Hauptfach** N matière *f* principale **Hauptgericht** N plat *m* principal **Hauptgeschäftszeit** F heures *fpl* d'affluence **Hauptgewinn** M gros lot
Häuptling M chef de tribu
Hauptmahlzeit F repas *m* principal **Hauptperson** F personnage *m* principal **Hauptreisezeit** F pleine saison (des voyages) **Hauptrolle** F premier rôle *m* **Hauptsache** F essentiel *m* **hauptsächlich** essentiel(lement) **Hauptsaison** F pleine saison **Hauptsendezeit** F TV heures *fpl* de grande écoute **Hauptstadt** F capitale **Hauptstraße** F rue principale **Hauptverkehrsstraße** F route à grande circulation, artère **Hauptverkehrszeit** F heures *fpl* de pointe
Haus N maison *f*; **nach ~e, zu ~e** à la maison, chez soi
Hausapotheke F (armoire à) pharmacie **Hausarbeit** F travaux *mpl* du ménage; *Schule* devoirs *mpl* **Hausarzt** M, **Hausärztin** F médecin *m* de famille **Hausaufgabe** F devoir *m* **Hausbesitzer(in)** M(F) propriétaire
Häuserblock M pâté de maisons
Hausfrau F femme au foyer **hausgemacht** fait maison **Haushalt** M ménage; WIRTSCH budget **Haushälterin** F gouvernante **Haushaltsgerät** N appareil *m* ménager **Hausherr(in)** M(F) maître *m*, maîtresse *f* de maison
Hausierer M colporteur
häuslich domestique; *Person* casanier
Hausmannskost F cuisine bourgeoise *od* des familles **Hausmeister(in)** M(F) concierge **Hausmittel** N remède *m* de bonne femme **Hausnummer** F numéro *m* (de la maison) **Hausordnung** F règlement *m* intérieur **Hausschlüssel** M clé *f* de la maison **Hausschuh** M chausson **Haussuchung** F perquisition **Haustier** N animal *m* domestique **Haustür** F porte d'entrée
Haut F peau **Hautabschür-**

fung F écorchure **Hautarzt** M, **Hautärztin** F dermatologue *m/f* **Hautausschlag** M eczéma **Hautcreme** F crème pour la peau **hauteng** collant, moulant **Hautfarbe** F couleur de la peau **Hautkrankheit** F maladie de peau **Hautpflege** F soins *mpl* de la peau

Hbf. (Hauptbahnhof) gare *f* centrale

Hebamme F sage-femme

Hebel M levier

heben *Last* soulever; *Hand* lever; *Niveau* relever

hebräisch hébreu

Hecht M brochet

Heck N AUTO arrière *m*; SCHIFF *a.* poupe *f* **Heckantrieb** M traction *f* arrière

Hecke F °haie **Heckenrose** F églantine; *Strauch* églantier *m*

Heckklappe F AUTO °hayon *m* **Heckmotor** M moteur arrière **Heckscheibe** F lunette arrière

Heer N armée *f*

Hefe F levure

Heft N cahier *m*; *e-r Zeitschrift* numéro *m*

heften attacher (**an** *akk* à); *vornähen* bâtir

heftig violent **Heftigkeit** F violence

Heftklammer F agrafe **Heftpflaster** N sparadrap *m* **Heftzwecke** F punaise

Hehlerei F recel *m*

Heide[1] M païen

Heide[2] F lande **Heidekraut** N bruyère *f*

Heidelbeere F myrtille

heikel délicat; *Person* difficile

heil *Person* indemne; *Sache* intact; *umg gesund* guéri

Heil N salut *m*

Heilanstalt F maison de santé

heilbar guérissable

Heilbutt M flétan

heilen guérir

heilig saint; *geweiht* sacré **Heiligabend** M veille *f* de Noël **Heilige(r)** M/F(M) saint(e) *m(f)* **Heiligtum** N sanctuaire *m*

Heilkräuter NPL herbes *fpl* médicinales **Heilmittel** N remède *m* **Heilpflanze** F plante médicinale **Heilpraktiker(in)** M(F) guérisseur **Heilquelle** F source thermale

Heilung F guérison; *e-r Wunde* cicatrisation

heim à la maison, chez soi

Heim N foyer *m*; *Altenheim* maison *f* de retraite **Heimarbeit** F travail *m* à domicile

Heimat F pays *m* (natal), patrie **Heimatanschrift** F adresse du domicile **Heimatland** N pays *m* (natal) **Heimatmuseum** N musée *m* régional

Heimcomputer M ordinateur familial **Heimfahrt** F retour *m*

heimisch local; **sich ~ fühlen**

se sentir chez soi
Heimkehr F rentrée **heimkehren** rentrer, retourner chez soi
heimlich secret; ADV secrètement
Heimreise F retour *m* **Heimspiel** N SPORT match *m* à domicile **Heimweg** M chemin du retour **Heimweh** N mal *m* du pays; *fig* nostalgie *f* **Heimwerker(in)** M(F) bricoleur *m*, bricoleuse *f*
Heirat F mariage *m* **heiraten** se marier
Heiratsantrag M demande *f* en mariage **Heiratsurkunde** F acte *m* de mariage **Heiratsvermittlung** F agence matrimoniale
heiser enroué
heiß chaud; **es ist ~** il fait chaud; **mir ist ~** j'ai chaud
heißen s'appeler, se nommer; *bedeuten* signifier, vouloir dire; **das heißt** c'est-à-dire; **ich heiße …** je m'appelle…; **was heißt … auf Französisch?** comment dit-on … en français?
heiter gai; *Wetter* beau **Heiterkeit** F sérénité; *Gelächter* hilarité
heizen chauffer **Heizkissen** N coussin *m* électrique **Heizkörper** M radiateur **Heizöl** N mazout [mazut] *m* **Heizung** F chauffage *m*
Hektik F agitation
Held M °héros **heldenhaft** °héroïque
helfen aider **(j-m** qn); **sich nicht mehr zu ~ wissen** ne plus savoir quoi faire; **kann ich Ihnen ~?** je peux vous aider?
Helfer(in) M(F) aide
hell clair; **~es Bier** N bière *f* blonde; **es wird ~** il commence à faire jour; **am ~en Tag** en plein jour
hellblau bleu clair
Helligkeit F clarté
Hellseher(in) M(F) voyant(e)
Helm M casque
Hemd N chemise *f* **Hemdbluse** F chemisier *m*
hemmen freiner; *behindern* entraver
Hemmungen FPL complexes *mpl*; **~ haben, etw zu tun** ne pas oser faire qc
hemmungslos déchaîné; ADV sans retenue
Hengst M étalon
Henkel M anse *f*
Henker M bourreau
Henna F *od* N °henné *m*
Henne F poule
Hepatitis F hépatite; **~ A, B** hépatite (virale) A, B
her hier **~** par ici; *umg* **~ damit!** donne!; **von weit ~** de loin; **es ist lange ~** ça fait longtemps
herab **von oben ~** d'en °haut; *fig* de °haut
herablassen baisser **herab-**

lassend condescendant **herabsetzen** *Preis* réduire **herabsteigen** descendre
herankommen s'approcher (**an** *akk* de) **heranwachsen** grandir
herauf **von unten ~** d'en bas
heraufbeschwören *Gefahr* provoquer **heraufholen** *Koffer* monter **heraufkommen** monter **heraufsetzen** *Preis* augmenter
heraus dehors; **zum Fenster ~** par la fenêtre
herausbekommen parvenir à enlever; *Geheimnis* découvrir; **ich bekomme noch zehn Euro heraus** vous me devez encore dix euros
herausbringen sortir (*a. Buch*); *erraten* deviner **herausfordern** provoquer, défier **Herausforderung** F défi *m* **herausgeben** remettre; *Geld* rendre (la monnaie); *Buch* publier **herausholen** sortir (**aus** de) **herauskommen** sortir **herauslassen** laisser sortir **herausnehmen** retirer
herausstellen **sich als falsch ~** se révéler faux
herausziehen extraire (**aus** de)
herb âpre; *Wein* sec
herbeieilen accourir
Herberge F auberge, *Jugendherberge* auberge de la jeunesse
herbringen apporter, amener (*a. j-n*)
Herbst M automne **herbstlich** automnal
Herd M cuisinière *f*; *fig* foyer
Herde F troupeau *m* (*a. fig*)
Herdenimmunität F immunité collective
herein dedans; **~!** entrez!
hereinbitten prier d'entrer
hereinfallen *fig umg* se faire avoir (**auf** *akk* par) **hereinkommen** entrer **hereinlassen** laisser entrer **hereinlegen** *fig umg* rouler (**j-n** qn)
Herfahrt F **auf der ~** en venant
Hergang M déroulement
hergeben donner **herholen** aller chercher, faire venir
Hering M °hareng; *Zelthering* piquet
herkommen venir; **komm her!** viens ici!; **wo kommen Sie her?** d'où venez-vous?
Herkunft F origine *f* **Herkunftsbezeichnung** F appellation d'origine
Heroin N héroïne *f*
Herpes M herpès [ɛʀpɛs]
Herr M monsieur; *als Anrede* Monsieur; *Gebieter* maître; REL **der ~** le Seigneur
Herrenbekleidung F vêtements *mpl* pour hommes
Herrenfriseur M coiffeur pour hommes **herrenlos** sans maître, abandonné **Herrenmode** F mode masculine
Herrenrad N bicyclette *f* d'homme **Herrentoilette** F toilettes *fpl* pour hommes

herrichten préparer; *Haus* aménager **Herrin** F maîtresse **herrlich** magnifique **Herrschaft** F domination; *Regierungszeit* règne *m*
herrschen régner (**über** *akk* sur) **Herrscher(in)** M(F) souverain(e)
herstellen fabriquer **Hersteller(in)** M(F) fabricant(e) **Herstellung** F fabrication
herüber de ce côté-ci **herüberreichen** passer
herum um ... ~ autour de
herumfahren contourner (**um etw** qc); *ziellos* circuler **herumführen** faire visiter (**j-n in etw** *dat* qc à qn) **herumirren** errer **herumkriegen** *umg* faire changer d'avis (**j-n** à qn) **herumliegen** traîner **herumlungern** *umg* traîner (les rues) **herumreichen** faire circuler
herunter ~ mit euch! descendez (de là)!
herunterbringen descendre **herunterfallen** tomber (par terre) **heruntergekommen** *Mensch* tombé bien bas; *Haus* à l'abandon **herunterladen** IT télécharger
hervorbringen produire **hervorgehen** ressortir (**aus** de) **hervorheben** faire ressortir; *betonen* souligner **hervorragend** excellent **hervorrufen** provoquer
Herz N cœur *m* **Herzanfall** M crise *f* cardiaque, attaque *f* **Herzbeschwerden** PL troubles *mpl* cardiaques **Herzfehler** M malformation *f* cardiaque **herzhaft** *nahrhaft* consistant; *würzig* relevé **Herzinfarkt** M infarctus (du myocarde)
Herzklopfen N palpitations *fpl*; **~ haben** avoir le cœur qui bat
herzkrank cardiaque **herzlich** cordial **Herzlichkeit** F cordialité **herzlos** dur, inhumain
Herzog M duc **Herzogin** F duchesse
Herzschlag M battement du cœur; MED arrêt *m* du cœur **Herzschrittmacher** M stimulateur cardiaque **Herzversagen** N crise *f* cardiaque
Hessen N la Hesse
Hetze F course, bousculade **hetzen** pourchasser; *Hund* lâcher (**auf** *akk* sur)
Heu N foin *m*
Heuchelei F hypocrisie
heulen °hurler; *umg weinen* pleurnicher
Heuschnupfen M rhume des foins **Heuschrecke** F sauterelle
heute aujourd'hui; **~ Morgen/Abend** ce matin/soir; **~ in e-r Woche/in 14 Tagen** aujourd'hui en °huit/en quinze; **~ Mittag** à midi
heutig d'aujourd'hui; *jetzig* ac-

tuel **heutzutage** de nos jours **Hexe** F sorcière **Hexenschuss** M lumbago **Hexenwerk** N *umg* **das/etw ist kein ~** qc/ça n'est pas sorcier
Hieb M coup
hielt → halten
hier ici; **~!** présent!; **~ entlang** par ici; **~ ist, ~ sind** voici; **von ~ (aus)** d'ici
hierbleiben rester (ici) **hierdurch** par là **hierfür** pour cela **hierher**, **hierhin** ici, par ici **hiermit** avec cela; *im Brief* par la présente **hiervon** de cela, en **hierzu** à cela; *diesbezüglich* à ce sujet
hiesig d'ici
hieß → heißen
Highlight N summum *m*, clou *m*
Hilfe F aide; **~!** au secours!; **mit ~ von** à l'aide de; **Erste ~** premiers soins *mpl*
Hilferuf M appel au secours
hilflos *ratlos* désemparé; *unbeholfen* maladroit
Hilfsarbeiter(in) M(F) manœuvre *m* **hilfsbedürftig** dans le besoin **hilfsbereit** serviable
Hilfskraft F aide *m/f* **Hilfsmittel** N moyen *m* **Hilfsmotor** M moteur auxiliaire **Hilfsverb** N verbe *m* auxiliaire
hilft → helfen
Himbeere F framboise **Himbeersaft** M jus de framboise
Himmel M ciel; **unter freiem ~** en plein air
himmelblau bleu ciel
Himmelfahrt F l'Ascension; **Mariä ~** l'Assomption
Himmelsrichtung F point *m* cardinal **himmlisch** céleste; *fig* divin, sublime
hin là, y; **nach Norden ~** vers le nord; **~ und her** dans un sens et dans l'autre; **~ und wieder** de temps à autre; **~ und zurück** aller et retour
hinab en bas, en descendant **hinabfahren**, **hinabgehen** descendre
hinauf en °haut, en montant **hinauffahren**, **hinaufgehen** monter
hinaus dehors **hinausgehen** sortir; *Fenster* donner (**auf** *akk* sur) **hinauslaufen** *fig* aboutir (**auf** *akk* à) **hinauslehnen sich ~** se pencher au dehors **hinausschieben** *fig* reporter **hinauswerfen** mettre à la porte
Hinblick M **im ~ auf** (*akk*) compte tenu de
hindern empêcher (**an** *dat* de)
Hindernis N obstacle *m* **Hindernisrennen** N course *f* d'obstacles
hindurch à travers, par; **die ganze Nacht ~** (durant) toute la nuit
hinein dedans **hineingehen** entrer dans **hineinlassen** laisser (*od* faire) entrer **hineinpassen** (r)entrer (**in** *akk* dans)
hinfahren (y) aller; *j-n* (y) con-

duire; *etw* transporter
Hinfahrt F aller *m*
hinfallen tomber **hinfällig** caduc
Hinflug M (vol) aller
hing → hängen
Hingabe F dévouement *m*
hingeben sich ~ (*dat*) s'adonner à **hingehen** (y) aller
hinhalten *Hand* tendre; *j-n* faire attendre
hinken boiter
hinlegen poser; **sich ~** s'allonger; *ins Bett* se coucher
hinnehmen *dulden* supporter, accepter **hinreißend** ravissant; *Musik* entraînant
hinrichten exécuter **Hinrichtung** F exécution
hinschicken envoyer (**zu** à, chez) **hinsetzen sich ~** s'asseoir
Hinsicht F **in dieser ~** à cet égard **hinsichtlich** (*gen*) quant à
Hinspiel N SPORT match *m* aller
hinstellen mettre, poser; **sich hinten ~** se mettre derrière
hinten derrière, à l'arrière; **von ~** par derrière; **nach ~** en arrière
hinter (*dat, akk*) derrière **Hinterachse** F pont *m* arrière **Hinterbliebene(n)** MPL survivants
hintere(r, -s) de derrière, arrière; **in der hintersten Reihe** au dernier rang **hintereinander** l'un après l'autre; **dreimal ~** trois fois de suite
Hintergrund M fond
Hinterhalt M embuscade *f*
hinterhältig sournois
hinterher après
Hinterkopf M occiput [ɔksipyt] **Hinterland** N arrière-pays *m* **hinterlassen** laisser **hinterlegen** déposer **hinterlistig** sournois
Hintern M *umg* derrière
Hinterrad N roue *f* arrière **Hinterradantrieb** M traction *f* arrière
Hintertür F porte de derrière
hintun *umg* mettre
hinüber de l'autre côté **hinübergehen** traverser (**über etw** *akk* qc) **hinüberreichen** passer
Hin- und Rückfahrt F aller (et) retour *m*
hinunter en bas **hinunterbringen** *etw* descendre; *j-n* raccompagner jusqu'en bas **hinunterfallen** tomber **hinuntergehen** descendre **hinunterschlucken** avaler
Hinweg M **auf dem ~** à l'aller
Hinweis M indication *f* **hinweisen** faire remarquer (**j-n auf etw** *akk* qc à qn) **Hinweisschild** N, **Hinweistafel** F panneau *m* indicateur
hinziehen sich ~ traîner en longueur
hinzu en plus **hinzufügen** ajouter (**zu** à) **hinzukom-**

men s'ajouter **hinzurechnen**, **hinzuzählen** ajouter **hinzuziehen** *Arzt* consulter
Hip-Hop M °hip-hop
Hirn N cervelle *f* (*a.* GASTR *u. fig*); *Organ* cerveau **Hirnhautentzündung** F méningite
Hirsch M cerf [SER] **Hirschkuh** F biche
Hirse F millet *m*
hissen °hisser
Historiker(in) M(F) historien(ne) **historisch** historique
Hitze F chaleur **hitzebeständig** résistant à la chaleur **Hitzewelle** F vague de chaleur
Hitzschlag M coup de chaleur
HIV-negativ séronégatif **HIV-positiv** séropositif
HNO-Arzt M, **HNO-Ärztin** F oto-rhino-laryngologiste
Hobby N °hobby *m*
Hobel M rabot
hoch ⟨*devant nom* hohe[r, -s]⟩ °haut; *Preis* élevé; *Verlust, Summe* gros; *Fieber* fort; *Geschwindigkeit* grand; *Alter* avancé; *Ton* aigu; **zwei Treppen ~** au second étage
Hoch N anticyclone *m* **Hochachtung** F grande estime
Hochbetrieb M *umg* **es herrscht ~** il y a un monde fou
hochdeutsch °haut allemand
Hochdruck M °haute pression *f* **Hochdruckgebiet** N zone *f* de °haute pression
Hochebene F (°haut) plateau *m*
hochfahren V/T **den Computer ~** démarrer l'ordinateur; V/I monter (**nach Hamburg** à Hambourg); *fig erschrocken* se dresser en sursaut; *aufbrausend* s'emporter
Hochformat N format *m* vertical **Hochgebirge** N °haute montagne *f* **hochgeschlossen** *Kleid* montant **Hochgeschwindigkeitszug** M train à grande vitesse **Hochhaus** N building *m*, tour *f* **hochheben** *Last* soulever; *Kleid* relever; *Hand* lever **hochklappen** relever **Hochland** N °hauts plateaux *mpl*
hochmütig °hautain **hochprozentig** fortement alcoolisé
Hochsaison F pleine saison
Hochschule F établissement *m* d'enseignement supérieur
Hochsommer M plein été
Hochspannung F °haute tension **Hochsprung** M saut en °hauteur
höchst le plus °haut, maximum; *fig* extrême; ADV extrêmement; **~ selten** très rare
Hochstapler(in) M(F) imposteur *m*
Höchstbetrag M plafond
höchstens (tout) au plus
Höchstgeschwindigkeit F vitesse maximum **höchstwahrscheinlich** très probablement

Hochwasser N crue *f*; *Überschwemmung* inondation *f* **hochwertig** de qualité supérieure

Hochzeit F mariage *m*, noces *fpl*; *Fest* noce

Hochzeitsgeschenk N cadeau *m* de mariage **Hochzeitsreise** F voyage *m* de noces

Hocker M tabouret

Höcker M bosse *f*

Hockey N °hockey [ɔkɛ] *m*

Hoden M testicule

Hof M cour *f*; *Bauernhof* ferme *f*

hoffen espérer

hoffentlich j'espère que …; *Antwort* ~! j'espère que oui!

Hoffnung F espoir *m* **hoffnungslos** désespéré; ADV sans espoir

höflich poli **Höflichkeit** F politesse

hohe(r, -s) → hoch

Höhe F °hauteur; FLUG altitude; *e-r Summe* montant *m*

Hoheitsgebiet N territoire *m* national **Hoheitsgewässer** NPL eaux *fpl* territoriales

Höhenangst F vertige *m* **Höhenkrankheit** F mal *m* des montagnes **Höhenlage** F altitude **Höhensonne** F MED lampe à rayons ultraviolets **Höhenunterschied** M différence *f* de niveau, dénivelé **höhenverstellbar** réglable en °hauteur

Höhepunkt M point culminant

hohl creux (*a. fig*)

Höhle F caverne; *Tropfsteinhöhle* grotte; *Tierhöhle* tanière

Hokkaido(kürbis) M potimarron

holen aller *od* venir chercher; **~ Sie e-n Arzt!** faites venir un médecin!; **~ lassen** envoyer chercher; **sich ~** *Krankheit* attraper

Holland N la Hollande **Holländer(in)** M(F) °Hollandais(e) **holländisch** °hollandais

Hölle F enfer *m* (*a. fig*)

holp(e)rig *Weg* cahoteux

Holunder M sureau

Holz N bois *m* **hölzern** de (*od* en) bois **Holzfäller** M bûcheron **holzig** ligneux; *Gemüse* filandreux

Holzkohle F charbon *m* de bois **Holzschnitt** M gravure *f* sur bois **Holzwolle** F fibre de bois **Holzwurm** M ver du bois

Homebanking N banque *f* à domicile **Homeoffice, Home-Office** N travail m à domicile **Homepage** F IT page d'accueil

Homöopath(in) M(F) homéopathe *m/f* **homöopathisch** homéopathique

homosexuell homosexuel **Homosexuelle(r)** M/F(M) homosexuel(le) *m(f)*

Honig M miel **Honigkuchen** M pain d'épice

Honorar N honoraires *mpl*

Hoodie N od M sweat *m* à capuche
Hopfen M °houblon
hörbar audible **Hörbuch** N livre *m* audio
hören entendre; *zuhören, anhören* écouter; **auf j-n ~** écouter qn; **von j-m ~** avoir des nouvelles de qn
Hörer M TEL écouteur
Hörfunk M radio *f* **Hörgerät** N prothèse *f* auditive
Horizont M horizon **horizontal** horizontal
Hormon N hormone *m* **hormonell** ADJ hormonal
Horn N corne *f*; MUS cor *m*
Hornbrille F lunettes *fpl* d'écaille
Hörnchen N croissant *m*
Hornhaut F durillon *m*; *des Auges* cornée
Hornisse F frelon *m*
Horoskop N horoscope *m*
Hörsaal M salle *f* de cours
Hörspiel N pièce *f* radiophonique
Hort M *für Kinder* garderie *f*
Hörweite F **in/außer ~** à portée/°hors de portée de la voix
Hose F pantalon *m*; *kurze* short *m*
Hosenanzug M tailleur-pantalon **Hosenrock** M jupe-culotte *f* **Hosenschlitz** M braguette *f* **Hosentasche** F poche (de pantalon) **Hosenträger** MPL bretelles *fpl*
Hostess F hôtesse
Hotdog M od N °hot-dog *m*
Hotel N hôtel *m* **Hotelbar** F bar *m* de l'hôtel **Hotelboy** M groom [grum] **Hotelgast** M client de l'hôtel **Hotelhalle** F °hall *m* de l'hôtel **Hotelier** M hôtelier **Hotelverzeichnis** N guide *m* des hôtels **Hotelzimmer** N chambre *f* d'hôtel
Hotline F ligne directe **Hotspot** M IT zone *f* d'accès sans fil (à Internet)
HP ABK (Halbpension) demi-pension
Hr. (Herr) M. (Monsieur)
Hubraum M cylindrée *f*
hübsch joli
Hubschrauber M hélicoptère
Huf M sabot **Hufeisen** N fer *m* à cheval
Hüfte F °hanche
Hügel M colline *f* **hügelig** vallonné
Huhn N poule *f*
Hühnchen N poulet *m*
Hühnerauge N cor *m*, œil-de-perdrix *m* **Hühnerbrühe** F bouillon *m* de poule
Hühnerstall M poulailler
Hülle F enveloppe
Hülsenfrüchte FPL légumes *mpl* secs
human humain **humanitär** humanitaire
Hummel F bourdon *m*
Hummer M °homard
Humor M humour **humorvoll** plein d'humour

humpeln boiter
Humus M humus
Hund M chien
Hundefutter N nourriture *f* pour chiens **Hundehütte** F niche **Hundeleine** F laisse
hundert cent **Hunderter** M *Geldschein* billet de cent **hunderttausend** cent mille
Hündin F chienne
Hundstage MPL canicule *f*
Hunger M faim *f*; ~ **haben** avoir faim
hungern souffrir de la faim **Hungersnot** F famine, disette **Hungerstreik** M grève *f* de la faim
hungrig affamé
Hupe F klaxon® *m*
hupen klaxonner
hüpfen sautiller
Hürde F °haie; *fig* obstacle *m* **Hürdenlauf** M course *f* de °haies
Hure F *pej* putain
hüsteln toussoter
husten tousser
Husten M toux *f* **Hustenbonbon** N *od* M bonbon *m* pour la toux **Hustensaft** M sirop pour la toux
Hut M chapeau
hüten garder; **das Bett** ~ garder le lit; **sich** ~ **vor** (*dat*) prendre garde à
Hütte F cabane; *Berghütte* refuge *m*
Hyäne F hyène
Hyazinthe F jacinthe
Hybridauto N voiture *f* hybride
Hydrant M bouche *f* d'eau
Hydrokultur F culture hydroponique
Hygiene F hygiène **hygienisch** hygiénique
Hymne F hymne *m*
hyperaktiv ADJ hyperactif **hyperkorrekt** hypercorrect
Hyperlink M IT hyperlien
hypermodern ultramoderne
hypnotisieren hypnotiser
Hypothek F hypothèque
Hypothese F hypothèse
hysterisch hystérique

I

IBAN F ABK (International Banking Account Number) IBAN *m*
IC M (Intercity) train de grandes lignes
ICE M (Intercity Express) *etwa* TGV (*train à grande vitesse*)
ich je, *vor Vokal* j'; *betont* moi; ~ **bins** c'est moi
ideal idéal **Ideal** N idéal *m* **Idealismus** M idéalisme **idealistisch** idéaliste
Idee F idée
identifizieren identifier
identisch identique (**mit** à)
Identität F identité
ideologisch idéologique

Idiot M idiot **idiotisch** idiot
Idol N idole *f*
idyllisch idyllique
Igel M °hérisson
ignorieren ignorer
ihm lui; *betont* à lui; **mit ~** avec lui
ihn le, *vor Vokal* l'; *betont, nach Präp* lui; **für ~** pour lui
ihnen leur; *betont* à eux (à elles); **mit ~** avec eux (elles)
Ihnen vous; *betont* à vous
ihr[1] (*dat von* **sie**) lui; *betont* à elle; **mit ~** avec elle
ihr[2] (*pl von* **du**) vous
ihr[3] ⟨*f u. pl* ihre⟩ *possessiv* son (sa), *pl* ses; *bei mehreren Besitzern* leur, *pl* leurs
Ihr ⟨*f u. pl* Ihre⟩ votre, *pl* vos
illegal illégal
Illusion F illusion
Illustrierte F magazine *m*
im → in; **~ Schrank** dans l'armoire; **~ Bett** au lit; **~ Mai** en mai; **~ Französischen** en français
Image N image *f* (de marque)
Imbiss M casse-croûte **Imbissbude** F buvette, marchand *m* de frites **Imbissstube** F snack *m*
Imker(in) M(F) apiculteur *m*, apicultrice *f*
Immatrikulation F inscription
immer toujours; **~ noch** toujours, encore; **schon ~** toujours; **~ wieder** sans arrêt; **für ~** pour toujours; **~ schöner** de plus en plus beau; **~ weniger** de moins en moins; **~ wenn** ... chaque fois que ...
immerhin après tout, quand même **immerzu** toujours
Immobilien PL immobilier *m*
Immobilienmakler(in) M(F) agent *m* immobilier
immun immunisé **immungeschwächt** à immunité compromise **Immunschwäche** F MED déficience immunitaire **Immunsystem** N système immunitaire
impfen vacciner **Impfpass** M carnet de vaccinations **Impfstoff** M vaccin **Impfung** F vaccination
Implantat N MED implant *m*
imponierend impressionnant
Import M importation *f* **importieren** importer
impotent impuissant
imprägnieren imperméabiliser
Impressionismus M impressionnisme
improvisiert improvisé
impulsiv impulsif
imstande ~ sein zu être en mesure de
in (*akk, dat*) dans, à, en; **~ der Stadt** en ville; **~ Paris** à Paris; **~ Frankreich** en France; **~ drei Tagen** dans trois jours; **~ dieser Woche** cette semaine; → im
inbegriffen compris; **alles ~** tout compris
indem pendant que; **~ man**

etw tut en faisant qc
Inder(in) M(F) Indien(ne)
Indianer(in) M(F) *neg!* Indien(ne) (d'Amérique) *neg!*
Indien N l'Inde *f*
indirekt indirect
indisch indien
indiskret indiscret
individuell individuel
Individuum N individu *m*
Indiz N indice *m*
Indonesien N l'Indonésie *f*
Induktionsherd M cuisinière *f* à induction
Industrialisierung F industrialisation
Industrie F industrie **Industriegebiet** N région *f* industrielle
industriell industriel
ineinander l'un dans l'autre
Infarkt M MED infarctus
Infektion F infection **Infektionskrankheit** F maladie infectieuse
infizieren contaminer
Inflation F inflation **Inflationsrate** F taux *m* d'inflation
Info F information
Informatik F informatique
Informatiker(in) M(F) informaticien(ne)
Information F information; renseignements *mpl* **Informationstechnologie** F technologie de l'information
Informationszentrum N centre *m* d'information
informieren (sich) ~ (s')informer (**über** *akk* sur), (se) renseigner (sur)
Infostand M information *f*
Infusion F MED perfusion
Ingenieur(in) M(F) ingénieur *m*
Ingwer M gingembre
Inhaber(in) M(F) propriétaire; *e-s Passes, Kontos* titulaire
Inhalt M contenu **Inhaltsverzeichnis** N table *f* des matières
Initiative F initiative
Injektion F injection
inklusive y compris
Inland N intérieur *m* du pays **Inlandflug** M vol intérieur
Inliner rollers [ʀɔlœʀ] *mpl*, patins *mpl* en ligne **inlineskaten** faire du roller [ʀɔlœʀ] **Inlineskates** PL → Inliner
inmitten (*gen*) au milieu de
innen à l'intérieur **Innenkabine** F cabine intérieure **Innenminister(in)** M(F) ministre *m* de l'Intérieur **Innenstadt** F centre *m* (de la) ville
innere(r, -s) intérieur; MED interne **Innere(s)** N intérieur *m*
Innereien FPL abats *mpl*
innerhalb (*gen*) à l'intérieur de; *zeitlich* en (l'espace de) **innerlich** interne; *geistig* intérieur; ADV intérieurement
Innovation F innovation
inoffiziell non officiel; *Mitteilung* officieux
Insasse M AUTO, FLUG passager
insbesondere en particulier

Inschrift F inscription
Insekt N insecte *m* **Insektenspray** N bombe *f* insecticide **Insektenstich** M piqûre *f* d'insecte
Insel F île **Inselbewohner(in)** M(F) insulaire **Inselgruppe** F archipel *m* **Inselhopping** N déplacement *m* d'île en île
Inserat N annonce *f* **inserieren** faire passer une annonce
insgesamt en tout, au total
Inspektion F inspection; *v. Auto* révision
Installateur M installateur, plombier **installieren** installer
instand **~ halten** entretenir; **~ setzen** réparer
Instanz F instance
Instinkt M instinct [ɛ̃stɛ̃]
Institut N institut *m*
Instrument N instrument *m*
Insulin N insuline *f*
Inszenierung F mise en scène
intakt intact
Integration F intégration **Integrationskurs** M cours d'intégration
intellektuell intellectuel **intelligent** intelligent **Intelligenz** F intelligence
intensiv intense **Intensivkurs** M cours intensif
Intensivstation F service *m* de réanimation; **auf der ~ liegen** être en soins intensifs
interaktiv interactif
Interdentalbürste F brosse interdentaire
interessant intéressant
Interesse N intérêt *m*; **~ haben** s'intéresser (**an** *dat*, **für** à)
interessieren intéresser; **sich ~ für** s'intéresser à
Internat N internat *m*
international international
Internet N Internet [ɛ̃tɛʀnɛt] *m* **Internetadresse** F adresse Internet **Internetanschluss** M connexion *f* Internet **Internetbanking** N service *m* bancaire en ligne **Internetcafé** N cybercafé *m* **internetfähig** avec connexion Internet **Internetprovider** M fournisseur d'accès (à Internet) **Internetsurfer(in)** M(F) internaute **Internetzugang** M accès à Internet
Internist(in) M(F) spécialiste des maladies organiques
Interview N interview *f*
intim intime
intolerant intolérant
Intranet N IT Intranet [ɛ̃tʀanɛt] *m*
Intrige F intrigue
introvertiert introverti
Intuition F intuition
Invalide M invalide
Invasion F invasion
Inventur F inventaire *m*
investieren investir **Investition** F investissement *m* **In-**

vestmentfonds M fonds commun de placement
inzwischen entre-temps; *einstweilen* en attendant
iPad® N iPad® *m* **iPhone®** N iPhone® *m* **iPod®** M iPod®
Irak der ~ l'Iraq
Iran der ~ l'Iran
Ire M Irlandais
irgendein un ... quelconque, n'importe quel ... **irgendeiner** quelqu'un; *egal wer* n'importe qui **irgendetwas** quelque chose; *egal was* n'importe quoi **irgendjemand** quelqu'un; *egal wer* n'importe qui **irgendwann** un jour; *egal wann* n'importe quand **irgendwie** d'une façon ou d'une autre; *egal wie* n'importe comment **irgendwo(hin)** quelque part; *egal wo(hin)* n'importe où
Irin S Irlandaise **irisch** irlandais **Irland** N l'Irlande *f*
ironisch ironique
irre fou; *umg toll* super; *umg sehr groß* dingue
Irre(r) M/F(M) fou *m*, folle *f* **irreführen** induire en erreur
irren *umherirren* errer; *a.* **sich ~** se tromper (**in etw** *dat* de; **in j-m** sur qn)
Irrsinn M folie *f* **irrsinnig** fou (*a. fig*) **Irrtum** M erreur *f* **irrtümlich** erroné; ADV par erreur
Ischias M sciatique *f*
ISDN N (Integrated Services Digital Network) RNIS *m réseau numérique à intégration de services* **ISDN-Anschluss** M connexion *f* RNIS
Islam M islam **islamisch** islamique **Islamistisch** islamiste
Island N l'Islande *f*
Isländer(in) M(F) Islandais(e)
isländisch islandais
Isolierband N ruban *m* isolant **isolieren** isoler **Isolierkanne** F thermos® *m* **Isolierung** F isolement *m*; ELEK isolation
Isomatte F natte isolante
Israel N Israël *m* **Israeli** M Israélien **israelisch** israélien
iss, isst → essen
ist → sein
IT F ABK (Informationstechnologie) informatique *f*
Italien N l'Italie *f* **Italiener(in)** M(F) Italien(ne) **italienisch** italien

J

ja oui; **Sie wissen ~** vous savez bien
Jacht F yacht [jɔt] *m*
Jacke F veste **Jackett** N veston *m*
Jagd F chasse **Jagdgewehr** N fusil *m* de chasse **Jagdschein** M permis de chasse

Jagdzeit F saison de la chasse
jagen chasser; *verfolgen* pourchasser
Jäger(in) M(F) chasseur *m*, chasseuse *f*
Jahr N an *m*, année *f*; **im ~ 1997** en 1997; **einmal im ~** une fois par an; **mit 20 ~en** à 20 ans; **seit ~en** depuis des années; **das ganze ~** toute l'année; **jedes ~** tous les ans; **dieses ~** cette année; **gutes neues ~!** bonne année!
jahrelang pendant des années
Jahreskarte F carte annuelle
Jahrestag M anniversaire **Jahresurlaub** M congé annuel **Jahreszeit** F saison
Jahrgang M année *f*; *Wein a.* millésime *m* **Jahrhundert** N siècle *m*
jährlich annuel; ADV par an
Jahrmarkt M foire **Jahrtausend** N millénaire **Jahrzehnt** N décennie *f*
jähzornig coléreux
Jalousie F store *m* (vénitien)
jämmerlich *ärmlich* misérable; *beklagenswert*, *pej* lamentable
jammern se lamenter
Januar M janvier
Japan N le Japon **Japaner(in)** M(F) Japonais(e) **japanisch** japonais
Jasmin M jasmin
Jause F *österr* casse-croûte *m*
jawohl oui, Monsieur
Jazzband F orchestre *m* de jazz [dʒɑz]
je *jemals* jamais; *jeweils* chacun; *pro* par; **... kosten ~ 5 Euro** ... coûtent 5 euros chacun; **~ zwei** deux de chaque; **~ nachdem** (**, wie**) ça dépend (de); **~ ... desto** plus ... plus
Jeans PL jean [dʒin] *m*, jeans [dʒins] *m* **Jeansjacke** F veste *f* en jean [dʒin]
jede(r, -s) chaque; *verallgemeinernd* tout(e); *allein stehend* chacun(e); **jeden (zweiten) Tag** tous les (deux) jours
jedenfalls en tout cas
jedermann tout le monde **jederzeit** à tout moment **jedesmal** → Mal
jedoch cependant
jemals jamais
jemand quelqu'un; **~ anders** quelqu'un d'autre
jene(r, -s) ce (cette) ... (-là); *vor Vokal* cet ... (-là)
jenseits (*gen*) au delà de
Jetset M jet-set *f*
jetzig actuel
jetzt maintenant; **~ gleich** tout de suite
jeweils chaque fois
Job M job [dʒɔb]
Jod N iode *m* **Jodtinktur** F teinture d'iode
joggen faire du jogging **Jogging** N jogging *m* **Jogginganzug** M jogging **Joggingschuh** M chaussure *f* de course

Jog(h)urt M/N ya(h)ourt *m*
Johannisbeere F *rote* groseille; **Schwarze ~** cassis [kasis] *m*
jonglieren jongler (**mit** avec)
Journalist M journaliste
Jubel M joie *f* **jubeln** pousser des cris de joie **Jubiläum** N anniversaire *m*
jucken démanger **Juckreiz** M démangeaison *f*
Jude M Juif
Jüdin F Juive **jüdisch** juif
Judo N judo *m*
Jugend F jeunesse **Jugendgruppe** F groupe *m* de jeunes **Jugendherberge** F auberge de jeunesse **jugendlich** jeune **Jugendliche(r)** M/F(M) adolescent(e) *m(f)*; JUR mineur(e) *m(f)* **Jugendstil** M art nouveau
Juli M juillet
jung jeune
Junge M garçon
Junge(s) N ZOOL petit *m*
jünger plus jeune; **mein ~er Bruder** mon frère cadet
Jungfrau F vierge
Junggeselle M, **Junggesellin** F célibataire *m/f*
Juni M juin
Junkfood N *umg* malbouffe *f*
Jura NPL droit
Jurist(in) M(F) juriste **juristisch** juridique
Jury F jury *m*
Justiz F justice
Juwelen NPL bijoux *mpl* **Juwelier(in)** M(F) bijoutier *m*, bijoutière *f*, joaillier *m*, joaillière *f*
Jux M *umg* blague *f*; **aus ~** pour rigoler

K

Kabarett N théâtre *m* de chansonniers
Kabel N câble *m* **Kabelanschluss** M raccordement, abonnement au câble **Kabelfernsehen** N (télévision *f* par) câble
Kabeljau M cabillaud
kabellos sans fil
Kabine F cabine **Kabinentrolley** M trolley cabine
Kachel F carreau *m*
Kacke F *sl* merde
Kadaver M cadavre
Käfer M coléoptère
Kaffee M café **Kaffeekanne** F cafetière **Kaffeekapsel** F capsule de café **Kaffeelöffel** M cuillère *f* à café **Kaffeemaschine** F cafetière électrique **Kaffeemühle** F moulin *m* à café **Kaffeepad** N dosette *f* de café **Kaffeetasse** F tasse à café
Käfig M cage *f*
kahl nu; *Kopf* chauve; *Landschaft* dénudé

Kahn M canot, barque *f*
Kai M quai
Kaiser M empereur **Kaiserin** F impératrice **Kaiserschnitt** M MED césarienne *f*
Kajak M kayak
Kajal N khôl *m*
Kajüte F cabine
Kakao M cacao; *Getränk* chocolat (chaud)
Kakerlake F blatte, cafard *m*
Kaktus M cactus
Kalb N veau *m* **Kalbfleisch** N veau *m*
Kalbsbraten M rôti de veau **Kalbsschnitzel** N escalope *f* de veau
Kaldaunen FPL tripes *mpl*
Kalender M calendrier
Kalk M chaux *f*; MED calcium **Kalkstein** N calcaire *m*
Kalorie F calorie **kalorienarm** hypocalorique
kalt froid; **es ist ~** il fait froid; **mir ist ~** j'ai froid; **~ stellen** mettre au frais
kaltblütig de sang froid
Kälte F froid *m*; *fig* froideur **Kältewelle** F vague de froid
Kaltmiete F loyer *m* sans les charges
Kalzium N calcium *m*
kam, käme → kommen
Kamel N chameau *m*
Kamera F appareil *m* photo; *Filmkamera* caméra
Kamerad M camarade **Kameradschaft** F camaraderie
Kameraüberwachung F surveillance par caméra
Kamerun N le Cameroun
Kamille F camomille **Kamillentee** M (infusion *f* de) camomille *f*
Kamin M cheminée *f*
Kamm M peigne; *Hahn,, Gebirge* crête *f* **kämmen (sich) ~** (se) peigner
Kammer F chambre **Kammermusik** F musique de chambre
Kampagne F campagne
Kampf M combat, lutte *f*
kämpfen combattre **(gegen j-n** qn *od* contre qn), se battre **(mit j-m** avec qn), lutter **(gegen** contre; **um** *od* **für** pour)
Kämpfer(in) M(F) combattant(e)
Kampfhund M chien de combat **Kampfrichter** M SPORT arbitre
kampieren camper
Kanada N le Canada **Kanadier(in)** M(F) Canadien(ne) **kanadisch** canadien
Kanal M canal; TV chaîne *f* **Kanalisation** F égouts *mpl*
Kanarienvogel M canari
Kandidat(in) M(F) candidat(e)
kandiert ~e Früchte FPL fruits *mpl* confits
Känguru N kangourou *m*
Kaninchen N lapin *m*
Kanister M bidon
kann → können
Kännchen N petit pot *m*
Kanne F pot *m*

Kannibale M cannibale
kannst → können
kannte → kennen
Kanone F canon *m*
Kante F arête; *Rand* bord *m*
Kantine F cantine
Kanton M *bes schweiz* canton
Kanu N canoë *m*
Kanzel F chaire
Kanzler(in) M(F) chancelier, -ière
Kap N cap *m*
Kapelle F chapelle; MUS orchestre *m*
Kaper F câpre
kapern V/T *Schiff, Website* capturer
kapieren *umg* piger
Kapital N capital *m*; *Vermögen* capitaux *mpl* **Kapitalismus** M capitalisme **Kapitalist** M, **kapitalistisch** capitaliste
Kapitän M capitaine
Kapitel N chapitre *m*
Kaplan M vicaire
Kappe F casquette
Kapsel F capsule
kaputt *umg defekt* en panne; *entzwei* cassé; *müde* crevé
Kapuze F capuchon *m*
Karabinerhaken M mousqueton
Karaffe F carafe
Karamell M caramel **Karamellbonbon** M *od* N caramel *m*
Karaoke N karaoké *m*
Karat N carat *m*
Karate N karaté *m*
Karawane F caravane
Kardinal M cardinal
Karfiol M *österr* chou-fleur
Karfreitag M vendredi saint
kariert à carreaux
Karies F carie
Karikatur F caricature
Karneval M carnaval **Karnevalszug** M cortège du carnaval
Karo N carreau *m*
Karosserie F carrosserie
Karotte F carotte
Karpfen M carpe *f*
Karre(n) F(M) charrette *f*
Karriere F carrière
Karte F carte; *Fahrkarte, Eintrittskarte* billet *m*, ticket *m*; **nach der ~ essen** manger à la carte; **~n spielen** jouer aux cartes
Kartei F fichier *m* **Karteikarte** F fiche
Kartenspiel N partie *f* de cartes; *Satz Karten* jeu *m* de cartes
Kartentelefon N téléphone *m* à carte **Kartenvorverkauf** M location *f* **Kartenzahlung** F paiement *m* par carte
Kartoffel F pomme de terre **Kartoffelbrei** M purée *f* de pommes de terre **Kartoffelchips** MPL chips [ʃips] *fpl* **Kartoffelpuffer** M galette *f* de pommes de terre **Kartoffelsalat** M salade *f* de pommes de terre
Karton M carton

Karussell N manège *m*
Käse M fromage **Käsebrot** N tartine *f* de fromage **Käsekuchen** M gâteau au fromage blanc **Käseplatte** F plateau *m* de fromages
Kaserne F caserne
Kasino N *Spielkasino* casino *m*; *Kantine* restaurant *m* d'entreprise
Kaskoversicherung F *Vollkaskoversicherung* assurance tous risques
Kasperle(theater) M(N) guignol *m*
Kasse F caisse
Kassenarzt M, **Kassenärztin** F médecin *m* conventionné **Kassenbon** M ticket de caisse **Kassenpatient(in)** M(F) assuré(e) social(e) **Kassenzettel** M ticket de caisse
Kassette F cassette
kassieren encaisser **Kassierer(in)** M(F) caissier *m*, caissière *f*
Kastanie F châtaigne; *Baum* châtaignier *m*
Kasten M boîte *f*; *für Flaschen* caisse *f*
kastrieren castrer
Kat *umg* → Katalysator
Katakombe F catacombe
Katalog M catalogue
Katalysator M AUTO pot catalytique
Katamaran M catamaran
Katarr(h) M catarrhe
Katastrophe F catastrophe
Katastrophengebiet N région *f* sinistrée
Kater M matou; *umg fig* **e-n ~ haben** avoir la gueule de bois
Kathedrale F cathédrale
Katholik(in) M(F), **katholisch** catholique
Katze F chat *m*; *weibliche* chatte
kauen mâcher; **an den Nägeln ~** se ronger les ongles
Kauf M achat **kaufen** acheter
Käufer(in) M(F) acheteur *m*, acheteuse *f*
Kauffrau F commerciale
Kaufhaus N grand magasin *m* **Kaufmann** M commercial; *Händler* commerçant **kaufmännisch** commercial
Kaufpreis M prix d'achat
Kaufvertrag M contrat de vente
Kaugummi M chewing-gum
kaum à peine, ne ... guère
Kaution F caution
Kavalier M homme galant
Kaviar M caviar
Kegel M MATH cône; *Spielkegel* quille *f* **Kegelbahn** F piste de quilles
kegeln jouer aux quilles
Kehle F gorge **Kehlkopf** M larynx
Kehre F tournant *m* **kehren** *fegen* balayer **Kehrseite** F revers *m*; *Nachteil* mauvais côtés *mpl*
Keil M coin; *Unterlegkeil* cale *f*
Keilriemen M courroie *f*

Keim M germe **keimen** germer **keimfrei** stérilisé **keimtötend** antiseptique
kein (ne) ... pas de; *betont* (ne) ... aucun; **ich habe ~ Geld** je n'ai pas d'argent; **in ~em Fall** en aucun cas
keiner personne ... ne; ~ **(von beiden)** aucun (des deux)
keinerlei ne ... aucun **keinesfalls** en aucun cas **keineswegs** nullement
Keks M biscuit
Kelle F louche; *Maurerkelle* truelle
Keller M cave *f*
Kellner M garçon, serveur **Kellnerin** F serveuse
Kenia N le Kenya
kennen (sich) ~ (se) connaître **kennenlernen** faire la connaissance de
Kenner(in) M(F) connaisseur *m*, connaisseuse *f*
Kenntnis F connaissance **(von** de); **~se** *pl* notions *fpl*
Kennzeichen N caractéristique; AUTO numéro *m* d'immatriculation **kennzeichnen** marquer; caractériser
kentern chavirer
Keramik F céramique
Kerbe F entaille, cran *m*
Kerl M *umg* type
Kern M *von Steinobst* noyau; *von Kernobst* pépin **Kernenergie** F énergie nucléaire **kerngesund** en parfaite santé
Kernkraft F énergie nucléaire
Kernkraftgegner(in) M(F) antinucléaire **Kernkraftwerk** N centrale *f* nucléaire
kernlos sans pépins
Kerze F bougie (*a.* AUTO); REL cierge *m* **Kerzenhalter** M bougeoir
Kessel M *Wasserkessel* bouilloire *f*; TECH chaudière *f*
Ketchup M/N ketchup *m*
Kette F chaîne; *Halskette* collier *m*
Ketzer M hérétique **Ketzerei** F hérésie **Ketzerin** F hérétique **ketzerisch** hérétique
keuchen °haleter **Keuchhusten** M coqueluche *f*
Keule F *Geflügel* cuisse; *Lamm* gigot *m*
Kfz N **(Kraftfahrzeug)** véhicule *m* **Kfz...** → Kraftfahrzeug... **Kfz-Werkstatt** F garage *m* (auto)
Kichererbse F pois *m* chiche
kichern rire sous cape
Kickboard N trottinette *f*
Kids *umg* NPL *Kinder* gosses *mpl*; *Jugendliche* ados *mpl*
Kiebitz M vanneau
Kiefer[1] M mâchoire *f*
Kiefer[2] F pin *m*
Kiel M SCHIFF quille *f*
Kiemen FPL branchies
Kies M gravier
Kiesel(stein) M galet, caillou
Kilo(gramm) N kilo(gramme) *m*
Kilometer M kilomètre; **mit 60 ~n in der Stunde** à 60 kilo-

mètres (à l')heure **Kilometerstand** M kilométrage **Kilometerstein** M borne *f* kilométrique **Kilometerzähler** M compteur (kilométrique) **Kilowatt** N kilowatt *m* **Kilowattstunde** F kilowattheure **Kind** N enfant *m/f* **Kinderarzt** M, **Kinderärztin** F pédiatre *m/f* **Kinderbett** N lit *m* d'enfant **Kindergarten** M maternelle *f* **Kindergärtnerin** F institutrice d'école maternelle **Kindergeld** N allocations *fpl* familiales **Kinderheim** N foyer *m* d'enfants **Kinderkrankheit** F maladie infantile **Kinderkrippe** F crèche **Kinderlähmung** F polio(myélite) **kinderlos** sans enfants **Kindermädchen** N bonne *f* d'enfants **Kindersitz** M AUTO siège pour enfants **Kinderspielecke** F coin *m* enfants **Kinderwagen** M landau; *Buggy* poussette *f* **Kinderzimmer** N chambre *f* d'enfant **Kindheit** F enfance **kindisch** puéril **kindlich** enfantin **Kinn** N menton *m* **Kinnhaken** M crochet à la mâchoire **Kino** N cinéma *m* **Kinofilm** M film **Kinoprogramm** N programme *m* de cinéma **Kiosk** M kiosque **kippen** V/T faire) basculer **Kirche** F église **Kirchenchor** M chorale *f* paroissiale **Kirchenfenster** N vitrail *m* **Kirchenmusik** F musique sacrée **Kirchenschiff** N nef *f* **kirchlich** religieux **Kirchturm** M clocher **Kirchweih** F kermesse **Kirschbaum** M cerisier **Kirsche** F cerise **Kirschwasser** N kirsch *m* **Kissen** N coussin *m*; *Kopfkissen* oreiller **Kissenbezug** M taie *f* (d'oreiller) **Kiste** F caisse (*a. umg Auto*) **Kita** F garderie **Kiteboard** N kitesurf *m*, planche *f* volante **Kitesurfen** N kitesurf *m* **Kitsch** M, **kitschig** kitsch **Kitt** M mastic **Kittel** M blouse *f* **kitz(e)lig** chatouilleux; *heikel* délicat **kitzeln** chatouiller **Kiwi** F kiwi *m* **Klage** F plainte; JUR *a.* action (en justice) **klagen** se plaindre (**über** *akk* de); JUR porter plainte (**gegen** contre, **wegen** pour) **Kläger(in)** M(F) JUR plaignant(e) **Klammer** F *Haar-, Wäscheklammer* pince; *Büroklammer* trombone; **in ~n** *pl* entre parenthèses **Klammeraffe** M IT arobase *f* **klammern sich ~ an** (*akk*) se cramponner à **Klamotten** FPL *umg* fringues

Klang M son
Klappbett N lit *m* pliant
Klappe F clapet *m* **klappen** rabattre; *umg gelingen* marcher **klappern** cliqueter
Klapprad N vélo *m* pliant **Klappsitz** M strapontin **Klappstuhl** M chaise *f* pliante
klar clair; *deutlich* net
Kläranlage F station d'épuration **klären** clarifier (*a. fig*)
Klarinette F clarinette
Klasse F classe; catégorie
klassisch classique
Klatsch M commérages *mpl* **klatschen** applaudir; *umg schwätzen* jaser (**über j-n** sur qn)
Klaue F griffe; *Vogel* serre
klauen *umg* piquer
Klavier N piano *m*; **~ spielen** jouer du piano
Klebeband N ruban *m* adhésif **kleben** coller **klebrig** collant **Klebstoff** M colle *f*
Klecks M tache *f*
Klee M, **Kleeblatt** N trèfle *m*
Kleid N robe *f*
Kleiderbügel M cintre **Kleiderhaken** M portemanteau **Kleiderordnung** F code *m* vestimentaire **Kleidersack** M sac à vêtements **Kleiderschrank** M penderie *f* **Kleiderständer** M portemanteau
Kleidung F habits *mpl*, vêtements *mpl*
klein petit
Kleingeld N monnaie *f*
Kleinigkeit F bagatelle; **eine ~ essen** manger un petit quelque chose
Kleinkind N petit enfant *m*
kleinlich mesquin
Kleinstadt F petite ville
Kleister M colle *f* (d'amidon)
Klementine F clémentine
Klemme F pince; *umg* embarras *m* **klemmen** coincer
Klette F bardane
klettern grimper (**auf** *akk* sur, **an** *dat* à) **Kletterpflanze** F plante grimpante **Kletterschuh** M chaussure *f* d'escalade **Klettertour** F tour *m* d'escalade
Klick M IT clic **klicken** faire clic; IT cliquer (**auf** *akk* sur)
Klima N climat *m* **Klimaanlage** F climatisation **klimafreundlich** sans incidence sur le climat **Klimaschutz** M protection *f* du climat **Klimawandel** M changement climatique
Klinge F lame
Klingel F sonnette **klingeln** sonner; **es klingelt** on sonne
Klingelton M TEL sonnerie *f*
klingen sonner
Klinik F clinique
Klinke F poignée
Klippe F écueil *m* (*a. fig*)
klirren *Ketten* cliqueter; *Gläser* tinter
Klischee N cliché *m* (*a. fig*)
Klo N W.-C. *mpl*

klonen cloner
Klopapier N papier *m* hygiénique
klopfen battre (*a. Herz*); *Motor* cogner; **an die Tür ~** frapper à la porte; **es klopft** on frappe
Klops M boulette *f* (de viande)
Kloß M boulette *f*
Kloster N *für Mönche* monastère *m*; *für Nonnen* couvent *m*
Klotz M *Holzklotz* bille *f*
Klub M club [klœb]
klug intelligent **Klugheit** F intelligence
Klumpen M motte *f*; *Gold* pépite *f*; GASTR grumeau
knabbern grignoter (**an etw** *dat* qc)
Knäckebrot N pain *m* suédois
knacken *Nüsse* casser; *Auto* forcer; *Holztreppe* craquer
Knall M détonation *f* **knallen** exploser; *Schuss* retentir; *Tür* claquer **Knallfrosch** M, **Knallkörper** M pétard
knapp *Geld* rare; *Zeit* limité; *eng* juste, étroit
knarren *Dielen* craquer; *Bett* grincer
knattern *Motor* pétarader
Knäuel M *od* N pelote *f*
Knautschzone F AUTO zone rétractable
Knecht M valet
kneifen pincer **Kneifzange** F tenailles *fpl*
Kneipe F *sl* bistrot *m*
kneten pétrir
Knick M coude; *in Papier* pli
knicken *Papier* plier; *Zweig* (se) casser
Knie N genou *m* **Kniebundhose** F knicker(bocker)s *mpl*
Kniekehle F jarret *m*
knien être à genoux; **sich ~** s'agenouiller
Kniescheibe F rotule **Kniestrumpf** M chaussette *f* (montante)
Kniff M pli; *fig* truc [tʀyk]
knipsen poinçonner; *umg* FOTO prendre une *od* des photo(s)
knistern *Feuer* crépiter
knitterfrei infroissable
knittern se froisser
Knoblauch M ail [aj] **Knoblauchbutter** F beurre *m* à l'ail **Knoblauchpresse** F presse-ail *m* **Knoblauchzehe** F gousse d'ail
Knöchel M cheville *f*
Knochen M os [ɔs, *pl* o] **Knochenbruch** M fracture *f*
Knochenmark N moelle *f*
Knödel M boulette *f* de mie de pain *od* de pommes de terre
Knolle F BOT tubercule *m*; *Zwiebel* bulbe
Knopf M bouton **Knopfloch** N boutonnière *f*
Knorpel M cartilage
Knospe F bourgeon *m*, bouton *m*
Knoten M nœud
knüpfen nouer
Knüppel M gourdin

knurren *Hund* grogner, gronder; *Magen* gargouiller
knusprig croustillant
Koala(bär) M koala
Koalition F coalition
Kobra F cobra *m*
Koch M cuisinier **Kochbuch** N livre *m* de cuisine **kochen** *Wasser, Wäsche* faire bouillir; *Kaffee* faire; V/I *sieden* bouillir; *Essen zubereiten* faire la cuisine **Kocher** M réchaud
Kochgelegenheit F possibilité de faire la cuisine
Köchin F cuisinière
Kochlöffel M cuillère *f* en bois **Kochnische** F kitchenette, coin *m* cuisine **Kochplatte** F réchaud *m* **Kochrezept** M recette *f* de cuisine **Kochsalz** N gros sel *m* **Kochtopf** M faitout, casserole *f*
Köder M appât
Koffein N caféine *f*
koffeinfrei décaféiné
Koffer M valise *f*; *großer Reisekoffer* malle *f* **Kofferanhänger** M étiquette *f* de bagages **Kofferband** N **Koffergurt** M sangle *f* à valise **Kofferkuli** M chariot **Kofferraum** M AUTO coffre **Kofferwaage** F balance à valises
Kognak M cognac
Kohl M chou
Kohle F charbon *m* **Kohlenhydrat** N hydrate *m* de carbone
Kohlensäure F *im Getränk* gaz *m* carbonique; **Mineralwasser ohne ~** eau non gazeuse
Kohletablette F pastille de charbon
Kohlrabi M chou-rave
Koje F SCHIFF couchette
Kokain N cocaïne *f*
kokett coquet
Kokosnuss F (noix de) coco *m*
Koks M coke
Kolben M TECH piston
Kolibri M colibri
Kolik F colique
Kollege M, **Kollegin** F collègue
Kollektion F collection
Köln Cologne
Kolonie F colonie
Kolonne F colonne; *Autoschlange* file
Koloration F coloration
Kolumbien N la Colombie
Koma N MED coma *m*; **im ~ liegen** être dans le coma
Kombi M AUTO break *m*
Kombination F combinaison; *Kleidung* ensemble *m*
Komfort M confort **komfortabel** confortable
Komiker(in) M(F) comique **komisch** comique; *sonderbar* bizarre
Komitee N comité *m*
Komma N virgule *m*
kommandieren commander
kommen venir; *ankommen* arriver; **durch Lyon ~** passer

par Lyon; **wie komme ich nach ...?** pour aller à ...?; **~ lassen** faire venir
Kommentar M commentaire **kommentieren** commenter
Kommissar M commissaire
Kommission F commission
Kommode F commode
Kommune F commune
Kommunion F communion
Kommunismus M communisme **Kommunist(in)** M(F), **kommunistisch** communiste
Komödie F comédie
Kompass M boussole *f*
kompatibel compatible
kompetent compétent
Kompetenz F compétence
komplett complet
Komplikation F complication
Kompliment N compliment *m* **Komplize** M complice
kompliziert compliqué
Komponist M compositeur **Kompott** N compote *f* **Kompresse** F compresse **Kompromiss** M compromis
Kondensmilch F lait *m* concentré
Kondition F SPORT forme; HANDEL condition
Konditorei F pâtisserie
Kondom N préservatif *m*
Konfekt N confiserie *f*; chocolats *mpl*
Konferenz F conférence
Konfirmation F REL confirmation
Konfitüre F confiture
Konflikt M conflit
Kongo der ~ le Congo
Kongress M congrès
König M roi **Königin** F reine **königlich** royal **Königreich** N royaume *m*
Konjunktur F conjoncture
konkret concret
Konkurrenz F concurrence **konkurrenzfähig** compétitif
Konkurs M faillite *f* **Konkursverwalter** M syndic
können pouvoir; *gelernt haben* savoir; **schwimmen ~** savoir nager; **Französisch ~** parler (le) français; **(es) kann sein** c'est possible
konnte → können
Konserve F conserve **Konservendose** F boîte de conserve **Konservierungsmittel** N conservateur *m*
Konstruktion F construction
Konsulat N consulat *m*
Konsum M consommation *f* **konsumieren** consommer
Kontakt M contact; **~ aufnehmen mit** prendre contact avec
Kontaktdaten NPL coordonnées *fpl*
Kontaktlinsen FPL lentilles de contact **Kontaktlinsenmittel** N solution *f* pour lentilles de contact
Kontinent M continent
Konto N compte *m* **Kontoauszug** M relevé de compte

Kontonummer F numéro *m* de compte **Kontostand** M situation *f* du compte
Kontrast M contraste
Kontrolle F contrôle *m* **Kontrolleur** M contrôleur **kontrollieren** contrôler **Kontrolllampe** F lampe témoin
Konversation F conversation
Konzentrationslager N camp *m* de concentration
konzentrieren **sich ~** se concentrer (**auf** *akk* sur)
Konzern M groupe, trust [-œ-]
Konzert N concert *m* **Konzertsaal** M salle *f* de concert
Kopf M tête *f*; **pro ~** par personne
Kopfhörer M écouteur **Kopfkissen** N oreiller *m* **Kopfsalat** M laitue *f* **Kopfschmerzen** MPL maux *mpl* de tête **Kopfschmerztablette** F cachet *m* contre le mal de tête **Kopfsprung** M plongeon **Kopfstütze** F AUTO repose-tête *m* **Kopftuch** N foulard *m*
Kopie F copie
kopieren copier **Kopierer** M, **Kopiergerät** N photocopieuse *f*
Kopilot(in) M(F) copilote
Koralle F corail *m*
Korb M corbeille *f*, panier **Korbsessel** M fauteuil en rotin
Kordel F cordon *m*
Korea N la Corée
Kork M liège
Korken M bouchon **Korkenzieher** M tire-bouchon
Korn[1] N grain *m*; *Getreide* céréales *fpl*
Korn[2] M eau *f* de vie
Körper M corps **Körperbehinderte(r)** M/F(M) *neg!* °handicapé(e) *m(f)* physique *neg!* **Körpergröße** F taille **körperlich** physique **Körperpflege** F hygiène corporelle **Körperteil** M partie *f* du corps
korrekt correct **Korrektur** F correction; IT annulation **Korrekturtaste** F touche *f* de correction
Korrespondenz F correspondance
Korridor M couloir
korrigieren corriger
Korsika N la Corse **korsisch** corse
Kortison N cortisone *f*
Kosmetik F soins *mpl* de beauté **Kosmetikerin** F esthéticienne **Kosmetiksalon** M salon de beauté **Kosmetiktasche** F trousse à maquillage
kostbar précieux
kosten coûter; *Speisen* goûter; **was kostet ...?** combien coûte ...?
Kosten PL frais *mpl* **Kostenerstattung** F remboursement *m* des frais **Kostenfrage** F question de prix **kos-**

tenlos gratuit(ement) **Kostenvoranschlag** M devis
köstlich délicieux
kostspielig coûteux
Kostüm N costume *m*; *Damenkostüm* tailleur
Kot M excréments *mpl*
Kotelett N côtelette *f*
Kotflügel M AUTO aile *f*
kotzen *sl* vomir, dégobiller; **es ist zum Kotzen!** merde alors! **Kotztüte** F *umg* sac *m* à vomi
Krabbe F crabe *m*; *umg Garnele* crevette
Krach M *Lärm* vacarme; *Streit* dispute *f*
krächzen croasser; *Mensch* parler d'une voix rauque
Kraft F force; *Person* aide *m/f*; **in ~ treten** entrer en vigueur **Kraftbrühe** F consommé *m*
Kraftfahrer(in) M(F) automobiliste
Kraftfahrzeug N véhicule *m* **Kraftfahrzeugschein** M carte *f* grise **Kraftfahrzeugsteuer** F vignette (automobile) **Kraftfahrzeugversicherung** F assurance automobile
kräftig fort; *nahrhaft* substantiel
Kraftstoff M carburant **Kraftwagen** M automobile *f* **Kraftwerk** N centrale *f* électrique
Kragen M col **Kragenweite** F encolure
Krähe F corneille
krähen *Hahn* chanter
Kralle F griffe
Krampf M crampe *f* **Krampfader** F varice **krampfhaft** convulsif; *Bemühungen* laborieux **krampflösend** antispasmodique
Kran M grue *f*
Kranich M grue *f*
krank malade; **~ werden** tomber malade
Kranke(r) M/F(M) malade *m/f*
kränken vexer, blesser
Krankengymnast(in) M(F) kinésithérapeute **Krankengymnastik** F kinésithérapie
Krankenhaus N hôpital *m*
Krankenkasse F caisse d'assurance maladie **Krankenpfleger(in)** M(F) infirmier *m*, aide *f* soignante **Krankenschein** M feuille *f* de soins **Krankenschwester** F infirmière **Krankenversicherung** F assurance maladie **Krankenwagen** M ambulance *f*
krankhaft maladif **Krankheit** F maladie **kränklich** maladif
Kranz M couronne *f*
Krapfen M beignet
krass *Unterschied* gros; *Fehler* grossier; *Irrtum, Widerspruch* flagrant; *sl* **voll ~** *schlimm* dégueu
Krater M cratère
kratzen **(sich) ~** (se) gratter
Kratzer M égratignure *f*

kraus *Haar* crépu
Kraut N herbe *f*; *Kohl* chou
Kräutertee M tisane *f*
Krawall M échauffourée *f*; *Lärm* tapage
Krawatte F cravate
Krebs M écrevisse *f*; MED cancer [kãsɛʀ]
Kredit M crédit **Kreditkarte** F carte de crédit
Kreide F craie
Kreis M cercle; POL district
Kreisel M toupie *f*
kreisen tourner (**um** autour de) **kreisförmig** circulaire
Kreislauf M circulation *f* (*a.* MED) **Kreislaufstörungen** FPL troubles *mpl* circulatoires
Kreissäge F scie circulaire
Kreißsaal M salle *f* d'accouchement
Kreisverkehr M sens giratoire
Krematorium N crématorium *m*
Kren M *österr* raifort
Kresse F cresson *m*
Kreta N la Crète
Kreuz N croix *f*; ANAT reins *mpl*; *Kartenspiel* trèfle *m*; **kreuz und quer** dans tous les sens
kreuzen (**sich**) ~ (se) croiser
Kreuzfahrt F croisière **Kreuzgang** M cloître **Kreuzigung** F crucifixion
Kreuzkümmel M GASTR cumin **Kreuzschmerzen** MPL **~ haben** avoir mal aux reins
Kreuzung F croisement *m*
Kreuzworträtsel N mots *mpl* croisés
kriechen ramper
Krieg M guerre *f*
kriegen *umg* → bekommen
Kriegsverbrecher M criminel de guerre
Krimi M *umg* policier
Kriminalfilm M film policier **Kriminalität** F criminalité **Kriminalpolizei** F police judiciaire **Kriminalroman** M roman policier
kriminell criminel
Kripo F ABK → Kriminalpolizei
Krippe F REL *u.* *Kinderkrippe* crèche
Krise F crise **Krisengebiet** N région *f* en crise
Kritik F critique **Kritiker(in)** M(F) critique **kritisch** critique **kritisieren** critiquer
Kroate M Croate **Kroatien** N la Croatie **kroatisch** croate
Krokette F croquette
Krokodil N crocodile *m*
Krokus M crocus
Krone F couronne **Kronleuchter** M lustre
Kröte F crapaud *m*
Krücke F béquille
Krug M cruche *f*, pichet
Krümel M miette *f*
krumm tordu; *Linie* courbe
Kruste F croûte
Kruzifix N crucifix [kʀysifi] *m*
Kuba N Cuba
Kübel M baquet; *Eimer* seau
Kubikmeter M mètre *m* cube

Küche F cuisine; **kalte ~** repas *mpl* froids
Kuchen M gâteau
Küchenschrank M buffet de cuisine **Küchenzeile** F cuisine intégrée
Kuckuck M coucou
Kugel F boule (*a. Billard*); *Geschoss* balle; SPORT poids *m* **Kugellager** N roulement *m* à billes **Kugelschreiber** M stylo (à) bille **Kugelstoßen** N lancement *m* du poids
Kuh F vache
kühl frais; *fig* froid **Kühlbox** F glacière **kühlen** rafraîchir; *Lebensmittel* réfrigérer; *Motor* refroidir **Kühler** M AUTO radiateur **Kühlfach** N freezer *m* **Kühlschrank** M réfrigérateur **Kühltasche** F sac *m* isotherme **Kühltruhe** F congélateur *m* **Kühlwasser** N eau *f* de refroidissement
kühn audacieux, courageux; *gewagt* osé
Küken N poussin *m*
Kuli M *umg* stylo
kulinarisch culinaire
Kultur F culture **Kulturbeutel** M, **Kulturtasche** F trousse *f* de toilette **Kulturhauptstadt** F capitale culturelle **Kulturschock** M choc culturel
Kümmel M carvi
Kummer M chagrin; *Sorgen* souci(s) *mpl*
kümmern sich ~ um (*akk*) se soucier de
Kunde M client **Kundendienst** M service après-vente
Kundenkarte F *e-s Geschäfts* carte de fidélité
Kundgebung F manifestation
kündigen licencier (**j-m** qn); *Vertrag* résilier; *selbst* donner sa démission **Kündigung** F licenciement *m*; résiliation; démission **Kündigungsfrist** F délai *m* de préavis
Kundin F cliente
Kundschaft F clientèle
Kunst F art *m* **Kunstausstellung** F exposition **Kunstfaser** F fibre synthétique **Kunstgewerbe** N arts *mpl* décoratifs **Kunstleder** N similicuir *m*
Künstler(in) M(F) artiste
künstlerisch artistique
künstlich artificiel
Kunstsammlung F collection d'objets d'art **Kunstseide** F rayonne **Kunststoff** M plastique **Kunststück** N tour *m* d'adresse **Kunstwerk** N œuvre *f* d'art
Kupfer N cuivre *m* **Kupferstich** M taille-douce *f*
Kuppel F *innere* coupole; *äußere* dôme *m*
kuppeln AUTO embrayer
Kupplung F embrayage *m*
Kupplungspedal N pédale *f* d'embrayage
Kur F cure

Kür F figures *fpl* libres
Kurbel F manivelle
Kürbis M courge *f*; *großer* potiron
Kurgast M curiste
Kurier M coursier; **per ~** par coursier
kurieren guérir
Kurort M station *f* thermale
Kurs M cours; SCHIFF route *f*
Kursbuch N indicateur *m* des chemins de fer
Kursus M cours
Kurswagen M voiture *f* directe
Kurtaxe F taxe de séjour
Kurve F courbe; *Straße* virage *m* **kurvenreich** sinueux
kurz court; *zeitlich a.* bref; **vor Kurzem** récemment; **~ (und gut)** bref
Kurzarbeit F chômage *m* partiel
kürzen raccourcir
kurzfassen sich ~ être bref
Kurzfilm M court métrage
kurzfristig à court terme
Kurzgeschichte F nouvelle
kürzlich récemment
Kurzparkzone F zone bleue
Kurzschluss M court-circuit
kurzsichtig myope **Kurzwelle** F onde courte
Kusine F cousine
Kuss M baiser **küssen (sich) ~** (s')embrasser
Küste F côte **Küstenschifffahrt** F navigation côtière
Küstenstraße F route côtière
Kutsche F calèche; *prächtige* carrosse **Kutscher** M cocher
Kutteln PL tripes *fpl*
Kuvert N enveloppe *f*

L

Label N label *m*, marque *f*
labil instable
Labor N laboratoire *m*
lächeln sourire (**über** *akk* de)
lachen rire (**über** *akk* de) **Lachen** N rire *m*
lächerlich ridicule
Lachs M saumon
Lack M laque *f*, vernis; AUTO peinture *f* **lackieren** laquer, vernir
Ladegerät N ELEK chargeur *m*
Ladekabel N ELEK câble *m* de charge *od* de chargeur
laden charger (*a.* IT)
Laden M magasin; *kleiner* boutique *f* **Ladenschluss** M fermeture *f* des magasins **Ladentisch** M comptoir
Ladestation F ELEK, AUTO station de recharge
Ladung F chargement *m*; SCHIFF cargaison; ELEK charge
Lage F situation; position; *Schicht* couche; **in schöner ~** bien situé; **in der ~ sein zu** être en mesure de

Lager N camp *m*; HANDEL entrepôt **Lagerfeuer** N feu *m* de camp
lagern camper; *Waren* stocker
Lagerraum M dépôt, réserve *f*
Lagune F lagune
lahm paralysé; *umg fig* mou
lähmen paralyser (*a. fig*) **Lähmung** F paralysie
Laie M profane; REL laïque
Laken N drap *m* (de lit)
lakonisch laconique
Lakritze F réglisse
Laktose F lactose *m* **laktosefrei** sans lactose **Laktoseintoleranz** F **Laktoseunverträglichkeit** F intolérance au lactose
Lamm N agneau *m* **Lammfleisch** N agneau *m*
Lampe F lampe **Lampenschirm** M abat-jour
Land N pays *m*; *Festland* terre *f*; *Gegensatz zu Stadt* campagne *f*; **auf dem ~** à la campagne; **an ~ gehen** débarquer
Landeanflug M phase *f* d'approche **Landebahn** F piste d'atterrissage **landen** FLUG atterrir
Länderspiel N SPORT rencontre *f* internationale
Landesgrenze F frontière nationale **Landessprache** F langue nationale
Landhaus N maison *f* de campagne **Landkarte** F carte
ländlich rural
Landschaft F paysage *m*
Landsmann M compatriote
Landstraße F route départementale **Landstreicher(in)** M(F) vagabond(e)
Landung F FLUG atterrissage *m*; SCHIFF débarquement *m* **Landungsbrücke** F débarcadère *m*
Landwein M vin de pays
Landwirt M agriculteur
Landwirtschaft F agriculture **landwirtschaftlich** agricole
lang long; **drei Wochen ~** pendant trois semaines
lange longtemps; **wie ~?** combien de temps?; **seit Langem** depuis longtemps
Länge F longueur; *zeitlich* durée **Längengrad** M degré de longitude
Langeweile F ennui *m*
langfristig à long terme
Langlauf M ski de fond
länglich oblong
längs (*gen*) le long de
langsam lent; **~er fahren** ralentir
Langschläfer(in) M(F) lève-tard
längst depuis longtemps
Languste F langouste
langweilen **(sich) ~** (s')ennuyer **langweilig** ennuyeux
Langwelle F grandes ondes *fpl*
Lappen M chiffon
Laptop M IT portable **Laptoptasche** F sacoche pour

le portable
Lärche F mélèze *m*
Lärm M bruit **lärmen** faire du bruit
las → lesen
Laser M MED, TECH laser [lazɛʀ] **Laserdrucker** M IT imprimante *f* (à) laser [lazɛʀ] **Lasershow** F spectacle *m* laser [lazɛʀ]
lassen *zulassen* laisser; *veranlassen* faire; **machen ~** faire faire
lässig nonchalant
Last F charge; *fig* fardeau *m* **Lastenaufzug** M monte-charge(s)
Laster[1] N vice *m*
Laster[2] M *umg* poids lourd
lästern médire (**über** *akk* de)
lästig embêtant, pénible
Last-Minute... de dernière minute **Last-Minute-Angebot** N offre *f* de dernière minute **Last-Minute-Flug** M vol de dernière minute **Last-Minute-Reise** F voyage *m* dernière minute **Last-Minute-Urlaub** M vacances *fpl* dernière minute
Lastwagen M camion, poids lourd
Latein N latin *m* **Lateinamerika** N l'Amérique *f* latine **lateinisch** latin
latent latent
Laterne F lanterne; *Straßenlampe* réverbère
Latschen M *umg* godasse *f*
Latte F latte; SPORT barre
Latte macchiato M (latte) macchiato [(late)makjato]
Lätzchen N bavette *f*
Latzhose F salopette
lau tiède; *Wetter* doux
Laub N feuillage *m* **Laubbaum** M (arbre) feuillu
Lauch M poireau
lauern guetter (**auf** *akk* qc)
Lauf M course *f*; *Maschine* marche *f*; *Gewehr* canon; **im ~e** (*gen*) au cours de
Laufbahn F carrière
laufen aller à pied, marcher; *rennen* courir; *Film* passer; *Maschine* marcher
laufend am ~en Band sans arrêt; **auf dem Laufenden sein** être au courant
Läufer M coureur; *Schach* fou; *Teppich* passage **Läuferin** F coureuse
Laufmasche F maille filée
Laufrad N *für Kinder* vélo *m* à marcher **Laufschuh** M chaussure *f* de course **Laufsteg** M podium *m* **Laufwerk** N IT lecteur *m*
Laune F humeur; **gute/schlechte ~ haben** être de bonne/mauvaise humeur
launisch lunatique
Laus F pou *m*
laut[1] bruyant; *Stimme* °haut
laut[2] PRÄP (*gen*) d'après, selon
Laut M son
läuten sonner
lautlos silencieux **Lautspre-**

cher M °haut-parleur **Lautstärke** F volume *m*
lauwarm tiède
Lava F lave
Lavendel M lavande *f*
Lawine F avalanche
leasen acheter en crédit-bail [kʀedibaj] **Leasingvertrag** M contrat *m* de crédit-bail [kʀedibaj]
leben vivre **Leben** N vie *f* **lebendig** vivant; *Stadt* animé; *Farbe* vif
Lebensgefahr F danger *m* de mort **Lebensgefährte** M compagnon **Lebensgefährtin** F compagne **Lebenshaltungskosten** PL coût *m* de la vie **lebenslänglich** à perpétuité **Lebenslauf** M curriculum vitae
Lebensmittel NPL vivres *fpl*; denrées *fpl* alimentaires **Lebensmittelgeschäft** N épicerie *f* **Lebensmittelvergiftung** F intoxication alimentaire
Lebenspartner(in) M(F) compagnon, compagne **Lebenspartnerschaft** F **eingetragene ~** *etwa* PACS *m* (pacte civil de solidarité)
Lebensstandard M niveau de vie
Lebensunterhalt M moyens *mpl* d'existence; **s-n ~ verdienen** gagner sa vie
Lebensversicherung F assurance-vie
Leber F foie *m* **Leberpastete** F pâté *m* de foie
Lebewesen N être *m* vivant
lebhaft vif; *Diskussion* animé; *Verkehr* intense
Lebkuchen M pain d'épice
leblos inanimé
Leck N fuite *f*; SCHIFF voie *f* d'eau
lecken lécher
lecker appétissant **Leckerbissen** M régal
Leder N cuir *m* **Lederhandschuhe** MPL gants de peau **Lederjacke** F veste, *kurze* blouson *m* de cuir **Lederwarengeschäft** N maroquinerie *f*
ledig célibataire
leer vide; *unbewohnt* inoccupé **leeren** vider **Leerlauf** M AUTO point mort **Leerung** F *des Briefkastens* levée
legal légal
legen mettre; poser; **sich ~** se coucher; *Wind* tomber
Legende F *auch bei Landkarten* légende
Leggin(g)s PL caleçon *m*
legitim légitime
Leguan M iguane
Lehm M glaise *f*
Lehne F *Rückenlehne* dossier *m*; *Armlehne* accoudoir *m*
lehnen ~(s')appuyer (**an** *akk* contre)
Lehrbuch N manuel *m*
Lehre F leçon; *Ausbildung* apprentissage *m*

lehren enseigner, apprendre (**j-n etw** qc à qn)
Lehrer(in) M(F) *Grundschule* instituteur *m*, institutrice *f*; *Oberschule* professeur *m*
Lehrgang M cours **Lehrling** M apprenti **lehrreich** instructif **Lehrstelle** F place d'apprenti **Lehrstuhl** M chaire *f*
Leib M corps; *Bauch* ventre
Leibgericht N plat *m* préféré **Leibwächter** M garde du corps
Leiche F cadavre *m*
Leichenhalle F chapelle mortuaire **Leichenwagen** M corbillard
leicht léger; *einfach* facile **Leichtathletik** F athlétisme *m* **leichtgläubig** crédule **Leichtigkeit** F *fig* facilité **Leichtmetall** N métal *m* léger **Leichtsinn** M inconscience *f* **leichtsinnig** inconscient
Leid N mal *m*
leiden souffrir (**an** *dat* de); **nicht ~ können** ne pas pouvoir souffrir
Leiden N souffrance *f*; MED affection
Leidenschaft F passion **leidenschaftlich** passionné (-ment)
leider malheureusement
leidtun **es tut mir leid** je suis désolé; **er tut mir leid** il me fait pitié
leihen prêter (**j-m etw** qc à qn); **sich etw ~** emprunter qc (**von j-m** à qn)
Leihgebühr F frais *mpl* de location **Leihhaus** N mont-de-piété *m* **Leihwagen** M voiture *f* de location **leihweise** à titre de prêt
Leim M colle *f*
Leine F corde; *Hundeleine* laisse
Leinen N toile *f* **Leinsamen** M graine *f* de lin **Leinwand** F écran *m*
leise bas; ADV doucement; **~r stellen** baisser
Leiste F liteau *m*; ANAT aine
leisten faire; *vollbringen* accomplir; *Dienst* rendre; *Zahlung* effectuer; **Widerstand ~** résister; **j-m Hilfe ~** secourir qn; **sich etw ~** se permettre qc; *sich etw gönnen* se payer qc
Leistenbruch M °hernie *f* inguinale
Leistung F résultats *mpl* (obtenus); *große* performance; TECH puissance **leistungsfähig** performant
Leitartikel M éditorial
leiten *Betrieb* diriger; TECH conduire
Leiter[1] F échelle
Leiter[2] M directeur, chef; ELEK conducteur **Leiterin** F directrice
Leitplanke F glissière de sécurité **Leitung** F direction; TEL, ELEK ligne; *Wasserleitung* conduite **Leitungswasser**

N eau *f* du robinet
Lektion F leçon
Lektüre F lecture
lenken diriger; AUTO conduire
Lenkrad N volant *m* **Lenkradschloss** N antivol *m*
Lenkstange F guidon *m*
Lenkung F AUTO direction
Leopard M léopard
Lepra F lèpre
Lerche F alouette
lernen apprendre
lesbisch lesbien
Lesebrille F lunettes *fpl* pour lire
lesen lire
Leser(in) M(F) lecteur *m*, lectrice *f* **leserlich** lisible
Lesezeichen N marque-page *m*, signet *m*
letzte(r, -s) dernier, dernière; *äußerste* extrême; **~ Woche** la semaine dernière
Leuchte F lampe **leuchten** luire; *Lampe* éclairer **leuchtend** lumineux **Leuchter** M chandelier **Leuchtmarker** M marqueur fluorescent **Leuchtreklame** F enseigne lumineuse **Leuchtröhre** F tube *m* fluorescent **Leuchtturm** M phare
leugnen nier
Leukämie F leucémie
Leute PL gens *mpl*; **viele ~** beaucoup de monde; **die jungen ~** les jeunes (gens)
Lexikon N encyclopédie *f*
Libanon **der ~** le Liban
Libelle F libellule
liberal libéral
Licht N lumière *f*; **~ machen** allumer (la lumière) **Lichtbild** N photographie *f* **Lichthupe** F **die ~ betätigen** faire un appel de phares
Lichtjahr N année-lumière *f*
Lichtmaschine F AUTO dynamo **Lichtschalter** M interrupteur **Lichtschutzfaktor** M indice de protection (solaire)
Lichtung F clairière
Lid N paupière *f* **Lidschatten** M ombre *f* à paupières
lieb cher; *nett, artig* gentil **Liebe** F amour *m* **lieben** aimer; **sich ~** *körperlich* faire l'amour
liebenswürdig aimable **Liebenswürdigkeit** F amabilité
lieber **~ haben** aimer mieux, préférer; **etw ~ tun** aimer mieux *od* préférer faire qc
Liebesbrief M lettre *f* d'amour **Liebeskummer** M chagrin d'amour **Liebespaar** N amoureux *mpl* **Liebesschloss** N *an Brücken etc* cadenas *m* d'amour
liebevoll affectueux **Liebhaber(in)** M(F) *Geliebte(r)* amant *m*, maîtresse *f*; *Fan* amateur *m*, amatrice *f* **lieblich** *Wein* moelleux **Liebling** M préféré(e) *m(f)*; *Anrede* chéri(e) *m(f)*
Lied N chanson *f*, chant *m*
Liedermacher(in) M(F) au-

teur-compositeur *m*, auteur-compositrice *f*

Lieferant M fournisseur **lieferbar** livrable **Lieferfrist** F délai *m* de livraison

liefern livrer, fournir (*a. Beweis*) **Lieferservice** M service de livraison **Lieferung** F livraison **Lieferwagen** M camionnette *f*

Liege F divan *m*; *Gartenliege* chaise longue

liegen être couché; GEOGR être situé **Liegesitz** M AUTO siège-couchette **Liegestuhl** M chaise *f* longue **Liegewagen** M voiture-couchettes *f* **Liegewiese** F pelouse de repos

liest → lesen

Lift M ascenseur; *Skilift* remonte-pente, téléski

Liga F ligue; SPORT division

light allégé

Likör M liqueur *f*

lila lilas

Lilie F lys *m*

Limonade F limonade

Limousine F berline

Linde F tilleul *m*

lindern soulager, apaiser

Lineal N règle *f*

Linie F ligne

Linienbus M autobus régulier **Linienflug** M vol régulier **Linienflugzeug** N, **Linienmaschine** F avion *m* de ligne

Link M/N IT lien *m*

Linke F gauche (*a.* POL) **linke(r, -s)** gauche

links à gauche; **nach ~** à gauche; **von ~** de la gauche; **sich ~ einordnen** prendre la file de gauche

Linksabbieger M véhicule qui tourne à gauche **Linkshänder(in)** M(F) gaucher *m*, gauchère *f*

Linse F BOT, *Optik* lentille

Lipgloss M gloss, brillant à lèvres

Lippe F lèvre **Lippenbalsam** M baume à lèvres **Lippenstift** M rouge à lèvres

lispeln zézayer

List F ruse

Liste F liste

listig rusé

Liter M *od* N litre *m*

Literatur F littérature

Litfaßsäule F colonne Morris

Litschi F BOT litchi *m*

live TV en direct **Livesendung** F émission en direct **Livestream** M IT diffusion *f* en direct sur Internet

Lizenz F licence

Lkw, LKW M (Lastkraftwagen) camion, poids lourd **Lkw-Fahrer** M routier

Lob N louange *f*, éloge *m* **loben** louer **lobenswert** louable

Loch N trou *m* **lochen** poinçonner **Locher** M perforateur

Lockdown M *Ausgangssperre zur Eindämmung einer Epidemie* confinement; **im ~ sein** être confiné

Locke F boucle

locken attirer; **sich ~** friser
Lockenwickler M bigoudi
locker *Schraube* desserré; *entspannt* décontracté
lockern **(sich) ~** (se) relâcher
Löffel M cuillère [kųijɛʀ] *f*
Loft N loft *m*
Loge F loge
Log-in M *od* N IT *Vorgang* connexion *f*, login; *Log-in-Daten* identifiant *m*
logisch, **Logik** F logique
Log-out M *od* N IT déconnexion *f*
Lohn M salaire, paie *f*; *fig* récompense *f* **Lohnempfänger(in)** M(F) salarié(e)
lohnen **es lohnt sich (nicht)** cela (ne) vaut (pas) la peine
Lohnerhöhung F augmentation (de salaire) **Lohnsteuer** F impôt *m* sur le salaire
Loipe F piste de ski de fond
Lok → Lokomotive
Lokal N restaurant *m*, café *m*
Lokomotive F locomotive **Lokomotivführer** M mécanicien
London Londres
Lorbeer M laurier
los *abgetrennt* détaché; **~!** allez!; **was ist ~?** qu'est-ce qu'il y a?; **hier ist nicht viel ~** il ne se passe pas grand-chose ici
Los N billet *m* de loterie; *Schicksal* sort *m*
löschen éteindre; *Tonband* effacer; *Durst* étancher
lose lâche; *unverpackt* en vrac
Lösegeld N rançon *f*
losen tirer au sort (**um etw** qc)
lösen détacher; *Handbremse* desserrer; *Problem* résoudre
losfahren, **losgehen** partir
loslassen lâcher
löslich soluble
losmachen détacher
Lösung F solution (*a.* CHEM)
Lösungsmittel N solvant *m*
löten souder
Lotse M pilote
lotsen piloter
Lotterie F loterie
Lotto N loto *m* **Lottoschein** M bulletin de loto
Lounge F salon *m*, lounge [lõʒ] *m*
Löwe M lion **Löwenzahn** M pissenlit **Löwin** F lionne
Luchs M lynx *m*
Lücke F vide *m* (*a. fig*); *Mangel* lacune
Luft F air *m* **Luftballon** M ballon **Luftbild** N photo *f* aérienne **luftdicht** hermétique **Luftdruck** M pression *f* atmosphérique
lüften aérer
Luftfahrt F aviation **Luftfracht** F fret *m* aérien **Luftgewehr** N fusil *m* à air comprimé **Luftkissenboot** N aéroglisseur *m* **Luftkrankheit** F mal *m* de l'air **Luftkurort** M station *f* climatique **Luftloch** N FLUG trou *m* d'air **Luftmatratze** F matelas *m* pneumatique **Luftpirat** M pi-

rate de l'air
Luftpost F **mit ~** par avion
Luftpumpe F pompe à air **Luftröhre** F trachée
Lüftung F aération
Luftverkehr M trafic aérien **Luftverschmutzung** F pollution atmosphérique **Luftwaffe** F armée de l'air **Luftzug** M courant d'air
Lüge F mensonge *m* **lügen** mentir **Lügner(in)** M(F) menteur *m*, menteuse *f*
Luke F lucarne; SCHIFF écoutille
Lunchpaket N panier-repas *m*
Lunge F poumon *m* **Lungenentzündung** F pneumonie
Lupe F loupe
Lust F envie; **(keine) ~ haben zu** (ne pas) avoir envie de
lüstern lubrique
lustig *fröhlich* gai; *witzig* drôle; **sich ~ machen über** (*akk*) se moquer de
lustlos sans entrain
Lustspiel N comédie *f*
lutschen sucer **Lutscher** M sucette *f*
Luxemburg N le Luxembourg **Luxemburger(in)** M(F) Luxembourgeois(e) **luxemburgisch** luxembourgeois
luxuriös luxueux
Luxus M luxe **Luxushotel** N hôtel *m* de luxe
Lychee F BOT litchi *m*
Lymphknoten M ganglion lymphatique
lynchen lyncher

M

machen faire; **j-n glücklich ~** rendre qn heureux; **was** *od* **wie viel macht das?** ça fait combien?; **was macht sie?** qu'est-ce qu'elle fait (*beruflich* dans la vie)?; *wie geht es ihr?* comment va-t-elle?; **das macht nichts** cela ne fait rien
Macho M *umg* macho *m*
Macht F pouvoir *m*; *Staat* puissance **mächtig** puissant; ADV *umg sehr* énormément **machtlos** impuissant
Madagaskar N Madagascar
Mädchen N fille *f* **Mädchenname** M nom de jeune fille
Made F ver *m* **madig** véreux
mag → mögen
Magazin N *Zeitschrift* magazine *m*; *Lager* entrepôt *m*
Magen M estomac [ɛstɔma]; **auf nüchternen ~** à jeun; **sich den ~ verderben** se détraquer l'estomac
Magenbitter M amer **Magengeschwür** N ulcère *m* de l'estomac **Magenschmerzen** MPL maux d'estomac **Magenverstimmung** F indigestion
mager maigre **Magermilch** F lait *m* écrémé **Magersucht** F anorexie **magersüchtig**

anorexique
Magnesium N magnésium *m*
Magnet M aimant
magst → mögen
Mahagoni N acajou *m*
mähen *Gras* faucher; *Rasen* tondre; *Getreide* moissonner
mahlen moudre
Mahlzeit F repas *m*
Mähne F crinière
Mahnung F avertissement *m;* HANDEL rappel *m*
Mai M mai **Maiglöckchen** N muguet *m* **Maikäfer** M °hanneton
Mail F IT mail *m* **Mailbox** F IT boîte aux lettres; *Handy* boîte vocale
mailen j-m ~ envoyer un e--mail à qn; **j-m etw ~** envoyer qc à qn par e-mail
Mainz Mayence
Mais M maïs **Maiskolben** M épi de maïs
Majoran M marjolaine *f*
makaber macabre
makellos immaculé
Make-up N maquillage *m*
Makkaroni PL macaronis *mpl*
Makler(in) M(F) agent *m* immobilier
Makrele F maquereau *m*
Makrone F macaron *m*
mal → einmal; MATH **zwei ~ zwei** deux fois deux; **guck ~!** regarde!; **zeig ~!** fais voir!
Mal N fois; **zum ersten ~** pour la première fois; **das nächste ~** la prochaine fois; **jedes ~** chaque fois; **jedes ~ wenn** toutes les fois que
Malaria F malaria
Malbuch N album *m* à colorier
malen peindre **Maler** M peintre **Malerei** F peinture **Malerin** F femme peintre **malerisch** pittoresque
Malz N malt *m* **Malzbier** N bière *f* de malt
Mama F, **Mami** F maman
man on
manche(r, -s) plus d'un(e); *pl* certains
manchmal quelquefois
Mandarine F mandarine
Mandel F amande; ANAT amygdale **Mandelentzündung** F amygdalite
Manege F *Zirkus* piste *f*
Mangel M *Fehlen* manque (**an** *dat* de); *Fehler* défaut **mangelhaft** défectueux; *Schulnote* médiocre
mangels (*gen*) faute de
Mango F mangue
Manieren FPL bonnes manières
Maniküre F manucure
manipulieren manipuler
Mann M homme; *Ehemann* mari
Männchen N ZOOL mâle *m*
Mannequin N mannequin *m*
männlich masculin (*a.* GRAM); BIOL mâle
Mannschaft F équipe (*a.* SPORT); FLUG, SCHIFF équipa-

ge *m*
Manöver N manœuvre *f*
Manschettenknopf M bouton de manchette
Mantel M manteau; *Reifenmantel* bandage pneumatique
Mappe F serviette; *Schulmappe* cartable *m*
Maracuja F BOT maracuja *m*
Märchen N conte *m* (de fées)
märchenhaft féérique; fabuleux **Märchenprinz** M prince charmant
Marder M martre *f*
Margarine F margarine
Margerite F marguerite
Marienkäfer M coccinelle *f*
Marille F *österr* abricot *m*
Marine F marine
mariniert mariné
Marionette F marionnette
Mark[1] F *hist Geld* mark *m*
Mark[2] N moelle *f*
Marke F HANDEL marque; *Spielmarke*, TEL jeton *m*; *Gebührenmarke, Briefmarke* timbre *m*; *Essensmarke* ticket **Markenartikel** M produit de marque
markieren marquer; *Weg* baliser **Markierung** F balise
Markise F store *m*
Markt M marché **Markthalle** F marché *m* couvert **Marktplatz** M place *f* du marché
Marktstand M étal
Marmelade F confiture
Marmor M marbre
Marokkaner(in) M(F) Marocain(e) **marokkanisch** marocain **Marokko** N le Maroc
Marone F marron *m*
Marsch M marche *f* (*a.* MUS)
marschieren marcher
März M mars
Marzipan N pâte *f* d'amandes
Masche F maille (*a. fig*)
Maschine F machine; FLUG appareil *m*
Maschinenbau M construction *f* mécanique **Maschinengewehr** N mitrailleuse *f*
Maschinenpistole F mitraillette
Masern PL rougeole *f*
Maske F masque *m* **maskieren** masquer; **sich ~** se déguiser (**als** en)
Maskenpflicht F MED obligation de port du masque *f*
Maß[1] N mesure *f*; **nach ~** sur mesure
Maß[2] F chope d'un litre de bière
Massage F massage *m*
Massaker N massacre *m*
Masse F masse **massenhaft** en masse
Massenkarambolage F carambolage *m* **Massenmedien** NPL mass media *mpl*
Massentourismus M tourisme de masse
Masseur M masseur **Masseurin** F masseuse
maßgeblich déterminant, décisif
massieren masser
mäßig modéré; *mittelmäßig*

médiocre **mäßigen (sich) ~** (se) modérer
massiv massif
maßlos démesuré **Maßnahme** F mesure **Maßstab** M échelle *f* **maßvoll** modéré
Mast M mât
mästen engraisser
Master M UNIV master
Material N matériel *m*; *Bauen* matériau *m* **materiell** matériel; *pej* matérialiste
Mathematik F mathématiques *fpl*
Matjeshering M °hareng salé
Matratze F matelas *m*
Matrose M matelot, marin
matt épuisé; FOTO, *Schach* mat; *Glas* dépoli
Matte F natte; *Fußmatte* paillasson *m*; SPORT tapis
Mauer F mur *m*
Maul N gueule *f* **Maulbeerbaum** M mûrier **Maulesel** M mulet **Maulkorb** M muselière *f* **Maulwurf** M taupe *f*
Maurer M maçon
Maus F souris (*a.* IT) **Mausefalle** F souricière **Mausklick** M clic de la souris
Mausoleum N mausolée *m*
Mauspad N IT tapis *m* (de souris) **Maustaste** F IT bouton *m* (de souris)
Maut F, **Mautgebühr** F, **Mautstelle** F péage *m* **Mautstraße** F route à péage
maximal maximal; ADV au maximum
Mayonnaise F mayonnaise
Mechanik F mécanique **Mechaniker** M mécanicien **mechanisch** mécanique; *fig* machinal **Mechanismus** M mécanisme
meckern *fig umg* rouspéter
Mecklenburg-Vorpommern N le Mecklembourg et la Poméranie occidentale
Medaille F médaille
Medien NPL médias *mpl*
Medikament N médicament *m* **Medizin** F médecine; *Arzneimittel* médicament
Meer N mer *f*; **am ~** au bord de la mer; **ans ~** à la mer
Meerblick M vue *f* sur la mer
Meerenge F détroit *m*
Meeresfrüchte FPL fruits *mpl* de mer **Meeresspiegel** M **über dem ~** au dessus du niveau de la mer
Meerrettich M raifort **Meerschweinchen** N cochon *m* d'Inde
Mehl N farine *f*
mehr plus (**als** que; *vor Substantiven* de); **nicht ~** ne … plus; **immer ~** de plus en plus; **noch ~** encore plus
mehrere plusieurs
mehrfach à plusieurs reprises
Mehrfahrtenkarte F carnet *m* **Mehrheit** F majorité
Mehrkosten PL frais *mpl* supplémentaires **mehrmals** plusieurs fois **mehrtägig** de plusieurs jours **Mehrwertsteu-**

er F taxe sur la valeur ajoutée, TVA **Mehrzahl** F majorité; GRAM pluriel *m*

meiden éviter

Meile F mille *m*

mein(e) mon (ma); **~e** *pl* mes

Meineid M parjure

meinen croire, penser; *sagen wollen* vouloir dire

meinetwegen à cause de moi; *für mich* pour moi; **~!** si tu veux (vous voulez)!

Meinung F avis *m*, opinion; **meiner ~ nach** à mon avis

Meinungsumfrage F sondage *m* (d'opinions) **Meinungsverschiedenheit** F désaccord *m*

Meise F mésange

Meißel M burin

meiste **der, die, das ~ …** la plupart de …, la majeure partie de …; **die ~n** la plupart; **am ~n** le plus

meistens le plus souvent

Meister(in) M(F) maître *m*; SPORT champion(ne) **Meisterschaft** F SPORT championnat *m* **Meisterwerk** N chef-d'œuvre *m*

melden annoncer; *Unfall* déclarer; **sich ~** se présenter (**bei** chez); *von sich hören lassen* donner de ses nouvelles; *Schule* lever la main; TEL répondre

Meldepflicht F déclaration obligatoire

Meldung F *Nachricht* information; *amtliche* déclaration; *Bericht* rapport *m*

melken traire

Melodie F mélodie

Melone F melon *m*

Menge F quantité; *Leute* foule

Meniskus M ménisque

Mensa F restaurant *m* universitaire

Mensch M homme

Menschenleben N vie *f* humaine **menschenleer** désert **Menschenmenge** F foule **Menschenrechte** NPL droits *mpl* de l'homme **menschenscheu** farouche

Menschheit F humanité **menschlich** humain **Menschlichkeit** F humanité

Menstruation F MED règles *fpl*

Menü N menu *m* (*a.* IT)

Merkblatt N notice *f*

merken remarquer, s'apercevoir de; **sich etw ~** retenir qc

merklich sensible **Merkmal** N caractéristique *f* **merkwürdig** curieux, bizarre

Messe F REL messe; HANDEL foire **Messegelände** N parc *m* des expositions

messen mesurer

Messer N couteau *m*

Messestand M stand

Messing N laiton *m*

Metall N métal *m* **Metallarbeiter** M métallurgiste

Metastase F MED métastase

Meter M *od* N, **Metermaß** N mètre *m*

Methode F méthode
Metro F métro *m*
Metropole F métropole
Metzger M boucher **Metzgerei** F boucherie
Meuterei F mutinerie
Mexikaner(in) M(F) Mexicain(e) **mexikanisch** mexicain **Mexiko** N le Mexique
mich me, *vor Vokal* m'; *betont, nach Präp* moi; **für ~** pour moi
Miene F air *m*, mine
Miete F loyer *m* **mieten** louer **Mieter(in)** M(F) locataire **Mietvertrag** M bail, contrat de location **Mietwagen** M voiture *f* de location **Mietwohnung** F appartement *m* loué
Migräne F migraine
Migrant(in) M(F) migrant(e)
Mikrofaser F microfibre **Mikrofon** N micro *m* **Mikroprozessor** M microprocesseur
Mikroskop N microscope *m*
Mikrowellenherd M four à micro-ondes
Milch F lait *m* **Milchkaffee** M café au lait **Milchprodukte** NPL produits *mpl* laitiers **Milchpulver** N lait *m* en poudre **Milchshake** M milk-shake *m* [milkʃɛk] **Milchzahn** M dent *f* de lait
mild doux **mildern** adoucir
Militär N armée *f* **militärisch** militaire
Milliarde F milliard *m* **Millimeter** M millimètre *m*
Million F million *m* **Millionär** M millionnaire
Milz F rate
Minarett N minaret *m*
Minderheit F minorité **minderjährig** mineur **minderwertig** inférieur; HANDEL de mauvaise qualité
Mindest... ... minimum **mindeste(r, -s)** moindre **mindestens** au moins
Mindesthaltbarkeitsdatum N date *f* limite de conservation **Mindestlohn** M salaire minimum
Mine F mine
Mineral N minéral *m* **Mineralstoff** M substance *f* minérale; **~e** sels minéraux **Mineralwasser** N eau *f* minérale; *mit Kohlensäure* eau *f* gazeuse
Minibar F minibar *m* **Minigolf** N golf *m* miniature **Minijob** M petit boulot
Minimum N minimum *m* (**an** *dat* de)
Minirock M minijupe *f*
Minister(in) M(F) ministre *m* **Ministerium** N ministère *m*
minus moins; **2 Grad ~** 2 degrés au-dessous de zéro
Minute F minute
mir me, *vor Vokal* m'; moi; *betont* à moi; **mit ~** avec moi
Mischbrot N pain *m* bis **mischen** mélanger; *Karten* battre **Mischung** F mélange *m*
missachten *Vorfahrt etc* ne pas respecter; *verachten* dédaigner **missbilligen** désap-

prouver **Missbrauch** M abus **missbrauchen** abuser de **Misserfolg** M échec **misshandeln** maltraiter **misslingen** échouer

misstrauen se méfier (**j-m** de qn) **Misstrauen** N méfiance *f* **misstrauisch** méfiant

Missverständnis N malentendu *m* **missverstehen** mal comprendre

Mist(haufen) M (tas de) fumier

mit (*dat*) avec; **~ dem Zug** en train

Mitarbeiter(in) M(F) collaborateur *m*, collaboratrice *f* **Mitbenutzung** F utilisation en commun **mitbringen** amener; *Sache* apporter **miteinander** ensemble

mitfahren bei j-m ~ partir *od* venir avec qn; **wollen Sie ~?** je peux vous déposer quelque part?

mitgeben donner

Mitgefühl N compassion *f*

Mitgift F dot [dɔt]

Mitglied N membre *m* **Mitgliedsbeitrag** M cotisation *f*

mitkommen kommst du (mit uns) mit? tu viens avec nous?

Mitleid N pitié *f* **mitleidig** compatissant; ADV plein de pitié

mitmachen participer (**bei** à) **mitnehmen** emmener; *Sache* emporter **Mitreisende(r)** M/F(M) compagnon *m* de voyage, compagne *f* de voyage **mitschuldig** complice (**an** *dat* de)

mitspielen prendre part au jeu; **spielst du mit?** tu joues avec nous (*od* moi *etc*)?

Mittag M midi; **heute ~** ce midi; **morgen ~** demain (à) midi; **(zu) ~ essen** déjeuner

Mittagessen N déjeuner *m*

mittags à midi **Mittagsmenu** N menu *m* de midi **Mittagspause** F heure du déjeuner **Mittagsruhe** F, **Mittagsschlaf** M sieste *f*

Mitte F milieu *m*; **~ März** à la mi-mars

mitteilen communiquer, faire savoir (**j-m etw** qc à qn) **Mitteilung** F information; *amtliche* communiqué *m*

Mittel N moyen *m*; *Heilmittel* remède *m*; *Putzmittel* produit *m* **Mittelalter** N moyen âge *m* **mittelalterlich** médiéval **Mittelamerika** N l'Amérique *f* centrale **Mittelfinger** M majeur **mittelfristig** à moyen terme **mittellos** sans moyens **mittelmäßig** médiocre

Mittelmeer das ~ la (mer) Méditerranée

Mittelohrentzündung F otite moyenne **Mittelpunkt** M centre **Mittelstreifen** M *auf Autobahnen* terre-plein central **Mittelwelle** F ondes *fpl* moyennes

mitten ~ **in** ... (*dat*) au milieu de; *zeitlich* ~ **in der Nacht** en pleine nuit
Mitternacht F minuit *m*
mittlere(r, -s) moyen
Mittwoch M mercredi **mittwochs** le mercredi
mitunter de temps en temps
mitwirken collaborer (**bei** à) **Mitwirkung** F collaboration
Mixbecher M shaker **mixen** mélanger **Mixer** M barman; *Küchenmixer* mixer
Mobbing N °harcèlement *m* moral
Möbel N meuble *m*; *pl* ameublement *m* **Möbelwagen** M voiture *f* de déménagement
mobil mobile; ~ **telefonieren** téléphoner avec le portable; ~**es Internet** Internet *m* avec connexion wifi
Mobilfunk M téléphonie *f* numérique mobile **Mobilfunknetz** N réseau *m* de téléphonie mobile **Mobiltelefon** N téléphone *m* mobile
möbliert ~**es Zimmer** chambre *f* meublée (*od* garnie)
Mode F mode
Model N modèle *m*, mannequin *m*
Modell N modèle *m*
Modem M/N modem *m*
Modenschau F défilé *m* de mode
Moderator M TV présentateur **moderieren** présenter
modern ADJ moderne **modernisieren** moderniser
Modeschmuck M bijoux *mpl* (de) fantaisie **Modezeitschrift** F revue de mode
modisch à la mode
Mofa N cyclomoteur *m*, mobylette *f*
mögen aimer; **ich möchte** je voudrais; **ich möchte gern** j'aimerais bien; **das mag sein** ça se peut
möglich possible **Möglichkeit** F possibilité
Mohn M pavot
Möhre F, **Mohrrübe** F carotte
Mokka M moka
Mole F môle *m*, jetée
Molkerei F laiterie
Moll N mode *m* mineur; **c-Moll** do *m* mineur
Moment M instant; **im** ~ actuellement
Monarchie F monarchie
Monat M mois **monatlich** mensuel, par mois
Monatskarte F carte mensuelle **Monatsrate** F mensualité
Mönch M moine
Mond M lune *f* **Mondfinsternis** F éclipse de lune
Mondschein M clair de lune
Monitor M IT écran
Montag M lundi
Montage F montage *m*
montags le lundi
Monteur M monteur **montieren** monter

Moor N marais *m* **Moorbad** N bain *m* de boue
Moos N mousse *f*
Moped N vélomoteur *m*
Moral F morale
Morast M bourbe *f*
Mord M meurtre **Mörder(in)** M(F) meurtrier *m*, meurtrière *f*, assassin *m*
morgen demain; **~ Abend/früh** demain soir/matin
Morgen M matin; **am ~** le matin; **heute ~** ce matin; **guten ~!** bonjour!
Morgendämmerung F, **Morgengrauen** N aube *f*
Morgenmantel M, **Morgenrock** M peignoir **Morgenröte** F aurore
morgens le matin
morgig de demain
Morphium N morphine *f*
morsch pourri
Mörtel M mortier
Mosaik N mosaïque *f*
Moschee F mosquée
Moskito M moustique **Moskitonetz** N moustiquaire *f*
Moslem M → Muslim
Most M moût; *Apfelmost* cidre
Motel N motel *m*
Motiv N motif *m*; JUR mobile *m* **motivieren** motiver
Motor M moteur **Motorboot** N bateau *m* à moteur **Motorhaube** F capot *m* **Motorrad** N moto *f* **Motorradfahrer(in)** M(F) motocycliste **Motorroller** M scooter [skutɛʀ]
Motorschaden M panne *f* de moteur
Motte F mite
Motto N devise *f*
Mountainbike N VTT *m*
Mouse-Pad N → Mauspad
Möwe F mouette
Mozzarella M mozzarella *f*
MP3-Player M baladeur MP3
Mücke F moucheron *m*; *Stechmücke* moustique *m*
Mückenstich M piqûre *f* de moustique
müde fatigué
Müdigkeit F fatigue
muffig ~ riechen sentir le renfermé
Mühe F peine; **sich ~ geben** se donner de la peine; **der ~ wert sein** valoir la peine
Mühle F moulin *m*
mühsam pénible(ment)
Mulde F cuvette
Müll M ordures *fpl* **Müllabfuhr** F ramassage *m* des ordures **Müllbeutel** M sac poubelle
Mullbinde F bande de gaze
Mülldeponie F décharge (publique) **Mülleimer** M poubelle *f* **Müllschlucker** M vide-ordures **Mülltonne** F poubelle **Mülltrennung** F triage *m* des déchets **Mülltüte** F sac poubelle **Müllverbrennungsanlage** F usine d'incinération des ordures ménagères **Müllwagen** M benne *f* à ordures
multikulturell multiculturel

Multimedia... IN ZSSGN multimédia **multiplizieren** multiplier **Multivitaminsaft** M jus (de fruits) multivitaminé
Mumps M oreillons *mpl*
München Munich [mynik]
Mund M bouche *f* **Mundart** F dialecte *m*
münden ~ **in** (*akk*) se jeter dans
Mundharmonika F harmonica *m*
mündig majeur
mündlich oral
Mundschutz M masque **Mundspülung** F bain *m* de bouche
Mündung F embouchure
Mundwasser N eau *f* dentifrice
Mund-zu-Mund-Beatmung F bouche-à-bouche *m*
Munition F munitions *fpl*
munter gai; *lebhaft* vif; *wach* éveillé
Münze F pièce (de monnaie) **Münztank** M distributeur d'essence **Münztelefon** M cabine *f* téléphonique (fonctionnant avec des pièces) **Münzwechsler** M changeur de monnaie
murmeln murmurer
murren grogner
mürrisch grincheux
Muschel F ZOOL coquillage *m*; *Schale* coquille; *Miesmuschel* moule
Museum N musée *m*
Musical N comédie *f* musicale
Musik F musique **musikalisch** musical; ~ **sein** être musicien
Musikbox F juke-box *m* **Musiker(in)** M(F) musicien(ne) **Musikhochschule** F conservatoire *m* **Musikinstrument** N instrument *m* de musique
musizieren faire de la musique
Muskat N muscade *f*
Muskel M muscle **Muskelkater** M courbatures *fpl* **Muskelzerrung** F claquage *m*
muskulös musclé
Müsli N mu(e)sli *m*
Muslim M musulman **Muslima** F musulmane **muslimisch** musulman
Muße F temps *m* (libre)
müssen devoir; **ich muss jetzt gehen** il faut que j'aille
Muster N modèle *m*; *auf Stoff* motif *m*; *Warenprobe* échantillon *m* **mustergültig, musterhaft** exemplaire
Mut M courage **mutig** courageux **mutlos** découragé
Mutter F mère; TECH écrou *m*
mütterlich maternel
Muttermal N tache *f* de vin **Muttersprache** F langue maternelle **Muttertag** M fête *f* des mères
Mutti F maman
mutwillig volontaire
Mütze F bonnet *m*, casquette
MwSt. (Mehrwertsteuer) TVA *f*

(*taxe sur la valeur ajoutée*)
mysteriös mystérieux

N

Nabe F moyeu *m*
Nabel M nombril [nõbʀi]
nach (*dat*) *örtlich* à, vers, en; *zeitlich* après; ~ **Paris** à Paris, *Zug* pour Paris; ~ **Frankreich** en France; ~ **Osten** vers l'est; **fünf** ~ **drei** trois heures cinq; ~ **und** ~ peu à peu
nachahmen imiter **Nachahmung** F imitation
Nachbar(in) M(F) voisin(e) **Nachbarschaft** F voisinage *m*; *die Nachbarn* voisins *mpl*
nachbestellen commander encore
Nachbildung F réplique
nachdem après que, après avoir (+*inf*); **je** ~, **ob** suivant que; → je
nachdenken réfléchir (**über** *akk* à *od* sur) **nachdenklich** pensif **nachdrücklich** ferme; ADV vivement **nacheinander** l'un après l'autre
Nachfolger(in) M(F) successeur *m* **Nachforschung** F recherches *fpl* **Nachfrage** F HANDEL demande **nachfüllen** recharger **Nachfüllpack** N recharge *f* **nachgeben** céder **Nachgebühr** F surtaxe
nachgehen suivre (**j-m** qn); *Uhr* retarder (**zwei Minuten** de deux minutes) **Nachgeschmack** M arrière-goût
nachgiebig conciliant
nachhaltig durable
nachher après, plus tard; **bis** ~! à tout à l'heure!
Nachhilfe F cours *mpl* particuliers **nachholen** rattraper
Nachkomme M descendant
Nachkriegszeit F après--guerre *m* **Nachlass** M HANDEL remise *f*, réduction *f*; *Erbe* succession *f*
nachlassen *Fieber* diminuer; *Schmerz, Wind* se calmer; *Regen* cesser; *leistungsmäßig, Augen* baisser
nachlässig négligent **nachlaufen** courir (**j-m** après qn)
nachmachen imiter; ~ **lassen** *Foto* faire refaire
Nachmittag M après-midi; **am** ~ l'après-midi; **morgen** ~ demain après-midi
nachmittags l'après-midi
Nachnahme F **per** ~ contre remboursement
Nachname M nom de famille
nachprüfen vérifier **nachrechnen** recompter, vérifier
Nachricht F nouvelle;(**j-m**) **e-e** ~ **hinterlassen** laisser un message (à qn) **Nachrichten** PL *Radio* bulletin *m* d'informations; TV journal *m* télévisé
Nachrichtenagentur F

agence de presse
Nachruf M nécrologie *f* **Nachsaison** F arrière-saison **nachschicken** *Post* faire suivre **Nachschlüssel** M fausse clé **nachsehen** vérifier; voir (**ob** si) **Nachsicht** F indulgence **nachsichtig** indulgent **Nachspeise** F dessert *m*
nächste(r, -s) prochain (*a. räumlich*), suivant; **~ Woche** la semaine prochaine; **am ~n Tag** le jour suivant, le lendemain; **der Nächste bitte!** au suivant!
nachstellen *Uhr* retarder
Nacht F nuit; **gute ~!** bonne nuit!; **heute ~** cette nuit; **in der ~, bei ~** la nuit
Nachtcreme F crème de nuit **Nachtdienst** M *im Krankenhaus* garde *f* de nuit
Nachteil M inconvénient; **im ~ sein** être désavantagé
Nachtflug M vol de nuit **Nachtfrost** M gelée nocturne **Nachthemd** N chemise *f* de nuit
Nachtigall F rossignol *m*
Nächtigung F *österr* nuitée
Nachtisch M dessert
Nachtleben N vie *f* nocturne **Nachtlokal** N boîte *f* de nuit **Nachtportier** M concierge de nuit
Nachtrag M supplément **nachtragend** rancunier **nachträglich** ultérieur
nachts la nuit
Nachttisch M table *f* de nuit **Nachttischlampe** F lampe de chevet
Nachtvorstellung F *im Kino* dernière séance **Nachtwächter** M veilleur de nuit
Nachweis M preuve *f* **nachweisen** prouver, démontrer **Nachwirkungen** FPL séquelles **Nachwuchs** M progéniture *f*; *Beruf* relève *f* **nachzahlen** payer un supplément **nachzählen** recompter **Nachzahlung** F paiement *m* ultérieur **Nachzügler(in)** M(F) retardataire
Nacken M nuque *f* **Nackenkissen** M coussin cervical
nackt nu **Nacktbadestrand** M plage *f* pour nudistes
Nadel F aiguille; *Stecknadel* épingle **Nadelbaum** M conifère
Nagel M clou; *Fingernagel* ongle **Nagelbürste** F brosse à ongles **Nagelfeile** F lime à ongles **Nagellack** M vernis à ongles **Nagellackentferner** M dissolvant
nageln clouer **nagelneu** flambant neuf **Nagelschere** F ciseaux *mpl* à ongles
Nagetier N rongeur *m*
nah(e) proche; **~(e) bei** près de
Nähe F proximité; **ganz in der ~** tout près
nähen coudre
näher plus proche, plus près **nähern** **sich j-m, e-r Sache**

~ s'approcher de qn, qc
Nähgarn N fil *m* à coudre **Nähmaschine** F machine à coudre **Nähnadel** F aiguille
nahrhaft nourrissant; *Essen* substantiel **Nahrung** F nourriture **Nahrungsergänzungsmittel** N supplément *m* nutritionnel **Nahrungsmittel** NPL produits *mpl* alimentaires
Naht F couture; MED suture
Nahverkehr M *Bahn* trafic de banlieue **Nahverkehrszug** M train de banlieue
Nähzeug N nécessaire *m* de couture
naiv naïf
Name M nom; **im ~n von** au nom de
Namenstag M fête *f*
namentlich nominal; ADV par son (mon *etc*) nom
nämlich à savoir; *denn* car
Napf M écuelle *f*, jatte *f*
Narbe F cicatrice
Narkose F anesthésie
Narr M, **närrisch** fou
Narzisse F narcisse *m*; *gelbe* jonquille
naschen manger par gourmandise; **gern ~** aimer les sucreries
Nase F nez *m*
Nasenbluten N **~ haben** saigner du nez **Nasenloch** N narine *f* **Nasenspray** N spray *m* nasal **Nasentropfen** PL gouttes *fpl* nasales
Nashorn N rhinocéros *m*
nass mouillé; **~ machen** mouiller
Nässe F humidité
Nation F nation
national national **Nationalelf** F équipe nationale de football **Nationalfeiertag** M fête *f* nationale **Nationalgericht** N plat *m* national **Nationalhymne** F hymne *m* national **Nationalität** F nationalité **Nationalmannschaft** F SPORT équipe nationale **Nationalpark** M parc national
NATO **die ~** l'OTAN *f*
Natur F nature **naturbelassen** *Lebensmittel* naturel **Naturereignis** N phénomène *m* naturel **Naturheilkunde** F médecines *fpl* naturelles **Naturkatastrophe** F catastrophe naturelle **Naturkosmetik** F cosmétique bio **Naturkundemuseum** N musée *m* d'histoire naturelle
natürlich naturel(lement)
Naturpark M parc régional
Naturschutz M protection *f* de la nature **Naturschutzgebiet** N réserve *f* naturelle
Naturwissenschaften FPL sciences physiques et naturelles
Navi *umg* N GPS [ʒepeɛs] *m*
Navigation F navigation
Navigationsgerät N appareil *m* de navigation **Naviga-**

tionssystem N système *m* de navigation
Nebel M brouillard; *Dunst* brume *f* **Nebelscheinwerfer** M phare antibrouillard **Nebelschlussleuchte** F feu *m* arrière antibrouillard
neben (*akk, dat*) à côté de, auprès de **nebenan** à côté **nebenbei** en passant **Nebenbeschäftigung** F activité annexe **nebeneinander** l'un à côté de l'autre **Nebenfluss** M affluent **Nebengebäude** N dépendance *f*, annexe *m* **Nebenjob** M *umg* boulot d'appoint **Nebenkosten** PL faux frais *mpl*; *Miete* charges *fpl* **Nebensache** F accessoire *m* **Nebenstraße** F route secondaire **Nebenverdienst** M gain supplémentaire **Nebenwirkung** F effet *m* secondaire
neblig brumeux
necken taquiner
Neffe M neveu
Negativ N FOTO négatif *m*
nehmen prendre; **Platz ~** prendre place
Neid M jalousie *f*, envie *f* **neidisch** envieux, jaloux (**auf** *akk* de)
neigen pencher; *fig* **~ zu** avoir tendance à
Neigung F pente; *fig* tendance (**zu** à)
nein non
Nelke F œillet *m*
nennen appeler; *angeben* nommer; **sich ~** s'appeler
Neonröhre F tube *m* au néon
Neoprenanzug M combinaison *f* néoprène
Nerv M nerf **Nervenzusammenbruch** M dépression *f* nerveuse
nervös nerveux **Nervosität** F nervosité
Nest N nid *m*
nett gentil, sympathique
netto net
Netz N filet *m*; *fig* réseau *m*; *Stromnetz* secteur *m*; TEL **ich habe kein ~** il n'y a pas de réseau **Netzanschluss** M raccordement au secteur **Netzhaut** F rétine **Netzkarte** F carte d'abonnement **Netzwerk** N *a.* COMPUT réseau; **soziales ~** réseau social **netzwerken** *umg* réseauter
neu nouveau, neuf **Neubau** M construction *f* récente **Neuerscheinung** F nouveauté
Neuerung F innovation
Neugeborene(s) N nouveau-né *m*
Neugier F curiosité **neugierig** curieux
Neuheit F nouveauté **Neuigkeit** F nouvelle
Neujahr N nouvel an *m*; **Prosit ~!** bonne année!
neulich l'autre jour **Neuling** M nouveau; novice **neumodisch** à la (dernière) mode
Neumond M nouvelle lune *f*

neun neuf **neunhundert** neuf cents **neunte(r, -s)** neuvième **Neuntel** N neuvième *m* **neunzehn** dix-neuf **neunzig** quatre-vingt-dix
Neuralgie F névralgie
Neureiche(r) M nouveau riche
Neurodermitis F névrodermite
Neuschnee M neige *f* fraîche
Neuseeland N la Nouvelle-Zélande
neutral neutre
NGO F ABK (Nichtregierungsorganisation) ONG (*Organisation non gouvernementale*)
nicht ne … pas; **~ mehr** ne … plus; **noch ~** pas encore; **~ einmal** même pas; **gar ~, überhaupt ~** pas du tout; **ich auch ~** moi non plus; **~ (wahr)?** n'est-ce pas?, °hein?
Nichte F nièce
Nichtraucher M non-fumeur; **ich bin ~** je ne fume pas **Nichtraucherin** F non-fumeuse **Nichtraucherschutz** N protection *f* des non-fumeurs **Nichtraucherzone** F espace *m* non-fumeurs **Nichtregierungsorganisation** F organisation non gouvernementale
nichts (ne) rien
Nichtschwimmer(in) M(F) non-nageur *m*, non-nageuse *f*; **er war ~** il ne savait pas nager
nicken faire un signe de (la) tête
nie ne … jamais; *ohne Verb* jamais; **~ mehr, ~ wieder** (ne …) plus jamais
niedergeschlagen abattu
Niederlage F défaite
Niederlande die ~ *pl* les Pays-Bas *mpl* **Niederländer(in)** M(F) Néerlandais(e) **niederländisch** néerlandais
niederlassen sich ~ s'établir
Niederlassung F HANDEL succursale **niederlegen** *Amt* se démettre de
Niedersachsen N la Basse-Saxe
Niederschlag M précipitations *fpl* **niederschlagen** jeter à terre; *Aufstand* écraser
niederträchtig infâme
niedlich mignon
niedrig bas
niemals ne … jamais; *ohne Verb* jamais
niemand personne ne …; ne … personne; *ohne Verb* personne
Niere F rein *m*; GASTR rognon *m*
Nierenkolik F colique néphrétique **Nierenstein** M calcul rénal
Nieselregen M bruine *f*
niesen éternuer
Niete F *Los* billet *m* perdant
Nikotin N nicotine *f* **nikotinarm** ADJ à faible teneur en nicotine
Nilpferd N hippopotame *m*
nimm, nimmst → nehmen

nirgends, **nirgendwo** nulle part
Nische F niche
nisten nicher
Nizza N Nice *f*
Nobelpreis M prix Nobel [nɔbɛl] (**für** de)
noch encore; **~ einmal** encore une fois; **~ nicht** pas encore; **immer ~** toujours, encore; **weder … ~** ni … ni
Nomade M nomade
Nominativ M nominatif
Nonne F religieuse
Nonstop-Flug M vol sans escale
Norden M nord
Nordic Walking N marche *f* nordique
nördlich du nord; **~ von** au nord de
Nordosten M nord-est **Nordpol** M pôle nord **Nordrhein-Westfalen** N la Rhénanie-du-Nord-Westphalie **Nordsee** F mer du Nord **Nordwesten** M nord-ouest **Nordwind** M vent du nord
Norm F norme
normal normal **Normalbenzin** N essence *f* ordinaire **normalerweise** normalement
Norwegen N la Norvège **Norweger(in)** M(F) Norvégien(ne) **norwegisch** norvégien
Not F besoin *m*, embarras *m*; *Elend* misère; *Notlage* détresse; **zur ~** à la rigueur
Notar M notaire
Notarzt M médecin d'urgence **Notarztwagen** M ambulance *f*
Notaufnahme F (service *m* des) urgences *fpl* **Notausgang** M sortie *f* de secours **Notbremse** F signal *m* d'alarme **Notdienst** M (service de) garde **notdürftig** provisoire
Note F note (*a. Schule*, MUS)
Notebook N *PC* (ordinateur) portable *m* **Notebooktasche** F sacoche pour l'ordinateur portable
Notfall M cas d'urgence; **im ~** en cas de besoin **notfalls** ADV au besoin
notieren noter
nötig nécessaire; **etw ~ haben** avoir besoin de qc
Notiz F note **Notizbuch** N bloc-notes *m*
Notlage F situation difficile **Notlandung** F atterrissage *m* forcé **Notlösung** F solution de fortune *od* provisoire **Notlüge** F pieux mensonge *m* **Notruf** M (numéro d')appel d'urgence **Notrufsäule** F borne téléphonique *od* d'appel **Notwehr** F légitime défense **notwendig** nécessaire
Novelle F nouvelle
November M novembre
nüchtern auf ~en Magen à jeun

Nudeln FPL nouilles, pâtes
null zéro; **eins zu ~** un à zéro; **3 Grad unter ~** 3 degrés au-dessous de zéro
Nummer F numéro *m* **nummerieren** numéroter **Nummernschild** N AUTO plaque *f* d'immatriculation
nun maintenant; **von ~ an** dorénavant
nur ne … que, seulement
Nuss F *Walnuss* noix; *Haselnuss* noisette **Nussbaum** M noyer **Nussknacker** M casse-noix; casse-noisettes
Nutte F *sl pej* pute
nutzen, nützen *j-m* servir (**zu** à); *etw* utiliser; *Gelegenheit* profiter de; **nichts ~** ne servir à rien
Nutzen M utilité *f*, profit **Nutzer(in)** M(F) IT utilisateur *m*, utilisatrice *f* **Nutzfahrzeug** N véhicule *m* utilitaire
nützlich utile
nutzlos inutile
Nylon N nylon *m*

O

Oase F oasis
ob si; **als ~** comme si
obdachlos sans abri **Obdachlose(r)** M/F(M) sans-abri *m/f*
Obduktion F autopsie
oben en °haut; **da ~** là-haut; **nach ~** vers le °haut; **von ~** d'en °haut; **von ~ bis unten** de °haut en bas; *umg* **~ ohne** seins nus
Ober M garçon; **Herr ~!** garçon!, Monsieur!
Oberarm M bras **Oberdeck** N SCHIFF pont *m* supérieur
obere(r, -s) supérieur
Oberfläche F surface, superficie **oberflächlich** superficiel **Obergeschoss** N, *österr* **Obergeschoß** N étage *m* supérieur **oberhalb** (*gen*) au-dessus de **Oberhemd** N chemise *f* **Oberkiefer** M mâchoire *f* supérieure **Oberkörper** M torse **Oberlippe** F lèvre supérieure
Obers N *österr* crème *f*
Oberschenkel M cuisse *f*
oberste(r, -s) le (la) plus °haut(e); *im Rang* suprême
Oberweite F tour *m* de poitrine
Objekt N objet *m*
objektiv, Objektiv N objectif *m*
obligatorisch obligatoire
Oboe F °hautbois *m*
Obst N fruits *mpl* **Obstbaum** M arbre fruitier **Obstgarten** M verger **Obstkuchen** M tarte *f* aux fruits **Obstsalat** M salade *f* de fruits
obszön obscène
obwohl bien que (+*subj*)

Ochse M bœuf **Ochsenschwanzsuppe** F oxtail *m*
öde désert
Ödem N MED œdème *m*
oder ou; **~ aber** ou alors
Ofen M poêle [pwal]; *Backofen* four
offen ouvert; *Stelle* vacant; *Wein* en pichet; *freimütig* franc; **~ gesagt** franchement; **~ lassen** *Tür* laisser ouvert; **auf ~er See** au large
offenbar ADV apparemment
Offenheit F franchise
offenlassen *Frage* laisser en suspens **offensichtlich** manifeste(ment)
öffentlich public; ADV publiquement, en public **Öffentlichkeit** F public *m*
offiziell officiel
Offizier M officier
offline IT °hors ligne
öffnen ouvrir; *Flasche a.* déboucher **Öffner** M *Flaschenöffner* ouvre-bouteilles **Öffnung** F ouverture **Öffnungszeiten** FPL heures d'ouverture
oft souvent; **wie ~?** combien de fois?
öfter(s) assez souvent
OG N ABK → Obergeschoss
ohne (*akk*) sans **ohnehin** de toute façon
Ohnmacht F MED évanouissement *m* **ohnmächtig** évanoui; **~ werden** s'évanouir
Ohr N oreille *f*
Ohrenarzt M, **Ohrenärztin** F oto-rhino *m/f* **Ohrenschmerzen** MPL **ich habe ~** j'ai mal aux oreilles **Ohrenstöpsel** M *umg* → Ohrstöpsel
Ohrfeige F gifle **Ohrring** M, **Ohrringstecker** M boucle *f* d'oreille **Ohrstöpsel** M *umg* bouchon d'oreille
Öko... IN ZSSGN écologique; *Lebensmittel* biologique **Ökoladen** M magasin de produits naturels **Ökologie** F écologie
ökologisch écologique
Ökosteuer F écotaxe **Ökosystem** N écosystème *m*
Ökotourismus M écotourisme
Oktober M octobre
Oktopus M poulpe
Öl N huile *f*; *Erdöl* pétrole *m*; *Heizöl* mazout [mazut] *m*, fioul *m*; AUTO **das ~ wechseln** faire la vidange
Oldtimer M voiture *f* ancienne
Oleander M laurier-rose
ölen graisser
Ölfarbe F peinture à l'huile
Ölgemälde N (peinture *f* à l')huile *f* **Ölheizung** F chauffage *m* au mazout
Olive F olive
Olivenbaum M olivier **Olivenöl** N huile *f* d'olive
Ölmessstab N jauge *f* (de niveau) d'huile **Ölpest** F marée noire **Ölsardinen** FPL sardi-

nes à l'huile **Ölstand** M niveau d'huile **Ölwechsel** M vidange *f*
Olympiasieger(in) M(F) champion(ne) olympique
olympisch **Olympische Spiele** NPL jeux *mpl* olympiques
Oma F mamie, mémé
Omelett N omelette *f*
Omnibus M autobus; *Reisebus* autocar
Onkel M oncle
online IT en ligne **Onlineauktion** F vente aux enchères en ligne **Onlinebank** F banque en ligne **Onlinebanking** N service *m* bancaire en ligne **Onlinebestellung** F commande par Internet **Online-Check-in** N enregistrement *m* en ligne, check-in *m* en ligne **Onlinedienst** M service en ligne **Onlineforum** N forum *m* en ligne **Onlinekatalog** M catalogue en ligne **Onlineportal** N portail *m* en ligne **Onlineshop** M boutique *f* en ligne **Onlinespiel** N jeu *m* en ligne
OP M → Operationssaal
Opa M papy, pépé
Open-Air-... IN ZSSGN en plein air
Oper F opéra *m*
Operation F opération **Operationssaal** M salle *f* d'opération
Operette F opérette
operieren opérer
Opernglas N jumelles *fpl* de théâtre **Opernhaus** N opéra *m*
Opfer N sacrifice *m*; *Person* victime *f*
opfern sacrifier
Opium N opium *m*
Opposition F opposition
Optiker(in) M(F) opticien(ne)
Optimist(in) M(F), **optimistisch** optimiste
orange orange
Orange F orange
Orangensaft M jus d'orange
Orchester N orchestre *m*
Orchidee F orchidée
Orden M décoration *f*; REL ordre
ordentlich *Zimmer* en ordre; *Person* ordonné
ordinär vulgaire
ordnen ranger; *regeln* régler
Ordner M *Aktenordner* classeur
Ordnung F ordre *m*; **in ~** *Papiere* en règle; *Fahrzeug* en bon état; **in ~!** d'accord!; **in ~ bringen** arranger
Organ N organe *m* **Organisation** F organisation **organisieren** organiser **Organismus** M organisme
Orgasmus M orgasme
Orgel F orgue *m*
orientalisch oriental
orientieren **sich ~** s'orienter; *sich informieren* se renseigner (**über** *akk* sur)
Orientierung F orientation; **die ~ verlieren** perdre l'orientation; **sexuelle ~** orientation

sexuelle
original *echt* véritable; *ursprünglich* d'origine **Original** N original *m* **originell** original
Orkan M ouragan
Ort M lieu, endroit; *Ortschaft* localité *f*; **an ~ und Stelle** sur place
orthodox orthodoxe
Orthografie F orthographe
Orthopäde M, **Orthopädin** F orthopédiste *m/f*
örtlich, **Orts...** local **Ortschaft** F localité
Ortszeit F heure locale
Öse F œillet *m*
ostdeutsch ADJ de l'Allemagne de l'Est **Ostdeutschland** N l'Allemagne *f* de l'Est
Osten M est [ɛst]; **im ~** à l'Est
Osterei N œuf *m* de Pâques **Osterhase** M lapin de Pâques **Ostermontag** M lundi de Pâques
Ostern N Pâques *fpl*; **an ~** à Pâques; **frohe ~!** joyeuses Pâques!
Österreich N l'Autriche *f* **Österreicher(in)** M(F) Autrichien(ne) **österreichisch** autrichien
Osteuropa N l'Europe *f* orientale
östlich de l'est, d'est, oriental; **~ von** à l'est de
Ostsee F mer Baltique **Ostwind** M vent d'est
Otter F vipère
Outdoorbekleidung F vêtement *m* outdoor, vêtement *m* d'extérieur
outen V/R **sich ~** *als homosexuell* révéler son homosexualité; **sich ~ als** *Raucher etc* se reconnaître
oval ovale
Overall M combinaison *f*
Ozean M océan
Ozon N ozone *m* **Ozonloch** N trou *m* dans la couche d'ozone **Ozonschicht** F couche d'ozone **Ozonwert** M taux d'ozone

Paar N *Sachen* paire *f*; *Personen* couple *m*; **ein paar** quelques; **vor ein paar Tagen** il y a quelques jours
Pacht F bail *m* **pachten** prendre en bail
Päckchen N petit paquet *m*
packen *Koffer, Paket* faire; *ergreifen* saisir (**an** *dat* par) **Packpapier** N papier *m* d'emballage **Packung** F paquet *m*; MED compresse
Pad N *Wattebausch* tampon *m* (d'ouate); *für Kaffee* dosette *f*; *Mauspad* tapis *m* (de souris)
Paddel N pagaie *f* **Paddelboot** N canoë *m* **paddeln**

pagayer
Page M *im Hotel* groom [gʀum]
Paket N colis *m*, paquet *m* **Paketannahme** F réception des colis **Paketkarte** F bulletin *m* d'expédition
Pakt M pacte
Palast M palais
Palme F palmier *m* **Palmsonntag** M dimanche des Rameaux
Pampelmuse F pamplemousse *m/f*
Pandemie F pandémie
Paniermehl N chapelure *f*
paniert pané
Panik F panique
Panne F panne **Pannenhilfe** F (service *m* de) dépannage *m*
Panorama N panorama *m* **Panoramablick** M vue *f* panoramique
Panther M panthère *f*
Pantoffel M pantoufle *f*
Panzer M ZOOL carapace *f*; MIL blindé, char
Papa M papa
Papagei M perroquet
Papaya F papaye [papaj]
Papier N papier *m*; **~e** *pl* papiers *mpl* **Papiergeld** N billets *mpl* (de banque) **Papierkorb** M corbeille *f* à papier **Papierstau** M bourrage de papier **Papiertaschentuch** N mouchoir *m* en papier
Pappe F carton *m*
Pappel F peuplier *m*
Paprika M paprika **Paprikaschote** F poivron *m*
Papst M pape
Parabolantenne F antenne parabolique
Parade F revue, défilé *m*
Paradeiser M *österr* tomate *f*
Paradies N paradis *m*
Paragraf M paragraphe
parallel parallèle
Pärchen N couple
Parfüm N parfum *m* **Parfümerie** F parfumerie
Paris Paris [paʀi]
Park M parc **Parkautomat** M horodateur **parken** se garer; *Auto* garer; **Parken verboten** stationnement interdit
Parkett N parquet *m*; *Theater* orchestre *m*, parterre *m*
Parkgebühr F droit *m* de stationnement **Parkhaus** N parking *m* à plusieurs étages **Parkkralle** F sabot *m* de Denver
Parklücke F place libre (pour se garer) **Parkplatz** M parking
Parkscheibe F disque *m* de stationnement **Parkuhr** F parcmètre *m* **Parkverbot** N interdiction *f* de stationner **Parkwächter** M gardien
Parlament N parlement *m*
Parmesan M parmesan
Parodie F parodie
Parodontose F maladie parodontale
Partei F parti *m*; JUR partie
Parterre N rez-de-chaussée *m*
Partie F partie

Partner(in) M(F) partenaire; *Lebensgefährte* compagnon *m*, compagne *f* **Partnerstadt** F ville jumelée
Party F fête; *abends* soirée; *bei jungen Leuten* boum **Partyservice** M traiteur (livrant à domicile)
Pass M passeport; *Gebirgspass* col; SPORT passe *f*
Passage F passage *m*
Passagier(in) M(F) passager *m*, passagère *f*
Passbild N photo *f* d'identité
passen *Kleidung* aller bien **(j-m** à qn); convenir; **~ zu** aller avec
passend *Schlüssel* bon; *Worte* juste; *Krawatte* assorti
passieren *Grenze* traverser; *geschehen* arriver, se passer
passiv, Passiv N GRAM passif (*m*)
Passkontrolle F contrôle *m* des passeports **Passwort** N *a.* IT mot *m* de passe
Pastete F pâté *m*; *mit Blätterteig* vol-au-vent *m*
Patchworkfamilie F famille recomposée
Pate M parrain **Patenkind** N filleul(e) *m(f)* **Patenschaft** F parrainage *m*
Patent N brevet *m*
Patient(in) M(F) patient(e)
Patin F marraine
Patrone F cartouche
Pauke F grosse caisse
pauschal forfaitaire; *allgemein* global
Pauschale F forfait *m* **Pauschalpreis** M prix forfaitaire **Pauschalreise** F voyage *m* organisé
Pause F pause; *Schule* récréation; *Theater* entracte *m*
Pay-TV N chaîne *f* cryptée
Pazifik der ~ le Pacifique
pazifisch der Pazifische Ozean l'océan *m* Pacifique
PC M (Personal Computer) micro-ordinateur, PC
PDF N ABK (Portable Document Format) IT PDF *m*
Pech N *umg* poisse *f*; **~ haben** ne pas avoir de veine
Pedal N pédale *f*
Pediküre F pédicure
peinlich gênant; **~ genau** méticuleux
Peitsche F fouet *m*
Pelle F pelure; *Wurstpelle* peau **Pellkartoffeln** FPL pommes de terre en robe des champs
Pelz M fourrure *f* **Pelzmantel** M manteau de fourrure
pendeln *Zug, Person* faire la navette **Pendelverkehr** M navette *f*
Penis M pénis
Penizillin N pénicilline *f*
Pension F *Hotel* pension (de famille); *Ruhegehalt, -stand* retraite **pensioniert** retraité
Pensionierung F retraite
Peperoni F piment *m*
perfekt parfait
Periode F période; *Menstruation* règles *fpl*

Peripherie F périphérie **Peripheriegeräte** NPL IT périphériques *mpl*
Perle F perle **Perlmutt** N nacre *f*
Person F personne; *im Theater* personnage *m*
Personal N personnel *m* **Personalabbau** M compression *f* du personnel **Personalausweis** M carte *f* d'identité
Personal Computer M micro-ordinateur
Personalien PL identité *f*
Personen(kraft)wagen M voiture *f* de tourisme **Personenzug** M train de voyageurs
persönlich personnel(lement) **Persönlichkeit** F personnalité
Perücke F perruque
Pessimist(in) M(F), **pessimistisch** pessimiste
Pest F peste
Petersilie F persil *m*
Petroleum N pétrole *m*
Pfad M sentier **Pfadfinder(in)** M(F) (boy-)scout *m*, guide *f*
Pfahl M pieu
Pfalz die ~ le Palatinat
Pfand N consigne *f* **Pfandflasche** F bouteille consignée
Pfanne F poêle [pwal] **Pfannkuchen** M crêpe *f*; *Krapfen* beignet
Pfarrer M *katholischer* curé; *evangelischer* pasteur **Pfarrerin** F pasteur *m*
Pfau M paon
Pfeffer M poivre **Pfefferkuchen** M pain d'épice
Pfefferminze F menthe **Pfefferminztee** M infusion *f* de menthe
pfeffern poivrer
Pfeife F sifflet *m*; *für Tabak* pipe **pfeifen** siffler
Pfeil M flèche *f*
Pfeiler M pilier
Pfennig M *hist* pfennig
Pferd N cheval *m*
Pferderennen N course *f* de chevaux **Pferdeschwanz** M queue *f* de cheval **Pferdestall** M écurie *f* **Pferdestärke** F cheval-vapeur *m*
Pfiff M coup de sifflet **Pfifferling** M chanterelle *f*, girolle *f*
Pfingsten N la Pentecôte **Pfingstmontag** lundi *m* de Pentecôte
Pfirsich M pêche *f*
Pflanze F plante **pflanzen** planter **Pflanzenschutzmittel** N pesticide *m* **pflanzlich** végétal **Pflanzung** F plantation
Pflaster N MED sparadrap *m*; *Straßenpflaster* pavé *m* **Pflasterstein** M pavé
Pflaume F prune
Pflege F soins *mpl* **pflegen** soigner **Pfleger(in)** M(F) infirmier *m*, infirmière *f*
Pflicht F devoir *m* **Pflichtversicherung** F assurance obligatoire

Pflock M piquet
pflücken cueillir
Pflug M charrue *f*
pflügen labourer
Pförtner(in) M(F) concierge
Pfosten M poteau
Pfote F patte
pfui! pouah!
Pfund N livre *f*
pfuschen *umg* bâcler
Pfütze F flaque; *größere* mare
Phantasie → Fantasie
Phase F phase
Photo N *etc* → Foto
Physik F physique
physisch physique
Pianist(in) M(F) pianiste
Pickel M piolet; MED bouton
Pickerl N *österr* AUTO *péage autoroute sous la forme d'une vignette*
Picknick N pique-nique *m*; ~ **machen** pique-niquer
Piercing N piercing [piʀsiŋ] *m*
Pik N pique *m*
pikant épicé
Pilger M pèlerin **Pilgerfahrt** F pèlerinage *m* **Pilgerin** F femme pèlerin
Pille F pilule
Pilot M pilote
Pils N, **Pils(e)ner** N Pils *f*
Pilz M champignon; MED *umg* mycose *f*
PIN F (persönliche Identifikationsnummer), **PIN-Nummer** F code *m* confidentiel
Pinguin M pingouin
Pinie F pin *m* parasol
pinkeln *umg* faire pipi
Pinsel M pinceau
Pinzette F pince *f* à épiler
Pistazie F pistache
Piste F piste
Pistole F pistolet *m*
Pizza F pizza **Pizzabrot** N pain *m* pizza **Pizzaservice** M service de pizza à domicile **Pizzeria** F pizzeria
Pkw, PKW M (Personenkraftwagen) voiture *f* de tourisme **Pkw-Maut** F AUTO péage *m* pour les voitures (particulières)
Plakat N affiche *f*
Plan M plan; *Vorhaben* projet
Plane F bâche
planen projeter
Planet M planète *f*
Planke F planche
planmäßig *Ankunft* prévu; ADV comme prévu; *ankommen* à l'heure prévue
Planschbecken N pataugeoire *f* **planschen** patauger
Plantage F plantation
Plastik[1] F sculpture
Plastik[2] N plastique *m* **Plastikbeutel** M sac *m* en plastique **Plastikflasche** F bouteille en plastique **Plastiktüte** F sac *m* en plastique
plätschern clapoter
platt plat; *Reifen* à plat, crevé; **einen Platten haben** avoir crevé
Platte F plaque; GASTR plat *m*; **kalte ~** assiette anglaise
Plattenspieler M tourne-dis-

que

Platz M place *f*; *Ort* endroit; **nehmen Sie ~!** asseyez-vous! **Platzanweiserin** F ouvreuse

Plätzchen N gâteau *m* sec

platzen éclater

Platzkarte F réservation

Platzregen M averse *f*

plaudern causer (**über** *akk*, **von** de)

Pleite F faillite

Plombe F *Zahnplombe* plombage *m* **plombieren** *Zahn* plomber

plötzlich soudain

plump lourd; *Lüge* grossier

plündern piller

Plural M pluriel

plus plus; **3 Grad ~** 3 degrés au-dessus de zéro

PLZ (Postleitzahl) code *m* postal

Po M *umg* derrière

Pocken FPL variole *f* **Pockenschutzimpfung** F vaccination antivariolique

Podium N estrade *f*

poetisch poétique

Pokal M coupe *f*

Pol M pôle **Polarstern** M étoile *f* polaire

Pole M Polonais

Polen N la Pologne

Polenta F GASTR polenta

Police F police (d'assurance)

polieren polir

Politesse F contractuelle

Politik F politique **Politiker(in)** M(F) homme *m*, femme *f* politique **politisch** politique

Polizei F police **Polizeirevier** N commissariat *m* de police

Polizist(in) M(F) agent de police

polnisch polonais

Polohemd N, **Poloshirt** N polo *m*

Polster N *Auflage* garniture *f*; *österr Kissen* coussin *m*; *fig* réserves *fpl*

Pommes frites PL, *umg* **Pommes** PL frites *fpl*

Pony[1] N poney *m*

Pony[2] M *Frisur* frange *f*

Popcorn N pop-corn *m*

Popmusik F musique pop

Popsänger(in) M(F) chanteur *m*, chanteuse *f* pop

populär populaire

Pore F pore **porös** poreux

Porree M poireau

Portemonnaie N porte-monnaie *m*

Portier M concierge; *Hotelportier* portier

Portion F portion

Porto N port *m* **portofrei** franc(o) de port

Porträt N portrait *m*

Portugal N le Portugal **Portugiese** M Portugais **portugiesisch** portugais

Porzellan N porcelaine *f*

Posaune F trombone *m*

Post F poste; *Postsendung* courrier *m*; **mit der ~** par la

poste **Postamt** N bureau *m* de poste **Postanweisung** F mandat-poste *m* **Postbank** F Banque Postale **Postbote** M facteur **posten** M INTERNET poster **Posten** M *Stellung* poste **Postfach** N boîte *f* postale **Postkarte** F carte postale **Postleitzahl** F code *m* postal **Poststempel** M cachet de la poste **postwendend** par retour du courrier
prächtig magnifique
prahlen se vanter (**mit** de)
Praktikant(in) M(F) stagiaire **Praktikum** N stage *m*; **ein ~ machen (bei)** faire un stage (chez)
praktisch pratique; **~er Arzt** M généraliste
Praline F, **Praliné** N, **Pralinee** N chocolat *m*
Prämie F prime
Präparat N préparation *f*
Präsens N présent
Präservativ N préservatif *m*
Präsident(in) M(F) président(e)
Praxis F pratique; MED cabinet *m* de consultation
predigen prêcher
Predigt F sermon *m*
Preis M prix; **um jeden ~** à tout prix **Preisausschreiben** N concours *m*
Preiselbeere F airelle
Preiserhöhung F augmentation des prix **Preisermäßigung** F réduction **preisgekrönt** primé **preisgünstig** avantageux **Preisliste** F liste des prix **Preissenkung** F baisse des prix **Preisträger(in)** M(F) lauréat(e) **preiswert** bon marché
Prellung F MED contusion
Premiere F première
Presse F presse
pressen presser
prickeln picoter; *Getränk* pétiller
Priester M prêtre
prima *umg* super
primitiv primitif
Prinz M prince **Prinzessin** F princesse
Prinzip N principe *m* **prinzipiell** *aus Prinzip* par principe; *im Prinzip* en principe
privat privé; *persönlich* personnel; **~ versichert sein** avoir une assurance privée **Privatadresse** F adresse personnelle **Privateigentum** N propriété *f* privée **Privatsender** M TV chaîne *f* privée **Privatsphäre** F vie privée, intimité **Privatunterricht** M cours particulier
pro par; **~ Tag** par jour
Probe F essai *m*; HANDEL échantillon *m*; *Theater* répétition **Probefahrt** F essai *m*
proben répéter **probeweise** à titre d'essai **Probezeit** F période d'essai
probieren essayer
Problem N problème *m*; **kein**

~! pas de problème!
Produkt N produit *m* **Produktion** F production **produzieren** produire
Professor(in) M(F) professeur *m* (d'université)
Profi M SPORT professionnel
Profil N profil *m*; *Reifenprofil* sculptures *fpl* **Profilfoto** N *a. Internet* photo *f* du profil
Profit M profit **profitieren** profiter (**von** de)
Prognose F prognostic *m*
Programm N programme *m* (*a.* IT); IT *a.* logiciel *m*; TV chaîne *f*
programmieren programmer **Programmierer(in)** M(F) programmeur *m*, programmeuse *f*
Projekt N projet *m*
Projektor M projecteur
Prokurist M fondé de pouvoir
Promenade F promenade
Promi M *umg* VIP
Promille N *umg* **1,5 ~** 1 gramme 5 d'alcoolémie
Promillegrenze F taux *m* légal d'alcoolémie
prominent célèbre
Propangas N propane *m*
Propeller M hélice *f*
Prosecco M Prosecco
Prospekt M prospectus
prost! à ta (*od* à votre) santé!
Prostituierte F prostituée
Protest M protestation *f*
Protestant M, **protestantisch** protestant
protestieren protester
Prothese F prothèse
Protokoll N procès-verbal *m*
Proviant M provisions *fpl*
Provider M IT fournisseur *m* d'accès
Provinz F province
Provision F commission
provisorisch provisoire
provozieren provoquer
Prozent N pour cent *m* **Prozentsatz** M pourcentage *m*
Prozess M procès
prüfen examiner; *nachprüfen* vérifier **Prüfung** F examen *m*; *Nachprüfung* vérification
Prügelei F bagarre **prügeln** (**sich**) ~ (se) battre
prunkvoll fastueux
PS (Pferdestärke) ch (*cheval-vapeur*)
Psychiater(in) M(F) psychiatre [-k-] **psychisch** psychique
psychologisch psychologique [-k-]
Pubertät F puberté
Publikum N public *m*
Pudding M flan, crème *f* renversée
Pudel M caniche **Pudelmütze** F bonnet *m* de laine
Puder M poudre *f* **Puderdose** F poudrier *m* **Puderzucker** M sucre glace
Pulli M, **Pullover** M pull-over
Puls M pouls **Pulsader** F artère
Pulver N poudre *f* **Pulver-**

schnee M poudreuse *f*
Pumpe F pompe
pumpen pomper; *umg* prêter; **(sich) etw von j-m ~** *Geld* taper qn (de) qc
Punk M *Person, Musik* punk [pœk] *m/f*
Punkt M point; **~ drei Uhr** à trois heures précises
pünktlich ponctuel; ADV à l'heure
Puppe F poupée **Puppenspiel** N marionnettes *fpl*
pur pur
Püree N purée *f*
Push-up-BH M soutien-gorge push-up
pusten souffler
Pute F dinde
Putsch M POL putsch
Putz M ARCH enduit; *Rauputz* crépi **putzen** nettoyer; *Schuhe* cirer; *Zähne* se laver **Putzfrau** F femme de ménage **Putzmittel** N produit *m* de nettoyage
Puzzle N puzzle [pœzəl] *m*
Pyjama M pyjama [-ʒa-]
Pyramide F pyramide
Pyrenäen PL **die ~** les Pyrénées

QR-Code® M IT code QR®
Quad N AUTO quad [kwad] *m*
Quadrat N, **quadratisch** carré (*m*) **Quadratmeter** M mètre *m* carré
Qual F supplice *m*; **~en** *pl* souffrances *fpl*, agonie *f*
quälen tourmenter; *foltern* torturer; **sich ~** se donner de la peine
qualifizieren sich ~ se qualifier (**für** *akk* pour)
Qualität F qualité **Qualitätserzeugnis** N produit *m* de qualité
Qualle F méduse
Qualm M fumée *f* épaisse
Quantität F quantité
Quarantäne F quarantaine
Quark M fromage blanc
Quartal N trimestre *m*
Quartett N quatuor [kwatɥɔʀ] *m*
Quartier N logement *m*
Quarz M quartz [kwaʀts]
quasseln V/I *umg* jacasser
Quatsch *umg* M bêtises *fpl*
quatschen *umg* papoter; **dummes Zeug~** sortir des âneries
Quecksilber N mercure *m*
queer *umg* queer
Quelle F source (*a. fig*)
quer en travers (**über** *akk* de);

~ **durch** à travers **Querflöte** F flûte traversière **Querformat** N format *m* oblong **Querschiff** N ARCH transept *m* **Querschnitt** M coupe *f* transversale **querschnittsgelähmt** paraplégique **Querstraße** F rue transversale

Quetschung F MED contusion

quietschen grincer

Quirl M batteur **quirlen** battre

quitt ~ **sein** être quitte

Quitte F coing *m*

quittieren acquitter **Quittung** F quittance, reçu *m*

Quiz N jeu *m* de questions-réponses

Quote F quota *m*, taux *m*

R

Rabatt M rabais

Rabbi(ner) M rabbin

Rabe M corbeau

Rache F vengeance

Rachen M gorge *f*

rächen (**sich**) ~ (se) venger

Rad N roue *f*; *Fahrrad* vélo *m*; ~ **fahren** faire du vélo

Radar M *od* N radar *m* **Radarkontrolle** F contrôle *m* radar

Radfahrer(in) M(F) cycliste **Radfahrweg** M piste *f* cyclable **Radhose** F cycliste *m*

Radiergummi M gomme *f*

Radieschen N radis *m* (rose)

radikal radical; POL extrémiste

Radio N radio *f*; → Rundfunk **radioaktiv** radioactif **Radiogerät** N poste *m* de radio **Radiosender** M station *f* de radio **Radiosendung** F émission de radio **Radiowecker** M radio-réveil *m*

Radkappe F enjoliveur *m* **Radrennen** N course *f* cycliste **Radsport** M cyclisme **Radtour** F randonnée, *kleinere* balade à vélo **Radwandern** N cyclotourisme **Radwechsel** M changement de roue **Radweg** M piste *f* cyclable

raffiniert raffiné (*a. fig*)

raften SPORT faire du raft **Rafting** N SPORT rafting *m*

Rahm M *süddeutsch* crème *f*

Rahmen M cadre (*a. Fahrrad*); *Auto* châssis

Rakete F fusée

Ramadan M ramadan [ramadã]

Ramsch M camelote *f*

Rand M bord; *Buch* marge *f*

randalieren faire du chahut

Randstreifen M accotement

Rang M rang; MIL grade; *Theater* balcon **rangieren** manœuvrer

ranken V/R **sich** ~ grimper

Ranking N classement *m*

ranzig rance

Rap M MUS rap [ʀap] **rappen** MUS rapper [ʀape] **Rapper(in)** M(F) MUS rappeur *m*, rappeuse *f*
Raps M BOT colza [kɔlza]
rar rare **Rarität** F rareté
rasch rapide; ADV vite
rascheln bruire, frémir
Rasen M gazon, pelouse *f*
rasen foncer; **vor Wut ~** être furieux **rasend** furieux; *Tempo* fou; *Kopfschmerzen* violent; *Beifall* frénétique
Rasenmäher M tondeuse *f* à gazon
Rasierapparat M rasoir **Rasiercreme** F mousse à raser **rasieren (sich) ~** (se) raser **Rasierklinge** F lame de rasoir **Rasierwasser** N lotion *f* après-rasage
Rasse F race **Rassismus** M racisme **rassistisch** raciste
Rast F °halte **rasten** s'arrêter **Rastplatz** M aire *f* de repos **Raststätte** F restoroute® *m*
Rat M conseil; *Person* conseiller; **j-n um ~ fragen** demander conseil à qn
Rate F versement *m*; **auf ~n kaufen** acheter à crédit
raten conseiller (**etw** *od* **zu etw** qc); *Rätsel* deviner
Ratenzahlung F paiement *m* en plusieurs versements
Rathaus N mairie *f*
Ration F ration **rationalisieren** rationaliser **rationell** rationnel
ratlos perplexe **Ratschlag** M conseil
Rätsel N énigme *f*; *Rätselaufgabe* devinette *f* **rätselhaft** énigmatique
Ratte F rat *m*
rau rude (*a. Klima*); *Stimme* rauque; *Sitte* grossier
Raub M vol (**bewaffneter** à main armée) **rauben** voler
Räuber M voleur
Raubkopie F copie pirate **Raubmord** M crime crapuleux **Raubtier** N fauve *m* **Raubüberfall** M °hold-up, attaque *f* à main armée **Raubvogel** M oiseau de proie, rapace
Rauch M fumée *f* **rauchen** fumer; **Rauchen verboten!** défense de fumer! **Raucher(in)** M(F) fumeur *m*, fumeuse *f* **Raucherkneipe** F *umg* bar *m* fumeur
Räucher... *Lachs etc* fumé
räuchern fumer
Rauchfleisch N viande fumée **Rauchmelder** M détecteur de fumée **Rauchverbot** N interdiction *f* de fumer **Rauchwolke** F nuage *m* de fumée
raufen (sich) ~ se battre **Rauferei** F bagarre
rauh → rau
Raum M espace; *Platz* place *f*; *Zimmer* pièce *f*
räumen *Ort* évacuer; *wegräumen* enlever
Raumfähre F navette spatiale

Raumfahrt F astronautique **räumlich** de *od* dans l'espace **Raumpflegerin** F femme de ménage **Raumschiff** N vaisseau *m* spatial **Räumung** F évacuation **Räumungsverkauf** N liquidation *f* totale **Raupe** F chenille **Raureif** M givre **raus** ~! dehors!; → heraus *u.* hinaus **Rausch** M ivresse *f* **rauschen** *Bach* murmurer; *Blätter* frémir; *Radio,* TEL grésiller **Rauschgift** N stupéfiant *m* **rauschgiftsüchtig** toxicomane **Razzia** F descente de police **reagieren** réagir (**auf** *akk* à) **real** réel **realistisch** réaliste **Realität** F réalité **Realschule** F *etwa* collège *m* **Rebe** F vigne **Rebell** M rebelle **rebellieren** se rebeller **Rechen** M râteau **Rechenaufgabe** F problème *m* d'arithmétique **Rechenfehler** M erreur *f* de calcul **Rechenschaft** F ~ **ablegen** rendre compte (**über** *akk* de); **j-n zur ~ ziehen** demander des comptes à qn **rechnen** calculer; **mit etw ~** s'attendre à qc; **mit j-m ~** compter sur qn **Rechner** M calculateur; *Computer* ordinateur **Rechnung** F calcul *m;* HANDEL facture; *Hotel* note; *Restaurant* addition **recht** *richtig* juste; **~ haben** avoir raison; **das ist mir ~** cela me convient **Recht** N droit *m* (**auf** *akk* à) **Rechte** F droite (*a.* POL) **rechte(r, -s)** droit **Rechteck** N rectangle *m* **rechteckig** rectangulaire **rechtfertigen** justifier **Rechtfertigung** F justification **rechtlich** juridique(ment) **rechtmäßig** légal, légitime **rechts** à droite **Rechtsabbieger** M véhicule tournant à droite **Rechtsanwalt** M avocat **Rechtschreibung** F orthographe **rechtsextrem** ADJ d'extrême droite **Rechtsextremist(in)** M(F) extrémiste de droite **Rechtsverkehr** M circulation *f* à droite **rechtzeitig** à temps **recyceln** V/T ÖKOL recycler **Recycling** N recyclage *m* **Recyclingpapier** N papier *m* recyclé **Redakteur** M rédacteur **Redaktion** F rédaction **Rede** F discours *m* **reden** parler (**über** *akk,* **von** de) **Redensart** F locution **Redewendung** F expression **Redner(in)** M(F) orateur *m*

reduzieren réduire
Reeder M armateur **Reederei** F compagnie maritime
reell *Chance* réel; *Preis etc* correct
Referat N exposé *m*
Reflektor M réflecteur
Reflex M MED réflexe
Reform F réforme **Reformhaus** N magasin *m* de produits diététiques
Regal N étagère *f*
Regatta F régates *fpl*
rege actif; *Geist* vif; *Diskussion* animé; *Verkehr* intense
Regel F règle; MED règles *fpl* **regelmäßig** régulier **regeln** régler **Regelung** F règlement *m*
Regen M pluie *f*; **bei ~** par temps de pluie; **im ~** sous la pluie
Regenbogen M arc-en-ciel **Regenmantel** M imperméable
Regensburg Ratisbonne
Regenschauer M averse *f* **Regenschirm** M parapluie **Regenwasser** N eau *f* de pluie **Regenwurm** M ver de terre **Regenzeit** F saison des pluies
Reggae M reggae [ʀege]
Regie F mise en scène
regieren gouverner; *Herrscher* régner **Regierung** F gouvernement *m*
regional régional
Regisseur M metteur en scène
Register N registre *m*; *in Büchern* index *m*
regnen pleuvoir; **es regnet** il pleut **regnerisch** pluvieux
Reh N chevreuil *m*
Reha(bilitation) F MED rééducation **Rehaklinik** F MED centre *m* de rééducation
Reibe F râpe **reiben** frotter; GASTR râper **Reibung** F frottement *m* **reibungslos** sans problèmes
reich riche
Reich N empire *m*; *fig* royaume
reichen 1 *j-m etwas* passer; *Hand* tendre 2 *sich erstrecken* s'étendre, aller (**bis** jusqu'à) 3 *genügen* suffire; **mir reicht's!** j'en ai assez!
reichhaltig, **reichlich** abondant; *Essen* copieux **Reichtum** M richesse *f* **Reichweite** F portée
reif mûr
Reif M gelée *f* blanche
Reife F maturité (*a. fig*)
reifen mûrir
Reifen M cerceau; AUTO pneu **Reifendruck** M pression *f* du pneu **Reifenpanne** F crevaison **Reifenwechsel** M changement de pneu
Reihe F rangée; *Sitzreihe* rang *m*; *nacheinander* file; *Serie* série, suite; **der ~ nach** l'un après l'autre; **ich bin an der ~** c'est mon tour

Reihenfolge F ordre *m*
rein pur **Reinheit** F pureté
reinigen nettoyer **Reiniger** M *Mittel* détergent **Reinigung** F **chemische ~** nettoyage *m* à sec; *Geschäft* teinturerie
Reinigungsmilch F lait *m* démaquillant **Reinigungsmittel** N détergent *m*
Reis M riz
Reise F voyage *m*; **auf ~n** en voyage; **gute ~!** bon voyage!
Reiseapotheke F pharmacie portative **Reisebericht** M récit de voyage **Reisebüro** N agence *f* de voyages **Reisebus** M (auto)car **Reiseführer** M guide (*a. Buch*) **Reisegepäck** N bagages *mpl* **Reisegruppe** F groupe *m* (de touristes) **Reisekosten** PL frais *mpl* de voyage **Reiseleiter(in)** M(F) guide
reisen voyager **Reisende(r)** M/F(M) voyageur *m*, voyageuse *f*
Reisepass M passeport **Reiseroute** F itinéraire *m* **Reiserücktrittsversicherung** F assurance annulation de voyage **Reisescheck** M chèque de voyage **Reiseschutz** M assurance *f* voyage **Reisetasche** F sac *m* de voyage **Reiseveranstalter** M tour-opérateur, voyagiste **Reisewarnung** F avertissement *m* aux voyageurs *m* **Reisewecker** M réveil de voyage **Reiseziel** N destination *f*
reißen *Seil* (se) rompre; *Papier* se déchirer; *wegreißen* arracher
Reißverschluss M fermeture *f* éclair® **Reißzwecke** F punaise
Reiswaffel F galette de riz
reiten monter à cheval; SPORT faire du cheval **Reiter(in)** M(F) cavalier *m*, cavalière *f* **Reitsport** M équitation *f* **Reitstall** M écurie *f* **Reitstiefel** M botte *f* d'équitation **Reitturnier** N concours *m* hippique **Reitweg** M piste *f* cavalière
Reiz M *fig* charme, attrait **reizen** *anziehen* attirer; *ärgern* exciter; MED irriter **reizend** charmant **Reizung** F MED irritation
Reklamation F réclamation
Reklame F publicité
reklamieren réclamer
Rekord M record **Rekordzeit** F temps *m* record
Rekrut M conscrit, recrue *f*
relativ relatif
relaxen se relaxer
Relief N relief *m*
Religion F religion
Reling F bastingage *m*
Rendezvous N rendez-vous *m* amoureux
Rendite F (taux *m* de) rendement *m*
Rennbahn F *Pferderennbahn* hippodrome *m*; *Radrennbahn* vélodrome *m*; *Autorennbahn*

circuit *m* **rennen** courir **Rennen** N course *f* **Rennfahrer(in)** M(F) coureur *m* (automobile, cycliste *etc*) **Rennpferd** N cheval *m* de course **Rennrad** N vélo *m* de course **Rennstrecke** F parcours *m* **Rennwagen** M voiture *f* de course
renovieren rénover
rentabel rentable
Rente F retraite; *Kapitalrente* rente **rentieren** **sich** ~ être rentable **Rentner(in)** M(F) retraité(e)
Reparatur F réparation **Reparaturkosten** PL frais *mpl* de réparation **Reparaturwerkstatt** F atelier *m* de réparation; AUTO garage *m* **reparieren** réparer
Reportage F reportage *m* **Reporter(in)** M(F) reporter [ʀəpɔʀtɛʀ] *m*
Republik F république
Reserve F réserve **Reserverad** N roue *f* de secours
reservieren réserver **reserviert** réservé **Reservierung** F réservation
resignieren se résigner
Respekt M respect (**vor** *dat* pour) **respektieren** respecter
Rest M reste
Restaurant N restaurant *m*
restaurieren restaurer
Restbetrag M restant, solde **restlich** restant **restlos** complètement **Restmüll** M déchets *mpl* non recyclables
Retoure F HANDEL retour *m*
retten (**sich**) ~ (se) sauver (**aus**, **vor** *dat* de) **Retter(in)** M(F) sauveteur *m*; *fig* sauveur *m*
Rettich M radis
Rettung F sauvetage *m*
Rettungsaktion F opération de sauvetage **Rettungsboot** N canot *m* de sauvetage **Rettungsdienst** M secours *mpl* **Rettungsmannschaft** F équipe de secours, sauveteurs *mpl* **Rettungsring** M bouée *f* de sauvetage **Rettungswagen** M ambulance *f*
Returntaste F IT touche retour
Reue F repentir *m*, regret *m*
Revier N territoire *m*; *Polizeirevier* commissariat *m*
Revolution F révolution
Revolver M revolver
Revue F revue
Rezept N recette *f*; MED ordonnance *f* **rezeptfrei** délivré sans ordonnance
Rezeption F réception **Rezeptionist(in)** M(F) réceptionniste
rezeptpflichtig délivré uniquement sur ordonnance
Rhabarber M rhubarbe *f*
Rhein **der** ~ le Rhin **Rheinland-Pfalz** N la Rhénanie-Palatinat
Rheuma N rhumatisme *m*
Rhythmus M rythme

Ribisel F *österr* groseille **richten** *Blick* diriger (**auf** *akk* vers); *Bitte, Brief* adresser (**an** *akk* à); *herrichten* préparer; *ordnen* arranger; **sich ~ nach** régler sa conduite sur
Richter(in) M(F) juge
richtig juste **richtigstellen** rectifier
Richtung F direction
riechen sentir (**nach etw** qc)
Riegel M verrou; *Schokolade etc* barre *f*
Riemen M courroie *f*; *Ruder* rame *f*
Riese M géant
rieseln couler; *Wasser* ruisseler; *Schnee* tomber doucement
Riesenslalom M SPORT slalom géant
riesig gigantesque
Riff N récif *m*
Rikscha F pousse-pousse *m*
Rille F rainure
Rind N bœuf *m*
Rinde F écorce; *Brotrinde* croûte
Rinderbraten M rôti de bœuf
Rindfleisch N bœuf *m*
Ring M anneau; *Fingerring* bague *f*; *Boxen* ring; *Straße* périphérique **ringen** lutter **Ringer** M lutteur **Ringfinger** M annulaire **Ringkampf** M SPORT lutte *f*
rings(her)um tout autour
Rinne F rigole; *Dachrinne* gouttière **rinnen** couler
Rinnstein M caniveau
Rippe F côte **Rippenfellentzündung** F pleurésie
Risiko N risque *m* **Risikofaktor** M facteur de risque
riskant risqué **riskieren** risquer
Riss M déchirure *f*; *im Stoff* accroc; *in der Mauer* fissure *f*; *in der Haut* gerçure *f* **rissig** fissuré; *Haut* gercé
Ritt M tour, promenade *f* à cheval
Ritter M chevalier
Ritze F fente **ritzen** *kratzen* rayer; **~ in** (*akk*) graver dans
Rivale M rival **Rivalin** F rivale **rivalisieren** rivaliser (**mit** avec)
Rizinusöl N huile *f* de ricin
Roaming N TEL itinérance *f* **Roaming-Gebühren** FPL frais *mpl* d'itinérance
Roastbeef N rosbif *m*
Robbe F phoque *m*
Roboter M robot
robust robuste
Rock[1] M jupe *f*
Rock[2] M, **Rockmusik** F MUS rock *m* **Rockband** F groupe *m* rock
Rodelbahn F piste de luge
rodeln faire de la luge **Rodelschlitten** M luge *f*
roden défricher
Roggen M seigle
roh cru; *unverarbeitet* brut [bʀyt]; *fig* grossier **Rohkost** F crudités *fpl* **Rohöl** N pétrole *m* brut

Rohr N tube *m*, tuyau *m*; BOT roseau *m* **Röhre** F tuyau *m*; *Backröhre* four *m*
Rohstoff M matière *f* première
Rollbahn F FLUG piste
Rolle F rouleau *m*; *Theater* rôle *m*; **e-e ~ spielen** jouer un rôle, être (l')important
Roller M patinette *f* **Rollkoffer** M valise *f* à roulettes **Rollkragen** M col roulé **Rollkragenpullover** M pull à col roulé **Rollladen** M volet roulant **Rollschuh** M patin à roulettes **Rollstuhl** M fauteuil roulant **Rolltreppe** F escalier *m* roulant
Rom N Rome *f*
Roman M roman
romanisch roman; *Länder* latin
Romantik F romantisme *m* **romantisch** romantique **römisch** romain
röntgen radiographier **Röntgenarzt** M, **Röntgenärztin** F radiologue *m* **Röntgenaufnahme** F, **Röntgenbild** N radio *f* **Röntgenstrahlen** MPL rayons X
rosa rose
Rose F rose
Rosé M (vin) rosé
Rosenkohl M chou de Bruxelles **Rosenkranz** M rosaire **Rosenmontag** M lundi avant le Mardi gras
Roséwein M (vin) rosé
rosig rose
Rosine F raisin *m* sec
Rosmarin M romarin
Rost[1] M rouille *f*
Rost[2] M *Bratrost* gril; *Gitter* grille *f* **Rostbraten** M grillade *f*
rosten rouiller
rösten griller; *Kaffee* torréfier
rostfrei inoxydable
Rösti PL *schweiz* röstis *mpl*; pommes de terre sautées *fpl*
rostig rouillé **Rostschutzmittel** N antirouille *m*
rot rouge; *Haar* roux; **~ werden** rougir; **bei Rot rübergehen** traverser au rouge; **das Rote Kreuz** la Croix Rouge
Röteln PL MED rubéole *f*
Rotkehlchen N rouge-gorge *m* **Rotkohl** M chou rouge **Rotwein** M vin rouge
Roulade F paupiette
Route F itinéraire *m* **Routenplaner** M IT atlas routier électronique
Routine F *Übung* expérience; *pej* routine
Rübe F rave; **weiße ~** navet *m*; **rote ~** betterave rouge
Rubin M rubis
Rubrik F rubrique
Ruck M secousse *f*
Rückbank F *im Auto* banquette arrière **Rückblick** M rétrospective *f*
rücken déplacer; **näher ~** approcher; **zur Seite ~** se pousser
Rücken M dos **Rückenleh-**

ne F dossier *m* **Rückenmark** N moelle *f* épinière **Rückenschmerzen** MPL **~ haben** avoir mal au dos **Rückenschwimmen** N nage *f* sur le dos **Rückenwind** M vent arrière

Rückerstattung F remboursement *m* **Rückfahrkarte** F billet *m* aller et retour **Rückfahrt** F retour *m*

rückfällig **~ werden** récidiver; MED rechuter

Rückflug M (vol de) retour **Rückgabe** F restitution **Rückgang** M recul, baisse *f*

rückgängig **~ machen** annuler

Rückgrat N colonne *f* vertébrale **Rücklicht** N feu *m* arrière **Rückporto** N port *m* pour la réponse **Rückreise** F retour *m* **Rückruf** M TEL rappel

Rucksack M sac à dos **Rucksacktourist(in)** M(F) *umg* routard(e)

Rückschlag M *fig* revers **Rückseite** F dos *m*; *e-s Blattes a.* verso *m*; *e-s Stoffes* envers *m*

Rücksicht F égard(s) *mpl*; **~ nehmen auf** (*akk*) tenir compte de

rücksichtslos sans égard(s), brutal **rücksichtsvoll** plein d'égard(s), attentionné

Rücksitz M siège arrière **Rückspiegel** M rétroviseur **Rückstand** M retard **Rücktritt** M démission *f* **Rücktrittbremse** F frein *m* à rétropédalage

rückwärts en arrière; **~ einparken** faire un créneau **rückwärtsfahren** V/I reculer **Rückwärtsgang** M marche *f* arrière

Rückweg M retour **rückwirkend** rétroactif **Rückzahlung** F remboursement *m* **Rückzug** M MIL retraite *f*

Rucola M roquette *f*

Ruder N rame *f*; aviron *m*; *Steuer* gouvernail *m* **Ruderboot** N barque *f* **rudern** ramer **Rudersport** M aviron

Ruf M appel; *Schrei* cri; *Ansehen* réputation *f* **rufen** appeler, crier **Rufnummer** F numéro *m* de téléphone

Ruhe F calme *m*; *Stille* silence *m*; *Ausruhen* repos *m*; **~!** silence!; **j-n in ~ lassen** laisser qn tranquille

ruhelos agité

ruhen se reposer; **~ auf** (*dat*) reposer sur; **hier ruht ...** ci-gît ...

Ruhepause F pause **Ruhestand** M retraite *f* **Ruhestörung** F perturbation **Ruhetag** M jour de repos (hebdomadaire)

ruhig calme; tranquille

Ruhm M gloire *f*

Rühreier NPL œufs *mpl* brouillés **rühren** *umrühren* remuer; *innerlich* toucher **rührend**

touchant **Rührung** F émotion
Ruine F ruine **ruinieren** **(sich)** ~ (se) ruiner
rülpsen roter
Rum M rhum
Rumäne M Roumain **Rumänien** N la Roumanie **rumänisch** roumain
Rummel M foire *f* **Rummelplatz** M fête *f* foraine
Rumpf M ANAT tronc
Rumpsteak N romsteck *m*
rund rond; *ungefähr* environ; **~ um** autour de **Rundblick** M vue *f* panoramique **Rundbürste** F brosse ronde
Runde F *Rundgang* ronde; *Bier* tournée; SPORT tour *m*; *Boxen* reprise, round *m*
Rundfahrt F circuit *m*, tour *m* **Rundflug** M circuit aérien
Rundfunk M radio *f*; **im ~** à la radio; *in zssgn* → Radio…
Rundgang M tour (**durch** de) **rundherum** tout autour **Rundreise** F circuit *m* **Rundschreiben** N circulaire *f*
Runzel F ride
Ruß M suie *f*
Russe Russin M,F Russe **russisch** russe **Russland** N la Russie
Rüstung F armement *m*
Rutsch M *Erdrutsch* glissement de terrain; *umg* **guten ~ (ins neue Jahr)!** bonne année!
Rutschbahn F toboggan *m* **rutschen** glisser; AUTO déraper **rutschfest** antidérapant **rutschig** glissant
rütteln secouer

S

Saal M salle *f*
Saarland das ~ la Sarre
Saat F *Saatgut* semences *fpl*; *Aussaat* semailles *fpl*
Sabbat M sabbat
Säbel M sabre
Sache F chose; *Angelegenheit* affaire; **meine ~n** *pl* mes affaires
Sachkenntnis F connaissance des faits **sachkundig** expert, compétent **sachlich** objectif
sächlich neutre
Sachschaden M dégâts *mpl* matériels
Sachsen N la Saxe **Sachsen-Anhalt** N la Saxe-Anhalt
Sachverständige(r) M/F(M) expert *m*
Sack M sac **Sackgasse** F impasse, cul-de-sac *m* (*beide a. fig*)
säen semer
Safari F safari *m*
Safe M coffre-fort
Safran M safran
Saft M jus **saftig** juteux
Sage F légende

Säge F scie **Sägemehl** N sciure *f*
sagen dire
sägen scier
sagenhaft légendaire; *umg* formidable
sah → sehen
Sahne F crème; *Schlagsahne* (crème) chantilly; **mit ~** *Eis* avec de la chantilly
Saison F saison **saisonal**, **saisonbedingt** saisonnier
Saite F corde **Saiteninstrument** N instrument *m* à cordes
Sakko M veston
Salami F salami *m*
Salat M salade *f* **Salatbar** F bar *m* à salades **Salatplatte** F assiette *f* de crudités **Salatschüssel** F saladier *m*
Salbe F pommade
Salbei M sauge *f*
Salmonellen FPL salmonelles
Salsa M MUS salsa *f*
Salz N sel *m* **salzen** saler **salzig** salé **Salzkartoffeln** FPL pommes de terre à l'eau **Salzstange** F stick *m* salé **Salzstreuer** M salière *f* **Salzwasser** N eau *f* salée
Samen M graine *f*; *männlicher* sperme *m*
sammeln *Beweise* rassembler; *Briefmarken etc* collectionner; *Geld* collecter **Sammeltaxi** N taxi *m* collectif **Sammler(in)** M(F) collectionneur *m*, collectionneuse *f* **Sammlung** F *Kunst* collection; *Geld* collecte
Samstag M samedi; **am ~** samedi **samstags** le samedi
Samt M velours
Sanatorium N maison *f* de santé
Sand M sable
Sandale F sandale *f*
Sandbank F banc *m* de sable **sandig** sablonneux **Sandpapier** N papier *m* de verre **Sandstein** M grès **Sandstrand** M plage *f* de sable
sanft doux
Sänger(in) M(F) chanteur *m*, chanteuse *f*
Sanitäter(in) M(F) secouriste
Sardelle F anchois *m*
Sardine F sardine
Sarg M cercueil
saß → sitzen
Satellit M satellite **Satellitenschüssel** F *umg* antenne parabolique
satt ~ sein ne plus avoir faim
Sattel M selle *f*
satthaben *umg fig* **etw ~** en avoir marre de qc
sättigend nourrissant
Satz M phrase *f*; *Sprung* bond; *Briefmarken* série *f*; *Tennis* set; MUS mouvement **Satzzeichen** N signe *m* de ponctuation
Sau F truie
sauber propre **Sauberkeit** F propreté **säubern** nettoyer
sauer aigre; CHEM acide (*a. Re-*

gen); *umg* fâché (**auf j-n** contre qn); **~ werden** se fâcher
Sauerkraut N choucroute *f*
Sauerstoff M oxygène
saufen boire; *sl* pinter **Säufer(in)** M(F) ivrogne
saugen sucer; *Kind* téter; TECH aspirer; **Staub ~** passer l'aspirateur
Säugetier N mammifère *m*
Säugling M nourrisson
Säule F colonne
Saum M ourlet
Sauna F sauna *m*
Säure F acide *m*; *Geschmack* acidité
sausen siffler; *rasen* foncer
Saxofon N saxophone *m*
S-Bahn® F *etwa* RER *m* (*réseau express régional*)
scannen scanner [skane]
Scanner M scanner [skanɛʀ]
Schabe F blatte, cafard *m*
schäbig râpé; *fig* mesquin
Schach N échecs *mpl*; **~ spielen** jouer aux échecs
Schachbrett N échiquier *m*
Schachfigur F pièce (d'un jeu d'échec) **schachmatt** échec et mat **Schachspiel** N jeu *m* d'échecs
Schachtel F boîte
schade es ist ~, dass … c'est dommage que … (+*subj*); **~!** (c'est) dommage!
Schädel M crâne
schaden nuire (**j-m** à qn)
Schaden M dommage; *durch Unwetter, Feuer* dégâts *mpl*
Schadenersatz M dédommagement, dommages-intérêts *mpl* **Schadenfreude** F joie maligne
schadhaft endommagé
schädigen porter préjudice à
schädlich nuisible, nocif
Schädling M parasite
Schadstoff M polluant
schadstofffrei non polluant
Schaf N brebis *f*
Schäfer M berger **Schäferhund** M berger allemand
Schäferin F bergère *f*
schaffen *erschaffen* créer; *Platz, Ordnung* faire; *bewältigen* arriver à (finir); *arbeiten* travailler; **es ~** y arriver
Schaffner(in) M(F) *Bahn* contrôleur *m*, contrôleuse *f*
Schal M écharpe *f*
Schale F *Obst, Kartoffeln* **1** peau; *Orangen* écorce; *abgeschält* pelure, épluchure; *Eier, Nuss* coquille **2** *Gefäß* coupe
schälen peler, éplucher
Schall M son **Schalldämmung** F insonorisation
Schalldämpfer M AUTO *etc* silencieux **schalldicht** insonorisé **Schallmauer** F mur *m* du son
schalten ELEK brancher, connecter; AUTO changer de vitesse **Schalter** M ELEK interrupteur; *Bank, Post* guichet
Schalthebel M AUTO levier de vitesse **Schaltjahr** N année *f* bissextile

Scham F °honte, pudeur **schämen sich ~** avoir °honte
schamhaft pudique **schamlos** impudique; *Lüge* éhonté
Schande F °honte **schändlich** °honteux
Schar F bande
scharf *Essen* épicé; *Klinge* tranchant; FOTO net; *Kurve* dangereux; *Verstand* aigu **Scharfblick** M perspicacité *f*
Schärfe F acuité; FOTO netteté
schärfen *Messer etc* aiguiser
Scharfsinn M sagacité *f*
Scharlach M scarlatine *f*
Scharnier N charnière *f*
Schatten M ombre *f* **schattig** ombragé
Schatz M trésor; *Anrede* chéri(e) *m(f)*
schätzen évaluer; *hochschätzen* estimer, apprécier **schätzungsweise** approximativement
Schau F spectacle *m*; *Ausstellung* exposition; **zur ~ stellen** exposer
schauderhaft horrible
schauen voir, regarder
Schauer M frisson; *Regenschauer* averse *f* **schauerlich** horrible
Schaufel F pelle
Schaufenster N vitrine *f* **Schaufensterbummel** M lèche-vitrines
Schaukel F balançoire **schaukeln** (se) balancer
Schaukelstuhl M fauteuil à bascule; rocking-chair
Schaum M écume *f*; *von Bier, Seife* mousse *f* **Schaumbad** N bain *m* moussant **schäumen** mousser
Schaumfestiger M mousse *f* coiffante **Schaumgummi** M mousse *f* **Schaumstoff** M mousse *f*
Schauplatz M théâtre
Schauspiel N spectacle *m* **Schauspieler(in)** M(F) acteur *m*, actrice *f* **Schauspielhaus** N théâtre *m*
Scheck M chèque **Scheckkarte** F carte (de garantie) bancaire
Scheibe F disque *m*; *Fenster* vitre; *Brot, Wurst* tranche
Scheibenwaschanlage F lave-glace *m* **Scheibenwischer** M essuie-glace
Scheide F ANAT vagin *m*
scheiden sich ~ lassen divorcer (**von** d'avec)
Scheidung F divorce *m*
Schein M *Bescheinigung* certificat; *Geldschein* billet; *Lichtschein* lueur *f*; *Anschein* apparence *f* **scheinbar** apparent; ADV en apparence **scheinen** briller; *den Anschein haben* sembler **Scheinwerfer** M projecteur; AUTO phare
Scheiße *sl* F merde
Scheitel M *im Haar* raie *f*
scheitern échouer
Schema N schéma *m* **sche-**

matisch schématique
Schemel M tabouret
Schenkel M cuisse *f*
schenken offrir
Scherbe F tesson *m*; **~n** *pl* débris *mpl*
Schere F ciseaux *mpl*
Scherereien *umg* FPL ennuis *mpl*
Scherz M plaisanterie *f* **scherzen** plaisanter **scherzhaft** pour rire
scheu timide; *Kind* sauvage
Scheuerlappen M serpillière *f* **Scheuermittel** N détergent *m* abrasif
scheuern récurer; *reiben* frotter
Scheune F grange
Scheusal N monstre *m* **scheußlich** horrible
Schi M ski; → Ski
Schicht F couche (*a. fig*); *Arbeitsschicht* poste *m* **Schichtarbeit** F travail *m* posté
schick chic
schicken envoyer (**j-m, an j-n** à qn)
Schickeria F *umg* gotha *m*
Schicksal N destin *m*
Schiebedach N toit *m* ouvrant **schieben** pousser; HANDEL *pej* faire le trafic (**mit** de) **Schiebetür** F porte coulissante
Schiedsrichter(in) M(F) arbitre
schief penché; *geneigt* en pente
Schiefer M ardoise *f*
schiefgehen tourner mal
schielen loucher
Schienbein N tibia *m*
Schiene F *Bahn* rail *m*; MED attelle
schießen tirer (**auf j-n** sur qn) **Schießerei** F fusillade **Schießscheibe** F cible **Schießstand** M stand de tir
Schiff N bateau *m*; *Kirchenschiff* nef *f*; **auf dem ~** à bord; **mit dem ~** par bateau
Schiffbruch M naufrage **Schiffbrüchige(r)** M/F(M) naufragé(e) *m(f)*
Schifffahrt F navigation **Schifffahrtslinie** F compagnie maritime, de navigation
Schiffsjunge M mousse **Schiffskarte** F billet *m* de bateau
Schikane F chicane **schikanieren** chicaner
Schild N pancarte *f*; *Namensschild* plaque *f*; *Verkehr* panneau *m*; *Firma* enseigne *f*
Schilddrüse F (glande) thyroïde
schildern décrire **Schilderung** F description
Schildkröte F tortue
Schilf N roseau *m*
Schilling M *hist* schilling
Schimmel M ZOOL cheval blanc; BOT moisissure *f* **schimmelig** moisi **Schimmelkäse** M (fromage) bleu **schimmeln** moisir

schimpfen pester (**auf** *akk* contre); se fâcher (**mit j-m** contre qn) **Schimpfwort** N gros mot *m*
Schinken M jambon
Schirm M parapluie; *Sonnenschirm* parasol; *Bildschirm* écran
Schlacht F bataille **schlachten** abattre
Schlaf M sommeil **Schlafanzug** M pyjama **Schlafcouch** F canapé-lit *m*
Schläfe F tempe
schlafen dormir; **~ gehen** (aller) se coucher; **mit j-m ~** coucher avec qn
schlaff lâche; *Haut* flasque; *kraftlos* mou
schlaflos ~e Nacht F nuit blanche **Schlaflosigkeit** F insomnie
Schlafmaske NF masque *m* de repos **Schlafmittel** N somnifère *m*
schläfrig somnolent
Schlafsack M sac de couchage **Schlafsofa** N canapé-lit *m* **Schlaftablette** F somnifère *m* **Schlafwagen** M wagon-lit **Schlafzimmer** N chambre *f* à coucher
Schlag M coup **Schlagader** F artère **Schlaganfall** M attaque *f* d'apoplexie **schlagartig** brusque **Schlagbaum** M barrière *f*
schlagen battre (*a.* SPORT, *Herz*), frapper; *Uhr* sonner; *Sahne* fouetter
Schlager M tube
Schläger M *Tennis* raquette *f*; *Golf* club **Schlägerei** F bagarre
Schlagersänger(in) M(F) chanteur *m*, chanteuse *f* à la mode
schlagfertig ~ sein avoir la répartie facile
Schlagloch N nid-de-poule *m*
Schlagsahne F, **Schlagobers** N *österr* (crème) chantilly *f* **Schlagzeile** F manchette **Schlagzeug** N MUS batterie *f*
Schlamm M *Erde* boue *f*; *Schlick* vase *f*
schlampig *Mensch* négligé; *Arbeit* bâclé
Schlange F serpent *m*; **~ stehen** faire la queue
schlängeln sich ~ serpenter
schlank mince **Schlankheitskur** F cure d'amaigrissement
schlapp épuisé; *energielos* mou
Schlappen M *umg* savate *f*
schlau rusé, malin
Schlauch M tuyau; *Fahrradschlauch* chambre *f* à air
Schlauchboot N canot *m* pneumatique **Schlauchschal** M snood
schlecht mauvais; ADV mal; **~ werden** *verderben* pourrir; *Milch* avoir tourné; **mir ist ~** je me sens mal
Schleier M voile **schleier-**

haft mystérieux; **das ist mir ~** c'est un mystère pour moi
Schleife F boucle; nœud *m*
schleifen¹ *schleppen* traîner
schleifen² *Messer etc* aiguiser; *Edelstein* tailler **Schleifstein** M meule *f*
Schleim M MED mucus *m*; *zäher* glaires *mpl*; *der Schnecke* bave *f* **Schleimhaut** F muqueuse
schlemmen festoyer
schlendern flâner
schleppen traîner; SCHIFF remorquer; **sich ~** se traîner
Schlepper M AUTO tracteur; SCHIFF remorqueur **Schlepplift** M téléski, remonte-pente
Schleswig-Holstein N le Schleswig-Holstein
Schleuder F lance-pierres *m*; *Wäscheschleuder* essoreuse **schleudern** lancer; *Wäsche, Salat* essorer; AUTO **ins Schleudern kommen** déraper
Schleuse F écluse
schlicht simple, modeste **schlichten** *Streit* arbitrer
schlief → schlafen
schließen fermer; *Vertrag* conclure; **aus etw ~** conclure de qc
Schließfach N *für Gepäck* consigne *f* automatique; *der Bank* coffre *m* **schließlich** finalement; *immerhin, doch* quand même **Schließung** F fermeture
schlimm mauvais; ADV mal; *schwerwiegend* grave; **~er** pire; **das Schlimmste** le pire
Schlinge F nœud *m* coulant; *Armschlinge* écharpe **Schlingpflanze** F plante grimpante
Schlips M cravate *f*
Schlitten M traîneau; *Rodeln* luge *f*; **~ fahren** faire de la luge
Schlittschuh M patin; **~ laufen** patiner **Schlittschuhbahn** F patinoire **Schlittschuhläufer(in)** M(F) patineur *m*, patineuse *f*
Schlitz M fente *f*
Schloss¹ N *Bau* château *m*
Schloss² N *Türschloss* serrure *f*
Schlosser M serrurier
Schlucht F ravin *m*
schluchzen sangloter
Schluck M gorgée *f* **Schluckauf** M °hoquet **schlucken** avaler (*a. fig*)
schlummern sommeiller
Schlüpfer M slip **schlüpfrig** glissant; *fig* scabreux
Schluss M fin *f*; *Folgerung* conclusion *f*; **zum ~** à la fin
Schlüssel M clé *f* **Schlüsselbein** N clavicule *f* **Schlüsselbund** N trousseau *m* de clés **Schlüsselloch** N trou *m* de serrure
Schlussfolgerung F conclusion **Schlusslicht** N feu *m* arrière **Schlussverkauf** M soldes *mpl*
schmackhaft savoureux
schmal étroit

Schmalz N saindoux *m*
Schmarotzer M parasite
schmecken **j-m ~** plaire à qn; **nach etw ~** avoir le goût de qc; (**gut**) **~** être bon; **hat es geschmeckt?** *im Restaurant* vous êtes satisfaits?
Schmeichelei F flatterie
schmeichelhaft flatteur
schmeicheln flatter (**j-m** qn)
schmeißen *umg* flanquer
schmelzen fondre **Schmelzkäse** M fromage fondu
Schmerz M douleur *f*; **~en haben** avoir mal
schmerzen faire mal
schmerzhaft, **schmerzlich** douloureux **schmerzlos** indolore **schmerzstillend** analgésique **Schmerztablette** F comprimé *m* contre la douleur
Schmetterling M papillon
Schmied M forgeron
Schmiede F forge **Schmiedeeisen** N fer *m* forgé
schmieden forger (*a. fig*)
schmieren graisser; *verstreichen* étaler (**auf** *akk* sur); *Brote* tartiner; *umg bestechen* graisser la patte à **Schmiergeld** N pot-de-vin *m* **schmierig** graisseux; *fig* graveleux
Schmiermittel N lubrifiant
Schmierseife F savon *m* mou
Schminke F fard *m* **schminken** (**sich**) **~** (se) maquiller
Schmirgelpapier N papier *m* émeri
schmollen bouder (**mit j-m** qn)
Schmorbraten M bœuf braisé **schmoren** braiser
Schmuck M ornement, décoration *f*; *Juwelen* bijoux *mpl*
schmücken orner, décorer (**mit** de)
Schmuggel M contrebande *f*
schmuggeln faire de la contrebande; *etw* passer en fraude
Schmuggler(in) M(F) contrebandier *m*, contrebandière *f*
schmunzeln sourire
Schmutz M saleté *f* **schmutzig** sale; *fig a.* sordide; (**sich**) **~ machen** (se) salir
Schnabel M bec
Schnalle F boucle
Schnäppchen N (belle) occasion *f*
schnappen *umg erwischen* attraper; **Luft ~** prendre l'air
Schnappschuss M FOTO instantané
Schnaps M schnaps
schnarchen ronfler
Schnauze F museau *m*; *sl Mund* gueule
Schnecke F escargot *m*; *Nacktschnecke* limace
Schnee M neige *f* **Schneeball** M boule *f* de neige
Schneebesen M GASTR fouet **Schneefall** M chute *f* de neige **Schneeflocke** F flocon *m* de neige **Schneeglöckchen** N perce-neige *m*

Schneeketten FPL AUTO chaînes **Schneemann** M bonhomme de neige **Schneepflug** M chasse-neige *m* **Schneeregen** M neige *f* fondue **Schneeschmelze** F fonte des neiges **Schneesturm** M tempête *f* de neige **Schneeverhältnisse** NPL enneigement *m* **Schneewehe** F congère

schneiden couper; AUTO **j-n ~** faire une queue de poisson à qn **schneidend** *Kälte* mordant **Schneider(in)** M(F) tailleur *m*, couturière *f*

schneien es schneit il neige

Schneise F laie; percée

schnell rapide; ADV vite

Schnellboot N vedette *f* rapide **Schnellhefter** M chemise *f* **Schnelligkeit** F vitesse, rapidité **Schnellstraße** F voie express

schnitt → schneiden

Schnitt M coupe *f*; **im ~** en moyenne

Schnittlauch M ciboulette *f*

Schnittwunde F coupure, entaille

Schnitzel N escalope *f*; **Wiener ~** escalope *f* viennoise

schnitzen sculpter (sur bois)

Schnitzerei F sculpture sur bois

Schnorchel M tuba

schnüffeln renifler (**an etw** *dat* qc); fouiner (**in** *dat* dans)

Schnuller M tétine *f*

Schnupfen M rhume

schnuppern flairer (**etw** *od* **an etw** *dat* qc)

Schnur F ficelle; *Kabel* fil *m*

schnüren ficeler, lacer

Schnurrbart M moustache *f*

schnurren *Katze* ronronner

Schnürschuh M chaussure *f* lacée **Schnürsenkel** M lacet

Schock M choc **schockieren** choquer, scandaliser

Schoko... IN ZSSGN de chocolat

Schokolade F chocolat *m*; **dunkle/weiße ~** chocolat *m* noir/blanc **Schokoriegel** M barre *f* de chocolat

Scholle F ZOOL plie

schon déjà; **~ wieder** encore

schön beau; ADV bien

schonen (**sich**) **~** (se) ménager

Schönheit F beauté

Schönheitschirurgie F chirurgie esthétique **Schönheitsfehler** M petit défaut

Schönheitspflege F soins *mpl* de beauté

Schonkost F régime *m* **Schonung** F ménagement *m*; *nach Krankheit* repos *m* **Schonzeit** F *Jagd* fermeture de la chasse

schöpfen puiser (**aus** à *od* dans)

Schöpfer(in) M(F) créateur *m*, créatrice *f* **schöpferisch** créatif **Schöpfkelle** F louche

Schöpfung F création

Schoppen M chope *f*

Schorf M croûte *f*, escarre *f*

Schorle F *mélange soit de vin*

soit de jus de pommes et d'eau minérale gazeuse
Schornstein M cheminée *f*
Schornsteinfeger M ramoneur
schoss → schießen
Schoß M sein; **auf dem ~** sur les genoux
Schote F BOT cosse, gousse
Schotte M Écossais
Schotter M pierraille *f*, galets *mpl*; *Bahn* ballast
schottisch écossais **Schottland** N l'Écosse *f*
schräg oblique, biais
Schramme F éraflure
Schrank M armoire *f*
Schranke F barrière **Schrankenwärter** M garde-barrière
Schraube F vis; SCHIFF, FLUG hélice **schrauben** visser
Schraubenmutter F écrou *m* **Schraubenschlüssel** M clé *f* **Schraubenzieher** M tournevis
Schraubstock M étau
Schraubverschluss M fermeture *f* à vis
Schreck M frayeur *f* **schrecklich** terrible
Schrei M cri
schreiben écrire (**j-m** *od* **an j-n** à qn)
Schreiben N lettre *f*
Schreibmaschine F machine à écrire **Schreibtisch** M bureau **Schreibwarengeschäft** N papeterie *f*
schreien crier
Schreiner(in) M(F) menuisier *m*, menuisière *f*
Schrift F écriture; *Werk* écrit *m*
schriftlich écrit; ADV par écrit **Schriftsteller(in)** M(F) écrivain *m*
schrill aigu, strident
Schritt M pas; *fig* démarche *f*; **~ fahren** rouler au pas
schroff brusque; *steil* raide
Schrott M ferraille *f* **schrottreif** bon pour la casse
schrubben frotter **Schrubber** M balai-brosse
Schubfach Schublade N tiroir *m* **Schubkarre** F brouette
schüchtern timide **Schüchternheit** F timidité
Schuh M chaussure *f* **Schuhanzieher** M chausse-pied
Schuhband N lacet *m*
Schuhbürste F brosse à chaussures **Schuhcreme** F cirage *m* **Schuhgeschäft** N magasin *m* de chaussures
Schuhgröße F pointure
Schuhlöffel M chausse-pied
Schuhmacher M cordonnier
Schuhsohle F semelle
Schularbeiten FPL devoirs *mpl* **Schulbildung** F formation scolaire **Schulbuch** N livre *m* de classe
Schuld F faute; JUR culpabilité; *Geldschuld* dette; **an etw** *dat* **schuld sein** être responsable de qc
schuldig coupable; **j-m etw ~**

sein devoir qc à qn
Schule F école
Schüler M élève **Schüleraustausch** M échange scolaire **Schülerin** F élève
Schulferien PL vacances *fpl* scolaires
schulfrei ~ **haben** ne pas avoir cours *od* classe
Schulfreund(in) M(F) camarade d'école **Schuljahr** N année *f* scolaire **Schulstunde** F heure de cours **Schultasche** F cartable *m*
Schulter F épaule
Schulung F formation **Schulzeit** F scolarité
Schund M *Ware* camelote *f*
Schuppe F écaille; **~n** *pl im Haar* pellicules
Schuppen M remise *f*
Schurke M canaille *f*
Schurwolle F laine vierge
Schürze F tablier *m*
Schuss M coup de feu; *Fußball* shoot
Schüssel F plat *m* creux; *für Salat* saladier *m*; *für Suppe* soupière
Schusswaffe F arme à feu
Schuster M cordonnier
Schutt M gravats *mpl*; *Trümmer* décombres *mpl*
Schüttelfrost M MED frissons *mpl*
schütteln **(sich)** ~ (se) secouer; **j-m die Hand** ~ serrer la main à qn
schütten verser
Schutz M protection *f* (**vor** *dat* contre); *bei Unwetter* abri
Schutzblech N garde-boue *m* **Schutzbrille** F lunettes *fpl* de protection
Schütze M tireur
schützen **(sich)** ~ (se) protéger (**vor** *dat* de *od* contre)
Schutzengel M ange gardien
Schutzheilige(r) M (saint) patron **Schutzhütte** F refuge *m* **Schutzimpfung** F vaccination **schutzlos** sans défense **Schutzmaske** F masque *m* de protection **Schutzpatron** M (saint) patron
schwach faible; *schlecht* médiocre; *Gedächtnis* mauvais; *Tee* léger
Schwäche F faiblesse; *fig* faible *m* (**für** pour) **schwächen** affaiblir
Schwachsinn M débilité *f* **schwachsinnig** débile
Schwager M beau-frère
Schwägerin F belle-sœur
Schwalbe F hirondelle
Schwamm M éponge *f*
Schwan M cygne
schwanger enceinte **Schwangerschaft** F grossesse **Schwangerschaftsabbruch** M interruption *f* volontaire de grossesse
schwanken se balancer; *Betrunkene* tituber; *Temperatur*, varier; *zögern* hésiter
Schwanz M queue *f*
Schwarm M *Insekten* essaim;

Vögel volée *f* **schwärmen ~ für** s'enthousiasmer pour
Schwarte F *v. Speck* couenne
schwarz noir **Schwarzarbeit** F travail *m* au noir **Schwarzbrot** N pain *m* noir
Schwarze(r) M/F(M) Noir(e) *m(f)*
Schwarzfahrer(in) M(F) resquilleur *m*, resquilleuse *f* **Schwarzmarkt** M marché noir
schwatzen bavarder; *pej* bavasser
Schwebebahn F monorail *m* suspendu; téléphérique *m*
schweben planer; **in Gefahr ~** être en danger
Schwede M Suédois **Schweden** N la Suède **schwedisch** suédois
Schwefel M soufre
schweigen se taire **Schweigen** N silence *m* **schweigsam** taciturne
Schwein N cochon *m*, porc *m*
Schweinebraten M rôti de porc **Schweinefleisch** N porc *m* **Schweinegrippe** F grippe porcine **Schweinerei** F *umg pej* cochonnerie(s) *fpl* **Schweinestall** M porcherie *f*
Schweiß M sueur *f*
schweißen TECH souder
Schweiz die ~ la Suisse; **in der ~** en Suisse; **die französische ~** la Suisse romande
Schweizer M Suisse; ADJ suisse; **~ Käse** M emmental
Schweizerin F Suisse
Schwelle F seuil *m* (*a. fig*)
schwellen MED enfler **Schwellung** F enflure
schwer lourd; *schwierig* difficile; *Krankheit* grave; **~ krank** gravement malade; **~ verdaulich** indigeste; **~ verletzt** grièvement blessé; **~ verständlich** difficile à comprendre
schwerbehindert invalide **Schwerbehinderte(r)** M/F(M) *neg!* invalide *m/f neg!*
schwerfällig lourd **schwerhörig** dur d'oreille **Schwerpunkt** M centre *m* de gravité; *fig* point principal
Schwert N épée *f*
schwerwiegend grave, sérieux
Schwester F sœur
Schwiegereltern PL beaux-parents *mpl* **Schwiegermutter** F belle-mère **Schwiegersohn** M beau-fils, gendre **Schwiegertochter** F belle-fille, bru **Schwiegervater** M beau-père
schwierig difficile **Schwierigkeit** F difficulté
Schwimmbad N piscine *f* **Schwimmbecken** N bassin *m*
schwimmen nager; *Sachen* flotter; **~ gehen** aller se baigner
Schwimmer(in) M(F) nageur *m*, nageuse *f* **Schwimmflosse** F palme **Schwimmhalle** F piscine couverte

Schwimmweste F gilet *m* de sauvetage
Schwindel M MED vertige; *umg Betrug* escroquerie *f*
Schwindler(in) M(F) escroc *m*; *Lügner(in)* menteur *m*, menteuse *f*
schwindlig **mir ist ~** j'ai le vertige
schwingen agiter; *Pendel* osciller **Schwingung** F oscillation
Schwips *umg* M **e-n ~ haben** être éméché
schwitzen suer
schwören jurer
schwul *neg!* homo, gay
schwül lourd, étouffant
Schwule(r) M *neg!* homo, gay
Schwüle F chaleur étouffante
Schwung M élan; *fig* entrain **schwungvoll** plein d'entrain
Schwur M serment
sechs six **sechshundert** six cents **sechste(r, -s)** sixième **Sechstel** N sixième *m*
sechzehn seize **sechzig** soixante
See[1] M lac
See[2] F mer; **an der ~** au bord de la mer
Seeblick M **mit ~** avec vue sur le lac *od* la mer
Seegang M °houle *f*; **starker** *od* **schwerer ~** mer *f* forte
Seehund M phoque
seekrank **~ sein** avoir le mal de mer **Seekrankheit** F mal *m* de mer
Seele F âme **seelisch** psychique
Seeluft F air *m* marin **Seemann** M marin **Seemeile** F mille *m* marin **Seenot** F détresse (en mer) **Seestern** M étoile *f* de mer
Seezunge F sole
Segel N voile *f* **Segelboot** N canot *m* à voiles **Segelfliegen** N vol *m* à voile **Segelflugzeug** N planeur *m*
segeln faire voile (**nach** pour); SPORT faire de la voile
Segelschiff N voilier *m* **Segelsport** M voile *f*
Segen M bénédiction *f*
sehbehindert malvoyant
sehen voir; **vom Sehen kennen** connaître de vue
sehenswert qui vaut la peine d'être vu **Sehenswürdigkeit** F curiosité
Sehne F tendon *m*
sehnen **sich ~** aspirer (**nach etw** à qc); s'ennuyer (**nach j-m** de qn)
Sehnenscheidenentzündung F tendinite
Sehnsucht F besoin *m* (**nach** de); impatience (de *+inf*); nostalgie (de) **sehnsüchtig** plein de désir
sehr très; *mit Verben* beaucoup; **zu ~** trop; **~ viel** énormément
Sehtest M test visuel
seicht peu profond, bas
seid → sein
Seide F soie

Seife F savon *m*
Seil N corde *f*; *starkes* câble *m* **Seilbahn** F téléphérique *m*
sein être; exister; *sich befinden* se trouver; *stattfinden* avoir lieu; **ich bins!** c'est moi!; **das wärs!** voilà!; *beim Einkaufen* c'est tout
sein(e) son (sa); **~e** *pl* ses
seit (*dat*) depuis; KONJ depuis que; **~ wann?** depuis quand?
seitdem depuis; KONJ depuis que
Seite F côté *m*; *im Buch* page **Seitenairbag** M airbag latéral
Seitensprung M **e n ~ machen** avoir une aventure
Seitenstechen N point *m* de côté **Seitenstraße** F rue latérale **Seitenstreifen** M accotement **Seitenwind** M vent de côté
Sekretär(in) M(F) secrétaire
Sekt M (vin) mousseux
Sekunde F seconde **Sekundenkleber** M colle *f* à prise rapide
selbst même; **ich ~** moi-même; **von ~** de soi-même, tout seul; **~ gemacht** (fait à la) maison
selbständig indépendant
Selbstauslöser M déclencheur automatique
Selbstbedienung F libre-service *m* **Selbstbedienungsladen** M libre-service **Selbstbedienungsrestaurant** N self(-service) *m*
Selbstbeherrschung F maîtrise de soi **selbstbewusst** conscient de sa valeur **Selbstdisziplin** F autodiscipline **Selbstkostenpreis** M **(zum) ~** (à) prix coûtant **selbstlos** désintéressé
Selbstmord M suicide **Selbstmordanschlag** M attentat suicide **Selbstmörder(in)** M(F) suicidé(e)
selbstsicher sûr de soi **selbstständig** indépendant **Selbstverpflegung** F *im Urlaub* **mit ~** sans pension
selbstverständlich naturel, normal; ADV bien sûr; **das ist ~** cela va de soi
Selfie N *umg* selfie *m*, autoportrait *m* **Selfiestange** F, **Selfiestick** M perche *f* à selfie
Sellerie M *od* F céleri *m*
selten rare **Seltenheit** F rareté
seltsam étrange, bizarre
Semester N semestre *m* **Semesterferien** PL vacances *fpl* universitaires (entre les semestres d'études)
Semmel F *süddeutsch* petit pain *m*
senden envoyer; TV, *Radio* diffuser **Sender** M émetteur; TV chaîne *f*; *Radio* station *f* de radio **Sendung** F envoi *m*; TV, *Radio* émission
Senf M moutarde *f*

Senioren PL **die ~** le troisième âge **Seniorenheim** N maison *f* de retraite
senken *Kopf, Preise* baisser; *Fieber* faire baisser; **sich ~** *Boden* s'affaisser
senkrecht vertical
Sensation F sensation
Sense F faux
sensibel sensible
sentimental sentimental
September M septembre
Serbe M Serbe **Serbien** N la Serbie **serbisch** serbe
Serie F série; TV feuilleton *m*
Serpentine F lacet *m*
Serum N sérum *m*
Server M IT serveur
Service M service **Service-Werkstatt** F garage *m* service
servieren servir **Serviererin** F serveuse **Serviette** F serviette (de table)
Servolenkung F AUTO direction assistée
Sessel M fauteuil **Sessellift** M télésiège
setzen mettre, poser; **~ auf** (*akk*) miser sur; **sich ~** s'asseoir
Seuche F épidémie
seufzen soupirer
Sex M sexe; *Geschlechtsverkehr* rapports *mpl* sexuels
sexuell sexuel
Shampoo N shampo(o)ing *m*
Sherry M sherry, xérès
shoppen faire les magasins, du shopping; **~ gehen** (aller) faire les magasins, du shopping **Shopping** N shopping *m* **Shoppingcenter** N centre *m* commercial **Shoppingtour** F shopping *m*; **auf ~ gehen** (aller) faire du shopping
Shorts PL short *m*
Show F show *m*
Shuttle N, **Shuttlebus** M navette *f*
sich se, *vor Vokal* s'; *nach Präp* soi; **jeder für ~** chacun pour soi
Sichel F faucille
sicher sûr, certain **Sicherheit** F sécurité
Sicherheitsdienst M *privat* service de sécurité **Sicherheitsgurt** M ceinture *f* de sécurité **Sicherheitslücke** F faille de sécurité **Sicherheitsnadel** F épingle à nourrice **Sicherheitsschloss** N serrure *f* de sécurité
sicherlich sûrement
sichern assurer **Sicherung** F ELEK fusible *m*
Sicht F vue; *Sichtweite* visibilité; **in ~** en vue; **auf lange ~** à long terme
sichtbar visible **Sichtvermerk** M visa **Sichtweite** F **in/außer ~** en/°hors vue
sie elle; *akk* la, *vor Vokal* l'; *pl* ils (elles); *akk* les; *betont u. nach Präp* eux (elles)
Sie *Anrede* vous
Sieb N passoire *f*
sieben sept **siebenhundert**

sept cents
siebte(r, -s) septième **Siebtel** N septième *m* **siebzehn** dix-sept **siebzig** soixante-dix
Siedler M colon **Siedlung** F lotissement *m*
Sieg M victoire *f*
Siegel N sceau *m*, cachet *m*
siegen gagner; ~ **über** (*akk*) remporter une victoire sur, *fig u.* SPORT l'emporter sur **Sieger(in)** M(F) vainqueur *m;* SPORT *a.* gagnant(e) **Siegerehrung** F remise des prix
siehe voir, cf (confer)**sieht** → sehen
siezen vouvoyer
Signal N signal *m*
Silbe F syllabe
Silber N argent *m* **Silbermedaille** F médaille d'argent **silbern** argenté
Silvester N la Saint-Sylvestre
SIM-Karte F TEL carte SIM
sind → sein
Sinfonie F symphonie
singen chanter
Single[1] M célibataire *m/f*
Single[2] F *CD* single *m*
Singular M singulier
sinken *Preise, Temperatur* baisser; *Schiff* couler
Sinn M sens (**für etw** de qc) **sinnlich** sensuel **sinnlos** insensé **sinnvoll** sensé, judicieux
Sintflut F déluge *m*
Sitte F coutume; **~n** *pl* mœurs
Sitz M siège **sitzen** être assis; *Kleid* aller bien **Sitzplatz** M place *f* assise **Sitzung** F séance
Skala F échelle
Skandal M scandale
Skateboard N planche *f* à roulettes **skaten** *Inlineskaten* faire du roller [ʀɔlœʀ]; *mit Skateboards* faire de la planche à roulettes
Skelett N squelette *m*
skeptisch sceptique
Ski M ski; **~ laufen, ~ fahren** skier
Skianzug M combinaison *f* de ski **Skifahrer(in)** M(F) skieur *m*, skieuse *f* **Skigebiet** N domaine *m* skiable **Skihütte** F refuge *m* (de montagne) **Skikurs** M cours de ski **Skiläufer(in)** M(F) skieur *m*, skieuse *f* **Skilehrer(in)** M(F) moniteur *m*, monitrice *f* de ski **Skilift** M téléski
Skin M *umg* skin *m/f* **Skinhead** M skinhead [skinɛd] *m/f*
Skipass M forfait ski **Skisport** M ski **Skistiefel** M chaussure *f* de ski **Skitour** F randonnée à ski **Skiträger** M AUTO porte-skis **Skiurlaub** M vacances *fpl* de neige **Skiwachs** N fart *m* **Skiwandern** N ski *m* de randonnée
Skizze F esquisse
Skulptur F sculpture
Skyline F contours *mpl*, silhouette
skypen skyper

Slip M slip **Slipeinlage** F protège-slip *m*
Slowake M Slovaque **Slowakei** F Slovaquie **slowakisch** slovaque
Smalltalk M brin de causette
Smartphone N smartphone *m*
Smoothie M frappé aux fruits
SMS F (Short Message Service) SMS *m*, texto® *m*; **j-m e-e ~ schicken** envoyer un SMS, un texto® à qn
Snack M casse-croûte *m*
Sneaker M MODE sneaker *f*
Snowboard N *Brett* surf *m*; *Sport* snowboard *m*, surf *m* des neiges
so ainsi; **~ groß wie** aussi grand que; **~ sehr** tant, tellement; **ich bin ~ weit** je suis prêt; **ach ~!** ah bon!; **~ dass** → sodass
sobald aussitôt que, dès que
Socke F chaussette
Sockel M piédestal
sodass de sorte que
Sodbrennen N aigreurs *fpl* d'estomac
soeben tout à l'heure
Sofa N canapé *m*
sofort tout de suite, immédiatement
Softdrink M boisson *f* non alcoolisée **Software** F IT logiciel *m*
sogar même
Sohle F *Schuhsohle* semelle; *Fußsohle* plante
Sohn M fils
Soja F soja *m* **Sojabohne** F *Pflanze* soja *m*; *Frucht* graine de soja **Sojamilch** F lait *m* de soja **Sojasoße** F sauce au soja
solange tant que
Solaranlage F panneaux *mpl* solaires **Solarenergie** F énergie solaire **Solarium** N solarium *m* [-ʀjɔm] **Solarzelle** F pile solaire
solche(r, -s) tel(le), pareil(le)
Soldat M soldat
Söldner M mercenaire
solide solide; *Person* sérieux
Solist(in) M(F) soliste
Soll N HANDEL débit *m*
sollen devoir; **du solltest...** tu devrais...; **sie soll sehr krank sein** il paraît qu'elle est très malade; **was soll das?** à quoi ça rime?
Sommer M été *f*; **im ~** en été
Sommerferien PL vacances *fpl* d'été **sommerlich** estival, d'été **Sommerschlussverkauf** M soldes *mpl* d'été
Sommersprossen FPL taches de rousseur **Sommerzeit** F *Uhrzeit* heure d'été
Sonder... spécial **sonderbar** étrange **Sondermarke** F timbre *m* de collection **Sondermüll** M déchets *mpl* dangereux
sondern mais; **nicht nur ..., ~ auch** non seulement ..., mais (encore)

Sonnabend M samedi **sonnabends** M le samedi
Sonne F soleil *m*; **in der ~** au soleil
sonnen **sich ~** prendre un bain de soleil
Sonnenaufgang M lever du soleil **Sonnenbad** N bain *m* de soleil **Sonnenblende** F AUTO pare-soleil *m* **Sonnenblume** F tournesol *m* **Sonnenbrand** M coup de soleil **Sonnenbrille** F lunettes *fpl* de soleil **Sonnencreme** F crème solaire **Sonnenenergie** F énergie solaire **Sonnenfinsternis** F éclipse solaire **Sonnenhut** M chapeau de soleil **Sonnenöl** N huile *f* solaire **Sonnenschein** M soleil **Sonnenschirm** M parasol **Sonnenschutz** M protection *f* solaire **Sonnenschutzmittel** N produit *m* solaire **Sonnenspray** N spray *m* solaire **Sonnenstich** M insolation *f* **Sonnenstudio** N centre *m* de bronzage **Sonnenuntergang** M coucher du soleil
sonnig ensoleillé
Sonntag M dimanche **sonntags** le dimanche
sonst autrement, sinon; *außerdem* à part cela; **~ noch etwas?** et avec ça *od* cela?; **~ nichts/niemand** rien/personne d'autre
sooft aussi souvent que
Sorge F souci *m*; **sich ~n machen** se faire des soucis (**um** pour)
sorgen **~ für** s'occuper de; **dafür ~, dass ...** veiller à ce que ... (*+subj*); **sich ~ um** s'inquiéter pour **Sorgerecht** N JUR droit *m* de garde
sorgfältig soigneux **sorglos** insouciant
Sorte F sorte, espèce **sortieren** trier, classer **Sortiment** N assortiment *m*
Soße F sauce
Soundkarte F IT carte son
Soundtrack M TV, FILM bande *f* sonore
Souvenir N souvenir *m*
soviel **~ ich weiß** autant que je sache
sowie ainsi que
sowieso de toutes façons
sowohl **~ ... als auch** aussi bien ... que
sozial social **sozialdemokratisch** social-démocrate **Sozialhilfe** F aide sociale **sozialistisch** socialiste **Sozialversicherung** F assurance sociale **Sozialwohnung** F HLM *m od f*
sozusagen pour ainsi dire
Spa N *od* M spa *m*
Spaghetti PL spaghetti *mpl*
Spalte F fente, fissure; *Gletscherspalte* crevasse; *Zeitungsspalte* colonne
spalten **(sich) ~** (se) fendre; *fig* (se) diviser

Spam M IT spam
Späne MPL copeaux
Spange F agrafe
Spanien N l'Espagne *f* **Spanier(in)** M(F) Espagnol(e) **spanisch** espagnol
Spann M cou-de-pied
Spanne F *Zeitspanne* laps *m* de temps
spannen tendre **spannend** captivant **Spannlaken** N, drap-°housse *m* **Spannung** F tension (*a.* ELEK, *fig*); *in Filmen* suspense *m*
Sparbuch N livret *m* de caisse d'épargne **sparen** épargner; *einsparen* économiser (**an** *dat* sur) **Sparer(in)** M(F) épargnant(e)
Spargel M asperge *f*
Sparkasse F caisse d'épargne **sparsam** *Person* économe; *Gerät* économique
Spaß M plaisanterie *f*; *Freude* plaisir; **es macht (mir) ~** cela me plaît beaucoup; **sie macht ~** elle plaisante; **viel ~!** amuse-toi/amusez-vous bien
spaßen plaisanter
spät tard; **wie ~ ist es?** quelle heure est-il?; **zu ~** trop tard; *umg* **~ dran sein** être à la bourre
Spaten M bêche *f*
später plus tard; **bis ~!** à tout à l'heure **spätestens** au plus tard **Spätnachrichten** FPL TV dernier journal *m*
Spatz M moineau
spazieren ~ gehen (aller) se promener **Spaziergang** M promenade *f* **Spazierstock** M canne *f*
Specht M pivert
Speck M lard
Spediteur M transporteur
Spedition F entreprise de transport
Speer N javelot *m*
Speiche F rayon *m*
Speichel M salive *f*
Speicher M *Dachboden* grenier; *Warenlager* entrepôt; IT mémoire *f* **Speicherkarte** F IT. TEL carte à mémoire **speichern** stocker; IT mémoriser; *Text* sauvegarder **Speicherplatz** M IT. TEL capacité *f* de mémoire
Speise F *Gericht* plat *m*; *Süßspeise* entremets *m*; *Nahrung* nourriture **Speiseeis** N glace *f* **Speisekarte** F carte **Speiseröhre** F œsophage *m* **Speisesaal** M salle *f* à manger **Speisewagen** M wagon--restaurant
Spende F don *m* **spenden** *Blut, Geld* donner **Spender(in)** M(F) donateur *m*, donatrice *f* **spendieren** *umg* offrir
Sperma N sperme *m*
Sperre F barrage *m* **sperren** *Straße* fermer à la circulation; *Grenze, Pass* fermer; *Hafen, Konto* bloquer **Sperrgebiet** N zone *f* interdite **Sperrholz**

N contre-plaqué *m* **sperrig** encombrant **Sperrmüll** M encombrants *mpl* **Sperrstunde** F couvre-feu *m*
Spesen PL frais *mpl*
Spezi® N *boisson à base de coca-cola et de limonade*
Spezialist(in) M(F) spécialiste **Spezialität** F spécialité **speziell** spécial
Spiegel M miroir, glace *f* **Spiegelei** N œuf *m* sur le plat **spiegelglatt** *Straße* verglacé
spiegeln miroiter; **sich ~** se refléter
Spiel N jeu *m*; SPORT match *m* **Spielautomat** M machine *f* à sous **Spielbank** F casino *m* **spielen** jouer (**Karten** aux cartes) **Spieler(in)** M(F) joueur *m*, joueuse *f* **Spielfeld** N terrain *m*; *Tennis* court *m* **Spielfilm** M long-métrage **Spielhalle** F salle de jeu **Spielkarte** F carte (à jouer) **Spielkasino** N casino *m*
Spielplan M programme; **auf dem ~** à l'affiche
Spielplatz M terrain de jeu
Spielregel F règle du jeu
Spielzeit F *Theater* saison
Spielzeug N jouet *m*, joujou *m*
Spieß M GASTR broche *f*; **am ~** à la broche
Spinat M épinard
Spinne F araignée **spinnen** filer; *fig umg* déjanter **Spinngewebe** N toile *f* d'araignée
Spion M espion **Spionage** F espionnage *m*
Spirale F spirale; MED stérilet *m*
Spirituosen PL spiritueux *mpl*
Spiritus M alcool **Spirituskocher** M réchaud à alcool
spitz pointu; *Winkel* aigu
Spitze F pointe (*a. fig*); *Gipfel* sommet *m*; *Gewebe* dentelle; **an der ~ stehen** être en tête; *umg* **(das ist) spitze!** super!
Spitzel M mouchard
spitzen *Bleistift* tailler
Spitzengeschwindigkeit F vitesse maximum, de pointe **Spitzenleistung** F SPORT record *m* **Spitzenreiter** M leader
Spitzname M surnom
Splitter M éclat; *in der Haut* écharde *f*
Spoiler M AUTO, TV spoiler
Sponsor M sponsor
Sport M sport; **~ treiben, machen** faire du sport
Sportartikel MPL articles de sport **Sportflugzeug** N avion de tourisme **Sporthalle** F stade *m* couvert **Sportkleidung** F vêtements *mpl* de sport **Sportler(in)** M(F) sportif *m*, sportive *f*
sportlich sportif
Sportplatz M terrain de sport
Sporttasche F sac *m* de sport **Sporttauchen** N plongée *f* sous-marine **Sportun-**

fall M accident de sport **Sportveranstaltung** F rencontre, compétition (sportive) **Sportverein** M club (sportif) **Sportwagen** M voiture *f* de sport **Sportzeug** N *umg* affaires *fpl* de sport
Spott M moquerie(s) *fpl* **spottbillig** donné **spotten** se moquer (**über** *akk* de)
spöttisch moqueur
Sprache F langue **Sprachenschule** F école *f* de langues **Sprachführer** M guide de conversation **Sprachkurs** M cours de langue
sprachlos interloqué
Spray M *od* N spray *m* **Spraydose** F bombe
sprechen parler (**mit** à, avec; **über** *akk* de) **Sprecher(in)** M(F) TV, *Radio* présentateur *m*, présentatrice *f*; *Wortführer(in)* porte-parole
Sprechstunde F heures *fpl* de consultation; **~ haben** recevoir **Sprechstundenhilfe** F *neg!* secrétaire médicale **Sprechzimmer** N cabinet *m* de consultation
sprengen faire sauter; *Garten* arroser **Sprengstoff** M explosif
sprich, spricht → sprechen
Sprichwort N proverbe *m*
Springbrunnen M jet d'eau
springen sauter; *Glas* se fêler
Sprit *umg* M essence *f*
Spritze F MED seringue; *Einspritzung* piqûre **spritzen** jaillir, gicler; MED injecter
spröde *Nägel* cassant; *Lippen* sec; *Stimme* cassé; *fig* froid
Spruch M dicton **Spruchband** N banderole *f*, calicot *m*
Sprudel M eau *f* gazeuse
Sprühdose F atomiseur *m* **Sprühregen** M bruine *f*
Sprung M saut; *Riss* fêlure *f* **Sprungbrett** N, **Sprungschanze** F tremplin *m* **Sprungtuch** N toile *f* de sauvetage
Spucke F salive **spucken** cracher
Spule F bobine
Spüle F évier *m*
spülen *Geschirr* faire la vaisselle; *WC* tirer la chasse d'eau; *Gläser, Wäsche* rincer **Spülmaschine** F lave-vaisselle *m* **Spülmittel** N liquide *m* vaisselle **Spülung** F *WC* chasse d'eau
Spur F *Fußspur* trace; *Ski-, Tonspur* piste; *Fahrspur* voie
spüren sentir
spurlos sans trace
Squash N squash [skwaʃ] *m*
Staat M État **staatlich** de l'État, national; ADV par l'État
Staatsangehörigkeit F nationalité **Staatsanwalt** M, **Staatsanwältin** F procureur *m* **Staatsbürger(in)** M(F) citoyen(ne)
Stab M bâton **Stabhoch-**

sprung M saut à la perche
Stachel M BOT épine *f*; *Insektenstachel* dard **Stachelbeere** F groseille à maquereau
Stacheldraht M (fil de fer) barbelé
Stadion N stade *m*
Stadt F ville **Stadtbummel** M *umg* tour *f* en ville
Städtepartnerschaft F jumelage *m* **Städtereise** F, **Städtetour** F séjour *m od* voyage *m* (dans une ville)
städtisch urbain; *städtisch verwaltet* municipal
Stadtmitte F centre(ville) *m*
Stadtplan M plan de la ville
Stadtrand M périphérie *f*
Stadtrundfahrt F visite (guidée) de la ville (en car); tour *m* de ville **Stadtteil** M, **Stadtviertel** N quartier *m*
Stahl M acier
Stalking N *a. Internet* harcèlement *m* (obsessionnel)
Stall M *Vieh* étable *f*; *für Pferde* écurie *f*
Stamm M BOT tronc; *Volk* tribu *f* **stammen** être originaire (**aus** de) **Stammgast** M habitué **Stammkunde** M bon client
Stand M *Zustand* état; *Messestand* stand **Standbild** N statue *f*
Ständer M support; *vulg* **e-n ~ haben** bander
Standesamt N bureau *m* de l'état civil
standhalten (*dat*) résister (à)
ständig constant; ADV constamment
Standlicht N feux *mpl* de position **Standort** M endroit; *e-r Firma* emplacement
Standpunkt M point de vue
Standspur F bande d'arrêt d'urgence
Stange F perche; *aus Metall* barre; *Zigaretten* cartouche
Stängel M tige *f*
Stapel M pile *f* **Stapellauf** M mise *f* à l'eau, lancement *m*
stapeln empiler
Star M ZOOL étourneau, *Filmstar* star *f*; MED **grauer ~** cataracte; **grüner ~** glaucome
starb → sterben
stark fort; *mächtig* puissant; *Verkehr* intense; *Raucher, Esser* gros
Stärke F force; *starke Seite* (point *m*) fort *m*; *Wäschestärke* amidon *m*
stärken fortifier, renforcer; *Wäsche* amidonner; **sich ~** se restaurer
Starkstrom M courant fort *od* de haute tension
Stärkung F renforcement; *Imbiss* collation **Stärkungsmittel** N MED fortifiant *m*
starr *Blick* raide; *steif* rigide
Start M départ; FLUG décollage; AUTO démarrage **Startbahn** F piste de décollage
starten partir; FLUG décoller; AUTO démarrer **Starter** M

AUTO démarreur
Starthilfekabel N câbles *mpl* de démarrage
Station F *U-Bahn* station; *Bus, Bahn* arrêt *m*; *im Krankenhaus* service *m*
stationär MED à l'hôpital; **~e Behandlung** F (traitement *m* nécessitant l')hospitalisation
Statist M figurant
Stativ N trépied *m*
statt au lieu de **stattfinden** avoir lieu
Statue F statue
Stau M AUTO bouchon
Staub M poussière *f* **staubig** poussiéreux **staubsaugen** passer l'aspirateur **Staubsauger** M aspirateur
Staudamm M barrage **stauen** *Wasser* retenir; **sich ~** s'amasser; *Verkehr* former un bouchon
staunen s'étonner (**über** *akk* de)
Stausee M lac de retenue
Steak N steak *m*, bifteck *m*
stechen *Insekt* piquer **stechend** *Schmerz* lancinant **Stechmücke** F moustique *m* **Stechuhr** F pointeuse
Steckbrief M avis de recherche **Steckdose** F prise (de courant)
stecken mettre (**in** *akk* dans); *sich befinden* se trouver; **~ bleiben** rester bloqué
Stecker M fiche *f* mâle **Stecknadel** F épingle
Steg M *Bootssteg* passerelle *f*
stehen être *od* se tenir debout; *sich befinden* se trouver; *Kleidung* **j-m (gut) ~** aller bien à qn; **~ bleiben** s'arrêter
Stehlampe F lampadaire *m*
stehlen voler
Stehpaddeln N *Sportart* (stand-up) paddle *m*
Stehplatz M place *f* debout
steif raide (*a. fig*)
steigen monter (**auf** *akk* sur)
steigern augmenter; *verbessern* améliorer **Steigerung** F augmentation **Steigung** F montée
steil raide, escarpé
Stein M pierre *f*; *Spielstein* pion; *Obststein* noyau **Steinbruch** M carrière *f* **Steingut** N faïence *f* **steinig** pierreux **Steinkohle** F °houille **Steinschlag** M chute *f* de pierres
Stelle F endroit *m*; *Arbeitsstelle* emploi *m*; *Textstelle* passage *m*; **an deiner ~** à ta place
stellen mettre; *aufrecht stellen* mettre debout; *Uhr* régler; *Frage* poser
Stellenangebot N offre *f* d'emploi
Stellung F position; *berufliche* emploi *m*
Stellvertreter(in) M(F) suppléant(e), adjoint(e)
Stempel M tampon **stempeln** tamponner; *Post* oblitérer
Stengel M → Stängel

Stenotypistin F sténodactylo
Steppdecke F couette
Sterbehilfe F euthanasie
sterben mourir **Sterbeurkunde** F acte *m* de décès
sterblich mortel
Stereo N **in ~** en stéréo **Stereoanlage** F chaîne stéréo *od* °hi-fi
steril stérile; *Instrumente* stérilisé; *fig* aseptisé
Stern M étoile *f* **Sternbild** N constellation *f* **Sternschnuppe** F étoile filante **Sternwarte** F observatoire *m* **Sternzeichen** N signe *m* astrologique
stets toujours
Steuer[1] N SCHIFF barre *f*; AUTO volant *m*
Steuer[2] F impôt *m* (**auf** sur) **Steuererklärung** F déclaration d'impôt **steuerfrei** non imposable
Steuermann M SPORT barreur
steuern piloter; AUTO *a.* conduire; TECH commander
steuerpflichtig imposable
Steuerung F TECH commande **Steuerzahler(in)** M(F) contribuable
Steward M steward **Stewardess** F hôtesse de l'air
Stich M *Insektenstich* piqûre *f*; *Messerstich* coup; *Nähstich* point; *Kupferstich* gravure *f*; **im ~ lassen** abandonner
stichhaltig valable; **nicht ~** peu sérieux
sticken broder **Stickerei** F broderie
stickig suffocant
Stickstoff M azote
Stiefel M botte *f*
Stiefmutter F belle-mère **Stiefsohn** M beau-fils **Stieftochter** F belle-fille **Stiefvater** M beau-père
stiehlt → stehlen
Stiel M manche *f*; BOT tige *f*
Stier M taureau **Stierkampf** M corrida *f*
Stift M *Bleistift* crayon
stiften *gründen* fonder; *spenden* donner **Stiftung** F fondation
Stil M style
still calme; *schweigsam* silencieux; **~!** silence!; **~ halten** ne pas bouger
Stille F calme *m*; silence *m*
stillen *Kind* allaiter; *Schmerz, Durst* apaiser
Stimme F voix
stimmen voter (**für** pour; **gegen** contre); MUS accorder; **das stimmt** c'est vrai
Stimmrecht N droit *m* de vote
Stimmung F humeur; *Atmosphäre* ambiance; **für ~ sorgen** mettre de l'ambiance
stinken puer
Stipendium N bourse *f*
stirbt → sterben
Stirn F front *m* **Stirnhöhlenentzündung** F sinusite

Stock M bâton; *Spazierstock* canne *f*; *Stockwerk* étage **stocken** s'arrêter **Stockwerk** N étage *m*
Stoff M tissu; *Materie* matière *f* **Stofftier** N (animal *m* en) peluche *f* **Stoffwechsel** M métabolisme
stöhnen gémir
stolpern trébucher (**über** *akk* sur)
stolz fier [fjɛʀ] (**auf** *akk* de)
Stolz M fierté *f*
stopfen *Pfeife* bourrer; *Wäsche* repriser
stoppen *Auto* arrêter; *Zeit* chronométrer; V/I *anhalten* s'arrêter **Stoppschild** N stop *m* **Stoppuhr** F chronomètre *m*
Stöpsel M bouchon
Storch M cigogne *f*
stören déranger; *Ruhe* troubler; *Unterricht* perturber; *missfallen* déplaire **Störung** F dérangement *m* (*a.* TEL); TECH *a.* panne; *Radio* parasites *mpl*
Stoß M coup; *Stapel* tas **Stoßdämpfer** M amortisseur
stoßen pousser; **~ gegen, an** (*akk*) °heurter; **auf j-n ~** tomber sur qn; **sich ~ an** (*dat*) se cogner contre; *fig* être choqué par
Stoßstange F pare-chocs *m* **Stoßverkehr** M embouteillages *mpl* (aux heures de pointe) **Stoßzeit** F heures *fpl* de pointe
stottern bégayer
Str. (Straße) rue
Strafanstalt F maison d'arrêt **Strafanzeige** F plainte **strafbar** répréhensible
Strafe F punition; JUR peine; *Geldstrafe* amende **strafen** punir
straff tendu, raide
straffrei impuni **Strafgefangene(r)** M/F(M) détenu(e) *m(f)* **Strafraum** M SPORT surface *f* de réparation **Strafrecht** N droit *m* pénal **Strafstoß** M SPORT penalty **Straftat** F délit **Strafzettel** M *umg* P.V. (*procès verbal*)
Strahl M rayon; *Wasser* jet; PHYS **~en** *pl* radiations *fpl*
strahlen rayonner (*a. fig*); *Uran* être radioactif **Strahlenschutz** M radioprotection *f* **Strahlung** F PHYS rayonnement *m*
Strähne F, **Strähnchen** N mèche; **sich ~ machen lassen** se faire faire un balayage
Strampelanzug M grenouillère *f* **strampeln** gigoter
Strand M plage *f*; **am ~** sur, à la plage
Strandbad N plage *f* **Strandgut** N épave *f* **Strandkorb** M fauteuil-cabine *m* (en osier) **Strandliege** F chaise longue (de plage) **Strandmuschel** F tente de plage **Strandpromenade** F front *m* de mer **Strandurlaub** M vacances

fpl à la plage
Strapaze F fatigue **strapazierfähig** résistant, solide **strapaziös** fatigant
Straßburg Strasbourg [stʀazbuʀ]
Straße F rue; *Fahrstraße* route; **auf der ~** dans la rue
Straßenarbeiten FPL travaux *mpl* (de voirie) **Straßenbahn** F tramway *m* **Straßenbeleuchtung** F éclairage *m* des rues **Straßencafé** N café *m* (avec terrasse) **Straßenglätte** F verglas *m* **Straßenhändler** M marchand ambulant **Straßenkarte** F carte routière **Straßennetz** N réseau *m* routier **Straßenrand** M bas-côté **Straßenschild** N plaque *f* de rue **Straßensperre** F barrage *m* routier **Straßenverkehr** M circulation *f* **Straßenverkehrsordnung** F code *m* de la route **Straßenzustand** M état des routes
sträuben sich ~ gegen s'opposer à
Strauch M arbrisseau **Strauchtomate** F tomate en grappe
Strauß M *Blumenstrauß* bouquet; ZOOL autruche *f*
streben aspirer (**nach** à) **strebsam** ambitieux
Strecke F distance; *Route* trajet *m*; *Bahn* ligne
strecken (**sich**) ~ (s')étendre
Streich M *fig* tour; **j-m e-n ~ spielen** jouer un tour à qn
streicheln caresser **Streichelzoo** M zoo (pour caresser les animaux)
streichen *Wand etc* peindre; *Brote* tartiner (**mit** de); *ausstreichen* supprimer; *Name* rayer; *Flug etc* annuler
Streichholz N allumette *f* **Streichinstrument** N instrument *m* à cordes **Streichkäse** M fromage à tartiner
Streife F patrouille
streifen effleurer
Streifen M bande *f*; *im Stoff* rayure *f* **Streifenwagen** M voiture *f* de police
Streik M grève *f* **streiken** faire grève
Streit M querelle *f*; *Wortstreit* dispute *f* **streiten** se quereller; se disputer **Streitkräfte** FPL forces
streng sévère; *Regeln* strict
Stress M stress **stressig** stressant **Stresstest** M test de résistance
Stretch M *Stoff* stretch **Stretchhose** F pantalon *m* (en) stretch
streuen répandre; **Zucker auf etw** (*akk*) **~** saupoudrer qc de sucre
Strich M trait; *umg Prostitution* trottoir **Strichcode** M code-barres
Strick M corde *f*
stricken tricoter **Strickjacke**

F gilet *m* **Stricknadeln** FPL aiguilles à tricoter **Strickwaren** FPL articles *mpl* en tricot **Strickzeug** N tricot *m*
strikt strict
String(tanga) M string *m*
Striptease M strip-tease
strittig controversé
Stroh N, **Strohhalm** M paille *f* **Strohhut** M chapeau de paille
Strom M fleuve; ELEK courant **Stromanschluss** M prise *f* de courant **Stromausfall** M panne *f* d'électricité
strömen couler (à flots); *Menschenmenge* affluer
Stromstärke F intensité du courant
Strömung F courant *m*
Stromverbrauch M consommation *f* de courant
Strumpf M bas **Strumpfhose** F collant(s) *mpl*
Stück N morceau *m* (*a.* MUS); *e-r Sammlung* pièce *f* (*a. Theater*); **5 Euro pro ~** 5 euros (la) pièce
Student(in) M(F) étudiant(e)
Studentenausweis M carte *f* d'étudiant **Studenten(wohn)heim** N foyer *m* d'étudiants
Studiengebühren PL droits *mpl* universitaires **Studienplatz** M place *f* à l'université **Studienreise** F voyage *m* d'études
studieren faire ses études; *etw* étudier **Studium** N études *fpl*
Stufe F marche
Stuhl M chaise *f* **Stuhlgang** M selles *fpl*
stumm muet
Stummel M bout; *Zigarette* mégot
Stummfilm M film muet
stumpf *Messer* émoussé; *fig Blick* terne **stumpfsinnig** stupide
Stunde F heure; *Schulstunde* cours *m*, leçon
Stundenkilometer MPL kilomètres-heure **stundenlang** pendant des heures **Stundenlohn** M salaire horaire **Stundenplan** M emploi du temps
stündlich toutes les heures
stur entêté
Sturm M tempête *f*
stürmen SPORT attaquer; MIL prendre d'assaut (*a. fig*) **Stürmer(in)** M(F) SPORT avant *m* **stürmisch** orageux; *fig* impétueux; *Beifall* frénétique
Sturz M chute *f* (*a. fig u.* POL)
stürzen tomber (**auf j-n** sur qn); *etw u. fig* renverser; **sich ~ auf** (*akk*) se jeter sur
Sturzhelm M casque
Stute F jument
Stütze F soutien *m* (*a. fig*) **stützen** soutenir (*a. fig*); **sich ~ auf** (*akk*) s'appuyer sur
Stützstrumpf M bas à varices
Subjekt N GRAM sujet; *pej* individu **subjektiv** subjectif

Substantiv N substantif *m* **Substanz** F substance **subtrahieren** soustraire **Suche** F recherche (**nach** de) **suchen** chercher; *intensiv* rechercher **Sucher** M FOTO viseur **Suchmaschine** F IT moteur *m* de recherche **Sucht** F manie (**nach** de); *Abhängigkeit* dépendance (à) **süchtig** dépendant **Süddeutschland** N l'Allemagne *f* du Sud **Süden** M sud **Südfrankreich** N le Midi **südlich** du sud; ~ **von** au sud de **Südosten** M sud-est **Südwesten** M sud-ouest **Südwind** M vent du sud **Suite** F suite **Sülze** F museau *m* **Summe** F somme **Sumpf** M marais **Sünde** F péché *m* **super** *umg* super **Super** N, **Superbenzin** N super *m* **Supermarkt** M supermarché **Superstar** M *umg* superstar *f*, vedette *f* **Suppe** F soupe, potage *m* **Suppenlöffel** M cuillère *f* à soupe **Suppenteller** M assiette *f* creuse **Surfbrett** N planche *f* à voile **surfen** *windsurfen* faire de la planche à voile; *wellenreiten* faire du surf, surfer; **im Internet** ~ naviguer sur Internet **Surfstick** M stick USB **süß** sucré; *niedlich* mignon **süßen** sucrer **Süßigkeiten** FPL friandises **süßsauer** aigre-doux **Süßspeise** F entremets *m* **Süßstoff** M édulcorant **SUV** M *od* N AUTO SUV *m* **Swimmingpool** M piscine *f* **sympathisch** sympathique **Symptom** N symptôme *m* **Synagoge** F synagogue **Syndrom** N syndrôme *m* **synthetisch** synthétique **System** N système *m* **systematisch** systématique **Szene** F scène; *Milieu* milieux *mpl*

T

Tabak M tabac [taba] **Tabakladen** M bureau de tabac **tabellarisch** sous forme de tableau **Tabelle** F tableau *m* **Tablet** N, **Tablet-PC** M IT tablette *f* (PC) **Tablett** N plateau *m* **Tablette** F comprimé *m* **Tachometer** M AUTO compteur (de vitesse) **Tadel** M blâme **tadellos** irréprochable **tadeln** blâmer **Tafel** F *Schild* panneau *m*; *Schule* tableau *m*; *Tisch* table; *Schokolade* tablette

Tag M jour, journée *f*; **guten ~!** bonjour!; **am ~e** de jour; **am nächsten ~** le lendemain
tagelang ADV des jours entiers
Tagesgericht N plat *m* du jour **Tageskarte** F billet *m* valable pour la journée; *im Restaurant* menu *m* du jour **Tageslicht** N (lumière *f* du) jour *m* **Tagesmutter** F nourrice **Tagesordnung** F ordre *m* du jour **Tagesschau** F TV journal *m* télévisé **Tageszeitung** F quotidien *m*
täglich quotidien; ADV tous les jours; **zweimal ~** deux fois par jour
tagsüber pendant la journée
Tagung F congrès *m*
Taille F taille
Takt M MUS mesure *f*; *Taktgefühl* tact **taktlos** sans tact; *Frage* indiscret **Taktstock** M baguette *f* **taktvoll** plein de tact; ADV avec tact
Tal N vallée *f*
Talent N talent *m*
Talg M suif
Talkshow F débat *m* télévisé
Talsperre F barrage *m*
Tampon M tampon
Tandem N tandem *m*
Tang M varech [vaʀɛk]
Tanga M tanga
Tango M MUS tango
Tank M réservoir **tanken** prendre de l'essence; *voll* faire le plein **Tanker** M SCHIFF pétrolier
Tankini M tankini
Tankstelle F station-service
Tankwart M pompiste
Tanne F sapin *m*
Tante F tante
Tanz M danse *f* **tanzen** danser
Tänzer(in) M(F) danseur *m*, danseuse *f*
Tanzlokal N dancing *m*
Tanzmusik F musique de danse **Tanztee** M thé dansant
Tapas FPL GASTR tapas **Tapasbar** F bar *m* à tapas
Tapete F papier *m* peint
Tapeverband M **Tape** N bandage *m* adhésif
tapfer courageux
Tarif M tarif **Tarifpartner** MPL partenaires sociaux **Tarifvertrag** M convention *f* collective
Tasche F *an der Kleidung* poche; *Einkaufstasche, Handtasche* sac *m*
Taschenbuch N livre *m* de poche **Taschendieb** M pickpocket **Taschengeld** N argent *m* de poche **Taschenlampe** F lampe de poche **Taschenmesser** N canif *m* **Taschenrechner** M calculette *f* **Taschentuch** N mouchoir *m*
Tasse F tasse
Tastatur F clavier *m*
Taste F touche **Tastentelefon** N téléphone *m* à touches

tat → tun
Tat F action, acte *m*; *Verbrechen* crime *m*; **in der ~** en effet
Tatbestand M faits *mpl*
Täter(in) M(F) auteur *m* du délit, du crime
tätig actif; **in e-r Bank ~ sein** travailler dans une banque
Tätigkeit F activité
Tatort M lieu du crime
Tatsache F fait *m* **tatsächlich** vrai(ment), réelle(ment)
Tattoo N tatouage *m*
Tatze F patte
Tau[1] N cordage *m*
Tau[2] M rosée *f*
taub sourd
Taube F pigeon *m*
taubstumm sourd-muet
tauchen plonger
Taucher M plongeur; *mit Taucheranzug* scaphandrier **Taucherbrille** F masque *m* de plongée **Taucherin** F plongeuse
Tauchsport M plongée *f* (sous-marine)
tauen fondre; **es taut** il dégèle
Taufe F baptême [-at-] *m* **taufen** baptiser [-at-] **Taufpate** M parrain **Taufpatin** F marraine
taugen être bon (**zu, für** pour); **nichts ~** *Sache* ne rien valoir; *Person* n'être bon à rien **tauglich** bon (**zu, für** pour); MIL apte au service
Tausch M échange **Tauschbörse** F bourse d'échange; INTERNET site *m* d'échange
tauschen échanger (**gegen** contre); *Geld* changer
täuschen tromper; **sich ~** se tromper (**in** *dat* sur) **Täuschung** F tromperie; *Sinnestäuschung* illusion
tausend mille **Tausender** *umg* M billet de mille **Tausendstel** N millième *m*
Tauwetter N dégel *m*
Taxi N taxi *m* **Taxifahrer(in)** M(F) chauffeur *m* de taxi **Taxistand** M station *f* de taxis
Team N équipe *f* **Teamarbeit** F, **Teamwork** N travail *m* en équipe
Technik F technique [-k-]
Techniker(in) M(F) technicien(ne) [-k-] **technisch** technique [-k-]
Techno M *od* N MUS techno [-k-] *f*
Technologie F technologie [-k-]
Tee M thé; *Kräutertee* infusion *f*, tisane *f* **Teebeutel** M sachet de thé **Teekanne** F théière **Teelöffel** M cuillère *f* à café
Teer M goudron
Teesieb N passe-thé *m* **Teetasse** F tasse à thé
Teich M étang
Teig M pâte *f* **Teigwaren** FPL pâtes (alimentaires)
Teil N *od* M partie *f*; *Anteil* part *f*; **zum ~** en partie
teilen (sich) ~ (se) diviser (**in**

akk en); *aufteilen* (se) partager (**mit** avec)
Teilhaber(in) M(F) associé(e)
Teilnahme F participation (**an** *akk* à); *Mitgefühl* sympathie
teilnehmen participer (**an** *dat* à) **Teilnehmer(in)** M(F) participant(e)
teils en partie **Teilung** F division; partage *m* **teilweise** partiel; ADV en partie **Teilzahlung** F paiement *m* à tempérament **Teilzeit** F temps *m* partiel; **(in) ~ arbeiten** travailler à temps partiel **Teilzeitarbeit** F, *umg* **Teilzeitjob** M travail *m* à temps partiel
Telefax N télécopie *f*
Telefon N téléphone *m* **Telefonanruf** M appel (téléphonique), coup de téléphone **Telefonbanking** N (services *mpl* de) banque *f* électronique **Telefonbuch** N annuaire *m* **Telefongespräch** N conversation *f* téléphonique **telefonieren** téléphoner (**mit** à) **telefonisch** par téléphone **Telefonistin** F standardiste **Telefonkarte** F télécarte **Telefonnummer** F numéro *m* de téléphone **Telefonzentrale** F central *m* (téléphonique); *e-r Firma* standard *m*
telegrafieren télégraphier
Telegramm N télégramme *m*
Telenovela F telenovela *f*
Teleobjektiv N téléobjectif *m*
Teller M assiette *f*
Tempel M temple
temperamentvoll plein d'entrain, de fougue
Temperatur F température
Tempo N vitesse *f*, allure *f*; MUS tempo *m* **Tempolimit** N limitation *f* de vitesse
Tendenz F tendance
Tennis N tennis *m* **Tennisball** M balle *f* de tennis **Tennisplatz** M court [kuʀ] (de tennis) **Tennisschläger** M raquette *f*
Teppich M tapis **Teppichboden** M moquette *f*
Termin M date *f*; *beim Arzt etc* rendez-vous **Terminkalender** M agenda
Terrasse F terrasse
Terrine F soupière
Terroranschlag M attentat terroriste **Terrorist(in)** M(F)
Terrormiliz F groupe *m* armé terroriste
Tesafilm® M scotch®
Test M test
Testament N testament
testen tester
Tetanus M tétanos
teuer cher; **wie ~ ist das?** combien ça coûte?; **zu ~** trop cher
Teufel M diable
Text M texte
Textilien PL textiles *mpl*
Textverarbeitung F traitement *m* de texte
Thailand N la Thaïlande
Theater N théâtre *m*; *fig* **~ machen** faire des histoires

Theaterstück N pièce *f* (de théâtre) **Theatervorstellung** F représentation (théâtrale)
Theke F comptoir *m*
Thema N sujet *m*, thème *m*
Theorie F théorie
Therapie F thérapie
Thermalbad N station *f* thermale **Thermometer** N thermomètre *m* **Thermosflasche** F thermos
Thriller M film *bzw* roman de suspense
Thrombose F thrombose
Thunfisch M thon
Thüringen N la Thuringe
Thymian M thym
Ticket N *Flugticket, Eintrittskarte* billet *m*; *Fahrschein* ticket *m*
tief profond; *niedrig* bas; *Stimme* grave; *Teller* creux
Tief N, **Tiefdruckgebiet** N zone *f* de basse pression
Tiefe F profondeur
Tiefgarage F parking *m* souterrain **tiefgekühlt** surgelé
Tiefkühlfach N freezer [FRIZŒR] **Tiefkühltruhe** F congélateur *m*
Tier N animal *m* **Tierarzt** M, **Tierärztin** F vétérinaire **Tiergarten** M zoo **Tierhandlung** F animalerie **Tierschutz** M protection *f* des animaux **Tierversuche** MPL expérimentation *f* animale
Tiger M tigre
tilgen *Schulden* rembourser
Timing N minutage *m*
Tinnitus M MED acouphène
Tinte F encre **Tintenfisch** M seiche *f*
Tipp M *umg Hinweis* tuyau
tippen taper à la machine; *wetten* parier (**auf** *akk* sur); *im Lotto, Toto* jouer
Tisch M table *f*; **bei ~** à table
Tischler M menuisier
Tischtennis N ping-pong *m* **Tischtuch** N nappe *f* **Tischwein** M vin de table
Titel M titre
Toast M toast **Toaster** M grille-pain
toben être furieux; *Kinder* faire les fous
Tochter F fille
Tod M mort *f*
Todesanzeige F faire-part *m* de décès **Todesopfer** N mort *m* **Todesstrafe** F peine de mort
tödlich mortel
todmüde mort de fatigue
Tofu M tofu
Toilette F toilettes *fpl*, W.-C. *mpl*; **wo ist die ~** où sont les toilettes? **Toilettenpapier** N papier *m* hygiénique
toll *umg großartig* super **Tollwut** F rage **tollwütig** enragé
Tomate F tomate **Tomatensaft** M jus de tomates
Ton[1] M *Lehm* argile *f*; (terre *f*) glaise *f*
Ton[2] M ton; *Film*, TV *etc* son
tönen *Haar* teindre

Toner M encre *f*
Tonne F tonneau *m*; *Maß* tonne
Tönung F coloration
Topf M pot; *Kochtopf* faitout, marmite *f*
Topfen M *österr* fromage blanc
Töpferei F poterie **Töpferwaren** FPL poteries
Tor N porte *f*; SPORT but *m*
Torf M tourbe *f*
Torschütze M buteur
Törtchen N tartelette *f*
Torte F gâteau *m*; *Obsttorte* tarte
Torwart M gardien de but
tot mort
total total **Totalausverkauf** M liquidation *f* totale
Totalschaden M AUTO destruction *f* totale du véhicule
Tote(r) M/F(M) mort(e) *m(f)* **töten** tuer **Totenschein** M acte de décès **Totschlag** M homicide
Touchpad N pavé *m* tactile **Touchscreen** M écran tactile
Toupet N postiche *m*
Tour F tour *m* (**durch** de); *Ausflug* excursion; *Route* itinéraire *m* **Tourenrad** M vélo *m* de tourisme
Tourismus M tourisme; **sanfter ~** écotourisme **Tourist(in)** M(F) touriste **Touristeninformation** F office *m* du tourisme **Touristenklasse** F classe touriste
Trab M trot **traben** trotter
Tracht F costume *m* régional
Tradition F tradition
Tragbahre F civière **tragbar** portable, portatif
träge indolent; *faul* paresseux
tragen porter; **bei sich ~** avoir sur soi
Träger M *Kleidung* bretelle *f*; ARCH poutre *f*
Tragetasche F sac *m*
Tragfläche F aile **Tragflügelboot** N hydroptère *m*
tragisch tragique **Tragödie** F tragédie
Tragweite F portée
Trainer(in) M(F) entraîneur *m*, entraîneuse *f* **trainieren** (s')entraîner **Training** N entraînement *m* **Trainingsanzug** M survêtement
Traktor M tracteur
trampen faire du stop **Tramper(in)** M(F) auto-stoppeur *m*, auto-stoppeuse *f*
Trampolin N trampoline *m*
Träne F larme **Tränengas** N gaz *m* lacrymogène
Transfer M transfert
Transitverkehr M trafic de transit **Transitvisum** N visa *m* de transit
transparent transparent
Transport M transport **transportfähig** transportable
transportieren transporter
Transportkosten PL frais *mpl* de transport

Traube F *Weintraube* (grain *m* de) raisin *m*; BOT, *a. fig* grappe; **~n kaufen** acheter du raisin **Traubensaft** M jus de raisin **Traubenzucker** M glucose *m*
trauen j-m ~ avoir confiance en qn; **sich ~ zu** oser (+*Inf*); V/T marier; **sich ~ lassen** se marier
Trauer F deuil *m* **Trauerfeier** F funérailles *fpl*
trauern être en deuil; **um j-n ~** pleurer (la mort de) qn
Traum M rêve
träumen rêver
traurig triste **Traurigkeit** F tristesse
Trauring M alliance *f* **Trauschein** M acte de mariage **Trauung** F mariage *m* **Trauzeuge** M témoin du (de la) marié(e)
Treff N trèfle *m*
treffen *Ziel* toucher; *kränken* blesser; *Entscheidung* prendre; *begegnen* **(sich) ~** (se) rencontrer
Treffen N rencontre *f*
treffend juste **Treffpunkt** M (lieu de) rendez-vous
treiben pousser; SPORT, *Studien, Handel* faire; *auf dem Wasser* dériver
Treibgas N gaz *m* propulseur **Treibhaus** N serre *f* **Treibhauseffekt** M effet de serre **Treibstoff** M carburant
Trekking N trekking *m* **Trekkingrad** N VTC *m*, vélo *m* tout chemin **Trekkingschuhe** MPL chaussures *fpl* de trekking **Trekkingtour** F voyage *m* trekking
Trend M *Tendenz* tendance *f*; *Mode* mode *f*
trennen (sich) ~ (se) séparer **(von** de) **Trennung** F séparation **Trennwand** F cloison
Treppe F escalier *m*
Treppengeländer N rampe *f* **Treppenhaus** N cage *f* d'escalier
Tresor M coffre-fort
Tretboot N pédalo *m*
treten *j-n* donner un coup de pied à; **auf etw** (*akk*) **~** marcher sur qc; **auf die Bremse ~** appuyer sur le frein
treu fidèle, loyal **Treue** F fidélité, loyauté **treulos** infidèle, déloyal
Triathlon M SPORT triathlon
Tribüne F tribune
Trichter M entonnoir
Trick M truc **Trickfilm** M dessins *mpl* animés **tricksen** *umg* goupiller
Triebkraft F force motrice **Triebwagen** M BAHN automotrice *f* **Triebwerk** N FLUG réacteur *m*
Trier Trèves
triff(t) → treffen
Trikot N SPORT maillot *m*
trinkbar buvable; *Wasser* potable **trinken** boire **Trinkflasche** F gourde **Trinkgeld** N

pourboire *m* **Trinkwasser** N eau *f* potable
tritt → treten
Tritt M pas; *Fußtritt* coup de pied **Trittbrett** N marchepied *m*
trocken sec (*a. Wein*) **Trockenhaube** F séchoir *m* **Trockenheit** F sécheresse
trocknen sécher **Trockner** M *Wäschetrockner* sèche-linge
Trödelmarkt M marché aux puces
Trolley M valise *f* à roulettes, trolley
Trommel F tambour *m* **Trommelfell** N tympan *m* **trommeln** battre le tambour
Trompete F trompette
Tropen PL tropiques *mpl*; **in den ~** sous les tropiques
Tropf M MED **am ~ hängen** être sous perfusion
tropfen *Wasserhahn* goutter
Tropfen M goutte *f*
tropisch tropical
Trost M consolation *f*
trösten consoler (**über** A de); **sich ~** se consoler (**mit** avec)
trostlos désolant; *öde* désolé **Trostpreis** M prix de consolation
trotz (*gen*) malgré; **~ allem** malgré tout
Trotz M obstination *f* **trotzdem** quand même **trotzig** obstiné
trübe *Flüssigkeit* trouble; *glanzlos* terne; *Wetter* sombre; *fig* triste
Trubel M tumulte
trübsinnig mélancolique
Trüffel F truffe
trügerisch trompeur
Truhe F coffre *m*, bahut *m*
Trümmer PL décombres *mpl*
Trumpf M atout
Trunkenheit F **~ am Steuer** conduite en état d'ivresse
Trunksucht F alcoolisme *m*
Trupp M bande *f*; *Arbeitstrupp* équipe *f*
Truppe F troupe; *Theater a.* compagnie
Truthahn M dindon
Tscheche M Tchèque **Tschechien** N la République tchèque **tschechisch** tchèque
tschüs(s)! *umg* salut!
Tsunami M tsunami
Tube F tube *m*
Tuch N drap *m*; *Kopftuch, Halstuch* foulard *m*; *Staubtuch* chiffon *m*
tüchtig bon; *fähig* capable; *fleißig* travailleur; *umg* ADV beaucoup
tückisch perfide, sournois
Tugend F vertu
Tulpe F tulipe
Tumor M tumeur *f*
Tümpel M mare *f*
Tumult M tumulte
tun faire; *hintun* mettre; **so ~, als ob** faire semblant de
Tunesien N la Tunisie **Tunesier(in)** M(F) Tunisien(ne) **tunesisch** tunisien

Tunfisch M thon
Tunika F tunique
Tunnel M tunnel
Tür F porte
Turbine F turbine
turbulent turbulent
Türke M, **Türkin** F Turc, Turque **Türkei die** ~ la Turquie **Türkis** M *Stein* turquoise *f* **türkisch** turc
Türklinke F poignée de porte
Turm M tour *f*; *Kirchturm* clocher **Turmuhr** F horloge
turnen faire de la gymnastique **Turner(in)** M(F) gymnaste **Turnhalle** F gymnase
Turnier N tournoi *m*
Turnschuh M tennis; *knöchelhoher* basket *f*
Türöffner M ouvre-porte électrique
Tusche F encre de Chine
Tüte F sac *m* en papier *bzw* en plastique; *spitze* cornet *m*
TÜV M (Technischer Überwachungsverein) AUTO (centre de) contrôle technique
twittern utiliser Twitter®
Typ M type
Typhus M (fièvre *f*) typhoïde *f*
typisch typique (**für** de)

U

U-Bahn F métro *m* **U-Bahn-Station** F station de métro
übel mauvais; **mir ist ~** je me sens mal; **~ nehmen** prendre mal; **ich nehme es ihm nicht ~** je ne lui en veux pas
Übelkeit F envie de vomir
üben exercer
über (*akk, dat*) au-dessus de; *auf* sur; *mehr als* plus de; **reisen ~** passer par; **sprechen ~** parler de; **~ Nacht** pendant la nuit
überall partout
überanstrengen sich ~ se surmener
überbacken GASTR gratiné **überbelichtet** surexposé **überbieten** *j-n* enchérir sur; *Rekord* battre **Überbleibsel** N reste *m*
Überblick M vue *f* d'ensemble; *Darstellung* résumé **überblicken** embrasser d'un coup d'œil
überbringen remettre **Überbringer(in)** M(F) porteur *m*, porteuse *f*
überdacht couvert **überdenken** réfléchir à **überdurchschnittlich** au dessus de la moyenne **übereilt** précipité

übereinander l'un sur l'autre
übereinkommen **~, dass** convenir de (+*inf*)
übereinstimmen être d'accord (**mit** avec)
überfahren *j-n* renverser
Überfahrt F traversée
Überfall M attaque *f* (**auf** *akk* de), agression *f* (de) **überfallen** *Bank* attaquer; *j-n* agresser; *fig umg* débarquer chez
überfliegen survoler **Überfluss** M abondance *f* (**an** *dat* de) **überflüssig** superflu
überfluten inonder **überfordern** *j-n* demander trop à
überführen *Leiche* transférer; *Verbrecher* convaincre (**e-r Sache** *gen* de qc) **Überführung** F *Bahn* passage *m* supérieur
überfüllt *Saal* comble; *Zug etc* bondé
Übergabe F remise **Übergang** M passage; *fig* transition *f* **Übergangszeit** F période transitoire; *Jahreszeit* demi-saison
übergeben remettre; **sich ~** vomir
übergehen *übersehen* ignorer; **~ zu** passer à
Übergepäck N excédent *m* de bagages **Übergewicht** N excédent *m* de poids; *fig* prédominance *f* **übergewichtig** qui a un excédent de poids
Übergröße F grande taille
überhaupt en général; **~ nicht** pas du tout
überheblich arrogant
überholen AUTO doubler, dépasser; TECH réviser **überholt** périmé **Überholverbot** N interdiction de dépasser
überladen ADJ surchargé (*a. fig*) **überlassen** laisser, céder
überlaufen[1] *Gefäß* déborder
überlaufen[2] ADJ envahi
überleben survivre **Überlebende(r)** M/F(M) survivant(e) *m(f)*
überlegen[1] réfléchir (**etw** sur qc) **überlegen**[2] ADJ supérieur
Überlegung F réflexion
übermäßig excessif **übermorgen** après-demain **übermüdet** surmené
übernachten passer la nuit
Übernachtung F nuit (à l'hôtel); **~ und Frühstück** chambre et petit déjeuner
übernehmen *Arbeit* se charger de; *Verantwortung* assumer
überprüfen vérifier **überqueren** traverser **überragen** dépasser
überraschen surprendre
überraschend surprenant
Überraschung F surprise
überreden persuader (**zu etw** de faire qc) **überreichen** remettre **überrumpeln** prendre au dépourvu **überschätzen** surestimer
überschlagen *Kosten* faire un calcul rapide; *Seite* sauter; **sich ~** AUTO capoter
überschneiden **sich ~** *Linien*

se croiser; *zeitlich* coïncider **überschreiten** franchir **Überschrift** F titre *m* **Überschuss** M excédent (**an** *dat* de) **Überschwemmung** F inondation **überseeisch**, **Übersee...** d'outre-mer **übersehen** *nicht bemerken* ne pas voir; **das habe ich ~** cela m'a échappé **übersenden** envoyer **übersetzen** *Text* traduire; *mit der Fähre* passer sur l'autre rive **Übersetzer(in)** M(F) traducteur *m*, traductrice *f* **Übersetzung** F traduction **Übersicht** F vue d'ensemble; *Zusammenfassung* résumé *m* **übersichtlich** clair **überspringen** sauter **übersteigen** *fig* dépasser **Überstunden** FPL heures supplémentaires **überstürzt** précipité **übertragen** *Radio*, TV, *Krankheit* transmettre **Übertragung** F transmission **übertreffen** surpasser **übertreiben** exagérer **Übertreibung** F exagération **übertreten** *Gesetz* enfreindre **übervölkert** surpeuplé **überwachen** surveiller **Überwachungskamera** F caméra de surveillance **überwältigen** vaincre **überwältigend** grandiose; *Mehrheit* écrasant **überweisen** *Geld* virer; *Patienten* envoyer (**zu** chez) **Überweisung** F virement *m* **überwiegen** prédominer **überwiegend** ADV principalement **überwinden** vaincre **überzeugen** convaincre (**von** de) **Überzeugung** F conviction **überziehen** *Mantel* mettre; (**sein Konto**) **~** avoir un découvert (**um** de); **~ mit** recouvrir de **Überzug** M couverture *f* **üblich** habituel, d'usage **U-Boot** N sous-marin *m* **übrig** restant; **~ bleiben** rester; **~ lassen** laisser **übrigens** du reste, d'ailleurs **Übung** F exercice *m* **Ufer** N rive *f*; *Meer* rivage *m* **UG** N ABK → Untergeschoss **Uhr** F montre; *Turmuhr* horloge; **wie viel ~ ist es?** quelle heure est-il?; **es ist ein ~** il est une heure; **um wie viel ~?** à quelle heure? **Uhrarmband** N bracelet *m* (pour montre) **Uhrmacher(in)** M(F) horloger *m*, horlogère *f* **Uhrzeiger** M aiguille *f* **Uhrzeit** F heure **Uhu** M grand duc **UKW** (Ultrakurzwelle) FM *f* (*modulation de fréquence*) **Ulme** F orme *m* **Ultraschall** M MED échographie *f*; PHYS ultrason **um** (*akk*) *örtlich* **~** (**... herum**) autour de; *zeitlich* aux environs

de, vers; *Uhrzeit* à; **~ drei (Uhr)** à trois heures; **~ jeden Preis** à tout prix; **~ zu** pour; → besser
umarmen embrasser **Umbau** M transformations *fpl* **umbinden** *Tuch* mettre **umblättern** tourner la page **umbringen** *umg* tuer
umdrehen tourner; **sich ~** se retourner (**nach** vers) **Umdrehung** F tour *m*
umfallen tomber **Umfang** M *Größe* étendue *f*; *Menge* volume **umfangreich** volumineux **umfassen** comprendre **Umfrage** F enquête **umfüllen** transvaser
umgänglich sociable
Umgangsformen FPL (bonnes) manières **Umgangssprache** F langage *m* familier
umgeben entourer (**mit** de) **Umgebung** F *e-r Person* entourage *m*; *e-s Ortes* environs *mpl*
umgehen *Hindernis, Gesetz* contourner; *fig vermeiden* éviter; **mit j-m ~** traiter qn
umgehend ADV immédiatement
Umgehungsstraße F rocade
umgekehrt inverse, contraire; ADV inversement; **und ~** et vice versa
Umhängetasche F sac *m* à bandoulière
Umkehr F retour *m* **umkehren** faire demi-tour; *Taschen* retourner
umkippen renverser; VI se renverser; *umg ohnmächtig werden* tomber dans les pommes
Umkleideraum M vestiaire *m*
umkommen périr, être tué (**bei** dans)
Umkreis M **im ~ von** dans un rayon de
umleiten dévier **Umleitung** F déviation
umliegend environnant
umpacken *Koffer* refaire **umpflanzen** transplanter **umquartieren** loger ailleurs
umrechnen convertir (**in** *akk* en) **Umrechnungskurs** M taux de change
umringen entourer **Umrisse** MPL contours **umrühren** remuer **Umsatz** M HANDEL chiffre d'affaires
Umschlag M MED compresse *f*; *Briefumschlag* enveloppe *f*; *Buchumschlag* jaquette *f* **umschlagen** VI *Boot* chavirer; *Wetter* changer brusquement
umschulen *Berufstätige* recycler, reconvertir **Umschwung** M changement brusque, revirement
umsehen **sich ~** *zurücksehen* se retourner; *ringsherum* regarder autour de soi; **sich in der Stadt ~** faire un tour en ville; **sich nach etw ~** chercher qc
umsichtig circonspect **um-**

sonst *gratis* gratuitement; *vergebens* en vain
Umstände MPL circonstances *fpl*; *Förmlichkeiten* façons *fpl*; **unter diesen ~n** dans ces circonstances, conditions; **unter ~n** éventuellement; **unter keinen ~n** en aucun cas; **ohne ~** sans faire de façons
umständlich compliqué
Umstandskleid N robe *f* de grossesse
umsteigen changer (de train)
umstellen changer de place; *fig Betrieb etc* réorganiser; **sich ~** s'adapter (**auf** *akk* à)
umstoßen renverser **umstritten** contesté **Umsturz** M révolution *f*
Umtausch M échange **umtauschen** échanger
umwandeln transformer (**in** *akk* en) **umwechseln** changer
Umweg M détour
Umwelt F environnement *m*
Umweltbelastung F nuisances *fpl*, pollution **umweltbewusst** respectueux de l'environnement **umweltfreundlich** *Auto, Verpackung* non-polluant **Umweltplakette** F pastille écologique **umweltschädlich** polluant **Umweltschutz** M protection *f* de l'environnement **Umweltschützer(in)** M(F) écologiste **Umweltverschmutzung** F pollution
umwerfen renverser
umziehen déménager; **sich ~** se changer
Umzug M déménagement; *Festzug* cortège
unabhängig indépendant (**von** de) **Unabhängigkeit** F indépendance
unabsichtlich involontaire
unachtsam inattentif
unangebracht déplacé **unangenehm** désagréable **unannehmbar** inacceptable **Unannehmlichkeit** F désagrément *m* **unanständig** indécent
unappetitlich peu appétissant **unartig** *Kind* mal élevé
unauffällig discret **unaufhörlich** incessant **unaufmerksam** inattentif
unausstehlich insupportable
unbarmherzig impitoyable
unbeabsichtigt involontaire **unbedeutend** insignifiant **unbedingt** ADV absolument **unbefahrbar** impraticable **unbefangen** impartial; ADV sans parti pris **unbefriedigend** peu satisfaisant; *nicht ausreichend* insuffisant **unbefugt** non autorisé **unbegabt** peu doué (**zu, für** pour) **unbegreiflich** incompréhensible **unbegrenzt** illimité **Unbehagen** N malaise *m* **unbeholfen** maladroit **unbekannt** inconnu **unbekümmert** insouciant **unbeliebt**

impopulaire **unbemannt** *Raumfahrt* non habité **unbemerkt** inaperçu **unbequem** inconfortable **unberechenbar** *Person* imprévisible **unberührt, unbeschädigt** intact **unbeschränkt** illimité **unbeschreiblich** indescriptible **unbeständig** changeant **unbestechlich** incorruptible **unbestimmt** indéfini; *unsicher* incertain **unbestritten** incontesté **unbeteiligt** étranger (**an** *dat* à); *gleichgültig* indifférent **unbewacht** *Parkplatz* non gardé **unbeweglich** immobile **unbewohnt** inhabité; *Haus* inoccupé **unbewusst** inconscient **unbezahlbar** impayable (*a. fig*) **unbrauchbar** inutilisable **uncool** *umg* pas cool, azbine **und** et; **~ so weiter** et cetera; **na ~?** et alors? **undankbar** ingrat **undenkbar** impensable **undeutlich** *Foto* flou (*a. fig*); *Schrift* illisible; *Aussprache* mauvais **undicht** perméable **undurchlässig** imperméable **undurchsichtig** opaque **uneben** inégal **unecht** faux **unehelich** illégitime; naturel **unehrlich** malhonnête **uneigennützig** désintéressé **uneinig** en désaccord (**über** *akk* sur) **unempfindlich** insensible (**gegen** à) **unendlich** infini **unentbehrlich** indispensable **unentgeltlich** gratuit; *Tätigkeit* bénévole **unentschieden** indécis; ADV en suspens **Unentschieden** N SPORT match *m* nul **unentschlossen** indécis **unerbittlich** inexorable **unerfahren** inexpérimenté **unerfreulich** désagréable **unerhört** inouï **unerklärlich** inexplicable **unerlässlich** indispensable **unerledigt** non fait, inachevé **unermüdlich** infatigable **unerreichbar** inaccessible **unerschütterlich** imperturbable **unersetzlich** irremplaçable; *Verlust* irréparable **unerträglich** insupportable **unerwartet** inattendu **unerwünscht** indésirable **unfähig** incapable (**zu** de) **Unfähigkeit** F incapacité **unfair** déloyal **Unfall** M accident **Unfallflucht** F délit *m* de fuite **Unfallort** M lieu de l'accident **Unfallstation** F service *m* de traumatologie **Unfallversicherung** F assurance accidents **Unfallwagen** M voiture *f* accidentée **unfassbar** inconcevable; *unerklärlich* incompréhensible **unfreiwillig** involontaire **unfreundlich** peu aimable, désagréable; *Wetter* maussade

unfruchtbar stérile **Unfug** M bêtises *fpl* **Ungar** M °Hongrois **ungarisch** °hongrois **Ungarn** N la °Hongrie **ungebildet** inculte **ungeduldig** impatient **ungeeignet** qui n'est pas approprié (**für** à); *Person* non qualifié (pour) **ungefähr** ADV à peu près, environ **ungefährlich** inoffensif, sans danger **ungeheuer** énorme **Ungeheuer** N monstre *m* **ungehorsam** désobéissant **ungelegen** inopportun; **j-m ~ kommen** ne pas arranger qn **ungelernt** non qualifié **ungelogen** *umg.* sans mentir **ungemütlich** peu accueillant; *steif* guindé **ungenau** inexact **ungeniert** sans gêne **ungenießbar** immangeable; *Getränk* imbuvable **ungenügend** insuffisant **ungepflegt** négligé **ungerade** *Zahl* impair **ungerecht** injuste **Ungerechtigkeit** F injustice **ungern** à contrecœur **ungeschickt** maladroit **ungestört** tranquille **ungesund** malsain; *Klima* insalubre; *Aussehen* malade **ungewachst** non ciré **ungewiss** incertain **ungewöhnlich**, **ungewohnt** inhabituel

Ungeziefer N vermine *f* **ungezogen** mal élevé **ungezwungen** naturel, décontracté **unglaublich** incroyable **ungleichmäßig** inégal **Unglück** N malheur *m*; *Unfall* accident *m* **unglücklich** malheureux **unglücklicherweise** malheureusement **ungültig** non valable; *Ausweis* périmé **ungünstig** défavorable **Unheil** N malheur *m*, désastre *m* **unheilbar** incurable **unhöflich** impoli **unhygienisch** peu hygiénique **Uni** F UMG université, *umg* fac **Uniform** F uniforme *m* **Union** F union; **die Europäische ~** l'Union européenne **Universität** F université **unklar** peu clair **unklug** imprudent **Unkosten** PL frais *mpl* **Unkraut** N mauvaise herbe *f* **unleserlich** illisible **Unmenge** F quantité énorme (**von** de) **unmenschlich** inhumain **unmerklich** imperceptible **unmittelbar** immédiat **unmöbliert** non meublé **unmodern** démodé **unmöglich** impossible **unmoralisch** immoral **unnatürlich** peu naturel; *geziert* affecté **unnötig**, **unnütz** inutile **UNO** F **die ~** l'ONU **unordentlich** en désordre; *Person* désordonné **Unord-**

nung F désordre *m*
unparteiisch impartial **unpassend** *Zeitpunkt* mal choisi; *Bemerkung* déplacé **unpersönlich** impersonnel **unpraktisch** peu pratique; *Person* maladroit **unpünktlich** inexact; ADV en retard
Unrecht N injustice *f*, tort *m*; **unrecht haben** avoir tort
unregelmäßig irrégulier
unreif pas mûr (*a. fig*); *Obst* vert
Unruhe F inquiétude; **~n** *pl* POL troubles *mpl* **unruhig** inquiet
uns (à) nous
unsauber malpropre; *Arbeit* bâclé; *Geschäfte* malhonnête **unschädlich** inoffensif **unscharf** FOTO flou **unschlagbar** imbattable **unschlüssig** indécis
Unschuld F innocence **unschuldig** innocent
unser(e) notre; **~e** *pl* nos
unsicher peu sûr; *ungewiss* incertain; *Person* qui manque d'assurance **Unsicherheit** F incertitude; *e-r Person* manque *m* d'assurance; *e-r Gegend* insécurité
Unsinn M bêtises *fpl*, absurdité(s) *fpl* **unsinnig** insensé, absurde
unsittlich immoral **unsterblich** immortel **unsympathisch** antipathique **untätig** inactif
unten en bas; **von ~** d'en bas; **nach ~** vers le bas; **von ~ nach oben** de bas en °haut
unter (*akk, dat*) sous; *unterhalb* au-dessous de; *zwischen* parmi; **~ uns** entre nous
Unterarm M avant-bras **unterbelichtet** sous-exposé **Unterbewusstsein** N subconscient *m*
unterbrechen interrompre **Unterbrechung** F interruption
unterbringen *Gast* loger **unterdessen** en attendant **unterdrücken** réprimer; *Volk* opprimer
untere(r, -s) inférieur; *Stockwerk* du dessous
untereinander l'un sous l'autre; *miteinander* entre eux (nous *etc*); *gegenseitig* mutuellement
unterentwickelt sous-développé **unterernährt** sous-alimenté
Unterführung F passage *m* souterrain **Untergang** M SCHIFF naufrage **Untergebene(r)** M/F(M) subordonné(e) *m(f)* **untergehen** *Sonne, Mond* se coucher; *Schiff* couler **Untergeschoss** N sous-sol *m*
Untergrundbahn F métro *m*
unterhalb (*gen*) *od von* au-dessous de
Unterhalt M *Lebensunterhalt* subsistance *f*; *Instandhaltung*

en-tretien; JUR pension *f* alimentaire **unterhalten** *Person* entretenir; *zerstreuen* distraire; *instandhalten* entretenir; **sich ~** s'entretenir (**über** *akk* de); *sich zerstreuen* s'amuser **Unterhaltung** F *Gespräch* conversation; *Vergnügen* amusement *m*; *Instandhaltung* entretien *m*
Unterhemd N maillot *m*, tricot *m* de corps **Unterhose** F *Herrenunterhose* caleçon *m*; *Damenunterhose* culotte **Unterkunft** F hébergement *m* **unterlassen** *etw* s'abstenir de **Unterleib** M bas-ventre **Unterlippe** F lèvre inférieure **Untermieter(in)** M(F) sous-locataire
unternehmen entreprendre **Unternehmen** N entreprise *f* **Unternehmer(in)** M(F) entrepreneur *m*, entrepreneuse *f* **unternehmungslustig** entreprenant
Unterricht M enseignement; *Schulstunden* cours *mpl*
unterrichten enseigner (**etw** qc, **j-n in etw** *dat* qc à qn); *informieren* informer (**über** *akk*, **von** de)
Unterrock M jupon
unterscheiden distinguer **Unterscheidung** F distinction
Unterschied M différence *f* **unterschiedlich** différent
unterschreiben signer **Unterschrift** F signature **Unterseeboot** N sous-marin *m*
unterste(r, -s) le (la) plus bas(se)
unterstreichen souligner
unterstützen soutenir; *finanziell* aider **Unterstützung** F soutien *m*; *Beihilfe* aide
untersuchen examiner (*a.* MED); *ermitteln* enquêter sur; JUR instruire **Untersuchung** F examen [ɛgzamɛ̃] *m* (*a.* MED); *Ermittlung* enquête; JUR instruction
Untersuchungshaft F détention préventive **Untersuchungsrichter** M juge d'instruction
Untertasse F soucoupe **untertauchen** plonger; *fig* disparaître **Unterteil** N *od* M partie *f* inférieure **Untertitel** M *Film* sous-titre **Unterwäsche** F linge *m* de corps
unterwegs en route
unterzeichnen signer
unterziehen *Hemd* mettre par-dessous; **sich ~** se soumettre (**e-r Sache** *dat* à qc)
Unterzucker M *umg* hypoglycémie *f*
Untiefe F bas-fond *m*
untragbar intolérable **untrennbar** inséparable
untreu infidèle **Untreue** F infidélité
untröstlich inconsolable **untypisch** non typique, caracté-

ristique (**für** de)
unüberlegt irréfléchi **unübersichtlich** peu clair **unumgänglich** indispensable **ununterbrochen** ininterrompu; ADV sans interruption
unveränderlich invariable **unverändert** inchangé **unverantwortlich** irresponsable **unverbesserlich** incorrigible **unverbindlich** qui n'oblige à rien **unverbleit** sans plomb **unverdaulich** indigeste **unvereinbar** incompatible (**mit** avec) **unvergesslich** inoubliable **unverheiratet** célibataire **unverkäuflich** invendable **unverletzt** sans blessure(s); indemne **unvermeidlich** inévitable **unvernünftig** déraisonnable
unverschämt impertinent **Unverschämtheit** F impertinence
unversehrt intact; *Person* indemne **unverständlich** incompréhensible; *Worte* inintelligible **unverzüglich** immédiat; ADV sans délai
unvollendet inachevé **unvollkommen** imparfait **unvollständig** incomplet
unvorbereitet non préparé **unvorhergesehen** imprévu **unvorsichtig** imprudent **unvorstellbar** inimaginable
unwahr faux **Unwahrheit** F mensonge *m* **unwahrscheinlich** peu probable, invraisemblable
unwesentlich peu important
Unwetter N tempête *f*
unwichtig sans importance **unwiderstehlich** irrésistible **unwillkürlich** involontaire **unwirksam** inefficace **unwissend** ignorant
unwohl indisposé **Unwohlsein** N indisposition *f*
unwürdig indigne **unzählige** innombrables
unzerbrechlich incassable **unzertrennlich** inséparable **unzufrieden** mécontent **unzugänglich** inaccessible **unzulänglich** insuffisant **unzulässig** inadmissible **unzuverlässig** peu fiable
Update N IT mise *f* à jour **Upgrade** N FLUG mise *f* à niveau
üppig *Vegetation* luxuriant; *Mahlzeit, Busen* plantureux
ups *umg*; ~! oh!, oups!
uralt très vieux
Uran N uranium *m*
Uraufführung F première **Urenkel** M arrière-petit-fils **Urgroßmutter** F arrière-grand-mère **Urgroßvater** M arrière-grand-père
Urheber(in) M(F) auteur *m* **Urheberrecht** N droit *m* d'auteur
urig *gemütlich* très typique; *seltsam* farfelu
Urin M urine *f*
Urkunde F document *m*
Urlaub M vacances *fpl*; *bei Be-*

rufstätigen a. congé; **in ~ sein** être en vacances; **schönen ~!** bonnes vacances!; **~ auf dem Bauernhof** vacances à la ferme
Urlauber(in) M(F) vacancier *m*, vacancière *f*
Urlaubsanschrift F adresse de vacances **Urlaubsort** M lieu de vacances **Urlaubszeit** F période des vacances
Urne F urne
Urologe M urologue
Ursache F cause; **keine ~!** (il n'y a) pas de quoi!
Ursprung M origine *f* **ursprünglich** d'origine, initial; ADV à l'origine
Urteil N jugement *m* (*a.* JUR) **urteilen** juger (**über** *akk* de), porter un jugement (sur)
Urwald M forêt *f* vierge
USA PL **die ~** les USA *mpl*
USB M (universal serial bus) IT USB [yɛsbe] *m* **USB-Anschluss** M port USB **USB-Kabel** N câble *m* USB **USB-Stick** M clé *f* USB
User(in) M(F) IT utilisateur *m*, utilisatrice *f*
usw. (und so weiter) etc.
Utensilien PL ustensiles *mpl*
utopisch utopique
UV-Filter M filtre U.V.; *für die Haut* écran U.V. **UV-Schutz** M protection *f* contre les rayons ultraviolets **UV-Strahlen** PL rayons *mpl* ultraviolets

V

vage vague
vakuumverpackt emballé sous vide
Vanille F vanille **Vanilleeis** N glace *f* à la vanille **Vanillezucker** M sucre vanillé
vapen *umg* vapoter
Varieté N music-hall *m*
Vase F vase *m*
Vater M père **Vaterland** N patrie *f*
väterlich paternel
vegan végétalien, végan **Veganer(in)** M(F) végétalien(ne)
Vegetarier(in) M(F) végétarien(ne) **vegetarisch** végétarien **Vegetation** F végétation
Veilchen N violette *f*
Vene F veine
Ventil N TECH soupape *f*; *e-s Reifens* valve *f* **Ventilator** M ventilateur
verabreden **etw ~** convenir de qc; **sich ~** prendre rendez-vous (**mit** avec) **Verabredung** F rendez-vous *m*
verabschieden *Gäste* dire au revoir à; *Gesetz* voter; **sich ~** prendre congé (**von** de)
verachten mépriser **verächtlich** méprisant **Verachtung** F mépris *m*
verallgemeinern généraliser

veraltet vieilli **veränderlich** variable **verändern** *u.* **sich ~** changer **Veränderung** F changement *m*
veranlassen pousser (**zu** à); *anordnen* ordonner **Veranlassung** F motif *m*
veranstalten organiser **Veranstalter(in)** M(F) organisateur *m*, organisatrice *f* **Veranstaltung** F manifestation
verantworten répondre de; **sich ~** se justifier (**für** de) **verantwortlich** responsable (**für** de) **Verantwortung** F responsabilité (**für** de) **verantwortungslos** irresponsable
verärgert fâché (**wegen** à cause de)
Verb N verbe *m*
Verband M association *f*; MED pansement; *Binde* bandage **Verband(s)kasten** M trousse *f* de premiers soins **Verband(s)zeug** N pansements *mpl*
verbergen cacher
verbessern améliorer; *berichtigen* corriger **Verbesserung** F amélioration; correction
Verbeugung F révérence
verbiegen tordre; **sich ~** se déformer **verbieten** défendre **verbilligt** à prix réduit
verbinden (re)lier; (ré)unir; *Wunde* panser; TEL **ich verbinde (Sie)** je vous passe la communication
verbindlich *bindend* obligatoire; *gefällig* obligeant
Verbindung F *mit j-m* relation; *mit etw* lien *m*; *Verkehrsverbindung* jonction; *Zug a.* liaison; TEL communication
verbleit contenant du plomb
verblüfft stupéfait **verblühen** se faner **verbluten** perdre tout son sang **verborgen** ADJ caché
Verbot N défense *f* **verboten** défendu **Verbotsschild** N panneau *m* d'interdiction
Verbrauch M consommation *f* **verbrauchen** consommer **Verbraucher(in)** M(F) consommateur *m*, consommatrice *f* **Verbrauchermarkt** M hypermarché **Verbraucherschutz** M défense *f* du consommateur
Verbrechen N crime *m* **Verbrecher(in)** M(F) criminel(le) **verbrecherisch** criminel
verbreiten répandre **verbreitern** élargir **Verbreitung** F diffusion
verbrennen brûler **Verbrennung** F combustion; MED brûlure; *v.Leichen, Müll* incinération
verbringen *Zeit* passer
verbünden sich ~ s'allier (**mit** à) **Verbündete(r)** M/F(M) allié(e) *m(f)*
verbürgen sich ~ für se porter garant de
Verdacht M soupçon

verdächtig suspect **verdächtigen** suspecter (**e-r** Sache *gen* de qc)
verdammen condamner
verdanken devoir (**j-m etw** qc à qn)
verdauen digérer (*a. fig*) **verdaulich leicht ~** digeste; **schwer ~** indigeste
Verdauung F digestion **Verdauungsbeschwerden** FPL troubles *mpl* digestifs
Verdeck N AUTO capote *f* **verdecken** couvrir
verderben abîmer; *Freude* gâcher; *Preise* casser; V/I *Lebensmittel* s'abîmer **verderblich** périssable
verdienen *Geld* gagner; *Lob* mériter
Verdienst[1] M gain
Verdienst[2] N mérite *m*
verdoppeln doubler **verdorben** pourri **verdunkeln** obscurcir **verdünnen** diluer; *Wein* couper **verdursten** mourir de soif **veredeln** BOT greffer
verehren vénérer **Verehrer(in)** M(F) admirateur *m*, admiratrice *f* **Verehrung** F vénération
vereidigen assermenter
Verein M association *f* **vereinbaren** convenir de; *Termin a.* fixer **Vereinbarung** F accord *m* **vereinfachen** simplifier **vereinigen** (ré)unir **Vereinigung** F (ré)union
vereinzelt sporadique; *Fälle* isolé **vereitert** purulent **verengen sich ~** se rétrécir **vererben** laisser (en mourant); *Krankheit* transmettre
verfahren procéder; **sich ~** se tromper de route **Verfahren** N procédé *m*, JUR procédure *f*
Verfall M délabrement; HANDEL échéance *f* **verfallen** *Gebäude* se délabrer; *ungültig werden* (se) périmer; ADJ délabré; périmé **Verfallsdatum** N date *f* limite de consommation **Verfall(s)tag** M échéance *f*
verfassen rédiger **Verfasser(in)** M(F) auteur *m* **Verfassung** F POL constitution
verfaulen pourrir
verfehlen *Ziel, Zug, j-n* manquer; *Weg, Tür* se tromper de
verfeindet hostile, ennemi
verfilmen porter à l'écran
verfliegen, **verfließen** *Zeit* passer **verflucht** maudit
verfolgen poursuivre (*a.* JUR); POL persécuter; *Spur, Ereignisse* suivre **Verfolger(in)** M(F) poursuivant(e) **Verfolgung** F poursuite
verformen sich ~ se déformer
verfrüht prématuré
verfügbar disponible **verfügen** disposer (**über** *akk* de)
Verfügung F **j-m etw zur ~ stellen** mettre qc à la disposition de qn

verführen séduire; inciter (**zu** à) **verführerisch** séduisant **vergangen** passé **Vergangenheit** F passé *m*
Vergaser M carburateur
vergeben *verzeihen* pardonner; *geben* donner (**an j-n** à qn) **vergebens** en vain **vergeblich** inutile, vain; ADV en vain
vergehen *Zeit* passer **Vergehen** N JUR délit *m*
Vergeltung F récompense; *Rache* revanche
vergessen oublier **vergesslich** oublieux **vergeuden** gaspiller **vergewaltigen** violer
vergewissern sich ~ s'assurer (**e-r Sache** *gen* de qc)
vergießen *Blut, Tränen* verser; *verschütten* renverser
vergiften (**sich**) ~ (s')empoisonner; MED (s')intoxiquer **Vergiftung** F empoisonnement *m*; MED intoxication
Vergissmeinnicht N myosotis *m* **vergisst** → vergessen
Vergleich M comparaison *f*; JUR compromis **vergleichen** comparer (**mit** à, avec)
Vergnügen N plaisir *m*; **mit** ~ avec plaisir; **viel** ~! amuse-toi (amusez-vous) bien!; **es war mir ein** ~! tout le plaisir était pour moi!
vergnügt gai **Vergnügungspark** M parc *m* d'attractions
vergoldet doré **vergraben** enterrer **vergriffen** *Buch* épuisé
vergrößern agrandir **Vergrößerung** F agrandissement *m* (*a.* FOTO)
Vergünstigung F avantage *m* **Vergütung** F remboursement *m*; *Summe* rémunération
verhaften arrêter **Verhaftung** F arrestation
verhalten sich ~ se comporter **Verhalten** N comportement *m*
Verhältnis N *Größenverhältnis* rapport *m*; *persönliches* rapports *mpl* (**zu** avec); *Liebesverhältnis* liaison *f*; **~se** *pl* conditions *fpl* **verhältnismäßig** relativement
verhandeln négocier (**über etw** *akk* qc) **Verhandlung** F négociation; JUR débats *mpl*
verhängnisvoll fatal **verhasst** détesté **verheimlichen** dissimuler
verheiratet marié
verhindern empêcher; **verhindert sein** être retenu
Verhör N interrogatoire *m* **verhören** interroger; **sich** ~ mal entendre
verhungern mourir de faim
verhüten empêcher, prévenir **Verhütungsmittel** N contraceptif *m*
verirren sich ~ s'égarer
Verjährung F prescription
Verkauf M vente *f* **verkau-**

fen vendre; **zu ~** à vendre **Verkäufer(in)** M(F) vendeur *m*, vendeuse *f*
Verkehr M circulation *f*; *mit j-m* relations *fpl*; *Geschlechtsverkehr* rapports *mpl* sexuels
verkehren *Bus etc* circuler; **mit j-m ~** être en relations avec qn
Verkehrsamt N office *m* du tourisme **Verkehrsanbindung** F desserte **Verkehrsbüro** N office *m* du tourisme **Verkehrshindernis** N entrave *f* à la circulation **Verkehrsinsel** F refuge *m* **Verkehrsmeldung** F message *m* routier
Verkehrsmittel N moyen *m* de transport; **öffentliche ~** *pl* transports *mpl* en commun
Verkehrspolizei F police de la route **verkehrsreich** *Straße* à grande circulation **Verkehrsteilnehmer(in)** M(F) usager *m*, usagère *f* de la route **Verkehrsunfall** M accident de la route **Verkehrszeichen** N panneau *m* de signalisation
verkehrt à l'envers; *falsch* faux
verklagen *j-n* porter plainte contre **verkleiden** TECH revêtir; **sich ~** se déguiser **verkleinern** réduire **verkommen** ADJ *Gebäude* délabré; *Lebensmittel* pourri; *Mensch* dépravé, tombé bien bas **verkörpern** personnifier **verkraften** supporter **verkrampft** crispé **verkrüppelt** estropié
verkünden annoncer; JUR *Urteil* prononcer **verkürzen** raccourcir **verladen** charger; SCHIFF embarquer
Verlag M maison *f* d'édition
verlangen demander (**etw von j-m** qc à qn); exiger (qc de qn); *Preis a.* vouloir (**für** pour); **~ nach** demander
verlängern rallonger; *zeitlich* prolonger **Verlängerung** F rallongement *m*; prolongation **Verlängerungsschnur** F EL rallonge
verlangsamen ralentir
verlassen quitter; *im Stich lassen* abandonner; **sich auf j-n ~** compter sur qn
Verlauf M cours **verlaufen** se dérouler; **sich ~** se perdre
verlegen déplacer; *Wohnsitz etc* transférer; *Termin* remettre (**auf** *akk* à); *Brille* égarer; ADJ embarrassé **Verlegenheit** F embarras *m*
Verleih M location *f* **verleihen** *ausleihen* prêter; *vermieten* louer; *Preis* décerner
verleiten inciter (**zu** à)
verletzen (**sich**) **~** (se) blesser
Verletzte(r) M/F(M) blessé(e) *m(f)* **Verletzung** F blessure
verleumden calomnier **Verleumdung** F calomnie
verlieben **sich ~** tomber amoureux (**in j-n** de qn)

verliebt amoureux
verlieren perdre **Verlierer(in)** M(F) perdant(e)
verlinken INTERNET ~ **(auf)** relier
verloben sich ~ se fiancer **Verlobte(r)** M/F(M) fiancé(e) *m(f)* **Verlobung** F fiançailles *fpl*
verloren perdu
verlosen mettre en loterie; *ziehen* tirer au sort **Verlosung** F loterie; *Ziehung* tirage *m*
Verlust M perte *f*
vermehren augmenter; **sich** ~ augmenter; BIOL se reproduire
vermeiden éviter
Vermerk M note *f*
vermieten louer **Vermieter(in)** M(F) loueur *m*, loueuse *f*; *Zimmervermieter* logeur *m*, logeuse *f*; *Wohnungsvermieter* propriétaire
vermindern diminuer **vermissen** ne pas retrouver **Vermittlung** F médiation; *Büro* agence; TEL central *m* téléphonique; *in e-m Betrieb* standard *m* **Vermögen** N *Fähigkeit* faculté *f*; *Besitz* fortune *f*
vermuten supposer **vermutlich** probablement **Vermutung** F supposition
vernachlässigen négliger
vernehmen JUR interroger
verneinen nier **vernetzt** interconnecté **vernichten** anéantir; détruire
Vernissage F vernissage *m*
Vernunft F raison; ~ **annehmen** entendre raison
vernünftig raisonnable
veröffentlichen publier
verordnen MED prescrire **Verordnung** F MED ordonnance
verpacken emballer **Verpackung** F emballage *m*
verpassen manquer, rater
Verpflegung F nourriture
verpflichten obliger; **sich zu etw** ~ s'engager à faire qc
Verpflichtung F obligation
verpfuschen *Arbeit* bâcler; *fig* gâcher **verprügeln** rosser
Verputz M crépi **verputzen** crépir
Verrat M trahison *f* **verraten** trahir **Verräter(in)** M(F) traître(sse)
verrechnen compter **(mit** dans), déduire (de); **sich** ~ se tromper **(um e-n Euro** d'un euro)
Verrechnungsscheck M chèque barré
verreisen partir en voyage
verrenken luxer **verriegeln** verrouiller **verringern** diminuer **verrosten** rouiller
verrückt fou
verrufen ADJ mal famé
Vers M vers
versagen *Kräfte etc* manquer **(j-m** à qn); *Motor etc* tomber en panne; *Bremsen* lâcher; *Per-*

son échouer **Versager(in)** M(F) raté(e)
versalzen ADJ trop salé
versammeln **(sich) ~** (se) rassembler **Versammlung** F assemblée
Versand M expédition *f* **Versandhaus** N maison *f* de vente par correspondance
versäumen manquer; **~, etw zu tun** négliger de faire qc
verschaffen procurer **verschenken** faire cadeau de, donner **verschicken** expédier **verschieben** déplacer; *zeitlich* remettre (**auf** *akk* à)
verschieden différent (**von** de); **~e** plusieurs **verschiedentlich** à plusieurs reprises
verschiffen transporter par bateau
verschimmelt moisi
verschlafen 1 V ne pas se réveiller (à temps); *Tag* passer à dormir; *Termin* oublier 2 ADJ somnolent
verschlechtern **(sich) ~** (se) détériorer **Verschlechterung** F détérioration
verschleiern voiler; *fig a.* dissimuler **verschleppen** *Person* déporter; *Krankheit* traîner
verschließen fermer à clé
verschlimmern **(sich) ~** (s')aggraver **verschlossen** fermé (à clé)
verschlucken avaler; **sich ~** avaler de travers
Verschluss M fermeture *f*; FOTO obturateur
verschlüsselt codé **verschmähen** dédaigner **verschmutzen** salir; *Umwelt* polluer **verschneit** enneigé
verschollen disparu **verschonen** épargner (**j-n mit etw** qc à qn) **verschönern** embellir
verschreiben MED prescrire; **sich ~** faire une faute (*en écrivant*)
verschrotten mettre à la ferraille **verschulden** *Unfall* causer **verschütten** répandre; *j-n* ensevelir **verschweigen** taire
verschwenden gaspiller **verschwenderisch** dépensier **Verschwendung** F gaspillage *m*
verschwiegen discret **verschwinden** disparaître **verschwommen** vague; FOTO flou
Verschwörung F conspiration, complot *m*
versehen munir (**mit** de); **sich ~** se tromper
Versehen N erreur *f*; **aus ~** → **versehentlich** par inadvertance
versenken *Schiff* couler
versetzen *Beamte* muter; *Schüler* faire passer dans la classe supérieure; *j-n in e-e Lage* mettre; *Schlag* donner; *umg* **j-n ~** poser un lapin à qn
verseucht contaminé

versichern (**sich**) ~ (s')assurer **Versicherung** F assurance **Versicherungsbeitrag** M prime *f* d'assurance **Versicherungsfall** M sinistre **Versicherungsgesellschaft** F compagnie d'assurances **Versicherungspolice** F, **Versicherungsschein** M police *f* d'assurance
versinken s'enfoncer (**in** *dat* dans)
versöhnen (**sich**) ~ (se) réconcilier **Versöhnung** F réconciliation
versorgen approvisionner (**mit** en); fournir (en); *Familie* avoir la charge de
verspäten sich ~ être en retard **Verspätung** F retard *m*
versperren barrer **verspielen** perdre au jeu **verspotten** se moquer de
versprechen promettre **Versprechen** N, **Versprechung** F promesse *f*
verstaatlichen nationaliser
Verstand M intelligence *f*, entendement; **den ~ verlieren** perdre la raison
verständigen informer (**von, über** *akk* de); **sich ~** se faire comprendre; *sich einigen* s'entendre (**mit** avec) **Verständigung** F *sprachliche* compréhension
verständlich compréhensible; *deutlich* intelligible **Verständnis** N compréhension *f*
verstärken renforcer **Verstärker** M amplificateur **Verstärkung** F renforcement *m*
verstauchen sich den Fuß ~ se fouler le pied **Verstauchung** F entorse, foulure
Versteck N cachette *f* **verstecken** (**sich**) ~ (se) cacher
verstehen comprendre; **sich ~** s'entendre
Versteigerung F vente aux enchères
verstellbar réglable **verstellen** *einstellen* régler; *falsch einstellen* dérégler; *Stimme* déguiser; **sich ~** jouer la comédie
verstimmt MUS désaccordé; *fig* de mauvaise humeur **verstohlen** *Blick* furtif **verstopfen** boucher; *Straße* encombrer; MED constiper **Verstopfung** F MED constipation **verstorben** mort
Verstoß M entorse *f* (**gegen** à); JUR infraction (à) **verstoßen** *j-n* rejeter; **gegen etw ~** pécher contre qc
verstreichen *Frist* expirer; *Zeit* passer **verstreuen** éparpiller; *verschütten* répandre **verstümmeln** mutiler
Versuch M essai; tentative *f*; *Test* expérience *f* **versuchen** essayer; *Schwieriges* tenter
vertagen ajourner
vertauschen échanger (**mit, gegen** contre)
verteidigen (**sich**) ~ (se) dé-

fendre **Verteidiger(in)** M(F) défenseur *m*; SPORT arrière *m* **Verteidigung** F défense **verteilen** distribuer **vertiefen** approfondir **Vertrag** M contrat; *zwischen Staaten* traité **vertragen** supporter; **sich ~** s'entendre **Vertragswerkstatt** F AUTO garage *m* agréé **vertrauen** avoir confiance (**j-m, auf j-n** en qn) **Vertrauen** N confiance *f* **vertraulich** confidentiel **vertraut** familier **vertreiben** chasser; **sich die Zeit mit etw ~** passer son temps à faire qc **vertreten** *j-n* remplacer; *Firma, Land* représenter **Vertreter(in)** M(F) remplaçant(e); HANDEL, POL représentant(e) **Vertretung** F remplacement *m*; *Person* remplaçant; HANDEL représentation **Vertrieb** M débit, vente *f* **Vertriebene(r)** M/F(M) réfugié(e) *m(f)* **vertrocknen** sécher **verüben** *Verbrechen* commettre **verunglücken** avoir un accident **verunsichern** inquiéter **verursachen** causer **verurteilen** condamner (*a. fig*) **Verurteilung** F condamnation **vervielfältigen** *Text* faire des copies de **vervollkommnen** perfectionner **vervollständigen** compléter **verwackelt** FOTO bougé **verwählen** TEL **sich ~** faire un mauvais numéro **verwahrlost** négligé, laissé à l'abandon **verwalten** administrer **Verwalter(in)** M(F) administrateur *m*, administratrice *f* **Verwaltung** F administration **verwandt** parent (**mit** de) **Verwandte(r)** M/F(M) parent(e) *m(f)* **Verwandtschaft** F parenté **Verwarnung** F avertissement *m* (*a.* SPORT); **gebührenpflichtige ~** contravention **verwechseln** confondre **Verwechslung** F confusion **verweigern** refuser **Verweis** M *Rüge* réprimande *f*; *Hinweis* renvoi (**auf** *akk* à) **verwelkt** fané **verwenden** employer, utiliser; *Zeit, Geld* consacrer (**auf** *akk* à) **Verwendung** F emploi *m*, utilisation **verwerten** utiliser; *wiederverwerten* récupérer **verwickeln** impliquer (**in** *akk* dans) **verwirklichen** réaliser **verwirren** *j-n* déconcerter, troubler **Verwirrung** F confusion **verwitwet** *Mann* veuf; *Frau* veuve **verwöhnen** gâter **Verwunderung** F étonnement *m* **Verwundete(r)** M/F(M) blessé(e) *m(f)* **verwünschen** maudire **verwüsten**

ravager
verzählen **sich ~** se tromper (*en comptant*)
verzaubern enchanter (*a. fig*)
Verzehr M consommation *f* **verzehren** consommer
Verzeichnis N liste *f*, relevé *m*; *Register* registre *m*
verzeihen pardonner; *entschuldigen* excuser **Verzeihung** F pardon *m*; **~!** pardon!, excuse(z)-moi!
Verzicht M renoncement (**auf** *akk* à) **verzichten** renoncer (**auf** *akk* à)
Verzierung F ornement *m*
verzögern retarder; **sich ~** avoir du retard **Verzögerung** F retard *m*
verzollen dédouaner; **haben Sie etwas zu ~?** avez-vous quelque chose à déclarer?
verzweifeln désespérer **Verzweiflung** F désespoir *m*
Vetter M cousin
Viadukt M viaduc
Video N vidéo *f* **Videoaufzeichnung** F enregistrement *m* vidéo **Videokamera** F caméscope *m* **Videokassette** F cassette vidéo **Videorekorder** M magnétoscope **Videotext** M télétexte **Videothek** F vidéothèque **Videoüberwachung** F vidéosurveillance
Vieh N bétail *m* **Viehzucht** F élevage *m*
viel beaucoup (de); **sehr ~** bien de; **ziemlich ~** assez (de); **nicht ~** peu; **zu ~** trop (de)
Vielflieger M personne *f* qui prend souvent l'avion
vielleicht peut-être
vielmehr plutôt **vielseitig** étendu; *Mensch* plein de ressources
vier quatre **Vierbettkabine** F cabine à quatre lits **Viereck** N quadrilatère *m* **viereckig** quadrangulaire; *umg quadratisch* carré **vierfach** quadruple **vierhundert** quatre cents **vierspurig** *Straße* à quatre voies **Viertaktmotor** M moteur a quatre temps
vierte(r, -s) quatrième
Viertel N quart *m*; *Stadtviertel* quartier *m* **Vierteljahr** N trimestre *m* **Viertelstunde** F quart *m* d'heure
vierzehn quatorze; **~ Tage** quinze jours
vierzig quarante
Vietnam N le Viêt-nam
Vignette F *für Autobahn* vignette *f* (de péage autoroutier)
Villa F villa
violett violet
Violine F violon *m*
Virenscanner M IT (programme *m*) antivirus *m* **Virenschutz** M IT protection *f* contre les virus; *Software* antivirus
virtuell virtuel
Virus N/M virus *m*
Visitenkarte F carte (de visite)

Visum N visa *m*
Vitamin N vitamine *f*
Vogel M oiseau **Vogelgrippe** F grippe aviaire **Vogelkäfig** M cage *f*
Vokabel F mot *m*; **~n** *pl* vocabulaire *m*
Vokal M voyelle *f*
Volk N peuple *m*
Volksfest N fête *f* populaire **Volkshochschule** F université populaire **Volkslied** N chant *m* populaire, folklorique **Volksschule** F école primaire **Volkstanz** M danse *f* populaire **volkstümlich** populaire **Volkswirtschaft(slehre)** F économie politique
voll plein; *gefüllt* rempli; *ganz* entier; *betrunken umg* rond; **~ und ganz** totalement; *umg* **~ daneben** carrément à côté de la plaque; *umg* **~ süß** mignon, adorable
vollautomatisch entièrement automatique **Vollbart** M barbe *f* **vollenden** achever
Volleyball M volley-ball [vɔlɛbol]
Vollgas N **~ geben** appuyer sur le champignon
völlig ADV complètement, entièrement
volljährig majeur; **nicht ~** mineur
Vollkaskoversicherung F AUTO assurance tous risques
vollkommen parfait; ADV → völlig
Vollkornbrot N pain *m* complet **Vollmacht** F procuration **Vollmilch** F lait *m* entier **Vollmond** M pleine lune *f* **Vollnarkose** F anesthésie générale **Vollpension** F pension complète
vollständig complet **volltanken** faire le plein **vollzählig** complet
Vollzeit F; **in ~** à temps plein
Volumen N volume *m*
von (*dat*) de; *beim Passiv* par; *grüßen* **~ mir** de ma part; **~ ... bis** de ... à; **~ ... ab** (*od* **an**) à partir de
voneinander l'un de l'autre
vor *örtlich* devant; *zeitlich* avant; **~ drei Tagen** il y a trois jours; **Viertel ~ drei** trois heures moins le quart
Vorabend M veille *f*
voran en tête, en avant **vorangehen** marcher en tête (*dat* de); précéder (**e-r Sache** qc); *Arbeit* avancer
Voranmeldung F préinscription **Voranschlag** M devis
voraus **j-m ~ sein** avoir de l'avance sur qn; **s-r Zeit ~ sein** être en avance sur son temps; **im Voraus** à l'avance; *zahlen* d'avance
vorausgehen partir le premier
vorausgesetzt **~, dass ...** à condition que ... (*+subj*)
voraussagen prédire **voraussehen** prévoir **Voraus-**

setzung F *Vorbedingung* condition; *Annahme* supposition **voraussichtlich** probable **Vorauszahlung** F avance
Vorbehalt M réserve *f*
vorbei ADV *zeitlich* fini; *örtlich* passé (**an** *dat* devant)
vorbeifahren, **vorbeigehen** passer (**an** *dat* devant); *besuchen* passer (**bei** chez) **vorbeilassen** laisser passer
vorbereiten préparer **Vorbereitung** F préparation **vorbestellen** réserver, retenir **Vorbestellung** F réservation
vorbeugen prévenir (**e-r** **Sache** *dat* qc); **sich ~** se pencher en avant **Vorbeugungsmaßnahme** F mesure préventive
Vorbild N modèle *m* **vorbildlich** exemplaire
Vorderachse F pont *m* avant
vordere(r, -s) de devant
Vordergrund M premier plan **Vorderrad** N roue *f* avant **Vorderseite** F devant *m*, façade **Vordersitz** M siège avant
Vordruck M imprimé **voreilig** précipité **voreingenommen** partial **vorerst** en attendant, pour le moment
Vorfahrt F priorité **Vorfahrtsstraße** F route prioritaire
Vorfall M incident
vorfinden trouver
vorführen présenter; *Film, Dias* projeter **Vorführung** F présentation; *Filmvorführung* projection
Vorgang M processus; *Ereignis* événement **Vorgänger(in)** M(F) prédécesseur *m*
vorgehen *handeln* procéder; *geschehen* se passer; *Uhr* avancer; *den Vorrang haben* avoir la priorité
Vorgesetzte(r) M/F(M) supérieur(e) *m(f)*
vorgestern avant-hier
vorhaben avoir l'intention de **Vorhaben** N projet *m*
vorhanden existant; *verfügbar* disponible; **~ sein** exister
Vorhang M rideau **Vorhängeschloss** N cadenas *m*
vorher avant **vorhergehend** précédent **Vorhersage** F *Wettervorhersage* prévisions *fpl* **vorhersehen** prévoir
vorhin tout à l'heure
vorig dernier
vorinstalliert pré-installé
Vorkenntnisse FPL notions
vorkommen *geschehen* arriver; *existieren* exister; *j-m erscheinen* sembler, paraître **Vorkommnis** N événement *m*
vorladen convoquer; *als Zeuge a.* citer **Vorladung** F convocation, citation
Vorlage F *Muster* modèle *m*
vorlassen laisser passer (devant) **vorläufig** provisoire;

ADV pour le moment **vorlegen** *Urkunde* présenter; *Plan, Vorschlag* soumettre
vorlesen lire (**j-m etw** qc à qn) **Vorlesung** F cours *m* magistral
vorletzte(r, -s) avant-dernier, avant-dernière
Vorliebe F prédilection (**für** pour)
vorliegen être là, exister **Vormarsch** M progression *f* **vormerken** prendre note de
Vormittag M matin; **heute ~** ce matin; **gestern ~** hier matin; **am Samstag ~** samedi matin
vormittags le matin
Vormund M tuteur
vorn devant; *an der Spitze a.* en tête; **nach ~** en avant; **von ~** de face; *zeitlich* depuis le début; **von ~ anfangen** recommencer (à zéro)
Vorname M prénom
vornehm distingué
vornehmen sich ~ avoir l'intention (**etw zu tun** de faire qc)
vornherein von ~ dès le début
Vorort M banlieue *f*
Vorrang M priorité *f* **Vorrat** M provisions *fpl* (**an** *dat* de); HANDEL stock (de) **vorrätig** en stock **Vorrecht** N privilège *m* **Vorrichtung** F dispositif *m* **Vorruhestand** M préretraite *f* **Vorrunde** F SPORT éliminatoires *fpl* **Vorsaison** F basse saison **Vorsatz** M résolution *f* **vorsätzlich** délibéré(ment)
Vorschein M **zum ~ kommen** apparaître
Vorschlag M proposition *f* **vorschlagen** proposer
vorschreiben prescrire **Vorschrift** F prescription **vorschriftsmäßig** réglementaire
Vorschuss M avance *f*
vorsehen prévoir; **sich ~** prendre garde (**vor** *dat* à)
Vorsicht F prudence; **~!** attention! **vorsichtig** prudent **vorsichtshalber** par précaution **Vorsichtsmaßnahme** F précaution
Vorsitz M présidence *f* **Vorsitzende(r)** M/F(M) président(e) *m(f)*
Vorsorgeuntersuchung F MED examens *mpl* de dépistage **vorsorglich** prévoyant; ADV par précaution
Vorspeise F °hors-d'œuvre *m*, entrée **Vorspiel** N MUS prélude *m* (*a. fig*) **Vorsprung** M ARCH avancée *f*; *fig* avance *f*
Vorstadt F banlieue **Vorstand** M comité directeur, direction *f*
vorstellen *j-n* présenter; *Uhr* avancer; **sich etw ~** (s')imaginer qc
Vorstellung F présentation; *Idee* idée; *Theater* représenta-

tion; *Kino* séance
Vorstellungsgespräch N entretien *m* d'embauche
Vorstrafen FPL antécédents *mpl*
vorstrecken *Geld* avancer
Vorteil M avantage **vorteilhaft** avantageux
Vortrag M conférence *f*
vorüber passé **vorübergehen** passer **vorübergehend** passager
Vorurteil N préjugé *m* **Vorverkauf** M *Theater* location *f* **Vorwahl(nummer)** F TEL indicatif *m* **Vorwand** M prétexte
vorwärts en avant **vorwärtskommen** avancer; *fig* faire des progrès
Vorwäsche F prélavage *m*
vorweisen présenter **vorwerfen** reprocher (**j-m etw** qc à qn) **vorwiegend** ADV principalement
Vorwort N préface *f* **Vorwurf** M reproche **Vorzeichen** N signe *m* précurseur
vorzeigen présenter **vorzeitig** anticipé **vorziehen** *Termin* avancer; *lieber mögen* préférer, aimer mieux **Vorzug** M préférence *f*; *Vorteil* avantage **vorzüglich** excellent
Voucher N/M *Tourismus* voucher [vuʃœʀ] *m*, bon *m* d'échange
vulgär vulgaire
Vulkan M volcan

W

Waage F balance **waagerecht** horizontal
wach éveillé (*a. fig*); **~ werden** se réveiller
Wache F garde
Wacholder M genièvre
Wachs N cire *f*
wachsam vigilant **Wachsamkeit** F vigilance
wachsen[1] pousser; *Kind, Tier* grandir; *zunehmen* augmenter
wachsen[2] *Ski* farter
Wächter(in) M(F) gardien(e)
Wackelkontakt M faux contact
wackeln *Tisch* être bancal; *Zahn* bouger
Wade F mollet *m*
Waffe F arme
Waffel F gaufre; *Eiswaffel* cornet *m*; **zwei Kugeln Eis in der ~** deux boules de glace dans un cornet
Waffenschein M permis de port d'armes
wagen oser (**etw zu tun** faire qc); *etw* risquer
Wagen M voiture *f*; *Zug a.* wagon **Wagenheber** M cric **Wagenstandanzeiger** M *Zug* tableau de composition des trains
Waggon M wagon

Wagnis N risque *m*
Wahl F choix *m*; POL élection; **nach ~** au choix; HANDEL **zweite ~** deuxième choix
wählen choisir; *bes* POL élire; *abstimmen* voter (**j-n** pour qn); TEL composer le numéro
Wähler(in) M(F) électeur *m*, électrice *f* **wählerisch** difficile (**in** *dat* sur)
Wahlfach N matière *f* facultative **Wahlheimat** F patrie d'adoption **Wahlkampf** M campagne *f* électorale **Wahllokal** N bureau *m* de vote **wahllos** au °hasard
Wahnsinn M folie *f* **wahnsinnig** fou; *umg sehr groß* terrible; *Schmerzen, Angst* atroce
wahr vrai, véritable; **nicht ~?** °hein?
während PRÄP (*gen*) pendant; KONJ pendant que
Wahrheit F vérité **wahrnehmen** percevoir; *bemerken* remarquer; *Gelegenheit* profiter de
wahrscheinlich probable (-ment) **Wahrscheinlichkeit** F vraisemblance, probabilité
Währung F monnaie
Wahrzeichen N emblème *m*
Waise F orphelin(e) *m(f)*
Wakeboard N wakeboard *m*, planche *f* **wakeboarden** faire du wakeboard
Wal M baleine *f*
Wald M forêt *f*; *kleinerer* bois
Waldbrand M incendie de forêt **waldig** boisé **Waldsterben** N mort *f* des forêts **Waldweg** M chemin forestier
Wall M rempart
Wallfahrt F pèlerinage *m*
Walnuss F noix
Walze F *Straßenwalze* rouleau *m* compresseur
Walzer M valse *f*
Wand F mur *m*; *Trennwand* cloison; *Felswand* paroi
Wandel M changement
Wanderausstellung F exposition itinérante **Wanderkarte** F topoguide *m*, carte des sentiers de (grande) randonnée
wandern faire une (des) randonnée(s)
Wanderung F randonnée, marche **Wanderurlaub** M vacances *fpl* randonnée **Wanderweg** M sentier de (grande) randonnée
Wandschrank M placard
Wandteppich M tapisserie *f*
Wange F joue
wanken chanceler, vaciller
wann quand; **seit ~?** depuis quand?; **bis ~?** jusqu'à quand?
Wanne F cuve; *Badewanne* baignoire
Wanze F punaise
Wappen N armoiries *fpl*
war, wäre → sein
Ware F marchandise
Warenhaus N grand magasin

m **Warenkorb** M panier **Warenzeichen** N marque *f*
warf → werfen
warm chaud
Wärme F chaleur **wärmen** (ré)chauffer **Wärmflasche** F bouillotte
Warnblinkanlage F feux *mpl* de détresse **Warndreieck** N triangle *m* de présignalisation **warnen** avertir; mettre en garde (**vor** *dat* contre) **Warnstreik** M grève *f* d'avertissement **Warnung** F avertissement *m*; *Hinweis* avis *m* (**vor** *dat* de) **Warnweste** F AUTO gilet *m* de sécurité
Warteliste F liste d'attente
warten attendre (**auf j-n** qn); *Maschinen* entretenir **Warten** N attente *f*
Wärter(in) M(F) gardien(e)
Wartesaal M salle *f* d'attente **Warteschlange** F file d'attente **Warteschleife** F FLUG circuit *m* d'attente **Wartezimmer** N salle *f* d'attente
Wartung F entretien *m*; TECH *a.* maintenance
warum pourquoi
Warze F verrue
was *fragend* qu'est-ce que, *Subjekt* qu'est-ce qui; *relativ*, *Subjekt* ce qui; *wie viel* combien; *umg etwas* quelque chose; **~ für ein(e)** quel(le)
Waschanlage F AUTO lavage *m* automatique **waschbar** lavable **Waschbecken** N lavabo *m*
Wäsche F linge *m*; *Unterwäsche* linge de corps; *das Waschen* lavage *m* **Wäscheklammer** F pince à linge **Wäschekorb** M corbeille *f* à linge
waschen *Wäsche* faire la lessive; **(sich) ~** (se) laver
Wäscherei F blanchisserie **Wäscheständer** M séchoir à linge **Wäschetrockner** M sèche-linge
Waschlappen M gant de toilette **Waschmaschine** F machine à laver, lave-linge *m* **Waschmittel** N, **Waschpulver** N lessive *f* **Waschsalon** M laverie *f* automatique
Wasser N eau *f* **Wasserbad** N GASTR bain-marie *m* **Wasserball** M water-polo **wasserdicht** imperméable **Wassereis** N glace *f* à l'eau **Wasserfall** M cascade *f* **Wasserflugzeug** N hydravion *m* **Wasserhahn** M robinet **Wasserkraftwerk** N centrale *f* hydro-électrique **Wasserleitung** F conduite d'eau **Wassermelone** F pastèque **Wasserpistole** F pistolet *m* à eau **Wasserrutsche** F toboggan *m* aquatique
wasserscheu ~ sein craindre l'eau
Wasserski M ski nautique **Wassersport** M sport nautique **Wasserspülung** F chas-

se d'eau **Wasserstand** M niveau des eaux **Wasserstoff** M hydrogène **Wasserverschmutzung** F contamination de l'eau **Wasserwaage** F niveau *m* à bulle
waten patauger
Watte F coton *m* hydrophile **Wattebausch** M coton **Wattepad** N coton *m* à démaquiller
Waveboard N *Sportart* waveboard *m*
WC N W.-C. *mpl*
Web N IT Web *m*, Toile *f* **Webcam** F IT webcam® [wɛbkam]
weben tisser
Webmaster M IT webmestre [wɛbmɛstʀ] **Webportal** N IT portail *m* Web **Webseite** F IT page Web **Webshop** M IT boutique *f* en ligne **Website** F IT site *m* Web
Webstuhl M métier à tisser
Wechsel M changement; *regelmäßiger* alternance *f*; *Geldwechsel* change **Wechselgeld** N monnaie *f* **wechselhaft** *Wetter* variable **Wechseljahre** NPL ménopause *f* **Wechselkurs** M cours du change
wechseln changer; *Blicke, Briefe* échanger **Wechselstrom** M courant alternatif
wecken *j-n* réveiller; *etw* éveiller **Wecker** M réveil
weder ~ … noch … ni … ni …
weg *fort* parti; *verschwunden* disparu; *verloren* perdu; **weit ~** éloigné
Weg M chemin; *fig Lösungsweg* moyen; **sich auf den ~ machen** se mettre en route **Wegbeschreibung** F itinéraire *m*
wegbleiben ne pas venir **wegbringen** emporter
wegen (*gen*) à cause de, pour
wegfahren partir **Wegfahrsperre** F **(elektronische) ~** anti-démarrage *m* (électronique)
wegfallen être supprimé **weggehen** partir **wegjagen** chasser **wegklicken** IT cliquer (pour enlever) **weglassen** supprimer, omettre **weglaufen** se sauver **wegnehmen** enlever; *entwenden* prendre **wegräumen** ranger, enlever **wegschicken** envoyer; *j-n* renvoyer
Wegweiser M poteau indicateur
wegwerfen jeter **Wegwerfflasche** F bouteille jetable **Wegwerfgesellschaft** F société de gaspillage
wegziehen retirer; *umziehen* déménager
wehen *Wind* souffler; *Fahnen, Haare* flotter
Wehen FPL douleurs
wehleidig pleurnicheur **wehmütig** mélancolique
Wehr N barrage *m*
Wehrdienst M *hist* service mi-

litaire
wehren sich ~ se défendre (**gegen** contre) **wehrlos** sans défense **Wehrpflicht** F *hist* service *m* militaire obligatoire
wehtun j-m ~ faire mal à qn
Weibchen N ZOOL femelle *f* **weiblich** féminin
weich mou; *Bett, Sessel* moelleux; *Ei* à la coque; *Fleisch* tendre
Weiche F *Bahn* aiguille
Weide F *Viehweide* pâturage *m*; BOT saule *m*; *Korbweide* osier *m*
weigern sich ~ refuser (**zu** de) **Weigerung** F refus *m*
weihen consacrer
Weihnachten N Noël *m*; **fröhliche ~!** joyeux Noël!
Weihnachtsabend M veille *f* de Noël **Weihnachtsbaum** M arbre de Noël **Weihnachtsgeschenk** N cadeau *m* de Noël **Weihnachtslied** N chant *m* de Noël **Weihnachtsmann** M père Noël
Weihrauch M encens **Weihwasser** N eau *f* bénite
weil parce que
Weile F **e-e ~** quelque temps; **e-e ganze ~** un bon bout de temps
Wein M vin; BOT vigne *f* **Weinbau** M viticulture *f* **Weinberg** M vignoble, vigne *f* **Weinbergschnecke** F GASTR escargot *m* de Bourgogne **Weinbrand** M eau-de-vie *f* de vin, cognac
weinen pleurer
Weinessig M vinaigre de vin **Weinglas** N verre *m* à vin **Weingut** N domaine *m* viticole **Weinkarte** F carte des vins **Weinkeller** M cave *f* (à vin) **Weinlese** F vendange **Weinlokal** N bar *m* à vin(s) **Weinprobe** F dégustation de vins **Weintraube** F (grain *m* de) raisin *m*; **~n** *pl* raisin *m*
weise sage
Weise F manière, façon; **auf diese ~** de cette manière
Weisheitszahn M dent *f* de sagesse
weiß[1] blanc
weiß[2] → wissen
weiß[2] → wissen
Weißbrot N pain *m* blanc **Weißkohl** M, **Weißkraut** N chou *m* blanc
Weißwein M vin blanc
weit *Reise, Weg* long; *Kleidung* large; *Tal, Wälder* étendu; *entfernt* loin; **wie ~ ist es von hier nach ...?** il y a combien de kilomètres d'ici à ...?; **von Weitem** de loin
weiter plus loin; **~!** continue(z)!; **etwas ~ links** un peu plus à gauche; **und so ~** et cetera, et ainsi de suite
weitere(r, -s) *sonstige* autre; *spätere(r, -s)* ultérieur; **bis auf Weiteres** jusqu'à nouvel ordre
weiterfahren continuer (sa route); *Auto, Zug* repartir **wei-**

tergehen ~! circulez! **weiterkommen** avancer **weitermachen** continuer **weiterreisen** continuer le voyage
weitsichtig presbyte
Weizen M froment
welche(r, -s) *fragend* quel(le); *allein stehend u. nach Präp* lequel, laquelle; *relativ* qui (*akk* que)
welken se faner
Welle F vague (*a. fig*); PHYS onde **Wellenlänge** F *Radio* longueur d'onde **Wellenlinie** F ligne ondulée **Wellenreiten** N surf *m* **Wellensittich** M perruche *f*
Wellness F bien-être *m*, wellness *m* **Wellnessbereich** M espace bien-être **Wellnesshotel** N (hôtel *m* avec) centre *m* de bien-être **Wellnessurlaub** M vacances *fpl* bien-être
Welt F monde *m* **Weltall** N univers *m* **Weltanschauung** F vision du monde **weltberühmt** célèbre dans le monde entier **Weltcup** M coupe *f* du monde **Weltkarte** F mappemonde **Weltkrieg** M guerre *f* mondiale **Weltkulturerbe** N patrimoine *m* mondial culturel **Weltmeister(in)** M(F) champion(ne) du monde **Weltmeisterschaft** F championnat *m* du monde **Weltraum** M espace **Weltreise** F tour *m* du monde **Weltrekord** M record mondial **Weltstadt** F grande métropole **weltweit** mondial (-ement)
wem à qui; **von** ~? de qui?
wen qui; **für** ~? pour qui?
Wende F tournant *m* **Wendekreis** M GEOGR tropique; AUTO rayon de braquage
Wendeltreppe F escalier *m* en colimaçon
wenden tourner; AUTO faire demi-tour; **sich ~ an** (*akk*) s'adresser à
wenig peu (de); **ein ~** un peu (de); **~er** moins (de); **am ~sten** le moins **wenigstens** *mindestens* au moins; *einschränkend* du moins
wenn *Bedingung* si; *zeitlich* quand; **selbst ~** même si
wer qui; *derjenige/diejenige* celui/celle qui
Werbeagentur F agence de publicité **Werbefernsehen** N publicité *f* télévisée **Werbekampagne** F campagne publicitaire
werben faire de la publicité (**für** pour) **Werbespot** M spot publicitaire **Werbung** F publicité
werden devenir; **er wird kommen** il viendra; **er würde kommen** il viendrait; *Passiv* **verkauft ~** être vendu
werfen jeter, lancer
Werft F chantier *m* naval
Werk N ouvrage *m*; *Gesamt-*

werk u. fig œuvre *f*; *Fabrik* usine *f* **Werkstatt** F atelier *m*; AUTO garage *m* **Werktag** M jour ouvrable **werktags** en semaine **Werkzeug** N outil *m*

wert ~ sein valoir (**etw** qc)

Wert M valeur *f*; **im ~ von** d'une valeur de; **~ legen auf** (*akk*) attacher de l'importance à

wertlos sans valeur **Wertpapiere** NPL valeurs *fpl*, titres *mpl* **Wertsachen** FPL objets *mpl* de valeur **wertvoll** précieux

Wesen N *Lebewesen* être *m*; *Eigenart* nature *f*; *Kern* essence *f*

wesentlich essentiel

weshalb pourquoi

Wespe F guêpe

wessen de qui

westdeutsch de l'Allemagne de l'Ouest **Westdeutschland** N l'Allemagne *f* de l'Ouest

Weste F gilet *m*

Westen M ouest; POL Ouest **Westeuropa** N l'Europe *f* occidentale **westlich** de l'ouest, occidental; **~ von** à l'ouest de

Wettbewerb M concours (*a.* SPORT); HANDEL concurrence *f*

Wette F pari *m* **wetten** parier (**um etw** qc)

Wetter N temps *m* **Wetterbericht** M bulletin météorologique, météo *f* **Wetterlage** F conditions *fpl* atmosphériques **Wettervorhersage** F prévisions *fpl* météorologiques

Wettkampf M compétition *f*

Wettlauf M, **Wettrennen** N course *f* **Wettstreit** M concours

WG F ABK → Wohngemeinschaft

Whirlpool M jacuzzi®

Whisky M whisky

wichtig important **Wichtigkeit** F importance

wickeln enrouler (**um** *akk* autour de); *einwickeln* envelopper (**in** *akk* dans); *Kind* langer **Wickelrock** M jupe *f* portefeuille

widerlegen réfuter **widerlich** dégoûtant, répugnant **widerrechtlich** illégal **widerrufen** *Geständnis* rétracter **widersetzen sich ~** s'opposer (à) **widerspenstig** récalcitrant **widersprechen** contredire (**j-m** qn) **Widerspruch** M contradiction *f*

Widerstand M résistance *f* (**gegen** à) **Widerstandskämpfer(in)** M(F) résistant(e)

Widerwille M aversion *f* (**gegen** pour) **widerwillig** à contrecœur

widmen *Buch* dédier; (**sich**) **~** (*dat*) (se) consacrer (à), (se) vouer (à) **Widmung** F dédicace

wie *fragend* comment; *vergleichend* comme; **~ viel** combien (de); **~ lange?** combien de temps?

wieder de nouveau
Wiederaufbau M reconstruction *f* **Wiederaufbereitung** F retraitement *m*
wiederbekommen récupérer **wiederbeleben** ranimer, réanimer **Wiederbelebungsversuche** MPL tentatives *fpl* de réanimation **wiederbringen** rapporter **wiederentdecken** redécouvrir **wiedererkennen** reconnaître **wiederfinden** retrouver **wiedergeben** rendre **wiedergutmachen** réparer **Wiedergutmachung** F réparation
wiederherstellen rétablir; *Fassade etc* restaurer
wiederholen répéter **Wiederholung** F répétition
wiedersehen revoir **Wiedersehen auf ~!** au revoir!
Wiedervereinigung F *hist* réunification **wiederverwerten** recycler **Wiederverwertung** F recyclage *m* **Wiederwahl** F réélection
Wiege F berceau *m* **wiegen** peser; *Baby* bercer
Wien Vienne
Wiese F pré *m*; *Rasen* pelouse
wieso pourquoi
wild sauvage **Wild** N gibier *m* **Wilddieb** M, **Wilderer** M braconnier **Wildleder** N daim *m* **Wildnis** F désert *m* **Wildschwein** N sanglier *m*
will → wollen
Wille M volonté *f*
willkommen bienvenu
willkürlich arbitraire
willst → wollen
wimmeln fourmiller (**von** de)
wimmern gémir
Wimper F cil *m* **Wimperntusche** F mascara *m*
Wind M vent **Windbeutel** M choux à la crème
Windel F couche
windgeschützt à l'abri du vent **windig** venteux
Windkraft F énergie éolienne **Windmühle** F moulin *m* à vent **Windpark** M parc éolien **Windpocken** PL MED varicelle *f* **Windrad** N éolienne *f* **Windschutzscheibe** F pare-brise *m* **Windstärke** F force du vent **Windstille** F calme *m* **Windstoß** M rafale *f* **Windsurfen** N planche *f* à voile
Winkel M angle; *Ecke* coin
winken faire signe (**j-m** à qn)
Winter M hiver; **im ~** en hiver **Winterjacke** F anorak *m*, veste *f* d'hiver **winterlich** hivernal; *Kleidung* d'hiver **Wintermantel** M manteau d'hiver **Winterreifen** MPL pneus neige **Winterschlussverkauf** M soldes *mpl* d'hiver **Wintersport** M sports *mpl* d'hiver **Winterzeit** F *Uhrzeit* heure *f* d'hiver
Winzer(in) M(F) viticulteur *m*, viticultrice *f*

winzig minuscule
wir nous
Wirbel M tourbillon; *fig* remous *mpl*; ANAT vertèbre *f* **Wirbelsäule** F colonne vertébrale **Wirbelsturm** M cyclone
wirbt → werben **wird** → werden **wirft** → werfen
wirken avoir un effet (**auf** *akk* sur); faire son effet; **jung ~** faire jeune
wirklich réel(lement); *echt* vrai(-ment) **Wirklichkeit** F réalité
wirksam efficace **Wirkung** F effet *m* **wirkungslos** inefficace **wirkungsvoll** efficace
wirr confus
Wirsing(kohl) M chou frisé
wirst → werden
Wirt(in) M(F) *Gastwirt* restaurateur *m*, restauratrice *f*; *Hauswirt* propriétaire; *Zimmerwirt* logeur *m*, logeuse *f*
Wirtschaft F économie; *Gastwirtschaft* café-restaurant *m* **wirtschaftlich** économique; *sparsam* économe **Wirtschaftskrise** F crise économique
Wirtshaus N auberge *f*
wischen essuyer **Wischer** M AUTO essuie-glace
wissen savoir; **~ lassen** faire savoir **Wissen** N savoir *m*
Wissenschaft F science **Wissenschaftler(in)** M(F) savant *m* **wissenschaftlich** scientifique
wissentlich ADV sciemment
wittern flairer **Witterung** F flair *m* (*a. fig*); *Wetter* temps *m*
Witwe F veuve **Witwer** M veuf
Witz M plaisanterie *f*
WLAN N IT wifi *m* **WLAN-Hotspot** M point wifi
WM F ABK → Weltmeisterschaft
wo où
Woche F semaine; **in zwei ~n** dans quinze jours
Wochenende N week-end *m*; **am ~** le week-end; **schönes ~!** bon week-end! **wochenlang** ADV pendant des semaines
Wochentag M jour de la semaine; *Werktag* jour ouvrable
wöchentlich hebdomadaire; **zweimal ~** deux fois par semaine
Wodka M vodka *f*
wodurch par quoi; *relativ* ce qui **wogegen** contre quoi
woher d'où **wohin** où
wohl bien; *wahrscheinlich* sans doute **Wohl** N bien *m*; **zum ~!** à ta (votre) santé!
Wohlbefinden N bien-être *m*
wohlbehalten saint et sauf
wohlfühlen sich (nicht) ~ (ne pas) se sentir bien
wohlhabend aisé
wohlschmeckend savoureux
Wohlstand M aisance *f*
wohltuend bienfaisant
Wohlwollen N bienveillance

f **wohlwollend** bienveillant
Wohnblock M pâté de maisons **wohnen** habiter (**in Paris** (à) Paris) **Wohngebiet** N zone *f* résidentielle **Wohngemeinschaft** F communauté
Wohnhaus N immeuble *m*
Wohnmobil N camping-car *m* **Wohnort** M lieu de résidence **Wohnsitz** M domicile
Wohnung F appartement *m*
Wohnwagen M caravane *f*
Wohnzimmer N (salle *f* de) séjour *m*, salon *m*
Wok M wok
Wolf M loup
Wolke F nuage *m* **Wolkenbruch** M trombe *f* d'eau **Wolkenkratzer** M gratte-ciel **wolkenlos** sans nuages **wolkig** nuageux
Wolle F laine
wollen vouloir; **lieber ~** aimer mieux, préférer
womit avec quoi **wonach** après quoi; *gemäß* d'après quoi
woran à quoi; *relativ* dont
worauf sur quoi; *zeitlich* là-dessus; **~ wartest du?** qu'est-ce que tu attends?
woraus *Material* en quoi; *relativ* dont; d'où **worin** en quoi, dans quoi, où
Workshop M atelier
Wort N mot *m*; **in ~en** en toutes lettres **Wörterbuch** N dictionnaire *m* **wörtlich** littéral
worüber sur quoi **worum ~ geht es?** de quoi s'agit-il? **wovon** de quoi; *relativ* dont **wovor** de quoi
wow *umg* **~!** wow!, waouh!; génial!
wozu à quoi; *warum* pourquoi
Wrack N épave *f* (*a. fig*)
wringen tordre
Wucher M usure *f* **wuchern** BIOL proliférer **Wucherpreis** M *pej* prix exorbitant **Wucherung** F MED excroissance; *Geschwulst* tumeur
Wuchs M croissance *f*; *Gestalt* taille *f*
Wucht F force; *Heftigkeit* violence; **mit voller ~** de toute sa force
wuchtig massif; *Schlag* violent
wühlen fouiller (**in** *dat* dans)
Wulst M bourrelet
wund écorché; **sich ~ reiben** s'écorcher **Wunde** F blessure
Wunder N miracle *m* **wunderbar** merveilleux
wundern sich ~ s'étonner (**über** *akk* de)
Wunsch M désir; *Hoffnung* souhait **wünschen** désirer; *wollen* vouloir (avoir); **j-m etw ~** souhaiter qc à qn **wünschenswert** souhaitable
wurde → werden
Würde F dignité **würdig** digne (**e-r Sache** *gen* de qc) **würdigen** apprécier
Wurf M jet; ZOOL portée *f*
Würfel M MATH cube; *Spiel-*

würfel dé **Würfelbecher** M gobelet (à dés) **würfeln** jouer aux dés **Würfelzucker** M sucre en morceaux

Wurm M ver **wurmstichig** *Holz* vermoulu; *Obst* véreux

Wurst F saucisse; *Hartwurst* saucisson *m*; *Aufschnitt* charcuterie

Würstchen N saucisse *f*

Würze F assaisonnement *m*; *fig* sel *m*, piment *m*

Wurzel F racine

würzen assaisonner **würzig** épicé, relevé

wusste → weiß

wüst *Gegend* désert; *unordentlich* en désordre **Wüste** F désert *m*

Wut F rage, colère **Wutanfall** M accès de fureur

wütend furieux (**auf j-n** contre qn); ~ **werden** se mettre en colère

X

x-mal *umg* trente-six fois, mille fois

x-te(r, -s) *umg* ADJ énième; **zum ~n Mal** pour la énième fois

Y

Yoga N yoga *m*

Z

Zacke F dent; *e-s Sterns* branche

zaghaft craintif, timide

zäh tenace; *Fleisch* coriace **zähflüssig** visqueux

Zahl F nombre *m* **zahlbar** payable **zahlen** payer

zählen compter **Zähler** M compteur

Zahlkarte F mandat-carte *m* **zahllos** innombrable **zahlreich** nombreux **Zahlung** F paiement *m*

Zählung F comptage *m*

Zahlungsanweisung F mandat *m* de paiement **Zahlungsbedingungen** FPL conditions de paiement **Zahlungsfrist** F délai *m* de paiement **Zahlungsmittel** N moyen *m* de paiement

zahm apprivoisé **zähmen** apprivoiser (*a. fig*)

Zahn M dent *f* **Zahnarzt** M, **Zahnärztin** F dentiste

Zahnbürste F brosse à dents **Zahnersatz** M prothèse *f* dentaire **Zahnfleisch** N gencive *f* **Zahnpasta** F dentifrice *m*
Zahnrad N roue *f* dentée **Zahnradbahn** F train *m* à crémaillère
Zahnschmerzen MPL **~ haben** avoir mal aux dents
Zahnseide F fil *m* dentaire **Zahnstein** M tartre **Zahnstocher** M cure-dent
Zander M sandre
Zange F pince, tenailles *fpl*
zanken sich ~ se disputer, se quereller (**um etw** pour qc)
Zäpfchen N MED suppositoire *m*; ANAT luette *f*
Zapfen M TECH bouchon; *e-r Kiefer* pomme *f* de pin
Zapfsäule F pompe à essence
zappen TV zapper
zart *weich* tendre; *zerbrechlich* délicat; *sanft* doux **zartbitter** *Schokolade* noir extra fin
zärtlich tendre **Zärtlichkeit** F tendresse
Zauber M magie *f* (*a. fig*); *böser Zauber* sortilège **Zauberer** M magicien **zauberhaft** ravissant **Zauberin** F magicienne **Zauberkünstler(in)** M(F) prestidigitateur *m*, prestidigitatrice *f* **zaubern** pratiquer la magie **Zauberspruch** M formule *f* magique
zaudern hésiter
Zaum M bride *f*
Zaun M clôture *f*
z. B. (zum Beispiel) p. ex. (*par exemple*)
ZDF (Zweites Deutsches Fernsehen) deuxième chaîne de la télévision publique allemande
Zebra N zèbre *m* **Zebrastreifen** M passage pour piétons
Zecke F tique **Zeckenbiss** M morsure *f* de tique
Zehe F orteil *m*
zehn dix **Zehneuroschein** M billet de dix euros **zehnte(r, -s)** dixième **Zehntel** N dixième *m*
Zeichen N signe *m*; *verabredetes* signal *m* **Zeichenblock** M bloc à dessin **Zeichenpapier** N papier *m* à dessin **Zeichentrickfilm** M dessin animé
zeichnen dessiner **Zeichnung** F dessin *m*
Zeigefinger M index
zeigen montrer
Zeiger M aiguille *f*
Zeile F ligne
Zeit F temps *m*; *Uhrzeit* heure; **mit der ~** avec le temps; **keine ~ haben** ne pas avoir le temps; **eine ~ lang** pour un certain temps
Zeitarbeit F travail *m* temporaire (*od* intérimaire)
zeitgemäß moderne **zeitgenössisch** contemporain
Zeitkarte F (carte d')abonnement *m*
zeitlich ~ begrenzt limité

dans le temps
zeitlos *Kleidung* classique
Zeitlupe F ralenti *m* **Zeitplan** M emploi du temps **Zeitpunkt** M moment **Zeitraum** M période *f* **Zeitschrift** F revue
Zeitung F journal *m*
Zeitungsanzeige F petite annonce **Zeitungsartikel** M article de journal **Zeitungskiosk** M kiosque à journaux
Zeitverschwendung F perte de temps **Zeitvertreib** M passe-temps **zeitweise** de temps en temps **Zeitwort** N verbe *m*
Zelle F cellule; TEL cabine
Zellstoff M cellulose *f*
Zelt N tente *f*; **im ~** sous la tente
zelten camper
Zeltlager N camping *m* **Zeltplatz** M terrain de camping
Zement M ciment
Zensur F censure; *Note* note
Zentimeter M *od* N, **Zentimetermaß** N centimètre *m*
Zentner M demi-quintal
zentral central
Zentrale F direction centrale; TEL standard *m* **Zentralheizung** F chauffage *m* central
Zentrum N centre *m*; *Stadtzentrum a.* centre-ville *m*
Zeppelin M dirigeable
zerbrechen (V/I se) casser; (se) briser **zerbrechlich** fragile
zerdrücken écraser
Zeremonie F cérémonie
zerfallen *Gebäude* tomber en ruine **zerfetzen** déchirer **zerfließen** fondre **zerfressen** ronger; CHEM corroder **zerkleinern** broyer **zerknittern** froisser, chiffonner **zerkratzen** *Haut* égratigner; *Möbel* rayer; *mit Nägeln* griffer **zerlegbar** TECH démontable **zerlegen** décomposer; TECH démonter **zerplatzen** crever, éclater **zerquetschen** écraser **zerreißen** (V/I se) déchirer
zerren tirer (avec violence) (**an** *dat* sur) **Zerrung** F MED claquage *m*
zerrüttet *Ehe* ruiné **zerschlagen** casser **zerschneiden** découper **zersetzen** décomposer **zerspringen** se briser
Zerstäuber M vaporisateur
zerstören détruire **Zerstörung** F destruction
zerstreuen (**sich**) **~** (se) disperser; *fig* (se) distraire
zerstreut *fig* distrait
Zerstreuung F *fig* distraction
zerstückeln mettre en morceaux; *Grundbesitz* morceler
zerteilen diviser **zertreten** écraser (du pied) **zertrümmern** démolir, casser
Zettel M bout de papier
Zeug N *umg pej* truc(s) *mpl*; *Plunder* bazar *m*; **dummes ~** bêtises *fpl*
Zeuge M témoin **zeugen** témoigner (**von** *dat* de) **Zeugin**

F témoin *m* **Zeugnis** N certificat *m*; *Schulzeugnis* bulletin *m* (semestriel, de fin d'année)
Zickzack M **im ~** en zigzag
Ziege F chèvre
Ziegel M brique *f*; *Dachziegel* tuile *f*
Ziegenbock M bouc **Ziegenkäse** M fromage de chèvre
ziehen tirer; *Zahn* arracher; *Linie* tracer; **nach Berlin ~** aller habiter à Berlin; **sich in die Länge ~** tirer en longueur; **es zieht** il y a un courant d'air
Ziehharmonika F accordéon *m* **Ziehung** F tirage *m*
Ziel N but *m*, objectif *m*; *e-r Reise* destination *f*; SPORT arrivée *f*
zielen auf j-n ~ viser qn; **auf etw** (*akk*) **~** viser à (*+inf*)
Zielgruppe F *Werbung* cible **ziellos** sans but **Zielscheibe** F cible **zielstrebig** déterminé
ziemlich ADV assez; plutôt; **~ viel** pas mal (de)
zierlich gracile; *Hände* fin; *anmutig* gracieux
Ziffer F chiffre *m* **Zifferblatt** N cadran *m*
Zigarette F cigarette **Zigarettenautomat** M distributeur de cigarettes **Zigarre** F cigare *m*
Zikavirus M *od* N virus *m* zika
Zimmer N pièce *f*; *Schlafzimmer*, *a. Hotel* chambre *f* **Zimmermädchen** N femme *f* de chambre **Zimmermann** M charpentier **Zimmernummer** F numéro *m* de la chambre
Zimt M cannelle *f*
Zink N zinc [zɛ̃g] *m*
Zinn N étain *m*
Zinsen MPL intérêts **Zinssatz** M taux d'intérêt
Zipfel M coin; *Wurstzipfel* bout
Zippverschluss M *österr* fermeture *f* éclair
zirka environ **Zirkel** M compas; *Gruppe* cercle, club **Zirkus** M cirque
zischen siffler
Zisterne F citerne
Zitat N citation *f* **zitieren** citer
Zitrone F citron *m*
Zitronenlimonade F citronnade **Zitronenpresse** F presse-citron *m* **Zitronensaft** M jus de citron **Zitrusfrüchte** FPL agrumes *mpl*
zittern trembler (**vor Kälte** de froid)
zivil civil; **in Zivil** en civil
Zivilbevölkerung F population civile **Zivildienst** M service civil **Zivildienstleistende(r)** M appelé qui effectue son service civil **Zivilisation** F civilisation **Zivilist(in)** M(F) civil
zog → ziehen
zögern hésiter
Zoll M douane *f*; *Abgabe* droits

mpl de douane **Zollabfertigung** F formalités *fpl* douanières **Zollamt** N (bureau *m* de) douane *f* **Zollbeamte(r)** M douanier **Zollerklärung** F déclaration en douane **zollfrei** °hors taxes; HANDEL en franchise douanière **Zollkontrolle** F contrôle *m* douanier **zollpflichtig** soumis aux droits de douane

Zone F zone

Zoo M zoo **Zoohandlung** F animalerie

Zopf M natte *f*, tresse *f*

Zorn M colère *f* **zornig** en colère

zu PRÄP (*dat*) à; *zu j-m* chez; *vor inf* de, à; ADV trop; *geschlossen* fermé; **~ Hause** à la maison, chez moi (toi, *etc*); **~ Mittag** à midi; **~ viel** trop; **~ groß** trop grand; **~ wenig** trop peu; **um ~** pour (*+inf*); **Tür ~!** (fermez) la porte!

Zubehör N accessoires *mpl*

zubereiten préparer **Zubereitung** F préparation

zubinden attacher, ficeler (*pour fermer*)

Zubringerbus M navette *f* **Zubringerstraße** F *zur Autobahn* bretelle

Zucchini PL courgettes *fpl*

züchten *Pflanzen* cultiver; *Tiere* élever

zucken tressaillir

Zucker M sucre; MED **~ haben** être diabétique **Zuckerdose** F sucrier *m* **zuckerkrank**, **Zuckerkranke(r)** M/F(M) diabétique *m/f*

zuckern sucrer **Zuckerrohr** N canne *f* à sucre **Zuckerwatte** F barbe à papa

zudecken couvrir (**mit** de) **zudrehen** *Hahn* fermer **zudringlich** importun

zuerst d'abord; *als Erster* le premier

Zufahrt F accès *m* **Zufahrtsstraße** F voie d'accès

Zufall M °hasard **zufällig** ADV par °hasard

zufrieden content (**mit** de), satisfait (de) **Zufriedenheit** F satisfaction **zufriedenstellen** satisfaire **zufriedenstellend** satisfaisant

Zufuhr F approvisionnement *m* (**von** en)

Zug[1] M *Bahn* train; *v. Menschen* cortège; **mit dem ~ fahren** prendre le train

Zug[2] M *Luftzug* courant d'air; *beim Rauchen* bouffée *f*; *Schach etc* coup; *Gesichtszug, Charakterzug* trait; **in e-m ~** d'un trait

Zugabe F *Theater* bis *m*

Zugang M accès **zugänglich** accessible **Zugangsdaten** PL données *fpl* d'accès

zugeben *dazutun* ajouter; *gestehen* avouer **zugehen** *Tür* se fermer; se diriger (**auf** *akk* vers); *geschehen* se passer

Zügel M bride *f*; **~** *pl* rênes *fpl* (*a. fig*) **zügellos** effréné

Zugeständnis N concession *f* **zugestehen** concéder (**j-m etw** qc à qn)
Zugführer M *Bahn* chef de train
zugig exposé aux courants d'air
zügig rapide(ment)
zugleich en même temps
Zugluft F courant *m* d'air
zugrunde ~ **gehen** périr; ~ **richten** ruiner
Zugschaffner(in) M(F) *Bahn* contrôleur *m*, contrôleuse *f*
Zugunglück N accident *m* de chemin de fer
zugunsten (*gen*) *od* ~ **von** en faveur de
Zugverbindung F communication ferroviaire **Zugvogel** M oiseau migrateur
zuhaben *umg* être fermé **Zuhälter** M souteneur
zuhören écouter (**j-m** qn) **Zuhörer(in)** M(F) auditeur *m*, auditrice *f*
zujubeln acclamer (**j-m** qn)
zukleben *Brief* cacheter **zuknöpfen** boutonner
Zukunft F avenir *m*; GRAM futur *m*; **in** ~ à l'avenir
zukünftig futur
Zulage F prime (**für** de)
zulassen *erlauben* permettre; *zu etw* admettre; *Auto* immatriculer; *Tür* laisser fermé **zulässig** permis **Zulassung** F admission (**zu** à); AUTO immatriculation; *Schein etwa* carte grise
zuletzt à la fin; *als letzter* le dernier; *zum letzten* MAL pour la dernière fois
zuliebe (*dat*) pour l'amour de
zumachen fermer
zumindest du moins
zumuten exiger (**j-m etw** qc de qn) **Zumutung** F exigence; **das ist e-e** ~ c'est inadmissible
zunächst (tout) d'abord
Zunahme F augmentation
Zuname M nom de famille
Zündholz N allumette *f* **Zündkabel** N câble *m* d'allumage **Zündkerze** F bougie **Zündschloss** N contact *m* **Zündschlüssel** M clé *f* de contact **Zündschnur** F mèche **Zündung** F allumage *m*
zunehmen augmenter; *Person* grossir (**ein Kilo** d'un kilo)
Zuneigung F affection (**zu** pour)
Zunge F langue; **auf der** ~ **zergehen** fondre dans la bouche **Zungenreiniger** M gratte-langue
zunichtemachen *Pläne etc* réduire à néant **zunutzemachen sich etw** ~ exploiter qc
zurechtfinden sich ~ trouver ses marques; *im Fahrplan* s'y retrouver; *auf e-r Karte* trouver son chemin **zurechtmachen** préparer; **sich** ~ se (re)faire une beauté
zurück en arrière; *wieder da* de retour **zurückbekommen**

récupérer **zurückbleiben** rester (en arrière) **zurückbringen** rapporter **zurückerstatten** rembourser **zurückfahren** retourner **zurückführen** ramener; attribuer (**auf** *akk* à) **zurückgeben** rendre **zurückgeblieben** *fig* attardé **zurückgehen** retourner; *abnehmen* baisser **zurückgezogen** retiré **zurückhalten** retenir **zurückhaltend** réservé

zurückholen aller rechercher **zurückkommen** revenir **zurücklassen** laisser **zurücklegen** *an s-n Platz* remettre; *Geld* mettre de côté; *Strecke* parcourir **zurücknehmen** *Ware* reprendre; *Versprechen* revenir sur; *Beleidigung* retirer **zurückrudern** *umg einen Rückzieher machen* faire marche arrière **zurückrufen** rappeler **zurückschicken, zurücksenden** renvoyer **zurücksetzen** AUTO reculer **zurückstellen** *an s-n Platz* remettre; *Uhr* retarder (**um** de); *aufschieben* reporter **zurücktreten** *von Amt* démissionner **zurückweisen** refuser; *Anschuldigung* rejeter **zurückwerfen** rejeter **zurückzahlen** rembourser

zurückziehen (**sich**) ~ (se) retirer

zurzeit en ce moment

zusagen *auf Angebot, Einladung* accepter; *gefallen* plaire (**j-m** à qn); **j-m etw ~** promettre qc à qn

zusammen ensemble **Zusammenarbeit** F collaboration, coopération **zusammenbauen** monter **zusammenbinden** lier

zusammenbrechen s'effondrer; *Verkehr* être paralysé **Zusammenbruch** M effondrement **zusammenfallen** s'écrouler; *zeitlich* coïncider

zusammenfassen résumer **Zusammenfassung** F résumé *m* **zusammenfügen** joindre **zusammengehören** aller ensemble

Zusammenhang M rapport; *im Text* contexte

zusammenklappen (re)plier

zusammenkommen se réunir **Zusammenkunft** F réunion

zusammenpassen aller bien ensemble

Zusammenprall M °heurt **zusammenprallen** °heurter (**mit etw** qc)

zusammenrechnen additionner **zusammenrücken** se serrer; *Tische* rapprocher **Zusammenschluss** M (ré)union *f*

zusammensetzen assembler; **sich ~ aus** (*dat*) se composer de **Zusammensetzung** F composition

zusammenstellen combiner

Zusammenstoß M °heurt;

AUTO collision *f*; *leichter* accrochage (*a. umg fig*) **zusammenstoßen** °heurter (**mit etw** qc); AUTO entrer en collision
zusammentreffen se rencontrer; *zeitlich* coïncider **zusammenzählen** additionner
zusammenziehen (**sich**) ~ (se) contracter
Zusatz M addition *f* **zusätzlich** additionnel
zuschauen → zusehen **Zuschauer(in)** M(F) spectateur *m*, spectatrice *f*
zuschicken envoyer
Zuschlag M supplément (*a. Bahn*) **zuschlagen** *Tür* claquer **zuschlagpflichtig** *Zug* à supplément
zuschließen fermer à clef
zuschneiden *Stoff* couper
zuschnüren *Paket* ficeler; *Schuh* lacer **zuschrauben** visser
Zuschuss M subvention *f*
zusehen regarder (**bei etw** qc)
zusehends à vue d'œil
zusichern assurer (**j-m etw** qc à qn)
zuspitzen sich ~ *fig* devenir critique, s'aggraver
Zustand M état
zustande ~ **bringen** réussir à faire; ~ **kommen** se faire, se réaliser
zuständig compétent
zustehen j-m ~ appartenir à qn, revenir à qn
zustellen *Post* distribuer; *überbringen* remettre **Zustellung** F distribution; remise
zustimmen consentir (**e-r Sache** *dat* à qc) **Zustimmung** F consentement *m*
zustoßen *j-m* arriver à
Zutaten FPL ingrédients *mpl*
zuteilen attribuer (**j-m etw** qc à qn) **Zuteilung** F attribution
zutrauen j-m etw ~ croire qn capable de qc **zutraulich** confiant
zutreffen être juste; s'appliquer (**auf** *akk* à) **zutreffend** juste
Zutritt M accès, entrée *f*
zuverlässig sérieux, fiable; *Freund* sûr **Zuverlässigkeit** F fiabilité
Zuversicht F confiance **zuversichtlich** confiant, optimiste; ADV avec confiance
zu viel → zu
zuvor *zuerst* d'abord; *vorher* auparavant **zuvorkommen** devancer (**j-m** qn); prévenir (**e-r Sache** *dat* qc) **zuvorkommend** prévenant
Zuwachs M accroissement
zuweisen attribuer
zuwenig → zu **zuwider j-m** ~ **sein** répugner qn
zuwinken faire signe (**j-m** à qn) **zuzahlen** payer en plus
zuziehen *Vorhang* tirer, fermer; **sich** ~ *Krankheit* contracter, *umg* attraper
zuzüglich en plus

zwang → zwingen **Zwang** M contrainte *f* **zwanglos** décontracté, sans façon **zwangsläufig** forcé (-ment) **zwangsweise** (de gré ou) de force
zwanzig vingt
zwar il est vrai; **und ~** pour être précis
Zweck M but; **es hat keinen ~** cela ne sert à rien; **s-n ~ erfüllen** remplir sa fonction
Zwecke F punaise
zwecklos inutile **zweckmäßig** approprié; *Kleidung* pratique, fonctionnel
zwecks (*gen*) en vue de
zwei deux **Zweibettzimmer** N chambre *f* à deux lits **zweideutig** ambigu; *Lächeln* équivoque **zweierlei** de deux sortes **zweifach** double
Zweifel M doute **zweifelhaft** douteux **zweifellos** sans aucun doute **zweifeln** douter (**an** *dat* de) **Zweifelsfall** M **im ~** en cas de doute
Zweig M rameau; *großer* branche *f* (*a. fig*) **Zweigstelle** F succursale
zweihändig à deux mains **zweijährig** de deux ans **zweimal** deux fois **zweimotorig** bimoteur **zweiseitig** bilatéral **zweisprachig** bilingue **zweispurig** *Straße* à deux voies **zweistöckig** à deux étages
zweit zu ~ à deux **zweiteilig** *Kleidung* deux pièces **zweitens** deuxièmement
Zwerchfell N diaphragme *m*
Zwerg M nain
Zwetsch(g)e F prune
zwicken pincer
Zwieback M biscuit
Zwiebel F oignon, ognon [ɔɲõ] *m*; *Blumenzwiebel* bulbe *m*
Zwilling M jumeau; *Mädchen* jumelle *f*
zwingen forcer (**zu** à)
zwischen (*dat, akk*) entre; *mitten unter* parmi **zwischendurch** entre-temps **Zwischenfall** M incident **Zwischenlandung** F escale **Zwischenraum** M espace; *Abstand* distance *f* **Zwischensaison** F intersaison **Zwischenstation** F °halte **Zwischenzeit** F **in der ~** entre-temps
zwitschern gazouiller
zwölf douze
Zylinder M cylindre; *Hut* chapeau °haut de forme
zynisch cynique
Zypern N Chypre *f*
Zypresse F cyprès *m*
Zyste F kyste *m*
zz(t). (zurzeit) actuellement

Anhang | Annexes

Zahlen | Adjectifs numéraux

Grundzahlen | Nombres cardinaux

0 *null* zéro
1 *eins* un, une
2 *zwei* deux
3 *drei* trois
4 *vier* quatre
5 *fünf* cinq
6 *sechs* six
7 *sieben* sept
8 *acht* huit
9 *neun* neuf
10 *zehn* dix
11 *elf* onze
12 *zwölf* douze
13 *dreizehn* treize
14 *vierzehn* quatorze
15 *fünfzehn* quinze
16 *sechzehn* seize
17 *siebzehn* dix-sept
18 *achtzehn* dix-huit
19 *neunzehn* dix-neuf
20 *zwanzig* vingt
21 *einundzwanzig* vingt et un
22 *zweiundzwanzig* vingt-deux
23 *dreiundzwanzig* vingt-trois
24 *vierundzwanzig* vingt-quatre
25 *fünfundzwanzig* vingt-cinq
26 *sechsundzwanzig* vingt-six
27 *siebenundzwanzig* vingt-sept
28 *achtundzwanzig* vingt-huit
29 *neunundzwanzig* vingt-neuf
30 *dreißig* trente
31 *einunddreißig* trente et un
32 *zweiunddreißig* trente-deux
40 *vierzig* quarante
50 *fünfzig* cinquante
60 *sechzig* soixante
70 *siebzig* soixante-dix
71 *einundsiebzig* soixante et onze
72 *zweiundsiebzig* soixante-douze
80 *achtzig* quatre-vingt(s)
81 *einundachtzig* quatre-vingt-un
82 *zweiundachtzig* quatre-vingt-deux
90 *neunzig* quatre-vingt-dix
91 *einundneunzig* quatre-vingt-onze
92 *zweiundneunzig* quatre-vingt-douze
100 *hundert* cent
101 (*ein*)*hunderteins* cent un
102 *hundertzwei* cent deux
200 *zweihundert* deux cent(s)
210 *zweihundertzehn* deux cent dix
300 *dreihundert* trois cent(s)
400 *vierhundert* quatre cent(s)
500 *fünfhundert* cinq cent(s)
600 *sechshundert* six cent(s)
700 *siebenhundert* sept cent(s)
800 *achthundert* huit cent(s)
900 *neunhundert* neuf cent(s)
1000 *tausend* mille
1001 (*ein*)*tausendeins* mille un
1002 (*ein*)*tausendzwei* mille deux
1100 (*ein*)*tausendeinhundert* onze cent(s)
1311 (*ein*)*tausenddreihundertelf* treize cent onze
2000 *zweitausend* deux mille
100 000 *hunderttausend* cent mille
1 000 000 *eine Million* un million

Ordnungszahlen | Nombres ordinaux

1er *le premier* der erste
1re *la première* die erste
2e *le (la) deuxième, le (la) second(e)* der (die) zweite
3e *le (la) troisième* der (die) dritte
4e *quatrième* vierte
5e *cinquième* fünfte
6e *sixième* sechste
7e *septième* siebte
8e *huitième* achte
9e *neuvième* neunte
10e *dixième* zehnte
11e *onzième* elfte
12e *douzième* zwölfte
13e *treizième* dreizehnte
14e *quatorzième* vierzehnte
15e *quinzième* fünfzehnte
16e *seizième* sechzehnte
17e *dix-septième* siebzehnte
18e *dix-huitième* achtzehnte
19e *dix-neuvième* neunzehnte
20e *vingtième* zwanzigste
21e *vingt et unième* einundzwanzigste
22e *vingt-deuxième* zweiundzwanzigste
23e *vingt-troisième* dreiundzwanzigste
24e *vingt-quatrième* vierundzwanzigste
25e *vingt-cinquième* fünfundzwanzigste
26e *vingt-sixième* sechsundzwanzigste
27e *vingt-septième* siebenundzwanzigste
28e *vingt-huitième* achtundzwanzigste
29e *vingt-neuvième* neunundzwanzigste
30e *trentième* dreißigste
31e *trente et unième* einunddreißigste
32e *trente-deuxième* zweiunddreißigste
40e *quarantième* vierzigste
50e *cinquantième* fünfzigste
60e *soixantième* sechzigste
70e *soixante-dixième* siebzigste
71e *soixante et onzième* einundsiebzigste
72e *soixante-douzième* zweiundsiebzigste
80e *quatre-vingtième* achtzigste
81e *quatre-vingt-unième* einundachtzigste
82e *quatre-vingt-deuxième* zweiundachtzigste
90e *quatre-vingt-dixième* neunzigste
91e *quatre-vingt-onzième* einundneunzigste
92e *quatre-vingt-douzième* zweiundneunzigste
100e *centième* hunderste
101e *cent unième* hunderterste
102e *cent deuxième* hundertzweite
200e *deux centième* zweihundertste
300e *trois centième* dreihundertste
400e *quatre centième* vierhundertste
500e *cinq* centième fünfhundertste
600e *six* centième zweihundertste
1000e *millième* tausendste
1001e *mille unième* tausenderste
1002e *mille deuxième* tausendzweite
2000e *deux millième* zweitausendste
100 000e *cent millième* hunderttausendste
1 000 000e *millionième* millionste

Brüche | Fractions

$^1/_2$	*ein halb* (un) demi; *die Hälfte* la moitié
$^1/_3$	*ein Drittel* un tiers
$^2/_3$	*zwei Drittel* (les) deux tiers
$^1/_4$	*ein Viertel* un quart
$^3/_4$	*drei Viertel* (les) trois quarts
$^1/_5$	*ein Fünftel* un cinquième
$^1/_8$	*ein Achtel* un huitième
$^1/_{10}$	*ein Zehntel* un dixième
$^9/_{10}$	*neun Zehntel* (les) neuf dixièmes

in Dezimalform:

0,5	*null Komma fünf* zéro virgule cinq
7,45	*sieben Komma vier fünf* sept virgule quarante-cinq

Die Uhrzeit | L'heure

Quelle heure est-il?		Wie spät ist es?
A quelle heure?		Um wie viel Uhr?
1.00	**Il est une heure.**	Es ist ein Uhr *od* Es ist eins.
2.00	**à deux heures**	um zwei (Uhr)
3.10	**trois heures dix**	zehn (Minuten) nach drei
4.15	**quatre heures et quart**	Viertel nach vier *od* viertel fünf
5.20	**cinq heures vingt**	zwanzig (Minuten) nach fünf *od* zehn (Minuten) vor halb sechs
6.30	**six heures et demie**	halb sieben
7.40	**huit heures moins vingt**	zwanzig (Minuten) vor acht *od* zehn (Minuten) nach halb acht
8.45	**neuf heures moins le quart**	Viertel vor neun *od* drei viertel neun
9.55	**dix heures moins cinq**	fünf (Minuten) vor zehn
15.35	**quinze heures trente-cinq**	fünfzehn Uhr fünfunddreißig
vers onze heures		ungefähr um elf (Uhr)
à neuf heures précises		pünktlich um neun (Uhr)

Zeichensetzung im Französischen

1. Punkt, Strichpunkt, Doppelpunkt, Fragezeichen, Ausrufezeichen, Gedankenstrich, Klammern und Anführungszeichen (im Französischen « ») werden im Wesentlichen wie im Deutschen gebraucht. An geringen Abweichungen sind zu erwähnen:
   a) Vor Ausrufezeichen, Fragezeichen, Doppelpunkt und Strichpunkt sowie bei Anführungszeichen steht in der Regel ein Zwischenraum, z. B.:
      Tu viens ?
      Mais certainement !
      Faites le calcul : 20 pour cent de 5000, cela fait 1000.
   b) Vor drei Pünktchen „..." steht kein Zwischenraum: **et ainsi de suite...**
   c) Kein Punkt steht nach Ordnungszahlen: **1er** bzw. **1re**, **2e**, **3e** usw.
   d) Das Datum wird meist so geschrieben: **12/03/14**
2. Einige bedeutende Abweichungen vom Deutschen gibt es dagegen beim Gebrauch des Kommas:
   a) Adverbiale Bestimmungen zu Beginn eines Satzes werden durch Komma abgetrennt:
      À trois heures, il n'était toujours pas arrivé.
      Avec lui, il faut se méfier.
   b) Nicht durch Komma abgetrennt werden dagegen:
      - Objektsätze: **Je sais qu'il a tort.**
      - indirekte Fragesätze: **Je me demande s'il n'est pas malade.**
      - nachgestellte Adverbialsätze: **J'irai le voir avant qu'il parte.**
      - zum Verständnis des Hauptsatzes notwendige Relativsätze: **Le livre que tu m'as prêté ne me plaît pas.**
      - Infinitivgruppen: **Il m'a prié de l'aider.**
   c) Vor „etc." steht im Französischen ein Komma:
      Paris, Londres, Berlin, etc.

Die französischen Departements

01* **Ain** [ɛ̃] (l' *m*)
02 **Aisne** [ɛn] (l' *f*)
03 **Allier** [alje] (l' *m*)
04 **Alpes-de-Haute-Provence** (les *f/pl*)
05 **Hautes-Alpes** [otzalp] (les *f/pl*)
06 **Alpes-Maritimes** (les *f/pl*)
07 **Ardèche** (l' *f*)
08 **Ardennes** (les *f/pl*)
09 **Ariège** (l' *f*)
10 **Aube** (l' *f*)
11 **Aude** (l' *m*)
12 **Aveyron** [avɛʀõ] (l' *m*)
13 **Bouches-du-Rhône** (les *f/pl*)
14 **Calvados** [-os] (le)
15 **Cantal** (le)
16 **Charente** (la)
17 **Charente-Maritime** (la)
18 **Cher** [ʃɛʀ] (le)
19 **Corrèze** (la)
2A **Corse-du-Sud** (la)
2B **Haute-Corse** (la)
21 **Côte-d'Or** (la)
22 **Côtes d'Armor** (les *f/pl*)
23 **Creuse** (la)
24 **Dordogne** (la)
25 **Doubs** [du] (le)
26 **Drôme** (la)
27 **Eure** [œʀ] (l' *f*)
28 **Eure-et-Loir** (l' *m*)
29 **Finistère** (le)
30 **Gard** (le)
31 **Haute-Garonne** (la)
32 **Gers** [ʒɛʀ(s)] (le)
33 **Gironde** (la)
34 **Hérault** [eʀo] (l' *m*)
35 **Ille-et-Vilaine** (l' *f*)
36 **Indre** (l' *f*)
37 **Indre-et-Loire** (l' *f*)
38 **Isère** (l' *f*)
39 **Jura** (le)
40 **Landes** (les *f/pl*)
41 **Loir-et-Cher** (le)
42 **Loire** (la)
43 **Haute-Loire** (la)
44 **Loire-Atlantique** (la)
45 **Loiret** (le)
46 **Lot** [lɔt] (le)

* Die Kennziffer des Departements erscheint am rechten Rand der französischen Autokennzeichen, unterhalb des Logos für die jeweilige Region, sowie in den beiden ersten Ziffern der fünfstelligen französischen Postleitzahlen (z. B. 35000 Rennes).

47 **Lot-et-Garonne** (le)
48 **Lozère** (la)
49 **Maine-et-Loire** (le)
50 **Manche** (la)
51 **Marne** (la)
52 **Haute-Marne** (la)
53 **Mayenne** [majɛn] (la)
54 **Meurthe-et-Moselle** (la)
55 **Meuse** (la)
56 **Morbihan** [mɔʀbiɑ̃] (le)
57 **Moselle** (la)
58 **Nièvre** (la)
59 **Nord** (le)
60 **Oise** (l' *f*)
61 **Orne** (l' *f*)
62 **Pas-de-Calais** (le)
63 **Puy-de-Dôme** (le)
64 **Pyrénées-Atlantiques** (les *f/pl*)
65 **Hautes-Pyrénées** (les *f/pl*)
66 **Pyrénées-Orientales** (les *f/pl*)
67 **Bas-Rhin** (le)
68 **Haut-Rhin** (le)
69 **Rhône** (le)
70 **Haute-Saône** (la)
71 **Saône-et-Loire** [son-] (la)
72 **Sarthe** (la)
73 **Savoie** (la)
74 **Haute-Savoie** (la)
75 **Ville de Paris** (la)
76 **Seine-Maritime** (la)
77 **Seine-et-Marne** (la)
78 **Yvelines** (les *f/pl*)
79 **Deux-Sèvres** (les *f/pl*)
80 **Somme** (la)
81 **Tarn** (le)
82 **Tarn-et-Garonne** (le)
83 **Var** (le)
84 **Vaucluse** (le)
85 **Vendée** (la)
86 **Vienne** (la)
87 **Haute-Vienne** (la)
88 **Vosges** [voʒ] (les *f/pl*)
89 **Yonne** (l' *f*)
90 **Territoire-de-Belfort** (le)
91 **Essonne** (l' *f*)
92 **Hauts-de-Seine** [odsɛn] (les *m/pl*)
93 **Seine-Saint-Denis** (la)
94 **Val-de-Marne** (le)
95 **Val-d'Oise** (le)

Französische Feiertage

1. Januar	**le jour de l'An** Neujahrstag
März / April	**Pâques** *m* Ostern
1. Mai	**la Fête du Travail** Tag der Arbeit
8. Mai	**le Jour de la Victoire** Ende des 2. Weltkriegs
Mai	**l'Ascension** *f* Christi Himmelfahrt
Mai/Juni	**la Pentecôte** Pfingsten
14. Juli	**la fête nationale** Nationalfeiertag
15. August	**l'Assomption** *f* Mariä Himmelfahrt
1. November	**la Toussaint** Allerheiligen
11. November	**l'Armistice** *m* Ende des 1. Weltkriegs
25. Dezember	**Noël** Weihnachten

Übrigens: Karfreitag und der 26. Dezember sind in Frankreich nur in den Departements Moselle, Bas-Rhin und Haut-Rhin Feiertage!

Sprachführer | Mini-guide de conversation

Das Allerwichtigste | L'essentiel

Guten Tag!	**Bonjour!** [bõʒuʀ!]
Guten Abend!	**Bonsoir!** [bõswaʀ!]
Auf Wiedersehen!	**Au revoir!** [ɔʀ(ə)‿vwaʀ!]
… bitte!	**… , s'il vous plaît!** [… silvuplɛ!]
Danke!	**Merci!** [mɛʀsi!]
Ja.	**Oui.** [wi.]
Nein.	**Non.** [nõ.]
Entschuldigung.	**Pardon.** [paʀdõ.]
In Ordnung!	**D'accord!** [dakɔʀ!]
Hilfe!	**Au secours!** [o s(ə)kuʀ!]
Rufen Sie schnell einen Arzt!	**Appelez vite un médecin!** [aple vit œ̃ medsɛ̃!]
Rufen Sie schnell einen Krankenwagen!	**Appelez vite une ambulance!** [aple vit yn ɑ̃bylɑ̃s!]
Wo ist die Toilette?	**Où sont les toilettes?** [u sõ le twalɛt?]
Wann?	**Quand?** [kɑ̃?]
Was?	**Quoi?** [kwa?]
Wo?	**Où?** [u?]
Hier.	**Ici.** [isi.]
Da.	**Là.** [la.]
Dort.	**Là-bas.** [labɑ.]
Rechts.	**A droite.** [a dʀwat.]

Links.	**A gauche.** [a goʃ.]
Geradeaus.	**Tout droit.** [tu dʀwa.]
Haben Sie ...?	**Je voudrais ...** [ʒə vudʀɛ ...]
Was kostet das?	**Combien ça coûte?** [kõbjɛ̃ sa kut?]
Bitte schreiben Sie mir das auf.	**Ecrivez-moi cela, s'il vous plaît.** [ekʀive‿mwa səla, silvuplɛ.]
Wo ist ...?	**Où est ...?** [u ɛ ...?]
Wo gibt es ...?	**Où est-ce qu'il y a ...?** [u ɛskilja ...?]
Heute.	**Aujourd'hui.** [oʒuʀdɥi.]
Morgen.	**Demain.** [dəmɛ̃.]
Ich will nicht.	**Je ne veux pas.** [ʒə nə vø pa.]
Ich kann nicht.	**Je ne peux pas.** [ʒə nə pø pa.]
Einen Moment bitte!	**Un instant, s'il vous plaît.** [œ̃‿n‿ɛ̃stɑ̃, silvuplɛ.]
Lassen Sie mich in Ruhe!	**Laissez-moi tranquille!** [lese‿mwa tʀɑ̃kil.]

Verständigung | Compréhension

Haben Sie / Hast du verstanden?	**Vous avez / Tu as compris?** [vu‿z‿ave/ty a kõpʀi?]
Ich habe verstanden.	**J'ai compris.** [ʒe kõpʀi.]
Ich habe das nicht verstanden.	**Je n'ai pas compris.** [ʒə ne pa kõpʀi.]
Sagen Sie es bitte noch einmal?	**Vous pourriez répéter, s'il vous plaît?** [vu puʀje ʀepete, silvuplɛ?]

Bitte sprechen Sie etwas langsamer.	**Parlez plus lentement, s'il vous plaît.** [paʀle ply lɑ̃tmɑ̃, silvuplɛ.]

Small Talk | Conversation

Wie heißen Sie / heißt du?	**Comment vous appelez-vous/tu t'appelles?** [kɔmɑ̃ vu‿z‿aplevu/ ty tapɛl?]
Ich heiße ...	**Je m'appelle ...** [ʒə mapɛl ...]
Woher kommen Sie?	**D'où venez-vous?** [du vəne vu?]
Woher kommst du?	**Tu viens d'où?** [ty vjɛ̃ du?]
Ich komme aus ...	**Je viens ...** [ʒə vjɛ̃ ...]
Deutschland.	**d'Allemagne.** [dalmaɲ.]
Österreich.	**d'Autriche.** [dotʀiʃ.]
der Schweiz.	**de Suisse.** [də sɥis.]
Wie alt sind Sie / bist du?	**Quel âge avez-vous / as-tu?** [kɛl‿ɑʒ avevu/a ty?]
Ich bin ... Jahre alt.	**J'ai ... ans.** [ʒe ... ɑ̃.]
Was machen Sie / machst du beruflich?	**Qu'est-ce que vous faites / tu fais comme travail?** [kɛskə vu fɛt/ty fɛ kɔm tʀavaj?]
Ich bin ...	**Je suis ...** [ʒə sɥi ...]
Sind Sie / Bist du zum ersten Mal hier?	**C'est la première fois que vous venez / tu viens?** [sɛ la pʀəmjɛʀ fwa kə vu vəne / ty vjɛ̃?]
Nein, ich war schon ... mal in Frankreich.	**Non, c'est la ... fois que je viens en France.** [nõ, sɛ la ... fwa kə ʒə vjɛ̃ ɑ̃ fʀɑ̃s.]

Wie lange sind Sie / bist du schon hier?	**Vous êtes / Tu es là depuis combien de temps déjà?** [vu‿z‿ɛt/ty ɛ la dəpɥi kõbjɛ̃ də tɑ̃ deʒa?]
Seit … Tagen/Wochen.	**Depuis … jours / semaines.** [dəpɥi … ʒuʀ/səmɛn.]
Wie lange sind Sie/bist du noch hier?	**Vous restez / Tu restes encore combien de temps ici?** [vu ʀɛste/ty ʀɛst ɑ̃kɔʀ kõbjɛ̃ də tɑ̃ isi?]
Noch eine Woche / zwei Wochen.	**Encore une semaine / quinze jours.** [ɑ̃kɔʀ yn səmɛn/kɛ̃z ʒuʀ.]
Gefällt es Ihnen / dir hier?	**Ça vous / te plaît ici?** [sa vu/tə plɛ isi?]
Es gefällt mir sehr gut.	**Ça me plaît beaucoup.** [sa mə plɛ boku.]

Nach dem Weg fragen | Demander son chemin

Entschuldigung, wo ist …?	**Pardon, où est …?** [paʀdõ, u ɛ …?]
Wie komme ich nach / zu …?	**Pour aller à …?** [puʀ‿ale a …?]
Wie komme ich am schnellsten / billigsten …	**Quel est le moyen le plus rapide / le moins cher pour aller …** [kɛl‿ɛ lə mwajɛ̃ lə ply ʀapid/lə mwɛ̃ ʃɛʀ puʀ‿ale …]
zum Bahnhof?	**à la gare?** [a la gaʀ?]
zum Busbahnhof?	**à la gare routière?** [a la gaʀ ʀutjɛʀ?]

zum Flughafen?	**à l'aéroport?** [a laeʀɔpɔʀ?]
Am besten mit dem Taxi.	**Le mieux, c'est de prendre un taxi.** [lə mjø, sɛ də pʀɑ̃dʀ‿œ̃ taksi.]
Dort.	**Là-bas.** [la bɑ.]
Zurück.	**En arrière.** [ɑ̃‿n‿aʀjɛʀ.]
Geradeaus.	**Tout droit.** [tu dʀwa.]
Nach rechts.	**A droite.** [a dʀwat.]
Nach links.	**A gauche.** [a goʃ.]

Im Hotel | À l'hôtel

Bei Ihnen ist für mich ein Zimmer reserviert. Mein Name ist …	**On a retenu chez vous une chambre à mon nom. Je m'appelle …** [ɔ̃n‿a ʀətəny ʃe vu yn ʃɑ̃bʀ‿a mɔ̃ nɔ̃. ʒə mapɛl …]
Hier ist meine Bestätigung.	**Voici ma confirmation.** [vwasi ma kɔ̃fiʀmasjɔ̃.]
Haben Sie ein Doppelzimmer / Einzelzimmer frei …	**Vous auriez une chambre pour deux personnes / une personne …** [vu‿z‿oʀje yn ʃɑ̃bʀə pur dø pɛʀsɔn/yn pɛʀsɔn …]
für eine Nacht / für … Nächte?	**pour une nuit / … nuits?** [puʀ yn nɥi / …nɥi?]
mit Bad / Dusche und WC?	**avec bain / douche et WC?** [avɛk bɛ̃/duʃ e vese?]
Wir sind leider ausgebucht.	**Malheureusement, nous sommes complets.** [malœʀøzmɑ̃, nu sɔm kɔ̃plɛ].
Morgen / Am Montag wird	**Une chambre se libérera**

ein Zimmer frei.	**demain / lundi.** [yn ʃɑ̃bʀə sə libeʀəʀa dəmɛ̃/lœ̃di.]
Wie viel kostet es …	**Combien ça coûte …** [kɔ̃bjɛ̃ sa kut …]
mit / ohne Frühstück?	**avec / sans le petit déjeuner?** [avɛk/sɑ̃ lə pti deʒœne?]
mit Halbpension / Vollpension?	**avec la demi-pension / pension complète?** [avɛk la dəmipɑ̃sjɔ̃/pɑ̃sjɔ̃ kɔ̃plɛt?]

Shopping | Shopping

Wo bekomme ich …?	**Où est-ce que je peux acheter …?** [u ɛskə ʒə pø aʃte …?]
Bitte schön?	**Vous désirez?** [vu dezire?]
Kann ich Ihnen helfen?	**Est-ce que je peux vous aider?** [ɛskə ʒə pø vu‿z‿ede?]
Danke, ich sehe mich nur um.	**Merci, je regarde seulement.** [mɛʀsi, ʒə ʀəgaʀd sœlmɑ̃.]
Ich werde schon bedient.	**Merci, on me sert.** [mɛʀsi, ɔ̃ mə sɛʀ.]
Ich hätte gerne eine Flasche Wasser.	**Je voudrais une bouteille d'eau.** [ʒə vudʀɛ yn butɛj do.]
Es tut mir leid, wir haben keine … mehr.	**Je regrette, nous n'avons plus de …** [ʒə ʀəgʀɛt, nu navɔ̃ ply də …]
Was kostet (kosten) …?	**Combien coûte / coûtent …?** [kɔ̃bjɛ̃ kut/kut …?]
Das gefällt mir. Ich nehme es.	**Cela me plaît. Je le prends.** [səla mə plɛ. ʒə lə pʀɑ̃.]

Darf es sonst noch etwas sein?	**Vous désirez encore quelque chose?** [vu deziʀe ɑ̃kɔʀ kɛlkə ʃoz?]
Danke, das ist alles.	**Merci, ce sera tout.** [mɛʀsi, sə səʀa tu.]
Kann ich mit dieser Kreditkarte bezahlen?	**Est-ce que je peux payer avec cette carte de crédit?** [ɛskə ʒə pø pɛje avɛk sɛt kaʀt də kʀedi?]

Im Restaurant | Au restaurant

Die Karte bitte.	**La carte, s'il vous plaît.** [la kaʀt, silvuplɛ.]
Was möchten Sie trinken?	**Que désirez-vous boire?** [kə deziʀevu bwaʀ?]
Ich möchte ein Viertel Rotwein.	**Je voudrais un quart de vin rouge.** [ʒə vudʀɛ œ̃ kaʀ də vɛ̃ ʀuʒ.]
Haben Sie vegetarische Gerichte?	**Avez-vous de la cuisine végétarienne?** [avevu də la kɥizin veʒetaʀjɛn?]
Was nehmen Sie als Vorspeise/Nachtisch?	**Comme entrée / dessert, qu'est-ce que vous prenez?** [kɔm ɑ̃tʀe/desɛʀ, kɛskə vu pʀəne?]
Hat es Ihnen geschmeckt?	**Vous êtes satisfaits?** [vu‿z‿ɛt satisfɛ?]
Danke, sehr gut.	**Merci, c'était très bon.** [mɛʀsi, setɛ tʀɛ bɔ̃.]
Die Rechnung bitte.	**L'addition, s'il vous plaît.** [ladisjɔ̃, silvuplɛ.]

Carte | Speisekarte

Potages et soupes | Suppen

bouillabaisse *f* [bujabɛs]	südfranzösische Fischsuppe
consommé *m* [kõsɔme]	Kraftbrühe
potage *m* **parmentier** [pɔtaʒ paʀmɑ̃tje]	Kartoffelsuppe
soupe *f* **à l'oignon** [sup‿a‿lɔɲõ]	Zwiebelsuppe
soupe *f* **de poisson** [sup də pwasõ]	Fischsuppe

Hors-d'œuvre | Kalte Vorspeisen

avocat *m* **vinaigrette** [avɔka vinɛgʀɛt]	Avocado mit Sauce Vinaigrette
charcuterie *f* [ʃaʀkytʀi]	Aufschnittplatte
cœurs *mpl* **d'artichauts** [kœʀ daʀtiʃo]	Artischockenherzen
crudités *fpl* **(variées)** [kʀydite (vaʀje)]	Rohkostteller
huîtres *fpl* [ɥitʀ]	Austern
olives *fpl* [ɔliv]	Oliven
pâté *m* [pɑte]	Fleischpastete
– de campagne [də kɑ̃paɲ]	– grobe Leberwurst

rillettes *fpl* [ʀijɛt]	Schweinefleischpastete im eigenen Fett konserviert
salade *f* [salad]	Salat
– composée [kõpoze]	– gemischter Salat
– mixte [mikst]	– gemischter Salat
– niçoise [niswaz]	– grüner Salat mit Tomaten, Ei, Sardellen und Oliven
saumon *m* **fumé** [somõ fyme]	Räucherlachs
terrine *f* **de canard** [teʀin də kanaʀ]	Entenpastete

Entrées | Warme Vorspeisen/Snacks

bouchées *fpl* **à la reine** [buʃe a la ʀɛn]	Königinpastete
crêpes *fpl* [kʀɛp]	dünne Pfannkuchen
croque-monsieur *m* [kʀɔkməsjø]	Schinken-Käse-Toast
escargots *mpl* [ɛskaʀgo]	Weinbergschnecken
omelette *f* [ɔmlɛt]	Omelette
quiche *f* **lorraine** [kiʃ lɔʀɛn]	Lothringer Speckkuchen
tarte *f* **à l'oignon** [taʀt‿a lɔɲõ]	Zwiebelkuchen

Viandes | Fleischgerichte

agneau *m* [aɲo]	Lamm
bœuf *m* [bœf]	Rindfleisch
lièvre *m* [ljɛvʀ]	Hase

mouton *m* [mutõ]	Hammelfleisch
porc *m* [pɔʀ]	Schweinefleisch
veau *m* [vo]	Kalbfleisch
andouillette *f* [ɑ̃dujɛt]	Kuttelbratwurst
bifteck *m* [biftɛk]	Steak
bœuf *m* **bourguignon** [bœf buʀgiɲõ]	Rindsgulasch in Rotwein
bœuf *m* **à la mode** [bœf‿a la mɔd]	Schmorbraten
boudin *m* [budɛ̃]	Blutwurst
cassoulet *m* [kasulɛ]	Eintopf aus weißen Bohnen, Gänse- und anderem Fleisch
côte *f* [kot]	Rippchen, Kotelett
escalope *f* **de veau** [ɛskalɔp də vo]	Kalbsschnitzel
filet *m* **de bœuf** [filɛ də bœf]	Rinderfilet
gigot *m* **d'agneau** [ʒigo daɲo]	Lammkeule
grillade *f* [gʀijad]	Grillteller
hachis *m* [aʃi]	Hackbraten
jarret *m* **de veau** [ʒaʀɛ də vo]	Kalbshaxe
quenelles *fpl* [kənɛl]	Fleisch- oder Fischklößchen
rôti *m* [ʀoti]	Braten
sauté *m* **de veau** [sote də vo]	Kalbsragout
selle *f* **d'agneau** [sɛl daɲo]	Lammrücken
steak *m* [stɛk]	Steak
– au poivre [o pwavʀ]	– Pfeffersteak
– tartare [taʀtaʀ]	– Tatar
– haché [aʃe]	– Hacksteak
tournedos *m* [tuʀnədo]	Filetsteak

Volaille | Geflügel

blanc *m* **de poulet** [blɑ̃ də pulɛ]	Hühnerbrust
canard *m* **à l'orange** [kanaʀ‿a lɔʀɑ̃ʒ]	Ente mit Orange
confit *m* **de canard** [kõfi də kanaʀ]	im eigenen Fett eingelegte Entenstücke
coq *m* **au vin** [kɔk‿o vɛ̃]	Hähnchen in Rot- oder Weißweinsoße
dinde *f* **aux marrons** [dɛ̃d‿o maʀõ]	Truthahn mit Maronenfüllung
oie *f* **rôtie** [wa ʀoti]	gebratene Gans
pintade *f* [pɛ̃tad]	Perlhuhn
poulet *m* **rôti** [pulɛ ʀoti]	Brathähnchen

Poissons | Fisch

anguille *f* [ɑ̃gij]	Aal
brandade *f* [bʀɑ̃dad]	gekochter u. pürierter Stockfisch mit Sahne, Olivenöl u. Knoblauch angemacht
brochet *m* [bʀɔʃɛ]	Hecht
cabillaud *m* [kabijo]	Kabeljau
calmar *m* **frit** [kalmaʀ fʀi]	gebackene Tintenfischringe
carpe *f* [kaʀp]	Karpfen
colin *m* [kɔlɛ̃]	Seehecht
friture *f* [fʀityʀ]	in Öl oder Fett ausgebackene Fische

lotte *f* [lɔt]	Seeteufel
morue *f* [mɔʀy]	Stockfisch
rouget *m* [ʀuʒɛ]	Rotbarbe
saint-pierre *m* [sɛ̃pjɛʀ]	Petersfisch
saumon *m* [somɔ̃]	Lachs
sole *f* [sɔl]	Seezunge
thon *m* [tɔ̃]	Thunfisch
truite *f* [tʀɥit]	Forelle
– au bleu [o blø]	– blau
– meunière [mønjɛʀ]	– Müllerin
turbot *m* [tyʀbo]	Steinbutt

Coquillages et crustacés | Muscheln und Schalentiere

araignée *f* **de mer** [aʀeɲe də mɛʀ]	Seespinne
coquilles *fpl* **Saint-Jacques** [kɔkij sɛ̃ʒak]	Jakobsmuscheln
crabes *mpl* [kʀab]	Krabben
crevettes *fpl* [kʀəvɛt]	Garnelen
huîtres *fpl* [ɥitʀ]	Austern
langouste *f* [lɑ̃gust]	Languste
langoustines *fpl* [lɑ̃gustin]	Scampi
moules *fpl* [mul]	Miesmuscheln
plateau *m* **de fruits de mer** [plato də fʀɥi də mɛʀ]	Meeresfrüchteplatte

Légumes | Gemüse

artichauts *mpl* [aʀtiʃo]	Artischocken
asperges *fpl* [aspɛʀʒ]	Spargel
aubergines *fpl* [obɛʀʒin]	Auberginen
carottes *fpl* [kaʀɔt]	Möhren
céleri *m* [sɛlʀi]	Sellerie
champignons *mpl* [ʃɑ̃piɲɔ̃]	Pilze
– de Paris [də paʀi]	– Champignons
chou *m* [ʃu]	Kohl
– de Bruxelles [də bʀysɛl]	– Rosenkohl
– -fleur [flœʀ]	– Blumenkohl
– -rave [ʀav]	– Kohlrabi
– rouge [ʀuʒ]	– Rotkohl
choucroute *f* [ʃukʀut]	Sauerkraut
courgettes *fpl* [kuʀʒɛt]	Zucchini
épinards *mpl* [epinaʀ]	Spinat
endives *fpl* [ɑ̃div]	Chicorée
fenouil *m* [fənuj]	Fenchel
haricots *mpl* [aʀiko]	Bohnen
macédoine *f* **de légumes** [masedwan də legym]	gemischtes Gemüse
navets *mpl* [navɛ]	Weiße Rüben
petits pois *mpl* [p(ə)ti pwa]	Erbsen
poivron *m* [pwavʀɔ̃]	Paprika
ratatouille *f* [ʀatatuj]	Gemüsegericht aus Tomaten, Paprika, Auberginen und Zucchini

Comment le désirez-vous? | Wie hätten Sie's denn gern?

bien cuit [bjɛ̃ kɥi]	durchgebraten
(fait) maison [(fɛ) mɛzõ]	hausgemacht
farci [faʀsi]	gefüllt
fumé [fyme]	geräuchert
gratiné [gʀatine]	überbacken
grillé [gʀije]	gegrillt
rôti [ʀoti]	gebraten

Garnitures | Beilagen

pâtes *fpl* [pɑt]	Nudeln
pommes *fpl* **de terre** [pɔm də tɛʀ]	Kartoffeln
– frites [fʀit]	– Pommes frites
– nature [natyʀ]	– Salzkartoffeln
– sautées [sote]	– Bratkartoffeln
riz *m* [ʀi]	Reis

Fromages | Käse

bleu *m* [blø]	Blauschimmelkäse
fromage *m* [fʀɔmaʒ]	Käse
– au lait cru [o lɛ kʀy]	– Rohmilchkäse
– de brebis [də bʀəbi]	– Schafskäse

– de chèvre [də ʃɛvʀ]	– Ziegenkäse
plateau *m* **de fromages** [plato də fʀɔmaʒ]	Käseplatte

Desserts | Nachtisch

coupe *f* **maison** [kup mɛzõ]	Eisbecher nach Art des Hauses
crème *f* **caramel** [kʀɛm kaʀamɛl]	Karamellpudding
flan *m* [flɑ̃]	Cremepudding
glace *f* [glas]	Eis
– à la fraise [a la fʀɛz]	– Erdbeereis
– à la vanille [a la vanij]	– Vanilleeis
– au chocolat [o ʃɔkɔla]	– Schokoladeneis
macédoine *f* **de fruits** [masedwan də fʀɥi]	Obstsalat
meringue *f* [məʀɛ̃g]	Baiser
parfait *m* [paʀfɛ]	Halbgefrorenes
sorbet *m* **de cassis** [sɔʀbɛ də kasis]	Johannisbeereis

Fruits | Obst

dattes *fpl* [dat]	Datteln
figues *fpl* [fig]	Feigen
fraises *fpl* [fʀɛz]	Erdbeeren
framboises *fpl* [fʀɑ̃bwaz]	Himbeeren
melon *m* [məlõ]	(Honig)Melone

pastèque *f* [pastɛk]	Wassermelone
pêche *f* [pɛʃ]	Pfirsich
poire *f* [pwaʀ]	Birne
pomme *f* [pɔm]	Apfel
raisins *mpl* [ʀɛzɛ̃]	Weintrauben

Gâteaux et pâtisseries | Kuchen und Gebäck

baba *m* **au rhum** [baba o ʀɔm]	mit Rum getränkter Hefekuchen
biscuit *m* **roulé** [biskɥi ʀule]	Biskuitrolle
cake *m* [kɛk]	Teekuchen
chausson *m* **aux pommes** [ʃosõ o pɔm]	Apfeltasche
chou *m* **à la crème** [ʃu a la kʀɛm]	Windbeutel
éclair *m* [eklɛʀ]	Eclair, Liebesknochen
– au café [o kafe]	– mit Mokkacreme
mille-feuille *m* [milfœj]	Blätterteiggebäck mit Creme
tarte *f* [taʀt]	Torte
– aux pommes [o pɔm]	– Apfelkuchen
– Tatin [tatɛ̃]	– gestürzte Apfeltorte mit Karamellguss
tartelette *f* **aux fraises** [taʀtlɛt o fʀɛz]	Erdbeertörtchen

Abkürzungen und Symbole | Abréviations et symboles

a.	auch	aussi
abk, ABK	Abkürzung	abréviation
adj, ADJ	Adjektiv	adjectif
adv, ADV	Adverb	adverbe
AGR	Landwirtschaft	agriculture
akk	Akkusativ	accusatif
ANAT	Anatomie	anatomie
ARCH	Architektur	architecture
AUTO	Auto	automobile
bes	besonders	particulièrement
BIOL	Biologie	biologie
BOT	Botanik	botanique
CHEM	Chemie	chimie
dat	Dativ	datif
e-e	eine	un(e)
ELEK	Elektrotechnik, Elektrizität	électrotechnique, électricité
e-m	einem	à un(e)
e-n	einen	un(e)
e-r	einer	d'un(e), à un(e)
e-s	eines	d'un(e)
etc	und so weiter	et cetera
etw	etwas	quelque chose
f, F	Femininum, weiblich	féminin
fig	figürlich, bildlich	figuré
FLUG	Luftfahrt	aviation

FOTO	Fotografie	photographie
fpl, FPL	Femininum Plural	féminin pluriel
fut	Futur	futur
GASTR	Gastronomie, Kochkunst	gastronomie, cuisine
gen	Genitiv	génitif
GEOG	Geografie	géographie
GRAM	Grammatik	grammaire
HANDEL	Handel	commerce
HIST	Geschichte, historisch	histoire, historique
inf	Infinitiv	infinitif
in zssgn, IN ZSSGN	in Zusammensetzungen	dans des composés
IT	Informatik, Internet	informatique, Internet
j-d	jemand	quelqu'un
j-m	jemandem	à quelqu'un
j-n	jemanden	quelqu'un
j-s	jemandes	de quelqu'un
JUR	Rechtswesen	droit, langage juridique
konj, KONJ	Konjunktion	conjonction
m, M	Maskulinum, männlich	masculin
MAL	Malerei	peinture
MATH	Mathematik	mathématiques
MED	Medizin	médecine
m(f), M(F)	Maskulinum mit Femininform in Klammern	masculin avec terminaison féminine entre parenthèses
m/f, M/F	Maskulinum und Femininum	masculin et féminin
m/f(m), M/F(M)	Maskulinum und Femininum mit zusätzlicher	masculin et féminin avec terminaison masculine

	Maskulinendung in Klammern	supplémentaire entre parenthèses
MIL	Militär	militaire
mpl, MPL	Maskulinum Plural	masculin pluriel
MUS	Musik	musique
n, N	Neutrum, sächlich	neutre
neg!	wird oft als beleidigend empfunden	souvent perçu comme outrageant
npl, NPL	Neutrum Plural	neutre pluriel
od	oder	ou
österr	österreichische Variante	autrichien
pej	abwertend	péjoratif
PHYS	Physik	physique
pl, PL	Plural	pluriel
POL	Politik	politique
pperf, PPERF	Partizip Perfekt	participe passé
präp, PRÄP	Präposition	préposition
präs, PRÄS	Präsens	présent
pron, PRON	Pronomen, Fürwort	pronom
qc	etwas	quelque chose
qn	jemand(en)	quelqu'un
®	eingetragene Marke	marque déposée
REL	Religion	religion
SCHIFF	Marine, Schifffahrt	marine, navigation
schweiz	schweizerische Variante	suisse
sl	Slang, saloppe Umgangssprache, derb	populaire, grossier
s-n	seinen	son, sa, à ses
SPORT	Sport	sports
subj, SUBJ	Subjonctif, Konjunktiv	subjonctif

TECH	Technik	technique
TEL	Telefon	téléphone
TV	Fernsehen	télévision
u.	und	et
umg	umgangssprachlich	familier
UNIV	Universität	université
v/i, V/I	intransitives Verb	verbe intransitif
v/r, V/R	reflexives Verb	verbe réfléchi
v/t, V/T	transitives Verb	verbe transitif
WIRTSCH	Wirtschaft	économie
ZOOL	Zoologie	zoologie
→	siehe	voir
°	weist auf h aspíré hin	indique le h aspiré
~	Tilde (Wiederholungszeichen)	tilde (signe de répétition)